19

With all
on your
(a)

CW00607260

TESTAMENT NOWETH

TESTAMENT NOWETH

agan Arluth ha Savyour

Jesu Cryst

Treylys gans

Nicholas Williams

Spyrys a Gernow • Ewny Redreth
2002

Kensa dyllans 2002.

Y fue pryntys 300 dasscryf a'n dyllans ma, ha hem yw nyver __9͞3͞__ anedhans.

©2002 Nicholas Williams.

Treylyer: Nicholas Williams.

Penscrefer: Michael Everson.

Penscrefer cusulek: Map Essa.

ISBN 0-9535975-4-7

Olsettyans ha desynyeth gans Michael Everson, Everson Typography, Dulyn (www.evertype.com). Olsettys yn Janson. Mappys gans Michael Everson.

Dyllys gans   Spyrys a Gernow
                         Gordon Villa
                         Sunnyvale Road
                         Portreath
                         Redruth TRE16 4NE
                         Kernow
                         UK

Yma Spyrys a Gernow owth aswon muer 'ras dhe Gevasran an Lyen Keltek, Coljy an Universita, Dulyn (Dámh an Léinn Cheiltigh, An Coláiste Ollscoile, Baile Átha Cliath) a'ga gweres larch gans costow an lyver ma.

Pryntys ha kelmys yn Pow an Sawson gans Short Run Press Ltd., Keresk.

Rol an lyver

Raglavar

Penfentynyow an treylyans ma

Ny wodhon ny yn certan esa treylyans a'n Testament Noweth yn mesk an textow Kernowek re bue kellys. Nag esa warlergh pub lycklod, mes yma genen ny nebes darnow anodho yn Kernowek teythyak. Y'n kensa le ny a'gan bues treylyansow dhya dhorn Wella Kerew, Sancras (*fl.* 1650-1690) mes a awayl Mathew, hen yw dhe styrya chaptra 2:1-20 ha chaptra 4 yn tyen. An dhew dharn na re bue dasspellys ha gorrys y'n treylyans ma. Yma Jowan Tregear ynwedh owth usya yn y homylys lyes darn mes a'n Testament Noweth ha'n re na ynwedh re bue dasspellys hag usys omma. Yn mesk an darnow hyrra yn homylys Tregear ny a yll campolla Romanas 2:17-24 (TH 14a) ha Romanas 3:9-18 (TH 7a). Yma lyes tyller y'n textow coth, spesly *Passyon agan Arluth*, *Passio Christi* ha *Resurrexio Domini*, neb yw grondys war an scryptur benegys. Defnyth re bue gwres a'n tylleryow na rag an present treylyans kefrys. Luk 22:10-12 omma, rag ensompel, yw grondys war *Passio Christi* 627-640.

Usys vue rag an treylyans ma kefrys an versyons ma yn Kernowek dasvewys:

An Awayl herwyth Sen Mark (dyllans noweth, An Lef Kernewek, Cambron 1960) treylys gans Caradar (A. S. D. Smith) hag amendys gans Talek (E. G. R. Hooper)

An Awayl herwyth Sen Mathew (Kesva an Tavas Kernewek, Pensans 1975) treylys gans Gwas Cadoc (D. R. Evans)

An Awayl herwyth Sen Jowan (Dyllansow Truran, Mabe, Penryn 1985) treylys gans Gwas Kevardhu (John Page). ISBN 0-907566-77-4

Dysquedhyans Jowan hag Unnek Epystol (Kernewek dre Lyther, Sutton Coldfield 1986) treylys gans Raymond J. Edwards (Map Mercya)

An Awayl herwyth Sen Luk: St Luke's Gospel in Cornish (An Lef Kernewek, Cambron 1989) treylys gans Talek (E. G. Retallack Hooper)

A valew dhe'n treylyer ynwedh o an treylyans a'n tredhegves chaptra a'n Kensa Pystyl dhe'n Corinthianas yn *An Ordenal rag Gwesperow* (Truru [heb bledhen]). Mordon y honen a wrug an treylyans ma, del hevel.

Rag an vrassa ran a'n Testament Noweth res o dhe'n treylyer gul versyon noweth flam, ha rag henna usys vue *The New Greek English Interlinear New Testament* gans Robert K. Brown, Philip W. Comfort ha J. D. Douglas (Wheaton, Illinois, Tyndale House, 1990, ISBN 0-8423-1213-7). Yth o an *The New English Bible* (The Bible Societies in association with Oxford

University Press, Cambridge University Press, Oxford, 1972, ISBN 0-564-00201-1), an *Good News Bible* (The Bible Societies - Collins, London, 1976, ISBN 0-564-00521-5), *Y Beibl Cymraeg Newydd* (Cymdeithas y Beibl, Swindon 1988, ISBN 0-564-05743-6), ha'n *Testamant Nevez hon Aotrou hag hor Zalver Jesus-Christ, lakeat e brezonec, ha reizet hervez ar vam-scrid gregach* (Paris, 58, Rue de Clichy, 1938), treylys gans an Pastor ar Choad, a valew traweythyow kefrys.

Henwyn an lyvrow

An henwyn a'n peswar awaylor yw certan yn Kernowek dre reson Jowan Tregear dhe wul mencyon anedhans kepar del sew: *An egglos a rug amyttya an peswar aweylar only,* **Luk Mark**, **Mathew**, ha **Jowan** (TH 37a). Y'n awaylow dyllys y'n ugansves cansvledhen 'according to' yw *herwyth*: **herwyth** Sen Mathew, **herwyth** Sen Mark ha **herwyth** Sen Jowan. Y'n textow bytegens an ger rag 'according to' yw *warlergh* ogas pupprys hag yn *Bewnans Meryasek* 391 yth eson ny ow redya an geryow **warlergh** Sen Luk. Rag henna y'n treylyans ma yth yw screfys **warlergh** rag 'according to' yn tytlys an awaylow.

Yma Tregear ow cowsel a'n *abosteleth* pupprys. Hen yw an ger usys y'n trelyans ma ynwedh. Rag tytel an lyver 'The Acts of the Apostles' Tregear a laver *Actus Appostlis* (TH 44a), *Actus Appostolis* (TH 45) ha *Actys Appostolis* (TH 46a). Yth hevelly gwell dhe'n treylyer sevel orth usya dew er dyvers, *abosteleth* y'n text hag *apostlys* y'n tytel. Ervyrys vue ytho usya *abosteleth* yn kenyver tyller ha gelwel an lyver *Actys an Abosteleth*.

Usadow Map Mercya ha tus erel yw usya an ger *Tus* gans hanow tyller rag gul mencyon a dregoryon an cyta yn questyon, rag ensompel *Tus Colossy* ha *Tus Thessalonyca*. Ny hevelly an usadow na dhe vos 'vas spesly awos Jowan Tregear dhe usya henwyn kepar ha *Romans, Corinthians, Galathians* hag *Ephesians*. Notyeugh kefrys fatel usy Nicholas Boson ow screfa adro dhe'n *Romans meskez gen a Brittez*. Henwyn tregoryon a'n par na re bue usys y'n present treylyans ma, saw yn le -*s* an Sawsnek defnyth re bue gwres a'n gorfen ger -*as* (comparyeugh *Frankaz* Gwavas ha *Brittez* Boson), rag ensompel *Romanas, Corinthiana*s, ha *Galacianas*. *Pystyl* yw an form usys gans Tregear kefrys hag yma henna usys y'n treylyans ma.

Yma dew versyon a'n hanow *Titus* usys gans Jowan Tregear: **Tytus** ha **Tyt** (TH 33a). An kensa anedhans re bue dowysys rag an treylyans ma. An auctor a'n pystyl dewetha y'n Testament Noweth Sawsnek yw *Jude*, hag ef yw broder an Arluth campollys y'n awaylow Sawsnek yn dan an hanow *Judas* (rag ensompel Mathew 13:55). Y'n textow Kernowek yma an hanow *Judas* (Ἰούδας y'n Greca) owth apperya avel *Juda* (*Iude*) pan nag yw yntendys Judas Scaryoth, rag ensompel RD 1031 ha 1448. Rag henna *Pystyl Juda* yw hanow an pystyl dewetha y'n treylyans ma.

Tytel an lyver dewetha y'n Testament Noweth yw *Revelacyon bo Dysquedhyans* y'n treylyans ma, dre reson Jowan Tregear dhe gowsel a *speciall revelacion* (TH 14 ha 17) hag a **speciall dyswythyans** (TH 13a).

Tytel an lyver yw *Testament Noweth*, form yw kefys yn homylys Tregear: *Pysell defferans a bewnans us lymmyn intrethan ny, cristonnyan ow pewa in dan an la han testament nowyth, han re esa ow pewa in tyrmyn coth in dan an la han testament coith* (TH 27); *stat an testament nowith* (TH 27a); *in tyrmyn an testament nowith* (TH 27a). Yn *Sacrament an Alter* (an dewdhegves homyly yn dornscryf Tregear) ny a red *An chalys an testament noweth ew an gois ew skullys ha eth ew an precius corf han gois agyn Saviour Christ a ve skullys ragan ny* (SA 66). An spellyans dewetha na yw poran kepar ha'n hanow yw kefys war gudhlen an lyver ma.

An versyon ma

An treylyer re whelas dres kenyver tra y'n versyon ma dhe screfa Kernowek natural usy ow resek yn smooth. Rag henna ef a sewyas practys Tregear ha gul defnyth a eryow benfygys. Tus a wra merkya, rag ensompel, fatel yw redys omma an geryow *pronter*, *dyscypyl* ha *profet* yn le *offeryas*, *dyskybel* ha *profus*. An reson rag an re na ha geryow kepar hag y yw desyr an treylyer dhe screfa Kernowek a alsa bos convedhys gans Kernow Kernowek a'n whetegves cansvledhen. Yn kenyver tra an chyf towl a'n cowser a Gernowek dasvewys y'n jedh hedhyw a dalvya bos leldury dhe'n tavas teythyak.

Govenek a'm bues y fydh an treylyans ma a brofyt dhe bynag oll a vo ow whelas avonsya agan yeth ny. Saw na esyn ny nefra ankevy fatel yw an Scryptur Sans kens oll ger Dew y honen. Yma othem dhyn ny, pehadoryon, kenyver jorna a dhyscans an Testament Noweth rag agan dry arta dhe Gryst ha'y ras. Del laver Jowan Tregear yn y brogowthow: *ha rag henna ny a rede in lyas tyllar in scriptur lowar notabyll lesson warbyn pehosow coth ha vicys, inweth commendabyll dyskans the folya ha sewya virtu ha uvelder*. Rag henna geseugh ny dhe redya ger Dew yn tywysyk may hallen ny oll bewa alemma rag yn perfect charyta an eyl gans y gela.

Golvan
Dulyn, Pask 2002

Masoberoryon an Testament Noweth
Benefactors of the Testament Noweth

Stephen Amos, Doncaster, Australia
Deryck hag Anne Botterill, Torquay, Pow an Sawson
Bernadette Braidley, Winford, Pow an Sawson
Ted Chapman, Falmoth, Kernow
Derek Chubb, Frome, Pow an Sawson
An teylu Climo, Clemens, Kernow
Andrew Climo-Thompson, Lulyn, Kernow
David Fieldsend, Cambron, Kernow
John Gillbard, Yllogan, Kernow
Royston Green, Pol Carn Menelys, Kernow
Tom Gross, Rocky Hill, Connecticut, SUA
Robert ha Mary Hastings, Statesville, North Carolina, SUA
Nicholas Jacobs, Resohen, Pow an Sawson
Mary Jones, Towynnek, Kernow
Ian Low, Eastbourne, Pow an Sawson
Professor Kenneth MacKinnon, Ferintosh, Alban
Kathleen Martin, Orlando, Florida, SUA, dhe gof James Penberthy
ha Florence May Martin a Nan Clodry, Kernow
William A. Morris, Loundres, Pow an Sawson
Myghal Palmer, Taunton, Glas an Haf, Pow an Sawson
Jim Pengelly, Lanergh, Kernow
Gary George Retallick, Loundres, Pow an Sawson, dhe gof Sylvia Edith
(*genys* Lamb) ha George Richard Retallick
Professor Matthew Spriggs, Canberra, Australia
Anyk Eglosmel Stefans, Lake Hopatcong, Jersy Noweth, SUA
Peter Thomas, Bryanek, Kernow
Corinne Thompson, Toorak, Australia
Jim Thompson, Orlando, Florida USA, dhe gof Philip ha Maria Hosking
a Val an Wun, Kernow
Lambert Truran, Perth, Australia

Bridge Methodist Church, Resulyan, Kernow
Cowethas an Yeth Kernewek Cambron, Kernow
Kevasran an Lyen Keltek, Coljy an Universita, Dulyn

Yma Spyrys a Gernow ha'n Trelyer owth aswon muer 'ras dhe oll an re na
ues aga henwyn screfys avan. Hepthans y ny alsa an lyver ma bos dyllys.
*Spyrys a Gernow and the translator are grateful to all those whose names appear
above. Without them this book would not have been possible.*

ARLUTH benegys, neb a wrug causya oll an Scryptur sans dhe vos screfys rag agan dyscans, gront dhyn ny yn kettella aga clowes, aga redya, aga merkya ha predery anedhans war jy y'n golon, may hallen ny dre berthyans ha dre gonfort dha Er sans jy degemeres ha nefra sensy fast an govenek benegys a'n bewnans heb deweth, a wrusta ry dhyn y'gan Savyour Jesu Cryst. Amen.

An Awayl warlergh Mathew

1 Lyver genesygeth Jesu Cryst, mab Davyth, mab Abram.

[2]Abram a vue tas dhe Ysak;
Ysak a vue tas dhe Jacob;
Jacob a vue tas dhe Juda ha'y vreder.
[3]Juda a vue tas dhe Berez ha dhe Zera gans Tamar ha Perez a vue tas dhe Hezron;
Hezron a vue tas dhe Aram.
[4]Aram a vue tas dhe Aminadab;
Aminadab a vue tas dhe Nashon;
Nashon a vue tas dhe Salmon.
[5]Salmon a vue tas dhe Voaz gans Rahab;
Boaz a vue tas dhe Obed gans Ruth;
Obed a vue tas dhe Jesse;
[6]ha Jesse a vue tas dhe Dhavyth Mytern.

Davyth a vue tas dhe Salamon gans gwreg Urry;
[7]ha Salamon a vue tas dhe Rehoboam;
ha Rehoboam a vue tas dhe Abija;
hag Abija a vue tas dhe Asaf;
[8]hag Asaf a vue tas dhe Jehoshafat;
ha Jehoshafat a vue tas dhe Joram;
ha Joram a vue tas dhe Ussy;
[9]hag Ussy a vue tas dhe Jotham;
ha Jotham a vue tas dhe Ahaz;
hag Ahaz a vue tas dhe Hezekia.
[10]Hezekia a vue tas dhe Vanasse;
ha Manasse a vue tas dhe Amos;
hag Amos a vue tas dhe Josia;
[11]ha Josia a vue tas dhe Jeconia ha'y vreder pan vue Flehes Ysrael exylys dhe Vabylon.

[12]Ha wosa an dhyvroeth dhe Vabylon:
Jeconia a vue tas dhe Shealtiel;
Shealtiel a vue tas dhe Zerubbabel;
[13]Zerubbabel a vue tas dhe Abiud;
hag Abiud a vue tas dhe Eliakim;
hag Eliakim a vue tas dhe Azor.
[14]Azor a vue tas dhe Zadok;
ha Zadok a vue tas dhe Achim;
hag Achim a vue tas dhe Eliud.
[15]Eliud a vue tas dhe Eleazar;
hag Eleazar a vue tas dhe Vathan;
ha Mathan a vue tas dhe Jacob.
[16]Jacob a vue tas dhe Josef, gour Marya, may fue Jesu genys dhedhy, hag ef yw gelwys an Cryst.

[17]Yndelma pub henath dhya Abram dhe Dhavyth yw peswardhek henath; ha dhya Dhavyth bys dyvroeth Babylon peswardhek henath; ha dhya dhyvroeth Babylon bys y'n Cryst peswardhek henath.
[18]Genesygeth Jesu Cryst a wharfa kepar del sew: Marya y vam o ambosys yn gwreg dhe Josef, mes kens es y dhe dhos warbarth y fue hy kefys gans flogh der an Sperys Sans.
[19]Aban o Josef hy gour den ewnhensek ha nyns o va whensys dh'y shamya, ef a dhetermyas hy gorra dheworto yn dan gel.
[20]Pan esa owth ombredery adro dhe'n mater ma, el an Arluth a apperyas dhodho yn hunros ha

1

leverel, "Josef mab Davyth, na borth own a gemeres Marya yn gwreg dhys, rag hy re omdhuk der an Sperys Sans. 21Denethy mab hy a wra ha te a vyn y elwel Jesu, drefen ef dhe sylwel y bobel a'ga fehosow."

22Oll an taclow ma a happyas rag may halla bos collenwys an ger re bya cowsys gans an Arluth der anow an profet ow leverel, 23"Myr, gwerhes a wra omdhon ha denethy mab hag ef a vydh gelwys Emmanuel", hen yw dhe styrya "Dew genen ny".

24Ha Josef a dhyfunas a'y gusk ha gul warlergh comondment el an Arluth ha kemeres y wreg dhodho; mes ny wrug ef hy aswon erna vue genys hy mab. 25Ha'n flogh a vue henwys Jesu.

2 Lemmyn pan vue Jesu genys yn Bethlem a Judy yn dedhyow Erod an mytern, y tueth tus fur dheworth an Yst dhe Jerusalem 2ow leverel, "Ple ma ef yw genys mytern an Yedhewon? Rag yma gwelys genen ny y steren y'n Yst, hag yth on ny devedhys dhe wordhya dhodho."

3Pan wrug Erod an mytern clowes hemma, ef a vue troblys hag oll Jerusalem ganso ef. 4Ha pan wrug ef cuntell oll uhel pronteryon ha scrybys an bobel warbarth, ef a wovynnas ortans ple fedha Cryst genys. 5Hag y a leverys dhodho, "Yn Bethlem a Judy, rag yndelma yth ywa screfys gans an profet:

6"'Ha te, Bethlem, yn pow Judy,
nyns os an byanna yn mesk
myterneth Judy,

rag mes ahanas y whra dos mytern a vyn bugelya ow fobel Ysrael.'"

7Nena Erod, pan wrug ef yn pryveth crya an dus fur adenewan, ef a wovynnas ortans sur pana dermyn a wrug an steren dysquedhes. 8Hag ef a's danvonas dhe Vethlem ha leverel dhedhans, "Gwreugh whelas sur an flogh yowynk ha pan wreugh why y gafus, dreugh ger dhym arta, may hallen vy mos ha gordhya dhodho ynwedh."

9Pan wrussons y clowes an mytern, y eth yn kergh ha'n steren a wrussons y gweles y'n Yst eth dheragthans erna wrug hy dos ha sevel dres an le mayth esa an flogh. 10Pan wrussons y gweles an steren, y fons lowen gans muer a lowender. 11Ha pan vons y devedhys y'n chy, y a welas an flogh yowynk gans Marya y dhama, hag y a godhas dhe'n dor ha gordhya dhodho. Ha pan wrussons y egery aga thresor, y a ros dhodho owr ha frankyncens ha myr. 12Hag y a vue gwarnys gans Dew hag y ow cusca, na wrellens y dos ogas dhe Erod, hag y eth yn kergh dh'aga fow aga honen fordh aral.

13Ha pan vons y gyllys yn kergh, mereugh, el nef a dhysquedhas dhe Josef dre hunros yndelma: "Saf yn ban, ha kemer an flogh yowynk ha'y dhama ha ke dhe Ejyp, ha bedheugh ena erna wrellen dry dhys ger; rag Erod a vyn whelas an flogh yowynk rag y ladha." 14Pan wrug ef sevel, ef a gemeras an flogh yowynk ha'y dhama y'n nos ha mos dhe Ejyp. 15Hag ef a remaynyas ena erna wrug Erod merwel, ma halsa bos composys a vue cowsys gans Arluth nef der an profet ow leverel, "Mes a Ejyp me a vyn gelwel ow mab."

16Nena Erod, pan wrug ef gweles fatel o ges gwres anodho gans an dus fur, ef a vue engrys ha danvon yn mes ha ladha oll an flehes esa yn Bethlem hag oll adro yn dan dhew vlodh adhya an termyn a wrug ef govyn orth an dus fur. 17Nena y fue composys a vue cowsys gans Jeremy an profet ow leverel,

18"Yn Rama a vue clowys olva,
    kynvan ha garma;
Rahel owth ola rag hy flehes ha ny
    vensa hy bos confortys
rag yth yns y ledhys."

19Pan o Erod marow, el nef a dhueth dhe Josef yn cusk yn Ejyp ow leverel, 20"Kemer an flogh yowynk ha'y dhama ha ke dhe bow an Yedhewon, rag yma marow an re na esa ow whelas bewnans an flogh yowynk."

21Nena Josef a sevys yn ban ha kemeres an flogh ha'y dhama hag entra yn pow Ysrael. 22Saw pan welas bos Archelaus raynys yn Judy yn le y das Erod, own a'n jeva mos dy. Wosa bos gwarnys dre hunros, ef a voydyas bys yn costys Galyla. 23Ha pan dhueth Josef dy, ef a dregas yn tre henwys Nazara, may halla bos composys a vue cowsys der an profettys, "Nazarean ef a vydh gelwys."

3 Y'n dedhyow na Jowan Baptyst a apperyas yn gwylfos Judy ow progeth hag ow leverel, 2"Codheugh yn edrega rag ogas yw gwlascor an nef." 3Rag hemma yth yw an den a vue campollys der Ysay an profet pan leverys,

"Lef onen ow carma y'n gwylfos,
'Darbareugh fordh an Arluth,
    gwreugh compes y fordh ef.'"

4Ha Jowan o gwyskys yn blew cawrvargh ha grugys a grohen yn kerhyn y lonow, ha culyogas reden askellek o y vos ha mel gwyls. 5Y'n uer na yth esa ow tos yn mes dhodho tus Jerusalem hag oll tregoryon Judy ha'n pow adro dhe'n Jordan, 6hag y a vue besydhys ganso y'n Jordan ow confessya aga fehosow.

7Saw pan welas ef muer a Farysyes ha Sadukys ow tos dhodho dhe vos besydhyas, ef a leverys dhedhans, "Why broud a nedras! Pyw re'gas gwarnyas dhe fya dheworth an sor usy ow tos? 8Degeugh ytho frut wordhy a edrek. 9Na wreugh leverel y'gas cowsesow, 'Ny a'gan bues Abraham yn tas', rag me a laver dheugh fatel alsa Dew drehevel flehes dhe Abraham mes a'n veyn ma. 10Ea, solabrys re bue an vol gorrys orth gwredhennow an gwedh. Rag henna pub gwedhen na wrella don frut da a vydh trehys dhe'n luer ha towlys y'n tan.

11"Dhe wyr yth esof vy orth agas besydhya gans dowr dhe edrek, mes yma nebonen ow tos war ow lergh hag ef yw moy gallosek agesof vy, ma nag oma wordhy dhe dhon y sandalys. Ef a vyn agas besydhya gans an Sperys Sans ha gans tan. 12Yma an wynsel yn y luef hag ef a vyn cartha

3

yn tyen y luer fusta ha cuntell y waneth aberth y'n skyber; mes an us ef a vyn lesky gans tan na yll bos dyfudhys."

¹³Nena y tueth Jesu dhya Alyla dhe Jowan ryb an Jordan rag bos besydhys ganso, ¹⁴saw Jowan ny vennas gul yndella hag ef a leverys, "Y codhvya dhym bos besydhys genes sy ha te, osta devedhys dhymmo vy?"

¹⁵Saw Jesu a worthebys dhodho ha leverel "Bedhens yndelma y'n tor' ma, rag y tegoth dhyn collenwel pub gwyryoneth." Nena ef a assentyas.

¹⁶Wosa Jesu dhe vos besydhys, ef a dhueth yn ban mes a'n dowr, ha dewhans an nef a egoras hag ef a welas Sperys Dew ow skynnya avel colomen ha dos warnodho. ¹⁷Ha lef yn mes a'n nef a leverys, "Ow Mab Muergerys yw hemma, ha me yw pys da ganso."

4 Nena Jesu a vue humbrenkys aberth y'n gwylfos dhe vos temptys gans an jawl. ²Ha pan wrug ef penys dewgans jorna ha dewgans nos, y fue wosa henna gwag. ³Ha'n temptyer a dhueth dhodho hag a leverys, "Mars osta mab Dew, lavar dhe'n veyn ma dhe vos gwres bara."

⁴Saw ef a leverys, "Yth yw screfys, 'Ny wra den bewa dre vara y honen, saw gans kenyver ger ues ow tos mes a anow Dew.'"

⁵Nena an jawl a'n kemeras yn ban aberth y'n cyta venegys hag a'n settyas war wartha an templa, ⁶hag a leverys dhodho, "Mars osta mab Dew, towl dha honen dhe'n dor, rag yth yw screfys,

"'Ef a wra ry dh'y eleth an power ahanas jy,
yn aga dewla y a wra dha dhon yn ban rag dowt yn torn vyth oll te dhe vrewy dha dros warbyn men.'"

⁷Jesu a leverys dhodho, "Yth yw screfys arta, 'Te ny wres temptya dha Arluth Dew.'"

⁸Arta an jawl a'n kemeras yn ban war veneth pur uhel ha dysquedhes dhodho oll an gwlascorow a'n bys ha'n gordhyans anedhans, ⁹hag a leverys dhodho, "Oll an re ma me a vyn ry dhys, mar menta mes codha dhe'n dor ha'm gordhya vy."

¹⁰Yn medh Jesu dhodho, "Ke dhewortama, Satnas, rag yth yw screfys, 'Te a wra gordhya dha Arluth Dew hag ef y honen te a wra servya.'"

¹¹Nena an jawl a'n gasas ef, ha mereugh, eleth nef a dhueth hag a'n chersyas.

¹²Lemmyn pan wrug Jesu clowes fatel o Jowan towlys dhe bryson, ef eth dhe Alyla, ¹³ha wosa gasa Nazara ef a dhueth ha trega yn Capernaum (tyller neb yw tre a vor yn pow Zebalon ha Neftaly), ¹⁴may halla bos composys a vue cowsys gans Ysay an profet yndelma,

¹⁵"Pow Zebalon ha pow Neftaly ryb an mor pella es Jordan, Galyla an Jentylys –
¹⁶"An bobel esa owth esedha yn tewolgow a welas golow bras, ha'n dhe'n re ma esa owth esedha y'n pow hag y'n scues a'n ancow, yma golow drehevys yn ban."

17Dheworth an termyn na Jesu a dhallathas progeth ha leverel, "Repentyeugh, rag yma gwlascor nef dhe dhorn."

18Ha Jesu ow quandra ryb an mor a Alyla, ef a welas dew vroder, Symon henwys Peder, hag Androw y vroder ow towlel ros y'n mor – rag yth ens y puscadoryon. 19Yn medh ef dhedhans, "Sewyeugh vy, ha me a vyn gul ahanough puscadoryon a dus." 20Ha scaf y a asas aga rosow ha'y sewya.

21Hag ow mos alenna ef a welas dew vroder erel, Jamys mab Zebedy ha Jowan y vroder y'n gorhel gans Zebedy aga syra owth ewna aga rosow, hag ef a gryas dhedhans. 22Hag adhesempys y a asas an gorhel ha'ga syra hag a'n sewyas ef.

23Ha Jesu eth oll adro der Alyla ow tesky y'ga synagys geryow Dew hag a'n wlascor, ow sawya oll sortow cleves hag oll pystygow yn mesk an bobel. 24Ha'y glos eth der oll Syria hag y a dhros dhodho oll an glevyon ha'n re na o kemerys gans pub sort cleves ha tormentys ha'n re na o kemerys gans dewolow ha'n re na o frantyk ha'n re na o paljyes hag ef a's sawyas. 25Hag ena ruth vuer a bobel a'n sewyas dheworth Galyla ha Decapolis ha Jerusalem ha Judy ha dheworth an barth aral a'n Jordan.

5 Ha pan welas Jesu an ruth, ef eth yn ban dhe'n meneth, ha wosa ef dhe esedha, y dhyscyplys a dhueth dhodho. 2Ef a dhallathas cowsel ha'ga desky ow leverel,

3"Gwyn aga bys an vohosogyon yn sperys, rag dhedhans y yw gwlascor nef.
4Gwyn aga bys an re morethek, rag y a vydh confortyes.
5Gwyn aga bys an re clor, rag an nor a vydh aga erytons.
6Gwyn aga bys an re na a berth nown ha sehes awos an gwyryoneth, rag y a vydh lenwys.
7Gwyn aga bys an re truethek, rag y a gaf tregereth.
8Gwyn aga bys an re na yw pur aga holon, rag y a welvyth Dew.
9Gwyn aga bys an re na a wra cres, rag y a vydh gelwys an flehes a Dhew.
10Gwyn aga bys an re na a vo helhys awos an gwyryoneth, rag y a bew gwlascor nef.

11"Gwyn agas bys pan veugh why cablys ha helhys gans tus hag y ow leverel pub ehen a dhrog gans gow war agas pyn rag ow herensa vy. 12Omlowenheugh ha bedheugh luen a joy, rag muer yw agas gober y'n nef, rag yndella y whrens helghya an profettys kens agas prys why.

13"Why yw holan an bys, saw mar qurug an holan kelly y vlas, fatel vydh e sellys arta? Nyns yw 'vas na fella dhe dra vyth marnas dhe vos towlys dhe ves ha trettyes yn dan dreys.

14"Why yw golow an bys. Cyta a vue settys war veneth, ny yll bos cudhys, 15na ny vydh cantol annowys ha gorrys yn dan vushel, mes war goltrebyn, ha nena hy a wra gul golow dhe gemmys a vo y'n chy.

5

16Yndella gwrens agas golow terlentry dherag tus, may hallens y gweles agas oberow da ha gordhya agas Tas usy yn nef.

17"Na bredereugh me dhe vos devedhys rag dyswul an laha na'n profettys. Ny dhueth vy dhe dhyswul saw dhe gollenwel. 18Rag yn gwyr me a laver dheugh why: bys pan wrella tremena an nef ha'n nor, ny vyn tremena naneyl jet na banna dheworth an laha erna vo collenwys pub tra oll. 19Rag henna, pynag oll a wrella terry onen an comondmentys lyha ma ha desky y hynsa dhe wul yndella, ef a vydh gelwys an lyha yn gwlascor nef, mes pynag oll a's gwrella ha'ga desky, an keth den na a vydh gelwys bras yn gwlascor nef. 20Rag me a laver dheugh: marnas agas leldury a vo a-ugh leldury an scrybys ha'n Farysys, ny yllough entra yn gwlas nef.

21"Y fue leverys y'n termyn coth, 'Ny dal dhys ladha.' Pynag oll a wrella ladha, a vydh yn danjer a jujment. 22Mes me a laver dheugh why hemma: pynag oll a vo angry gans y vroder, ef a vydh yn danjer a jujment, ha neb a lavarra dh'y vroder 'Pen pyst', ef a vydh yn danjer a'n consel ha neb a lavarra 'Fol!', ef a vydh yn danjer a dan yffarn.

23"Rag henna mars esos owth offrynna dha ro war an alter hag ena te a berth cof bos gans dha vroder nampyth war dha byn, 24gas ena dha ro dherag an alter. Gwra mos y'th fordh y'n kensa le, bydh unverhes gans dha vroder hag ena dues dhe offrynna dha ro.

25"Bydh unverhes toth da gans dha escar ha te ow kerdhes war an fordh ganso rag own dha escar dhe'th telyfra dhe'n brusyas ha'n brusyas dhe'n jayler ha te dhe vos towlys yn pryson. 26Dhe wyr me a laver dhys, na wreta dos yn mes alenna bys may whrelles tylly an dheneren dhewetha.

27"Why re glowas y vos leverys, 'Te ne dal gul avowtry', 28saw me a laver dheugh, neb a wrella meras orth benen gans lust, ef re wrug avowtry solabrys gensy yn y golon. 29Ha dha lagas dyhow mar qura dhyso trebuchya, ten e mes ha'y towlel dheworthys. Gwell y fydh dhys onen a'th esely dhe vos kellys es dha gorf oll dhe vos towlys yn yffarn. 30Mar qura dha luef dhyhow dhyso peha, trogh hy dhe ves ha towl hy dheworthys, rag y fydh gwell dhys onen a'th esely dhe vos kellys es dha gorf yn tyen dhe vos towlys aberth yn yffarn.

31"Y fue leverys dhe'n dus coth ynwedh, 'Mar tue den ha gorra y wreg dheworto, res yw dhodho ry screfa dydhemedhyans dhedhy.' 32Saw me a laver dheugh, pynag oll a wrella dydhemedhy y wreg, marnas hy a wra gyglotry, ef a's gwra gwan-wre'ty; ha neb a wrella demedhy gensy, ef yw avowtrer.

33"Arta why re glowas fatel vue leverys dhe'n dus coth, 'Ny dal dhys gowlya, mes te a dal gul dha lyow dhe'n Arluth.' 34Saw me a laver dheugh, na wreugh lya man naneyl re'n nef, rag eseth Dew ywa, 35na re'n dor, rag scavel y dreys yw ef, na re Jerusalem, rag hy yw cyta an Mytern bras; 36naneyl na wra lya re'th pen, rag ny ylta gul dhe un vlewen anodho bos naneyl gwyn na du. 37Na, bedhens agas lavar 'Ea, ea' ha 'Na, na.' Tra vyth moy es henna a dhue dheworth an tebel-el.

38"Why re glowas fatel vue leverys, 'Lagas rag lagas ha dans rag dans.' 39Saw me a laver dheugh, na wreugh resystens orth henna a vo drog. Mar tue den vyth ha'th weskel war dha vogh dhyhow, treyl dhodho an vogh gledh ynwedh; 40ha mar myn nebonen dha dhry dherag an gort ha don dheworthys dha bows, gas ef dhe gafus dha vantel ynwedh. 41Mar tue den ha'th constryna dhe dravalya un vyldyr, ke ganso dew. 42Mar tue den ha govyn orthys, ro dhodho. Mar pydh den vyth ow whelas chevysya dheworthys, byth na wra y sconya.

43"Why a'n clowas desky y'n termyn res eth, 'Te a wra cara dha gothman ha casa dha escar.' 44Saw me a laver dheugh, Gwreugh cara agas eskerens ha peseugh rag an re na usy orth agas vexya ha'gas persecutya, 45may halleugh why bos flehes agas Tas usy yn nef. Rag ef a wra dhe'n howl drehevel kefrys war an da ha'n drog, hag ef a dhenvyn glaw war an just ha war an anjust. 46Rag mar teugh why ha cara an re usy orth agas cara why, pan a reward a vedhough why? A nyns usy an dolloryon ow cul yndella? 47Ha mar teugh why ha cows da only a'n re na neb yw agas bredereth ha cothmens, pan a vater bras yw henna? A nyns usy an Jentylys ow cul yndella? 48Rag henna bedheugh perfeth, kepar del yw perfeth agas Tas usy yn nef.

6 "Kemereugh wyth na wrelleugh agas oberow da dherag tus rag bos gwelys gans an bobel – rag nena ny'gas bydh gober vyth dheworth agas Tas usy yn nef.

2"Rag henna pan wrelleugh why ry alusenow, na whetheugh corn dheragough kepar del wra an dus fekyl y'n synagys hag y'n stretys, may hallens cafus prays dheworth an bobel. Ea, me a laver dheugh, gallas aga gober gansans. 3Saw te, pan ves ow ry dha alusenow, na wrella dhe'th dorn cledh godhvos pandr' usy dha dhorn dyhow orth y wul, 4rag may fo cudh dha alusenow, ha'th Tas a wel taclow cudh, ef vyn dha rewardya.

5"Pan wreta pesy, na vydh avel an ypocrytys, rag y a gar pesy a'ga saf y'n synagys hag orth cornet an stretys may hallens bos gwelys gans an bobel. Dhe wyr me a laver dheugh: gallas aga gober gansans. 6Saw te, pan wreta pesy, ke aberth y'th chambour ha wosa degea an darras, gwra pesy dhe'th Tas, yw kelys ha'th Tas, neb a wel yn dan gel, a vyn dha rewardya. 7Ha pan wrelleugh pejadow, na wreugh usya dascows ufer kepar ha'n paganys; rag ymons y ow cresy y fedhons clowys awos nomber bras aga geryow. 8Na vedheugh ytho kepar hag ynsy, rag agas Tas a wor pandr' usy othem dheugh anodho kens es why dh'y wovyn orto.

9"Rag henna gwreugh pesy yndelma:

"'Agan Tas ny usy y'n nef,
    benegys re bo dha hanow.

¹⁰Re dheffa dha wlascor.
Re bo gwres dha volunjeth y'n
nor kepar hag y'n nef.
¹¹Ro dhynny hedhyw agan bara
puptedh oll.
¹²Ha gaf dhyn agan camweyth,
kepar del aven nyny dhe'n re na
usy ow camwul er agan pyn ny.
¹³Ha na wra agan gorra yn temp-
tacyon, mes delyrf ny dheworth
drog. Rag dhyso jy yma an wlas-
cor, ha'n gallus, ha'n gordhyans,
bys vyken ha benary. Amen.'

¹⁴"Rag mara qureugh why gava dhe
dus aga hamweyth, agas Tas y'n nef a
vyn gava dheugh why ynwedh agas
camweyth why. ¹⁵Mar ny wreugh why
gava dhe dus aga hamweyth, byth
moy ny wra agas Tas gava dheugh
agas camweyth why.

¹⁶"Pella, pan wrelleugh penys, na
vedheugh kepar ha'n ypocrytys, tryst
aga semlant, rag ymons ow tyfacya
aga honen may halla an bobel gweles
fatel wrons y penys. Dhe wyr, me a
laver dheugh: gallas aga gober gans-
ans. ¹⁷Saw te, pan wreta penys, gwra
untya dha ben ha golgh dha fas, ¹⁸ma
na vo gwelys gans tus te dhe benys,
saw dha Das usy yn dan gudh a wra
dha weles, hag yn dan gudh ef a vyn
dha rewardya.

¹⁹"Na guntelleugh dheugh tresorys
war an nor le may ma pref dyllas ha
gossen ow tyswul ha lader ow terry
chy rag robbya. ²⁰Saw gorreugh yn
ban dheugh tresorys y'n nef le nag
ues naneyl pref na gossen ow tyswul
ha le na yll lader terry chy ha robbya.
²¹Ple pynag a vo agas tresor, ena y
fydh agas colon ynwedh.

²²"Golow an corf yw an lagas, rag
henna mars yw dyblans dha lagas, oll
dha gorf a vydh luen a wolow. ²³Saw
mars yw anyagh dha lagas, oll dha
gorf a vydh luen a dewlder. Rag
henna mars yw tewolgow an golow
usy ynnos, assa vydh bras an
tewolgow na!

²⁴"Ny yll den vyth servya dew
vester, rag ef a wra hatya an eyl ha
cara y gela, poken ef a vyn ry worshyp
dhe'n eyl ha dyspresya y gela. Ny
yllough servya kefrys Dew ha rychys.

²⁵"Rag henna me a laver dheugh: na
vedheugh prederys adro dhe'gas bew-
nans, pandr' a vennough why debry
bo eva, na byth moy adro dhe'gas
corf, pandr' a yllough why gorra y'gas
kerhyn. A nyns yw an bewnans moy
ages sosten ha'n corf moy ages dyllas?
²⁶Mereugh orth edhnow an ayr: ny
wrons naneyl gonys has na mejy na
cuntell yn skyberyow, mes yma agas
Tas y'n nef orth aga maga. A nyns
ough why polta moy a vry agessans y?
²⁷Ha pyw ahanough der y brederow a
yll moghhe y hes a un kevelyn kyn fe?

²⁸"Ha prag yth ough why prederys
adro dhe dhyllas? Mereugh orth lyly
an parcow fatel wrons y tevy. Ny
wrons y naneyl lafurya na nedha.
²⁹Saw me a laver dheugh, nag o
Salamon y'n oll y splander taclys
kepar hag onen a'n re ma. ³⁰Rag
henna mars usy Dew yndella ow
quetha gwels an parcow usy hedhyw
ow tevy hag avorow a vydh towlys yn
forn, pysuel dhe voy a vyn ef agas
gwysca why, why dus, bohes agas
fedh! ³¹Rag henna na vedheugh
prederys ha leverel, 'Pandr' a wren ny

debry bo eva naneyl pandr' a yllyn ny gwysca y'gan kerhyn?' 32Rag yma an Jentylys ow whelas oll an re ma ha dhe wyr agas Tas y'n nef a wor bos othem dheugh anedhans oll. 33Saw kens oll wheleugh gwlascor Dew ha'y ewnder ef, hag oll an re ma a vydh rys dheugh why kefrys. 34Na vedheugh ytho prederys a'n jedh avorow, rag an jedh avorow a vyn dry anken anodho y honen. Lowr dhe'n jedh hedhyw yw y dhrog y honen.

7 "Na wreugh brusy ma na veugh why brusys, 2rag gans an vrues may whreugh why brusy dredhy, why a vydh brusys, ha gans an musur a wreugh why musura ganso, y fydh musurys dheugh why.

3"Praga y whreta meras orth an motta usy yn lagas dha vroder, saw an trester usy y'th lagas dha honen, nyns esta orth y weles man? 4Po fatel ylta jy leverel dhe'th vroder, 'Gas vy dhe denna an motta mes a'th lagas jy,' hag awot an trester y'th lagas dha honen? 5Ass osta fekyl! Kensa ten an trester mes a'th lagas tejy ha nena te a welvyth cler ha gallus tenna yn mes an motta usy yn lagas dha vroder.

6"Na reugh dhe'n cuen an pyth a vo sans naneyl na dowleugh agas perlys arag mogh, rag own y dh'aga threttya yn dan dreys ha treylya ha'gas squardya why.

7"Govynneugh hag y fydh rys dheugh; wheleugh ha why a gaf. Knoukyeugh war an darras hag y fydh egerys dheugh, 8rag neb a wrella govyn, dhodho y fydh rys, ha pynag oll a wrella whelas, ef a gaf, ha pynag oll a wrella knoukya, y fydh egerys dhodho.

9"Ues den vyth y'gas mesk, pan wrella y vab govyn orta bara, a vensa ry dhodho men? 10Po mar tue an flogh ha govyn pysk, a vyn ef ry dhodho serpont? 11Why ytho, kynth ough why pehadoryon, why a wor ry royow da dh'agas flehes. Pysuel dhe voy a vyn agas Tas y'n nef ry taclow da dhe'n re na a wrella govyn orto! 12Yn pub tra ytho gwrelleugh dh'agas hynsa poran kepar del vya da dheugh why y dhe wul dheugh. Rag hem yw an laha ha'n profettys.

13"Entreugh der an yet stroth, rag ledan yw an yet hag efan yw an fordh usy ow ledya dhe dhystrucsyon, ha lyes yw an re na a wra entra dredho. 14Rag stroth yw an yet ha cul yw an fordh usy ow mos dhe vewnans ha bohes yw an re na a wra y gafus.

15"Bedheugh war a fals profettys, rag y a dhue dheugh yn dyllas deves, saw yth yns y y'n golon rampyng bleydhas, settys rag devorya. 16Aga aswon a wreugh der aga frutys. A yll grappys bos cuntellys dhewar dhreyn bo fyges dhewar ascal? 17Yn ketelma pub gwedhen dha a dheg frut da, mes gwedhen dhrog a dheg tebel-frut. 18Ny yl gwedhen dha don tebel-frut, naneyl ny yll gwedhen dhrog don frut da. 19Pub gwedhen na wrella don frut da a vydh trehys dhe'n dor ha towlys y'n tan. 20Warlergh aga frutys ytho why a's aswon.

21"Ny wra entra yn gwlascor nef kenyver onen a lavarra dhym, 'Arluth, Arluth', mes an re a wrella bodh ow Thas usy yn nef. 22Lyes huny a

9

vyn leverel dhym y'n jedh na, 'Arluth, Arluth, a ny wrussyn ny profusa y'th hanow jy hag y'th hanow jy towlel yn mes dewolow ha gul muer a oberow gallosek?' 23Nena me a vyn leverel dhedhans, 'Bythqueth ny wrug avy agas aswon why. Dybertheugh dheworthyf, why tebel-oberoryon!'

24"Rag henna pynag oll a glewfo an geryow ma a lavaraf hag a wrella war aga lergh, ef a yll bos hevelebys dhe dhen fur a dhrehevys y jy war an garrek. 25Ha'n glaw a godhas ha'n lyvow a dhueth ha'n gwynsow a whethas ha dehesy war an chy na, saw ny godhas an chy man, awos y vos fundys war garrek. 26Ha pynag oll a glewfo an geryow ma a lavaraf saw heb gul war aga lergh, ef yw kepar ha den fol neb a dhrehevys y jy war an treth. 27Ha'n glaw a godhas hag y tueth an lyvow, ha'n gwynsow a whethas ha dehesy war an chy na, ha'n chy a vue dystrowys ha bras vue y godh!"

28Ha pan worfennas Jesu an lavarow ma an bobel a'n jeva marth bras a'y dhyscans, rag yth esa ef orth aga desky kepar hag onen a'n jeva auctoryta. Nyns o va haval man dh'aga scrybys.

8 Ha wosa Jesu dhe skynnya dhewar an meneth, ruth vras a dus a'n sewyas, 2hag ena clavrek a dhueth nes dhodho ha codha war ben dewlyn dheragtho ow leverel, "Arluth, mar mennys, ty a yll ow glanhe."

3Ha Jesu a ystynnas y luef ha'y duchya ha leverel, "Mannaf, bydh glan." Ha dewhans an lovryjyon a'n

gasas, 4hag yn medh Jesu dhodho, "Kemer wyth na wrelles leverel ger dhe dhen vyth, saw ke hag omdhysqua dhe'n pronter ha doro dha ro kepar del ordnas Moyses yn dustuny dhedhans."

5Ha pan eth Jesu aberth yn Capernaum, y tueth dhodho century ha'y besy 6ha leverel, "Yma ow maw vy a'y wroweth y'n chy hag ef tormentys gans an paljy."

7Ef a leverys dhodho, "Me a vyn dos ha'y sawya."

8An century a worthebys, "Arluth, nyns of wordhy te dhe dhos yn dan ow tho. Saw ny dal dhys ma's leverel an ger ha'm maw a vydh yaghhes. 9Rag me ow honen a'm bues auctoryta hag yma soudoryon yn danof. Me a lever dhe'n eyl anedhans, 'Ke', hag otta va ow mos; ha dh'y gela, 'Dues', hag ef a dhue; me a laver dhe'm maw, 'Gwra hemma', hag ef a'n gwra."

10Pan glowas Jesu henna, marth a'n jeva, ha leverel dhe'n re na esa orth y sewya, "Dhe wyr, me a laver dheugh, ny gefys kemmys fedh bythqueth yn Ysrael. 11Ea, muer a dus a wra dos dhya'n yst ha'n west hag esedha orth mos gans Abram, Ysak ha Jacob yn gwlascor nef, 12mes eryon an wlascor a vydh towlys yn mes bys y'n tewolgow abell – le may fydh olva ha scrynva dens."

13Ha Jesu a leverys dhe'n century, "Ke war dha fordh. Re bo gwres dhys kepar del wrusta cresy." Ha'y vaw a vue yaghhes y'n very termyn na.

14Pan dhueth Jesu dhe jy Peder, ef a gafas dama dha Peder a'y groweth ha hy grevys a'n fevyr. 15Jesu a duchyas hy luef ha'n fevyr a's gasas. Dystough hy a sevys yn ban ha dalleth y servya ef.

16An gordhewer na y fue degys dhodho lyes den o troblys gans tebel-sperys, hag ef a dowlas yn mes an drogsperysyon gans ger y anow ha yaghhe oll an glevyon. 17Y fue hemma may halla bos collenwys an pyth re bya leverys der anow an profet Ysay,

"Agan gwanderow ef y honen a's kemeras hag a dhug agan clevejow."

18Ha Jesu pan welas ruth vras adro dhodho, ef a ros gorhemmyn dhe omdenna dhe lan aral an mor. 19Scryba a dhueth dhodho ha leverel, "Descajor, me a vyn dha folya pynag oll tyller mayth ylly."

20Jesu a'n gorthebys, "Dhe'n lewern yma tell, ha neythow dhe edhnow an ayr, saw ny'n jeves Mab an Den tyller vyth dhe bowes y ben ynno."

21Onen aral a'n dyscyplys a gowsas orto ha leverel, "Arluth, gas vy kensa dhe vos hag encledhyes ow thas."

22Jesu a worthebys dhodho, "Gwra ow folya vy. Geseugh an re marow dhe encledhyes aga re marow aga honen."

23Ena ef a entras y'n scath ha'y dhyscyplys a dhueth war y lergh. 24Hager-awel a omdhrehevys war an mor, mayth esa an tonnow ow cudha an scath. Saw yth esa a'y gusk, 25ha'y gowetha a dhueth ha'y dhyfuna ow leverel, "Arluth, gweres ny! Yth eson ny yn peryl a vernans!"

26Saw ef a's gorthebys ha leverel,

"Prag yth esough why ow kemeres own, why a vohes fedh!" Nena ef a sevys yn ban ha rebukya an gwyns ha'n mor hag y fue spaven.

27Marth a's teva hag y leverys, "Py sort den yw hemma, pan usy an mor ha'n gwyns owth obaya dhodho kyn fe!"

28Pan o va devedhys dhe'n lan aral, dhe Bow an Gadarenas, ef a vetyas orth dew dhen troblys gans tebel-sperys hag y ow tos mes a'n bedhow. Mar wyls ens y na ylly den vyth pass-ya der an fordh na. 29Dystough y a armas ha govyn orto, "Pandr' ues yntredhon ny ha te, a Vab Dew? Osta devedhys omma rag agan tormentya kens an termyn ewn?"

30Yth esa pell alenna gre vras a vogh ow pory, 31ha'n debel-sperysyon a'n pesys ha leverel, "Mara menta agan towlel yn mes, gas ny dhe entra y'n gre mogh."

32Ef a worthebys, "Voydyeugh alemma!" Y a dhueth yn mes hag entra y'n mogh hag oll an gre a bonyas toth bras an leder serth yn nans bys y'n mor ha persya yn dowr. 33An vugeleth a bonyas yn kergh ha mos dhe'n cyta ha deryvas oll an cas ha'n pyth a happyas dhe'n seghyer dyawl. 34Gans henna oll an cyta a dhueth yn mes rag metya orth Jesu. Pan wrussons y weles, y a'n pesys a omdenna mes a'ga fow y.

9 Ha wosa ef dhe vones aberth yn scath, ef a dremenas dhe'n tenewan aral a'n mor ha dos dh'y cyta y honen. 2Hag ena y fue degys dhodho paljy a'y wroweth war wely. Pan

11

welas aga fedh, Jesu a leverys dhe'n paljy, "Gwell dha jer, ow mab; gyvys yw dha behosow."

3Gans henna ran a'n scrybys a leverys y'ga holon, "Yma an den ma ow cably Dew."

4Pan wrug ef convedhes aga freder, Jesu a leverys, "Prag yth esough ow predery drog y'gas colon? 5Rag pyneyl yw esya leverel, 'Dha behosow yw gyvys' po leverel, 'Saf yn ban ha kerdh?' 6Saw rag may halleugh why godhvos fatel y'n jeves Mab an Den auctoryta war an norvys dhe bardona pehosow" – ef a leverys dhe'n paljy – "Saf yn ban, drefa dha wely ha kerdh dhe dre." 7Hag ef a sevys yn ban ha mos tre. 8Pan welas an bobel henna, y a's teva marth ha gordhya Dew neb a wrontyas kemmys gallus dhe vab den.

9Ha pan esa ef ow mos war y fordh, Jesu a welas den henwys Mathew, a'y eseth orth an dollva. Jesu a leverys dhodho, "Gwra ow sewya." Ef a sevys yn ban ha'y sewya.

10Pan esa Jesu a'y eseth y'n chy orth an vos, muer a dolloryon ha pehadoryon a entras hag esedha gans Jesu ha'y dhyscyplys. 11Pan welas an Farysys henna, y a wovynnas orth y dhyscyplys, "Prag y whra agas descajor debry gans tolloryon ha pehadoryon?"

12Wosa Jesu dh'aga clowes, ef a worthebys, "Nyns ues othem vyth a vedhek dhe'n dus yagh, mes dhe'n re claf. 13Saw eugh ha deskeugh styr an lavar ma, 'Sacryfys ny vannaf man saw tregereth.' Nyns oma devedhys dhe elwel an re gwyryon mes an behadoryon."

14Ena y tueth dhodho dyscyplys Jowan ha leverel, "Prag yth eson ny ha'n Farysys ow cul penys, mes nyns usy dha dhyscyplys jy ow cul penys vyth?"

15Jesu a worthebys, "A yll cowetha an gour pryas gul penys pan usy va gansans? Yma an dedhyow ow tos pan vydh an gour pryas kemerys dhewortans hag y'n uer na y a wra penys.

16"Nyns ues den vyth ow corra clowt mes a ban noweth war gweth coth rag hy ewna, poken an clowt neb yw gorrys warnedhy a wra tenna dheworth an gweth ha lacka vydh an squard. 17Naneyl nyns yw gwyn noweth deverys yn botellow a grehyn coth, rag an crehyn a wra tardha ha dystrowys vedhons ha'n gwyn a vydh kellys. Na, gwyn noweth a dal bos deverys yn crehyn noweth ha'n dhew a vydh gwethys."

18Pan esa Jesu whath ow cowsel yndella, y tueth dhodho rewler a'n synaga hag omblegya dheragtho ow leverel, "Ow myrgh yw noweth marow, saw mar tueta hag ystynna dha luef warnedhy, hy a wra bewa." 19Ena Jesu ha'y dhyscyplys a sevys yn ban ha mos war y lergh.

20Gans henna benen esa ow suffra nans o dewdhek bledhen a yssew a wos a dhueth adref dhodho ha tuchya lysten y bows, 21rag hy a levery yn hy holon, "Mara callaf unweyth tuchya y bows, me a vydh sawys."

22Jesu a dreylyas ha'y gweles hag ef a leverys dhedhy, "Gwell dha jer, dha fedh re'th sylwys." Ha hy a vue yaghhes y'n uer na.

23Ha pan dhueth Jesu bys yn chy an

rewler ha gweles an menstrels ha'n dus ow kyny, 24ef a leverys, "Avoyd-yeugh alemma, rag nyns yw an vowes marow, saw ow cusca yma hy." Saw gul ges anodho a wrussons. 25Mes wosa an ruth dhe vos gorrys mes a'n chy, ef a entras ha'y hemeres er an luef ha'n vowes a sevys yn ban. 26Ha'n ger da anodho a omlesas der oll an pow na.

27Ha pan esa Jesu ow mos alenna, dew dhen dall a'n folyas ow crya, "Kemer tregereth warnan, te Vab Davyth."

28Ha wosa ef dhe entra y'n chy, an dhellyon a dhueth dhodho ha Jesu a wovynnas ortans, "Esough why ow cresy fatel allama gul hemma?"

Y a worthebys, "Eson, Arluth."

29Nena ef a duchyas aga dewlagas ha leverel, "Bedhens gwres dheugh warlergh agas fedh," 30ha'ga dew-lagas a vue egerys. Ha Jesu a's ordnas strayt gans an geryow ma, "Gwayt-yeugh na wrella den vyth godhvos a hemma." 31Mes kettel wrussons mos yn mes, y a dhallathas declarya an newodhow anodho der oll an pow na.

32Ha wosa y dhe omdenna, y fue drys dhodho den a'n jeva dyawl omlavar. 33Pan wrug Jesu towlel yn mes an drogsperys omlavar, an den a ylly cowsel. Marth bras a's teva an bobel hag y leverys, "Ny vue tra vyth an par na gwelys kens yn Ysrael."

34Mes an Farysys a leverys, "Dre weres chyf an dhewolow yma va ow towlel mes an tebel-sperysyon."

35Hag yth esa Jesu ow mos adro der oll an cytas ha'n trevow, ow tesky y'ga synagys hag ow progeth awayl an wlascor hag ow yaghhe pub cleves ha gwanegreth. 36Pan welas Jesu an ruth, ef a gemeras mercy warne-dhans, drefen aga bos squythys ha scullys kepar ha deves heb bugel. 37Ena yn medh ef dh'y dhyscyplys, "Yn tefry, muer yw an drevas, mes tanow yw an oberoryon. 38Peseugh ytho Arluth an drevas may whrella danvon oberoryon dh'y drevas."

10 Nena Jesu a elwys y dhew-dhek abostel warbarth hag ef a ros dhedhans power war debel-sperysyon, may hallens aga thowlel yn mes ha sawya pub maner cleves ha dysesys.

2Otomma henwyn an dewdhek abostel: an kensa o Symon, gelwys Peder, hag Androw y vroder, Jamys mab Zebedy ha Jowan y vroder, 3Felyp ha Bertyl, Tomas ha Mathew an tollor, Jamys mab Alfeus, ha Thadeus, 4Symon Cananyas, ha Judas Scaryoth, an den a wrug y drayta.

5An dewdhek ma Jesu a's danvonas yn kergh ow ry gormynnadow dhe-dhans hag ow leverel, "Na wreugh mos naneyl yn fordh an Jentylys na dhe cyta vyth a'n Samaritanas, 6saw kens oll eugh dhe whelas an deves kellys a jy Ysrael. 7Pan vedhough why ow mos war agas fordh, progow-theugh an newodhow da ow leverel, 'Ogas yma gwlascor nef.' 8Gwere-seugh an glevyon, dreheveugh an re marow, glanheugh an glavregyon, towleugh yn mes an dhewolow. Heb pemont why re recevas; reugh heb

pemont. 9Na dhreugh genough nan-
eyl owr nag arhans na brest y'gas pors,
10na sagh rag an fordh, na dew vantel
nag eskyjyow na lorgh vytholl. Rag
wordhy yw an gonesyas a'y sosten.

11"Pynag oll a vo an cyta po an
bendre mayth elleugh aberth ynny,
govynneugh pyw yw gwyw ena ha
ganso ef tregeugh bys pan wrelleugh
why dyberth alenna. 12Pan wrelleugh
why entra y'n chy, dynerheugh a vo
ynno. 13Mar pydh wordhy an chy, re
dheffa agas cres warnodho, mes mar
ny vydh wordhy, re dhewhella agas
cres dheugh why. 14Ha pynag oll na
wrella agas receva na goslowes orth
agas geryow, pan elleugh mes a'n chy
po a'n cyta na, shakyeugh an dowst
dhewar agas dewdros. 15Yn gwyr me
a laver dheugh fatel vydh esya dhe
dyr Sodom ha Gomorra dedh brues
ages dhe'n cyta na.

16"Awotta vy orth agas danvon why
yn mes avel deves yn mesk bleydhas,
rag henna bedheugh fur kepar ha
nedras ha gwyryon kepar ha colomas.
17Bedheugh war a dus, rag y a vyn
agas delyfra dhe'n consels ha'gas
scorjya y'ga synagys, 18ha why a vydh
degys adherag rewloryon ha mytern-
eth a'm govys vy rag don dustuny
dhedhans ha dhe'n Jentylys. 19Pan
wrons y agas delyfra, na vedheugh
prederys fatel wreugh why cowsel na
pandr' a dal dheugh leverel, rag
grontys vydh dheugh y'n very termyn
na an pyth a wrelleugh leverel. 20Ny
vedhough whywhy ow cowsel, mes
Sperys agas Tas ow cowsel dre-
dhough.

21"Broder a wra trayta y vroder
dhe'n mernans ha'n tas y flogh, ha

flehes a wra sordya warbyn tas ha
mam ha'ga delyfra dhe vos ledhys.
22Why a vydh hatys gans oll an bobel
awos ow hanow vy. Mes suel a wrella
pesya bys y'n deweth, a vydh sylwys.
23Pan wrellens y agas tormentya y'n
eyl cyta, fyeugh dhe onen aral. Dhe
wyr me a laver dheugh hemma: ny
wreugh why passya der oll cytys
Ysrael kens es Mab an Den dhe dhos.

24"Nyns yw brassa an dyscypyl ages
y dhescajor, na nyns usy an servont
a-ugh y arluth. 25Lowr yw dhe'n dys-
cypyl bos kepar ha'y vester ha dhe'n
servont dh'y arluth. Mar qurussons y
ry an hanow Belsebuk dhe vester an
chy, pysuel dhe voy a vennons y
deraylya oll y veyny!

26"Rag henna na bertheugh own
vyth anedhans, rag nyns ues tra vyth
cudh na vydh dyscudhys, na tra vyth
yn dan gel na wra dos dhe'n golow.
27An pyth esof ow leverel dheugh y'n
tewolgow, henna levereugh y'n gol-
ow, ha'n dra a vennough why clowes
y'n scovarn, gwreugh y arma dhewar
dohow an treven. 28Na bertheugh
own a'n re na usy ow ladha an corf,
rag ny yllons y dyswul an enef. Na,
kens oll pertheugh own a henna a alsa
dystrowy yn yffarn an enef ha'n corf
kefrys. 29A ny vydh dew wolvan
gwerthys a un ferdhyn? Mes nyns usy
nagonen anedhans ow codha dhe'n
dor heb bodh agas Tas. 30Nyverys yw
pub blewen oll war agas pen. 31Na
bertheugh own ytho, rag why a dal
moy ages lyes golvan.

32"Pynag oll ytho a wrella ow aswon
vy dherag tus, an keth den na a
vannaf vy aswon dherag ow Thas usy

y'n nef. ³³Mes pynag oll a wrella ow denaha dherag tus, me ynwedh a vyn y dhenaha dherag ow Thas usy y'n nef.

³⁴"Na wreugh predery ow bos vy devedhys rag dry cres war an norvys. Ny wrug avy dos rag dry cres saw cledha. ³⁵Rag yth of devedhys rag gul

"'dhe'n mab omsevel warbyn y das
ha dhe'n vyrgh warbyn hy mam
ha dhe'n wreg yowynk warbyn hy dama dha,
³⁶hag eskerens den a vydh esely
a'y veyny y honen.'

³⁷"Neb a wrella cara tas bo mam moy agesof vy, nyns ywa wordhy ahanaf; ha neb a garra mab bo myrgh moy agesof vy, nyns ywa wordhy ahanaf. ³⁸Neb na wrella kemeres yn ban y grows ha'm sewya vy, nyns ywa wordhya ahanaf. ³⁹An re na a wrella cafus aga bewnans, y a'n kyll, saw an re na a wrella kelly aga bewnans rag ow herensa vy, y a'n caf.

⁴⁰"Neb a wrella agas wolcumma why, a wra ow wolcumma vy, ha pynag oll a wrella ow wolcumma vy, ef a wra wolcumma henna a wrug ow danvon. ⁴¹Neb a wrella wolcumma profet yn hanow profet, ef a wra receva gober profet. Ha neb a wrella wolcumma den ewnhensek yn hanow den ewnhensek, ef a recef weryson an re ewnhensek. ⁴²Pynag oll a rolla hanaf a dhowr yeyn dhe eva dhe onen a'n re munys ma, yn hanow dyscypyl, dhe wyr me a laver dheugh, na wra va kelly y wober."

11 Pan wrug Jesu gorfenna y gomondmentys dh'y dhew-dhek dyscypyl, ef eth alenna dhe dhesky ha progeth y'ga cytys.

²Ha Jowan pan glowas yn pryson adro dhe oberow Cryst, ef a dhan-vonas ran a'y dhyscyplys dhe wovyn, ³"Osta henna a dal dos, po a res dhyn gortos onen aral?"

⁴Jesu a's gorthebys, "Eugh ha deryv-eugh dhe Jowan an taclow esough ow clowes hag ow queles: ⁵an dall a wel ha'n effre'eg a wra kerdhes, yma an lovregyon glanhes, ha'n bodhar a glow, an dus varow yw dasvewys ha'n awayl yw progowthys dhe'n vohosog-yon. ⁶Benegys yw ef na vo sclandrys rag ow herensa vy."

⁷Pan esa dyscyplys Jowan ow ty-berth, Jesu a dhallathas cowsel orth an bobel ow tuchya Jowan ha leverel, "Pandra ethough yn mes dhe weles dhe'n gwylfos? Corsen crehyllys gans an gwyns? ⁸Saw pyth ethough dh'y weles? Den gwyskys yn dyllas medh-el? Saw an re na ues gwyskys yn dyllas medhel, yn palacys why a's caf. ⁹Saw prag yth ethough yn mes? Rag gweles profet? Henna dhe wyr a welsough ha polta moy ages profet. ¹⁰Hem yw henna may fue screfys anodho,

"'Ot, me a vyn danvon ow messejer adherag dha fas
hag ef a wra darbary dha fordh adheragos.'

¹¹Yn gwyr me a laver dheugh, nag yw brassa es Jowan Baptyst den vyth a'n re na a vue genys a venen – bytegens

15

an lyha yn gwlascor nef yw brassa agesso ef. ¹²Saw dheworth dedhyow Jowan bys y'n jorna ma yma gwlascor nef ow suffra nerth garow, ha gans garowder yma tus ow whelas hy hemeres dre nell. ¹³Rag oll an profettys ha'n laha a wrug profusa bys yn dedhyow Jowan. ¹⁴Ha mar mennough why receva an dra, ef yw Elyas neb a dal dos. ¹⁵Suel a'n jeves dewscovarn dhe glowes, gwrens ef clowes!

¹⁶"Dhe bandra a wrama hevelly an henath ma? Haval yns dhe flehes esedhys yn tyller marhas ow carma an eyl dh'y gela hag ow leverel,

¹⁷"'Ny re wrug pyba dheugh
    mes ny wrussough donsya;
ny re wrug kyny
    mes why ny wrussough devera
    dagrow.'

¹⁸"Rag Jowan a dhueth heb debry nag eva, hag y a levery, 'Ef a'n jeves dyawl.' ¹⁹Mab an Den a dhueth hag ef ow tebry hag owth eva, hag awottensy ow leverel, 'Mereugh! Cowlek ywa ha pen medhow ha cothman dhe dolloryon ha pehadoryon!' Mes furneth yw ewnhes gans hy oberow."

²⁰Nena Jesu a dhallathas reprefa an cytas may fue gwres ynnans y oberow moyha gallosek, drefen na wrussons y codha yn edrek hag ef a leverys, ²¹"Gojy, Chorazin! Gojy, Besseda! Rag a pe gwres yn Tyr ha Sidon an oberow gallosek a vue gwres ynnough why, y a wrussa repentya yn saghlen ha lusow termyn hyr alemma. ²²Ea, me a laver dheugh fatel vydh gwell dhe Dyr ha dhe Sidon

dedh brues ages dheugh why! ²³Ha te, Gapernaum, a vedhys jy drehevys bys y'n nef? Na vedhys, te a vydh yselhes bys yn yffarn. Rag a pe gwres yn Sodom an oberow gallosek a vue gwres ynnos jy, y a vya a'ga saf bys y'n jedh hedhyw. ²⁴Mes me a laver dheugh y fydh moy plesont dhe bow Sodom dedh brues es dhyso tejy."

²⁵Y'n termyn na Jesu a leverys, "A Das, yth esof owth aswon gras dhys, Arluth an nef ha'n norvys, drefen te dhe gudha an taclow ma dheworth an re fur ha skyansek ha'ga dyscudha dhe flehesygow. ²⁶Ea, a Das, rag yndella yth hevelly da dhys.

²⁷"Ow thas re wrug delyfra pub tra dhym, Nyns ues den vyth owth aswon an Mab marnas an Tas, naneyl nyns ues den vyth owth aswon an Tas marnas an Mab ha'n re na a vo an Mab whensys dhe dhysquedhes an Tas dhedhans.

²⁸"Deugh bys dhym, why oll usy ow lafurya yn dan sawgh pos ha me a vyn agas refressya. ²⁹Kemereugh warnough ow yew ha deskeugh genef, rag me yw clor hag uvel yw ow holon, ha why a gaf cosoleth dh'agas enef. ³⁰Rag ow yew vy yw wheg hag ow sawgh scaf dhe dhon."

12 Y'n termyn na Jesu eth der an gwanethegow jorna an sabot, ha'y dhyscyplys a's teva nown ha dalleth terry pennow an ys ha'ga debry. ²Pan welas an Farysys henna, y a leverys dhodho, "Myr, yma dha dhyscyplys ow cul tra dedh an sabot nag yw lafyl."

³Ef a's gorthebys, "A ny wrussough why redya an pyth a wrug Davyth ha'y gowetha pan ens gwag? ⁴Fatel wrug ef entra yn chy Dew ha debry Bara an Presens, nag o lafyl dhe dhebry naneyl dhodho y honen na dh'y gowetha, mes dhe'n bronteryon yn unyk? ⁵Po a ny wrussough why redya y'n laha fatel usy pronteryon an templa ow terry an sabot heb bos cablus? ⁶Me a laver dheugh bos nampyth omma yw brassa es an templa. ⁷Saw mar teffeugh ha godhvos styr an lavar ma, 'Sacryfys ny vannaf vy saw tregereth,' ny wrusseugh why dampnya an re gwyryon. ⁸Rag arluth an sabot yw Mab an Den."

⁹Ef a voydyas alenna hag entra y'ga synaga. ¹⁰Ena yth esa den gwedhrys y luef. Govyn a wrussons orto ha leverel, "Ywa lafyl sawya cleves jorna an sabot?" may hallens y vlamya.

¹¹Ef a worthebys, "Pyw ahanough hag a'n jeves davas, mar tue hy ha codha yn pyt jorna an sabot, na vensa settya dalhen ynny ha'y drehevel yn mes? ¹²Pysuel dhe voy a dal den es davas? Rag henna lafyl yw gul da jorna an sabot."

¹³Nena ef a leverys dhe'n den, "Ystyn dha luef." Ef a's ystynnas ha dystough hy a vue yagh avel hy ben. ¹⁴Saw an Farysys eth yn mes hag omgusulya war y byn fatel yllyns y dhystrowy.

¹⁵Mes pan wrug Jesu godhvos henna, ef a dhybarthas alenna ha muer a dus a'n folyas. Ef a sawyas pubonen oll anedhans, ¹⁶ow comondya dhedhans na wrellens deryvas ger anodho. ¹⁷Hem o may fe collenwys an pyth re bya cowsys gans Ysay an profet:

¹⁸"Otomma ow servont ha me re wrug y dhowys,
ow den muergerys, usy ow enef pys da ganso.
Me a vyn settya ow Sperys warnodho,
hag ef a wra declarya justys dhe'n Jentylys.
¹⁹Ny wra va naneyl stryvya na crya yn uhel,
na ny glowvyth y lef den vyth y'n stretys.
²⁰Ny wra va naneyl terry corsen vrewys,
na dyfudhy buben luen a vog, erna wrella dry justys dhe vyctory,
²¹hag yn y hanow ef an nacyons a gaf govenek."

²²Nena y fue drys dhodho sagh dyawl hag ef dall hag omlavar. Jesu a wrug y sawya may halla va cowsel ha gweles. ²³Marth bras a's teva oll an bobel hag y a leverys, "Yw hemma mab Davyth?"

²⁴Mes pan glowas an Farysys an dra, y a leverys, "Ny wra an pollat ma towlel yn mes dewolow saw unsel dre Velsebuk, pryns an dhewolow."

²⁵Saw pan wrug Jesu aswon aga brys, ef a leverys, "Pub gwlascor rynnys war hy fyn hy honen a vydh wastys. Cytas bo treven rynnys war aga fyn aga honen, ny wrons y sevel. ²⁶Mars usy Satnas ow towlel Satnas yn mes, rynnys ywa er y byn y honen. Yn pan vaner ytho a yll y wlascor

17

remaynya a'y saf? [27]Mar qurama towlel dewolow yn mes dre Velsebuk, dre byw usy agas mebyon why orth aga thowlel yn mes? Rag henna y a vydh agas jujjys why. [28]Mes mar qurama towlel yn mes dewolow dre Sperys Dew, nena gwlascor Dew yw devedhys yntredhough.

[29]"Po fatel yll nebonen terry chy an den gallosek ha sesya y bossessyon, mar ny wra ef kelmy kens oll an den cref na hag ena pylla y jy?

[30]"Suel na vo genef, er ow fyn yma, ha suel na wrella cuntell genama, scullya a wra. [31]Rag henna me a laver dheugh fatel vydh gyvys dhe vab den pub pegh ha pub blasfemy, mes blasfemy warbyn an Sperys Sans ny vydh gyvys nefra. [32]Ha pynag oll a lavarra warbyn Mab an Den, dhodho y fydh gyvys, mes pynag oll a lavarra warbyn an Sperys Sans, ny vydh gyvys dhodho naneyl y'n bys ma nag y'n bys a dhue.

[33]"Pyken gwreugh an wedhen dhe vos da ha'y frut da, po gwreugh an wedhen dhe vos podrethek ha'y frut podrethek, rag der hy frut y fydh an wedhen aswonys. [34]Why broud a nedras! Fatel yllough leverel an dra yw da pan ough why drog agas honen? Rag mes a lanwes an golon y laver an ganow. [35]An den da a laver taclow da mes a'y dresor da, ha'n tebel-was a laver taclow drog yn mes a'y dresor drog. [36]Me a laver dheugh fatel vydh res dheugh dedh brues ry acont a bub ger cowsys genough yn ufer. [37]Rag warlergh dha lavarow te a vydh justyfyes ha warlergh dha lavarow te a vydh dampnys."

[38]Nena ran an scrybys ha'n Farysys a leverys dhodho, "Descajor, ny a vyn gweles syn dheworthys."

[39]Ef a's gorthebys ha leverel dhedhans, "Henath drog ha dyslel yw hemma neb a vyn cafus syn, mes syn vyth ny vydh rys dhedhans saw unsel syn Jonas an profet, [40]rag kepar del vue Jonas yn tor an morvyl treddeth ha teyr nos, yndelma y fydh Mab an Den treddeth ha teyr nos yn colon an nor. [41]Tus Nineve a wra dasserhy dedh brues gans an henath ma ha'ga dampnya dre reson y dhe godha yn edrega awos progeth Jona, hag otomma onen moy ages Jona. [42]Myternes an Soth a vyn sevel yn ban dedh brues gans an henath ma ha'ga dampnya, rag hy a dhueth dheworth pennow an bys dhe glowes skentoleth Salamon, hag otomma onen yw brassa ages Salamon.

[43]"Peskytter mayth ella an sperys plos mes a dhen, an sperys a vyn passya dre dylleryow segh ow whelas powesva, saw ny's caf man. [44]Nena an sperys plos a laver, 'Me a vyn dewheles dhe'm chy ow honen may tueth vy mes anodho', ha pan dhue dy, ef a'n caf gwag, scubys ha tekhes. [45]Nena ef a vyn mos ha kemeres dh'y honen seyth sperys moy hag y lacka agesso y honen. Hag y oll a wra entra y'n chy na hag y fedhons tregys ynno, ha deweth an den na vydh lacka ages y dhalleth. Yndella ynwedh y fydh an cas dhe'n henath drog ma."

[46]Pan esa Jesu whath ow cowsel orth ruth an bobel, yth esa y vam ha'y vreder a'ga saf aves hag y ow whelas cowsel orto. [47]Rag henna nebonen a

leverys dhodho, "Lo, dha vam ha'th vreder a'ga saf aves hag y ow whelas cowsel orthys."

⁴⁸Ef a worthebys ha leverel dhe'n den a gowsas, "Pyw yw ow mam ha pyw yw ow breder?" ⁴⁹Ef a ystynnas y luef wor' tu ha'y dhyscyplys ha leverel, "Otomma ow mam ha'm breder, ⁵⁰rag oll an re na a wrella bolunjeth ow Thas usy y'n nef, y yw ow broder ha'm whor ha'm mam."

13 An keth jorna na Jesu eth mes a'n chy hag esedha ryb an mor, ²ha muer a dus a omguntellas adro dhodho. Rag henna ef a entras y'n scath hag esedha ynny hag yth esa oll an dus a'ga saf war an treth. ³Nena ef a leverys dhedhans lyes tra dre barablys, yn ketelma, "Gonador eth yn mes dhe wonys has. ⁴Pan esa va owth conys, ran a'n has a godhas ryb an fordh ha'n edhnow a dhueth ha'y dhebry. ⁵Ran aral a codhas war veynek, le ma nag esa saw nebes gweras. An has a egynas heb let, drefen nag esa downder dor, ⁶saw pan o an howl drehevys, y fue va desehys ha crynys dre reson na'n jeva gwredhen. ⁷Ran aral a godhas yn mesk dreyn ha'n dreyn a devys hag a'n tagas. ⁸Ran aral whath a godhas war dhor da hag a dhug trevas, ran a'n ys a ros canspleg, ran try uganspleg ha ran deg warn uganspleg. ⁹Suel a'n jeffa dewscovarn, gwrens ef goslowes."

¹⁰Nena y dhyscyplys a dhueth dhodho ha govyn, "Prag yth esta ow cowsel ortans dre barablys?"

¹¹Ef a worthebys, "Dheugh why re bue grontys godhvos mysterys gwlas-cor nef saw ny vue grontys dhedhans y. ¹²Rag suel a'n jeffa, dhodho ef y fydh rys moy, ha lanwes a'n jevyth, mes pynag oll na'n jeffa tra vyth, deworto y fydh kemerys ynwedh a vo ganso kyn fe. ¹³Rag henna me a gows ortans dre barablys, dre reson

> "nag usons y ow queles kynth
> usons y ow meras ha ny wrons y
> naneyl goslowes na convedhes
> kynth usons ow clowes."

¹⁴Dhe wyr collenwys yw gansans a vue profusys gans an profet Ysay, pan leverys,

> "'Ea, why a vyn goslowes, mes
> nefra ny wodhough why
> convedhes;
> ea, why a wra meras, mes byth ny
> wreugh why percevya.
> ¹⁵Rag colon an bobel ma yw gyllys
> talsogh,
> ha bodhar yw aga dewscovarn.
> Y re dhegeas aga dewlagas,
> ma na wrellens meras gans aga
> lagasow na goslowes gans aga
> dewscovarn ha convedhes y'ga
> brys ha treylya –
> ha me a vensa aga sawya.'

¹⁶"Mes benegys yw agas dewlagas why, rag y re welas, ha'gas dewscovarn why, rag y re glowas. ¹⁷Dhe wyr me a laver dheugh, fatel vue lyes profet ha lyes den ewnhensek neb o whensys dhe weles an taclow a welsough why, mes ny wrussons aga gweles man; ha dhe glowes an pyth a glowsough why, mes ny wrussons aga clowes nes.

18"Cloweugh ytho parabyl an gonador. 19Pan wrella nebonen clowes ger an wlascor heb y gonvedhes, nena y tue an jawl ha don dhe ves a vo gonedhys yn y golon. An den na yw an has ryb an fordh. 20Saw an has a vue hasys war veynek, hen yw henna a glow an ger ha dewhans a'n recef gans lowena; 21bytegens nyns usy gwredhen ynno hag ef ny bys saw pols byan. Pan wrella happya anken po govyjyon awos an ger, ef a godh dhe ves whare. 22Ha'n has a vue hasys yn mesk an dreyn, ef yw an den a glow an ger, mes troblys an bys hag antylly rychys a wra y daga, ma na wra va don frut vyth oll. 23Mes an has a vue gonedhys yn dor da yw an den usy ow clowes an ger hag orth y gonvedhes hag ef a dheg frut – ran anodho canspleg, ran tryuganspleg ha ran degpleg warn ugans."

24Ef a settyas parabyl aral dheragthans ha leverel, "Gwlascor nef yw kepar ha den a wonedhas has da yn y wel, 25saw pan esa tus yn cusk, y escar a dhueth ha gonys has yvra yn mesk an has da hag ena mos yn kergh. 26Pan vue tevys an ys, an yvra a apperyas magata.

27"Gwesyon an tyak a dhueth ha deryvas an cas dhodho, 'Syra, a ny wrusta jy gonys has da y'th vargen tyr? A ble y tueth an yvra usy ynno?'

28"Ef a worthebys dhedhans, 'Ow escar a wrug henna.'

"An wesyon a leverys dhodho, 'A venta jy ny dhe vos yn rag ha cuntell an yvra?'

29"Mes ef a worthebys, 'Na vannaf, rag own why dhe dhywredhya an ys kefrys ha why ow cuntell an yvra. 30Gwrens y aga dew tevy warbarth bys y'n drevas hag y'n kynyaf me a wra leverel dhe'n vejoryon, 'Cuntelleugh warbarth an yvra yn kensa ha'y vanala rag aga lesky, mes cuntelleugh an ys ha'y cruny y'm skyber.'"

31Ef a dheryvas ken parabyl ortans: "Gwlascor nef yw haval orth hasen kedhow a gemeras den ha'y gorra yn y vargen tyr. 32Dhe wyr an lyha oll a bub hasen yw hy, saw pan vo hy tevys, yth yw hy an brassa ynter oll an prysk, rag gwedhen yw hy ha mereugh, edhnow an ayr a dhue rag trega yn hy branchys." 33Ef a leverys parabyl aral dhedhans: "Gwlascor nef yw kepar ha gwel a gemeras benen ha'y gudha yn try musur a vlues bys pan vue oll an tos drehevys."

34Oll an lavarow na Jesu a gowsas dre barablys orth an ruth vras ha heb parablys ny leverys dhedhans tra vyth, 35may halla bos collenwys an geryow cowsys gans an profet ow leverel:

"Me a wra egery ow ganow ha
   cowsel dre barablys,
me a vyn declarya a vue kelys dhya
   fundacyon an bys."

36Nena Jesu a dhybarthas dheworth an ruth hag entra y'n chy. Y dhyscyplys a dhueth dhodho ha leverel, "Gwra styrya dhyn parabyl an yvra y'n bargen tyr."

37Ef a worthebys dhedhans yndelma: "Gonador an has yw mab an Den, 38an bargen tyr yw an bys, an has da yw flehes an wlascor, saw an yvra yw flehes an tebel-el. 39An escar neb a's gonedhas yw an jawl, an drevas yw deweth an bys ha'n eleth yw an vejoryon.

⁴⁰"Rag henna kepar del yw an yvra cuntellys ha leskys yn tan, yndella y whervyth orth deweth an bys ma. ⁴¹Mab an Den a vyn dylla y eleth hag y a wra cuntell mes a'y wlascor pub tra hegas ha'n re na usy ow cul camweyth, ⁴²hag y vyn aga thowlel yn forn tan hag ena y fydh olva ha scrynva dens. ⁴³Y'n termyn na an re gwyryon a wra shynya kepar ha'n howl yn gwlascor aga Thas. Neb a'n jeffa dewscovarn dhe glowes, gwrens ef goslowes!

⁴⁴"Arta, haval yw gwlascor nef dhe dresor kelys y'n dor. Nebonen a'n cafas ha pan y'n cafas, ef a'n cudhas. Nena gans lowender bras ef eth ha gwertha oll y bossessyon rag prena an bargen tyr na.

⁴⁵"Gwlascor nef yw haval kefrys dhe varchont ues ow whelas perlys brentyn. ⁴⁶Pan wrug ef cafus perl a brys bras, ef eth ha gwertha oll a'n jeva ha prena an perl.

⁴⁷"Arta, gwlascor nef a yll bos hevellys dhe ros towlys y'n mor hag a guntell pub ehen a bysk. ⁴⁸Pan vo hy luen, y a's tennas dhe'n tyr ha wosa esedha, y a worras an puscas da yn canstellow, saw y a dowlas yn mes an re na nag o 'vas. ⁴⁹Yndella y fydh orth deweth an bys, an eleth a vyn dos ha dyberth an re drog dheworth an re gwyryon, ⁵⁰hag y wra towlel an re drog yn forn tan, le may fydh olva ha scrynva dens."

⁵¹Jesu a leverys dhedhans, "A wrussough why convedhes oll an lavarow ma?"

Y a worthebys, "Gwrussyn, Arluth."

⁵²Nena ef a leverys dhedhans, "Rag henna pub scryba neb a vue deskys rag gwlascor nef yw kehaval dhe dyak usy ow try mes a'y wythva kefrys taclow noweth ha taclow coth."

⁵³Ha pan wrug Jesu fynsya an parablys ma, ef a omdennas alenna. ⁵⁴Ha wosa ef dhe dhos dh'y bow y honen, ef a wrug desky an dus y'ga synaga may fons y amays ha leverel, "A ble whrug hemma cafus an furneth ma ha'n oberow barthusek? ⁵⁵A nyns ywa mab an ser pren? A nyns yw y vam henwys Marya? A nyns yw Jamys, Joses, Symon ha Juda y vreder? ⁵⁶Ha'y whereth, a nyns usons y oll omma y'gan mesk? Ple whrug ef dhanna cafus hemma oll?" ⁵⁷Ha dyflesys vons y yn y gever.

Mes Jesu a leverys dhedhans, "Nyns yw profet heb onour saw yn y bow y honen hag yn y jy y honen."

⁵⁸Ha ny wruga muer a oberow gallosek ena awos aga dyscrejyans.

14 Y'n prys na an mytern Erod a glowas adro dhe Jesu, ²hag ef a leverys dh'y servons, "Hem yw Jowan Baptyst. Ef re dhassorhas dheworth an re marow ha rag henna yma an power barthusek ma owth obery ynno."

³Rag Erod a sesyas Jowan ha'y gelmy ha'y brysonya awos Erodias, gwreg y vroder Felyp, ⁴dre reson Jowan dhe leverel dhodho, "Nyns yw lafyl te dh'y hemeres yn gwreg." ⁵Yth esa Erod ow tesyrya ladha Jowan mes own a'n jeva a'n bobel, rag an bobel a gresy Jowan dhe vos profet.

⁶Ha pan vue golys pen blodh Erod, myrgh Erodias a dhonsyas dherag an ostysy ha plesya an mytern. ⁷Gans henna ef a bromysyas gans ly y whre va ry dhedhy pynag oll tra a venna hy dervyn orto. ⁸Nena hy a vue exortys gans hy mam ow leverel, "Ro dhym pen Jowan Baptyst war dallyour." ⁹Grevys vue an mytern pan glowas henna. Bytegens awos an ly ha'y ostysy, ef a gomondyas may fo henna grontys. ¹⁰Erod a erhys may fe Jowan dybennys y'n pryson, ¹¹ha'y ben degys war dallyour ha rys dhe'n dhamsel. Ha hy a'n dros dh'y mam. ¹²Nena y tueth dyscyplys Jowan ha kemeres y gorf ha'y encledhyes. Wosa henna y a dheryvas an mater dhe Jesu.

¹³Pan glowas Jesu henna, ef eth yn scath alenna ha mos dhe dyller dyanneth y honen oll. Mes an ruth a glowas anodho hag y a'n sewyas war dyr dheworth an trevow. ¹⁴Pan dyras Jesu, ef a welas nyver bras a dus. Ef a gemeras mercy warnedhans ha sawya oll an glevyon y'ga mesk.

¹⁵Ha pan dhueth an gordhewer, y dhyscyplys a dhueth dhodho ha leverel, "Dyfeth yw an tyller ma ha'n jedh yw gorfennys. Gor an ruth yn kergh ytho may hallens y entra y'n trevow ha prena sosten."

¹⁶Mes Jesu a leverys dhedhans, "Ny res dhedhans mos yn kergh. Reugh dhedhans dhe dhebry agas honen."

¹⁷Y a worthebys dhodho, "Nyns ues dhyn omma saw pymp torth ha dew bysk."

¹⁸Ef a leverys, "Dreugh y omma." ¹⁹Ena Jesu a gomondyas dhe'n bobel esedha war an glaswels. Wosa ef dhe gemeres an pymp torth ha'n dhew bysk ha meras wor' tu ha'n nef, ef a's benegas ha'ga therry ha ry an torthow dhe'n dyscyplys. An dyscyplys a's ros dhe'n ruth. ²⁰Ha pub huny a dhebras luck. Hag y fue cuntellys lowr a'n brewyon re bya gesys rag lenwel dewdhek canstel. ²¹Yth o neb pymp myl den an re na a dhebras heb nyvera an benenes ha'n flehes.

²²Ha Jesu a besys y dhyscyplys dhe entra y'n scath ha tremena dhe denewan aral an mor hag ef a dhanvonas an ruth yn kergh. ²³Wosa ef dhe dhanvon an dus dhe ves, ef eth bys y'n meneth rag pesy heb den vyth ganso. An gordhewer o cowl-dhevedhys pan vue va yndella heb cowetha. ²⁴An scath o gyllys dheworth an tyr hag yn cres an mor, hag yth esa an tonnow orth hy thossya yn fol, rag trues o an gwyns.

²⁵Ha myttyn avar ef a dhueth dhedhans ow kerdhes war an mor, ²⁶ha pan wrug an dyscyplys y weles ow kerdhes yndella, y a gemeras own bras hag y a leverys, "Tarosvan yw!" ha crya a wrussons der ewn uth.

²⁷Saw whare Jesu a leverys dhedhans, "Gwelleugh agas cher. Me ywa. Na bertheugh own."

²⁸Ha Peder a worthebys ha leverel, "Arluth, mars ywa te, gwra erhy dhym dos dhyso war an dowrow."

²⁹Ef a leverys, "Dues!"

Ha Peder a skynnyas a'n scath ha kerdhes war an dowrow ha dos dhe Jesu. ³⁰Mes pan welas nerth an hagerawel, own a'n jeva hag ef a dhallathas budhy. Peder a gryas, "Arluth, gweres vy!"

31Dhesempys Jesu a ystynnas y luef ha'y dhalhenna ha leverel dhodho, "Ass yw bohes dha fedh! Prag y whreta dowtya?"

32Ha pan dhuethons aberth y'n scath, an gwyns a cessyas. 33Gans henna pubonen esa y'n scath a dhueth ha'y wordhya ow leverel, "Dhe wyr te yw Mab Dew."

34Ha pan wrussons y passya dres an mor, y a dyras yn Genesaret. 35Ha tus an tyller na, pan wrussons y aswon, a dhanvonas ger anodho dhe oll an pow adro. Hag y a dhros dhodho oll an glevyon. 36Y a'n pesys may rolla dhedhans cumyas dhe duchya un-weyth gwrem y bows. Suel a'n tuch-yas, a vue yaghhes.

15 Wosa henna Farysys ha scrybys a dhueth dhya Jeru-salem dhe Jesu ow leverel, 2"Prag y whra dha dhyscyplys cam dhe drady-cyons an dus hen? Rag ny wrons golhy aga dewla kens es debry bara."

3Jesu a worthebys ha leverel dhe-dhans, "Ha why, prag y whreugh gul warbyn Dew rag kerensa agas trady-cyon? 4Rag Dew a leverys, 'Gwra onoura dha das ha'th vam' ha 'Suel a wrella mollethy tas bo mam, gwyw yw ef dhe vos ledhys.' 5Saw why a laver, 'Pynag oll a lavarra dh'y das po dh'y vam, ro sacrys yw oll an socor a alses receva dheworthyf,' nag yw res dhodho onoura naneyl tas na mam. 6Yndelma ytho rag kerensa agas tradycyon yth esough why ow naha ger Dew. 7Ass yw fekyl agas fara! Ysay an profet a wrug profusa yn ewn, pan leverys,

8"'Yma an bobel ma orth ow onoura gans aga ganow, mes pell yma aga holon dheworthyf, 9hag yn ufer ymons y orth ow gordhya, ow tesky dyscans mab den avel comondmentys.'"

10Ha wosa ef dhe elwel an ruth dho-dho, ef a leverys dhedhans, "Clow-eugh ha convedheugh. 11Nyns usy an dra a enter der an ganow ow mostya den, saw an dra a dhue mes a'y anow – yma henna orth y vostya."

12Ha pan dhueth an dyscyplys dho-dho, y a leverys, "A wodhesta y fons an Farysys sclandrys pan wrussons y clowes dha eryow?"

13Ef a worthebys, "Kenyver losow-en na vue plynsys gans ow Thas yn nef a vydh dywredhys. 14Geseugh an dus na dhe vos. Humbrynkysy dhall dhe dhellyon yns y. Mar qura den dall humbrank den dall, nena an dhew anedhans a wra codha y'n cledh."

15Mes Peder a leverys dhodho, "Gwra styrya dhyn an parabyl."

16Ef a worthebys, "Ough why whath heb convedhes? 17A ny wodhough why convedhes fatel wra pub tra usy owth entra y'n ganow passya der an corf bys y'n pryvedhyow? 18Saw pub tra usy ow tos mes a'n ganow, henna a dhue dheworth an golon ha henna a wra mostya den. 19Dhya an golon y tue purpos drog, denladh, avowtry, gyglotry, ladrans, dustuny fals ha blasfemy. 20Yma an re na ow mostya den; mes debry heb golhy dewla ny wra y vostya man."

21Ha Jesu eth alenna ha mos yn kergh bys yn costys Tyr ha Sidon. 22Cananyades a'n pow na a dheth ha garma, "Arluth, Mab Davyth, kemer tregereth warnaf. Tormentys tyn yw ow myrgh gans tebel-sperys."

23Saw ef ny's gorthebys poynt, ha'y dhyscyplys a dhueth dhodho ha'y besy ow leverel, "Danvon hy yn kergh, rag yma hy ow carma war agan lergh."

24Hag ef a worthebys, "Ny vuef danvenys saw dhe dheves kellys chy Ysrael."

25Saw hy a dhueth ha codha war ben dewlyn dheragtho, ow leverel, "Arluth, gweres vy."

26Ef a worthebys, "Ny dal kemeres bara an flehes ha'y dowlel dhe'n cuen."

27Nena hy a leverys, "Ea, Arluth, saw an cuen a wra debry an brewyon a godh dhewar vos aga mestrysy."

28Gans henna Jesu a worthebys ha leverel, "A venen, bras yw dha fedh. Re bo gwres dhys oll warlergh dha volunjeth." Hy myrgh a vue yaghhes y'n very prys na.

29Wosa Jesu dhe vones alenna, ef a dhueth ogas dhe vor Galyla. Ef eth yn ban bys y'n meneth hag esedha ena. 30Hag y tueth dhodho ruthow bras hag y'ga mesk lyes huny neb o cloppek, evreth, dall, omlavar ha bush bras a dus erel. Y a wrug aga settya dheragtho ha Jesu a's sawyas, 31may fue amays an pobel hag y ow queles an den omlavar ow cowsel, an evreth yn yagh, an cloppek ow kerdhes ha'n dall ow queles. Rag henna y a braysyas Dew Ysrael.

32Nena Jesu a elwys dhodho y dhyscyplys ha leverel, "Yth esof ow kemeres pyta war an bobel, rag ottensy genama nans yw treddeth hag y ny's teves tra vyth dhe dhebry. Ny vannaf aga danvon yn kergh heb sosten, rag dowt y dhe glamdera war an fordh."

33Ha'n dyscyplys a leverys dhodho, "Ple hyllyn ny cafus bara y'n gwylfos lowr dhe vaga kemmys tus?"

34Ha Jesu a leverys dhedhans, "Py lyes torth ues genough?"

Y a worthebys, "Seyth ha nebes puscas byan."

35Hag ef a worhemmynas dhe'n ruth esedha war an dor. 36Ha wosa ef dhe gemeres an seyth torth ha'n puscas yn y dhewla ha'ga benega ha'ga therry, ef a's ros dhe'n dyscyplys ha'n dyscyplys a's ros dhe'n bobel. 37Hag oll an ruth a dhebras ha cafus sosten luck. Hag y fue cuntellys a'n brewyon gesys lowr rag lenwel seyth canstel. 38Ha'n re na a dhebras o peder myl a dus heb nyvera benenes ha flehes. 39Nena ef a dhanvonas an ruth yn kergh hag entra y'n scath ha mos dhe gostys Magdala.

16

Ha'n Farysys ha'n Sadukys a dhueth dhodho orth y demptya rag y a wovynnas orto may whrella dysquedhes dhedhans syn mes a'n nef.

2Ef a worthebys dhedhans ow leverel, "Pan vo an gordhewer devedhys, why a laver, 'Teg vydh an awel, rag rudh yw an ebron', 3ha myttyn why a laver, 'Y fydh hager-awel hedhyw rag an ebron yw rudh ha tewl.' Why a yll convedhes semlant an ebron – a ny yllough why convedhes synys an termyn? ⁴Why henath drog ha dyscryjyk, usy ow whelas syn! Saw syn vyth oll ny vydh rys dheugh ma's only syn Jonas." Hag ef a's gasas ha mos alenna.

⁵Pan wrug an dyscyplys dos dhe'n tu aral, y a remembras na wrussons dry vytel vyth gansans. ⁶Ha Jesu a leverys dhedhans, "Kemereugh wyth ha bedheugh war a wel an Farysys ha'n Sadukys."

⁷Hag y a resnas yntredhans aga honen ha leverel, "Hem yw drefen na wrussyn ny dry genen sosten vyth."

⁸Pan wrug Jesu convedhes henna, ef a leverys dhedhans, "A why a vohes fedh, prag yth esough why ow resna yntredhough, drefen nag ues bara genough? ⁹A nyns esough why whath ow convedhes naneyl ow remembra an pymp torth ha'n pymp myl ha pygemmys canstel a vrewyon a wrussough why cruny? ¹⁰A ny yllough why naneyl remembra an seyth torth ha'n peder myl ha pygemmys basket luen a a wrussough why kemeres yn ban? ¹¹Fatel ylla bos ytho na wodhough convedhes na wrug avy leverel hemma dheugh adro dhe vara? Saw bedheugh war a wel an Farysys ha'n Sadukys." ¹²Nena y a wrug convedhes ef dhe gomondya dhedhans may whrellens kemeres wyth a dhyscans an Farysys ha'n Sadukys kens es a wel rag bara.

¹³Jesu a dhueth dhe'n costys a Cesarya Filippi hag ef a wovynnys orth y dhyscyplys, "Pyw usy an bobel ow cows dhe vos an Mab a Dhen?"

¹⁴Y a worthebys, "Ran Jowan Baptyst, ran Elyas, ran Jeremy bo onen a'n profettys."

¹⁵Jesu a leverys dhedhans y, "Saw pyw a leverough why ow bos vy?"

¹⁶Nena Symon Peder a wrug gortheby hag a leverys, "Te yw an Cryst, Mab an Dew a vewnans."

¹⁷Ha Jesu a'n gorthebys, "Benegys osta jy, Symon mab Jona, rag ny wrug kyg na gos dysquedhes henna dhyso jy, mes ow Thas vy usy y'n nef. ¹⁸Ha me a lever dhyso jy: te yw Peder (po an garrek) ha war an garrek ma me a vyn byldya ow eglos, ha ny wra an yettys a yffarn prevaylya war hy fyn. ¹⁹Ha me a vyn ry dhyso jy an alwhedhow a wlascor nef, ha pynag oll a wrylly kelmy y'n bys omma, ef a vydh ynwedh kelmys y'n nef. Pynag oll a wrylly dygelmy y'n bys omma, ef a vydh dygelmys y'n nef magata." ²⁰Nena ef a erhys strayt dhe'n dyscyplys na wrellens deryvas dhe nebonen ef dhe vos an Cryst.

²¹Alenna rag Jesu a dhallathas dysquedhes dh'y dhyscyplys y fedha res dhodho mos dhe Jerusalem ha suffra lyes tra dheworth an dus hen ha'n uhel pronteryon ha'n scrybys, ha dhe vos ledhys ha dasserhy an tressa jorna.

²²Nena Peder a'n kemeras adenewan ha dalleth y rebukya ha leverel, "Byner re bo, Arluth. Byner re wrella henna happya dhys!"

²³Mes ef a dreylyas ha leverel dhe Beder, "Ke adref dhym, Satnas! Te yw men a drebuchyans ragof. Nyns esos owth attendya an taclow a Dhew mes an taclow a vab den."

24Nena Jesu a leverys dh'y dhys-cyplys, "Mar myn den vyth ow folya vy, gwrens ef naha y honen ha kemeres y grows ha dos war ow lergh. 25Rag pynag oll a venna sawya y vewnans, ef a wra y gelly, ha pynag oll a wrella kelly y vewnans rag ow herensa vy, ef a'n caf. 26Rag pana les ywa dhe dhen vyth, mar tue va ha gwaynya oll an bys ha kelly y vewnans y honen? Pyth a vensa den vyth ry yn chyffar rag y vewnans y honen? 27Rag Mab an Den a dal dos yn splander y Das gans y eleth hag ena ef a vyn attylly dhe bubonen warlergh y wryansow. 28Dhe wyr me a laver dheugh bos re a'ga saf omma na wra tastya mernans erna wellens Mab an Den ow tos yn y wlascor."

17 Ha wosa wheddeth Jesu a gemeras Peder ha Jamys ha Jowan y vroder hag a's ledyas a'n eyl tu bys yn meneth uhel. 2Ha'y fysmant a vue treylyes dheragthans hag yth esa y dremyn ow terlentry avel an howl ha'y dhyllas a vue maga whyn avel golow. 3Ha Moyses hag Elyas a apper-yas dhedhans hag y ow cowsel orto.

4Nena Peder a leverys dhe Jesu, "Arluth, da yw dhyn ny bos omma. Mar menta, me a wra byldya omma try scovva, onen ragos tejy, onen rag Moyses hag onen rag Elyas."

5Pan esa va whath ow cowsel, clowd splan a dhueth warnedhans ha lef a dhueth mes a'n clowd ha leverel, "Hem yw ow Mab muergerys, mayth oma plesys ganso. Gosloweugh orto."

6Pan glowas an dyscyplys henna, y a godhas war aga fas der ewn uth. 7Saw

Jesu a dhueth ha'ga thuchya ha lever-el, "Yn sol ha na bertheugh own." 8Ha pan wrussons meras war van, ny welsons ma's only Jesu.

9Pan esens ow skynnya dhewar an meneth, Jesu a gomondyas dhedhans na wrellens deryvas orth den vyth adro dhe'n vesyon erna ve Mab an Den dasserhys a'n re marow.

10Ha'y dhyscyplys a wovynnys orto, "Prag ytho y laver an scrybys fatel res Elyas dos kensa?"

11Ef a worthebys, "Elyas dhe wyr a wra dos kensa ha restorya pub tra, 12saw me a laver dheugh bos Elyas devedhys solabrys mes ny wrug an dus y aswonvos. Yn le henna y a wrug dhodho warlergh aga bodh. Yn kettelna Mab an Den a wra suffra orth aga dewla." 13Nena an dyscyplys a gonvedhas ef dhe gowsel a Jowan Baptyst.

14Ha pan dhuethons bys y'n ruth, y tueth dhodho nebonen hag ef a godhas war ben dewlyn adheragtho ha leverel, 15"Arluth, kemer pyta war ow mab, rag lorek ywa ha troblys yn uthek. Lyes torn yma va ow codha y'n tan hag yn fenough y'n dowr. 16Me a'n dros ef dhe'th tyscyplys mes ny wodhyens y yaghhe."

17Nena Jesu a worthebys, "Why henath dyslel ha dygnas, pygemmys hes a vedhaf genough? Pygemmys hes a res dhym agas suffra? Dro va dhym-mo omma." 18Ha Jesu a rebukyas an jawl hag ef a dhueth yn mes anodho ha'n flogh a vue yaghhes y'n very prys na.

19Nena y dhyscyplys a dhueth dhodho yn pryva ha leverel dhe Jesu,

"Prag na yllyn y dowlel yn mes?"

20Ef a worthebys dhedhans, "Dre reson agas dyscrejyans – rag dhe wyr me a laver dheugh, mar pydh genough fedh kemmys ha hasen kedhow, why a yll comondya dhe'n meneth ma 'Bydh remuvys alemma bys y'n tyller na!' hag ef a vyn gwaya mes a'y blas. Ny vydh tra vyth unpossybyl dheugh, 21mes tebel-sperys a'n sort ma ny yll bos towlys yn mes saw dre bejadow ha penys."

22Pan ens y tregys yn Galyla, Jesu a leverys dhedhans, "Mab an Den a vydh delyfrys ynter dewla tus, 23hag y a'n ladh, ha'n tressa dedh ef a wra dasserhy." Hag y fons troblys dres musur.

24Pan dheuthons dhe Gapernaum, cuntelloryon trubyt an templa a dhueth dhe Beder ha govyn orto, "A ny wra agas descajor tylly an trubyt?"

25Ef a worthebys, "Ef a'n gwra", hag ef a entras y'n chy, mes kens ef dhe gowsel, Jesu a leverys, "Pandr' esta ow predery, Symon? Pyw usy myterneth an bys ma ow kemeres trubyt dhewortans, dheworth aga mebyon aga honen bo dheworth ken re?"

26Pan worthebys Peder,

"Dheworth ken re," Jesu a leverys, "Frank ytho yw an flehes. 27Mes ma na wrellen ry offens, ke dhe'n mor ha towl hyg. Kemer an kensa pysk a dheffa yn ban, ha pan wrelles egery y anow, te a gaf ynno bath mona. Kemer henna ha roy ef dhedhans ragof vy ha ragos jy."

18 Y'n uer na an dyscyplys a dhueth dhe Jesu ha leverel, "Pyw yw an moyha yn gwlascor nef?"

2Ha wosa ef dhe elwel flogh byan dhodho, ef a'n gorras y'ga mesk 3ha leverel, "Dhe wyr me a laver dheugh: marnas why a vo treylyes y'gas brys may feugh kepar ha flehes vyan, ny yllough why nefra entra yn gwlascor nef. 4Rag henna pynag oll a vo uvel kepar ha'n flogh byan ma, an keth yw an moyha yn gwlascor nef. 5Pynag oll a wrella receva flogh a'n par ma y'm hanow vy, ef a wra ow receva vy.

6"Pynag oll a wrella dhe onen a'n re byan ma kelly y fedh ynnof vy, gwell vya dhodho men melyn dhe vos cregys adro dh'y gonna ha'y vudhy y'n keynvor down. 7Ellas, pan wra taclow dhe dus an bys kelly aga fedh! Res yw dhe daclow a'n par na happya pupprys – mes goef henna a vo cheson ragthans! 8Mar tue dha luef po dha dros ha gul dhys kelly dha fedh, trogh y dheworthys ha towl y yn mes. Gwell vya dhys entra y'n bewnans evredhek po mans ages te dhe vos towlys gans dewla ha dewdros y'n tan dyvarow. 9Ha mar qura dha lagas dhys kelly dha fedh, ten ef yn mes ha towl ef dheworthys. Gwell vya dhys entra y'n bewnans heb lagas ages bos towlys gans dha dewlagas yn tan yffarn.

10"Gwaytyeugh na wrelleugh dyspresya onen a'n re byan ma, rag me a laver dheugh fatel vydh aga eleth y y'n nef a'ga saf pupprys dherag Dew y'n nef. 11(Rag Mab an Den a dhueth dhe sylwel an re na a vo kellys).

12"Pandr' esough why ow predery? Mara'n jeves bugel cans davas ha mar tue onen anedhans ha mos yn stray, a ny wra va gasa an nawnjek ha peswar ugans war an meneth ha mos dhe whelas an onen a vo gyllys yn stray? 13Ha mar tue va ha'y gafus, dhe wyr me a laver dheugh, ef dhe rejoycya moy adro dhodho es adro dhe'n nawnjek ha peswar ugans na wrug bythqueth errya. 14Yndelma yth yw bolunjeth agas Tas y'n nef na wrella onen vyth a'n re byan ma mos dhe goll.

15"Mar tue dha vroder ha gul trespas war dha byn, ke yn kergh ha lavar dhodho y fowt yntra te hag ef yn unyk. Mar tue va ha goslowes orthys, te re waynyas dha vroder arta. 16Saw mar ny vyn goslowes orthys, whath kemer genes onen bo dew aral may fo pub lavar destys dre dhustuny dew dhen bo tredden. 17Mar ny vyn nena clowes, lavar dhe'n eglos. Mar ny vydh ef parys dhe woslowes orth an eglos kyn fe, bedhens dhyso kepar hag onen a'n Jentylys bo a'n dolloryon.

18"Dhe wyr me a laver dheugh: pana dra a wrelleugh why kelmy war an nor, ef a vydh ynwedh kelmys yn nef, ha pana dra a wrelleugh lowsya y'n nor, ef a vydh lowsys yn nef.

19"Arta me a laver dheugh why: mar pydh dew ahanough acordys war an nor adro dhe dra vyth a wrelleugh why govyn, an dra a vydh grontyes dheugh gans ow Thas usy y'n nef. 20Rag le may fo dew po try cuntellys warbarth y'm hanow vy, ena me a vydh y'ga mesk."

21Nena Peder a dhueth dhodho ha govyn, "Mar tue ow broder ha gul trespas war ow fyn, py lyes torn a dal dhym y ava dhodho? Bys yn seyth gweyth?"

22Jesu a leverys dhodho, "Nyns yw lowr seyth gweyth, mes gaf dhodho bys y'n seytek treveth ha tryugans.

23"Rag henna gwlascor nef a yll bos hevellys dhe vytern a venna bos recknys gans y wesyon. 24Pan dhallathas reckna, y fue drys dheragtho gwas a'n jeva kendon a dheg myl dalent. 25Aban na'n jeva pegans dhe dylly, y arluth a gomondyas may fe va gwerthys warbarth gans y wreg ha'y flehes ha pub tra oll a'n jeva rag tylly an gendon.

26"Pan glowas henna, an gwas a godhas war ben dewlyn dheragtho ha'y besy ha leverel, 'Gront dhym spas ha me a dal oll an gendon.' 27Ha'n arluth a gemeras pyta warnodho ha'y relesya dheworth y gendon.

28"An keth gwas na eth alenna ha metya orth onen a'y geswesyon hag esa yn kendon a gans dynar dhodho. Ef a'n sesyas yn stroth er an vryansen ha leverel, 'Tal dhym dha gendon.'

29"Gans henna y geswas a godhas war ben dewlyn ha'y besy ow leverel, 'Gront dhym spas ha me a vyn y dylly.'

30"Ef ny vennas henna mes ef eth ha'y dowlel y'n pryson erna wrella aquytya y gendon. 31Pan welas y geswesyon pandr' a wruga, y a vue grevys bras ha mos ha meneges oll an dra re bya gwres.

32"Nena y arluth a'n gelwys dhodho ha leverel, 'Te was drog, me a'th relesyas quyt a oll dha gendon jy, awos te dhe'm pesy. ³³A ny dalvya dhys ynwedh kemeres pyta war dha geswas kepar del wrug avy warnas tejy?' ³⁴Ha'y arluth a sorras bras orto hag ef a'n delyfras dhe vos tormentys erna wrella tylly oll an gendon.

³⁵"Yn ketelma ynwedh ow Thas usy y'n nef a vyn gul dheugh why mar ny wreugh oll gava dh'agas broder a luen golon."

19 Ha pan wrug Jesu gorfenna an lavarow ma, ef a asas Galyla ha dos dhe gostys Judy war an tenewan aral a dhowr Jordan. ²Bush bras a dus a'n folyas hag ef a wrug aga yaghhe y'n tyller na.

³Ha Farysys a dhueth dhodho orth y demptya ha leverel, "Ywa lafyl dy-dhemedhy gwreg rag cheson vyth oll?"

⁴Ef a worthebys, "A ny wrussough why redya fatel wrug an Formyer wostalleth aga creatya 'gorow ha benow'?" ⁵Rag henna den a wra for-sakya y das ha'y vam ha glena orth y wreg ha'n dhew anedhans a vydh un kyg. ⁶Nyns yns y dew na fella mes un kyg. Na wrella den vyth ytho dyberth a vo junnys warbarth gans Dew y honen."

⁷Y a leverys dhodho, "Prag y whrug Moyses ytho comondya dhyn dhe ry screfa dyberth dhe venen ha'y dy-dhemedhy?"

⁸Ef a worthebys, "Awos caletter agas colon y whrug Moyses alowa dheugh why gorra agas gwrageth ade-newan, mes nyns o an cas yndella wostalleth. ⁹Me a laver dheugh: pynag

oll a wrella settya y wreg adenewan ha demedhy gwreg aral marnas awos avowtry, avowtyer yw an den na."

¹⁰Y dhyscyplys a leverys dhodho, "Mars yw yndella an cas gans den demedhys, gwell yw sevel orth demedhy gwreg."

¹¹Ef a worthebys, "Ny yll kenyver onen degemeres an lavar na, saw an re na a's teffons an gras. ¹²Rag yma spadhesygyon y'n bys re bue genys yndella, ha spadhesygyon re bue gwrys gans tus, ha re erel re wrug spadhesygyon anedhans aga honen awos gwlascor nef. Suel a alla receva hemma, gwrens y receva."

¹³Ena y fue drys dhodho flehes yowynk may halla va settya y dhewla warnedhans ha pesy ragthans, mes an dyscyplys a rebukyas an dus esa ow cul henna.

¹⁴Saw Jesu a leverys, "Geseugh an flehes vyan dhe dhos dhymmo ha na wreugh aga dyfen, rag dhe'n re ma yma gwlascor nef." ¹⁵Wosa ef dhe settya y dhewla warnedhans, ef a dhy-barthas dhewortans.

¹⁶Hag un den a dhueth dhodho ha leverel, "Descajor, pana oberow 'vas a res dhym gul rag cafus an bewnans heb deweth?"

¹⁷Ef a worthebys, "Prag yth esta ow covyn orthyf adro dhe'n pyth yw 'vas? Nyns yw 'vas ma's onen only. Mars osta whensys dhe entra y'n bewnans na, res yw dhys gwetha an comondmentys."

¹⁸Ef a wovynnas, "Pyth yns y?" Jesu a worthebys, "Na ladh, na wra avow-try, na lader, na dhog camdustuny, ¹⁹gwra onoura dha das ha'th vam, ha

car dha gentrevak kepar ha te dha honen."

²⁰An den yowynk a leverys, "Oll an re na me re wethas. Pandr' usy othem dhym whath anodho?"

²¹Jesu a leverys dhodho, "Mar menta bos perfeth, ke ha gwerth oll dha rychys ha'ga ry dhe'n vohosogyon ha te a gaf tresor yn nef ha dues ha gwra ow folya vy."

²²Pan glowas an den yowynk henna, ef a voydyas hag ef fest morethek, rag rych dres ehen o va.

²³Nena Jesu a leverys dh'y dhyscyplys, "Dhe wyr me a laver dheugh, cales yw dhe dhen rych entra yn gwlascor nef. ²⁴Me a laver ynwedh y fya moy esy dhe gawrvargh passya dre grow nasweth ages dhe dhen rych entra yn gwlascor nef."

²⁵Pan glowas an dyscyplys henna, y a's teva marth bras ha leverel, "Pyw ytho a yl bos sylwys?"

²⁶Jesu a veras ortans ha gortheby, "Unpossybyl ywa dhe vab den, mes Dew a yll gul pub tra."

²⁷Nena Peder a leverys dhodho, "Myr, ny re forsakyas pub tra oll ha'th folya jy. Pandr' a'gan bydh ytho?"

²⁸Jesu a leverys dhedhans, "Yn gwyr me a laver dheugh ha why orth ow folya, pan wrella Mab an Den esedha war dron y wordhyans y'n Creacyon Noweth, why ynwedh a wra esedha war dhewdhek tron ha brusy dewdhek tryb Ysrael. ²⁹Ha pynag oll re forsakyas trevow po breder po whereth po tas po mam po flehes po tyrethow rag ow herensa vy, ef a wra receva moy ages henna, hag ef a wra

eryta an bewnans heb deweth. ³⁰Saw lyes huny y'n le arag a vydh war dhelergh ha'n re war dhelergh a vydh arag.

20 "Gwlascor nef a yll bos hevellys dhe dyak hag eth yn mes avar myttyn may halla gobrena gonesyjy rag y wynlan. ²Ef a vargenyas gansans rag gober un sols an jorna ha'ga danvon bys yn y wynlan.

³"Pan eth ef yn mes ogas dhe naw uer myttyn, ef a welas tus erel a'ga saf heb lafur y'n varhas. ⁴Ef a leverys dhedhans, 'Eugh why ynwedh dhe'n wynlan ha pynag oll a vo ewn, me a'n re dheugh.' ⁵Ha'n dus eth dy.

"An tyak eth yn mes arta ogas dhe hanterdedh, ha try uer dohajedh, hag y'n kepar maner ef a wrug gobrena gonesyjy. ⁶Pan eth yn mes adro dhe bymp uer, ef a gafas re erel a'ga saf syger hag ef a leverys dhedhans, 'Prag yth esough why ow sevel heb lafur omma oll an jorna?'

⁷"Y a worthebys, 'Drefen na wrug den vyth agan arfeth.'

"Nena ef a leverys dhedhans, 'Eugh why ynwedh dhe'n wynlan.'

⁸"Pan dhueth an gordhewer, arluth an wynlan a leverys dh'y styward, 'Galw an wonesyjy ha gwra aga thylly, ow talleth gans an re a dhueth dewetha bys y'n re kensa.'

⁹"Pan dhueth an wonesyjy a dhallathas dhe bymp uer, pubonen anedhans a gafas un sols. ¹⁰Ha pan dhueth an re kensa, yth esens ow predery y dhe gafus moy, mes un sols a gafas pubonen anedhans y kefrys. ¹¹Wosa y dhe receva aga wajys, y a

dhallathas croffolas warbyn an tyak ha leverel, ¹²'An re dewetha ma a lafuryas un owr ha te a's gwrug kehaval dhyn ny re bue ow lafurya dres oll an jedh yn tomder an howl.'

¹³Ef a worthebys dhe onen ane-dhans, 'A gothman, ny wrama cam vyth dhyso. A ny wrusta bargenya genama rag un sols? ¹⁴Kemer an pyth usy dhys ha voyd alemma. Me a vyn ry dhe'n re dewetha ma kemmys ha dhyso jy. ¹⁵A ny'm bues an gwyr dhe wul gans ow mona vy kepar del vannaf vy ow honen? Bo esta ow kemeres envy drefen me dhe vos larch?'

¹⁶"Yndelma an re dewetha a vydh kens oll, ha'n re kensa orth an deweth."

¹⁷Ha pan o Jesu ogas parys dhe dravalya dhe Jerusalem, ef a gemeras an dewdhek adenewan war an fordh ha leverel dhedhans, ¹⁸"Otta ny ow mos yn ban dhe Jerusalem ha Mab an Den a vydh delyfrys dhe'n uhel pronteryon ha dhe'n scrybys. Y a vyn ry brues war y byn ha'y dhampnya dhe'n mernans, ¹⁹ha'y dhelyfra dhe'n Jentylys may hallens y scornya, y scorjya ha'y ladha y'n growspren. Mes an tressa dedh ef a wra dasserhy."

²⁰Nena mam mebyon Zebedy a dhueth dhodho gans hy mebyon ha codha war ben dewlyn ha govyn favour orto.

²¹Ef a leverys dhedhy, "Pandr' esta ow tesyrya?"

Hy a leverys, "Gwra declarya fatel vydh ow dew vab avy esedhys rybos y'th wlascor, an eyl adhyhow ha'y gela agledh."

²²Jesu a worthebys, "Ny wodhough pandr' esough ow covyn. A yllough why eva a'n hanaf a wraf vy eva anodho?"

Y a worthebys, "Gyllyn."

²³Ef a leverys, "Eva a wreugh a'm hanaf vy, mes esedha a'm parth dyhow ha'm parth cledh – dhe ry henna ny sef y'm gallus vy mes yn gallus an re na may fue va parys ragthans gans ow Thas."

²⁴Pan glowas an dewdhek henna, y a sorras fest orth an dhew vroder. ²⁵Mes Jesu a's gelwys ha leverel, "Why a wor bos rewloryon an Jentyl-ys ow lordya warnedhans, ha'ga bras-yon dhe wul maystry warnedhans. ²⁶Ny vydh yndella y'gas mesk why. Suel a venna bos pen yntredhough, ef a res bos agas servont. ²⁷Ha pynag oll a venna bos an kensa, ef a dal bos agas gwas. ²⁸Yn kepar maner ny dhueth Mab an Den dhe dhemondya servys mes dhe servya, ha may halla va ry y vewnans yn raunson rag lyes huny."

²⁹Pan esens ow voydya dheworth Jericho, ruth vuer a'n folyas, ³⁰hag yth esa dew dhall a'ga eseth ryb an fordh. Pan wrussons y clowes bos Jesu ow tremena yn ogas dhedhans, y a gryas ha leverel, "Arluth, kemer pyta warnan, te vab Davyth!"

³¹Ha'n bobel a's rebukyas ha leverel dhedhans tewel, mes y a gryas dhe voy uhel ha leverel, "Arluth, kemer pyta warnan, te vab Davyth!"

³²Nena Jesu a sevys yn nes ha gelwel, "Pandr' esough ow tesyrya me dhe wul dheugh?"

³³Y a worthebys, "Arluth, may whrelles egery agan dewlagas."

34Jesu a gemeras pyta warnedhans ha'ga thuchya. Dystough y a gafas aga syght ha'y sewya ef.

21 Ha pan dhuethons ogas dhe Jerusalem ha dos bys dhe Vethfage ha Meneth Olyvet, Jesu a dhanvonas dew dhyscypyl yn rag 2ow leverel dhedhans, "Eugh dhe'n castel ues aragon. Ena why a gyf asen hag ebol yn un golmen. Gwreugh aga dygelmy ha dreugh y dhymmo vy. 3Ha mara laver den vyth er agas pyn why tra vyth, gwreugh y wortheby whare, 'Dhe'n Arluth othem yma dhe wruthyl gans an re ma,' hag ef a's delyrf genough why."

4Hemma a happyas may fe collenwys an dra a vue campollys gans an profet ow leverel,

5"Lavar dhe vyrgh Sion,
Awotta dha vytern ow tos dhys
yn uvel hag ow marogeth war asen
ha war ebol bo asen yowynk."

6Nena an dyscyplys eth ha gul kepar del wrug Jesu comondya dhedhans. 7Y a dhros an asen ha'n ebol ha settya aga dyllas warnedhans ha Jesu a esedhas war an asen. 8Ha ruth pur vras a lesas aga dyllas war an fordh ha re erel a drohas branchys dhewar an gwedh ha'ga thowlel ales war an fordh. 9Hag yth esa ran anedhans ow kerdhes dheragtho ha ran adref dhodho hag yth esens y oll ow crya,

"Hosanna dhe Vab Davyth!"

"Benegys yw ef usy ow tos yn hanow an Arluth!"

"Hosanna y'n nef awartha!"

10Pan wrug Jesu entra yn Jerusalem, oll an cyta a vue muvys hag yth esa tus ow covyn, "Pyw yw hemma?"

11Yth esa an ruth ow leverel, "Hem yw an profet Jesu a Nazara yn Galyla."

12Ha Jesu a entras y'n templa ha towlel yn mes oll an re na esa ow quertha hag ow prena ynno. Ef a wrug dysevel tablys an arhansoryon ha chayrys an re na esa ow quertha colmas. 13Ef a leverys dhedhans, "Yma screfys, 'Ow chy vy a vydh gelwys chy pejadow,' mes why re'n gwrug fow dhe ladron."

14Ha dellyon hag evredhygyon a dhueth dhodho y'n templa hag ef a's sawyas. 15Mes pan welas an uhel pronteryon ha'n scrybys an oberow barthusek a wre ha'n flehes ow carma y'n templa hag ow leverel, "Hosanna dhe Vab Davyth!" y a vue serrys bras 16ha leverel dhodho, "Esta ow clowes pandr' usy an re ma ow leverel?" Jesu a worthebys dhedhans. "Clowaf – a ny wrussough bythqueth redya an scryptur ma:

"'A anow a'n flehes da ha'n re
munys ow tena te re barusas
prays ragos dha honen'?"

17Ef a voydyas dhewortans ha mos mes a'n cyta bys yn Bethany ha spena an nos ena.

18Ternos vyttyn avar pan esa Jesu ow tewheles dhe'n cyta, ef a'n jeva nown. 19Ef a welas gwedhen fyges ryb an fordh ha dos nes, mes ny gafas tra vyth warnedhy saw unsel delyow. Ef a leverys dhedhy, "Byner re bo frut warnas arta bys vyken!" Ha dystough an wedhen a wedhras.

20Pan welas y dhyscyplys henna, y a's teva marth ha leverel, "Fatel wrug an wedhen gwedhra mar uskys?"

21Ha Jesu a's gorthebys, "Dhe wyr me lavar dheugh, mar pydh genough fedh heb dowtya, y whreugh why an pyth a vue gwres dhe'n wedhen fyges, ea, ha moy es henna kyn fe. Mar teugh why ha leverel dhe'n meneth ma, 'Bydh lyftys yn ban ha towlys y'n mor!' an dra a wra happya. 22Pub tra oll a wrelleugh why govyn gans fedh y'gas pejadow, why a'n caf."

23Jesu a entras y'n templa ha pan esa va ow tesky an bobel, an uhel pronteryon ha'n dus hen a dhueth dhodho ha leverel, "Pyth yw an auctoryta may whreta an taclow ma dredho ha pyw a'n ros dhys?"

24Jesu a's gorthebys ha leverel, "Ha me ynwedh a vyn govyn orthough why un dra, ha mara teugh why ha gortheby dhym, me a dheryf dheugh gans pana auctoryta esof ow cul an taclow ma. 25Besydhyans Jowan, a ble fue va? Dheworth nef bo dheworth mab den?"

Nena y a argyas an eyl gans y gela ow leverel, "Mar tuen ny ha leverel, 'Dheworth nef,' nena ef a vyn leverel, 'Prag na wrussough why ytho cresy dhodho?' 26Mes mar tuen ny ha leverel 'Dheworth mab den,' own a'gan bues a'n bobel, rag yma pubonen ow sensy Jowan dhe vos profet."

27Nena y a worthebys, "Ny wodhon man."

Hag ef a leverys, "Na byth moy ny wrama deryvas dheugh pyth yw an auctoryta a'm bues rag gul an taclow ma.

28"Pyth yw agas brues ow tuchya hemma? Yth esa den hag a'n jeva dew vab. Ef a dhueth dhe'n kensa mab ha leverel, 'A vab, ke dhe lafurya y'n wynlan.'

29"An mab a worthebys, 'Na vannaf.' Mes wosa henna ef a janjyas y vrys ha mos dy.

30"An tas eth dhe'n secund mab ha leverel an keth tra. Ef a worthebys, 'Ea, syra, me a vyn mos.' Saw ny wrug ef mos man.

31"Pyneyl a'n dhew a wrug bolunjeth y das?"

Y a leverys, "An kensa mab."

Jesu a leverys dhedhans, "Dhe wyr me a laver dheugh bos an dolloryon ha'n behadoryon owth entra yn gwlascor Dew kens es whywhy. 32Rag Jowan a dhueth dheugh yn fordh gwyryoneth ha ny wrussough cresy dhodho, mes an dolloryon ha'n behadoryon a gresys dhodho. Kyn whrussough why gweles oll an cas na, ny wrussough repentya ha cresy dhodho.

33"Gosloweugh orth parabyl aral. Yth esa tyak hag ef a blansas gwynlan ha gorra ke adro dhedhy ha'y falas ha gul gwynwask ha drehevel tour golva ynny. Nena ef a's settyas gans kemeroryon ha mos bys yn ken pow abell. 34Ha pan vue termyn an drevas, ef a dhanvonas y servons dhe'n gemeroryon rag degemeres ascor y wynlan.

35"Saw an gemeroryon a sesyas y servons ha cronkya an eyl anedhans, ladha y gela ha labedha an tressa ane-dhans. ³⁶Arta ef a dhanvonas gwes-yon erel dhedhans, moy aga nomber ages an kensa bagas, saw y a's dyghtyas yn kepar maner. ³⁷Woste-weth ef a dhanvonas dhedhans y vab y honen, rag ef a leverys, 'Y a vyn dys-quedhes revrons dhe'm mab.'

³⁸"Saw pan welas an gemeroryon an mab, y a leverys an eyl dh'y gela, 'Otomma an er. Duen, geseugh ny dh'y ladha ha cafus y ertach ef!' ³⁹Rag henna y a'n sesyas ha'y dowlel mes a'n wynlan ha'y ladha.

⁴⁰"Now, pan dheffa arluth an wynlan ytho, pandr' a vyn ef gul gans an gemeroryon na?"

⁴¹Y a leverys dhodho, "Ef a vyn dyswul an sherewys na yn ahas ha settya an wynlan gans ken re hag y a vyn ry dhodho y drevas yn hy thermyn ewn."

⁴²Jesu a leverys dhedhans, "A ny wrussough why bythqueth redya y'n scryptur benegys,

"'An men a vue sconys gans
     gweythoryon an chy,
henna re bue gwres an pen men.
Gans an Arluth hemma re bue
     performys
ha tra varthys yw y'gan syght ny'?

⁴³"Rag henna, me a laver dheugh, fatel vydh gwlascor Dew kemerys dheworthough why ha rys dhe gen-edhel a vyn ry hy threvas. ⁴⁴Suel a wrella codha war an men ma a vydh brewys dhe dymmyn, ha'n men a vyn squattya den vyth a wrella va codha warnodho."

⁴⁵Pan glowas an uhel pronteryon ha'n Farysys y barablys, y a wrug understondya fatel esa va ow cowsel adro dhedhans aga honen. ⁴⁶Yth esens ow tesyrya y sesya, mes own a's teva a ruth an bobel, dre reson pubonen dhe gresy y vos profet.

22 Ha Jesu a gowsas arta ortans dre barablys ha leverel, ²"Gwlascor nef a yll bos hevellys orth mytern a wrug gol demedhyans rag y vab, ³hag a dhanvonas y wesyon dhe elwel an ostysy dhe'n maryach, mes y ny vennens dos.

⁴"Arta ef a dhanvonas gwesyon erel ha leverel dhedhans, 'Deryveugh orth an re na yw gelwys, Otomma ow gol vy parys: ledhys yw an ohen ha'n lonow tew. Yma pub tra yw parys. Deugh dhe'm gol demedhyans.'

⁵"Mes y a sconyas a dhos. Y a voyd-yas, an eyl dh'y vargen tyr, ha'y gela dh'y negys. ⁶Ha'n remenant a sesyas y wesyon hag a's tebel-dhyghtyas ha'ga ladha. ⁷Ha'n mytern a vue engrys ha danvon y soudoryon dhe dhyswul an voldroryon na ha lesky aga cyta.

⁸"Nena ef a leverys dh'y wesyon, 'Con an demedhyans yw parys, mes nyns o wordhy an re na a vue gelwys dy. ⁹Keugh ytho dhe'n crowshensy ha pynag oll a wrelleugh why metya orto, gelweugh y dhe'n gon.' ¹⁰Ha'n wesyon na eth yn mes dhe'n fordhow ha cuntell oll an dus a wrussons metya ortans, an re drog ha'n re da kefrys ha hel an gol demedhyans a vue lenwys a ostysy.

¹¹"Pan entras an mytern dhe veras orth an ostysy, ef a welas ena den nag

esa gwysk demedhyans yn y gerhyn, 12hag a leverys dhodho, 'Coweth, fatel wrusta entra heb gwysk demedhyans?' Ny allas gortheby.

13"Nena an mytern a leverys dhe'n wesyon, 'Kelmeugh y dhewdros ha'y dhewla ha towleugh ef yn mes bys y'n tewolgow. Ena y fydh olva ha scrynva dens.'

14"Rag lyes onen yw gelwys, mes bohes yw an re a vydh dowysys."

15Wosa henna an Farysys a omdennas rag omgusulya fatel yllyns y vagly yn y eryow y honen. 16Rag henna y a dhanvonas dhodho aga dyscyplys ha'n Erodianas ha leverel, "Descajor, ny a wor te dhe vos gwyr ow tesky fordhow Dew warlergh an gwyryoneth ha nag esta ow tysquedhes favour dhe dhen vyth; rag ny wreta vry a roweth nag a worshyp an dus. 17Lavar dhyn ytho pyth esta ow predery. Ywa lafyl dhe dylly tollow dhe Cesar, po nag ywa?"

18Mes Jesu a wodhya spyt aga brys hag a worthebys, "Ass yw fekyl agas cher! Praga yth esough ow whelas ow frevy? 19Dysquedheugh dhym bath a vo tyllys yn trubyt." Hag y a dhros dhodho deneren. 20Nena ef a leverys dhedhans, "Pyw a bew an ymach ha'n tytel ma?"

21Y a worthebys, "Cesar."

"Rendreugh ytho dhe Cesar an pyth a vo dhe Cesar ha dhe Dhew an pyth usy dhodho ef."

22Pan glowsons henna, y a's teva marth. Dyberth a wrussons ha mos war aga fordh.

23An jorna na Sadukys a dhueth dhodho. Ymons y ow leverel nag ues dasserghyans vyth, hag y a wovynnas orto yndelma, 24"Descajor, Moyses a leverys, 'Mar tue den ha merwel heb gasa flehes war y lergh, y tal dh'y vroder demedhy y wreg ha drehevel yssew dh'y vroder.' 25Yth esa y'gan mesk seyth broder, ha'n kensa a wrug demedhy ha wosa henna merwel heb mab ha gasa y wreg dh'y vroder. 26An secund broder a wrug gul yndella kefrys, ha'n tressa bys y'n seythves broder. 27Wosteweth an venen hy honen a verwys. 28Y'n dasserghyans ytho pyw a bewvyth an wreg na, rag y fue hy yn gwreg dhedhans oll?"

29Jesu a worthebys, "Camgemerys ough why, dre reson na wodhough why naneyl an scryptur na gallus Dew. 30Rag y'n dasserghyans ny vennons naneyl demedhy na bos kemerys yn gwreg, mes y fedhons kepar ha'n eleth y'n nef. 31Hag ow tuchya dasserghyans an re marow, a ny wrussough why redya an pyth a leverys Dew, 32'Me yw Dew Abram ha Dew Ysak ha Dew Jacob?' Dew an re marow nyns ywa, saw Dew an re bew."

33Ha pan glowas an bobel henna, marth a's teva a'y dhyscans.

34Pan wrug an Farysys clowes fatel wrug Jesu concludya an Sadukys, y a omguntellas warbarth, 35hag onen anedhans hag o den laha, a wovynnas orto rag y brevy, 36"Mester, pandr' yw an brassa comondment y'n laha?"

37Jesu a'n gorthebys hag a leverys dhodho yndelma, "'Te a wra cara dha Arluth Dew gans oll dha golon ha gans oll dha enef ha gans oll dha vrys.' 38Hem yw an brassa ha'n kensa comondment, 39ha'n secund yw haval

dhe hemma, "Te a wra cara dha gentrevak kepar ha te dha honen."
⁴⁰Hag yn nes an dhew gomondment ma yma oll an laha ha'n profettys ow hangya."

⁴¹Ha pan o an Farysys cuntellys warbarth, Jesu a wovynnas ortans ha leverel, ⁴²"Pandr' esough why ow predery adro dhe'n Cryst? Mab dhe byw ywa?"

Y a worthebys, "Mab Davyth."

⁴³Ef a leverys dhedhans, "Rag henna, fatel yll Davyth der an Sperys Sans y elwel 'Arluth'? Rag ef a laver,

⁴⁴"'An Arluth a leverys dhe'm
    arluth vy, "Eseth a'n barth
    dyhow dhym,
erna whrellen settya dha eskerens
    yn dan dha dreys.'"

⁴⁵"Mars usy Davyth orth y elwel Arluth, fatel yll ef bos mab Davyth?"
⁴⁶Ny allas den vyth y wortheby y'n mater, naneyl nyns esa den vyth na fella ow lavasos govyn orto questyon vyth.

23 Nena Jesu a gowsas orth an bobel hag orth y dhyscyplys ha leverel, ²"Yma'n scrybys ha'n Farysys a'ga eseth yn chayr Moyses. ³Rag henna gwreugh ha gwetheugh pub tra oll a wrellens comondya dheugh – mes na wreugh warlergh aga oberow, rag nyns yw aga fara warlergh aga dyscans. ⁴Ymons y ow kelmy warbarth sawghyow pos rag aga settya war dhewscoth an bobel, mes ny vennons y lyftya bes kyn fe rag aga scafhe.

⁵"Ymons y ow cul pub tra may halla an bobel aga gweles. Rag henna y a wra ledan aga fylacterys ha hyr pyllennow aga gwarlennow. ⁶Ass yw da gansans an plasyon moyha wordhy y'n bankettys ha'n esedhow gwella oll y'n synagys! ⁷Aga desyr yw dhe vos dynerhys yn tylleryow marhas ha bos gelwys 'Raby' gans an bobel.

⁸"Mes ny dal dheugh why bos gelwys 'Raby', rag why oll a'gas bues un descajor ha why oll yw breder. ⁹Naneyl na wreugh gelwel den vyth agas tas, rag why a'gas bues un Tas usy yn nef. ¹⁰Naneyl na vedheugh gelwys descajoryon, rag yma un descajor dheugh, hen yw an Cryst. ¹¹An den brassa yntredhough a vydh agas servont. ¹²Neb a wrella exaltya y honen, a vydh uvlys, ha suel a wrella uvla y honen, a vydh exaltys.

¹³"Gowhy, why scrybys ha Farysys, fekyl agas cher! Why a wra alwhedha darras gwlascor nef warbyn an dus, rag nyns esough why owth entra ynny agas honen saw pan ues re erel owth entra, why a wra aga lettya. ¹⁴Gowhy, why scrybys ha Farysys, fekyl agas cher! Yth esough why ow tevorya treven gwedhwesow, why a wra pejadow hyr may whrella an bobel agas gweles – rag henna agas punsyans a vydh dhe voy sherp!

¹⁵"Gowhy, why scrybys ha Farysys, fekyl agas cher! Why a wra mos dres an mor dhe gafus un dyscypyl noweth, mes pan wreugh why y gafus, why a wra mab an pla anodho – dewweyth lacka agesough ages honen!

¹⁶"Gowhy, why gedyoryon dhall! Rag why a laver, 'Mar tue nebonen

ha lya re'n sentry, ny amont an ly tra vyth, saw mar tue va ha lya re owr an templa, kelmys ywa der y ly.' ¹⁷Ass ough why gocky ha dall! Pyneyl yw an moyha anedhans – an owr po an sentry a wra dhe'n owr bos sans? ¹⁸Ha why a laver, 'Mar tue nebonen ha lya re'n alter, ny amont y ly man; mes mar tue va ha lya re'n offryn usy war an alter, ef yw kelmys der y ly.' ¹⁹Ass ough why dall! Pyneyl anedhans yw an moyha, an offryn po an alter a wra dhe'n offryn bos sans? ²⁰Suel a wrella lya re'n alter, yma va ow lya re'n alter ha re'n dra a vo warnedhy. ²¹Suel a wrella lya re'n sentry, yma va ow lya re'n sentry ha re henna ues tregys ynno. ²²Suel a wrella lya re'n nef, yma va ow lya re'n tron a Dhew ha re henna usy a'y eseth warnodho.

²³"Gowhy, why scrybys ha Farysys, fekyl agas cher! Rag why a wra dega a venta, dyll ha cumyn ha gasa dhe goll y'n laha taclow yw moy aga bry: ewnder, mercy ha lendury. Y talvya dheugh practysya an re na heb unweyth ankevy an taclow erel. ²⁴Ass ough why dall avel gedyoryon! Rag yth esough why ow crodra gwybesen yn mes hag ow lenky cawrvargh!

²⁵"Gowhy, why scrybys ha Farysys, fekyl agas cher! Yth esough why ow purjya an tu aves a'n hanaf hag a'n scudel, mes an tu aberveth yw luen a govaytys hag omjersyans dyrewl. ²⁶Why Farysys dall! Kens oll y tal dheugh glanhe an tu aberveth a'n hanaf, may fo glan an tu aves kefrys.

²⁷"Gowhy, why scrybys ha Farysys, fekyl agas cher! Why yw kepar ha bedhow gwyngalhys. Teg yns y war ves, mes wor' an tu aberveth ymons y luen a eskern hag a bub lastethes. ²⁸Yndelma kefrys yth esough why owth apperya dhe'n bobel kepar ha tus wyryon, saw wor' an tu aberveth why yw luen a falsury ha fara dylaha.

²⁹"Gowhy, why scrybys ha Farysys, fekyl agas cher! Why a wra byldya bedhow an profettys ha tekhe meyn cof an re gwyryon, ³⁰ha why a laver, 'Mar teffen ny ha bewa yn dedhyow agan tasow, ny vensen bythqueth cowethya gansans pan wrussons scullya gos an profettys.' ³¹Yndelma yth esough ow testa war agas pyn agas honen, fatel ough why yssew a'n re na a ladhas an profettys. ³²Ea, lenweugh musur an trespassys a wrug agas tasow!

³³"Why serpons! Why broud a nedras! Fatel yllough why fya dheworth brues yffarn? ³⁴Rag henna yth esof ow tanvon dheugh profettys, tus fur ha descajoryon. Why a vyn ladha ran anedhans ha'ga crowsya, ha ran aral why a vyn scorjya y'gas synagys ha'ga chassya a cyta dhe cyta, ³⁵may whrella dos warnough oll an gos gwyryon a vue scullyes war an norvys, dheworth gos Abel, an den ewnhensek, bys yn gos Zechary, mab Barachia, a wrussough why ladha ynter an sentry ha'n alter. ³⁶Dhe wyr me a laver dheugh, fatel wra oll an taclow ma wharfos dhe'n henath ma.

³⁷"A Jerusalem, a Jerusalem – an cyta usy ow ladha an profettys hag a wra labedha an re na re bue danvenys dhedhy! Pana lyes torn a wrug avy desyrya dhe guntell dha flehes kepar

del usy yar ow cuntell hy ydhynygow yn dan hy eskelly, saw why ny venseugh alowa henna! 38Myr, agas chy yw gesys dheugh yn tyanneth! 39Rag me a laver dheugh, na wreugh why ow gweles arta erna wrelleugh why leverel, 'Benegys yw ef usy ow tos yn hanow an Arluth.'"

24 Ha Jesu a asas an templa ha mos war y fordh, ha'y dhyscyplys a dhueth ha dhysquedhes dhodho byldyansow an templa. 2Ef a wovynnas ortans, "A nyns esough why ow queles oll an re ma? Dhe wyr me a laver dheugh, na vydh gesys omma men war ven heb bos dysevys."

3Ha pan esa va a'y eseth war Veneth Olyvet, y dhyscyplys a dhueth dhodho yn pryva ha leverel, "Deryf orthyn pana dermyn a wra oll an taclow ma wharfos ha pana syn a vydh gwelys pan dheffes orth fynweth an os."

4Ef a worthebys, "Bedheugh war na veugh tullys, 5rag lyes huny a vyn dos y'm hanow vy ha leverel, 'Me yw an Cryst,' hag y a wra tulla muer a dus. 6Ha why a glowvyth a vreselyow ha son a vreselyow. Gwaytyeugh na gemereugh own rag res yw an taclow ma dhe wharfos, mes ny vydh an deweth whath. 7Rag nacyon a vyn sevel warbyn nacyon ha gwlascor warbyn gwlascor hag y fydh dyvotter ha dorgrys yn tylleryow dyvers. 8Saw ny vydh henna ma's dalleth an golovas.

9"Nena y a vyn agas delyfra dhe vos tormentys hag a wra agas ladha hag oll an nacyons a vyn agas casa why awos ow hanow vy. 10Nena lyes huny

a wra forsakya aga fedh ha trayta an eyl y gela ha hatya an eyl y gela. 11Ha lyes profet fals a vyn sordya ha dyssaytya lowr a dus. 12Dre reson pub sort a gamweyth dhe encressya, kerensa lyes huny a wra yeynhe. 13Mes suel a wrella durya bys y'n deweth, ef a vydh sylwys. 14Hag awayl an wlascor a vydh progowthys dres oll an bys yn dustuny dhe oll an nacyons, ha wosa henna an deweth a vyn dos.

15"Pan welough ytho an 'sacrylych a wastyans' a'y saf y'n tyller sans, an dra na a vue campollys gans an profet Daniel (gwrens an redyer y gonvedhes), 16nena an re na neb a vo tregys yn Judy a res fya bys y'n menydhyow, 17ha'n den a vo war do an chy, byner re wrella skynnya rag don taclow mes a'n chy, 18ha neb a vo y'n gwel, byner re wrella dos tre rag kerhes y vantel! 19Ellas, an benenes a vydh gans flogh y'n dedhyow na ha'n mammethow a vydh ow pronna re munys, goy! 20Peseugh na vo agas fo y'n gwaf na jorna an sabot. 21Rag y fydh paynys bras y'n termyn na, na vue aga equal dhya dhalleth an bys bys y'n jedh hedhyw, na ny vydh nefra namoy. 22Na ve an dedhyow na gwres cot, ny vensa den vyth scappya, mes rag kerensa y gothmens Dew re wrug cot an dedhyow na solabrys. 23Mar laver nebonen dheugh y'n termyn na, 'Otomma Cryst,' po 'Otta va ena,' na greseugh dhodho man. 24Rag Crystow gow ha profettys fals a vyn spryngya yn ban hag y a wra dysquedhes synys bras ha marthojyon, rag tulla an re dowysys kyn fe, mar kyllons. ²⁵Mereugh, me re'gas gwarnyas arag dorn.

²⁶"Mar tons y ha leverel ytho, 'Myr! Yma va y'n gwylfos,' na wreugh mos yn mes; po 'Otta va y'n chy,' na greseugh henna na hen. ²⁷Rag kepar del dhue an luhesen yn mes a'n yst ha golowy bys y'n west, yn ketella y fydh devedhyans Mab an Den. ²⁸Pyle pynag a vo an corf marow, ena an breyny kyg a vyn omguntell.

²⁹"Dystough wosa anken an dedhyow

"'na an howl a vyth tewlhes,
    ha ny vyn an lor ry hy golow;
an ster a vyn codha dhe'n dor mes
    a'n nef, ha potestas an nevow a
    vyth crehyllys.'

³⁰"Ha syn Mab an Den a wra apperya y'n nef, ha nena pub nacyon an bys a wra mornya pan wellens y Mab an Den ow tos war glowdys an nef gans gallus ha gordhyans bras. ³¹Hag ef a vyn danvon y eleth gans son uhel an trompa hag y a vyn cuntell warbarth y bobel dhowysys dhya an peswar gwyns, dheworth a'n eyl penwyth a'n nef dh'y gela.

³²"Lemmyn deskeugh parabyl dheworth an wedhen fyges: kettel vo hy branchys tender ha pan wrella hy delyowa, nena why a wor bos an haf ow nessa. ³³Yn ketelma ynwedh, pan wrelleugh why gweles oll an taclow ma, why a wor y vosa ogas hag orth an darras. ³⁴Dhe wyr me a laver dheugh, na wra an henath ma tremena erna vo wharfedhys oll an taclow ma. ³⁵An nef ha'n nor a wra tremena, mes ow geryow vy a wra durya bys vyken.

³⁶"Saw ow tuchya an jedh ha'n owr na ny wor den vyth, ny wor naneyl eleth an nef na'n Mab saw unsel an Tas. ³⁷Rag devedhyans Mab an Den a vydh kepar ha dedhyow Noy. ³⁸Rag y'n dedhyow na kens an lyf, yth esa an dus ow tebry hag owth eva, ow temedhy gwrageth hag ow temedhy gwer bys y'n jedh mayth entras Noy y'n gorhel. ³⁹Ny wrussons y godhvos tra vyth erna dhueth an lyf ha dystrowy pubonen anedhans. Yndella y fydh devedhyans Mab an Den. ⁴⁰Y'n termyn na y fydh dew dhen y'n gwel, an eyl a vydh kemerys ha'y gela gesys. ⁴¹Y fydh dew venen ow mala orth an un vrow, an eyl a vydh kemerys ha gesys vydh hy ben.

⁴²"Gwreugh golyas ytho rag ny wodhough pana dhedh a vyn dos agas Arluth. ⁴³Mes godhvedheugh hemma: mar teffa den an chy godhvos pana dermyn y'n nos a vensa an lader dos, ef a vya yn tyfun ha ny wrussa alowa dhodho terry aberth yn y jy. ⁴⁴Bedheugh why ytho parys ynwedh rag Mab an Den a wra dos pan na vedhough why orth y wetyas.

⁴⁵"Pyw yw an servont lel ha dywysyk dhanna neb a ros y vester an charj a'y veyny dhodho, may halla va ry dhedhans aga alowans a sosten y'n termyn ewn? ⁴⁶Benegys a vydh an servont mar tue y vester ha'y gafus yndelma pan dheffa ef. ⁴⁷Dhe wyr me a laver dheugh fatel wra y vester y settya a-ugh oll y bossessyon. ⁴⁸Saw mar tue an tebel-servont ha leverel yn y golon, 'Yma ow mester pell heb

dos,' 49ha mar tue va ha cronkya y gowetha, an servons erel, hag awosa dalleth debry hag eva gans pennow medhow, 50nena y vester a vyn dos y'n jorna na vydh ef orth y wetyas hag y'n uer na vydh ef ow quetyas. 51Ef a wra y drehy dhe dymmyn ha'y settya gans an ypocrytys, le may fydh olva ha scrynva dens.

25 "Gwlascor nef a yll bos hevellys orth deg maghteth bryas. Y a gemeras aga lugern ha mos yn mes dhe vetya orth an gour pryas. 2Fol o pymp anedhans ha'n pymp erel o fur. 3An re fol a gemeras aga lugern heb kemeres oyl gansans. 4Mes an meghtythyon fur a gemeras lestry oyl. 5Ha pan wrug an gour pryas dylatya heb dos, hun a dhueth warnedhans hag y a guscas.

6"Mes war hanter nos y fue clowys cry, 'Otomma an gour pryas! Keugh yn mes dhe vetya ganso.'

7"Nena oll an meghtythyon na a dhyfunas ha tacla aga lugern. 8Ha'n re fol a leverys dhe'n re fur, 'Reugh dhyn ran a'gas oyl, rag yma agan lugern ow tyfudhy.'

9"Mes an re fur a worthebys, 'Mar tuen ny ha ry oyl dheugh, ny vydh oyl lowr dhyn ny agan honen. Na, keugh dhe'n wycoryon ha preneugh oyl ragough why agas honen.'

10"Gyllys ens dhe brena oyl pan dhueth an gour pryas. An meghtythyon neb o parys a entras ganso yn banket an demedhyans ha'n darras a vue deges war aga lergh.

11"Pols wosa henna an meghtythyon erel a dhueth arta ha leverel,

'Arluth, arluth, egor dhyn an darras.'

12"Saw ef a's gorthebys, 'Dhe wyr me a laver dheugh nag esof orth agas aswon.'

13"Bedheugh yn tyfun ytho, rag ny wodhough naneyl an jedh na'n prys y tue Mab an Den.

14"Yma an cas kepar ha den esa ow mos war vyaj yn mes a'y bow y honen. Ef a elwys y wesyon ha trestya y byth dhedhans. 15Dhe onen anedhans ef a ros pymp talent, ha dh'y gela dew, ha dhe dhen aral whath un talent, dhe bubonen warlergh y deythy. Nena ef a dhybarthas. 16An gwas neb a recevas an pymp talent eth yn kergh whare ha gul negys gansans may whrug ef gwaynya pymp talent moy. 17Yn kepar maner an gwas neb a recevas an dhew dalent a spedyas y negys ha gwaynya dew moy. 18Saw an gwas na recevas ma's un talent eth ha palas toll y'n dor ha cudha mona y vester ynno.

19"Termyn hyr wosa henna mester an wesyon a dhueth tre dhe vos aquytys gans y wesyon. 20Ha gwas an pymp talent a dhueth yn rag ha ganso pymp talent moy. Ef a leverys, 'A vester, te a dhelyfras dhym pymp talent. Otomma pymp talent moy a wrug avy gwaynya dhys.'

21"Y vester a leverys dhodho, 'Gwres da, te was 'vas ha lel! Te re bue lel yn nebes. Me a vyn dha settya a-ugh lyes tra. Enter lemmyn aberth yn joy dha vester.'

22"Ha'n gwas neb a gafas an dhew dalent a dhueth dheragtho ow leverel, 'Te a ros dhym dew dalent. Myr! Me re waynyas dew dalent moy ragos.'

²³"Y vester a worthebys, 'Gwres da, te was 'vas ha lel! Y fues lel yn nebes. Me a vyn ry charj dhys a lowr a daclow. Enter lemmyn aberth yn lowena dha vester.'

²⁴"Nena an gwas na wrug receva saw un talent a dhueth dherag y vester ha leverel, 'A vester, me a wodhya te dhe vos den cales ha fatel wreta mejy heb gonys ha cuntell heb hasa, ²⁵ha me a'm bue own. Rag henna me eth ha cudha dha dalent y'n dor. Otomma lemmyn dha vona dha honen.'

²⁶"Y vester a worthebys, 'Te was drog ha dyek! Te a wodhya yn ta fatel wrama mejy heb gonys ha cuntell heb hasa. ²⁷Y talvya dhys mos ha gorra ow mona yn arhow gans arhansoryon. Nena pan wrellen dewheles, me a vensa cafus ow fyth ow honen warbarth gans oker.

²⁸"'Rag henna kemereugh dheworto an talent ha reugh ef dhe henna a'n jeves deg talent. ²⁹Rag an re na a's teffa pyth, dhedhans y fydh rys hag y fydh dhedhans lowr ha plenta. Saw an re na vo tra vyth dhedhans, kemerys vydh dhewortans a vo dhedhans kyn fe. ³⁰Ow tuchya an gwas cog ma – towleugh ef yn mes y'n tewolgow pella, may fydh olva ha scrynva dens.'

³¹"Pan dhue Mab an Den yn y splander hag oll an eleth ganso, nena ef a vyn esedha war dron y wordhyans. ³²Hag oll nacyons an bys a vydh cuntellys dheragtho hag ef a vyn dyberth an eyl ran dheworth hy ben kepar del ues bugel ow tyberth an deves dheworth an cyfras. ³³Ef a vyn settya an deves a'y barth dyhow ha'n gyfras a'y barth cledh.

³⁴"Nena an mytern a vyn leverel dhe'n re na a'y barth dyhow, 'Why neb yw benegys gans ow Thas, deugh rag eryta an wlascor re bue parys dheugh dheworth dalleth an bys. ³⁵Rag me a'm be nown ha why a ros dhym dhe dhebry; sehes a'm be ha why a ros dhym dhe eva; estren en vy ha why a'm recevas. ³⁶Me o yn noth ha why a worras dyllas y'm kerhyn; claf en ha why a gemeras wyth ahanaf; yth esen y'n pryson ha why a dhueth rag ow vysytya.'

³⁷"Nena an re gwyryon a vyn gortheby, 'Pana dermyn a wrussyn ny dha weles gwag ha ry bos dhys, po ow suffra sehes ha ry dhys dhe eva? ³⁸Pana dermyn a wrussyn dha weles yn estren ha dos ha'th receva, po yn noth ha gorra dyllas adro dhys? ³⁹Pana dermyn a wrussyn ny dha weles claf po prysonys ha dos dhe'th vysytya?'

⁴⁰"Ha'n mytern a vyn gortheby, 'Ea, yn gwyryoneth me a laver dheugh, kepar del wrussough why dhe'n onen lyha a'm breder vy, dhymmo vy why a'n gwrug.'

⁴¹"Nena ef a vyn leverel dhe'n re na a'y barth cledh, 'Keugh dheworthyf, a dus vylegys, dhe'n tan dyvarow re bue darbarys dhe'n jawl ha'y eleth. ⁴²Rag nown a'm be, ha ny wrussough why ry dhym tam vyth dhe dhebry; sehes a'm be ha ny wrussough ry dhym banna dhe eva. ⁴³Me o estren ha ny wrussough ow receva, yn noth ha ny wrussough gorra dyllas y'm kerhyn. Me o claf hag yth esen yn

pryson ha ny dhuethough unweyth dhe'm vysytya.'

⁴⁴"Nena y ynwedh a vyn leverel, 'Arluth, pana dermyn a wrussyn dha weles gwag po segh po estren po yn noth po claf po yn pryson heb dos ha'th socra?'

⁴⁵"Nena gortheby a wra, "Dhe wyr me a laver dheugh why: yn mar vuer na wrussough why tra vyth rag onen a'n re lyha a'm breder, ny'n gwrussough dhymmo vy.'

⁴⁶"Ha'n re ma a wra dyberth bys y'n punsyans heb deweth, mes an re gwyryon bys yn bewnans nefra a bys."

26 Ha Jesu pan worfennas oll an lavarow ma, a leverys dh'y dhyscyplys, ²"Why a wor y tue an Pask kens pen dew jorna, ha nena Mab an Den a vydh delyfrys dhe vos crowsys."

³Ena an uhel pronteryon ha tus hen an bobel a dhueth warbarth yn palys an uhel pronter neb o henwys Cayfas, ⁴hag omgusulya a wrussons fatel yllyns sesya Jesu dre gast ha'y dhystrowy. ⁵Mes y a leverys, "Ny yll tra vyth bos gwres jorna an gol, rag dowt an bobel the wul deray."

⁶Yth esa Jesu yn Bethany yn chy Symon clavrek, ⁷pan dhueth dhodho benen ha gensy box alabauster a onyment ker, ha hy a wrug y dhenewy war y ben hag ef a'y eseth orth an vos.

⁸Pan welas an dyscyplys henna, y a sorras ha leverel, "Pyth o an othem a scullya an onyment ker? ⁹Rag ef a alsa bos gwerthys a sum bras ha'n mona rys dhe'n vohosogyon."

¹⁰Jesu a gonvedhas aga brys ha

leverel, "Prag yth esough why ow trobla an venen ma? Hy re wrug servys da ragof. ¹¹Why a gaf bohosogyon pub uer warnough ow carma, mes me ny vedhaf vy genough pupprys. ¹²An keth onyment ma hy a scullyas warnaf rag ow ancledhyas. ¹³Dhe wyr me a laver dheugh, pynag oll le may fo progowthys an awayl ma yn oll an bys, kywhedhlys vydh ynwedh an pyth a wrug hy yn remembrans anedhy."

¹⁴Yn uer na onen a'n dewdhek, henwys Judas Scaryoth, eth dhe'n uhel pronteryon ¹⁵ha leverel, "Pandra vennough ry dhym ha me a wra dheugh spedya orth y gafus?" ¹⁶Y a wrug tylly dhodho deg warn ugans a vona, hag alenna rag yth esa va ow whelas chons da rag y drayta.

¹⁷Ha'n kensa dedh a'n Bara heb Gwel an dyscyplys a dhueth dhe Jesu ha govyn, "Ple fya da dhys ny dhe barusy soper an Pask ragos?"

¹⁸Ef a worthebys, "Eugh ajy dhe'n cyta dhe certan den ha deryveugh orto, 'An Descajor a laver bos ogas y dermyn. Da vya ganso sensy an Pask gans y dhyscyplys y'th chy tejy.'" ¹⁹Ha'n dyscyplys a wrug kepar del erhys Jesu dhedhans ha dyghtya soper an Pask.

²⁰Pan vue gordhewer, ef a gemeras y blas orth an vos gans an dewdhek dyscypyl. ²¹Pan esens ow tebry, ef a leverys, "Me a laver gwyryoneth – onen ahanough re'm gwerthas dhe'm eskerens."

²²Hag y a vue pur dryst ha dalleth cowsel orto ha govyn, "Arluth, yw me henna?"

23Ef a worthebys, "Ow tebry genef yma a'n tallyour neb re'm gwerthas solabrys. 24Mab an Den a dremen a'n bys, kepar del yw screfys anodho, mes goef byth neb a'n gwerthas. Myl well vya na ve va genys y'n bys ma."

25Judas, neb a'n traytas a leverys dhodho, "Raby, oma vy neb a'th werthas?"

Ef a worthebys, "Te re'n leverys."

26Hag y whath ow tebry, Jesu a gemeras bara hag a'n sonas ha'y derry ha'y ry dhe'n dhyscyplys ha leverel, "Kemereugh, debreugh, ow horf avy yw hemma."

27Ha wosa kemeres an hanaf ha'y sona, ef a'n ros dhedhans ha leverel, "Eveugh oll why a hemma, 28rag hemma yw ow gos a'n kevambos noweth neb a vydh scullys rag lyes huny y'n remyssyon a behosow. 29Me a laver dheugh why, na wrama eva namoy alemma rag a frut an wynwedhen bys y'n jorna may whrellen y eva noweth yn gwlascor ow Thas."

30Ha wosa cana hympna, y eth yn mes dhe Veneth Olyvet.

31Ena Jesu a leverys dhedhans, "Kens bos un nos tremenys why a vydh sclandrys ahanaf kettep mab bron, rag screfys yw,

"'Me a vyn gweskel an bugel,
    ha deves an bugel a vydh scullys ales.'

32Mes wosa me dhe dhasserhy, me a vyn mos dheragough dhe Alyla."

33Peder a leverys dhodho, "Kyn fons y oll sclandrys ahanas, nefra ny wraf dha dhyflasa."

34Jesu a leverys dhodho, "Yn tefry me a laver dhys, an nos ma kens es bos an culyek kenys, teyrgweyth y whreth ow naha."

35Yn medh Peder, "Kyn fena vy ledhys marow, ny'th tenahaf benary." Yndella ynwedh oll an dyscyplys a gowsas.

36Ena Jesu eth gansans dhe dyller henwys Gethsemane hag ef a leverys dhe'n dhyscyplys, "Esedheugh omma ha me a wra mos yn hans dhe besy." 37Ef a gemeras ganso Peder ha dew vab Zebedy ha trystans ha fyenasow a dhallathas y vludhya. 38Nena ef a leverys dhedhans, "Yma y'm enef trystyns fast bys yn ancow. Gorteugh omma ha golyeugh genef."

39Ef eth dhewortans un lam byan ha codha war an dor ha pesy ow leverel, "A Das, mar kylla possybly bos, gas an hanaf ma a vernans dhe vos dheworthyf vy, ha mar ny yll bos na hen, dha volunjeth jy re bo gwres ha not ow bolunjeth vy."

40Ef a dreylyas dh'y dhyscyplys hag a's cafas oll ow cusca, hag yn medh ef dhe Beder, "A ny yllough un pols golyas dhe'm confortya? 41Golyeugh whath ha peseugh na wrelleugh why entra yn temptacyon. Parys fest yw an sperys ha'n kyg yw gwan."

42Arta an secund treveth ef a omdennas ha pesy ow leverel, "A Das, mar ny yll hemma passya dheworthyf marnas me a'n yf, dha volunjeth re bo gwres."

43Ha pan dhueth ef arta dhedhans, ef a's cafas ow cusca, rag pos o aga dewlagas. 44Hag ef a's gasas arta ha mos ha pesy an tressa treveth ow leverel an keth lavarow.

⁴⁵Nena ef a dhueth dhe'n dyscyplys hag ef a leverys dhedhans "Esough why whath yn cusk hag ow powes? Mereugh, re dhueva an prys may fo Mab an Den delyfrys ynter dewla pehadoryon. ⁴⁶Sevyn yn ban, duen alemma, rag ogas yma neb a'm gwerthas."

⁴⁷Pan esa whath ow cowsel, Judas, onen a'n dewdhek, a dhueth dy ha warbarth ganso bush bras ow ton cledhedhyow ha fustow. Y re bya danvenys dheworth an uhel pronteryon ha tus hen an bobel. ⁴⁸Ha'n traytor a ros dhedhans syn, ow leverel, "Me a wra amma dhe'n den may halleugh y aswonvos. Settyeugh dalhen ynno." ⁴⁹Hag ef a dhueth dhe Jesu ha leverel, "A raby ker, dhys lowena!" hag amma dhodho.

⁵⁰Jesu a leverys dhodho, "A gothman da, prag y whrusta dos?"

Nena y a dhueth yn rag ha gorra aga dewla war Jesu ha'y sesya. ⁵¹Ha dystough onen a gowetha Jesu a dennas y gledha ha gweskel servont an uhel pronter ha trehy y scovarn ryb an pen dheworto.

⁵²Nena Jesu a leverys, "Gor dha gledha yn y won, rag neb a vewa dre gledha, dre gledha y fydh ledhys. ⁵³Po esta ow tyby na alsen pesy ow Thas heb let dhe danvon dhym moy ages dewdhek lyjyon a eleth? ⁵⁴Y'n uer na fatel vya collenwys an scryptur a laver bos res porres an dra dhe wharfos yndelma?"

⁵⁵Nena Jesu a leverys dhe'n bush a dus, "A dhuethough dhym gans cledhedhyow ha fustow rag ow sesya kepar del vena lader? Yth esen y'gas mesk ow tesky y'n templa pub jorna oll ha ny wrussough ow sesya. ⁵⁶Mes oll an dra ma re happyas may fo collenwys scryvadhow an profettys." Nena oll y dhyscyplys a'n forsakyas ha fya dhe'n fo.

⁵⁷An re na neb a sesyas Jesu a'n dros dhe Gayfas an uhel pronter hag y fue cuntellys an scrybys ha'n dus hen yn y jy. ⁵⁸Ha Peder a'n folyas abell bys yn lys chy an uhel pronter. Ef a entras hag esedha gans an wethysy may halla va gweles fatel wre taclow gorfenna.

⁵⁹Hag yth esa an uhel pronteryon hag oll an consel ow whelas dustuny fals warbyn Jesu may hallens y worra dhe'm mernans. ⁶⁰Mes ny gafsons tra vyth, kyn whrug lyes huny desta gowegneth war y byn.

Worteweth dew dhen a dhueth yn rag ⁶¹ha leverel, "An den ma a leverys, 'Me a yll dystrowy templa Dew ha'y vyldya arta yn ban kens pen treddeth'."

⁶²Ena an uhel pronter a sevys ha leverel dhe Jesu, "A nyns ues gorthyp vyth genes? Pyth yw an dustuny ma a wrons y desta war dha byn?" ⁶³Saw Jesu a dewys.

An uhel pronter a leverys dhodho, "Dha gonjurya a wraf re'n Dew a vewnans dhe veneges dhyn osta Cryst Mab Dew bo nag osta."

⁶⁴Jesu a worthebys, "Te re'n leverys. Mes me a laver dheugh hemma: kens pell why a welvyth Mab an Den a'y eseth adhyhow dhe'n Power hag ow tos war glowdys an nef."

⁶⁵Nena an uhel pronter a squardyas y dhyllas ha leverel, "Yma va ow cably Dew. Pana othem a'gan bues a

44

dhustuny moy? ⁶⁶Lemmyn why re glowas y vlasfemy. Pandr' a wreugh why tyby anodho?"

Y a worthebys, "Ef yw wordhy a vernans."

⁶⁷Nena y a wrug trewa yn y fas ha'y gronkya. Hag yth esa ran anedhans ⁶⁸orth y frappya hag ow leverel, "Te Gryst, gwra profusy pyw re wrug dha weskel!"

⁶⁹Hag yth esa Peder a'y eseth yn mes y'n lys ha maghteth a dhueth dhodho ha leverel, "Te ynwedh y fues gans Jesu a Alyla."

⁷⁰Mes ef a nahas an dra dherag oll an dus esa y'n tyller na hag ef a leverys, "Ny won man pandr' esta ow cowsel adro dhodho."

⁷¹Ha wosa ef dhe vos yn mes dhe'n portal, mowes aral a'n gwelas hag a leverys dhe'n re esa gensy, "Y fue an den yn mesk cowetha Jesu a Nazara."

⁷²Hag arta Peder a wrug y dhenaha gans ly ha leverel, "Ny aswonaf an den."

⁷³Pols wosa henna certan re a dhueth ha sevel ogas dhe Beder ha leverel dhodho, "Dhe wyr te yw onen anedhans. Yma ton dha gows orth dha dhyskevera."

⁷⁴Nena Peder a dhallathas lya ha cussya ha leverel, "Nyns esof orth y aswon man!"

Desempys an culyek a ganas. ⁷⁵Ha Peder a remembras geryow Jesu pan leverys, "Kens es bos an culyek kenys, teyrgweyth y whreth ow naha." Ha Peder eth yn mes ha devera dagrow wherow.

27 Pan dhueth an myttyn, oll uhel pronteryon ha tus hen an bobel a omgusulyas warbyn Jesu may hallens y worra dhe'm mernans. ²Y a wrug y gelmy, y ledya yn kergh ha'y dhelyfra dhe Bylat an governour.

³Pan welas Judas, traytour Jesu, fatel vue va dampnys, ef a repentyas ha dry arta an deg warn ugans a arhans dhe'n uhel pronteryon ha'n dus hen. ⁴Ef a leverys, "Me re behas pan wrug avy trayta gos ynocent."

Mes y a leverys, "Ny vern henna dhyn ny. Gwra avysya anodho dha honen."

⁵Judas a dowlas an arhans war luer an templa. Nena ef a voydyas alenna ha mos ha cregy y honen.

⁶Mes an uhel pronteryon a gemeras an bathow ha leverel, "Ny vya lafyl aga gorra y'n arhow sans rag mona gos yns." ⁷Wosa omgusulya y a brenas gans an mona gwel an gweythor pry avel encladhva estrenyon. ⁸Rag henna an gwel na yw henwys, Gwel an Gos bys y'n jedh hedhyw. ⁹Nena y fue collenwys an pyth a vue campollys gans an profet Jeremy pan leverys, "Hag y a gemeras an deg darn warn ugans a arhans, prys an den talvedhys gans mebyon Ysrael, ¹⁰hag y a's ros rag gwel an gweythor pry, kepar del wrug an Arluth comondya dhym."

¹¹Jesu a sevys dherag an governour hag ef a wovynnas orto, "Osta mytern an Yedhewon?"

Jesu a worthebys, "Te a'n laver."

¹²Mes pan vue va cuhudhys gans an uhel pronteryon ha'n dus hen, ny

leverys tra vyth. [13]Nena Pylat a leverys dhodho, "A ny ylta clowes pysuel dustuny a wrons y war dha byn?" [14]Mes ef ny wrug gortheby ger vyth oll, ma'n jeva an governour marth bras.

[15]Usadow a'n jeva an governour jorna an degol dhe relesya neb prysner dhe'n bobel, pynag oll a wrellens dowys. [16]Yth esa y'n termyn na prysner drog-gerys hag o gelwys Barabas. [17]Rag henna, awos y dhe omguntell, Pylat a wovynnas ortans, "Pyneyl a vennough why me dhe dhelyfra dheugh, Barabas po Jesu yw henwys an Cryst?" [18]Rag ef a wodhya Jesu dhe vos drys dhodho der ewn atty.

[19]Ha pan esa Pylat a'y eseth yn cort an vrues, y wreg a dhanvonas ger dhodho dhe leverel, "Byner re wrylly tra vyth dhe'n den ynocent na, rag me a suffras lowr hedhyw awos hunros re'm bue adro dhodho."

[20]Saw an uhel pronteryon ha'n dus hen a ynnyas an bobel dhe wovyn may fe Barabas relesys ha Jesu ledhys.

[21]An governour a leverys dhedhans arta, "Pyneyl a'n dhew a vennough me dhe relesya dheugh?"

"Barabas," y a leverys.

[22]Pylat a leverys dhedhans, "Pandr' a wrama dhe Jesu yw gelwys an Cryst?"

Y oll a leverys, "Bedhens ef crowsys!"

[23]Nena Pylat a wovynnas, "Praga? Pana dhrog re wruga gul?"

Mes y a gryas dhe voy uhel, "Bedhens ef crowsys!"

[24]Pan welas Pylat na ylly gul tra vyth a vry, mes lacka whath bos tervans ow talleth, ef a gemeras dowr ha golhy y dhewla ynno dherag an bobel ow leverel, "Glan of a wos an dremas ma. Mereugh dhe'n dra agas honen."

[25]Ha'n bobel a worthebys, "Mar tue venjons vyth rag y wos, warnan ny re wrella codha ha war oll agan flehes!"

[26]Nena ef a relesyas Barabas dhedhans, mes Jesu ef a scorjyas ha'y dhelyfra dhe'n soudoryon dhe vos crowsys.

[27]Nena soudoryon an governour a dhros Jesu bys yn caslys an governour hag oll an ost a guntellas yn y gerhyn. [28]Y a dhystryppyas y dhyllas dheworto ha'y wysca yn mantel gough. [29]Ha plethy dreyn a wrussons rag gul curun ha'y settya war y ben. Y a worras corsen yn y dhorn dyhow ha mos war ben dewlyn dheragtho ha gul ges anodho ow leverel, "Hayl dhys, mytern an Yedhewon!" [30]Y a wrug trewa warnodho ha kemeres an gorsen ha'y weskel war an pen gensy. [31]Wosa gul ges anodho y a gemeras dheworto an vantel ha'y wysca yn y dhyllas y honen. Nena y a'n humbrancas yn kergh dh'y growsya.

[32]Pan esens y ow mos yn mes, y a gafas den dhya Cyren gelwys Symon, hag y a'n constrynas dhe dhon crows Jesu. [33]Ha pan dhuethons bys yn tyller henwys Golgotha (hem yw Le Crogen an Pen), [34]y a offras dhodho dhe eva gwyn kemyskys gans bystel. Mes wosa y dastya, ny vennas Jesu y eva. [35]Ha pan wrussons y growsya, y a rannas y dhyllas yntredhans ow towlel pren (may fue collenwys an dra menegys gans an profet, 'Y a rannas yntredhans ow dyllas, ha war ow

gwysk y a dowlas pren'). ³⁶Nena y a esedhas rag y wetha. ³⁷Hag y a settyas a-ugho an lybel war y byn, "HEM YW JESU MYTERN AN YEDHEWON." ³⁸Nena y fue crowsys ganso dew lader, an eyl a'y barth dyhow, ha'y gela a'y barth cledh. ³⁹An re na esa ow tremena a wrug y gably, ow shakya aga fennow ⁴⁰hag ow leverel, "Te neb a venna dystrowy an templa ha'y dhrehevel arta kens pen treddeth, gwra sawya dha honen! Mars osta mab Dew, gwra skynnya dhewar an grows!"

⁴¹Yn kepar maner an uhel pronteryon, an scrybys ha'n dus hen a wrug ges anodho ow leverel, ⁴²"Ef a allas sawya bewnans tus erel. Lemmyn y honen ny yll ef omsawya. Ef yw mytern Ysrael. Dens ef dhe'n dor lemmyn dhewar an grows ha ny a vyn cresy dhodho. ⁴³Yma va ow trestya yn Dew. Re wrella Dew y sawya y'n tor' ma, rag ef a leverys y dhe vos Mab Dew." ⁴⁴Yth esa an ladron hag a vue crowsys ganso orth y vockya ynwedh.

⁴⁵Dhya hanterdeth bys teyr uer dohajedh y fue tewolgow war oll an norvys. ⁴⁶Ogas dhe'n tressa uer Jesu a gryas gans lef uhel, "*Eli, Eli, lema sabaghthani!*" hem yw dhe styrya, "A Dhew, a Dhew, prag y'm gysta vy?"

⁴⁷Pan glowas henna ran an dus esa a'ga saf yn nes, y a leverys, "Yma hemma ow crya war Elyas."

⁴⁸Dystough onen anedhans a bonyas ha kemeres spong ha'y lenwel a aysel ha'y settya orth gwelen ha'y ry dhodho dhe eva. ⁴⁹Saw an re erel a leverys, "Gorta pols! Aspyeugh lemmyn bysy mara tue Elyas dh'y dhelyfra."

⁵⁰Nena Jesu a armas arta gans lef uhel ha dascor y enef.

⁵¹Y'n very prys na vayl an templa a squardyas yntra dew dhya an top bys y'n goles. An dor a grennas ha'n carrygy a vue felsys. ⁵²An bedhow ynwedh a vue egerys ha muer a gorfow an sens esa a'ga groweth a dhassorhas. ⁵³Wosa y dhasserghyans y a dhueth yn mes a'n bedhow hag entra y'n cyta sans hag apperya dhe lyes huny.

⁵⁴Yth esa century gans y soudoryon ow quetha Jesu. Pan wrussons gweles an dorgrys hag oll an taclow a happyas, y fons y dyegrys ha leverel, "Yn gwyryoneth Mab Dew o an den ma."

⁵⁵Yth esa ena lyes benen y'n tyller na hag y ow meras orth Jesu abell. Y a sewyas Jesu dhya Alyla rag y servya. ⁵⁶Y'ga mesk yth esa Marya Maudlen, Marya mam Jamys ha Josef, ha mam mebyon Zebedy.

⁵⁷Ha pan dhueth an gordhewer den rych dhya Varamathia henwys Josef (onen a dhyscyplys Jesu) ⁵⁸eth dhe Bylat ha govyn corf Jesu orto. Pylat a ordnas may fe va rys dhodho. ⁵⁹Josef a gemeras an corf ha'y vayla yn sendal glan ⁶⁰ha'y settya yn y vedh noweth re bya trehys mes a'n garrek. Nena ef a rolyas men uthek bras adrues toll an bedh ha dyberth. ⁶¹Yth esa ena Marya Maudlen ha'n Varya aral a'ga eseth adal an bedh.

⁶²Ha ternos, an jedh wosa preparacyon an sabot, an uhel pronteryon ha'n Farysys a dhueth warbarth dherag Pylat ⁶³ha leverel, "Arluth, yth eson ny ow remembra fatel

leverys an faytour na hag ef whath yn few, 'Wosa treddeth me a wra dasserhy.' [64]Rag henna comond may fo an bedh dyogelys bys y'n tressa dedh. Poken martesen y dhyscyplys a alsa mos ha'y ladra ha'y dhon yn kergh ha deryvas orth an bobel ef dhe vos dasserhys a'n re marow. Yndelma lacka vya an dyssaytyans dewetha es an dyssaytyans kensa."

[65]Pylat a leverys dhedhans, "Kemereugh soudoryon avel gwethysy genough ha gwra fastya an bedh gwella galleugh." [66]Rag henna y eth dy gans an wethysy ha selya an men rag fastya an bedh.

28 Wosa an sabot ha kensa deth an seythen ow tardha, Marya Maudlen ha'n Varya aral eth dhe veras orth an bedh.

[2]Saw dhesempys y fue dorgrys bras, rag el an Arluth a skynnyas mes a'n nef ha dos dhe rolya an men war dhelergh hag esedha warnodho. [3]Kepar ha luhes o y semlant ha'y dhyllas o maga whyn avel an ergh. [4]Ha'n wethysy, pan wrussons meras orto, y a grennas der ewn own hag y fons y kepar ha tus varow.

[5]Saw an el a gowsas orth an benenes ha leverel, "Na bertheugh own! Me a wor a whelough why, Jesu neb a vue crowsys. [6]Omma nyns usy ef man. Dasserhys yw poran kepar del leverys ef. Deugh ha gweleugh an le mayth esa va a'y wroweth. [7]Nena keugh whare dhe dheryvas orth y dhyscyplys fatel ywa dasserhys a'n re marow. Ea, yma va ow mos dheragough bys yn Galyla. Ena why a'n

gwelvyth. Hem yw ow messach ragough."

[8]Rag henna y a asas an bedh yn uskys gans own ha lowena vras ha ponya rag deryvas an cas orth y dhyscyplys. [9]Ha dhesempys y a vetyas orth Jesu hag ef a leverys dhedhans, "Lowena dheugh why!" Hag y a dhueth nes dhodho, sensy y dhewdros ha codha war ben dewlyn dheragtho. [10]Nena Jesu a leverys dhedhans, "Na bertheugh own! Keugh ha levereugh dhe'm breder dhe dravalya dhe Alyla. Ena y a'm gwelvyth."

[11]Pan esens y war aga fordh, re a'n wethysy eth dhe'n cyta ha deryvas orth an uhel pronteryon pub tra oll a wharfa. [12]Wosa an uhel pronteryon dhe omgusulya warbarth gans an dus hen, y a ervyras ry sum lowr a vona dhe'n soudoryon [13]ha comondya dhedhans, "Levereugh, 'Y dhyscyplys a dhueth y'n nos ha don an corf yn kergh ha ny yn cusk.' [14]Mar tue an mater ma dhe dhewscovarn an governour, ny a vyn gul dhodho cresy dhyn ha'gas gwetha why rag trobel." [15]Rag henna an soudoryon a gemeras an mona ha gul kepar del vue comondys dhedhans. Hag yma an whedhel ma plontys whath yn mesk an Yedhewon bys y'n jedh hedhyw.

[16]An unnek dyscypyl eth dhe Alyla, dhe'n meneth ordnys dhedhans gans Jesu. [17]Ha pan wrussons y welas, y a godhas war ben dewlyn dheragtho. Saw ran anedhans a dhowtyas. [18]Saw Jesu a dhueth nes dhedhans hag a leverys, "Pub auctoryta y'n nef ha war an nor re bue rys dhym. [19]Eugh ytho

ha deskeugh oll an nacyons, orth aga besydhya yn hanow an Tas, ha'n Mab ha'n Sperys Sans. 20Gwreugh aga desky dhe wetha pub tra a wrug avy comondya dheugh. Mereugh, otta vy genough pub uer oll bys gorfen an bys."

An Awayl warlergh Mark

1 Dalleth awayl Jesu Cryst Mab Dew.

²Kepar del yw screfys y'n profet Ysay,

"Ot, yth esof ow tanvon ow
   messejer arag dha fas,
hag ef a vyn darbary dha fordh
   dheragos;
³lef onen ow crya y'n gwylfos:
   'Darbareugh fordh an Arluth,
   gwreugh compes y hensy.'"

⁴Yth esa Jowan ow pesydhya y'n gwylfos hag ow progeth an besydhyans a edrek rag remyssyon a behosow. ⁵Hag yth eth yn mes dhodho oll pow Judy hag oll tus Jerusalem. Y fons besydhys ganso yn dowr Jordan, ow meneges aga fehosow. ⁶Ha gwyskys o Jowan yn blew cawrvargh ha grugys a grohen adro dhodho. Culyogas reden askellek ha mel gwyls o y sosten. ⁷Progeth a wre ow leverel, "Yma ow tos war ow lergh onen yw moy gallosek agesof vy, nag oma wordhy dhe omblegya ha dygelmy cronow y eskyjyow. ⁸Me re wrug agas besydhya yn gwyr gans dowr; saw gans an Sperys Sans ef a wra agas besydhya."

⁹Hag y wharfa y'n dedhyow na Jesu dhe dhos a Nazara yn Galyla, may halla va bos besydhys gans Jowan y'n Jordan. ¹⁰Ha dhesempys, pan esa va ow tos yn ban mes a'n dowr, ef a welas an nef egerys ha'n Sperys kepar ha colom ow skynnya warnodho. ¹¹Hag y tueth lef mes a'n nef ow leverel, "Te yw ow mab kerys usy ow joy ynno."

¹²Heb let an Sperys a'n helghyas bys y'n gwylfos. ¹³Hag yth esa ena y'n gwylfos temptys gans Satnas dewgans jorna. Yth esa gans an bestas gwyls ha'n eleth a wrug menystra dhodho.

¹⁴Ha wosa Jowan dhe vos prysonys, Jesu a dhueth dhe Alyla, ow progeth awayl a wlascor Dew ¹⁵hag ow leverel, "Collenwys yw an termyn; ogas yw gwlascor Dew. Repentyeugh ha creseugh y'n awayl."

¹⁶Pan esa Jesu ow kerdhes ryb mor Galyla, ef a welas Symon hag Androw y vroder ow towlel ros y'n mor, rag puscadoryon ens y. ¹⁷Jesu a leverys dhedhans, "Sewyeugh vy ha me a vyn gul ahanough puscadoryon a dus." ¹⁸Ha dystough y asas aga rosow ha'y sewya ef.

¹⁹Ha pan o va gyllys pols alenna, ef a welas Jamys mab Zebedy ha Jowan y vroder. Yth esens y'ga scath owth ewna aga rosow. ²⁰Heb let Jesu a's gelwys, hag y a forsakyas aga syra Zebedy y'n scath gans an wesyon gober, ha dos war y lergh.

²¹Y eth bys yn Capernaum, ha pan dhueth jorna an sabot, Jesu a entras y'n synaga ha desky. ²²Ha marth o dhedhans a'y dhyscas, rag yth esa va ow tesky kepar hag onen a'n jeva auctoryta. Nyns o va kepar ha'n scrybys. ²³Y'n termyn na yth esa y'ga synaga den hag a'n jeva tebel-sperys. ²⁴Ef a gryas, "Pandr' a venta jy gul genen

50

ny, te Jesu a Nazara? Osta devedhys rag agan dystrowy? Me a'th aswon pyw osta, an Den Sans a Dhew!"

²⁵Saw Jesu a'n rebukyas ha leverel, "Taw dhymmo ha dues mes anodho!" ²⁶Wosa an tebel-sperys dh'y shakya hag uja gans lef uhel, ef a dhueth mes anodho.

²⁷An bobel a's teva marth yn kettep pen, hag yth esens ow covyn an eyl orth y gela, "Pandr' yw hemma? Pana dhyscas noweth yw hemma? Rag gans auctoryta yma va ow comondya dhe'n debel-sperysyon kyn fe, hag ymons y owth obaya dhodho." ²⁸Ha whare an newodhow anodho eth yn mes der oll an pow adro dhe Alyla.

²⁹Whare wosa y dhe dhos mes a'n synaga, y a entras yn chy Symon hag Androw, gans Jamys ha Jowan. ³⁰Yth esa dama dha Symon grevys der an fevyr ha hy y'n gwely. Dystough y a dheryvas orto adro dhedhy. ³¹Jesu a dhueth ha'y hemeres er an luef ha'y drehevel yn ban. Gans henna an derthen a's forsakyas ha hy a dhallathas menystra dhedhans.

³²Dyworenos, pan o sedhys an howl, y a dhros dhodho oll an glevyon, ha'n re na o kemerys gans dewolow. ³³Yth o oll an cyta cuntellys orth an darras. ³⁴Jesu a sawyas lyes huny o claf a glevejow a bub sort ha towlel yn mes lyes tebel-sperys. Ny wre va godhaf an tebel-sperysyon dhe gowsel, drefen y dhe aswon pyw o va.

³⁵Ternos vyttyn, pan o va stella tewl, ef a sevys yn ban hag omdenna bys yn tyller dyanneth may halla va ena pesy. ³⁶Saw Symon ha'y gowetha a dhueth war y lergh. ³⁷Pan wrussons y gafus, y

a leverys dhodho, "Yma pub huny orth dha whelas."

³⁸Ef a worthebys, "Duen ny bys y'n trevow nessa, may hallen progeth an newodhow da ena kefrys. Rag dhe wul yndella yth oma devedhys." ³⁹Hag ef eth der oll Galyla ow progeth y'ga synagys hag ow towlel yn mes drogsperysyon.

⁴⁰Nena y tueth dhodho den clavorek ha'y besy war ben dewlyn, "Mar menta, te a yll ow glanhe."

⁴¹Jesu a gemeras trueth warnodho ha dry yn mes y luef, y duchya ha leverel, "Mannaf. Bydh glan!" ⁴²Dystough an lovryjyon a'n gasas hag y fue glan.

⁴³Jesu a'n ynnyas yn freth ha'y dhanvon yn kergh dyson, ⁴⁴ha leverel, "Gwayt na wrylly leverel ger a'n mater dhe dhen vyth. Ke ha dysqua dha honen dhe'n pronter hag offryn an pyth a wrug Moyses comondya yn dustuny dhedhans." ⁴⁵Saw ef eth yn mes ha dalleth kywhedhla an dra adro, ma na ylly Jesu entra yn opyn yn cyta vyth na fella – saw yth esa va ow cortos y'n tylleryow pell dheworth tus. Bytegens yth esa an bobel ow tos yn mes dhodho dhya bub parth oll.

2 Arta ef a entras yn Capernaum wosa nebes dedhyow, hag y fue deryvys y vos yn tre. ²Ha whare kemmys tus a guntellas, ma nag esa le dh'aga sensy, naneyl nyns esa tyller lowr ragthans adro dhe'n darras kyn fe, hag ef ow progeth an ger dhedhans. ³Nena tus a dhueth dhodho ha paljy gansans degys gans peswar a'ga nomber. ⁴Aban na yllyns dos nes dhe

Jesu awos an ruth, y a dhyscudhas an to a-ugh y ben. Wosa y dhe derry dredho, y a wrug yselhe dhe'n dor an grava ha'n paljy a'y wroweth warnodho. 5Pan welas aga crejyans, Jesu a leverys dhe'n paljy, "Mab, dha behosow yw gyvys dhys."

6Saw yth esa ran a'n scrybys a'ga eseth y'n tyller na hag yth esens ow tysputya y'ga holon, 7"Prag yma hemma ow cowsel y'n vaner ma? Cabel Dew ywa! Pyw a yl gava pehosow saw unsel Dew?"

8Desempys Jesu a aswonas yn y sperys aga bos ow tysputya an taclow ma yntredhans, hag ef a leverys dhedhans, "Prag yth esough why ow resna y'gas colon adro dhe'n maters ma? 9Pyneyl ywa esya dhe leverel dhe'n paljy, 'Pardonys yw dha behosow dhys,' bo dhe leverel, 'Saf yn ban, kemer dha wely ha ke war dha fordh'? 10May halleugh why godhvos bos auctoryta dhe Vab an Den war an norvys dhe bardona pehosow...." Ef a leverys dhe'n paljy, 11"Me a laver dhys: saf yn ban, kemer dha wely ha mos tre." 12Heb let ef a sevys yn ban, kemeres y wely ha mos yn mes dheragthans oll, may fue amays kenyver onen anedhans. Y a wrug praysya Dew ha leverel, "Bythqueth ny wrussyn ny gweles tra vyth a'n par ma!"

13Jesu eth yn mes arta ha kerdhes ryb an mor. Oll an ruth a dhueth dhodho, hag yth esa orth aga desky. 14Pan esa Jesu ow passya war y fordh, ef a welas Levy mab Alfeus a'y eseth orth an dollva, ha Jesu a leverys dhodho, "Gwra ow sewya vy." Hag ef a sevys yn ban ha'y sewya.

15Y wharfa pan esa Jesu a'y eseth orth an vos yn chy Levy, muer a dolloryon hag a behadoryon dhe vos a'ga eseth warbarth ganso ha'y dhyscyplys – rag bras o nomber an re na esa ow sewya Jesu. 16Pan welas an scrybys ha'n Farysys fatel wre va debry gans tolloryon ha pehadoryon, yn medhans y dh'y dhyscyplys, "Prag yma va ow tebry hag owth eva gans tolloryon ha pehadoryon?"

17Pan glowas Jesu henna, ef a leverys dhedhans, "An re na yw yagh ny's teves othem vyth a vedhek, mes an glevyon. Nyns oma devedhys rag gelwel an dus wyryon, mes an behadoryon dhe edrek."

18Yth esa dyscyplys Jowan ha'n Farysys ow penys. Tus a dhueth dhe Jesu ha leverel dhodho, "Prag yma dyscyplys Jowan ha'n Farysys ow cul penys saw dha dhyscyplys jy, ny wrons y penys man?"

19Jesu a leverys dhedhans, "A yll kyffewy an pryas gul penys, hadre vo an pryas gansans? Hadre vo an pryas y'ga mesk, ny wodhons y gul penys vyth. 20Yma an dedhyow ow tos may fydh an pryas kemerys dhewortans, ha nena y a wra penys y'n dedhyow na.

21"Naneyl ny wra den vyth gwryas darn a ban noweth war wysk coth. Poken an darn noweth a vyn tenna dheworth an gweth goth ha lacka vydh an squard. 22Naneyl nyns usy den vyth ow corra gwyn noweth yn crehyn coth. Poken an gwyn noweth a vyn squattya an crehyn ha'n gwyn a vydh scullys ha'n crehyn dyswres. Na, res yw gorra gwyn noweth yn crehyn noweth."

23Hag y wharfa ef dhe vos ow kerdhes der an ysegow jorna an sabot. Y dhyscyplys war aga fordh a dhallathas terry an pennow ys. 24An Farysys a leverys dhodho, "Myr, prag ymons y ow cul an pyth nag yw lafyl jorna an sabot?"

25Jesu a worthebys dhedhans, "A ny wrussough redya bythqueth an pyth a wrug Davyth, pan o va gwag hag ewl bos dhodho, ef ha'y gowetha kefrys? 26Davyth a entras yn chy Dew yn dedhyow Abiathar, an uhel pronter, ha debry Bara an Presens, nag o lafyl rag den vyth y dhebry ma's rag an bronteryon only. Ha Davyth a ros ran anodho dh'y gompany."

27Nena Jesu a leverys dhedhans, "An sabot a vue gwres rag les mab den. Ny vue mab den formys rag kerensa jorna an sabot. 28Rag henna Mab an Den yw Arluth a'n sabot kefrys."

3 Ef a entras arta y'n synaga, hag yth esa den ena hag o gwedhrys y luef. 2Y a aspyas glew orto, mar menna y sawya dedh sabot, may hallens y acusya. 3Hag ef a leverys dhe'n den o gwedhrys y luef, "Dues nes."

4Nena ef a leverys dhe'n re erel, "Pyneyl ywa lafyl gul da jorna an sabot poken gul drog? Sawya bewnans po ladha?" Saw y a dewys.

5Ha wosa ef dhe veras warnedhans gans sor, hag ef grevys awos caletter aga holon, yn medh ef dhe'n den, "Doroy yn mes dha luef." Ef a's dros yn mes ha'y luef a dheuth ha bos mar yagh avel hy ben. 6An Farysys eth yn mes ha dyson y a omgusulyas gans an Erodianas war y byn, fatel yllyns y dhystrowy.

7Jesu a omdennas gans y dhyscyplys wor' tu ha'n mor, ha ruth vras dheworth Galyla a'n sewyas. 8Pan glowsons an taclow bras a vue gwres ganso, muer a dus a dheuth dhodho dhya Judy, Jerusalem, Idumea, an pow dres dowr Jordan ha dhya gostys Tyr ha Sidon. 9Ef a leverys dh'y dhyscyplys ytho may fe scath vyan orth y wortos awos an ruth, ma na wrellens y wasca; 10rag lyes onenn re bya sawys ganso, may whre gwasca warnodho kenyver onen a'n jeva cleves rag y dava. 11Tebel-sperysyon, pan wrens y weles, a omblegyas dhe'n dor dheragtho ha garma ow leverel, "Te yw Mab Dew." 12Saw ef a erhys dedhans na wrussens y dheclarya ales.

13Jesu eth yn ban y'n menydhyow ha gelwel warbarth an re a vennas, hag y a dheuth dhodho. 14Ef a wrug ordna dewdhek, may fens ganso, may halla aga danvon yn kergh rag progeth, 15may hallens cafus gallus dhe sawya clevyon a bub sort ha may whrellens towlel yn mes tebel-sperysyon: 16Symon (a ros ef an hanow Peder dhodho), 17Jamys mab Zebedy, ha Jowan broder Jamys (ef a's henwys Boanerges, hen yw dhe styrya Mebyon Taran), 18hag Androw, ha Felyp, ha Bertyl, ha Mathew, ha Tomas, ha Jamys mab Alfeus, ha Thaddeus, ha Symon Zelotes, 19ha Judas Scaryoth, ef neb a wrug ynwedh y drayta.

Ena y eth tre 20hag yth esa an ruth owth omguntell arta ma na yllyns kemmys ha debry. 21Ha pan glowas y gerens henna, y eth yn mes rag y sesya, drefen y dhe leverel, "Yma va mes a'y rewl."

²²Ha'n scrybys, neb a dhueth war nans dhya Jerusalem a levery, "Yma ganso Belsebuk ha dre bryns an dhewolow yma va ow towlel yn mes tebel-sperysyon."

²³Jesu a's gelwys dhodho ha cowsel ortans dre barabyl, "Fatel yll Satnas towlel mes Satnas? ²⁴Mar pydh gwlascor rynnys war hy fyn hy honen, ny yll sevel an wlascor na. ²⁵Ha mar pydh chy rynnys war y byn y honen, ny ylla sevel. ²⁶Ha Satnas, mars ywa sevys yn ban war y byn y honen mars ywa rynnys, ny wor ef sevel man. Re dhueva y dheweth. ²⁷Ny yll den vyth entra yn chy den cref ha pylla y byth, marnas ef a wra kensa kelmy an den cref. Nena ef a wra pylla y jy. ²⁸Pur wyr me a laver dheugh: oll aga fehosow a vydh gyvys dhe vebyon tus ha kenyver cabel Dew a wrellens uttra. ²⁹Saw neb a wrella cably an Sperys Sans, ny'n jevyth ef gyvyans rag nefra. Yma va yn peryl a begh nefra a bys."

³⁰Hem o drefen y dhe leverel, "Yma tebel-sperys ynno."

³¹Nena y tueth y vreder ha'y vam. Yth esens ow sevel aves hag a dhanvonas ger dhodho orth y elwel. ³²Ha'n ruth o esedhys adro dhodho hag y a leverys, "Otta dha vam ha'th vreder a'ga saf aves hag ymons y orth dha whelas."

³³Hag ef a's gorthebys ha leverel, "Pyw yw ow mam, ha'm breder?" ³⁴Ef a veras adro orth an re na esa a'ga eseth ader dro hag yn medh ef, "Otomma ow mam ha'm breder!

³⁵Suel a wrella bodh Dew, an keth yw ow broder, ha'm whor, ha'm mam."

4 Ef a dhallathas desky arta ryb an mor hag yth o cuntellys adro dhodho ruth mar vras may whrug ef entra yn gorhel hag esedha ena. Hag yth esa oll an ruth war an tyr ryb an mor. ²Hag ef a dhescas muer a daclow dre barabyl dhedhans ha leverel yn y dhyscas, ³"Golsoweugh! Yth eth yn mes gonador rag gonys has. ⁴Hag y wharfa, pan esa va ow conys, ran a'n gruen dhe godha ryb an fordh, hag y tueth an edhnow ha'y lenky. ⁵Ha ran a godhas war dyr meynek, le nag esa muer a dhor. Heb let an has a egynas, drefen nag esa dhodho downder dor. ⁶Saw pan sevys an howl, y fue scaldys, ha drefen na'n jeva gwredhyow, an has a dhesehas. ⁷Ha ran a godhas yn mesk dreyn, ha'n dreyn a devys ha'y daga ha ny dhug hy frut vyth. ⁸Ha ran aral a godhas yn dor da, hag a wrug don frut esa ow tevy hag ow cressya – ran a dhug degpleg warn ugans, ran tryuganspleg ha ran aral whath canspleg."

⁹Ha Jesu a leverys, "Suel a'n jeffa dewscovarn rag clowes, gwrens ef clowes!"

¹⁰Ha pan esens aga honen, an re na esa yn y gerhyn gans an dewdhek a wovynnas orto adro dhe'n parabyl, ¹¹hag ef a leverys, "Grontys yw dheugh why godhvos mystery a wlascor Dew, saw dhe'n re na usy yn mes, y fydh gwres pub tra dre barablys,

¹²"'May whrellens gweles heb aswonvos

ha clowes heb convedhes,
rag own y dhe dreylya ha'ga
fehosow dhe vos gyvys
dhedhans.'"

[13]Leverel a wrug ef dhedhans, "A ny wodhough why an parabyl ma? Fatel ytho a vennough why convedhes kenyver parabyl? [14]Yma an gonador ow conys an ger. [15]Hag awotta an re na usy ryb an fordh, le may ma hesys an ger. Wosa y dh'y glowes, Satnas a dhue heb let ha kemeres dhe ves an ger re bya hesys y'ga holon. [16]Hag awotta an re na kefrys yw hesys yn dor meynek. Whare wosa y dhe glowes an ger, y a'n degemer gans lowena. [17]Ny's teves gwredhyow ynnans, hag yndella ny wrons pesya ma's pols byan. Nena pan dheffa anken ha tormens awos an ger, y a wra codha adenewan heb let. [18]Hag awotta an re na yw hesys yn mesk dreyn, neb a glow an ger, [19]hag yma prederow an bys ma ha tenvos a rychys ha whans a bossessyon ow tos ajy hag ow taga an ger, hag ymons y ow fyllel dhe dhon frut vyth. [20]Awotta an re na yw hesys yn dor 'vas. Y yw an re na a glow an ger hag a'n degemer, hag a dheg frut, ran degbleg warn ugans, ran tryuganspleg ha ran canspleg."

[21]Dhedhans ef a leverys, "Yw drys lugarn y'n chy may hyller y worra yn dan gybel po yn dan wely? A nyns ywa settys war an coltrebyn? [22]Rag nyns ues tra vyth cudh na vydh dysquedhys, ha ny vue gwethys tra vyth yn dan gel na wrella dos bys y'n golow. [23]Mara'n jeves den dewscovarn rag clowes, gwrens ef clowes!"

[24]Hag ef a leverys dhedhans, "Bedheugh war a'n pyth a glowough. Gans an musur a wrelleugh musura, y fydh musurys dheugh why, hag yn certan moy a vydh rys dheugh. [25]Rag neb a bewfo, dhodho ef y fydh rys, ha neb na bewfo, y fydh kemerys dheworto an pyth a bew kyn fe."

[26]Ena ef a leverys, "Yth yw gwlascor Dew kepar ha den ow conys has y'n dor; [27]yma va ow cusca hag ow sevel, nos ha dedh, hag yma an has owth egyna hag ow tevy, ny wor ef pan vaner. [28]Rag an dor a dheg trevas anodho y honen, an welsen wostalleth, ena an pen ys ha wosa henna an ys luen y'n pen. [29]Saw pan vo athves an drevas, dhesempys ef a wra gorra an cromman ynny, awos bos devedhys an kynyaf."

[30]Jesu a leverys ynwedh, "Orth pana dra a wren ny hevelly gwlascor Dew? Dre by parabyl a yllyn hy styrya?" [31]Yth yw hy kepar ha gruenen a has kedhow, ha pan vo hy gorrys y'n dor, byanna yw hy ages oll an has usy yn dor. [32]Saw wosa hy bos hesys, hy a dyf yn ban, hag a dhue ha bos brassa ages oll an losow ha don scorennow bras, may halla edhnow trega yn dan hy goskes."

[33]Dre lyes parabyl a'n par na ef a dheryvas an ger dhedhans warlergh aga gallus a'y gonvedhes. [34]Heb parablys ny gowsas ortans, saw pan esens aga honen oll, ef a styryas kenyver tra dh'y dhyscyplys.

[35]Ha'n keth dedh, ha'n gordhewer devedhys, ef a leverys dhedhans, "Geseugh ny dhe vos dhe'n tenewan aral." [36]Ha wosa y dhe dhanvon an

ruth yn kergh, y a'n kemeras ef, kepar del esa, y'n gorhel. Yth esa ynwedh gorholyon byan erel ganso. [37]Nena hager-awel vras a sevys. Yth esa an tonnow ow towlel aga honen warbyn an gorhel, mayth esens prest orth y lenwel gans dowr. [38]Yth esa Jesu y'n delergh hag ef yn cusk war bluvak. Y a'n dyfunas ha leverel dhodho, "Mester, a ny'th tuer man ny dhe vos dhe goll?"

[39]Ef a sevys ha rebukya an gwyns ha leverel dhe'n mor, "Gas cres ha bydh cosel!" An gwyns a cessyas hag y fue calmynsy bras.

[40]Ef a leverys dhedhans, "Prag yth eseugh why ow kemeres own? Fatel yw nag ues dheugh fedh?"

[41]Saw own bras a's sesyas, hag yn medhans y an eyl dh'y gela, "Py par den yw hemma, pan usy an gwyns ha'n mor owth obaya dhodho?"

5 Y a dhueth dhe du aral an mor, yn pow an Gadarenas. [2]Ha kettel wrug ef skynnya mes a'n gorhel, den neb a'n jeva tebel-sperys a dhueth war y byn mes a'n bedhow. [3]Yth esa an den na tregys yn mesk an bedhow, ha ny ylly den vyth unweyth y gelmy gans chaynys. [4]Yn fenough ef re bya kelmys gans carharow ha chaynys, saw ef a dorras an carharow ynter dew ha squattya an chaynys dhe dymmyn; ha nyns o den vyth cref lowr rag y dempra. [5]Nos ha dedh yth esa va y'n bedhow ha war an menydhyow ow carma hag ow prewy y honen dre veyn.

[6]Saw pan welas ef Jesu polta dheworto, ef a bonyas ha'y wordhya. [7]Ef a gryas gans lef uhel ow leverel, "Pandr' a wrama genes tejy, Jesu, te Vab a'n Dew Uhella? Me a'th pys abarth Dew na wrelles ow thorment-ya." [8]Rag Jesu a leverys dhodho, "Dues yn mes a'n den, te debel-sperys."

[9]Nena Jesu a wovynnas orto, "Pyth yw dha hanow?"

Ef a worthebys ha leverel, "Ow hanow yw Lyjyon, rag ny yw lyes huny." [10]Hag ef a'n pesys yn fen na wrella aga danvon yn kergh mes a'n pow.

[11]Yth esa y'n tyller na ogas dhe'n menydhyow gre vras a vogh ow pory. [12]Hag oll an dhewolow a'n pesys ha leverel, "Gwra agan danvon ny bys y'n mogh, may hallen entra ynnans." [13]Jesu a ros dhedhans cumyas, ha'n tebel-sperysyon eth yn mes hag entra y'n mogh, ha'n gre (neb dew vyl anedhans) a bonyas gwyls an leder serth war nans bys y'n mor, hag y fons budhys y'n dowr.

[14]Bugeleth an mogh a fyas dhe'n fo ha deryvas an dra y'n dre hag y'n pow adro. An dus a dhueth yn mes rag gweles an pyth o wharfedhys. [15]Y a dhueth dhe Jesu ha gweles an sagh dyawl re bya an lyjyon ynno a'y eseth, dyllas adro dhodho hag ef yn y ewn-skyans, hag own a's teva. [16]Ha'n re na neb a'n gwelas, a dheryvas ortans pyth a wharfa dhe'n sagh dyawl hag adro dhe'n mogh ynwedh. [17]Nena y a dhallathas y besy may whrella voydya mes a'ga thyreth.

[18]Ha pan o Jesu devedhys y'n gorhel, an den re bya an tebel-sperys ynno, a'n pesys dhe ry dhodho cumyas a'y sewya. [19]Saw Jesu a'n sconyas ha

leverel dodho, "Ke dhe dre dhe'th kerens ha deryf ortans pygemmys re wrug an Arluth ragos, hag ef dhe gemeres trueth ahanas." [20]Ha'n den a dhybarthas ha dalleth deryvas yn Decapolis pysuel a wrug Jesu ragtho. Hag amays vue pub huny orth y glowes.

[21]Pan vue Jesu tremenys arta y'n gorhel bys y'n tu aral, muer a dus a wrug omguntell yn y ogas, hag yth esa ef ryb an mor. [22]Ha myr, onen a rewloryon an synaga, Jairus y hanow, a dhueth, ha pan welas ef Jesu, ef a godhas orth y dreys, [23]ha'y besy yn fen, ow leverel, "Yma ow myrgh vyan ow crowedha yn enewores. Me a'th pys a dhos ha settya dha dhewla warnedhy, may fo hy sawys ha bewa." [24]Jesu eth ganso.

Ha muer a dus a'n sewyas ha'y wasca. [25]Hag yth esa benen hag a vue claf gans yssew a wos nans o dewdhek bledhen. [26]Hy a wodhevys lowr gans lyes medhek ha spena oll hy fyth heb cafus gweres vyth. Dhe'n contrary hy o dhe lacka. [27]Pan wrug hy clowes a Jesu, hy a dhueth adref dhodho y'n ruth ha tuchya y bows. [28]Rag hy a leverys dhedhy hy honen, "Mar callen unweyth y duchya, kyn na ve ma's y dhyllas, me a vydh saw." [29]Hag adhesempys fenten hy gos a vue desehys ha godhvos a wrug hy yn hy horf hy bos sawys a'y dyses.

[30]Ha Jesu, ow codhvos strayt ynno y honen an gallus dhe vos gyllys mes anodho, a dreylyas y'n wask ha leverel, "Pyw a davas ow dyllas?"

[31]Y dhyscyplys a leverys dhodho, "Yth esta ow queles an ruth orth dha wasca, hag a venta govyn, 'Pyw a wrug ow thuchya?'"

[32]Hag ef a veras a bub tu dhodho rag gweles pyw a wrug an dra ma. [33]Saw an venen, pan wrug hy convedhes an pyth re bya gwres dhedhy ha hy ow trembla der ewn own, a dhueth ha codha dhe'n dor dheragtho, ha deryvas orto oll an gwyryoneth. [34]Ha Jesu a leverys dedhy, "Myrgh, dha fedh re'th sawyas. Ke yn cres ha bydh saw a'th tyses."

[35]Hadre vue va whath ow cowsel, tus a dhueth mes a jy rewler an synaga ha leverel, "Dha vyrgh yw marow. Na wra ancombra an Descajor na fella."

[36]Jesu, kettel glowas an geryow ma, y leverys dhe rewler an synaga, "Na borth own, mes crys."

[37]Ha ny wrug ef alowa dhe dhen vyth y sewya, saw unsel Peder, Jamys ha Jowan broder Jamys. [38]Y a dhueth dhe jy an rewler ha gweles an deray ha tus owth ola hag ow kyny yn fras. [39]Pan entras Jesu y'n chy, ef a leverys dhedhans, "Prag yth esough why ow cul tros hag olva? Marow nyns yw an vowes man – yn cusk yth yw hy." [40]Hag y a'n scornyas gans wharth.

Saw wosa ef dh'aga gorra yn mes yn kettep pen, ef a gemeras tas ha mam an vowes, ha'n re na esa ganso, hag entra y'n rom mayth esa an vowes a'y groweth. [41]Ena ef a gemeras an vowes er an eyl luef ha leverel dhedhy, "*Talitha coum!*" Hen yw dhe styrya, "A vowes, saf yn ban!" [42]Ha'n vowes a sevys yn ban war nuk ha kerdhes, rag dewdhek blodh o hy. Ha dyegrys vons hag amays. [43]Saw ef a erhys dhedhans na wrella den vyth godhvos an dra, hag ef a's comondyas dhe ry nebes sosten dhedhy.

6 Ef a asas an pow na ha dos bys yn y dre enesyk y honen ha'y dhyscyplys a'n sewyas. ²Pan o devedhys dedh an sabot, ef a dhallathas progeth y'n synaga hag yth o marth dhe lyes huny orth y glowes.

Y a leverys, "Ple cafas henna an furneth ma? Pana skyans yw hemma re bue rys dhodho? Ass yw barthusek an oberow gwres gans y dhewla! ³A nyns yw hemma an ser pren, mab Marya, broder Jamys ha Jose ha Juda ha Symon? A nyns usy y whereth omma genen?" Hag y a vue offendys yn y gever.

⁴Jesu a leverys dedhans, "Ny vydh profet heb onour, saw unsel yn y bow y honen, hag yn mesk y gerens y honen, hag yn y jy y honen." ⁵Ha ny ylly gul ober gallosek vyth oll y'n tyller na, marnas settya y dhewla war nebes clevyon ha'ga sawya. ⁶Marth bras a'n jeva a'ga dyscrejyans.

Yth esa va ow mos adro y'n trevow ow tesky. ⁷Ef a elwys dhodho an dewdhek ha dallath aga danvon yn mes, dew ha dew; hag ef a ros dedhans gallus war debel-sperysyon.

⁸Ef a's dyfennas na wrellens kemeres tra vyth rag an fordh saw lorgh – naneyl bara na sagh na mona y'ga fors. ⁹Ef a gomondyas dhedhans gorra sandalys adro dh'aga threys ha sevel orth gwysca dew bows. ¹⁰Ef a leverys, "Py le pynag y whrelleugh why entra yn chy, ena tregeugh bys pan wrelleugh dyberth alenna."

¹¹Mar qura tus yn neb tyller agas sconya heb goslowes orthough, pan wreugh why mos alenna, shakyeugh an dowst adhan agas treys yn dustuny war aga fyn."

¹²Gans henna an dyscyplys eth yn mes, ha progeth y resa dhe bubonen repentya. ¹³Y a dowlas yn mes lyes tebel-sperys, hag ylya lyes onen o claf, ha'ga sawya.

¹⁴Erod an mytern a glowas adro dhe Jesu, rag y hanow re bya aswonys y'n pow. Yth esa ran ow leverel, "Jowan Baptyst re bue drehevys a'n bedh. Dre henna yma an gallus ma owth obery ynno."

¹⁵Yth esa ken re ow leverel, "Elyas ywa."

Ran aral arta a levery, "Profet yw an den kepar hag onen a'n profettys coth."

¹⁶Saw pan glowas Erod anodho, ef a leverys, "Hem yw Jowan, neb a wrug avy dybenna. Dasserhys ywa a'n mernans." ¹⁷Rag Erod y honen a dhanvonas tus dhe sesya Jowan, y gelmy ha'y worra yn pryson awos Erodias, gwreg y vroder Felyp, rag Erod a wrug hy demedhy. ¹⁸Ha Jowan a leverys dhe Erod, "Nyns yw lafyl te dhe gemeres gwreg dha vroder." ¹⁹Rag henna Erodias a sorras orto ha whelas y ladha, mes ny ylly hy poynt, ²⁰rag Erod a'n jeva own a Jowan hag a wodhya y vos den ewnhensek ha sans hag ef a'n gwethas. Pan wre Erod goslowes orth Jowan, ef a vedha ancombrys bras. Bytegens da o ganso y glowes.

²¹Saw y tueth cheson da jorna y ben blodh may ros Erod banket rag y

arlydhy ha'y offysers ha rewloryon Galyla. 22Pan entras myrgh Erodias hy honen ha donsya, hy a blesyas Erod ha'y ostysy.

Hag yn medh an mytern dhe'n vowes, "Govyn orthyf a vo da genes, ha me a vyn y ry dhys." 23Ef a lyas dhedhy yn solempna ha leverel, "Pynag oll tra a wrelles govyn orthyf, me a'n re dhys bys yn hanter ow gwlascor."

24Hy eth yn mes ha leverel dh'y mam, "Pandr' a wrama govyn orto?" Hy a worthebys, "Pen Jowan Baptyst."

25Nena hy a dhueth gans toth dhe'n mytern ha leverel, "Da vya genef te dhe ry dhym pen Jowan Baptyst war dallyour."

26Grevys fest vue an mytern, saw dre reson a'y ly hag awos y ostysy, ny venna hy sconya. 27An mytern a dhanvonas soudor a'n wethysy whare ha'y gomondya dhe dhry pen Jowan. Ef eth ha'y dhybenna y'n pryson, 28dry an pen war dallyour ha'y ry dhe'n vowes. Nena an vowes a'n ros dh'y mam. 29Pan glowas dyscyplys Jowan anodho, y a dhueth ha kemeres y gorf ha'y settya yn bedh.

30An abosteleth a omguntellas adro dhe Jesu hag a dheryvas orto oll an taclow re bya gwres ha deskys gansans. 31Ef a leverys dhedhans, "Duen alemma bys yn tyller cosel rag powes pols." Rag yth esa cals a dus ow tos hag ow mos, ha ny's teva termyn lowr rag debry kyn fe.

32Y a voydyas yn pryva bys yn tyller dyanneth yn gorhel. 33An bobel a's gwelas ow tyberth ha lyes anedhans a aswonas Jesu hag a bonyas dhya bub tre ha mos dheragthans ha dos warbarth. 34Pan wrug Jesu tyra, ef a welas muer a dus. Ef a gemeras trueth warnedhans, rag y o kepar ha deves heb bugel. Ef a dhallathas desky lyes tra dhedhans.

35Pan o gyllys muer a'n jedh, y dhyscyplys a dhueth dhodho ow leverel, "Tyller dyanneth yw hemma ha'n jorna yw pell tremenys. 36Danvon an re ma yn kergh, may hallens aga honen mos y'n pow adro hag y'n trevow rag prena sosten dhedhans."

37Saw ef a's gorthebys, "Reugh agas honen dhedhans nampyth dhe dhebry."

Y a leverys dhodho, "A dal dhyn ny mos rag prena dewgans dynar a vara rag y ry dhedhans dhe dhebry?"

38Ef a leverys dhedhans, "Pana lyes torth usy genough? Eugh dhe weles."

Pan wrussons aga reckna, y a leverys, "Ny a'gan bues pymp torth a vara ha dew bysk."

39Nena Jesu a gomondyas may whrellens erhy dhe'n dus esedha yn bagasow war an gwerwels. 40Rag henna, y oll a esedhas yn bagasow, yn cansow hag yn hantercansow. 41Ha wosa ef dhe gemeres an pymp torth ha'n dhew bysk, ef a veras war van dhe'n nef ha'ga benega, ha terry an torthow, ha'ga ry dh'y dhyscyplys dhe settya dherag an dus. Ha'n dhew bysk ef a's rannas yntredhans oll. 42Kenyver onen a dhebras ha cafus luck. 43Hag y a gemeras yn ban dewdhek canstel luen a'n brewyon hag a'n puscas. 44An re na neb a dhebras o pymp myl yn nomber.

45Jesu whare a gomondyas y dhys-
cyplys dhe gemeres an gorhel ha mos
dhe'n tu aral bys yn Besseda, hadre ve
va y honen ow tanvon an bobel yn
kergh. 46Ha wosa ef dh'aga danvon
dhe ves, ef a omdennas bys y'n
meneth rag pesy.

47Pan dhueth an gordhewer, yth esa
an gorhel yn cres an mor hag ef y
honen oll war an tyr. 48Ef a's gwelas,
fatel ens y lafurys dre revya awos bos
an gwyns war aga fyn. Adro dhe
beswera golva an nos ef a dhueth
dhedha yn un gerdhes war an mor. Ef
o ervyrys passya drestans. 49Saw pan
wrussons y weles ow kerdhes war an
mor, y a gresys y vos tarosvan hag a
gryas yn mes, 50rag y oll a'n gwelas ha
kemeres scruth.

Dhesempys ef a gowsas ortans ha
leverel, "Bedheugh a gonfort da. Me
yth ywa. Na bertheugh own." 51Nena
ef a entras y'n lester ha'n gwyns a
cessyas. Ha marth bras a's teva, 52rag
ny wodhyens convedhes merkyl an
torthow dre reson aga holon dhe vos
cales.

53Pan wrussons y passya dres an mor,
y a dyras yn Gennesaret ha kelmy an
gorhel. 54Dystough an bobel a wrug y
aswonvos, 55ha ponya dres oll an pow
ader dro ha dalleth don an re na o claf
war ravadhow dhe ble bynag a
glowens Jesu dhe vos. 56Ple pynag oll
a wrella va mos, yn tre, cyta bo
bargen tyr, y a settya an glevyon y'n
marhasow ha'y besy may hallens
tuchya pyllen y bows kyn fe. Kenyver
onen a wrella yndelma a vedha sawys.

7 Nena an Farysys ha ran a'n
scrybys a dhueth dhya Jeru-
salem hag omguntell adro dhe Jesu.
2Y a welas ran a'y dhyscyplys dhe
dhebry bara gans dewla mostys, hen
yw dhe styrya heb aga golhy. 3(Rag
an Farysys hag oll an Yedhewon,
marnas y a wolgh aga dewla yn ta, ny
vennons y debry. Yndelma ymons y
ow quetha tradycyon an dus hen. 4Ha
pan wrons y dos dhya an varhas,
marnas y wra glanhe aga honen, ny
wrons y debry man. Hag yma lyes
tradycyon erel a wrons y sensy, rag
ensompel golhy hanavow ha sethow
ha lestry a vrest.)

5Rag henna an Farysys ha'n scrybys
a wovynnas orto ef, "Prag na wra dha
dhyscyplys tejy sewya tradycyon an
dus hen, saw debry bara, mostys aga
dewla?"

6Ef a worthebys, "Yn ewn Ysay a
wrug profusa ahanough why, feclor-
yon, kepar del yw screfys:

"'Yma an bobel ma orth ow
    gordhya gans aga gweusow,
mes pell dheworthyf yma aga
    holon.
7Yn ufer ymons y orth ow gordhya
    ow tesky comondmentys
    mebyon tus kepar ha dyscans
    Dew.'

8Yth esough why ow forsakya gor-
hemmyn Dew hag ow corra trady-
cyon tus yn y le."

9Ef a besyas ha leverel, "Ass yw
brentyn agas fordh dhe sconya gor-
hemmyn Dew, may halleugh why

sensy agas tradycyon agas honen! [10]Rag Moyses a leverys, 'Onour dha das ha'th vam; ha neb a wrella mollethy tas na mam, yn sur ef a dal merwel.' [11]Saw yth esough why ow tyby, mar tue den ha leverel dh'y das bo dh'y vam, 'Pynag oll tra a alses gwetyas dheworthyf avel scodhyans yw Corban' (hen yw ro dhe Dhew), [12]nena ef dhe gafus an cumyas a sevel orth gul tra vyth moy rag y das bo y vam. [13]Yndelma der agas hengof agas honen, a wrussough why receva, yth esough why ow cul ger Dew dhe vos gwag hag ufer. Ha why a wra muer a daclow a'n par na."

[14]Wosa ef dhe elwel oll an bobel dhodho, yn medh ef, "Golsoweugh orthyf yn kettep pen, ha convedheugh [15]nag ues tra vyth war ves owth entra y'n den a alla y vostya, mes an taclow a dhue yn mes anodho. yth yw an re na a wra y vostya. [16]Suel an jeffa dewscovarn rag clowes, gwrens ef clowes."

[17]Ha pan entras ef y'n chy dheworth an bobel, y dhyscyplys a wovynnas orto adro dhe'n parabyl. [18]Ef a leverys dhedhans, "Ough why ynwedh heb skyans kepar ha'n re na? A ny welough why na yll tra vyth mostya nebonen, mars usy henna owth entra ynno dhya an tu aves? [19]Rag ny wra an dra na entra yn y golon, saw yma va owth entra yn y bengasen ha wosa henna yth a mes a'y gorf bys y'n caughty." (Yndelma ef a dheclaryas bos glan pub sort a vytel.)

[20]Ha Jesu a leverys, "An pyth usy ow tos mes a'n den, henna a wra y vostya, [21]rag yma pub sort a dhrog-whans ow tos dhya an tu aberveth, hen yw dhe styrya mes a'y golon, rag ensompel, harlotry, ladrynsy, moldrans, [22]avowtry, crefny, sherewynsy, dyssayt, mostethes, envy, cabel, goth ha gockyneth. [23]Yma oll an drogoberow ma ow tos dhya an tu aberveth hag yma an re na ow mostya an den."

[24]Ha Jesu a sevys ha dyberth alenna ha mos dhe gostys Tyr ha Sidon. Ef a entras yn chy ha ny venna ef may fe henna godhvedhys gans den vyth, saw ny ylly an dra bos kelys. [25]Rag benen neb a's teva myrgh ha tebelsperys ynny, a glowas whare a Jesu ha dos ha codha orth y dreys. [26]Greca o hy a genedhel an Syrofenicianas. Hy a'n pesys may whrella towlel an tebel-sperys mes a'y myrgh.

[27]Jesu a leverys dhedhy "Bedhens an flehes lenwys kens, rag ny dal kemeres bara an flehes rag y dowlel dhe'n cuen."

[28]Ha hy a worthebys ha leverel dhodho, "Gwyr yw henna, Arluth, saw awotta an cuen ow tebry brewyon an flehes usy ow codha dhewar an vos."

[29]Hag ef a leverys dhedhy, "Awos an lavar na ke war dha fordh – gallas an tebel-sperys mes a'th vyrgh."

[30]Gans henna hy eth tre, ha pan dhueth hy dh'y chy, hy a gafas hy myrgh a'y groweth war an gwely ha'n tebel-sperys gyllys mes anedhy.

[31]Nena ef eth dheworth costys Tyr ha Sidon ha dos arta tro ha mor Galyla, dre gres an tyreth a Dhecapolis. [32]Hag y a dhros dhodho den bodhar ha stlaf ha'y besy dhe settya y dhewla warnodho.

33Jesu a'n kemeras adenewan yn pryva ha gorra y vesyas yn y dhewscovarn ha trewa ha tuchya y davas. 34Jesu a veras war van tro ha'n nef ha hanaja yn cosel ow leverel, "*Ephphatha!*" hen yw dhe styrya "Bydh egerys!" 35Dystough y dhewscovarn a vue egerys ha colm y davas lowsys ha cowsel dyblans a wre.

36Jesu a erhys na wrellens deryvas an cas orth den vyth, mes dhe voy y whre va ynnya, dhe voy yth esens ow kywhedhla an mater. 37Y a's teva marth pur vras ha leverel, "Ef re wrug pub tra yn ta. Ea, ef a wra dhe'n dus vodhar clowes kyn fe, ha cowsel dhe'n re omlavar."

8 Y'n dedhyow na, pan esa ruth fest bras y'n tyller hag y heb tam vyth dhe dhebry, Jesu a elwys y dhyscyplys dhodho ha leverel dhedhans, 2"Trueth a'm bues gweles an ruth, drefen y dhe vos genama try jorna ha ny's teves tra vyth dhe dhebry. 3Mar tuema ha'ga danvon tre heb sosten, y a wra clamdera rag nown ryb an fordh, rag lyes onen anedhans re dhueth abell."

4Y dhyscyplys a'n gorthebys, "Ple halsa bos kefys omma y'n dyfeyth bara luck rag oll an re ma?"

5Ef a wovynnas ortans, "Py suel torth ues genough?"

"Seyth," yn medhans y.

6Ef a gomondyas an dus dhe esedha war an dor. Nena ef a gemeras an seyth torth, ry grassow, aga therry ha'ga ry dh'y dhyscyplys dhe ranna yntredhans. Y a's rannas ynter an dus. 7Yth esa gansans ynwedh nebes puscas

munys, ha wosa aga benega, Jesu a erhys aga settya dheragthans magata. 8Yndella an bobel a dhebras hag a vue lenwys. Y fue kemerys yn ban a'n brewyon o gesys, seyth canstel luen. 9An re na neb a dhebras o adro dhe beder myl. Ha Jesu a wrug aga danvon yn kergh. 10Heb let wosa henna, ef a entras yn lester gans y dhyscyplys ha mos dhe gostys Dalmanutha.

11An Farysys a dhueth yn mes dhodho ha dalleth dysputya ha govyn neb syn dhya nef orto, may hallens y brevy. 12Hag ef a hanasas down yn y sperys ha leverel, "Prag y fydh an henath ma ow whelas syn? Yn gwyr me a laver dheugh, na vydh vossawys syn vyth oll dhe'n henath ma." 13Hag ef a dhybarthas dhewortans hag entra y'n gorhel arta ha mos dhe'n tenewan aral.

14An dyscyplys a ancovas dry gansans bara hag y ny's teva y'n gorhel ma's un dorth. 15Jesu a's gwarnyas ha leverel, "Kemereugh wyth a wel an Farysys hag a wel Erod."

16An dyscyplys a leverys an eyl dh'y gela, "Hem yw drefen na'gan bues bara."

17Jesu a wrug godhvos an dra ha leverel, "Prag yth esough why ow cowsel adro dh'agas fowt a vara? A ny yllough why percevya na gweles whath? Yw agas colon whath mar gales? 18Ues dewlagas dheugh ha why heb gweles? Ues dewscovarn dheugh ha why heb clowes? A nyns esough why ow perthy cof? 19Pan wrug avy terry an pymp torth, pana lyes canstel luen a'n brewyon a wrussough why cuntell?"

"Dewdhek," yn medhans y.

20"Ha pan esa seyth torth rag peder myl a dus, pana lyes canstel a vrewyon a wrussough why cafus?"

"Seyth," yn medhans y.

21Ef a leverys dhedhans, "A ny yllough why convedhes whath?"

22Y a dhueth dhe Vesseda ha tus a dhros dhodho den dall orth y besy dh'y duchya. 23Ef a gemeras an den dall er an luef ha'y humbrank mes a'n bendra. Pan wrug ef trewa war y dhewlagas ha settya y dhewla warnodho, ef a wovynnas orto, "A ylta jy gweles tra vyth?"

24An den a veras war van ha leverel, "Me a wel tus avel gwedh ow mos adro."

25Wosa henna ef a settyas y dhewla arta war y dhewlagas ha meras stag orto hag y syght a vue restorys dhodho yn luen. 26Jesu a'n danvonas yn kergh dh'y jy ha leverel, "Na wra entra y'n dre, naneyl na wra y dheryvas orth den vyth ena."

27Nena Jesu ha'y dhyscyplys eth war aga fordh bys yn trevow Cesarya Filippi. War an fordh ef a wovynnas orth y dhyscyplys, "Pyw usy tus ow leverel ow bosama?"

28Y a leverys dhodho, "Jowan Baptyst – saw yma ran ow leverel te dhe vos Elyas ha ran aral onen a'n profettys."

29Jesu a leverys dhedhans, "Saw pyw a leverough whywhy ow bosama?"

Peder a worthebys, "Te yw an Cryst."

30Gans henna Jesu a erhys na wrellens cowsel a'n dra dhe dhen vyth oll.

31Ef a dhallathas aga desky fatel o res dhe Vab an Den godhaf lyes tra, ha bos sconys gans an dus hen, an uhel pronteryon ha'n scrybys, ha bos ledhys ha wosa treddeth dasserhy. 32Ef a gowsas dhe blemmyk, mes Peder a'n kemeras adenewan ha'y rebukya.

33Saw wosa treylya ha meras orth y dhyscyplys, ef a'n rebukyas ef ha leverel, "Ke adref dhym, Satnas! Rag yth esta ow settya dha vrys war an taclow a vab den kens es war an taclow a Dhew."

34Ef a elwys an bobel ha'y dhyscyplys warbarth, ha leverel dhedhans, "Mars ues den vyth whensys dhe vos ow dyscypyl, res yw dhodho naha y honen, drehevel y grows ha'm sewya vy. 35Rag suel a vo ow tesyrya dhe sawya y vewnans, ef a wra y gelly, ha'n re na a wrella kelly aga bewnans rag ow herensa vy ha rag kerensa an awayl, y a wra y sylwel. 36Pana brow a vydh dhe dhen vyth, mar tue va ha gwaynya oll an bys saw kelly y vewnans? 37Ea, pandr' a vyn ef ry yn pemont rag y vewnans? 38Pynag oll a wrella kemeres meth ahanaf vy hag a'm geryow vy y'n henath dysonest ha camhensek ma, yn kepar maner Mab an Den a vyn kemeres meth anodho ef pan dheffa va gans an eleth sans yn glory y Das."

9 Hag ef a leverys dhedhans, "Yn gwyr me a laver dheugh, na wra ran a'n re na usy ow sevel omma perthy mernans, erna wellens gwlascor Dew ow tos gans nerth."

2Whegh jorna wosa henna Jesu a gemeras Peder, Jamys, ha Jowan, ha'ga humbrank yn ban bys yn meneth uhel aga honen oll. Ha'y dremyn a vue chanjys dheragthans, ³ha'y dhyllas eth maga whyn avel an ergh, yn maner na alsa troghyer vyth y'n bys aga gwynhe. ⁴Elyas gans Moyses a wrug omdhysquedhes dhedhans hag y ow kestalkya gans Jesu.

⁵Nena Peder a leverys dhe Jesu, "Raby, da yw genen bos omma. Geseugh ny dhe wul teyr scovva, onen ragos tejy, hag onen rag Moyses ha'y ben rag Elyas." ⁶Ny wodhya pandr' a dalvya dhodho leverel, rag own bras a's teva.

⁷Nena clowd a dhueth ha towlel scues warnedhans. Ha lef a dhueth mes a'n clowd ow leverel, "Hem yw ow Mab muergerys. Gosloweugh orto."

⁸Dhesempys, pan wrussons y meras ader dro, ny welsons den vyth ena marnas Jesu y honen.

⁹Ha pan esens ow tos dhe'n dor dhewar an meneth, ef a erhys dhedhans na wrellens deryvas orth den vyth an pyth a wrussons gweles, erna ve Mab an Den dasserhys a'n re marow. ¹⁰Rag henna y a wethas an lavar na y'ga holon, hag y a wovynnas an eyl orth y gela pyth o an styr a dhasserghyans an re marow.

¹¹Y a wovynnas orto ha leverel, "Prag yma an scrybys ow teclarya bos res dhe Elyas dos kens oll?"

¹²Ef a worthebys, "Certus yma Elyas ow tos rag restorya pub tra. Pandr' yw styr an pyth yw screfys ytho, bos res dhe Vab an Den godhaf lyes tra ha bos despytys? ¹³Me a laver dheugh, Elyas dhe vos devedhys hag y dhe wul dhodho warlergh aga

bolunjeth, poran kepar del vue screfys anodho."

¹⁴Ha pan dhueth ef dh'y dhyscyplys, ef a welas ruth vras adro dhedhans ha'n scrybys owth argya gansans. ¹⁵Pan wrug an bobel y weles, y a's teva marth bras ha ponya dhodho rag y dhynerhy.

¹⁶Ef a wovynnas orth an scrybys, "Pyth esough why orth y dhysputya gansans?"

¹⁷Onen y'n ruth a worthebys, "Descajor, me a dhros dhys ow mab, rag ef a'n jeves sperys omlavar, ¹⁸ha ple pynag y whrella y sesya, yma va orth y dowlel dhe'n dor, ha'm mab a wra ewony ha scrynkya ha serthy y gorf. Me a besys dha dhyscyplys dh'y dowlel yn mes, saw ny wodhyens poynt."

¹⁹Jesu a worthebys ha leverel, "A henath dyslel, pana bellder whath a res dhym agas perthy? Dreugh e dhym."

²⁰Hag y a dhros an maw dhodho. Pan wrug an sperys y weles, whare ef a wrug dhe'n maw deglenna, hag ef a godhas dhe'n dor ha rolya adro owth ewony.

²¹Jesu a wovynnas orth y das, "Pygemmys termyn ywa aban dhueth hemma dhodho?"

Ef a worthebys, "Dhya ban vue va flogh. ²²An sperys re wrug y dowlel y'n tan yn fenough hag y'n dowr rag y dhyswul. Saw mar kylta jy gul tra vyth, kemer pyteth ahanan ha'gan gweres."

²³Jesu a leverys dhodho "Mar callaf! Y hyll pub tra bos gwres rag henna a'n jeffa crejyans."

24Dystough tas an maw a gryas, "Me a grys! Gwra gweres ow dyscrejyans!"

25Pan welas Jesu bos bush bras a dus ow tos warbarth yn uskys, ef a rebukyas an tebel-sperys ha leverel dhodho, "Te sperys omlavar ha bodhar, me a gomond dhys! Dues mes anodho ha na wra entra ynno na moy!"

26Wosa uja ha shakya an maw yn uthek, an sperys a dhueth mes anodho. Y fue an maw kepar ha corf marow, ha'n ran vrassa anedhans a leverys, "Marow ywa." 27Saw Jesu a'n kemeras er an luef ha'y dhrehevel yn ban, ha'n maw a allas sevel.

28Pan wrug Jesu entra y'n chy, y dhyscyplys a wovynnas orto yn pryva, "Prag na yllyn ny poynt y dowlel yn mes?"

29Ef a worthebys, "Cammen ny yll an sort na bos gorrys yn mes marnas dre bejadow."

30Y eth alenna ha passya der Alyla. Saw ny venna Jesu den vyth dhe wodhvos henna, 31rag yth esa va ow tesky y dhyscyplys hag ow leverel dhedhans, "Y fydh Mab an Den delyfrys ynter dewla tus, hag y a wra y ladha. Mes treddeth wosa y vernans, dasserhy ef a wra." 32Saw ny wrussons convedhes an pyth esa va ow leverel, ha ny vennens govyn orto dre reson y dhe gemeres own.

33Nena y a dhueth dhe Gapernaum. Pan esa va y'n chy, ef a wovynnas ortans, "Pyth eseugh ow tysputya yntredhough war an fordh?" 34Saw tewel a wrussons, rag war an fordh y re bya owth ow tysputya pyw anedhans a vedha an moyha.

35Jesu a esedhas ha gelwel an dewdhek dhodho ha leverel, "Suel a venna bos an kensa, res yw dhodho bos an dewetha oll ha servont dhe genyver onen."

36Nena ef a gemeras flogh ha'y settya y'ga mesk. Wosa ef dh'y gemeres ynter y dhewvregh, ef a leverys dhedhans, 37"Pynag oll a wrella receva onen a'n flehes ma y'm hanow vy, yma va orth ow receva vy, ha neb a wrella ow receva, a wra receva henna a'm danvonas."

38Ha Jowan a'n gorthebys ha leverel, "Descajor, ny a welas onen ow towlel yn mes tebel-sperysyon y'th hanow jy, mes aban nag usy va orth agan sewya ny, ny a wrug y dhyfen."

39Saw Jesu a leverys, "Na wreugh y dhyfen banna. Mar tue den vyth ha gul merclys y'm hanow vy, ny ylla pols wosa henna leverel drog ahanaf. 40Suel na vo war agan pyn ny, ragon ny yth yw. 41Yn gwyr me a laver dheugh hemma: suel a wrella ry dewas a dhowr dheugh dhe eva y'm hanow vy, drefen why dhe berthy hanow Cryst, byth ny wra va kelly y wober.

42"Pynag oll a wrella cam warbyn onen an flehes ma, usy ow cresy ynnof vy, gwell vya dhodho men melyn dhe vos cregys adro dh'y gonna, hag ef towlys y'n mor. 43Mar tue dha luef ha gul dhys trebuchya, trogh hy dheworthys. Gwell vydh dhys entra y'n bewnans ha te mans ages mos dhe'n yffarn ha dewla genes, bys y'n tan dyvarow – 44le na wra merwel an pref lenky ha na vydh nefra dyfudhys an tan. 45Mar tue dha dros ha gul dhys trebuchya, trogh ef dheworthys. Gwell vydh dhys dos dhe'n bewnans yn evredhek, ages bos towlys ha'th tewdros genes aberth yn yffarn, 46le na wra merwel nefra an pref lenky ha na vydh nefra dyfudhys an tan. 47Ha mar tue dha lagas ha gul dhys trebuchya, ten ef yn mes. Gwell vydh dhys entra y'n gwlascor Dew unlagajek, ages bos towlys ha'th dewlagas y'th pen aberth yn tan yffarn, 48le

"'na wra merwel nefra an pref lenky
ha na vydh nefra dyfudhys an tan.'

49Yn gwyr pubonen a vydh sellys gans tan.

50"Holan yw da; saw mar tue an holan ha kelly y vlas, fatell ylla bos saworys? Bedhens holan ynnough why, ha bedhens cres yntredhough an eyl gans y gela."

10 Jesu a voydyas alenna ha mos bys yn costys Judy war an tenewan aral a dhowr Jordan. An bobel a omguntellas adro dhodho arta hag yth esa orth aga desky, kepar del o y usadow.

2An Farysys a dhueth dhodho ha govyn rag y demptya, "Ywa lafyl dhe dhen gorra y wreg dheworto?"

3Ef a's gorthebys ha leverel, "Pandr' a wrug Moyses comondya dheugh?"

4Y a leverys, "Moyses a alowas dhe dhen screfa lyther dydhemedhyans ha gorra y wreg dheworto."

5Jesu a leverys dhedhans, "Dre reson bos cales agas colon Moyses a

screfas ragough an gorhemmyn na. 6Saw dheworth dalleth an creacyon 'gorow ha benow ef a's gwrug'. 7Ytho den a vyn gasa y das ha'y vam ha glena orth y wreg, 8hag y a vydh un kyg an eyl ha'y gela. Yndelma nyns yns dew na fella mes un kyg. 9Rag henna an pyth a unyas Dew, na wrens den vyth dyberth."

10Pan esens y'n chy, y dhyscyplys a wovynnas orto arta ow tuchya an mater ma. 11Ef a leverys, "Pynag oll a wrella gorra y wreg dheworto ha demedhy benen aral, a wra avowtry war hy fyn. 12Ha mar tue gwreg ha gasa hy gour ha demedhy gour aral, avowtry a wra hy."

13Tus a dhros dhodho flehes yow-ynk, may whrella ef settya y dhewla warnedhans, saw y dhyscyplys a wrug aga rebukya. 14Saw Jesu, pan welas henna, ef a sorras ha leverel dhe-dhans, "Geseugh an flehes vyan dhe dhos dhymmo vy ha na wreugh aga lettya. Rag yma gwlascor Dew ow longya dhe'n re na yw kepar ha'n flehes ma. 15Yn gwyr me a laver dheugh, pynag oll na wrella receva gwlascor Dew avel flogh byan, na yll nefra entra ynny." 16Hag ef a's kemeras yn ban yn y dhewvregh ha settya y dhewla warnedhans ha'ga benega.

17Pan esa Jesu ow talleth war y fordh, den a dhueth dhodho yn un bonya. Ef a godhas war ben y dhew-lyn dheragtho ha govyn orto, "Descajor 'vas, pandr' a dal dhym gul rag eryta an bewnans heb deweth?"

18Jesu a leverys dhodho, "Prag yth esta orth ow gelwel 'vas? Nyns yw 'vas saw unsel Dew. [19]Te a wor an comondmentys: 'Na wra ladha, na wra avowtry, na wra ladra, na wra don dustuny cam, na wra tulla, onour dha das ha'th vam.'"

[20]Ef a worthebys, "Descajor, oll an re na me re wethas dhya ban vuema maw."

[21]Nena Jesu a veras orto ha'y gara ha leverel, "Te a'th ues othem a un dra whath. Ke, gwerth pynag oll tra a vo genes ha roy e dhe'n vohosogyon, ha te a gaf tresor y'n nef. Nena dues ha gwra ow sewya vy."

[22]Pan wrug ef clowes henna, ef a gemeras anken hag a voydyas grevys bras. Rag ef o pur rych.

[23]Ha Jesu a veras ader dro ha leverel dh'y dhyscyplys, "Assa vydh cales dhe'n dus rych entra yn gwlascor Dew!"

[24]Marth a's teva y dhyscyplys a'n geryow ma, saw Jesu a leverys dhedhans arta, "A flehes, an dus rych usy ow trestya y'ga substans, cales yw dhedhans bos sylwys. [25]Esya vydh dhe gawrvargh passya dre grow nasweth, es dhe dhen rych entra yn gwlascor Dew."

[26]Y a's teva marth ha leverel an eyl dh'y gela, "Pyw ytho a yll bos sylwys?"

[27]Jesu a veras ortans ha leverel, "Unpossybyl yw henna dhe vab den, mes nyns ywa unpossybyl dhe Dhew. Rag Dew a yll gul pub tra oll."

[28]Nena Peder a dhallathas leverel dhodho, "Otta ny, ny re forsakyas pub tra rag dha sewya jy."

[29]Jesu a leverys, "Yn gwyr me a laver dheugh, nag ues den vyth re wrug forsakya chy na breder na whereth na tas na mam na gwreg na flehes na tyryow rag ow herensa vy hag awos an awayl, [30]na'n jevyth canskemmys lemmyn y'n tor ma treven, breder, whereth, mammow, flehes ha tyryow ha tormens warbarth gansans – hag y'n bys a dhue bewnans heb deweth. [31]Saw lyes huny y'n kensa le a vydh dewetha ha'n re dhewetha y'n kensa le."

[32]Yth esens war an fordh ow mos bys yn Jerusalem, hag yth esa Jesu ow mos adheragthans ha marth a's teva. Ha'n re na esa orth aga sewya a's teva own. Ef a gemeras an dewdhek adenewan arta ha dallathas deryvas ortans an taclow a venna wharfos dhodho. [33]Ef a leverys, "Mereugh, yth eson ny ow mos yn ban dhe Jerusalem, ha Mab an Den a vydh dhelyfrys dhe'n uhel pronteryon ha dhe'n scrybys. Y a wra y dhampnya dhe'm mernans. Nena y a vyn y ry dhe'n Jentylys. [34]Gul ges anodho a wrons ha trewa warnodho ha'y scorjya ha'y ladha. Ha wos treddeth ef a wra dasserhy."

[35]Jamys ha Jowan, mebyon Zebedy, a dhueth yn rag dhodho ha leverel dhodho, "Descajor, da vya genen te dhe wul ragon pynag oll tra a wrellen ny govyn."

[36]Ef a leverys dhedhans, "Pandr' a vennough why me dhe wul ragough?"

[37]Y a leverys dhodho, "Gront dhyn ny dhe esedha rybos yn glory an wlascor, onen adhyhow dhys ha'y gela agledh."

[38]Saw Jesu a leverys dhedhans, "Ny wodhough pyth esough why ow

covyn. A yllough whywhy eva a'n hanaf a wrama eva anodho bo bos besydhys gans an besydhyans may fedhaf vy besydhys?"

³⁹Y a leverys, "Gyllyn."

Nena Jesu a leverys dhedhans, "An hanaf a wrama eva anodho, why a wra eva anodho. Ha'n besydhyans a vedhaf vy besydhys ganso, why a vydh besydhys ganso. ⁴⁰Saw esedha rybof adhyhow hag agledh, hen yw nampyth na sef y'm gallus dh'y ry. Hen yw rag an re na may fue va parys ragthans."

⁴¹Pan glowas an deg dyscypyl aral an dra na, y a dhallathas serry orth Jamys ha Jowan. ⁴²Saw Jesu a's gelwys dhodho hag a leverys dhedhans, "Why a wor yn mesk an Jentylys, an re na yw aswonys avel rewloryon, dhe lordya warnedhans ha bos aga brasyon turons a-uhans. ⁴³Ny vydh yndella yntredhough whywhy. Saw suel ahanough a vo whensys dhe vos bras y'gas mesk, res yw dhodho bos agas servont. ⁴⁴Neb a venna bos an kensa yntredhough, ef a dal bos kethwas dheugh why oll. ⁴⁵Rag ny dhueth Mab an Den dhe gafus servys, mes dhe servya ha dhe ry y vewnans yn raunson rag lyes huny."

⁴⁶Y a dhueth dhe Jericho. Pan esa Jesu ha'y dhyscyplys ha ruth vras ow tyberth dhya Jericho, yth esa Barti-meus dall, mab Timeus, a'y eseth ryb an fordh ow pesy alusen. ⁴⁷Pan glowas ef Jesu a Nazara dhe vos y'n tyller, ef a dhallathas crya ha leverel, "Jesu, Mab Davyth, kemer pyteth ahanaf!"

⁴⁸Lyes huny a'n rebukyas ha comondya dhodho tewel, mes ef a gryas dhe voy uhel, "Te Vab Davyth, kemer pyteth ahanaf!"

⁴⁹Jesu a sevys yn nes ha leverel, "Gelweugh e bys dhym omma."

Y a elwys an dall ha leverel dhodho, "Kemer colon. Saf yn ban. Yma va orth dha elwel." ⁵⁰Hag ef a dowlas y vantel dheworto ha sevel ha dos dhe Jesu.

⁵¹Nena Jesu a leverys dhodho, "Pandr' a venta jy me dhe wul ragos?"

An dall a worthebys, "Descajor, gas vy dhe weles arta."

⁵²Jesu a leverys dhodho, "Ke, dha fedh re wrug dha sawya." Dystough ef a dhascafas y syght ha sewya Jesu war an fordh.

11

Pan esens y ow tos nes dhe Jerusalem yn Bethfage ha Bethany ogas dhe Veneth Olyvet, ef a dhanvonas dew a'y dhyscyplys ²ha leverel dhedhans, "Keugh aberth y'n dre dheragough. Pan wreugh why entra ynny, dystough why a gaf ena ebol na wrug den bythqueth marog-eth warnodho. Gwreugh y dhygelmy ha dreugh e dhym. ³Mar tue den vyth ha leverel dheugh, 'Prag yth esough why ow cul hemma?' levereugh bos othem dhe'n Arluth anodho, ha dhe-sempys ef a wra y dhanvon omma."

⁴Y eth yn kergh ha cafus an ebol yn kelmys orth an darras war ves yn tyller mayth esa fordh dybarth. Pan esens y orth y dhygelmy, ⁵ran a'n dus esa a'ga saf yn nes a leverys dhedhans, "Prag yth esough why ow tygelmy an ebol?" ⁶Y a worthebys, kepar del

wrug Jesu comondya, ha'n dus a ros cumyas dhedhans. [7]Nena an dysc-yplys a dhros an ebol dhe Jesu ha towlel aga dyllas warnodho. Ef a esedhas war an ebol. [8]Muer a dus a lesas aga dyllas war an fordh ha re erel a dorras branchys delyowek dhe-war wedh an parcow ha'ga lesa war an fordh. [9]Y'n tor' na an re na esa ow mos dheragtho ha'n re na esa orth y sewya, yth esens y oll ow crya,

"Hosanna!"

"Benegys yw neb a dhue yn hanow an Arluth yntredhon!"

[10]"Benegys yw gwlascor agan tas Davyth, usy ow tos."

"Hosanna y'n nef uhella!"

[11]Nena Jesu a dhueth dhe Jerusalem hag entra y'n templa. Wosa ef dhe veras ader dro war bub tra, ha'n gordhewer lemmyn devedhys, ef eth yn mes dhe Vethany gans an dew-dhek.

[12]Ha ternos pan esens y ow tos dhya Vethany, ef o gwag. [13]Ef a welas gwedhen fyges pols dheworto ha hy yn dan dhelyow. Ef eth dhe weles esa frut vyth warnedhy. Pan dhueth Jesu dy, ny gafas tra vyth saw ma's only del, rag nyns o an prys na seson an fyges. [14]Jesu a leverys dhedhy, "Byner re wrella den vyth debry frut dhe-warnas alemma rag." Ha'y dhys-cyplys a'n clowas.

[15]Whare y a dhueth dhe Jerusalem, ha Jesu a entras y'n templa, ha dalleth towlel yn mes an re na esa ow quertha hag ow prena y'n templa, hag ef a dhysevys tablys an arhansoryon ha chayrys an re na esa ow quertha colomas. [16]Ny venna ef alowa dhe dhen vyth dry tra vyth der an templa. [17]Yth esa va ow tesky hag ow leverel, "A nyns yw screfys,

'Ow chy a vydh gelwys chy a bejadow rag oll an nacyons'?

Saw why re wrug anodho fowys dhe ladron."
[18]Pan glowas an scrybys ha'n uhel pronteryon henna, y a whelas prest fordh rag y dhyswul. Rag y a's teva own anodho, drefen oll an bobel dhe vos yn dan hus y dhyscans.
[19]Pan dhueth an gordhewer, Jesu ha'y dhyscyplys eth mes a'n cyta.
[20]Ternos vyttyn pan esens ow mos war aga fordh, y a welas an fyg-wedhen ha hy desehys dheworth an gwredhyow. [21]Nena Peder a remem-bras an dra ha leverel dhe Jesu, "Raby, myr, an fygwedhen a wrusta mylega. Desehys yn tyen yw hy."
[22]Jesu a worthebys, "Re'gas bo fedh yn Dew. [23]Yn gwyr me a laver dheugh hemma: pynag oll a wrella leverel dhe'n meneth ma, 'Bydh remuvys ha bydh towlys y'n mor,' ha na wrella dowtya yn y golon mes cresy an dra a leverys dhe wharfos, y whervyth dhodho yn gwyryoneth. [24]Rag henna me a laver dheugh: py-nag oll tra a wrelleugh why govyn y'gas pejadow, creseugh why dh'y receva ha why a'n recef. [25]Peskytter may whrelleugh why sevel dhe besy,

pardoneugh, mara's bydh tra vyth war byn den vyth, may whrella agas Tas usy y'n nef gava agas pehosow why. 26Saw mar ny wreugh why gava, naneyl ny wra agas Tas usy y'n nef gava dheugh why agas pehosow."

27Y a dhueth arta dhe Jerusalem. Pan esa Jesu ow kerdhes y'n templa, an uhel pronteryon ha'n scrybys a dhueth dhodho 28ha govyn orto, "Pyth yw an auctoryta esta ow cul an taclow ma dredho? Pyw a ros dhys an auctoryta a'ga gul?"

29Jesu a worthebys dhedhans, "Me ynwedh a vyn govyn orthough questyon. Gorthebeugh ha me a vyn leverel dheugh pana auctoryta esof vy ow cul an taclow ma dredho. 30Besydhyans Jowan – o va a'n nef po a vab den? Gorthebeugh dhymmo."

31Y a omgusulyas an eyl gans y gela ha leverel yntredhans, "Mar tuen ny ha leverel 'A'n nef,' ef a vyn govyn prag na wrussyn ny cresy dhodho. 32Saw mar tuen ny ha leverel, 'A vab den,'" – yth esens ow perthy own a'n ruth, rag oll an bobel a sensy Jowan dhe vos profet yn very gwyryoneth.

33Rag henna y a worthebys, "Ny wodhon ny."

Ha Jesu a leverys dhedhans, "Naneyl ny vannaf vy leverel dheugh dre bana auctoryta esof vy ow cul an taclow ma."

12 Nena ef a dhallathas cowsel ortans dre barablys ha leverel, "Den a wrug plansa gwynlan ha gorra ke adro dhedhy, ha palas pyt rag gwask an gwyn ha drehevel tour, ha'y settya dhe wonesyjy, ha mos dhe

bow esa pell alenna. 2Pan dhueth an seson, ef a dhanvonas kethwas dhe'n wonesyjy may halla va receva dhewortans a frut an wynlan. 3Saw y a'n sesyas ha'y gronkya ha'y dhanvon yn kergh gwag y dhewla. 4Hag arta ef a wrug danvon dhedhans kethwas aral, hag y a dowlas meyn orto ha'y wolya y'n pen ha'y dhanvon yn kergh tebeldyghtys. 5Unweyth arta ef a dhanvonas den aral, mes henna y a ladhas. Yndella y fue gans kethwesyon lowr erel. Ran y a gronkyas ha ran y a ladhas.

6"Saw ef a'n jeva den aral whath, y unvab muergerys. Wosteweth ef a wrug y dhanvon dhedhans ow leverel, 'Heb dowt y a vyn dysquedhes revrons dhe'm mab.'

7"Saw an wonesyjy a omgusulyas ha leverel, 'Hem yw an er. Duen, geseugh ny dh'y ladha ef ha'n ertons ny a'n caf.' 8Rag henna y a'n sesyas ha'y ladha ha'y dowlel mes a'n wynlan.

9"Pandr' a vyn Arluth an wynlan gul ytho? Ef a vyn dos ha dystrowy an wonesyjy ha ry an wynlan dhe gen re. 10A ny wrussough why redya an scryptur:

'An men hag a vue sconys gans an
    weythoryon re bue gwres pen an
    gornel.
11Ober an Arluth yw hemma ha
    tra varthys y'gan golok ny'?"

12Pan wrussons y convedhes ef dhe dheryvas an parabyl ma war aga fyn aga honen, y o whensys dh'y sesya, saw own a's teva a'n bobel. Rag henna y a'n gasas ha voydya alenna.

13Whare y a dhanvonas dhodho re a'n Farysys hag a'n Erodianas, may hallens y vagly yn y lavarow. 14Y a dhueth ha leverel dhodho, "Descajor, ny a wor dha vosta gwyryon ha nag esta ow favera den vyth moy es y gela. Ny a wor na vern dhys degre na roweth, saw te dhe dhesky fordh Dew yn ewn ha gans gwyryoneth. Ywa lafyl ry trubyt dhe Cesar bo nag ywa? 15A dal dhyn tylly an trubyt bo sevel orth y dylly?"

Saw ef a wodhya aga fekyl cher ha leverel dhedhans, "Prag yth esough why orth ow frevy? Dreugh dhym deneren may hallen hy gweles."

16Hag y a's dros dhodho. Ef a leverys dhedhans, "Pyw yw hemma usy y ben ha'y dytel warnedhy?"

Y a worthebys, "Cesar."

17Jesu a leverys dhedhans, "Reugh dhe Cesar ytho a vo dhe Cesar, ha dhe Dhew a vo dhe Dhew."

Ha marth bras a's teva a'y worthyp.

18Re a'n Sadukys a dhueth dhodho. Ymons y ow cresy nag ues dassergh-yans vyth. Y a wovynnas questyon orto ha leverel, 19"Descajor, Moyses a screfas ragon, mar tue den ha merwel ha gasa y wreg heb flehes, y codh dh'y vroder hy hemeres yn gwreg ha drehevel yssew dh'y vroder. 20Yth esa seyth broder. An kensa ane-dhans a dhemedhas gwreg ha pan wrug ef merwel, ny asas flogh vyth war y lergh. 21An secund a's kemeras ha merwel heb yssew magata. 22Ha'n tressa broder yn kepar maner, hag oll an seyth anedhans a's kemeras yn gwreg heb cafus flogh vyth oll. Wosteweth an venen hy honen a

verwys. 23Y'n dasserghyans dhe byw a vydh hy yn gwreg – rag oll an seyth broder a's kemeras yn gwreg?"

24Jesu a leverys dhedhans, "A nyns yw hemma an reson why dhe vos camdybys, drefen na wodhough why naneyl an scrypturs na gallus Dew? 25Rag pan wrons y dasserhy, ny vedhons y ow temedhy gwer na gwrageth, rag y fedhons kepar ha'n eleth usy yn nef. 26Hag ow tuchya dasserghyans an re marow, a ny wrus-sough why redya yn Lyver Moyses, fatel gowsas Dew orth Moyses mes a'n bush ha leverel, 'Me yw Dew dha dasow, Abram, Ysak ha Jacob kefrys'? 27Nyns ywa Dew an re marow, mes Dew an re bew. Ass ough why cam-dybys!"

28Onen a'n scrybys a dhueth nes. Ef a woslowas ortans ow tysputya war-barth ha gweles fatel wrug Jesu aga gortheby yn ta. Rag henna ef a wovynnas orto, "Pyneyl yw an kensa gorhemmyn oll?"

29Jesu a'n gorthebys ha leverel, "An kensa comondment yw, 'Clow, a Ysrael, an Arluth agan Dew, an Arluth yw Onen. 30Te a wra cara dha Arluth Dew gans oll dha golon, gans oll dha enef ha gans oll dha nerth.' 31An secund yw haval dhe hemma: 'Te a dal cara dha gentrevak kepar ha te dha honen.' Nyns ues gorhemmyn vyth brassa es an re ma."

32An scryba a leverys dhodho, "Yn ta, Descajor, te re gowsas an gwyr-yoneth fatel ywa onen ha nag ues Dew aral marnas ef y honen. 33Y gara ef 'gans oll dha golon, gans oll dha vrys ha gans oll dha nerth,' ha dhe

71

'gara dha gentrevak kepar ha te dha honen' – moy yw bry an re ma es cowloffrynnow leskys ha sacryfycys."

34Pan welas Jesu ef dhe wortheby yn fur, ef a leverys dhodho, "Nyns esta pell dheworth gwlascor Dew." Wosa henna nyns esa den vyth ow lavasos govyn questyon vyth orto.

35Pan esa Jesu ow tesky y'n templa, ef a leverys, "Fatel yll an scrybys leverel an Cryst dhe vos mab Davyth? 36Davyth y honen der an Sperys Sans a dheclaryas,

"'An Arluth a leverys dhe'm
    Arluth vy,
"Eseth a'n barth dyhow dhym,
erna wrellen gorra dha eskerens
    yn dan dha dreys.'"

37Rag henna yma Davyth orth y elwel Arluth. Fatel ylla ytho bos y vab ef?"

Yth esa ruth vras ow coslowes orto hag y pur lowen.

38Pan esa va ow tesky, ef a levery, "Bedheugh war a'n scrybys, neb a gar kerdhes adro yn dyllas hyr ha bos dynerhys y'n marhasow, 39ha cafus an esedhow gwella y'n synagys ha'n plasyow a onour y'n bankettys! 40Ymons y ow lenky treven gwedhwesow hag y a laver lyes pejadow hyr, may halla bos gwelys aga dywysycter. Y a gaf dhe voy dampnacyon."

41Yth esa Jesu a'y eseth adal tresorva an templa hag ow meras orth an dus ow towlel mona y'n argh. Lyes den rych a dhueth ha towlel mona bras aberveth. 42Gwedhwes vohosek a dhueth ha towlel dew vyta y'n argh (an re na a dal deneren).

43Jesu a elwys dhodho y dhyscyplys ha leverel dhedhans, "Yn gwyr me a laver dheugh fatel worras an wedhwes vohosek ma moy aberveth ages oll an re na esa ow towlel aga royow y'n argh. 44Rag kenyver onen anedhans re ros a'y lanwes. Mes hy a'y bohosogneth re worras ynno oll a's teva, oll hy fegans kyn fe!"

13

Pan esa va ow tos mes a'n templa, onen a'y dhyscyplys a leverys dhodho, "Myr, Descajor, pana veyn ha pana dreven ues omma!"

2Jesu a worthebys, "Gweles a wreta an treven bras ma? Ny vyth gesys men war ven omma na vydh dysevys."

3Ha pan esa a'y eseth war Veneth Olyvet adal an templa, Peder, Jamys, Jowan, hag Androw a wovynnas orto yn pryva ha leverel, 4"Lavar dhyn, pana dermyn a vydh an taclow ma? Ha pandr' a vydh an syn pan vons y ow tegensewa?"

5Jesu a dhallathas leverel dhedhans, "Gwaytyeugh na wrella den vyth agas tulla. 6Rag lowr a dus a dhue y'm hanow vy ha leverel, 'Me yw an Cryst,' ha tulla lyes huny. 7Pan glowyeugh a vreselyow, na bertheugh awher. Henna a res bos, saw ny vydh an deweth whath. 8Rag nacyon a vyn sordya warbyn nacyon ha gwlascor sevel warbyn gwlascor, hag y fydh dorgys yn lyes tyller, y fydh dyvotter hag anken – dalleth an galarow a vydh an re na.

9"Saw bedheugh avysys ahanough agas honen. Rag y a wra agas delyfra dhe gonsels, hag y'n synagys why a vydh cronkys hag y a vyn agas don dherag rewloryon ha myterneth rag ow herensa vy yn dustuny war aga fyn. [10]Rag kens dos an gorfen, res yw progeth an awayl yn mesk oll an poblow. [11]Pan wrellens agas dry ha'gas delyfra, na ombredereugh kens a'n pyth a dalvyth dheugh leverel, saw pynag oll tra a vo rys dheugh y'n termyn na, henna levereugh, rag ny vedhough whywhy ow cowsel mes an Sperys Sans.

[12]"An broder a wra delyfra y vroder dhe'n mernans ha'n tas y vab, ha flehes a wra omsevel warbyn tas ha mam, ha gul dhedhans bos ledhys. [13]Ha why a vydh hatys gans pubonen abarth ow hanow vy. Saw neb a wrella godhaf bys y'n deweth, ef a vydh sylwys.

[14]"Saw pan welough why an 'sacrylych a wastyans' a'y saf y'n tyller na dhegoth dhodho, nena gwrens an re na a vo yn Judy fya dhe'n menydhyow. [15]Kenyver onen a vo war ben an chy, na wrella skynnya hag entra ynno rag kemeres tra vyth mes a'y jy. [16]Pynag oll a vo y'n gwel, na dhewhelens arta dhe gemeres yn ban y bows. [17]Saw goy an benenes gans flogh y'n dedhyow na ha goy an mammethow! [18]Peseugh na vo y'n gwaf. [19]Rag y'n dedhyow na y fydh anken, kepar na vue bythqueth dhya ban wrug Dew an nef ha'n nor. Na, ny vydh anken a'n par na nefra arta. [20]Na ve an Arluth dhe gotthe an dedhyow na, ny vya den vyth y'n bys sylwys. Saw rag kerensa an re na re wrug ef dowys, ef re gotthas an

dedhyow na. [21]Mar tue den vyth ha leverel dheugh y'n termyn na, 'Mereugh! Otomma an Cryst!' bo 'Mereugh! Otta va ena!' – na wreugh y gresy man. [22]Crystow fals ha profettys gow a vyn apperya ha gul merclys ha synys, rag sawthanas an re dowysys, a pe va possybyl. [23]Bedheugh war. Me re dheryvas pub tra orthough dherag dorn.

[24]"Saw y'n dedhyow a dhue wosa an govyjyon na,

"'an howl a vydh tewlhes
ha ny wra an lor ry hy golow,
[25]ha'n ster a wra codha mes a'n
nef
ha'n nerthow usy y'n nef a vydh
shakys.'

[26]"Ha nena y a welvyth Mab an Den ow tos y'n clowdys gans gallus bras ha glory. [27]Y'n termyn na ef a wra danvon yn mes y eleth, hag y a guntell warbarth oll y re dowysys dheworth an peswar gwyns, dheworth pennow pella an norvys bys yn pennow pella an nef.

[28]"Lemmyn deskeugh parabyl dheworth an fygwedhen. Kettel vo hy branchys medhel hag ow talleth delya, why a wor bos ogas an haf. [29]Yndella kefrys, pan welleugh why an taclow ma ow wharfos, why a vyn godhvos an dra dhe vos ogas, dherag an darras. [30]Yn gwyr me a laver dheugh, na wra an henath ma tremena, erna vo wharfedhys oll an taclow ma. [31]An nef ha'n nor a wra tremena dhe ves, saw ow geryow vy a wra durya bys vyken.

³²"Saw ow tuchya an jedh na ha'n uer na, ny wor den vyth, naneyl an eleth usy y'n nef, na'n Mab, saw an Tas yn unyk. ³³"Bedheugh war, golyeugh ha peseugh. Rag ny wodhough pana dermyn a dhue an jedh. ³⁴An dra a vydh kepar ha den ow mos war vyaj hyr. Ef a asas y jy hag a ros charj dh'y servons, ha dhe genyver onen anedhans ef a ros y whel y honen. Ef a gomondyas an porther dhe gemeres wyth.

³⁵"Bedheugh dyfun, rag ny wodhough man pana dermyn a vyn mester an chy dos tre, gordhewer po hanternos, po dhewor' an jedh po myttyn. ³⁶Bedheugh dyfun rag own ef dhe dhos yn trom ha'gas cafus why yn cusk. ³⁷An pyth esof vy ow leverel dheugh why, me a'n laver dhe genyver onen: bedheugh dyfun."

14 Yth esa gol an Pask ha'n Bara heb Gwel ow tos kens pen dew jorna. Yth esa an uhel pronteryon ha'n scrybys ow whelas fordh dhe sesya Jesu yn dan gel ha'y ladha, ²rag y a levery, "Ny yllyn y sesya yn termyn an degol rag dowt an bobel dhe wul tervans."

³Pan esa Jesu yn Bethany yn chy Symon an clavrek, hag ef a'y eseth orth an vos, benen a entras neb a's teva alabauster a spyknard precyous. Hy a dorras an lester hag ylya y ben ganso.

⁴Yth esa certan re y'n tyller, hag y a vue serrys orty ha leverel, "Prag y fue an onyment yndelma gesys dhe goll? ⁵Rag an onyment ma a alsa bos gwerthys a dryhans dynar bo moy, ha'n mona rys dhe'n vohosogyon." Hag y a's cablas.

⁶Saw Jesu a leverys, "Geseugh dhedhy cres. Prag yth esough why orth hy throbla? Hy re wrug ragof servys 'vas. ⁷Rag why a gaf an vohosogyon genough pub uer oll. P'uer pynag a venneugh why, why a yll dysquedhes cufter dhedhans. Saw me ny vedhaf genough bys vyken. ⁸Hy re wrug warlergh oll hy gallus dhym. Hy re ylyas ow horf dherag dorn rag y encledhyas. ⁹Yn gwyr me a laver dheugh, ple pynag a vo progowthys an awayl yn oll an norvys, an pyth a wrug hy, a vydh deryvys yn cof anedhy."

¹⁰Judas Scaryoth, onen a'n dewdhek, eth dhe'n uhel pronteryon may halla va dyskevera Jesu dhedhans. ¹¹Pan wrussons y glowes, y a vue fest plesys ha promysyas ry mona dhodho. Rag henna ef a whelas chons dh'y drayta.

¹²An kensa jorna a'n Bara heb Gwel, pan vydh an On Pask offrynnys, dyscyplys Jesu a leverys dhodho, "Ple fenta jy ny dhe vos rag parusy soper an Pask dhys?"

¹³Rag henna Jesu a dhanvonas dew anedhans ow leverel, "Eugh ajy dhe'n cyta hag ena den a vyn dos war agas pyn ha podyk dowr war y scodh. Holyeugh ef. ¹⁴Hag y'n le may whra va entra ynno, levereugh dhe berhenek an chy, 'Yma an Descajor ow covyn: Ple ma ow gwestva, may hallaf vy debry an Pask gans ow dyscyplys?' ¹⁵Ef a vyn dysquedhes dheugh skyber efan avan ha hy dyghtys ha parys. Ena darbareugh ragon."

¹⁶Y dhyscyplys eth yn rag hag entra y'n cyta ha cafus kenyver tra, poran

kepar del wrug Jesu leverel dhedhans. Hag y a breparyas soper an Pask.

¹⁷Deworenos ef a dhueth gans an dyscyplys. ¹⁸Pan wrussons y esedha hag y ow tebry, Jesu a leverys dhedhans, "Yn gwyr me a laver dheugh, fatel wra onen ahanough ow thrayta, onen usy ow tebry genef."

¹⁹Grevys vons pan glowsons henna ha leverel dhodho an eyl wosa y gela, "Certus nyns ywa me."

²⁰Jesu a worthebys, "Onen a'n dewdhek yw, onen ues ow troghya bara y'n scudel genef. ²¹Rag yma Mab an Den ow mos, poran kepar del vue screfys anodho, saw henna may fydh Mab an Den traytys dredho, goef! Goef byth pan vue va genys!"

²²Pan esens y ow tebry, Jesu a gemeras bara, ha wosa y venega, ef a'n torras ha'y ry dh'y dhyscyplys ow leverel, "Kemereugh, debreugh. Hem yw ow horf vy a vydh rys ragough why."

²³Nena ef a gemeras an hanaf, ha wosa ry grassow, ef a'n ros dhedhans ha pubonen anedhans a evas anodho. ²⁴Jesu a leverys dhedhans, "Hem yw ow gos vy, gos an kevambos, neb yw scullys rag lyes huny. ²⁵Yn gwyr me a laver dheugh, na vannaf vy na fella eva a frut a'n wedhen grappys bys y'n jorna may whrama y eva yn gwlascor noweth Dew."

²⁶Wosa cana hympna, y eth yn mes bys yn Meneth Olyvet.

²⁷Jesu a leverys dhedhans, "Why oll a wra ow forsakya, rag yma screfys,

"'Pan vo gweskys an bugel, an
    deves a wra fya abell
hag oll an flock a dhybarth.'

²⁸Saw me, warlergh dasserhy, me a vyn agas metya why oll yn Galyla."

²⁹Peder a leverys dhodho, "Kyn fons y oll sclandrys, nefra ny wraf dha dhyflasa."

³⁰Jesu a leverys dhodho, "Yn gwyr me a laver dhys hemma: hedhyw, an very nos ma kens es an culyek dhe gana dewweyth, te a wra ow denaha teyrgweyth." ³¹Saw ef a leverys yn freth, "Kyn fena ledhys marow, ny'th tenahaf benary." Kenyver onen anedhans a leverys an keth tra.

³²Ha mos a wrussons bys y'n tyller henwys Gethsemane; hag ef a leverys dh'y dhyscyplys, "Esedheugh omma hadre ven ow pesy." ³³Ef a gemeras ganso Peder, Jamys ha Jowan, ha dalleth bos anes ha grevys bras. ³⁴Ef a leverys dhedhans, "Grevys bras of, ea, bys yn ancow. Remaynyeugh omma ha gorteugh yn tyfun."

³⁵Ef eth pols byan war rag ha codha war an dor ha pesy, mar pe va possybyl, an prys na dhe vos dheworto. ³⁶Ef a leverys, "*Abba*, a Das, possybyl yth yw pub tra dhys. Mar kylla bos, gas an hanaf ma a vernans dhe bassya dheworthyf vy. Bytegens re bo gwres dha volunjeth tejy, adar ow bolunjeth vy."

³⁷Pan dhueth ef, ef a's cafas yn cusk hag a leverys dhe Beder, "Symon, esta ow cusca? Dar, a ny wodhyes un pols golyas genef? ³⁸Golyeugh ha peseugh, na vedheugh temptys dygnas. Parys fest yw an sperys, mes gwan yw an kyg."

³⁹Hag arta ef eth yn kergh dhe besy, ha leverel an keth geryow. ⁴⁰Pan wrug ef dewheles dhedhans arta, ef a's cafas arta yn cusk, rag pos o aga

dewlagas, ha ny wodhyens y worth-
eby ef.

41Ef a dhueth dhedhans an tressa
treveth ha leverel dhedhans, "Esough
why whath ow cusca hag ow powes?
Lowr! Re dhueva an prys. Awotta
Mab an Den delyfrys ynter dewla
pehadoryon! 42Seveugh yn ban ha
duen alemma. Mereugh, ogas yw
henna usy orth ow thrayta."

43Kettoth ha'n ger Judas, onen an
dewdhek, a dhueth dy ha ganso bagas
gwethysy gans cledhedhyow ha fust-
ow dheworth an uhel pronteryon, an
scrybys ha'n dus hen.

44An traytour a ros dhedhans syn
dherag dorn ha leverel, "Ef neb a
wrellen amma dhodho, henna yw ef.
Sesyeugh ef ha'y dhon yn kergh yn
dan wyth." 45Kettel dhueth ef, Judas
eth dhe Jesu ha leverel, "Lowena
dhys, a Raby," hag amma dhodho.
46Gans henna y a settyas aga dewla
warnodho ha'y sensy. 47Nebonen,
neb esa a'y saf yn nes, a dennas cledha
ha gweskel servont a'n uhel pronter
hag a drohas y scovarn dhewar y ben.

48Jesu a leverys dhedhans, "A wrus-
sough why dos war ow fyn, kepar ha
pan vena lader, gans fustow ha cledh-
edhyow rag ow sesya. 49Y fedhen pub
jorna oll yn apert genough ow tesky
y'n templa ha ny wrussough why ow
sensy. Saw res yw dhe'n scrypturs bos
collenwys." 50Oll y dhyscyplys a'n
forsakyas ha fya dhe'n fo.

51Yth esa den yowynk orth y sewya,
nag esa tra vyth adro dhodho marnas
lyen yn unyk. Y a'n sesyas, 52saw ef a
asas an lyen war y lergh ha fya yn
noth dhewortans.

53Hag y a dhros Jesu yn kergh bys
y'n uhel pronter ha ganso yth o cun-
tellys warbarth oll an uhel pronter-
yon ha'n dus hen ha'n scrybys.
54Peder a'n sewyas abell bys yn lys an
uhel pronter, hag yth esa va a'y eseth
gans an wethysy ow tomma y honen
orth an tan.

55An uhel pronteryon hag oll an
conslers a whelas dustuny warbyn
Jesu rag y ladha, saw ny gafsons tra
vyth. 56Rag lyes huny a dhug dustuny
cam war y byn, saw nyns o unver aga
dustuny.

57Ran a sevys yn ban ha desta yn fals
war y byn ow leverel, 58"Ny a'n
clowas ow leverel fatel venna dyswul
an templa gwres gans dewla tus ha
kens pen treddeth byldya templa aral
na vo gwres gans dewla." 59Saw ow
tuchya henna kyn fe nyns esa aga
dustuny owth agrya.

60Nena an uhel pronter a sevys yn
ban y'ga mesk ha govyn orth Jesu, "A
nyns ues gorthyp vyth genes? Pyth
yw an taclow ma usons y ow testa war
dha byn?" 61Saw tewel a wrug.

Arta an uhel pronter a wovynnas
orto, "Osta an Cryst, Mab an Dew
Benegys?"

62Jesu a worthebys, "Of. Ha why a
welvyth Mab Den a'y eseth adhyhow
dhe'n Power, hag ow tos gans
clowdys an nef."

63Nena an uhel pronter a squardyas
y dhyllas ha leverel, "Pyth yw an
othem dhyn a voy dustunyow? 64Why
re'n clowas ef dhe gably Dew. Pandr'
yw ervyrys genough?"

Ha pubonen a'n dampnyas avel den
wordhy a vernas. 65Ha ran anedhans

a dhallathas trewa warnodho. Cudha y dhewlagas y a wrug, ha ry dhodho whattys ha leverel, "Gwra profusa!" An soudoryon ynwedh a'n kemeras ha'y weskel.

⁶⁶Pan esa Peder awoles y'n lys, onen a veghtythyon an uhel pronter a dhueth. ⁶⁷Pan welas hy Peder ow tomma y honen, hy a veras orto ha leverel, "Te ynwedh, yth eses gans Jesu a Nazara."

⁶⁸Saw ef a'n nahas ha leverel, "Nan-eyl ny won na ny gonvedhaf an pyth esta ow leverel." Ef eth yn mes bys y'n portal. Nena an culyek a ganas.

⁶⁹An vowes a'n gwelas arta ha dalleth leverel dhe'n re na esa a'ga saf yn nes, "An den ma yw onen ane-dhans." ⁷⁰Saw arta ef a'n nahas.

Pols wosa henna an dus esa y'n tyller a leverys dhe Beder, "Heb dowt vyth te yw onen anedhans rag Galyle-an osta."

⁷¹Saw ef a dhallathas cussya ha leverel, "Ny aswonaf man an den ma esough why ow cowsel anodho."

⁷²Dhesempys an culyek a ganas an secund treveth ha Peder a borthas cof a'n ger a leverys Jesu dhodho, "Kens es an culyek dhe gana dewweyth, te a wra ow naha teyrgweyth." Hag y golon a godhas hag ola a wrug ef.

15 Ha ternos vyttyn an uhel pronteryon a omgusulyas gans an dus hen ha'n scrybys hag oll an consel. Y a golmas Jesu ha'y ledya yn kergh ha'y dhelyfra dhe Bylat.

²Pylat a gowsas dhe blemmyk ha govyn, "Osta Mytern an Yedhewon?" Ef a worthebys, "Te a'n laver."

³Ha'n uhel pronteryon a'n cuhudh-as a lyes tra, mes ef ny worthebys tra vyth. ⁴Pylat a wovynnas orto arta ha leverel, "A ny wreta gortheby tra vyth? Myr pana lyes tra usons y owth ynnya warnas."

⁵Saw Jesu ny worthebys tra vyth ha Pylat a'n jeva marth bras anodho.

⁶Orth an gol na y usadow o delyfra dhedhans neb prysner, pynag oll a vedhens y ow tesyrya. ⁷Hag yth esa den, Barabas y hanow, yn pryson warbarth gans an omsevysy a wrug moldra y'n rebellyans. ⁸Ha'n ruth a dhueth ha dalleth pesy Pylat may whrella ragthans warlergh y usadow.

⁹Nena ef a's gorthebys ha leverel, "A vennough why me dhe frya Mytern an Yedhewon?" ¹⁰Rag ef a wodhya fatel wrug an uhel pronteryon delyfra Jesu dhodho der ewn avy. ¹¹Saw an uhel pronteryon a sordyas an bobel dhe besy may fe Barabas delyfrys dhe-dhans yn le Jesu.

¹²Gans henna Pylat a leverys arta dhedhans, "Pandr' a vennough ytho me dhe wul dhe henna yw gelwys Mytern an Yedhewon?"

¹³Y a gryas, "Bedhens ef gorrys y'n grows!"

¹⁴Pylat a wovynnas ortans, "Pana dhrog yw gwres ganso?"

Saw y a gryas dhe voy uhel, "Bedh-ens ef gorrys y'n grows!"

¹⁵Rag henna Pylat hag ef whensys dhe gollenwel bodh an bobel a fryas Barabas dhedhans. Saw Jesu ef a scorjyas ha'y dhelyfra dhe'n soudor-yon dhe vos crowsys.

¹⁶An soudoryon a'n ledyas yn kergh bys yn hel an palys (hen yw caslys an

governour). Y a elwys warbarth oll an company a soudoryon. [17]Y a'n gwysc-as yn purpur rych, ha wosa gruthyl garlont spern, y a'n settyas war y ben. [18]Nena y a dhallathas y salujy, "Mytern Yedhewon, hayl dhys!" [19]Y a wrug cronkya y ben gans gwelen ha trewa warnodho ha mos war ben dewlyn dheragtho ha'y wordhya. [20]Wosa gul ges anodho, y a dhy-stryppyas dheworto an purpur, ha gorra y dhyllas y honen adro dhodho arta. Nena y a'n humbrancas yn mes rag y growsya.

[21]Yth esa den ow tos dheworth an gwelyow hag ef ow tremena der an tyller, hag y a'n constrynas dhe dhon crows Jesu. Symon dhya Cyren o va, tas Alexander ha Rufus. [22]Nena y a dhros Jesu bys y'n tyller henwys Golgotha (hen yw dhe styrya Tyller an Grogen Pen). [23]Hag y a offras dhodho dhe eva gwyn ha myr kemyskys, saw ny wrug Jesu aga hemeres. [24]Ha wosa y dh'y growsya, y a rannas yntredhans y dhyllas, ow towlel pren dhe dhetermya pandr' a venna cafus pubonen anedhans.

[25]Yth o an tressa uer pan wrussons y growsya. [26]An lybel a-ugh y ben o hemma: MYTERN AN YEDHEWON. [27]Ha ganso y a growsyas dew rafner, an eyl adhyhow dhodho ha'y gela agledh. [28]Hag y fue collenwys yn y gever an scryptur a laver, "Ef a vue nombrys yn mesk an re dhylaha." [29]Ha'n dus esa ow passya, y a wre ges anodho, ow shakya aga fen hag ow leverel, "Ea, te neb a vensa dystrowy an templa ha'y dhrehevel arta kens pen treddeth, [30]gwra sawya dha honen. Dues dhe'n dor dhewar an grows!"

[31]Yn kepar maner yth esa an uhel pronteryon ha'n scrybys ow cul ges anodho yntredhans hag ow leverel, "Ef a sawyas y hynsa, saw ny yll ef sawya y honen. [32]Duens an Cryst, mytern Ysrael, heb let dhe'n dor dhe-war an grows, may hallen ny gweles ha cresy." An re na hag a vue crowsys ganso, yth esens y ynwedh orth y scornya.

[33]Pan dhueth an wheghves uer, y fue tewolgow dres oll an tyr bys y'n nawves uer. [34]Hag y'n nawves uer Jesu a gryas gans lef uhel, *"Eloi, Eloi, lema sabaghthani?"* Hen yw dhe styr-ya, "Ow Dew, ow Dew, prag y whrus-ta ow forsakya?"

[35]Pan glowas ran a'n dus esa y'n tyller an lavar na, y a leverys, "Gos-loweugh, yma va ow crya war Elyas." [36]Ha den a bonyas hag a lenwys spong a aysel, y settya war welen ha'y offra dhodho dhe eva ha leverel, "Gorteugh, mereugh mar tue Elyas ha drehevel dh'y dhelyfra."

[37]Nena Jesu a gryas gans lef uhel ha dascor y enef.

[38]Ha vayl an templa a vue squardys ynter dew ran dhya an top dhe'n goles. [39]Pan welas an century esa a'y saf adal dhodho Jesu dhe grya yn uhel ha dascor y enef, ef a leverys, "Yn gwyryoneth an den ma o Mab Dew."

[40]Yth esa kefrys benenes ow meras orto abell. Yth esa y'ga mesk Marya Maudlen, ha Marya mam Jamys an Le ha Jose, ha Salome. [41]Yth esa an re ma orth y sewya ha'y servya pan esa va yn Galyla. Hag yth esa ena

ynwedh lyes benen aral hag a dhueth yn ban dhe Jerusalem ganso.

42Pan dhueth an gordhewer, dre reson an jorna dhe vos Preparacyon an Degol (hen yw an jorna kens an sabot), 43Josef Baramathia, esel wordhy a'n consel, neb esa y honen ow quetyas gans govenek gwlascor Dew, eth yn colonnek dhe Bylat ha pesy corf Jesu dheworto. 44Yth esa Pylat owth omwovyn mars o Jesu marow yn gwyryoneth. Ef a sompnas dhodho an century ha govyn orto o va marow nans o pols. 45Pan glowas Pylat gans an century Jesu dhe vos marow, grontya a wrug an corf dhe Josef. 46Nena Josef a dhros sendal teg, ha kemeres an corf dhewar an growspren, ha'y vaylya y'n sendal ha settya yn bedh re bya trehys mes a'n garrek. Nena ef a rolyas men bras warbyn darras an bedh. 47Marya Maudlen ha Marya mam Jose a welas ple fue settys corf Jesu.

16 Ha pan o passys jorna an sabot, Marya Maudlen, ha Marya mam Jamys, ha Salome a brenas spycys wheg may hallens mos ha'y ylya. 2Ha pur avar myttyn an kensa jorna an seythen y eth dhe'n bedh ha'n howl ow trehevel. 3Yth esens y ow covyn an eyl orth y ben, "Pyw a wra treylya ragon ny an men adenewan dheworth darras an bedh?"

4Pan wrussons y meras, y a welas fatel o an men rolys solabrys war dhelergh, kynth o va pur vras. 5Y a entras y'n bedh ha gweles den yowynk a'y eseth a'n barth dyhow hag ef gwyskys yn pows wyn. Marth a's teva.

6Saw ef a leverys dhedhans, "Na bertheugh own. Yth esough why ow whelas Jesu a Nazara neb a vue crows-ys. Nyns usy Jesu omma, rag sevys yw. Mereugh, hem yw an tyller may whrussons y settya. 7Saw eugh yn rag ha deryveugh orth y dhyscyplys hag orth Peder ef dhe vos dheragough dhe Alyla. Ena why a'n gwelvyth poran kepar del leverys ef dheugh."

8Gans henna y eth yn mes yn uskys ha fya dheworth an bedh, rag sawth-an ha scruth re'n sesyas. Ny wrussons y leverel banna dhe dhen vyth, drefen y dhe gemeres own.

9Pan wrug Jesu dasserhy avar an kensa jorna a'n seythen, ef a apperyas kensa dhe Varya Maudlen, honna a wrug ef towlel seyth tebel-sperys mes anedhy. 10Hy eth ha'y dheryvas orth an re na re bya ganso, rag yth esens ow mornya hag owth ola. 11Saw pan glowsons ef dhe vos yn few ha hy dh'y weles, ny wodhyens cresy an mater.

12Wosa henna ef a omdhysquedhas yn ken tyller dhe dhew anedhans, pan esens y ow kerdhes y'n pow. 13Y eth ha'y dheryvas orth an re erel, mes byth moy ny vennens y cresy.

14Wosa henna ef a omdhysquedhas dhe'n unnek hag y a'ga eseth orth an vos rag debry. Ef a's rebukyas awos aga dyscrejyans ha gorthter, dre reson na wrussons y cresy dhe'n re na a wrug y weles wosa ef dhe dhasserhy.

15Hag ef a leverys dhedhans, "Eugh ha progowtheugh an awayl dhe oll mebyon tus dres oll an bys. 16Pynag oll a wrella cresy hag a vo besydhys a vydh sylwys. Saw suel na wrella cresy, dampnys a vydh. [17]Ha'n synys ma a wra sewya kenyver onen a gressa: y'm hanow vy y a wra towlel yn mes tebel-sperysyon. Y a wra cowsel yn tavosow noweth. [18]Y a vyn kemeres yn ban nedras y'ga dewla, ha mar tons y hag eva tra vyth venymys, ny wra henna aga shyndya man. Settya a wrons aga dewla war an glevyon hag yndella aga sawya."

[19]Yndelma an Arluth Jesu wosa ef dhe gowsel ortans, a vue degemerys yn ban y'n nef hag esedha a'n barth dyhow dhe Dhew. [20]Hag y eth yn mes ha progeth an newodhow da yn pub tyller. Yth esa an Arluth ow kesobery gansans, hag a wrug fastya an ger der an merclys esens y orth aga gruthyl. Amen.

An Awayl
warlergh Luk

1 Aban wrug lyes huny whelas dhe
ry acont a'n taclow a vue cowl-
wres y'gan mesk ny, ²poran kepar del
vons y delyfrys dhyn dheworth an
dalleth gans an re na a welas pub tra
gans aga dewlagas aga honen hag o
menystrys a'n ger, ³me ow honen
kefrys a gonsydras y vos da, Theofilus,
ow arluth uhella, settya yn mes deryv-
adow compes ragos, awos me dhe
whythra an maters ma yn tywysyk dres
termyn hyr, ⁴may halles godhvos an
gwyryoneth ow tuchya an taclow re
wrussys desky adro dhedhans.

⁵Yn dedhyow Erod, mytern Judy,
yth o pronter henwys Zechary, a
veyny Abija; hag ef a'n jeva gwreg a
vyrhes Aron, hag Elisabet o hy
hanow hy. ⁶Tus wyryon ens y aga
dew dherag Dew, hag y a sewya heb
nam comondmentys ha gorhemmyn-
ow an Arluth. ⁷Saw ny's teva flogh
vyth, rag Elisabet o anvab, hag avons-
ys y'ga os ens y aga dew.

⁸Pan esa Zechary ow servya avel
pronter dherag Dew warlergh devar
y goscar, ⁹kepar del o gys an bronter-
yon, an pren a godhas warnodho dhe
entra yn templa an Arluth ha lesky
yncens; ¹⁰hag yth esa ruth oll an
bobel aves hag y ow pesy Dew yn
termyn an yncens.

¹¹El an Arluth a dhysquedhas dho-
dho hag ef a'y saf a'n barth dhyhow a
alter an yncens. ¹²Pan wrug Zechary
y weles, ef a vue troblys bras hag own
a godhas warnodho. ¹³An el a gowsas
orto ha leverel, "Na gemer own, a
Zechary, rag dha bejadow re bue
clowys, ha'th wreg a wra omdhon ha
denethy mab dhys ha te a'n gelow
Jowan, ¹⁴ha te a gaf lowena ha joy ha
lyes huny a vyn rejoycya orth y enes-
ygeth, ¹⁵rag ef a vydh bras dherag an
Arluth; nefra ny wra va eva naneyl
gwyn na gwyras hag y fydh ef lenwys
a'n Sperys Sans dheworth an very
brys a'y vam. ¹⁶Ef a wra treylya muer
a vebyon Ysrael tro ha'n Arluth aga
Dew, ¹⁷ha mos dheragtho yn sperys
hag yn gallus Ysay rag treylya colon
an tasow tro ha'n flehes ha'n dus
dhywostyth dhe skyans an re just, rag
darbary dhe'n Arluth pobel barys
ewn."

¹⁸Ha Zechary a leverys dhe'n el,
"Fatel allaf vy godhvos hemma? Rag
me yw coth ha'm gwreg avonsys yn
hy dedhyow."

¹⁹An el a'n gorthebys ha leverel,
"Me yw Gabryel ha me a vydh a'm saf
dherag Dew hag y fuef danvenys rag
deryvas an newodhow da ma dhys.
²⁰Ha myr, te a vydh omlavar ha ny
vedhys abyl dhe gowsel bys y'n jorna
may whra an taclow ma happya, dre
reson na wrusta cresy dhe'm geryow
– mes y a vydh collenwys y'ga
thermyn ewn."

²¹Hag yth esa an bobel ow cortos
Zechary ha marth a's teva fatel wre va
dylatya y'n templa. ²²Pan dhueth ef
yn mes, ny ylly cowsel hag y a gon-
vedhas ef dhe weles vesyon y'n
templa; hag ef a wre synys dhedhans
ha gortos omlavar.

23Hag y wharfa, pan vue collenwys dedhyow y servys, ef dhe dhewheles dh'y jy. 24Wosa an dedhyow na y wreg Elisabet a omdhuk yn hy brys ha cudha hy honen pymp mys ow leverel, 25"Yndelma re wrug an Arluth genef y'n dedhyow may whrug ow gweles, rag kemeres yn kergh dheworthyf ow meth dherag an dus."

26Y'n whegves mys y fue Gabryel el danvenys dheworth Dew dhe cyta a Alyla henwys Nazara, 27dhe vaghteth o ambosys dhe wour henwys Josef, a jy Davyth, ha Marya o hanow an vaghteth. 28Hag ef a entras bys dhedhy ha leverel, "Hayl dhys, te voren faverys bras! Yma an Arluth genes."

29Hy a vue amays fest orth an geryow ma ha govyn orty hy honen pana vaner a venneth a vue henna. 30Saw an el a leverys dhedhy, "Na gemer own, Marya, rag te re gafas favour yn golok Dew. 31Hag awot, omdhon a wres y'th vrys ha denethy mab ha'y elwel Jesu. 32Den bras a vydh ha Mab an Dew Uhella a'n gelwyr, ha'n Arluth Dew a vyn ry dhodho tron Davyth y das. 33Ef a wra raynya war jy Jacob bys vyken ha benary ha ny vydh deweth nefra a'y wlascor."

34Saw Marya a leverys dhe'n el, "Fatel yll henna bos, aban of vy gwerhes?"

35An el a worthebys ha leverel dhedhy, "An Sperys Sans a wra skynnya warnas hag y fydh gallus an Dew Uhella yn goskes a-uhos; rag henna, an flogh a wreta denethy a vydh henwys sans ha'n Mab a Dhew. 36"Myr, Elisabet, neb yw neshevyn dhys, hy re omdhuk mab yn hy henys

ha hemma yw an whegves mys dhe'n venen a vue gelwys anvab, 37rag unpossybyl nyns yw tra dhe Dhew."

38Marya a leverys, "Awotta vy, kethes an Arluth. Re bo an dra genef warlergh dha eryow." Ha'n el a dhybarthas dheworty.

39Y'n dedhyow na Marya a sevys yn ban ha mos gans toth bras dhe bow an brynyow, dhe cyta a Judy, 40hag entra yn chy Zechary ha dynerhy Elisabet. 41Pan glowas Elisabet dynargh Marya, an flogh a lammas yn hy brys; hag Elisabet a vue lenwys a'n Sperys Sans 42ha garma yn uhel, "Benegys osta jy ynter benenes ha benegys yw frut dha vrys! 43Prag yma hemma grontys dhym, mam ow Arluth dhe dhos dhym? 44Myr, pan dhueth lef dha dhynargh bys y'm dewscovarn, an flogh y'm brys a lammas der ewn lowena. 45Benegys yw honna a gresys y fedha collenwys an taclow re bya promysys dhedhy gans an Arluth."

46Ha Marya a leverys,

"Yma ow enef ow moghhe an
    Arluth,
47ha'm sperys re rejoycyas yn Dew
    ow Savyour,
48drefen ef dhe veras orth uvelder
    y vowes.
Rag myr, alemma rag pub henath
    a'm gelow benegys,
49rag an Gallosek re wrug ow
    moghhe
ha sans yw y hanow ef.
50Ha'y dregereth a vydh war an re
    na usy ow kemeres own anodho
    dhya henath dhe henath.

[51]Ef re dhysquedhas gallus der y
vregh,
ha scullya ales an dus prowt yn
desmyk aga holon.
[52]Ef re yselhas an vrasyon dhewar
aga se
hag exaltya an re uvel ha clor.
[53]Ef re lenwys an nownegyon a
daclow da
ha'n dus rych ef a's danvonas gwag
yn kergh.
[54]Ef a remembras y vercy
ha socra Ysrael y servont,
[55]kepar del bromysyas dh'agan
hendasow,
dhe Abram ha'y yssew bys vyken."

[56]Ha Marya a dregas gensy neb try
mys, ha dewheles arta tre.

[57]Y tueth an prys may codhvya dhe
Elisabet denethy ha hy a dhug mab.
[58]Ha'n gentrevogyon ha'n neshevyn
a glowas fatel wrug an Arluth dys-
quedhes mercy dhedhy ha lowen ens
gensy.

[59]Hag yth happyas, y'n jedh may
talvya dh'n maw bos cyrcumcysys, y
dhe ervyra y elwel Zechary warlergh
hanow y das. [60]Saw y vam a's gorth-
ebys ha leverel, "Na, na, Jowan a
vydh y hanow."

[61]Saw y a leverys dhedhy nag esa
den vyth a'y herens ha'n hanow na
dhodho. [62]Y a wrug synys dh'y das,
dhe wodhvos pana hanow a venna va
ry dhe'n maw. [63]Ef a dhemondyas
lehen ha screfa warnedhy, "Jowan yw
y hanow ef." Ha marth a'n jeva pub-
onen anedha. [64]Dystough ganow
Zechary a vue egerys ha'y davas lows-
ys, hag ef a gowsas yn un braysya

Dew. [65]Hag own a skynnyas war oll
aga hentrevogyon. Ha'n taclow ma a
vue debatys dres oll pow an brynyow
yn Judy; [66]ha pynag oll a's clowas, a
wrug aga sensy yn y golon ha leverel,
"Dar, pan vaner a flogh a vydh an
maw ma?" Rag yth esa luef an Arluth
warnodho.

[67]Ha Zechary y das a vue lenwys a'n
Sperys Sans ha profusa ow leverel,

[68]"Benegys re bo Arluth Dew
Ysrael,
rag ef re vysytyas y bobel ha'ga
dasprena;
[69]hag ef re dhrehevys ragon
sylwans bras
yn chy y servont Davyth.
[70]Ef a dhedhewys y'n dedhyow
coth war anow y brofusy sans
[71]y whre va agan sylwel dheworth
agan envy
ha mes a dhewla agan eskerens oll.
[72]Ef a bromysyas fatel wre va
kemeres trueth war agan tasow
ha remembra y ambos sans;
[73]hem o an ty a lyas ef dhe Abram
agan tas:
[74]y fenna agan delyfra mes a
dhewla agan eskerens
may fen ny frank dh'y wordhya
heb own
[75]yn ewnder hag yn sansoleth
dedhyow oll agan bewnans.
[76]Ha te, ow flogh, a vydh gelwys
profet an Dew Uhella,
drefen te dhe gerdhes dheragtho
ha parusy y fordh,
[77]may halles ry dh'y bobel
godhvos a salvacyon rag gyvyans
oll aga fehosow;

78yn tregereth clor agan Dew terry
an jedh a vyn dos warnan
dheworth nef awartha,

79may halla golowy an re na esa
tregys yn tewolgow hag y'n
scues a vernans,

ha gedya agan treys y'n fordhow a
gosoleth."

80Ha'n flogh a devys ha crefhe y'n
sperys, hag y'n gwylfos yth esa, erna
wrug ef omdhysquedhes dhe bobel
Ysrael.

2 Y wharfa y'n dedhyow na, ord-
nans dhe dhos adro dheworth
Cesar Augustus, y talvya dhe oll an
bys bos recknys. 2Cyrenius o govern-
our Syrya pan wharfa an kensa reck-
nans ma. 3Ha pub huny y'n bys a
dravalyas dhe vos nombrys, kenyver
onen dh'y dre y honen.

4Ha Josef eth yn ban ynwedh dhya
Alyla dheworth Nazara bys yn Judy
ha dhe cyta Davyth o gelwys Beth-
lem, awos ef dhe vos a deylu hag a
lynaja Davyth, 5may halla va bos
nyverys gans Marya y wreg ambosys,
ha gans flogh o hy. 6Y wharfa pan
esens y y'n tyller na, may tueth prys
hy golovas. 7Hy a wrug denethy hy
mab kensa ha hy a'n maylyas yn
lystennow hag a'n settyas yn presep
yn stabel, dre reson nag esa tyller
ragthans y'n gwesty.

8Yth esa bugeleth y'n keth pow na
hag y y'n gwel ow quetha aga flockys
dres an nos. 9El an Arluth a dhys-
quedhas dhedhans ha glory an Arluth
a wrug dywy oll adro hag own bras a's
teva. 10Ha'n el a leverys dhedhans,

"Na bertheugh own; rag mereugh,
yth esof ow try dheugh messach a
lowena vras rag oll an bobel; 11rag
hedhyw re bue genys dheugh yn cyta
Davyth Sylwyas, hen yw an Arluth
Cryst. 12Ha helma a vydh syn rag-
ough: why a gaf an flogh byan maylys
fast gans lysten hag ef a'y wroweth yn
presep." 13Ha dystough y fue gwelys
warbarth gans an el nyver bras a lu
nef ow praysya Dew hag ow leverel,

14"Glory dhe Dhew avan ha war
an norvys cres dhe'n re na usy
orth y blesya!"

15Pan wrug an eleth dyberth dhe-
wortans bys yn nef, an vugeleth a
leverys an eyl dh'y gela, "Duen ny
bys yn Bethlem may hallen gweles an
wharfedhyans ma re wrug an Arluth
declarya dhyn."

16Y eth dy gans toth bras ha cafus
Mary ha Josef ha'n flogh a'y wroweth
y'n presep. 17Pan welsons an flogh, y a
dheryvas an dra re bya cowsys ortans
adro dhodho. 18Kettel glowas pub-
onen henna, y a gemeras marth bras a
whedhel an vugeleth. 19Saw Marya a
sensas an taclow ma yn town yn hy
holon hag ombredery anedhans.
20Nena an vugeleth a dewhelas tre
arta, hag y ow praysya Dew hag orth y
wordhya awos an maters oll a wrus-
sons clowes ha gweles, poran kepar del
vons y deryvys arag dorn dhedhans.

21Y tueth an ethves jorna may talvya
an flogh bos cyrcumcysys hag ef a vue
henwys Jesu, hanow re bya rys dho-
dho gans an el, kens es dh'y vam y
omdhon yn hy brys.

²²Pan vue collenwys an dedhyow rag glanhe mam ha flogh warlergh laha Moyses, y a'n dros bys yn Jerusalem rag y bresentya dhe'n Arluth, ²³(kepar del yw screfys yn laha an Arluth: "Pub gorow usy owth egery an brys, ef a vydh gelwys sans dhe'n Arluth"), ²⁴ha rag gul an sacryfys warlergh geryow laha an Arluth, hen yw dhe styrya, dew duren bo dew golom yowynk.

²⁵Ha myr, yth esa den yn Jerusalem gelwys Symeon, ha gwyryon hag ewngryjyk o va hag ef ow quetyas salvacyon Ysrael, rag yth esa an Sperys Sans warnodho. ²⁶Re bya dysquedhys dhodho gans an Sperys Sans na wre va merwel erna wella an Arluth Cryst. ²⁷Ef a entras y'n templa dre ynny an Sperys, ha pan dhros y das ha'y vam an flogh ajy rag gul dhodho warlergh ordnans an laha yn y gever, ²⁸Symeon a'n kemeras yn y dhewla ha gormel Dew ha leverel,

²⁹"Lemmyn, a Arluth, yth esos ow
   tanvon dha servont yn kergh
yn cosoleth warlergh dha lavar.
³⁰ Rag ow dewlagas vy re welas
   dha sylwans
³¹a wrussys parusy dherag fas oll
   an poblow;
³²may halla bos golow dhe wolowy
   an Jentylys
ha glory dhe'th pobel Ysrael."

³³Saw y das ha'y vam a vue amays awos an taclow a vue leverys adro dhodho. ³⁴Ha Symeon a wrug aga fraysya ha leverel dhe Varya y vam, "Myr, yma an flogh ma destnys rag codha ha

rag drehevel lyes huny yn Ysrael, ha rag bos syn a dhysputyans ³⁵(ha cledha a wra dewana dha enef tejy kefrys) may fo egerys preder lyes colon."

³⁶Hag yth esa ena Anna profuses, myrgh Fanuel, a deylu Asher ha pur goth o hy. Hy a gesvewas seyth bledhen gans hy gour wosa demedhy ³⁷hag yth o hy gwedhwes warlergh henna ha hy y'n termyn na peswar ha peswar ugans blodh; ny wre hy gasa an templa saw gordhya Dew gans penys ha pejadow dedh ha nos. ³⁸An very termyn na, hy a dhueth yn ban ow praysya Dew, ha cowsel a wrug hy a'n flogh orth pub huny esa ow quetyas sylwans Jerusalem.

³⁹Pan wrussons y collenwel pub tra warlergh laha an Arluth, y a dhewhelas dhe Alyla, dhe Nazara aga thre aga honen. ⁴⁰Yth esa an maw ow tevy hag ow crefhe hag ef luen a skentoleth, hag yth esa gras Dew warnodho.

⁴¹Y das ha'y vam a wre travalya pub bledhen dhe Jerusalem rag degol an Pask. ⁴²Pan o va dewdhek blodh, y eth yn ban rag an degol warlergh aga usadow. ⁴³Wosa spena dedhyow an degol ena, y a dreylyas tre, saw an maw Jesu a wortas yn Jerusalem ha'y das ha'y vam ny wodhyens banna. ⁴⁴Yth esens ow cresy ef dhe vos y'n company hag y a dravalyas dres an jorna ha nena y whelas yn mesk aga neshevyn ha cothmens. ⁴⁵Aban na wrussons y gafus, y a dhueth arta dhe Jerusalem ha'y whelas. ⁴⁶Hag y wharfa wosa try jorna y dh'y gafus y'n templa, hag ef a'y eseth y'n cres an dhescajoryon ow coslowes wortans

hag ow covyn questyons. [47]Pynag oll a'n clowas y'n jeva marth bras a'y worthebow fur. [48]Amays vue y das ha'y vam pan wrussons y weles, ha'y vam a leverys, "A vab, prag re wrusta hemma dhyn? Lo, yth eson ny, me ha'th tas, orth dha whelas ha ny troblys bras."

[49]Saw ef a worthebys, "Prag y whrussough why ow whelas? A ny wodhyeugh why y resa dhym bos yn chy ow Thas?" [50]Saw ny wrussons y convedhes an pyth a leverys ef dhedhans.

[51]Hag ef eth gansans dhe Nazara ha bos sojeta dhedhans. Ha'y vam a sensas oll an taclow ma yn hy holon. [52]Hag yth esa Jesu owth encressya yn furneth ha braster hag yn gras dherag Dew ha den.

3 Y'n pymthegves bledhen a rayn Tyber Cesar, pan o Pontius Pylat governour a Judy, pan o Erod mytern a Alyla ha'y vroder Felyp mytern a bow Iturea ha Trachonitis, ha pan esa Lysanias ow rewlya yn Abilene, [2]yn termyn an uhel pronteryon Annas ha Cayfas, y tueth ger Dew dhe Jowan mab Zechary y'n gwylfos. [3]Y whre Jowan mos der oll tyreth dowr Jordan ow progeth besyth edrek rag remyssyon pehosow, [4]kepar del yw screfys yn lyver geryow an profet Ysay:

"Lef onen ow crya y'n gwylfos,
'Paruseugh fordh an Arluth,
    ewneugh y fordhow!'
[5]'Pub nans a vydh lenwys
ha pub bryn ha pub meneth a
    vydh yselhes;

an cam a vydh composys,
    an fordhow garow a vydh gwres
    smoth,
[6]ha pub kyg oll a welvyth sylwans
    Dew."

[7]Jowan a leverys ytho dhe'n ruthow esa ow tos yn mes dhodho may fons besydhys ganso, "Why broud a nedras! Pyw a wrug agas gwarnya dhe fya dheworth an sor usy ow tos? [8]Dreugh frutys gwyw a edrek, ha na wreugh leverel dheugh why agas honen, 'Ny a'gan bues Abram avel agan tas ny,' rag me a laver dheugh fatel yll Dew drehevel yn ban mes a'n very meyn ma flehes rag Abram. [9]Ea, solabrys an vol re bue settys dhe wredhen an gwedh; rag henna kenyver gwedhen na dhocka frut da, a vydh trehys dhe'n dor ha towlys y'n tan."

[10]Ha'n ruth a wovynnas orto, "Pandr' a dal dhyn gul ytho?"

[11]Ef a's gorthebys ha leverel, "Suel a'n jeffa dew gota, gwrens ef ranna ganso ef na'n jeves saw onen; pynag oll a'n jeffa sosten, gwrens ef an keth tra."

[12]Y tueth dhodho tolloryon kefrys, may halla va aga besydhya hag y a leverys dhodho, "Descajor, pyth yw res dhyn ny y wul?"

[13]Ef a leverys dhedhans, "Na wreugh cuntell moy es del yw gorhemmynys dheugh."

[14]Ha soudoryon a wovynnas orto ha leverel, "Ha nyny, pandr' a res dhyn ny gul?"

Y leverys dhedhans, "Na gemereugh mona dre nerth na dre guhudhans fals dheworth den vyth, saw bedheugh pys da a'gas gober."

15Aban esa an bobel ow quetyas hag ow tysputya y'ga holon ow tuchya Jowan, o va martesen an Cryst bo nag o va, 16Jowan y honen a leverys dhedhans oll, "Myr, gans dowr yth esof vy orth agas besydhya; saw yma ow tos war ow lergh onen creffa agesof, nag oma wordhy dhe vocla y eskyjyow ef, hag ef a wra agas besydhya gans an Sperys Sans ha gans tan. 17Yma y wynsel yn y dhorn hag ef a vyn glanhe y luer drushya ha cruny an gwaneth yn y ysla; saw an usyon, ef a wra aga lesky gans tan na vydh dyfudhys." 18Yndelma ytho ha gans muer geryow erel, ef a dheclaryas an newodhow da dhe'n bobel.

19Saw an mytern Erod re bya rebukys gans Jowan awos Erodias gwreg y vroder, hag awos oll an gwan-oberow re bya gwres ganso. 20Ef a wrug trespas moy whath ha keas Jowan yn pryson.

21Ha pan vya oll an bobel besydhys ha Jesu ynwedh re bya besydhys hag yth esa va ow pesy, an nef a egoras, 22an Sperys Sans a skynnyas warnodho yn form hewel kepar ha colom, hag y fue clowys voys mes a'n nef, "Te yw ow mab muergerys ha pys da oma genes."

23Jesu o adro dhe dheg blodh warn ugans pan dhallathas y oberow, ha mab Josef mab Heli o va, warlergh tybyans an bobel.

24Heli o mab Mathat, mab Levy,
mab Melchi, mab Janni,
mab Josef, 25mab Mattathias,
mab Amos, mab Nahum,
mab Esli, mab Naggai,

26mab Math, mab Mattathias,
mab Semein, mab Josek,
mab Joda,
27mab Joanan, mab Resa,
mab Zerubbabel, mab Shealtiel,
mab Neri, 28mab Melchi,
mab Addi, mab Cosam,
mab Elmadam, mab Er,
29mab Josua, mab Eliezer,
mab Jorim, mab Mathat,
mab Levy, 30mab Symeon,
mab Juda, mab Josef,
mab Jonam, mab Eliakim,
31mab Melea, mab Menna,
mab Mattatha, mab Nathan,
mab Davyth, 32mab Jesse,
mab Obed, mab Boaz, mab Sala,
mab Nashon,
33mab Amminadab, mab Admin,
mab Arni, mab Hezron,
mab Perez, mab Juda,
34mab Jacob, mab Ysak,
mab Abram, mab Tera,
mab Nahor, 35mab Serug,
mab Rew, mab Peleg,
mab Eber, mab Shela,
36mab Cainan, mab Arfaxad,
mab Sem, mab Noy,
mab Lamek, 37mab Mantusale,
mab Ennok, mab Jared,
mab Mahaleel, mab Cainan,
38mab Enos, mab Seth,
mab Adam, mab Dew.

4 Jesu, luen a'n Sperys Sans, a dreylyas dheworth dowr Jordan hag y fue humbrynkys gans an Sperys bys y'n gwylfos, 2le may fue va temptys gans an tebel-el dewgans jorna. Ny dhebras tra vyth y'n dedhyow na, ha pan vons y passys, ef o gwag.

³An tebel-el a leverys dhodho, "Mars osta mab Dew, argh dhe'n men ma bos bara."

⁴Jesu a'n gorthebys, "Screfys yw, 'Heb ken es bara ny'n jeves mab den y vewnans.'"

⁵Wosa y ledya yn ban, an tebel-el a dhysquedhas dhodho yn un pryj-weyth oll gwlascorow an norvys, ⁶ha leverel dhodho, "Dhyso jy me a vyn ry oll an gallus ma ha'n glory anedhans, rag pub tra re bue delyfrys dhym ha me a's re dhe bynag oll a vynnyf. ⁷Rag henna, mar tueta hag omblegya dheragof, te a bewvyth oll an re ma." ⁸Saw Jesu a'n gorthebys ha leverel, "Yth yw screfys, 'Te a wra gordhya dha Arluth Dew hag ef y honen ty a wra servya.'"

⁹An tebel-el a'n dros bys yn Jerusalem ha'y settya war bynakyl an templa ha leverel dhodho, "Mars osta mab Dew, towl dha honen dhe'n dor, ¹⁰rag yth yw screfys,

"'Ef a vyn erhy dh'y eleth dha wetha, ¹¹hag y a wra dha dhrehevel yn ban y'ga dewla rag own dha dros dhe bystyga worth men.'"

¹²Saw Jesu a'n gorthebys, "Re bue leverys 'Dha Dhew ny dal dhys temptya.'"

¹³Ha pan wrug an tebel-el gorfenna oll y demptacyon, dyberth a wrug dheworto bys y'n prys ewn.

¹⁴Ha Jesu a dhueth arta yn gallus an Sperys Sans bys yn Galyla ha'y hanow eth yn mes der oll an pow adro. ¹⁵Yth esa ow tesky y'ga synagys ha pubonen a wre y braysya.

¹⁶Jesu eth bys yn Nazara, le may fue va megys, hag entra y'n synaga jorna an sabot kepar del o y usadow, ha sevel yn ban rag redya. ¹⁷Lyver an profet Ysay a vue rys dhodho hag ef a'n egoras ha cafus an tyller mayth esa an geryow ma:

¹⁸"Warnaf vy yma Sperys an Arluth,
rag henna ef re wrug ow untya dhe brogeth dhe'n vohosogyon;
ef a'm danvonas dhe dheryvas lyfreson dhe'n prysners,
dhe restorya aga golok dhe'n dhellyon,
dhe dhelyfra an dus compressys
¹⁹ha dhe dheclarya bledhen blegadow dhe'n Arluth."

²⁰Jesu a rolyas an lyver yn ban, y ry dhe was an synaga hag esedha. Yth esa pub lagas y'n tyller ow meras orto. ²¹Ef a dhallathas cowsel ortans yndelma, "Collenwys yw an scryptur ma hedhyw y'gas dewscovarn why."

²²Pub huny a'n praysyas hag y a's teva marth a'n geryow grassyes esa ow tos mes a'y anow. "A nyns yw hemma mab Josef?" yn medhans y.

²³Ef a leverys dhedhans, "Heb mar why a wra alejya dhym an lavar coth 'Te vedhek, saw dha honen.' Ha why a vyn leverel 'Gwra omma y'th pow genesyk dha honen oll an taclow a wrussys yn Capernaum.'"

²⁴Hag ef a addyas, "Yn gwyr me a laver dheugh, na gaf profet vyth wolcum yn y bow genesyk y honen. ²⁵Ea, yth esa lyes gwedhwes yn Ysrael yn dedhyow an profet Elyas, pan vue an

nef deges teyr bledhen ha hanter hag yth esa nown bras yn oll an pow, 26saw ny vue Elyas danvenys dhe onen vyth a'n re na, marnas dhe Sarefath, gwedhwes a Sidon. 27Yth esa lyes lover yn Ysrael yn termyn an profet Elyseus, mes den vyth ane-dhans ny vue sawys marnas Naaman an Syrian."

28Pubonen y'n synaga a sorras bras orth y glowes, 29hag y a sevys yn ban ha'y herdhya mes a'n dre ha'y ledya bys yn top an bryn esa aga thre a'y saf warnedhy, may hallens y dowlel dhe'n dor dhewar an clegar, 30saw ef eth dredhans ha mos war y fordh.

31Ef eth war nans bys yn Caper-naum, cyta a Alyla, hag yth esa orth aga desky dedh an sabot. 32Marth bras a's teva an dus a'y dhyscans, rag gans auctoryta yth esa va ow cowsel.

33Yth esa den y'n synaga ha tebel-sperys ynno. Ef a gryas gans garm vras, 34"A, gas cres dhyn, te Jesu a Nazara. Devedhys os omma rag agan dystrowy. Me a wor pyw osta, Dremas Sans Dew."

35Jesu a'n rebukyas ow leverel, "Taw tavas ha dues mes anodho!" Wosa y dowlel aberth y'ga mesk, an tebel-sperys a dhueth mes anodho heb y shyndya man.

36Marth a's teva yn kettep pen ha kenyver onen a levery an eyl dh'y gela, "Pana lavar yw hemma? Rag gans auctoryta ha gallus ef a gomond an sperysyon aflan hag y a dhue yn mes." 37Hag yth esa ger anodho ow mos bys yn pub tyller y'n pow adro.

38Jesu a wrug gasa an synaga hag entra yn chy Symon. Dama dha Symon o grevys gans fevyr bras hag y a wovynnas orto adro dhedhy. 39Jesu a sevys a-uhy ha rebukya an cleves, ha'n fevyr a's gasas. Dystough hy a sevys yn ban hag yth esa hy orth aga servya.

40Pan sedhas an howl, kenyver onen a'n jeva clevyon a glevejow dyvers a's dros dhodho may halla va settya y dhewla warnedhans ha'ga sawya. 41Y tueth dewolow mes a lyes huny ane-dhans kefrys hag y owth uja, "Te yw Mab Dew!" Saw Jesu a's rebukyas ha ny suffras dhedhans cowsel, dre reson y dhe aswon y vosa an Cryst.

42Pan dorras an jedh, Jesu a dhy-barthas hag omdenna bys yn tyller dyanneth. Saw yth esa an ruthow orth y whelas, hag y a'n cafas ha'y sensy ma na wrella omdenna dhewortans. 43Ef a leverys dhedhans, "Me a res mos dhe'n cytas erel ynwedh rag progeth dhedhans newodhow da a wlascor Dew. Rag an purpos ma me a vue danvenys." 44Yndelma ef a besyas ha progeth y vessach yn synagys Judy.

5 Yth esa Jesu a'y saf un jorna ryb lyn Gennesaret hag yth esa an ruth owth herdhya war y byn hag y whensys dhe glowes ger Dew. 2Jesu a welas dew gok orth an lan ha'n busca-doryon gyllys mes anedhans, rag ow colhy aga rosow yth esens. 3Jesu a entras yn onen a'n cucow (Symon o y berhen) ha govyn orth Symon y worra nebes dhya an lan. Nena esedha a wrug ef ha desky an ruth dheworth an cok.

4Pan o gorfennys y eryow, ef a leverys dhe Symon, "Gor an cok yn mes bys y'n downder ha settyeugh agas rosow y'n dowr rag cachya puscas."

⁵Symon a'n gorthebys, "A vester, yth esen ny ow lafurya oll an nos, saw ny wrussyn ny cachya banna! Saw mar tueta ha'y leverel, me a vyn towlel ow rosow."

⁶Pan wrussons y gul yndella, y a gachyas kemmys puscas mayth esa an rosow ow terry. ⁷Rag henna y a ros synys dh'aga howetha y'n cok aral dhe dhos ha'ga gweres. Y a dhueth ha lenwel an dhew gok, ha'n cucow a dhallathas budhy.

⁸Pan welas Symon Peder henna, ef a godhas war y dhewlyn dherag Jesu ha leverel, "Voyd dheworthyf, Arluth, rag me yw pehador!" ⁹Rag amays vue oll y gowetha gans nomber an puscas re bya kechys gansans. ¹⁰Y fue amays Jamys ha Jowan, mebyon Zebedy, ha cowetha Symon ens y aga dew.

Nena Jesu a leverys dhe Symon, "Na borth own; alemma rag te a vydh ow cachya tus." ¹¹Pan wrussons y dry aga hucow bys y'n tyr, y a forsakyas pub tra ha sewya Jesu.

¹²Yth esa va yn onen an trevow pryjweyth ha myr, yth esa den lovrek y'n tyller. Pan welas ef Jesu, ef a godhas war y fas dheragtho ha'y besy, "Arluth, mar menta, te a yll ow glanhe."

¹³Nena Jesu a dhros yn mes y dhorn ha'y duchya ha leverel, "Yndelma me a vyn. Bydh glan!" Ha dystough an lovryjyon eth quyt dhe ves.

¹⁴Ha Jesu a gomondyas dhodho sevel orth y dheryvas dhe dhen vyth. "Ke," yn medh ef, "ha dysqua dha

honen dhe'n pronter, ha gwra offryn rag dha vos sawys, kepar del wrug Moyses comondya yn dustuny dhedhans."

¹⁵Saw an newodhow a Jesu a lesa dhe voy oll adro, hag yth esa ruthow bras ow cuntell rag y glowes ha may halla va sawya aga clevejow. ¹⁶Saw omdenna a wre dhe'n tylleryow dyanneth rag pesy.

¹⁷Un jorna pan esa Jesu ow tesky, yth esa Farysys ha descajoryon a'n laha a'ga eseth yn y ogas (yth ens y devedhys dy mes a bub cyta a Alyla hag a Judy ha dheworth Jerusalem); hag yth esa gallus an Arluth ganso rag sawya clevejow. ¹⁸Y'n very termyn na y tueth tus ow ton grava esa paljy a'y wroweth warnodho. Y a venna y dhry aberth y'n chy ha'y settya dherag Jesu. ¹⁹Saw ny yllyns y entra awos an ruth. Rag henna, y a ascendyas dhe'n to ha gasa an paljy dhe'n dor der an lehennow bys yn cres an ruth dherag Jesu.

²⁰Pan welas ef aga crejyans, ef a leverys, "A dhen, pardonys yw dha behosow."

²¹Nena an scrybys ha'n Farysys a dhallathas govyn, "Pyw yw hemma, usy ow sclandra Dew? A yll den vyth gava pehosow saw unsel Dew?"

²²Saw Jesu a gonvedhas aga brys ha gortheby, "Prag yth esough why ow covyn taclow a'n par na y'gas colon? ²³Pyneyl yw an esya tra: boken leverel 'Gyvys yw dha behosow,' bo leverel 'Saf yn ban ha kerdh!'? ²⁴Saw may halleugh why convedhes fatel y'n jeves Mab an Den auctoryta dhe bardona pegh" – ef a leverys dhe'n

paljy, "Me a laver dhys: saf yn ban, kemer dha wely ha mos tre." 25Adhesempys ef a sevys yn ban adheragthans, kemeres an grava re bya a'y wroweth warnodho, ha mos tre ow praysya Dew. 26Marth bras a godhas war genyver onen anedhans hag y fons lenwys a own bras. Gormel Dew a wrens ow leverel, "Taclow barthusek a welsyn ny hedhyw."

27Wosa henna ef eth yn mes ha gweles tollor a'y eseth orth an dollva ha Levy o y hanow ef. Jesu a leverys dhodho, "Gwra ow sewya vy!" 28Ef a sevys yn ban, gasa pub tra ha sewya Jesu.

29Levi a wrug banket bras rag Jesu yn y jy hag yth esa bush bras a dolloryon hag a dus erel a'ga eseth warbarth ganso y'n tyller. 30An Farysys ha'n scrybys a groffolas dhe dhyscyplys Jesu ha leverel, "Prag yth esough why ow tebry hag owth eva warbarth gans tolloryon ha pehadoryon?"

31Jesu a's gorthebys, "Ny's teves an re yagh othem vyth a vedhek mes an glevyon. 32Ny wrug avy dos dhe elwel an dus ewn dhe edrek mes an behadoryon."

33Y a leverys dhodho, "Dyscyplys Jowan a wra penys yn fenough hag ymons y pupprys owth offrynna pejadow, mes otta dha dhyscyplys jy ow tebry hag owth eva."

34Jesu a's gorthebys, "Ny yllough why constryna mebyon an gour pryas dhe wul penys hadre vo an gour pryas gansans. 35An jorna a dhue may fydh an gour pryas kemerys yn kergh dhe-wortans. Penys a wrons y y'n dedhyow na."

36Hag ef a dheryvas dhedhans an lavar ma, "Nyns ues den vyth ow trehy clowt mes a gweth noweth rag y wryas war glowt coth. Poken an gweth y honen a wra squardya ha ny wra an clowt noweth servya an gweth coth. 37Ha ny vyn den vyth na whath gorra gwyn noweth yn crehyn coth; poken an gwyn noweth a wra tardha an crehyn coth, an gwyn a vydh scullys ha'n crehyn dystrowys. 38Gwyn noweth a res bos gorrys yn crehyn noweth. 39Wosa eva gwyn coth, ny vyn den vyth eva gwyn noweth, na, saw ef a laver 'Da yw an dra goth'."

6 Un sabot pan esa Jesu ow mos der an ysegow, terry a wrug y dhyscyplys an pennow ha'ga ruttya y'ga dewla ha debry an gruen. 2Ran a'n Farysys a leverys, "Prag yth esough why ow cul an pyth nag yw lafyl dedh an sabot?"

3Jesu a worthebys, "A ny wrussough why redya an dra a wrug Davyth pan o va gwag, ef ha'y gowetha? 4Ef a entras yn chy Dew ha kemeres ha debry Bara an Presens, an pyth nag yw lafyl dhe dhebry, saw unsel dhe'n bronteryon, ha Davyth a'n ros magata dhe'n re na esa ganso?" 5Nena ef a leverys dhedhans, "Mab an Den yw an Arluth a'n sabot."

6Sabot aral Jesu a entras y'n synaga ha desky, hag yth esa den y'n tyller ha'y luef dhyhow gwedhrys. 7Yth esa an scrybys ha'n Farysys orth y whythra glew dhe weles a wre va sawya jorna an sabot bo na wre, rag da vya gansa cafus ken war y byn. [8]Jesu a wodhya yn ta pandr' esens y ow tyby; ef a leverys bytegens dhe'n den a'n jeva an luef wedhrys, "Dues ha saf omma." An den a sevys yn ban ha dos dhe Jesu.

[9]Nena Jesu a leverys dhedhans, "Me a vyn govyn orthough, pyneyl ywa lafyl dhe wul da dedh an sabot bo dhe wul drog, dhe sawya bewnans bo y dhystrowy?"

[10]Wosa meras orth kenyver onen anedhans, ef a leverys dhe'n den, "Doroy yn mes dha luef." Ef a wrug yndella ha'y luef a vue sawys stag ena. [11]Saw y a sorras bras ha dysputya an eyl gans y gela pandr' a alsens y gul gans Jesu.

[12]Onen a'n dedhyow na ef eth yn mes bys y'n meneth rag gul pejadow, hag yth esa va ow pesy dhe Dhew dres nos. [13]Ternos vyttyn ef a elwys dhodho y dhyscyplys ha dowys dewdhek anedhans ha'n re na ef a henwys abosteleth: [14]Symon, may ros Jesu an hanow Peder dhodho, hag Androw y vroder, ha Jamys ha Jowan ha Felyp ha Bertyl, [15]ha Mathew ha Tomas ha Jamys mab Alfeus, ha Symon leshenwys Zelotes, [16]ha Judas mab Jamys, ha Judas Scaryoth (ef eth ha bos traytour).

[17]Jesu a dhueth dhe'n dor gansans ha sevel yn tyller leven. Yth esa ganso bush bras a'y dhyscyplys ha ruth vras dheworth oll pow Judy, Jerusalem ha costys Tyr ha Sidon. [18]Devedhys ens rag y glowes ha rag may halla va sawya aga dysesys; ha'n re na o troblys gans sperysyon aflanyth a vue sawys. [19]Hag yth esa pubonen y'n ruth ow whelas y duchya, rag yth esa nerth ow tos mes anodho hag ow sawya kenyver onen anedhans.

[20]Nena ef a veras orth y dhyscyplys ha leverel:

"Benegys ough why, why bohosogyon, rag dheugh why yma gwlascor Dew.
[21]Benegys ough why, why neb yw gwag y'n tor' ma, rag lenwys why a vydh.
Benegys ough why, why esough owth ola lemmyn, rag wherthyn why a wra.
[22]Benegys ough why, pan wra an dus agas hatya ha'gas degea yn mes, agas despytya ha'gas sclandra awos Mab an Den.

[23]"Gwreugh rejoycya y'n jorna na ha lemmel der ewn lowena, rag bras yn certan a vydh agas weryson yn nef; rag yndella y whre aga hendasow gans an profettys.

[24]"Saw gowhy, why tus rych, rag why re gafas agas solas solabrys.
[25]Gowhy, why usy luen y'n tor' ma, rag why vydh gwag.
Gowhy, mars esough ow wherthyn y'n tor' ma, rag why a wra ola ha mornya.
[26]Gowhy pan usy pub huny orth agas praysya, rag yndella y whre aga hendasow gans an profettys fals.

[27]"Saw me a laver dhe bubonen ahanough usy ow coslowes orthyf, Gwreugh cara agas eskerens, gwreugh

da dhe'n re na usy orth agas hatya
why, 28cowseugh da a'n re na a wra
agas mollethy, peseugh rag an re na
usy orth agas abusya. 29Mar qura
nebonen dha weskel war dha vogh,
gwra offra dhodho an vogh aral
kefrys; ha mar tue nebonen ha
kemeres dheworthys dha vantel, byth
na sens dheworto dha grys. 30Ro dhe
bynag oll a wrella govyn orthys ha na
wra demondya tra vyth arta dheworth
an den a'n kemerra dheworthys.
31Gwreugh dh'agas hynsa poran
kepar del venseugh ynsy dhe wul
dheugh why.

32"Mar teugh why ha cara an re usy
orth agas cara why, pana reward a's
bedhough why? Rag yma an beha-
doryon ow cara an re na usy orth aga
hara y. 33Ha mar teugh why ha gul da
dhe'n re na usy ow cul da dheugh
why, pana reward a's bedhough why?
Rag an behadoryon a wra yndelma.
34Ha mar teugh why ha lendya dhe'n
re na esough why ow quetyas receva
dhewortans, pana reward a's bedh-
ough why? Yma an behadoryon ow
lendya rag may whrellens dascafus
kemmys arta. 35Na, gwreugh cara
agas eskerens ha gwreugh da ha
lendya dhedhans heb gwetyas cafus
tra vyth arta; weryson bras why a's
bydh ha why a vydh flehes a'n Dew
Uhella, rag ef yw cuf dhe'n dus
unkynda ha dhe'n debel-wesyon.
36Bedheugh mercyabyl kepar del yw
mercyabyl an Tas dheugh why.

37"Na wreugh brusy, ha ny vedh-
ough why brusys. Na wreugh
dampyna, ha ny vedhough whywhy
dampnys. Pardoneugh ha why a vydh

pardonys. 38Reugh hag y fydh rys
dheugh – why a gaf y'gas ascra musur
da crunys, shakys dhe'n dor ha
gorlenwys. Rag an musur a wreugh
why musura yn mes, hen yw an
musur a vydh rys dheugh arta."

39Ef a dheryvas ortans an parabyl
ma, "A yll an dall gedya an dall? A ny
wrons y aga dew codha aberth y'n
pyt? 40Nyns usy an dyscypyl a-ugh y
dhescajor. Saw pynag oll a ve luen-
dheskys, ef a vydh haval dhe'n
descajor.

41"Prag yth esta owth attendya an
dyjyn usy yn lagas dha vroder, pan na
venta gweles an jyst usy y'th lagas dha
honen? 42Fatel ylta jy leverel dhe'th
vroder, 'A vroder, gas vy dhe denna
yn mes an dyjyn usy y'th lagas jy,' pan
nag esta ow queles an jyst y'th lagas
dha honen? Fayntys! Kens oll ten
mes a'th lagas jy dha honen an jyst
usy ynno. Nena te a yll kemeres an
dyjyn mes a lagas dha vroder.

43"Rag naneyl ny wra gwedhen dha
dry yn rag frut pedrys, na ny wra
gwedhen bedrys dry yn rag frut da.
44Y fydh pub gwedhen aswonys dre
hy frut hy honen. Rag ny wra tus
cuntell fyges war dhreyn, naneyl ny
wrons cruny grappys dheworth
spern. 45Mes a dresorva dha y golon
yma an dremas ow try yn mes an da,
ha mes a'y debel-golon yma an drog-
was ow provya drog. Rag warlergh
gorlanwes y golon yma y anow ow
cowsel.

46"Prag yth esough why orth ow
gelwel 'Arluth, arluth,' pan nag
esough why ow cul an pyth a lavaraf?
47Pynag oll a dheffa dhym ha cola

orth ow geryow rag aga gul, me a vyn dysquedhes dheugh pana dhen ywa: ⁴⁸haval yw ef dhe nebonen esa ow trehevel chy. Ef a wrug palas ha mos down y'n dor ha settya y fundacyon war an garrek. An lyf a dhueth ha'n dowrow a wrug gweskel warbyn an chy na, saw ny yllyns y shakya, dre reson y vosa byldys mar fast. ⁴⁹Saw an den usy ow coslowes orthyf heb obaya ow geryow, ef yw haval dhe'n den a dhrehevys y jy heb fundacyon vyth. An ryver a wrug gweskel warbyn y jy hag adhesempys an chy a godhas dhe'n dor ha bras vue an dystrucsyon anodho."

7 Wosa ef dhe gowlwul oll an geryow ma yn clowans an bobel, ef a entras yn Capernaum. ²Yth esa century y'n tyller a'n jeva kethwas muergerys hag ef o claf hag yn enewores. ³Pan glowas an century adro dhe Jesu, ef a dhanvonas dhodho tus hen an Yedhewon orth y besy dhe dhos ha sawya an gwas. ⁴Y a vetyas orth Jesu ha'y gonjorya yn tywysyk ha leverel, "Wordhy yw an den a wreta grontya an dra ma dhodho, ⁵rag yma va ow cara agan nacyon hag ef a dhrehevys synaga ragon." ⁶Jesu eth gansans, saw pan nag esa ma's pols byan dheworth an chy, an century a dhanvonas cothmens dhe Jesu ow leverel, "Arluth, na wra trobla dha honen, rag nyns of vy wordhy te dhe dhos yn dan ow tho vy. ⁷Rag henna ny wrug avy lavasos dhe dhos ha metya orthys. Saw lavar an ger ha'm kethwas a vydh sawys. ⁸Me ow honen yw den a'n jeves auc-

toryta hag yma soudoryon yn danof. Me a laver dhe'n den ma, 'Ke!' hag ef a, ha dhe dhen aral me a laver 'Dues!' hag ef a dhue; ha me a laver dhe'm kethwas 'Gwra henna' hag otta va orth y wul."

⁹Pan glowas Jesu oll an geryow na, ef a'n jeva marth bras ha treylya dhe'n ruth esa orth y sewya ha leverel, "Me a laver dheugh, na wrug avy bythqueth cafus kemmys crejyans yn oll Ysrael." ¹⁰Pan wrug an messejers dewheles dhe'n chy, y a gafas an kethwas yn yehes da.

¹¹Ternos yth esa Jesu ow kerdhes bys yn cyta henwys Nain ha'y dhyscyplys ha ruth vras ow kerdhes warbarth ganso. ¹²Pan dhueth Jesu ogas dhe yet an cyta, yth esens ow try den marow mes anodho. Unvab y vam o an den tremenys. Gwedhwes o an venen hag yth esa bush bras a dus a'n cyta gensy. ¹³Pan welas an Arluth an venen, ef a gemeras pyteth anedhy ha leverel, "Na wra ola."

¹⁴Ef a dhueth nes ha tuchya an eler. Powes a wrug an dhegoryon. Ef a leverys, "Saf yn ban dhym, te dhen yowynk!" ¹⁵An den yowynk a esedhas yn ban ha dalleth cowsel ha Jesu a'n delyfras dh'y vam.

¹⁶Own a godhas war bubonen anedhans hag y a wordhyas Dew ha leverel "Yma profet bras drehevys y'gan mesk!" ha "Dew re veras gans favour orth y bobel!" ¹⁷Ha'n son anodho eth bys yn oll Judy ha'n pow ader dro.

¹⁸Dyscyplys Jowan a dheryvas orto oll an maters ma. Rag henna Jowan a elwys dhodho dew a'y dhyscyplys,

¹⁹ha'ga danvon dhe'n Arluth dhe leverel, "Osta jy an den usy ow tos, bo a res dhyn gwetyas ken onen?"

²⁰Pan wrug an dhew dhen dos dhodho, y a wovynnas orto ow leverel, "Jowan Baptyst re'gan danvonas omma dhe wovyn, 'Osta jy ef usy ow tos, bo a res dhyn gwetyas nebonen aral?'"

²¹Termyn cot kens es henna Jesu a sawyas lyes huny a'ga clevejow, a blagys hag a debel-speryjyon ha restorya aga syght dhe lyes den o dall. ²²Ef a worthebys dhedhans ha leverel, "Keugh ha deryveugh orth Jowan an taclow re wrussough gweles ha clowes: yma an dhellyon ow receva aga syght, an re mans ow kerdhes, y fydh an dus lover glanhes, an re bodhar a yll clowes, y fydh dyfunys an re marow ha'n vohosogyon a glow progeth a'n newodhow da. ²³Benegys yw pynag oll na vo sclandrys dredhof vy."

²⁴Pan esa an messejers dhya Jowan ow tyberth, Jesu a dhallathas cowsel orth an ruth ow tuchya Jowan, "Pandr' a venneugh why gweles pan ethough why y'n mes bys yn dyfeyth? Bronnen shakys gans an gwyns? ²⁵Pandr' eugh why whensys dhe weles? Den ha dyllas medhel adro dhodho? Mereugh, tus gwyskys yn dyllas gloryes, plesont hag es aga bewnans – y'n palycys why a gaf an re na. ²⁶Saw pyth eseugh why ow quetyas gweles? Profet? Ea, me a laver dheugh why, ha den moy es profet. ²⁷Jowan yw ef may fue screfys anodho:

"'Myr, yth esof vy ow tanvon ow messejer dheragos, hag ef a wra darbary dha fordh dherag dha fas.'

²⁸Me a laver dheugh, nag ues y'n mesk pubonen genys a venen den vyth yw brassa es Jowan. Saw an den a'n vry lyha oll yn gwlascor Dew yw brassa agesso ef."

²⁹(Ha pub huny neb a glowas henna, an dolloryon kefrys, a aswonas justys Dew, dre reson y dhe vos besydhys gans besydhyans Jowan. ³⁰Saw an Farysys ha descajoryon an laha, drefen y dhe sconya besydhyans Jowan, y a sconyas kefrys purpos Dew ragthans aga honen.)

³¹"Pandr' a allaf vy comparya tus an henath ma dhodho ha pana sort yns y? ³²Haval yns y dhe flehes a'ga eseth y'n varhasva hag y ow kelwel an eyl dh'y gela,

"'Ny a wrug whybonella ragough, saw ny wrussough why donsya man; kynvan a wrussyn ny, saw ny olas den vyth ahanough.'

³³"Rag y tueth Jowan Baptyst heb debry bara ha heb eva gwyn, hag otta why ow leverel, 'Drog-sperys a'n jeves.' ³⁴Devedhys yw Mab an Den ow tebry hag owth eva, ha why a laver, 'Gargasen ywa ha pen medhow ha cothman dhe dolloryon ha pehadoryon!' ³⁵Saw skentoleth re bue prevys gwyr gans oll hy flehes."

³⁶Onen a'n Farysys a wrug y besy dhe dhebry ganso, ha Jesu a entras yn

y jy hag esedha. ³⁷Hag yth esa benen y'n cyta na o pehadores, ha pan wrug hy godhvos bos Jesu a'y eseth orth an tabel yn chy an Farysy, hy a dhros box alabauster a onyment wheg, ³⁸ha mos ha sevel adref dhodho orth y dreys owth ola. Dalleth a wrug hy golhy y dreys gans hy dagrow ha'ga deseha gans hy blew. Wosa henna yth esa hy owth amma dh'y dreys hag orth aga ylya gans an onyment.

³⁹Pan welas henna an Farysy hag a wrug gelwel Jesu dh'y jy, ef a leverys dhodho y honen, "Profet a peva, ef a wodhya pyw yw homma ha pana venen usy orth y duchya – hy bos hy pehadores."

⁴⁰Jesu a gowsas orto gans an geryow ma: "Symon, me a'm bues nampyth dhe leverel dhys."

"Descajor," yn medh ef, "lavar e!"

⁴¹"Yth esa dew gendoner dhe un dettor. An eyl a della pymp cans dynar dhodho ha hantercans y gela. ⁴²Rag ny's teva man dh'y be, an dettor a's gavas dhedhans kefrys. Lavar dhymmo, pyneyl o moyha sensys dhe gara an keth den ma?"

⁴³Symon a worthebys, "An den a vue an gendon vrassa gyvys dhodho, del gresaf."

Jesu a leverys dhodho, "Te re jujjyas yn ewn."

⁴⁴Nena ef a dreylyas tro ha'n venen ha cowsel orth Symon yndelma, "Te a wel an venen ma? Whath aban dhuetha y'th chy, golhy ow threys ny erghsys, mes homma gans dagrow re's golhas ha gans hy blew re's sehas. ⁴⁵Bythqueth ny ryssys bay dhym, mes homma, aban dhuetha y'n chy dhys,

byth ny cessyas amma dhe'm treys. ⁴⁶Ny wrusta ylya ow fen gans oyl, mes homma re untyas ow threys gans onyment. ⁴⁷Rag henna yn certan oll hy fehas a vydh gyvys glan dhedhy, kyn fe mar vras aga nyver – rag kemmys hy dhe gara. Saw suel na vue namuer gyvys dhodho, ny vydh muer y gerensa."

⁴⁸Nena Jesu a leverys dhe'n venen, "Pardonys yw oll dha behosow."

⁴⁹Saw an re na o esedhys ganso orth an tabel a dhallathas leverel yntredhans, "Pyw yw hemma hag a wra gava pehosow kyn fe?"

⁵⁰Ha Jesu a leverys dhe'n venen, "Dha fay re wrug dha sawya. Ke yn cres."

8 Whare wosa henna ef eth der an cytas ha'n trevow ow progeth hag ow teclarya gwlascor Dew. Warbarth ganso yth esa an dewdhek, ²ha certan benenes neb re bya sawys a debel-speryjyon ha clevejow: Marya, leshenwys Maudlen, a dhueth seyth sperys mes anedhy, ³ha Jowanna, gwreg Chouza, styward Erod, ha Susanna, ha lyes huny aral; hag yth esens ow provya rag an dyscyplys mes a'ga substans aga honen.

⁴Pan wrug ruth vras omguntelles ha pan dhueth tus mes a lyes tre dhodho, ef a gowsas ortans dre barabyl: ⁵"An gonador eth yn mes rag gonys has. Kepar del wre va gonys, ran anodho a godhas war an fordh; y fue va trettys yn dan dreys hag edhnow an ebron a dhueth ha'y dhebry. ⁶Ran aral a godhas war an garrek ha tevy yn ban, saw gwedhra a wrug fowt glebor.

7Ran aral a godhas yn mesk an dreyn ha pan devys an dreyn, an has a vue tegys. 8Saw ran moy a godhas war an dor da ha tevy a wrug ha don frut canspleg."

Pan leverys Jesu henna, ef a gryas, "Suel a'n jeves dewscovarn rag clowes, gwrens ef goslowes!"

9Saw y dhyscyplys a wovynnas orto pyth o styr an parabyl. 10Ef a leverys, "Dheugh why re bue grontys dhe wodhvos mysterys gwlascor Dew. Saw orth an re erel me a gows yn parablys,

"'ma na wrellens y percevya, kyn
    fons ow meras,
ha ma na wrellens y convedhes,
    kyns fons ow coslowes.'

11"An parabyl yw kepar del sew: ger Dew yw an has. 12An re na usy war an fordh, an dus yns y re glowas an ger. Nena y tue an tebel-el ha kemeres an ger mes a'ga holon, ma na wrellens cresy ha bos sylwys. 13An re na war an garrek yw an dus usy ow receva an ger gans lowena. Dre reson na's teves gwredhyow, ymons y ow cresy rag pols, saw yn prys an temptacyon y a wra codha dhe ves. 14Ow tuchya an re na usy ow codha yn mesk an dreyn, y yw an re na a glow an ger, mes kepar del usons y ow mos war aga fordh, y a vydh tegys gans prederow, gans rychys ha fancys an bewnans ha ny wrons don frut da vyth. 15Saw an has usy ow codha y'n dor da, yth yw henna an re na usy ow clowes an ger hag orth y sensy fest y'ga holon lel ha da. Y a dheg frut da gans perthyans stedfast.

16"Nyns usy den vyth a wrella annowy lantern orth y gudha gans canstel, naneyl orth y worra yn dan an gwely. Na, yma va orth y settya war goltrebyn rag may halla pubonen usy owth entra gweles an golow. 17Rag nyns ues tra vyth kelys na vydh dyscudhys, naneyl secret na wra dos dhe'n golow ha bos dyskeverys. 18Waryeugh ytho fatel wreugh why goslowes. Rag suel a'n jeffa, dhodho y fydh rys. Saw suel na'n jeves, y fydh kemerys dheworto an pyth a hevel bos dhodho."

19Y tueth dhodho y vam ha'y vreder, saw ny yllens y dos nes dre reson a'n ruth. 20Y fue deryvys orto fatel esa y vam ha'y vreder a'ga saf aves, hag y whensys dh'y weles.

21Saw Jesu a leverys, "Ow mam ha'm breder yw an re na a wra clowes ger Dew ha'y berformya."

22Onen a'n dedhyow na Jesu a entras yn cok gans y dhyscyplys ha leverel dhedhans, "Geseugh ny dhe vos dres an lyn dhe'n tenewan aral." Dyberth a wrussons. 23Pan esens y ow colya, cusk a godhas warnodho. Y tueth hager-awel ha gwyns dres an lyn. Hag yth esa an cok ow lenwel a dhowr hag yth esens y yn peryl bras.

24Y a dhueth nes dhodho ha'y dhyfuna ow leverel, "A vester, a vester, kellys on!"

Dyfuna a wrug ha rebukya an gwyns ha'n tonnow esa ow trehevel fol. An hager-awel a cessyas, hag y fue calmynsy. 25Jesu a leverys dhedhans. "Ple ma agas crejyans?"

Own ha marth a's teva hag y a leverys an eyl dh'y gela, "Pyw yw hemma ytho, usy owth erhy dhe'n gwyns ha dhe'n dowr kyn fe, hag obaya a wrons?"

²⁶Y a wolyas an cok bys yn pow an Gaderenas usy adal Galyla. ²⁷Pan esa Jesu ow tyra, y tueth war y byn den a'n cyta hag a'n jeva dewolow. Ny wre va gwysca dyllas vyth nans o termyn hyr ha nyns o va tregys yn chy naneyl, mes y'n encladhva. ²⁸Pan welas ef Jesu, ef a codhas war an dor dheragtho ha garma yn uhel, "Prag yth esta orth ow throbla, a Jesu, Mab an Dew Awartha? Na wra ow thormentya, me a'th pys." ²⁹Rag Jesu a erhys solabrys dhe'n sperys aflanyth dos mes anodho. (An sperys a'n sesya yn fenough; ef a vedha gwethys ha kelmys gans chaynys ha carharow, mes ef a wre terry an colmow ha'n tebel-el a wre y ledya bys y'n gwylfos.)

³⁰Nena Jesu a wovynnas orto, "Pyth yw dha hanow?"

"Lyjyon," yn medh ef, rag ef a'n jeva lyes tebel-sperys, ³¹hag y a'n pesys na wrella aga erhy dhe vos yn kergh bys y'n yslonk.

³²Yth esa gre vras a vogh ow pory war an bryn; ha'n dewolow a besys Jesu may whrella alowa dhedhans entra y'n mogh; hag ef a ros cumyas dhedhans. ³³Pan dhueth an dewolow mes a'n den, y a entras y'n mogh, ha'n bagas anedhans a wrug fysky an leder war nans bys y'n lyn ha budhy.

³⁴Pan welas bugeleth an mogh an pyth a wharfa, y a wrug fysky yn kergh ha deryvas an dra y'n cyta hag yn pow adro. ³⁵Nena an bobel a dhueth yn mes rag gweles an cas. Pan

dhuethons dhe Jesu, y a gafas an den may tueth an dhebel-speryjyon mes anodho, y dhyllas adro dhodho hag ef yn y ewn-skyans. Y a gemeras own. ³⁶An re na a welas an pyth a wharfa, a dheryvas ortans fatel vue sawys an sagh dyawl. ³⁷Nena oll an dus a bow an Gaderenas a besys Jesu dhe dhyberth dhewortans; rag own bras a godhas warnedhans. Ef a entras ytho y'n scath ha dewheles.

³⁸An den a vue an sperysyon towlys mes anodho, yth esa va ow pesy Jesu ma halla va bos ganso. Jesu a'n danvonas yn kergh ha leverel, ³⁹"Ke dhe'th tre arta, ha deryf pygemmys re wrug Dew ragos." Gans henna ef a dhybarthas ow teclarya der oll an cyta pysuel a wrug Jesu ragtho.

⁴⁰Pan dhueth Jesu arta, an ruth a'n wolcummas, dre reson y dhe vos orth y wetyas. ⁴¹Ha myr, y tueth dhodho y'n uer na den henwys Jairus, humbrynkyas a'n synaga. Ef a godhas dhe'n dor orth treys Jesu ha'y besy may whrella entra yn y jy, ⁴²drefen y un vyrgh, ha hy neb dewdhek blodh, dhe vos yn enewores.

Pan esa Jesu ow kerdhes bys yn chy Jairus, an ruth a'n gwasca a bub tu. ⁴³Yth esa benen y'n tyller na ha hy claf a yssew a wos nans o dewdhek bledhen; kyn whrug hy spena war vedhygyon oll hy fyth, ny ylly den vyth hy sawya. ⁴⁴Hy a dhueth ogas adref dhe Jesu ha tuchya lysten y bows, ha strayt an yssew a wos a cessyas.

⁴⁵Nena Jesu a wovynnas, "Pyw a'm tuchyas?"

Pan wrug kenyver onen y naha, Peder a leverys, "Mester, yma an ruth oll adro dhys hag y orth dha wasca a bub tu."

46Mes Jesu a leverys, "Nebonen a wrug ow thuchya; rag me a verkyas bos an vertu gyllys mes ahanaf."

47Pan welas an venen na ylly hy gortos namoy yn dan gel, hy a dhueth yn rag ow trembla ha codha war ben dewlyn dheragtho. Hy a dheryvas yn golok oll an bobel prag y whrug hy y duchya, ha fatel vue hy strayt sawys. 48Ef a leverys dhedhy, "Myrgh, dha grejyans re'th sawyas. Ke war dha fordh yn cres."

49Pan esa va whath ow cowsel, y tueth nebonen dhya jy humbrynkyas an synaga ha leverel, "Tremenys yw dha vyrgh. Na wra trobla an descajor na fella."

50Pan glowas Jesu henna, ef a leverys, "Na borth awher. Na wra ma's cresy ha hy a vydh sawys."

51Pan dhueth ef bys y'n chy, ny alowas nagonen dhe entra ganso marnas Peder, Jowan, Jamys, ha tas ha mam an vowes. 52Yth esens y oll orth hy mornya hag owth ola, saw ef a leverys dhedhans, "Na wreugh ola, rag marow nyns yw hy man. Yn cusk yma hy."

53Ges a wrussons anodho, drefen y dhe wodhvos hy bos marow. 54Jesu a's kemeras er an luef ha garma, "Flogh, saf yn ban!" 55Hy anal a dhewhelas dhedhy ha strayt hy a sevys yn ban. Nena ef a's comondyas dhe ry dhedhy nebes sosten. 56Amays vue hy thas ha'y mam, saw ef a erhys dhedhans na wrellens campolla an cas dhe dhen vyth.

9 Jesu a elwys dhodho an dew-dhek ha ry dhedhans gallus hag auctoryta war oll an dhewolow ha rag sawya clevejow. 2Hag ef a's danvonas yn mes dhe brogeth gwlascor Dew ha dhe sawya an glevyon. 3Ef a leverys dhedhans, "Na dhreugh tra vyth gen-ough rag an fordh, naneyl lorgh na pors na bara na mona – naneyl na dhreugh genough moy es un bows. 4An chy a wrelleugh why entra ynno, ena tregeugh bys pan veugh why ow voydya. 5Pynag oll na wrella agas wolcumma, pan vedhough why ow tyberth dhya an dre na, shakyeugh an dowst dhewar agas treys yn dustuny war aga fyn." 6An dyscyplys eth yn kergh ha mos adro y'n trevow ow progeth an newodhow da hag ow sawya clevejow yn kenyver plas.

7Saw Erod mytern a glowas pub tra a wharfa ha troblys bras vue, rag yth esa tus ow leverel bos Jowan das-serhys mes a'n bedh. 8Y levery ran aral fatel o Elyas neb a omdhys-quedhas. Ken re whath a levery onen a'n profettys coth dhe vos sevys a'n re marow. 9Erod a leverys, "Me a dhy-bennas Jowan. Pyw ytho yw hemma esof vy ow clowes kemmys adro dhodho?" Whensys o va a'y weles.

10Pan wrug an dyscyplys dewheles, y a dheryvas orto kenyver tra a wrussons gul. Jesu a gemeras y dhyscyplys ganso hag omdenna yn pryva bys yn tre henwys Besseda. 11Pan wrug an ruth godhvos henna, y a'n sewyas. Jesu a's wolcummas ha cowsel ortans ow tuch-ya gwlascor Dew, hag ef sawyas pynag oll anedhans a'n jeva othem a yly.

¹²Pan esa deweth an jorna ow tos, an dewdhek a dhueth dhodho ha leverel, "Danvon an bobel yn kergh bys y'n trevow ha bys y'n pow ader dro may hallens ostya ena ha cafus sosten, rag yth eson ny yn tyller dyanneth omma."

¹³Ef a leverys "Reugh agas honen sosten dhedhans dhe dhebry."

Y a worthebys, "Ny ny'gan bues saw pymp torth a vara ha dew bysk – ma's ny a wra mos dhe brena sosten rag oll an dus ma." ¹⁴Rag yth esa ogas dhe bymp myl den y'n tyller na.

Jesu a leverys dh'y dhyscyplys, "Gwreugh y dhe esedha yn cowethasow hag adro dhe hantercans den yn kenyver bagas." ¹⁵Y a wrug yndella ha pubonen a esedhas. ¹⁶Jesu a gemeras yn y dhewla an pymp torth ha'n dhew bysk. Wosa drehevel y dhewlagas ef a's benegas ha'ga therry ha'ga ry dh'y dhyscyplys dhe ranna ynter an bobel. ¹⁷Pubonen a dhebras ha cafus lowr, hag y fue cuntellys dewdhek canstel a'n brewyon gesys.

¹⁸Pan esa Jesu un jorna ow pesy ha nag esa ganso mes y dhyscyplys, ef a wovynnas ortans, "Pyw a laver an ruthow ow bosa vy?"

¹⁹"Jowan Baptyst," y a worthebys, "bo Elyas warlergh ran erel – mes ran erel arta a laver bos dasvewys onen a brofettys an dedhyow coth."

²⁰Ef a leverys dhedhans, "Saw pyw a laver whywhy ow bos avy?"

Peder a worthebys, "An Cryst a Dhew."

²¹Ef a wrug comondya hag erhy straytly dhedhans na wrellens deryvas an dra ma orth den vyth, ²²rag ef a

leverys, "Res yw dhe Vab an Den suffra lyes tra ha bos sconys gans tus hen an Yedhewon, gans an chyf pronteryon ha'n scrybys, ha bos ledhys ha dassevel an tressa jorna."

²³Jesu a leverys dhedhans, "Mar myn nebonen ow sewya, gwrens ef kenyver jorna drehevel y grows, naha y honen ha dos war ow lergh. ²⁴Rag neb a venna sylwel y vewnans, a wra y gelly, saw neb a wrella kelly y vewnans rag ow herensa vy, ef a wra y sylwel. ²⁵Py prow a'n jevyth nebonen, mar tue va ha gwaynya oll an bys mes kelly bo hepcor y honen? ²⁶Rag pynag oll a gemerra meth ahanaf hag a'm geryow vy, Mab an Den a vyn perthy meth anodho ef, pan dheffa gans glory ha gans gordhyans an Tas ha'n eleth sans. ²⁷Yn gwyr me a laver dheugh fatel usy re a'ga saf omma na wra tastya mernans, erna wrellens gweles gwlascor Dew ow tos."

²⁸Adro dhe eth jorna wosa an geryow ma Jesu a gemeras ganso Peder, Jowan ha Jamys hag ascendya dhe'n meneth may halla va ena pesy. ²⁹Pan esa va ow cul pejadow, y fue chanjys semlant y fas hag yth esa y dhyllas ow splanna yn purra wyn. ³⁰Dystough y a welas dew dhen ow kestalkya gans Jesu. Moyses hag Elyas ens y. ³¹Y a omdhysquedhas yn glory ha cowsel orto adro dh'y dhybarth, a resa Jesu collenwel yn scon yn Jerusalem. ³²Yth esa cusk pos war Beder ha war y gowetha; saw dre reson y dhe vos dyfun, y a welas y glory ha'n dhew-dhen a'ga saf warbarth ganso. ³³Pan esens y ow tyberth dhewortans,

Peder a leverys dhe Jesu, "A vester, da yw genen bos omma. Geseugh ny dhe wul teyr scovva, onen ragos tejy, onen rag Moyses hag onen rag Elyas." Rag ny wodhya pyth esa va ow leverel.

34Y'n prys na hag ef whath ow cowsel, y tueth clowd ha'ga hudha. Ha pan esens owth entra y'n clowd y a gemeras own bras. 35Hag y tueth lef mes a'n clowd ow leverel, "Hem yw ow Mab re bue dowysys genef. Gosloweugh orto!" 36Pan cessyas an lef, y a gafas Jesu a'y honen oll. Hag y a sevys orth deryvas an taclow a welsons dhe dhen vyth, saw tewel a wrussons yn tyen adro dhedhans.

37Ternos pan wrussons skynnya dhewar an meneth, ruth vras a dhueth war y byn. 38Ha myr, den y'n ruth a gryas warnodho ow leverel, "Descajor, me a'th pys a veras orth ow mab – ow unvab ywa. 39Y fydh sperys orth y sesya yn trom, ha dystough uja a wra. An sperys a wra y shakya erna dheffa ewon mes a'y anow. Y debel-dhyghtya a wra ha scantlowr ny vyn ef y asa yn cres. 40Me a besys dha dhyscyplys a'y dowlel yn mes, saw ny yllyns y poynt."

41Jesu a'n gorthebys ha leverel, "A henath trues ha heb crejyans vyth, pana bellder a res dhym bos genough ha'gas perthy? Dro dha vab omma."

42Pan esa an mab ow tos dhodho, an tebel-sperys a wrug y dhehesy dhe'n dor ha'y shakya yn freth. Saw Jesu a rebukyas an sperys aflan ha sawya an maw ha'y ry arta dh'y das. 43Pubonen a'n jeva marth a vraster Dew.

Marth a'n jeva pub huny a oll an taclow esa Jesu orth aga gul, hag ef a leverys dh'y dhyscyplys, 44"Duens an geryow ma bys y'gas scovarnow. Traytys vydh Mab an Den ynter dewla tus." 45Saw ny wrussons y convedhes an lavar ma; kelys vue y styr dhewortans ma na yllyns y bercevya. Hag y a vue own a wovyn orto tra vyth adro dhe'n lavar.

46Stryf a sordyas y'ga mesk pyneyl anedhans a vedha an brassa. 47Pan wrug ef convedhes preder aga brys, Jesu a gemeras flogh ha'y settya dheragtho. 48Ef a leverys dhedha, "Pynag oll a wrella receva an flogh ma y'm hanow vy, yma va orth ow receva vy. Ha pynag oll a wrella ow receva vy, yma va ow receva henna a wrug ow danvon. Rag an lyha oll ahanough a vydh an brassa."

49Jowan a worthebys, "Mester, ny a welas nebonen ow towlel yn mes dewolow y'th hanow tejy ha ny a whelas y lettya, dre reson nag usy va orth agan sewya."

50Saw Jesu a leverys dhodho, "Na wreugh y lettya nes. Pynag oll na vo war agas pyn, ragough why yth yw."

51Pan wrug nessa an dedhyow may fedha drehevys yn ban, ef a settyas y fas yn colonnek dhe dravalya bys yn Jerusalem. 52Ha danvon a wrug messejers dheragtho. War aga fordh y a entras yn tre a'n Samaritanas may hallens y parusy taclow ragtho. 53Saw ny wrussons aga wolcumma, dre reson y fas dhe vos settys tro ha Jerusalem. 54Pan welas y dhyscyplys, Jamys ha Jowan, henna, y a leverys, "Arluth, a venta jy ny dhe erhy tan dhe skynnya mes a'n nef dhe'n dor ha'ga lesky?" ⁵⁵Saw ef a dreylyas ha'ga rebukya. ⁵⁶Nena y eth dhe gen tre.

⁵⁷Pan esens ow kerdhes war an fordh, nebonen a leverys dhodho, "Me a vyn dha sewya pyle pynag oll a welles mos."

⁵⁸Jesu a leverys dhodho, "An lewern a's teves tell, ha'n edhnow aga neythow – mes ny'n jeves Mab an Den tyller vyth dhe bowes y ben."

⁵⁹Dhe dhen aral Jesu a leverys, "Gwra ow sewya vy." Saw ef a leverys, "Arluth, gas vy kens dhe vos hag encledhyes ow thas."

⁶⁰Saw Jesu a leverys "Geseugh an re marow dhe encledhyes an re marow; saw te, ke ha progeth gwlascor Dew."

⁶¹Nebonen aral a leverys, "Dha sewya me a vyn, saw gas vy kens dhe vos ha gasa farwel gans ow meyny."

⁶²Saw ef a leverys dhodho, "Den vyth a wrella settya y dhorn war an ardar ha meras war dhelergh, wordhy nyns ywa man a wlascor Dew."

10 Wosa an taclow ma an Arluth a appoyntyas deg ha tryugans ha'ga danvon dew ha dew dheragtho bys yn kenyver tre ha tyller mayth o va ervyrys mos y honen. ²Ef a leverys dhedhans, "Bras yw an drevas mes tanow yw an vyjwesyon. Rag henna peseugh Arluth an drevas dhe dhanvon gonesyjy yn mes dhe vejy. ³Keugh war agas fordh. Mereugh, yth esof orth agas danvon yn mes kepar hag en yn mesk bleydhas. ⁴Na dhegeugh genough naneyl pors na sagh na sandalys. Na wreugh dynerhy den vyth war an fordh.

⁵"Py chy y'n bys a wrelleugh entra ynno, kens oll levereugh, 'Cres Dew aberth y'n chy ma!' ⁶Mar pydh den a gres y'n plas na, agas cres a wra remaynya ganso. Mar ny vydh, dewheles a wra agas cres dheugh. ⁷Tregeugh y'n keth chy ha debreugh hag eveugh a wrellens ry dheugh, rag wordhy yw an gonesyas a'y wober. Na wreugh chanjya dhya jy dhe jy.

⁸"Pan wreugh why entra yn tre ha'n dregoryon dh'agas wolcumma, debreugh a vo settys dheragough. ⁹Sawyeugh an glevyon usy y'n tyller ha levereugh dhedhans, 'Re dhueth gwlascor Dew ogas dheugh.' ¹⁰Saw byth pan wrelleugh why entra yn chy ha na wra an dus agas wolcumma, keugh yn mes y'n stretys ha levereugh, ¹¹'An very dowst a'n dre ma usy ow clena orth agan treys, yth eson ny orth y shakya dhewarnan yn dustuny war agas pyn. Saw godhvedheugh hemma: ogas yw gwlascor Dew.' ¹²Me a laver dheugh: y'n jorna na y fydh moy plesont dhe Sodom kyn fe es dhe'n keth tyller na.

¹³"Gojy, Chorazin! Gojy, Besseda! Oll an oberow gallosek gwres ynnough, a pens y gwres yn Tyr ha Sidon, aga thregoryon a wrussa kemeres edrek termyn pell alemma, hag esedhys vyens lemmyn yn yscar ha lusow. ¹⁴Esya vydh dedh brues rag Tyr ha Sidon es ragough why. ¹⁵Ha te, Gapernaum, a vedhys jy exaltys bys yn nef? Na vedhys, te a vydh drys dhe'n dor bys yn pyt yffarn.

¹⁶"Neb a wrella agas clowes why, ef a'm clow vy, ha neb a wrella agas despysya why, yma orth ow despysya

vy, ha neb a wrella ow despysya vy, yma ow tespysya henna a wrug ow danvon vy."

¹⁷An deg ha tryugans a dhewhelas dhodho gans joy ha leverel, "Arluth, y'th hanow jy yma an dhewolow aga honen gostyth dhyn ny!"

¹⁸Ef a leverys dhedhans, "Me a welas Satnas ow codha mes a'n nef kepar ha luhesen. ¹⁹Otta, me re ros dheugh auctoryta dhe drettya war nedras ha scorpyons, ha war oll gallus agas eskerens; ha ny wra tra vyth oll agas shyndya. ²⁰Bytegens na gemereugh joy dre reson an dhewolow dhe obaya dheugh, mes rejoycyeugh kens drefen bos agas henwyn screfys yn nef."

²¹Y'n keth prys na Jesu a rejoycyas y'n Sperys Sans ha leverel, "A Das, Arluth an nef ha'n bys, me a aswon gras dhys awos te dhe gudha an taclow ma dheworth an re skentyl ha'n dus fur ha'ga dysquedhes dhe'n re munys. Ea, a Das, rag yndella y fue dha volunjeth luen a ras.

²²"Yma pub tra grontys dhym gans ow Thas; ha ny wor nagonen saw an Tas pyw yw an Mab; naneyl ny wor den vyth pyw yw an Tas saw an Mab, ha neb a venna an Mab y dhysclosya dhodho."

²³Nena Jesu a dreylyas dhe'n dyscyplys ha leverel, "Benegys yw an lagasow usy ow queles pub tra a welough why! ²⁴Me a laver dheugh fatel esa lyes profet ha lyes mytern ow tesyrya gweles a welsough why, mes y ny'n gwelsons poynt, ha whensys ens dhe glowes a wrussough whywhy clowes, mes ny wrussons bythqueth y glowes."

²⁵Myr, den a'n laha a sevys yn ban may halla va prevy Jesu. "Descajor," yn medh ef, "pyth a res dhym gul rag eryta an bewnans nefra a bys."

²⁶Ef a leverys dhodho, "Pandr' yw screfys y'n laha? Pyth esta ow redya ynno?"

²⁷Ef a worthebys, "'Te a dal cara an Arluth dha Dhew gans oll dha golon ha gans oll dha enef ha gans oll dha nerth ha gans oll dha vrys'; ha 'Te a dal cara dha gentrevak kepar ha te dha honen.'"

²⁸Ef a leverys dhodho, "Te re worthebys yn ewn. Gwra yndella ha bewa te a wra."

²⁹Saw ef a vennas justyfya y honen ha rag henna ef a wovynnas orth Jesu, "Pyw yw ow hentrevak?"

³⁰Jesu a worthebys, "Yth esa den ow mos dheworth Jerusalem war nans dhe Jericho ha ladron a lenas orto. Y a'n stryppyas yn noth, y a'n cronkyas ha scantlowr ny wrussons gasa dhodho y vewnans, kens es voydya alenna. ³¹Dre hap yth esa pronter ow skynnya war an fordh na, ha pan wrug ef y weles war an fordh, ef a bassyas dresto war an tenewan pell. ³²Yndelma ynwedh y tueth Levyas dhe'n tyller, ha pan welas ef an den, ef kefrys a dremenas dresto war an tu aral. ³³Saw Samaritan a dhueth ogas dhodho hag ef ow travalya; ha pan wrug y welas, ef a gemeras pyteth anodho. ³⁴Dos nes a wruga ha devera oyl ha gwyn war y wolyow ha'ga helmy yn ban. Nena ef a'n settyas war y asen y honen, y dhry dhe ostel ha kemeres wyth anodho. ³⁵Ternos ef a gemeras yn mes dew dheneren ha'ga

103

ry dhe ost an chy ha leverel, 'Kemer wyth a'n den ma, ha pan dhuema ha dewheles, pynag oll tra moy a wrelles spena worto, me a be an scot.'

36"Pyneyl a'n try na esta ow tyby dhe vos kentrevak dhe'n den a godhas ynter dewla an ladron?"

37Ef a leverys, "Henna neb a wrug dysquedhes tregereth dhodho." Jesu a leverys dhodho, "Ke ha gwra yn ketella."

38Pan esens y ow mos war aga fordh, ef a entras yn certan tre, le may whrug benen henwys Martha y wolcumma aberth yn hy chy. 39Whor a's teva henwys Marya, a wre esedha orth treys an Arluth rag clowes y eryow. 40Saw Martha o ancombrynsys gans hy lyes duta ha dos dhe Jesu ha leverel, "Arluth, a ny vern dhys ow whor dhe'm gasa dhe wul oll an ober ow honen oll? Lavar dhedhy ow gweres!"

41Saw an Arluth a's gorthebys, "Martha, Martha, te yw prederys a lyes tra, 42mes nyns ues res saw unsel un dra. 43Marya re wrug dowys an ran wella, na vydh nefra kemerys dheworty."

11 Yth esa va ow pesy yn certan tyller, ha wosa ef dhe dhewedha, onen a'y dhyscyplys a leverys dhodho, "Arluth, desk dhyn pesy, kepar del wrug Jowan desky pejadow dh'y dhyscyplys."

2Ef a leverys dhedha, "Pan vedhough why ow pesy, levereugh,

"'A Das, re bo benegys dha hanow.

Re dheffa dha wlascor.
3Ro dhyn hedhyw agan bara a bubtedh oll.
4Ha gaf dhyn agan pehosow, kepar del eson ny ow pardona an re na usy yn kendon dhyn.
Ha na wra agan dry bys yn termyn an prevyans.'"

5Ef a leverys dhedhans, "Pyw ahanough a vensa mos y'n nos dhe onen a'y gothmens ha leverel, 'A vroder, gwra prestya dhym teyr thorth a vara, 6rag coweth re dhueva dhym dheworth an fordh ha ny'm bues tra vyth dhe settya dheragtho'?

7"Nena an den y'n chy a vyn gortheby ha leverel, 'Na wra ow throbla. Yma an darras deges solabrys ha'm flehes genef vy y'n gwely. Ny allama sevel ha ry dhys.' 8Me a laver dheugh, kyn na vensa sevel ha ry dhodho tra vyth dre reson y vos y gothman, dhe'n lyha ef a vensa sevel yn ban ha ry dhodho pynag oll tra a wrussa desyrya awos y dhuryans hyr.

9"Me a laver dheugh: govynneugh hag y fydh rys dheugh; wheleugh ha why a gaf; knoukyeugh hag y fydh egerys dheugh. 10Rag pynag oll a wrella govyn, a wra receva; pynag oll a vo ow whelas, a wra cafus, ha pynag oll a wrella knoukya, dhodho y fydh egerys.

11"Ues den vyth ahanough, pan wrella y vab erhy pysk dheworto, a vensa ry serpont dhodho? 12Boken a rosa scorpyon dhodho yn le oy? 13Mar codhough whywhy ry royow da dh'agas flehes, kynth ough unperfect, pygemmys dhe voy a vyn agas Tas yn nef ry an Sperys Sans dhe'n re na usy orth y whelas?"

14Yth esa Jesu ow towlel yn mes tebel-sperys omlavar. Pan wrug y dowlel yn mes, an den omlavar a gowsas hag amays vue an ruth. 15Saw yth esa ran anedhans ow leverel, "Dre Velsebuk, rewlyer an dhewolow, yma va ow towlel yn mes dewolow." 16Re erel rag y brevy a dhemondyas dheworto syn mes a nef.

17Saw ef a wodhya aga brys ha leverel dhedhans, "Pub gwlascor neb a vo rynnys war hy fyn hy honen a vydh wastys ha kenyver chy ynny a wra codha war jy aral. 18Mar pydh Satnas rynnys war y byn y honen, fatel yll y wlascor sevel? Rag why a laver me dhe dowlel dewolow yn mes yn hanow Belsebuk. 19Mar tuema ha towlel tebel-speryjyon yn mes yn hanow Belsebuk, yn hanow pywa usy agas mebyon why orth aga thowlel yn mes? Y a vydh agas brusysy ytho. 20Saw mar tuema ha'ga thowlel yn mes der an bes a Dhew, nena gwlascor Dew re dhueth dheugh solabrys.

21"Pan vo den cref cowlervys ow quetha y gastel y honen, dyogel yw y bossessyon. 22Saw mar tue nebonen creffa agesso ha'y assaultya ha'y gonquerrya, an den na a gemer quyt dhe ves y arvow esa va ow trestya ynnans ha ranna y bray.

23"Pynag oll na vo genama, yma va war ow fyn ha neb na vo ow cuntell genef, scullya a wra.

24"Pan vo an tebel-sperys gyllys mes a'n den, mos a wra adro y'n tylleryow segh ow whelas powesva, mes ny's caf man. Nena an sperys a laver, 'Me a vyn dewheles dhe'm chy a wrug avy dos mes anodho.' 25Pan dhue va tre, ef a gaf an chy scubys ha restrys. 26An sperys a wra dyberth y'n tor' na ha dry ganso seyth sperys erel yw lacka agesso y honen, hag y oll a wra entra y'n plas ha bewa ynno; ha plyt dewetha an den yw gweth es wostalleth."

27Pan esa va ow cowsel yndelma, benen y'n ruth a dhrehevys hy lef ha leverel, "Benegys yw an brys a wrug dha dhon ha benegys an dhewvron a wrug dha vaga!"

28Saw ef a leverys dhedhy, "Na, benegys yw an re na a glow geryow Dew ha gul war aga lergh!"

29Pan esa ruth an dus owth encressya, ef a dhallathas leverel, "Drog yw an henath ma, rag ymons y ow whelas syn, saw onen vyth ny vydh rys dhedhans marnas syn Jona. 30Rag kepar del eth Jona ha bos syn dhe dregoryon Nineve, yn kepar maner Mab an Den a vydh yn syn dhe'n henath ma. 31Myternes an Soth a wra sevel dedh brues warbarth gans an henath ma ha hy a wra aga dampnya, rag hy a dhueth dheworth pennow an bys rag goslowes orth furneth Salamon, hag otomma nampyth brassa es Salamon. 32Tus Ninive a wra sevel dedh brues warbarth gans an henath ma hag y a wra aga dampnya, dre reson tus Ninive dhe godha yn edrek pan glowsons progeth Jona. Hag awot nampyth brassa es Jona.

33"Ny wra den vyth annowy lantern ha'y worra yn tyller cudh nag yn dan vussa, mes yma va orth y settya war goltrebyn, may halla suel a wrella entra gweles an golow. 34Dha lagas yw lantern dha gorf. Pan yw dha lagas salow, golowys vydh oll dha gorf. Saw mar pydh an lagas anyagh, dha gorf a vydh luen a dewolgow. ³⁵Rag henna gwra consydra yw tewal an golow usy ynnos bo nag ywa. ³⁶Mars yw dha gorf glan ylyn yn pub poynt, y fydh ef mar splan avel lantern usy ow tewynya warnas gans oll y wolowyjyon."

³⁷Pan esa va whath ow cowsel, Farysy a dhueth ha'y elwel dhe gona ganso. Rag henna ef a entras yn y jy ha kemeres y dyller orth an vos. ³⁸Marth a'n jeva an Farysy pan welas na wrug Jesu golhy y honen kens es debry.

³⁹Nena an Arluth a leverys dhodho, "Yth esough, why Farysys, ow purjya an tu aves a'n hanaf hag a'n scudel, saw luen ough war jy a govaytys hag a dhrog. ⁴⁰Why folys! Ef neb a wrug an tu aves, a ny wrug ef an tu war jy kefrys? ⁴¹Rag henna reugh yn alusen an taclow na usy war jy, ha mereugh, pub tra a vydh glan ragough.

⁴²"Saw gowhy, why Farysys! Rag yth esough why ow tegevy menta, ruta ha pub losowen aral, mes yth esough ow tyspresya justys ha kerensa Dew. An re ma a dalvya bos practysys genough heb dyspresya an taclow erel.

⁴³"Gowhy, why Farysys! Rag da yw genough esedha yn seys a onour y'n synagys ha bos dynerhys gans revrons bras y'n marhasow.

⁴⁴"Gowhy! Rag yth ough why kepar ha bedhow dyarweth – hag y fydh an dus ow kerdhes warnedhans heb y wodhvos."

⁴⁵Onen a dus an laha a'n gorthebys ha leverel, "Descajor, pan wreta leverel an taclow ma, yth esta orth agan dyspresya ny kefrys."

⁴⁶Jesu a leverys, "Gowhy kefrys, why dus an laha, rag yth esough why ow corra beghyow cales ha pos war an bobel ha ny wreugh why unweyth drehevel bes rag aga scafhe.

⁴⁷"Gowhy, rag byldya a wreugh why meyn bedhow an profettys, kyn fons y ledhys gans agas hendasow. ⁴⁸Dustuny ough why ytho ha why acordys gans obereth agas hendasow. Rag y a wrug ladha an profettys, hag yth esough whywhy ow pyldya aga meyn bedhow. ⁴⁹Rag henna Skyans Dew a leverys, 'Me a vyn danvon dhedhans profettys hag abosteleth, hag y a wra ladha ha tormentya ran anedhans,' ⁵⁰rag may fo an henath ma cablus a wos pub profet dhya fundacyon an bys, ⁵¹aban vue ledhys Abel bys yn gos Zechary, hag a vue moldrys ynter an alter ha'n sentry. Ea, an taclow na oll a vydh y'n lybel warbyn henath an dedhyow ma.

⁵²"Gowhy, why dus an laha, rag why re gemeras dhe ves alwheth an skentoleth. Ny wrussough why agas honen mos ajy, mes why a lettyas an re na esa owth entra."

⁵³Pan eth ef yn mes a'n chy, an scrybys ha'n Farysys o serrys bras war y byn, hag y a wrug y whythra glew ow tuchya lyes tra, ⁵⁴ha'y aspya hardlych may hallens y vlamya awos nampyth a wrella va leverel.

12 Pan wrug an ruthow omguntell y'ga mylyow, mayth

esens ow trettya an eyl war y gela, Jesu a dhallathas cowsel orth y dhyscyplys, "Bedheugh war a wel an Farysys, hen yw, a'ga fekyl cher. [2]Nyns ues tra vyth kelys na vydh dyscudhys, naneyl tra vyth secret na vydh dysclosys. [3]Rag henna pynag oll tra a vo cowsys genough yn dan gel, an keth a vydh clowys orth golow dedh. Kenyver tra a wrussough whystra yn pryveth, a vydh declarys dhewar dohow an treven.

[4]"Me a laver dheugh, ow hothmens, na dal dheugh kemeres own a'n re na a ladh an corf. Rag wosa henna ny yllons y gul namoy. [5]Me a laver dheugh pyw a dal dheugh bos war anodho. Kemereugh wyth a'n re na a's teves power wosa ladha den dh'y dowlel dhe'n dor bys yn yffarn. Ea, pertheugh own a'n re na! [6]A ny wrons y gwertha pymp golvan a dhew dheneren? Bytegens ny wra Dew aga ankevy man. [7]Recknys yw oll blew agas pen! Na bortheugh awher. Why a dal moy es lyes golvan.

[8]"Me a laver dheugh: kenyver onen a wrella ow avowa dherag tus, Mab an Den a vyn y aswon dherag eleth Dew. [9]Saw pynag oll a wrella ow denaha dherag tus, ef a vydh denahys yn syght eleth Dew. [10]Pynag oll a lavarra ger warbyn Mab an Den, pardonys vydh dhodho; mes pynag oll a wrella cably an Sperys Sans, ny gaf gyvyans benytha.

[11]"Pan wrons y agas dry dherag an synagys, an rewloryon ha'n auctorytas, na vedheugh prederys naneyl fatel wreugh why defendya agas honen na pandr' a gotha dheugh leverel. [12]Rag an Sperys Sans a wra agas desky an

geryow compes dheugh y'n very termyn na."

[13]Nebonen y'n ruth a leverys dhodho, "Descajor, comond dhe'm broder ranna yntredhon agan dew an ertons a'gan meyny."

[14]Saw ef a leverys dhodho, "A gothman, pyw a'm settyas vy yn juj bo yn brusyas a-uhough?" [15]Hag ef a leverys dhedhans, "Bedheugh war! Kemereugh wyth a bub sort covaytys, rag moy yw bewnans nebonen es possessyon ha rychys."

[16]Nena ef a dheryvas ortans an whedhel ma: "Den rych a'n jeva bargen tyr ha muer a drevas ynno. [17]Ef a leverys dhodho y honen, 'Pandr' a dal dhym gul, rag ny'm bues tyller vyth rag gwetha oll an drevas?'

[18]"Nena ef a leverys, 'Ot an dra a wrama: me a vyn dysevel oll ow skyberyow ha byldya moy hag y a vydh brassa agessans. Hag ynnans y me a vyn gorra oll ow threvas ha'm pyth. [19]Ha me a vyn leverel dhe'm ena, Ena, yma genes y'th wythva lowr ha plenta bys pen lyes bledhen. Te a yll omjersya lemmyn; gwra debry tam, eva banna ha bydh mery.'

[20]"Saw an keth nos na Dew a leverys dhodho, 'Te ben cog! An very nos ma y fydh dha vewnans requyrys dheworthys. Oll an taclow neb a vue parys genes, pyw a's pewvyth y'n tor' ma?'

[21]"Yndelma y fydh an cas gans an re na usy ow cuntell hag ow quetha rychys ragthans aga honen, mes nag yw rych tro ha Dew."

[22]Ef a leverys dh'y dhyscyplys, "Rag henna me a laver dheugh: na berth-

eugh preder a'gas bewnans, pandr' a
wreugh why debry bo ow tuchya agas
corf ha pyth a wreugh gwysca. ²³Moy
yw an bewnans es sosten, ha ha moy
a vry yw an corf es an dyllas adro
dhodho. ²⁴Mereugh orth an breyny:
ny wrons y naneyl hasa na mejy. Ny's
teves cruenjy na skyber, mes yma
Dew orth aga maga. Py suel dhe voy
yw agas bry why es valew an edhnow!
²⁵A yll den vyth ahanough der y
brederow addya owr kyn fe dhe
dhedhyow y os? ²⁶Rag henna, mar ny
yllough why gul unweyth tra vunys
kepar ha henna, prag yth esough why
prederys adro dhe'n taclow erel?

²⁷"Mereugh orth lyly an pras, fatel
usons ow tevy. Ny wrons y naneyl
lafurya na nedha. Me a laver dheugh
bytegens, nag o Salamon yn oll y
splander bythqueth mar brecyous
gwyskys avellons y. ²⁸Saw mar tue
Dew ha gwysca gwels an pras, yw yn
few hedhyw mes a vydh towlys avorow
aberth y'n tan, pysuel dhe voy a wra va
agas gwysca why – why dus bohes agas
crejyans. ²⁹Na vedheugh pupprys ow
stryvya adro dhe sosten ha dewas, ha
seveugh orth codha yn prederow.
³⁰Rag yma nacyons an bys ow stryvya
awos oll an taclow na, saw agas Tas a
wor yn ta bos othem dheugh ane-
dhans. ³¹Yn le an re ma, gwreugh
stryvya rag gwlascor Dew ha'n taclow
ma a vydh rys dheugh kefrys.

³²"Na bertheugh own, a flock byan,
rag yth yw plesour da agas Tas ry
dheugh why y wlascor. ³³Gwerth-
eugh agas pyth ha reugh alusyon.
Gwreugh porsys dheugh why agas
honen na wra nefra fyllel, tresor bys

vyken yn nef, le na wra lader dos nes
ha na wra gowdhan dystrowy. ³⁴Rag
le may fo agas tresor, ena y fydh agas
colon kefrys.

³⁵"Bedheugh grugysys rag lafurya
ha bedhens annowys agas lugern.
³⁶Bedheugh kepar ha'n re na usy ow
cortos aga mester dhe dhewheles tre
dheworth banket an demedhyans,
may hallens egery an darras dhodho,
peskytter may whrella va knoukya.
³⁷Benegys yw an gethwesyon na a
vydh kefys gans aga mester yn tyfun
pan wrella va dos. Yn gwyryoneth me
a laver dheugh hemma: ef a wra
grugysa y honen ha gul dhedhans
esedha rag debry, ha dos ha'ga servya.
³⁸Mar tue va orth golow nos bo orth
terry an jedh ha'ga hafus y'n stuth na,
benegys vydh an wesyon na. ³⁹Saw
godhvedheugh hemma: mar qurussa
mester an chy godhvos pana dermyn
a venna dos an lader, ny vensa gasa
dhodho terry aberth yn y jy. ⁴⁰Why
kefrys a res bos parys, rag yma Mab
an Den ow tos pan na vedheugh why
orth y wetyas."

⁴¹Peder a leverys, "Arluth, ywa
ragon ny te dhe dheryvas an parabyl
ma bo rag kenyver onen?"

⁴²An Arluth a worthebys, "Pyw yw
ytho an styward lel ha fur, a vyn y
vester y settya a-ugh oll y gethwes-
yon, may halla va ranna yntredhans
aga sosten y'n prys ewn? ⁴³Benegys
yw an kethwas a vydh ow lafurya, pan
dhue y vester tre. ⁴⁴Yn gwyryoneth
me a laver dheugh, dhe henna ef a
wra ry an charj a oll y bossessyon.
⁴⁵Saw mar tue an gwas na ha leverel
dhodho y honen, 'Lettys re bue ow

mester hag ef ow tos,' ha mar tue va ha dalleth cronkya an gethyon erel, gwesyon ha mowysy, ha mar tue va ha debry hag eva ha medhowy, ⁴⁶mester an kethwas na a wra dos jorna na wor ef man, hag ef a vyn y bunsya ha'y worra warbarth gans an re dyslel.

⁴⁷"An kethwas neb a wodhya pandr' a venna y vester, saw na wrug parusy y honen naneyl gul an pyth esa othem anodho, ef a gaf stewan. ⁴⁸Saw an den na wodhya banna ha na wrug an dra esa othem anodho, ny vydh ef cronkys ma's yn scaf. Suel a vo muer rys dhodho, y fydh muer requyrys dheworto; ha pynag oll a vue muer trestys dhodho, y fydh demondys dheworto moy whath.

⁴⁹"Me re dhueth rag dry tan dhe'n norvys, hag assa vya da genef an tan dhe vos annowys solabrys! ⁵⁰Me a'm bues besydhyans dhe vos besydhys ganso. Ass yw cheson a fyenasow dhym, erna vo va collenwys! ⁵¹Esough why ow tyby ow bosa ow try cosoleth dhe'n bys? Nag esof yn gwyryoneth, mes stryf! ⁵²Alemma rag y fydh rynnys pymp den yn un meyny, dew dhen warbyn tredden ha tredden warbyn dew. ⁵³Y a vydh owth omlath, tas warbyn mab ha mab warbyn tas, mam warbyn myrgh ha myrgh warbyn mam; dama dha warbyn hy guhyth ha guhyth warbyn hy dama dha."

⁵⁴Ef a leverys kefrys dhe'n ruthow, "Pan esough why ow queles clowd ow sevel y'n west, dystough why a laver, 'Yma glaw ow tos.' Hag yndelma y fydh. ⁵⁵Ha pan welough why gwyns soth ow whetha, why a laver, 'Y fydh potvan y'n pow.' Hag yndel-

ma y fydh. ⁵⁶Ass ough why fekyl! Why a wor yn ta fatel styrya semlant an dor ha'n ebron. Prag na wodhough why styrya an present termyn?

⁵⁷"Ha prag nag esough why ow jujjya ragough agas honen an pyth a vo ewn? ⁵⁸Yndelma pan esta ow mos gans dha guhudhor dherag an justys, whela yn fen dhe vos assoylys ganso war an fordh. Boken martesen te a vydh tennys dherag an brusyas, ha'n brusyas a vyn dha worra yn dewla an offyser hag ef a vyn dha dowlel aberth yn pryson. ⁵⁹Me a laver dhys, na wreta nefra dos mes a'n tyller na erna wrelles tylly dha dheneren dhewetha."

13 Yth esa ena y'n tor' na bush a dus a dheryvas orth Jesu adro dhe'n Galyleanas, fatel wrug Pylat kemesky aga gos gans an sacryfycys esens y ow cul. ²Jesu a worthebys dhedhans, "Esough why ow supposya, dre reson y dhe vos ledhys yndella, yth ens pehadoryon lacka es oll an Galyleanas erel? ³Na, na! Me a laver hemma dheugh: mar ny wreugh why treylya dheworth agas pehosow, why oll a verow kepar del wrussons y. ⁴An etek den na neb a vue ledhys pan godhas warnedhans tour Siloam – esough why ow predery y dhe vos pehadoryon lacka es kenyver onen aral esa tregys yn Jerusalem? ⁵Nag ens. Saw me a laver dheugh: marnas why a godh yn edrek, why a wra merwel kepar ha'n re na."

⁶Nena ef a dheryvas ortans an parabyl ma: "Yth esa den hag ef a'n jeva fygwedhen yn y wynlan hag ef a

dhueth rag cafus frut dheworty. Saw ny gafas frut vyth. [7]Rag henna ef a leverys dhe'n lowarther, 'Myr, yth esof vy ow tos omma nans yw teyr bledhen rag cafus frut dheworth an fygwedhen ma, saw ny wrug avy cafus tra vyth whath. Trogh hy dhe'n dor! Prag y fydh an wedhen ow wastya an dor?'

[8]"An lowarther a worthebys, 'Syra, gwra hy sparya bys pen bledhen moy, erna wryllyf palas adro dhedhy ha'y theyla. [9]Mar tue hy ha don frut an vledhen a dhue, da lowr – saw mar ny dheg hy frut vyth, te a yll hy threhy dhe'n dor.'"

[10]Yth esa Jesu ow tesky yn onen a'n synagys jorna an sabot. [11]Ha myr, benen a omdhysquedhas neb a's teva sperys mans, ha hy re bya evredhek nans o etek bledhen. Cammys dobyl o hy ma na ylly sevel serth yn ban. [12]Pan wrug Jesu hy gweles, ef a's gelwys dhodho ha leverel, "A venen, delyfrys os a'th tyses." [13]Hag ef a settyas y dhewla warnedhy ha heb let hy a sevys serth yn ban ha dalleth praysya Dew.

[14]Saw rewler an synaga a sorras, drefen Jesu dhe sawya jorna an sabot, hag yth esa va ow leverel dhe'n ruth, "Yma whegh dedh y'n seythen may codhvya bos lafur gwres. Deugh omma onen an dedhyow na kens es dedh an sabot."

[15]Saw an Arluth a'n gorthebys, "Ass yw fekyl agas gnas! A nyns usy kenyver onen ahanough ow lowsya y ojyon bo y asen jorna an sabot dheworth an presep, may halla va y ledya yn kergh ha ry dowr dhodho? [16]A ny godhvya an venen ma, myrgh dhe Abram, a ny godhvya hy bos fryys jorna an sabot a'n wasonyeth ma esa hy strothys ynny gans Satnas nans yw etek bledhen?"

[17]Pan wrug ef leverel henna, oll y eskerens a vue shamys; saw yth esa oll an ruth ow rejoycya orth an taclow marthys a wre ef.

[18]Rag henna ef a leverys, "Pana dra yw gwlascor Dew ha pyth a allama hy homparya dhodho? [19]Kepar ha hasen gedhow yth yw. Nebonen a's kemeras ha'y gorra yn dor an lowarth. Tevy a wrug an kedhow hag edhnow an ayr a dhueth ha gul aga neythow yn y varrow."

[20]Ef a leverys arta, "Pyth a wrama comparya gwlascor Dew dhodho? [21]Kepar ha gwel yw, a gemeras benen ha kemysky gans try musur a vlues gwaneth, erna vue an tos drehevys ahes."

[22]Jesu eth der an cytas ha'n trevow ow tesky hag ef ow travalya bys yn Jerusalem. [23]Nebonen a wovynnas orto, "Arluth, yns y nebes an re na a vydh sawys?"

Ef a leverys dhedhans, [24]"Stryvyeugh dhe entra der an darras strayt, rag me a laver dheugh hemma: lyes huny a wra whelas entra, mes ny vedhons abyl. [25]Wosa den an chy dhe sevel yn ban ha degea an darras, ha why dhe vos a'gas saf orth an darras ow knoukya hag ow kelwel, 'Arluth, egor an darras dhyn,' ef a vyn agas gortheby ha leverel, 'Ny won poynt a bleth esough why ow tos.'

[26]"Nena why a wra dalleth crya, 'Ny a wrug debry hag eva warbarth genes, hag yth eses ow tesky y'gan stretys ny.'

27"Saw ef a laver, 'Ny won an tyller esough why ow tos anodho. Voyd-yeugh dheworthyf, oll why drogober-oryon!'

28"Yn uer na y fydh olva ha scrynva dens, pan wreugh why gweles Abram hag Ysak ha Jacob hag oll an profet-tys yn gwlascor Dew, ha why agas honen a vydh towlys yn mes. 29Y'n termyn na y tue an bobel dheworth an yst ha'n west, dheworth an north ha'n soth, hag y a wra debry yn gwlascor Dew. 30Hag awot, yma re y'n tyller dewetha neb a vydh kensa, ha'n re kensa a vydh dewetha."

31Y'n very termyn na y tueth dho-dho certan a'n Farysys ha leverel dhodho, "Voyd alemma, rag yma Erod ow whelas dha ladha."

32Ef a leverys dhedhans, "Keugh ha levereugh ragof vy dhe'n lowarn na, 'Myr, yth esof vy ow towlel yn mes tebel-sperysyon hedhyw hag avorow hag ow sawya clevejow an dus, ha'n tressa dedh me a wra gorfenna ow lafur. 33Saw hedhyw, avorow ha trenja me a res mos war ow fordh, rag ny yll profet vyth bos gorrys dhe'n mernans marnas yn Jerusalem.'

34"Jerusalem, Jerusalem, an cyta usy ow ladha an profettys hag ow labedha an re na a vydh danvenys dhedhy! Py lyes torn a wrug avy desyrya cuntell warbarth dha flehes, kepar del usy yar ow cruny hy mebyon yar yn dan hy askelly, saw nyns eses orth y dhesyrya man! 35Myr, agas chy re bue gesys dheugh. Ha me a laver dheugh, na vennough why ow gweles erna wrell-eugh why leverel, 'Benegys yw henna usy ow tos yn hanow an Arluth.'"

14 Yth happyas dhe Jesu entra yn chy onen a rewloryon an Farysys jorna an sabot rag debry prys, hag yth esens y orth y aspyas glew. 2Ha myr, yth esa dheragtho den claf a'n cleves dowr. 3Jesu a wovynnas orth tus an laha ha'n Farysys, "Ywa lafyl bo nag ywa dhe sawya tus jorna an sabot?" 4Saw y a dewys. Rag henna Jesu a'n kemeras ha'y sawya ha'y dhanvon yn kergh.

5Nena ef a leverys dhedhans, "Mar pydh flogh bo ojyon dhe nebonen ahanough hag ef codhys aberth yn pyth dowr, a ny wreugh why strayt y denna yn mes jorna an sabot kyn fe?" 6Saw ny alsens y wortheby.

7Pan verkyas Jesu fatel wre an ostysy dowys an tylleryow a onour, ef a dheryvas ortans an parabyl ma: 8"Pan wreta cafus galow dhe vanket demedhyans, na wra esedha yn plas a onour, rag dowt nebonen moy wordhy agesos dhe vos gelwys dy gans dha ost. 9Nena an ost, neb re wrug gelwel an dhew ahanough, a vyn dos dhys gans an geryow ma, 'Ro dha blas dhe'n den ma.' Nena te a vydh shamys ha dalleth esedha y'n plas ysella oll. 10Na, pan vesta gelwys, ke ha sedha y'n se ysella, rag may halla dha ost leverel dhys pan dheffa, 'Cothman, ke yn ban dhe se uhella es hemma.' Nena onour a'th fydh yn syght oll an re na ues sedhys genes. 11Rag an re na usy owth exaltya aga honen a vydh drys dhe'n dor, ha'n re na usy owth hum-blya aga honen, exaltys y a vydh."

12Jesu a leverys dhe henna a wrug y elwel, "Pan dhueta ha ry con bo soper, na wra gelwel dha gothmens, dha vreder, dha nessevyn bo dha gentrevogyon rych, rag dowt y dhe'th elwel jy arta ha te dhe vos rewardys. ¹³Pan dhueta ha ry banket, galow dhys an vohosogyon, an evredhygyon, an re mans ha'n dhellyon. ¹⁴Benegys vedhys rag ny yllons y dha rewardya – mes te a gaf dha weryson orth dasserghyans an re gwyryon."

¹⁵Pan glowas onen a'n ostysy an ger na, ef a leverys, "Benegys yw henna a wrella debry bara yn gwlascor Dew!"

¹⁶Nena Jesu a leverys dhodho, "Yth esa den neb a ros con vras ha gelwel lyes huny dhedhy. ¹⁷Pan dhueth termyn an gon, ef a dhanvonas y was dhe leverel dhe'n re na re bya gelwys, 'Deugh y'n tor' ma, rag yma pub tra parys.'

¹⁸"Saw y a dhallathas ascusya aga honen yn kettep pen. An kensa a leverys dhodho, 'Me re brenas bargen tyr hag res yw dhym mos ha'y weles. Praydha, gaf dhym na allama dos.'

¹⁹"Den aral a leverys, 'Me re brenas pymp yew a ohen ha me a vyn mos dh'aga assaya. Gaf dhym na allama bos ena.'

²⁰"Den aral a leverys, 'Me re dhemedhas dhe venen agensow. Rag henna ny allaf dos.'

²¹"An gwas a dhewhelas ytho ha deryvas pub tra dh'y vester. Den an chy a sorras ha leverel dh'y gethwas, 'Ke yn mes bys yn stretys ha scochfordhow an dre, ha droy omma an vohosogyon, an evredhegyon, an dhellyon ha'n re mans.'

²²"Ha'n gwas a leverys, 'Syra, gwres yw an pyth a wrussys comondya, hag yma whath spas y'th chy.'

²³"Nena an mester a gomondyas dh'y servont ha leverel, 'Ke yn mes bys y'n fordhow ha'n bownderyow ha gwra constryna an bobel dhe entra, may halla ow chy bos lenwys. ²⁴Rag yth esof ow teclarya dhys, na wra tastya ow bos den vyth a'n re na a vue gelwys.'"

²⁵Yth esa bush pur vras a dus ow travalya ganso. Jesu a dreylyas ha leverel dhedhans, ²⁶"Pynag oll a dheffa dhym, saw na wrella hatya tas ha mam, gwreg ha flehes, breder ha whereth, ea, ha'n bewnans y honen, ny yll ef bos ow dyscypyl vy. ²⁷Suel na wrella don y grows ha'm sewya vy, ny yll ef bos ow dyscypyl.

²⁸"Pyw ahanough why, pan ve va purposys dhe vyldya tour, na vensa kens oll esedha rag acontya an cost, may halla va gweles ues dhodho mona luck rag y gollenwel? ²⁹Poken, pan vo an fundacyon settys ganso, hag ef heb an pegans dh'y gowlwul, kenyver onen a'n gwella, a vyn gul ges anodho. ³⁰Leverel a wrons, 'An pollat ma a dhallathas byldya, saw ny ylly collenwel an ober!'

³¹"Pana vytern hag ef ow whelas mos ha gwerrya orth mytern aral, na wra kens esedha ha consydra a yll ef y honen gans y dheg myl mos yn mes warbyn escar a'n jeves ugans myl? ³²Mar ny yll ef assaultya y escar, yma va ow tanvon messejers dhodho hag ef whath pell dheworto rag govyn ambosow cres. ³³Rag henna, ny yll den vyth ahanough why bos ow dyscypyl erna wrella hepcor oll y bossessyon.

³⁴"Da yw holan – mes mar tue va ha kelly y vlas, fatel yll an blas bos restorys? ³⁵Gwyw nyns ywa naneyl

dhe'n dor na dhe'n deylek. Tus a wra y dowlel dhe ves.

"Suel a'n jeffa dewscovarn rag clowes, gwrens ef goslowes orthyf!"

15
Now, yth esa oll an dolloryon ha'n behadoryon ow tos bys dhodho rag y glowes. ²Hag yth esa an Farysys ha'n scrybys ow croffolas hag ow leverel, "Yma an pollat ma ow wolcumma pehadoryon hag ow tebry gansans."

³Rag henna Jesu a dheryvas ortans an parabyl ma, ⁴"Pyw ahanough, neb a'n jeves cans davas, na wra gasa an nawnjek ha peswar ugans y'n gwylfos ha mos warlergh an dhavas yw kellys, erna wrella hy hafus? ⁵Kettel y's caf, ef a's set war y dhewscoth ha rejoycya. ⁶Ha pan dhue va tre, gelwel a wra y gentrevogyon ha'y gothmens ha leverel dhedhans, 'Rejoycyeugh genama, rag me re gafas ow davas o kellys.' ⁷Yn kepar maner, me a'n laver dheugh, y fydh moy joy yn nef adro dhe un pehador repentys, es adro dhe'n nawnjek ha peswar ugans na's teves othem vyth a edrek.

⁸"Po pana venen neb a's teves deg deneren a arhans, mar tue hy ha kelly onen anedhans, na vyn annowy lantern, scuba an chy ha whelas glew erna wrella hy hy hafus? ⁹Pan wra hy hy hafus, yma hy ow kelwel warbarth hy hothmens ha'y hentrevogyon ow leverel, 'Gwreugh omlowenhe genef vy, dre reson me dhe gafus an dheneren o kellys.' ¹⁰Me a laver dheugh: yn keth maner y fydh lowena vras yn mesk eleth Dew adro dhe un pehador usy ow kemeres edrek."

¹¹Nena Jesu a leverys, "Yth esa den ha dhodho dew vab. ¹²An mab yowynca a leverys dh'y das, 'A das, ro dhym an ran a'n ertach a vyn codha dhym.' Y das ytho a wrug ranna yntredhans y byth.

¹³"Nebes dedhyow awosa an mab yowynca a guntellas warbarth myns a'n jeva ha travalya bys yn pow abell – hag ena ef a wastyas oll y vona gans harlotry. ¹⁴Pan wrug ef spena oll y substans, dyvotter bras a godhas war an pow na, hag ef a dhallathas bos yn esow. ¹⁵Gans henna ef eth ha whelas servys gans onen a cytysans an pow, ha'n den a'n danvonas yn mes dh'y wel dhe vaga y borhelly. ¹⁶Whensys o va dhe lenwel y bengasen a'n cuthow a dhebry an mogh, saw ny's ry den vyth dhodho.

¹⁷"Pan dhueth ef dh'y skyans, ef a brederys, 'Pana lyes servont a'm tas a's teves bara lowr ha plenta, hag awotta vy omma ow merwel der ewn nown! ¹⁸Me a vyn sevel yn ban ha mos dhe'm tas ha leverel dhodho, "A das, me a behas warbyn gwlas nef ha war the byn jy. ¹⁹Rag henna me nyns of wordhy dhe vos gelwys dha vab. Gwra ow dyghtya kepar hag onen a'th servons gober."' ²⁰Rag henna ef a dhallathas war y fordh ow mos dh'y das.

"Pan esa va whath pell dheworto, y das a'n gwelas ha kemeres pyteth anodho. Ef a bonyas dhodho ha gorra y dhewvregh adro dhe gonna y vab hag amma dhodho.

²¹"Nena yn medh y vab dhodho, 'A das, me re behas warbyn gwlas nef ha dheragos tejy. Rag henna nyns oma wordhy dhe vos consydrys dha vab.'

²²"Saw y das a leverys dhe'n servons, 'Quyk! Dreugh mantel – an onen gwella oll – ha'y wysca ynno. Settyeugh besow war y dhorn ha sandalys adro dh'y dreys. ²³Kemereugh an luegh peskys ha'y ladha, may hallen ny debry ha rejoycya! ²⁴Rag ow mab omma o marow, hag otta va lemmyn yn few. Kellys o, mes ef re bue kefys.' Hag y a dhallathas rejoycya.

²⁵"Yth esa an mab cotha aves y'n gwel. Pan dhueth ef ogas dhe'n chy, ef a glowas menestrouthy ha tus ow tonsya. ²⁶Gelwel a wrug ef dhodho onen a'n servons ha govyn orto pandr' esa ow wharfos. ²⁷An gwas a'n gorthebys, 'Agas broder re dhueth tre ha'gas tas re ladhas an luegh peskys, dre reson ef dh'y gafus arta saw.'

²⁸"Serrys vue an mab cotha y'n tor' na hag ef a sconyas entra y'n chy. Y das a dhueth yn mes dhodho ha dalleth pledya ganso. ²⁹Saw ef a worthebys, 'Goslow orthyf! Yth esof vy ow lafurya ragos kepar ha keth dres lyes bledhen. Ny wrug avy dha dhysobaya un treveth kyn fe. Saw ny wrusta unweyth ry dhym myn, may hallen omjersya gans ow howetha. ³⁰Saw pan dhewhelas tre dha vab tejy, wosa spendya oll dha rychys war horys – te a ladhas ragtho an luegh peskys!'

³¹"Nena yn medh y das dhodho, 'Na, na, a vab – yth esta jy pupprys genef, hag a vo dhym, dhys yma. ³²Saw yma reson dhyn ny dhe vos lowen awos dha vroder. Marow o va hag yma va lemmyn yn few. Kellys o ha ny re'n cafas arta.'"

16 Jesu a gowsas yndella orth y dhyscyplys: "Yth esa den rych neb a'n jeva styward. Y fue dyskeverys dhodho y styward dhe wastya possessyon y vester. ²Rag henna ef a'n sompnas dhodho ha leverel, 'Pandr' yw hemma esof vy ow clowes adro dhys? Ro dhym acont a'th offys, rag ny ylta jy pesya y'm servys.'

³"Nena yn medh an styward dhodho y honen, 'Pyth a wrama lemmyn, pan vyn ow mester ow remuvya dheworth ow offys? Nyns oma cref lowr dhe balas, ha meth a'm bya mos dhe veggya. ⁴Me a wor pyth a wrama, ma'm boma wolcum yn treven tus ha me heb sodh.'

⁵"An styward a elwys dhodho oll kendoryon y vester an eyl wosa y gela. Dhe'n kensa ef a leverys, 'Pygemmys yw dha gendon dhe'm mester?'

⁶"Ef a worthebys dhodho, 'Cans pycher oyl.'

"An styward a leverys, 'Tan dhys dha recken. Eseth quyk ha scryf hantercans yn le cans.'

⁷"Nena ef a wovynnas orth kendoner aral, 'Pygemmys esta yn kendon?'

"'Cans bushel gwaneth,' yn medh ef.

"An styward a leverys, 'Otomma dhys dha recken. Scryf yn uskys peswar ugans.'

⁸"An mester a gomendyas an styward dyslel dre reson ef dhe wul furneth – rag yma flehes an os ma furra es flehes an golow yn negys gans aga fobel aga honen. ⁹Me a laver dheugh: gwreugh cothmens a'n dus rych, pan wrella mona fyllel, may whrellens agas wolcumma ajy y'n treven nefra a bys.

[10]"Neb yw lel ow tuchya nebes, ef a vydh lel adro dhe lowr, ha neb yw dyslel ow tuchya nebes, ef a vydh dyslel adro dhe lowr. [11]Mar ny veugh why lel ow tuchya rychys an bys, pyw a vyn trestya dheugh an rychys gwyr? [12]Mar ny veugh why lel gans pyth agas hynsa, pyw a vyn ry dheugh agas possessyon agas honen?

[13]"Ny yll gwas vyth servya dew vester. Rag ef a wra casa an eyl ha cara y gela. Poken ef a vyn ry worshyp dhe'n eyl ha dyspresya y gela. Ny yllough why servya Dew ha mona."

[14]Yth esa an Farysys ow coslowes orto ha bras o aga hovaytys. Gul ges anodho a wrens y. [15]Yn medh Jesu dhedhans, "Why yw an re na usy ow justyfya aga honen yn syght an dus. Saw Dew a wor agas colon – rag an dra acontys a valew bras yn mesk mab den, casadow ywa yn golok Dew.

[16]"Yth esa an laha ha'n profettys a vry bys y'n termyn may tueth Jowan. Dhya an termyn na yma gwlascor Dew progowthys hag yma kenyver onen exortys dhe entra ynny. [17]Saw esya vya dhe'n nef ha dhe'n norvys mos quyt yn kergh, es dhe un jet kyn fe dhe vos kellys dheworth an laha.

[18]"Suel a wrella dydhemedhy y wreg ha demedhy benen aral, yma va ow cul avowtry war hy fyn, ha mar tue an venen dhydhemedhys ha demedhy gour aral, hy yw gwan-wre'ty magata.

[19]"Yth esa den rych gwyskys yn purpur ha sendal ha golya a wre hag omjersya pub jorna oll. [20]Yth esa den bohosek orth yet y jy. Ef o henwys Lasser, ha podrethek o y grohen. [21]Y fedha Lasser prest whensys dhe lenwel y bengasen a'n tymmyn a godha dhewar dabel an den rych; saw yth esa an cuen ow tos rag lyckya y bodrethes.

[22]"An den bohosek a verwys hag y fue degys yn kergh gans an eleth hag Abram a'n recevas yn y ascra. An den rych a verwys kefrys hag a vue encledhys. [23]Pan esa va yn tormens glew, ef a veras yn ban ha gweles Abram abell ha Lasser yn y ascra. [24]'A Abram, a das,' ef a gryas, 'Kemer trueth warnaf vy! Danvon dhym Lasser may halla va troghya bleyn y ves yn dowr ha yeynhe ow thavas, rag tormentys tyn of y'n tan ma!'

[25]"Saw Abram a leverys dhodho, 'Porth cof, ow flogh, pan es yn few te dhe receva oll dha daclow da, hag yn kepar maner na wrug Lasser cafus tra vyth mes drog. Saw y'n tor' ma confortys yw Lasser ha te a'th ues paynys sherp. [26]Ha pella, yma yslonk bras settys yntredhos tejy ha ny, ma na alsa passya alemma dhys den vyth, kyn fya da dhodho. Naneyl ny yll nagonen dos dhyn ny dheworth dha denewan jy.'

[27]"Ef a leverys, 'Rag henna, a das, me a'th pys a'y dhanvon dhe jy ow thas avy – [28]rag me a'm bues pymp broder – may halla va aga gwarnya, rag dowt ynsy kefrys dhe dhos dhe'n tyller ma yw luen a dormens.'

[29]"Yn medh Abram dhodho, 'Y a's teves Moyses ha'n profettys. Y tal dhedhans goslowes ortans y.'

[30]"Ef a leverys, 'Na, a Abram, a das, saw mar tue nebonen ha dos dhe-

115

dhans dheworth an re marow, y a vyn repentya.'

31"Yn medh Abram dhodho, 'Mar ny wrons y goslowes orth Moyses ha'n profettys, ny vensens cresy, kyn whrella nebonen dasserhy mes a'n bedh.'"

17 Jesu a leverys dh'y dhyscyplys, "Unpossybyl ywa omwetha rag occasyons a begh, mes goef a wrellens y dos dredho. 2Gwell vya dhodho ef a pe men melyn cregys adro dh'y gonna hag ef towlys yn cres an mor, es ef dhe vos cheson a onen a'n flehes ma dhe drebuchya. 3Bedheugh war!

"Mar qura dha vroder peha, gwra y rebukya. Ha mar qura va codha yn edrek, gaf dhodho. 4Mar tue va ha peha seythqueyth yn jorna, ha treylya dhys seythqueyth ha leverel, 'Drog yw genef,' gwra y bardona."

5Ha'y dhyscyplys a leverys dhe'n Arluth, "Ro dhyn crejyans."

6An Arluth a leverys, "A pe crejyans dheugh why, why a vensa leverel dhe'n wynyolen ma, 'Bydh dywredhys ha plynsys yn cres an mor', ha'n wedhen a wrussa obaya dheugh.

7"Pyw ahanough why a vensa leverel dh'y gethwas pan dheffa y was tre wosa aras bo bugelya y'n gwel, 'Dues nes whare ha kemer dha dyller orth an tabel'? 8A ny venseugh why kens leverel dhodho, 'Gwra parusy ow soper dhym! Gwysk dha apern adro dhys ha gwra ow servya, may hallen debry hag eva; wosa henna te a yll debry hag eva dha honen'? 9Esough why ow ry grassow dhe'n gwas rag ef dhe wul an pyth a vue comondys dhodho? 10Whywhy kefrys, pan wrelleugh why pub tra a vue erhys dheugh why, why a laver, 'Ny yw kethwesyon dhybrys. Ny wrussyn ny ma's an pyth a godhvya dhyn y wul.'"

11War y fordh bys yn Jerusalem yth esa Jesu ow mos der an pow ynter Samaria ha Galyla. 12Pan wrug ef entra yn tre vyan, deg claf a vetyas orto hag ynsy o sevel pols dheworto. 13Y a gryas warnodho, "A Jesu, a vester, kemer trueth warnan!"

14Pan wrug ef aga gweles, ef a leverys dhedhans, "Eugh ha dysquedheugh agas honen dhe'n bronteryon." Kettel wrussons y dyberth dheworto, y a vue glanhes.

15Nena onen anedhans, pan welas y vos yaghhes, a dreylyas arta ow praysya Dew a lef uhel. 16Ef a dowlas y honen war an dor orth treys Jesu ha ry grassow dhodho. Samaritan o va.

17Jesu a wovynnas, "A ny vue deg den sawys? Saw an naw erel, ple mons y? 18A ny vue den vyth anedhans kefys dhe dhewheles dhe braysya Dew ma's an alyon ma?" 19Nena yn medh Jesu dhodho, "Saf yn ban ha ke war dha fordh. Dha grejyans re wrug dha sawya."

20Unweyth y fue govynnys orth Jesu gans an Farysys pana dermyn a venna gwlascor Dew dos, hag ef a worthebys, "Nyns usy gwlascor Dew ow tos gans taclow a alsa bos gwelys. 21Na ny vennons y leverel, 'Otomma hy,' naneyl 'Yma hy ena,' rag yn gwyryoneth yma gwlascor Dew y'gas mesk."

22Nena ef a leverys dh'y dhyscyplys, "Yma an dedhyow ow tos may fedhough why whensys dhe weles onen a dhedhyow Mab an Den, saw ny wreugh why y weles. 23Y a vyn leverel dheugh why, 'Mereugh ena,' bo 'Mereugh omma.' Na wreugh dyberth naneyl dalleth war agas fordh rag whelas. 24Kepar del usy an luhesen ow terlentry hag ow colowy an ebron dhya denewan dhe denewan, yn kepar maner y fydh Mab an Den yn y jorna. 25Saw kensa res yw dhodho godhaf lowr ha bos sconys gans an henath ma.

26"Poran kepar del o yn dedhyow Noy, yndella kefrys y fydh yn dedhyow Mab an Den. 27Yth esens y ow tebry hag owth eva, ow temedhy gwrageth ha gwer, bys y'n jorna may whrug Noy entra y'n lester. An lyf a dhueth ha'ga dystrowy yn kettep pen.

28"Yn kepar maner, poran kepar del o va yn dedhyow Lot, yth esens y ow tebry hag owth eva, ow prena hag ow quertha, ow plansa hag ow trehevel, 29saw an jorna may whrug Lot forsakya Sodom, y codhas glaw a dan ha loskven mes a'n ebron ha ladha pub-onen anedhans.

30"Y fydh kepar ha henna pan vydh Mab an Den dyscudhys. 31An jorna na den vyth a vo war an to hag a'n jeffa aparell y'n chy, na wrens ef skynnya rag y gemeres yn kergh ganso. Hag yn kepar maner, suel a vo y'n gwel, ny dhal dhodho treylya war dhelergh. 32Remembreugh gwreg Lot. 33An re na usy ow whelas sylwel aga bewnans, a vyn y gelly. Ha'n re na a vyn kelly aga bewnans, a wra y wetha. 34Me a laver dheugh: y'n nos na y fydh dew dhen y'n gwely. Onen

anedhans a vydh kemerys, ha' y gela gesys. 35Y fydh dew venen ow mala blues warbarth. Onen anedhans a vydh kemerys ha'y ben gesys. 36Y fydh dew dhen y'n gwel. Onen ane- dhans a vydh kemerys, ha gesys y gela."

37Nena y a wovynnas orto, "Pana dyller, Arluth?"

Yn medh ef, "Le may fo an corf marow, ena y fydh cuntellys an breyny kyg."

18 Jesu a dheryvas dhedhans parabyl, fatel resa dhedhans pesy pupprys ha sevel orth kelly colon: 2"Yth esa brusyas yn certan cyta na'n jeva own vyth a Dhew nag a dhen. 3Y'n keth cyta na yth esa gwedhwes ha hy pupprys ow tos dho-dho ow leverel, 'Gront dhym justys warbyn ow escar.'

4"Rag pols hy sconya a wre, saw wosteweth ef a leverys dhodho y honen, 'Kyn nag ues own vyth oll dhym naneyl a Dhew nag a dhen vyth, 5bytegens, drefen an wedhwes dhe vos pupprys orth ow annya, me a vyn grontya dhedhy justys, ma na wrella hy ow squytha ha hy pub jorna ow tos dhym.'"

6An Arluth a leverys "Gosleweugh orth an pyth a leverys an juj anewn. 7A ny vyn Dew grontya justys dh'y re dowysys, usy ow crya warnodho dedh ha nos? A vyn ef dylatya pell kens es aga gweres? 8Me a laver dheugh fatel wra va grontya justys strayt dhe-dhans. Bytegens, pan dhue Mab an Den, a vyn ef cafus crejyans war an norvys?"

⁹Ef a dheclaryas kefrys an parabyl ma dhe certan tus esa ow trestya yn-nans aga honen, fatel ens y ewn-hensek hag y ow meras orth aga hynsa gans dyspresyans. ¹⁰"Yth eth dew dhen yn ban dhe'n templa rag pesy. An eyl o Farysy ha tollor y gela. ¹¹Yth esa an Farysy a'y saf ganso y honen hag ef a besys yndelma, 'A Dhew, yth esof ow ry dhys muer 'ras nag oma kepar ha tus erel: ladron, atlyon, avowtrers, bo kepar ha'n tollor ma kyn fe. ¹²Penys a wraf dew-weyth kenyver seythen; yth esof ow ry dega a'm pegans oll.'

¹³"Saw yth esa an tollor a'y saf abell ha ny venna unweyth meras yn ban orth nef, mes yth esa ow queskel y vrest ow leverel, 'A Dhew, kemer trueth warnaf, pehador!'

¹⁴"Me a laver dheugh, fatel eth henna war nans dh'y jy justyfyes kens es an den aral. Rag kenyver onen usy owth exaltya y honen a vydh hum-blys, saw suel a wrella humblya y honen, a vydh exaltys."

¹⁵Yth esa tus ow try dhodho aga flehes vyan may halla va aga thuchya. Pan welas y dhyscyplys henna, y a erhys strayt na wrellens yndella. ¹⁶Saw Jesu a's gelwys ha leverel, "Geseugh an flehes dhe dhos dhym-mo vy, ha na wreugh aga lettya. Rag suel a vo haval dhe'n re na, ef a bewvyth gwlascor Dew. ¹⁷Yn gwyr-yoneth me a laver dheugh: suel na wrella receva gwlascor Dew kepar ha flogh byan, ny yll nefra entra ynny."

¹⁸Yth esa certan rewler hag ef a wovynnas orth Jesu, "Descajor 'vas, pandr' a dal dhym gul rag eryta an bewnans nefra a bys?"

¹⁹"Yn medh Jesu dhodho, "Prag yth esta orth ow henwel vy ''vas'? Nyns yw den vyth 'vas, ma's Dew only. ²⁰Te a wor oll an comondmentys: 'Ny dal dhys gul avowtry, ny dal dhys moldra, ny dal dhys ladra, ny dal dhys ry dustuny fals, gwra onoura dha das ha'th vam.'"

²¹Ef a worthebys, "Oll an re na me re sensas dhya ban vuef maw."

²²Pan glowas Jesu henna, ef a lever-ys dhodho, "Yma othem whath a un dra. Gwerth a vo dhys ha roy an mona dhe'n vohosogyon ha te a 'fydh tresor y'n nef. Nena dues, gwra ow sewya."

²³Saw pan glowas ef henna, ef a skynnyas yn trystys, rag pur rych o va. ²⁴Jesu a veras orto ha leverel, "Ass yw cales dhe'n dus rych entra yn gwlascor Dew! ²⁵Ea, esya vydh dhe gawrvargh mos dre grow nasweth es dhe nebonen rych entra yn gwlascor Dew."

²⁶An re na a'n clowas a leverys, "Pyw ytho a yll bos sylwys?"

²⁷Ef a worthebys, "An pyth a vo un-possybyl dhe vab den, possybyl ywa dhe Dhew."

²⁸Nena Peder a leverys, "Myr, ny wrug forsakya agan treven rag dha sewya jy."

²⁹Ha Jesu a leverys dhedhans, "Yn gwyr me a laver dheugh, nag ues den vyth re wrug forsakya chy, gwreg, breder, kerens bo flehes awos gwlas-cor Dew, ³⁰na wra dascafus arta lyes-queyth moy y'n os ma, hag y'n os dhe dhos an bewnans nefra a bys."

³¹Nena Jesu a gemeras an dewdhek adenewan ha leverel dhedhans, "Mer-eugh, yth eson ny ow mos yn ban dhe

Jerusalem, ha pub tra screfys gans an profettys ow tuchya Mab an Den a vydh collenwys. ³²Rag ef a vydh delyfrys ynter dewla an Jentylys. Scornys vydh ha despytys hag y a wra trewa warnodho. ³³Wosa y dh'y scorjya, y ladha a wrons, ha'n tressa jorna ef a wra dasserhy."

³⁴Saw ny wrug y dhyscyplys convedhes tra vyth adro dhe oll an taclow na. Yn gwyryoneth, kelys vue dhewortans an pyth a leverys dhedhans ha ny wodhyens understondya y eryow.

³⁵Pan wrug Jesu dos nes dhe Jericho, yth esa den dall a'y eseth ryb an fordh ow covyn alusyon. ³⁶Pan glowas ef an ruth ow mos dresto, ef a wovynnas pandr' esa ow wharfos. ³⁷Y a dheryvas dhodho Jesu a Nazara dhe vos ow passya.

³⁸Nena ef a gryas, "Jesu, Mab Davyth, kemer trueth warnaf!"

³⁹An re na esa yn voward an ruth a erhys strayt dhodho tewel. Saw ef a gryas dhe voy uhel, "A Vab Davyth, kemer trueth warnaf!"

⁴⁰Jesu a sevys ha comondya dhedhans y dhry dhodho. Pan dhueth ef nes, Jesu a wovynnas orto, ⁴¹"Pandr' a venta orthyf gul ragos?"

Ef a leverys, "Arluth, te dhe vennas gul dhym gweles."

⁴²Jesu a leverys dhodho, "Recef dha syght. Dha grejyans re'th sawyas."

⁴³Whare ef allas gweles ha sewya Jesu a wrug ow praysya Dew. Hag oll an bobel, pan welsons an dra, gordhya Dew a wrussons.

19 Jesu a entras yn Jericho hag yth esa ow kerdhes der an cyta. ²Yth esa den y'n tyller na henwys Zacheus. Chyf tollor o va ha pur rych. ³Yth esa ow whelas gweles pleth esa Jesu, mes ny ylly man der an bush bras a dus, rag den byan o va. ⁴Ef a bonyas arag ha crambla yn ban war wedhen wydhyol may halla va y weles, rag apert o Jesu dhe dhos an fordh na.

⁵Pan dhueth Jesu dhe'n plas, ef a veras yn ban ha leverel dhodho, "Zacheus, dues dhe'n dor whare, rag me a res trega y'th chy jy hedhyw." ⁶Rag henna ef a wrug fysky dhe'n dor hag ef a'n jeva muer joy orth y wolcumma.

⁷Kenyver onen neb a welas henna a dhallathas croffolas ow leverel, "Ef res eth dhe ostya yn chy pehador."

⁸Zacheus a sevys y'n tyller ha leverel dhe Jesu, "Lo, Arluth, hanter ow fossessyon me a vyn ranna ynter an vohosogyon, ha mar quruga kemeres tra vyth dheworth nebonen dre dholos, pedergweyth me a wra y aquytya."

⁹Nena Jesu a leverys dhodho, "Re dhueva sylwans dhe'n chy ma hedhyw, rag ef kefrys yw mab a Abram. ¹⁰Rag Mab an Den a dhueth dhe whelas ha dhe sylwel an re kellys."

¹¹Pan esens ow coslowes orth hemma, Jesu a besyas gans parabyl, dre reson ef dhe vos ogas dhe Jerusalem hag y dhe supposya fatel o gwlascor Dew parys dhe omdhysquedhes a ver spys. ¹²Ef a leverys dhedhans ytho: "Yth esa den nobyl hag ef

eth dhe bow abell dhe gafus mytern-sys ragtho y honen ha dewheles tre. [13]Ef a sompnas dhodho deg a'y servons ha ry dhedhans deg puns, un puns an den. Yn medh ef dhedhans, 'Gwreugh negys gans an mona ma erna dheffen tre.'

[14]"Saw yth esa cytysans y bow orth y hatya hag y a dhanvonas cannasow war y lergh dhe leverel, 'Nyns eson ny ow tesyrya an den ma dhe rewlya warnan.'

[15]"Pan wrug ef dewheles, wosa degemeres gallus mytern, ef a elwys dhodho an servons a gafas an mona dheworto, may halla va godhvos pana jyffar a wrussons ganso.

[16]"An kensa a dhueth yn rag ha leverel, 'Arluth, agas puns re waynyas deg puns moy.'

[17]"Ef a leverys dhodho, 'Gwres da, te servont 'vas. Dre reson te dhe vos lel yn tra vunys, kemer power lemmyn war dheg cyta.'

[18]"Nena an secund servont a dhueth ha leverel, 'Arluth, agas puns re waynyas pymp puns.'

[19]"Ef a leverys dhodho, 'Te, te a wra governa pymp cyta.'

[20]"Nena y tueth servont aral ha leverel dhodho, 'Arluth, otomma dheugh agas puns. Me a'n maylyas yn lyen, [21]rag me a'm be own ahanough, drefen why dhe vos den asper. Why a gemer an pyth na wrussough gorra yn arhow ha mejy le na wrussough gonys.'

[22]"Ef a leverys dhodho, 'Me a wra dha jujjya warlergh dha eryow dha honen, te servont drog! Te a wodhya ow bosa asper ha me dhe gemeres

heb gorra yn arhow ha dhe vejy heb gonys. [23]Prag ytho na wrusta gorra ow mona aberth y'n arhanty? Nena, pan wrussen dewheles, me a alsa y dhaskemeres gans oker?'

[24]"Yn medh an mester dhe'n re na esa a'ga saf ryptho, 'Kemereugh dhe-worto an puns ha'y ry dhe henna a'n jeves deg puns.'

[25]"Yn medhans y dhodho, 'Saw, Arluth, deg puns a'n jeves solabrys.'

[26]"Me a laver dheugh: dhe henna a'n jeves tra, y fydh rys moy, saw dhe-worth an re na na's teves tra vyth, y fydh kemerys dhe ves dhewortans myns a vo dhedhans. [27]Saw an esker-ens na dhym, nag esa whensys me dhe vos mytern warnedhans – dreugh y omma, may halleugh why aga ladha dherag ow dewlagas.'"

[28]Wosa Jesu dhe leverel an geryow ma, ef eth war y fordh ow mos yn ban dhe Jerusalem. [29]Pan dhueth ef ogas dhe Vethfage ha dhe Vethany, yth esa y'n tyller henwys Meneth Olyvet. Nena ef a dhanvonas dew a'y dhys-cyplys dheragtho [30]ow leverel, "Ent-reugh y'n dre usy dheragough, ha pan vedhough why entrys ynny, why a gaf ena ebol na wrug marhek bythqueth esedha warnodho. Gwreugh y dhy-gelmy ha'y dhry omma. [31]Mar tue den vyth ha govyn, 'Prag yth esough why orth y dhygelmy?' ny res dheugh ma's leverel, 'Dhe'n Arluth yma othem dhe wruthyl ganso.'"

[32]Gans henna an re na re bya dan-venys a dhybarthas ha cafus an ebol kepar del wrug Jesu declarya dhe-dhans. [33]Pan esens y orth y dhy-gelmy, an berhennogyon a wovynnas

ortans, "Prag yth esough why ow tygelmy an ebol?"

³⁴An dyscyplys a worthebys, "An Arluth a'n jeves othem anodho."

³⁵Nena y a'n dros dhe Jesu. Wosa towlel aga mentylly war an ebol, y a settyas Jesu war y geyn. ³⁶Ha Jesu ow marhogeth yn rag, an bobel a lesas aga mentylly dheragtho war an fordh.

³⁷Pan esa va ow tos nes dhe'n fordh usy ow skynnya dhewar Veneth Olyvet, ruth vras a'n dyscyplys a dhallathas praysya Dew yn lowenek ha gans voys uhel, drefen Dew dhe wul an oberow gallosek a wrussons y gweles. An bobel a gryas,

³⁸"Benegys yw an mytern yn hanow an Arluth devedhys!"

"Cres y'n nef ha glory y'n nevow uhella!"

³⁹Certan a'n Farysys y'n ruth a leverys dhodho, "Descajor, argh dhe'th tyscyplys cessya."

⁴⁰Jesu a worthebys dhedhans, "Mar teffa an re ma ha tewel, an veyn aga honen a vensa crya yn mes."

⁴¹Pan dhueth ef ogas dhe'n cyta, ef a olas rygthy, ⁴²ha leverel, "Soweth na wrusta jy dha honen aswon an taclow usy owth avonsya cres! Saw kelys yns dheworth dha dhewlagas. ⁴³Ea, an dedhyow a vyn dos may whra dha eskerens drehevel fosow y'th kerhyn hag omsettya adro dhys ha dha gompressa a bub tu. ⁴⁴Y vyn dha squattya dhe'n dor, te ha'th flehes aberth ynnos. Ny wrons y gasa ynnos men kyn fe a'y wroweth war y

gela – dre reson na wrusta aswon termyn Dew, pan esa va ow tos."

⁴⁵Nena ef a entras y'n templa ha dallath towlel yn mes an re na esa ow quertha taclow ynno. ⁴⁶Ef a leverys dhedhans, "Screfys yw 'Ow chy a vydh chy a bejadow,' mes 'fow ladron' re wrussough anodho."

⁴⁷Yth esa va pub jorna ow tesky y'n templa. An chyf pronteryon, an scrybys ha rewloryon an bobel a venna cafus fordh rag y ladha, ⁴⁸saw ny yllyns y gul tra vyth war y byn, dre reson an comen tus dhe gemeres delyt yn y eryow ef.

20 Un jorna yth esa Jesu ow tesky an bobel y'n templa hag ow progeth an newodhow da. An chyf pronteryon ha'n scrybys a dhueth dhodho warbarth gans tus hen an Yedhewon. ²Y a leverys dhodho, "Deryf orthyn ny, gans pana auctoryta esta ow cul an taclow ma? Pyw a ros an auctoryta dhys?"

³Ef a worthebys dhedhans, "Me kefrys a vyn govyn questyon orthough why. Levereugh dhym hemma: ⁴besydhyans Jowan – o va dheworth nef bo dheworth mab den?"

⁵Y a dhysputyas an eyl gans y gela ow leverel, "Mar tuen ny ha leverel 'Dheworth nef,' ef a vyn govyn prag na wrussyn ny cresy ynno. ⁶Saw mar tuen ha leverel 'Dheworth mab den,' oll an bobel a wra agan labedha, rag ymons y ow cresy fest fatel o Jowan profet."

⁷Rag henna y a worthebys dhe Jesu na wodhyens man a bleth esa besydhyans Jowan.

8Nena Jesu a leverys dhedhans, "Naneyl ny vannaf leverel dheugh gans pana auctoryta esof vy ow cul an taclow ma."

9Nena Jesu a dhallathas deryvas parabyl ortans: "Yth esa den hag ef a blansas gwynlan ha'y settya gans kemeroryon ha mos dhe gen pow ha trega ena termyn hyr. 10Pan dhueth an kynyaf, ef a dhanvonas servont bys y'n gemeroryon may hallens ry dhodho y ran a'n drevas. Saw an gemeroryon a'n cronkyas ha'y dhanvon yn kergh gwag y dhewla. 11Nessa ef a dhanvonas servont aral. Y a'n cronkyas ef ynwedh ha'y dhespytya ha'y dhanvon dhewortans gwag. 12Danvon a wrug an tressa servont whath, saw y a'n cronkyas ha'y bystyga ha'y dowlel yn mes.

13"Nena yn medh perhennek an wynlan, 'Pandr' a wrama? Me a vyn danvon dhedhans ow mab muergerys. Martesen y a vyn dysquedhes revrons dhodho ef.'

14"Saw pan wrug an gemeroryon y weles, y a dhysputyas an eyl gans y gela ha leverel, 'An er yw hemma. Geseugh ny dh'y ladha may fo an ertons dhyn ny.' 15Rag henna y a'n towlas yn mes a'n wynlan ha'y ladha.

"Rag henna pandr' a wra perhennek an wynlan gansans? 16Ef a vyn dos ha dystrowy an gemeroryon na ha ry an wynlan dhe gen re."

Pan wrussons y clowes henna, "Dew dyfen!" yn medhans y.

17Saw Jesu a veras ortans ha leverel, pyth yw ytho styr an desten ma:

"'An men hag a vue sconys gans an weythoryon chy, res eth ha bos men an cornel'?

18Kenvyer onen a wrella codha war an men na a vydh terrys dhe dymmyn; ha mar tue an men ha codha war nebonen, ef a vydh brewys dredho."

19Pan wrug an scrybys ha'n chyf pronteryon convedhes ef dhe dheryvas an parabyl war aga fyn y, y a dhesyryas settya dalhen ynno stag ena, mes own a's teva a'n bobel.

20Rag henna yth esens orth y whythra glew. Y a dhanvonas aspyoryon fekyl aga cher rag y vagly gans y eryow y honen, may hallens y dhelyfra dhe auctoryta ha dhe bower an governour. 21Rag henna y a leverys dhodho, "Descajor, ny a wor fatel osta compes y'th lavarow hag y'th tyscans, ha na wreta plegya dhe dhenvyth. Ny a wor te dhe dhesky fordhow Dew warlergh an gwyryoneth. 22Ywa lafyl dhyn bo nag ywa tylly tollow dhe Cesar?"

23Saw ef a bercevyas aga sleyneth ha leverel dhedhans, 24"Dysquedheugh deneren dhym. Dhe bywa usy an pen ha'n tytel warnedhy?"

25"Dhe Cesar," yn medhans y.

Ef a leverys, "Rendreugh ytho dhe Cesar taclow Cesar, ha dhe Dhew taclow Dew."

26Ny yllyns y vagly gans y eryow y honen yn syght oll an bobel, saw ancombrys vons gans y worthyp ha tewel a wrussons.

27Y tueth dhodho certan a'n Sadukys usy ow tenaha dasserghyans an re marow. ²⁸Y a wovynnas orto questyon: "Descajor, Moyses a screfas dhyn laha, mar teffa broder nebonen ha tremena ha gasa war y lergh gwedhwes heb flogh, y codhvya dhe'n broder demedhy gwedhwes y vroder ha drehevel yn ban yssew dhodho. ²⁹Yth esa seyth broder. An kensa anedhans a dhemedhas benen ha merwel heb flogh. ³⁰Nena an secund ³¹ha'n tressa a wrug hy demedhy, hag yndelma yn rag, erna wrug pubonen a'n seyth hy demedhy ha merwel heb yssew. ³²Woteweth an venen hy honen a verwys. ³³Y'n dasserghyans an re marow dhe bywa a vydh hy yn gwreg? Rag hy a vue demedhys dhe genyver onen anedhans."

³⁴Jesu a leverys dhedhans, "An re na usy ow longya dhe'n os ma, y a wra demedhy gwrageth ha gwer. ³⁵Saw an re na yw consydrys wordhy a dyller y'n os na hag yn dasserghyans an re marow, ny wrons y demedhy naneyl gwreg na gour. ³⁶Yn gwyr ny yllons y namoy merwel, dre reson y dhe vos haval dhe eleth Dew. Flehes Dew yns ha flehes an dasserghyans. ³⁷Moyses y honen re dheclaryas an re marow dhe dhasserhy yn whedhel an bush gans tan, le may ma va ow cowsel a Dhew avel Dew Abram, Dew Ysak ha Dew Jacob. ³⁸Dew an re bew ywa, adar Dew an re marow, rag yma pub huny anedhans yn few dhodho."

³⁹Nena y leverys ran anedhans, "Descajor, te re worthebys yn pur dha." ⁴⁰Rag ny vedhens y govyn namoy questyons orto.

⁴¹Nena yn medh ef dhedhans, "Fatel yllons y leverel bos an Cryst mab Davyth? ⁴²Rag yma Davyth y honen y'n Salter ow leverel,

"'Yn medh an Arluth dhe'm Arluth vy,
"Eseth a'm barth dyhow
⁴³erna wryllyf scavel dros a'th eskerens.'"

⁴⁴Davyth a'n gelow Arluth. Fatel ylla ytho bos y vab?"

⁴⁵Yn clowans oll an bobel Jesu a leverys dh'y dhyscyplys, ⁴⁶"Bedheugh war a'n scrybys. Da yw gansans kerdhes adro ha powsyow hyr adro dhedhans. Mal yw gansans bos dynerhys gans revrons y'n marhasow hag esedha y'n tylleryow gwella y'n synagys hag yn plasyon a onour yn bankettys. ⁴⁷Ymons y ow tevorya treven gwedhwesow, ha gans fayntys y a wra paderewa termyn hyr. Dhe voy y fedhons y dampnys."

21 Jesu a veras yn ban ha gweles an dus rych ow towlel aga royow aberth y'n dresorva. ²Ef a welas gwedhwes vohosek kefrys, ha hy owth offrynna dew dhemma. ³Ef a leverys, "Yn gwyr me a laver dheugh an wedhwes vohosek ma dhe ry moy ages pubonen aral, ⁴rag mes a'ga lanwes y re ros aga royow, mes a'y bohosogneth hy re worras aberveth oll hy fegans."

⁵Pan esa ran anedhans ow cowsel adro dhe'n templa, fatel o va afynys gans meyn teg ha gans royow sacrys dhe Dhew, Jesu a leverys, ⁶"Ow tuchya oll an taclow ma esough why ow meras ortans – yma an dedhyow ow tos ma na vydh men vyth gesys

war y gela. Y fydh kenyver onen ane-dhans towlys dhe'n dor."

7Y a wovynnas orto, "Descajor, pana dermyn a vydh henna? Pandr' a vyn leverel bos an taclow ma parys dhe wharfos?"

8Yn medh ef dhedhans, "Bedheugh war ma na veugh why ledys war stray. Y tue lyes huny y'm hanow vy ha leverel, 'Me yw ef,' hag 'Ogas yw an termyn.' Na wreugh aga sewya. 9Pan wrelleugh clowes a vatellys hag a sordyansow, na gemereugh scruth, rag res yw an taclow ma dhe wharfos. Saw ny dhue an deweth heb let."

10Nena ef a leverys dhedhans, "Nacyon a wra sevel warbyn nacyon ha gwlascor warbyn gwlascor. 11Y fydh dorgrysyow bras, dyvotterow ha plagys yn tylleryow dyvers hag y fydh gwelys ragarwedhyow ha toknys uthek mes a'n nef.

12"Saw kens es dhe'n taclow na happya, y a wra agas sesya ha'gas tor-mentya. Delyfrys vedhough dhe'n synagys ha dhe'n prysonyow. Why a vydh drys dherag myterneth ha governours awos ow hanow vy. 13Henna a re dheugh chons dhe desta. 14Rag henna, na wreugh parusy agas defens dherag dorn, 15rag me a vyn ry dheugh geryow ha skyans na yll nagonen a'gas contrarys naneyl dynaha na concludya. 16Why a vydh traytys gans kerens, breder, nessevyn ha cothmens. Ledhys vydh ran aha-nough. 17Pubonen a wra agas casa awos ow hanow vy. 18Saw ny wra mos dhe goll blewen kyn fe a'gas pen. 19Der agas duryans y fennough why gwaynya agas enevow.

20"Pan wrelleugh why gweles Jeru-salem omsettys adro gans ostys bras, why a vyn godhvos y'n uer na bos ogas hy desolacyon. 21Suel a vo yn Judy y'n tor' na, res vydh dhodho fya bys y'n menydhyow, ha'n re na a vo y'n cyta, res vydh dhedhans hy forsakya. An re na a vo y'n pow, y a dal sevel orth entra y'n cyta. 22Rag an dedhyow ma yw dedhyow a venjons, hag y tue keweras a bub scryptur ynnans. 23Goy an re na a vo gans flogh bo a vo mammethow y'n dedh-yow na! Rag y fydh gref bras war an norvys ha sor warbyn an bobel. 24Tus a vyn codha gans an cledha, bo y a vydh drys yn kergh avel kethyon yn mesk oll an nacyons. Jerusalem a vydh trettys yn dan dreys gans an Jentylys, erna vo termyn an Jentylys collenwys.

25"Y fydh gwelys synys y'n howl, y'n lor hag y'n ster, ha gref yn mesk an nacyons hag ynsy muskegys gans ujans an mor ha'n tonnow. 26Tus a wra clamdera der ewn dowt ha rag own a'n pyth usy ow tos war an norvys, rag shakys vydh powers an nef. 27Y'n tor' na y a welvyth Mab an Den ow tos yn clowd gans gallus ha glory bras. 28Pan wra an taclow ma dalleth, dreheveugh agas pen, drefen bos agas redempcyon ow tos nes."

29Nena ef a dheclaryas parabyl dhe-dhans, "Mereugh orth an fygwedhen hag orth oll an gwedh. 30Kettel wrens y delya, why a yll gweles ragough agas honen hag apert yw bos ogas an haf. 31Yndelma kefrys pan welleugh an taclow ma ow wharfos, why a wor bos ogas gwlascor Dew.

32"Yn gwyr me a laver dheugh, na wra an henath ma tremena erna vo an taclow wharfedhys. 33Y whra an nef ha'n norvys tremena, mes ow geryow vy a wra durya rag nefra.

34"Bedheugh war na vo agas colon grevys naneyl gans harlotry ha medhewnep na gans fyenasow an bewnans. Waryeugh na wrella an jorna na agas contrewaytya 35kepar ha maglen. Rag an jedh na a vyn dos war genyver onen ues ow pewa war fas an norvys ahes. 36Bedheugh dyfun pupprys, ha peseugh ma'gas bo nerth dhe scappya dheworth oll an taclow a whervyth, ha dhe sevel dherag Mab an Den."

37Yth esa Jesu ow tesky y'n templa kenyver jorna, hag orth golow nos yth esa va ow mos yn mes rag spena an nos war Veneth Olyvet (kepar del o an tyller henwys). 38Hag oll an bobel a sevy pub myttyn avar rag goslowes orto y'n templa.

22 Ogas o gol an Bara heb Gwel (yw gelwys an Pask). 2Whensys o an chyf pronteryon ha'n scrybys dhe gafus fordh rag gorra Jesu dhe'n mernans, saw own a's teva a'n bobel. 3Satnas a entras yn Judas henwys Scaryoth, onen a'n dewdhek. 4Ef a dhybarthas hag omgusulya gans an chyf pronteryon ha gans an offysers a wethysy an templa fatel ylly trayta Jesu dhedhans. 5Henna a's plesyas, hag acordys vue yntredhans y dhe ry mona dhodho. 6Ef a agryas ha dalleth whelas occasyon rag trayta Jesu dhedhans, pan na vedha bush bras a dus y'n tyller.

7Nena y tueth jorna an Bara heb Gwel, may fue res offrynna an On Pascal. 8Rag henna Jesu a dhanvonas Peder ha Jowan ow leverel, "Keugh ha paruseugh soper an Pask dhyn, may hallen ny y dhebry."

9Y a wovynnas, "Ple fenta ny dhe barusy an soper?"

10Yn medh ef dhedhans, "Gosloweugh, pan veugh ajy dhe'n cyta, why a dhyerbyn whare den ow ton pycher dowr. Pypynag oll mayth ella, y'n keth chy na eugh ganso, 11ha levereugh dhe wour an chy agas mester dhe wovyn py plas yth hylla debry an Pask, ef hag oll y dhyscyplys. 12Ef a dhysqua dheugh why un rom efan avan. Gwaytyeugh dyghtya bos ynno lowr dh'agan soper ragon."

13Gans henna y eth ha cafus pub tra poran kepar del leverys dhedhans. Hag y a wrug parusy soper an Pask.

14Pan dhueth an prys, Jesu a gemeras y dyller orth an tabel ha'n abosteleth ganso. 15Ef a leverys dhedhans, "Me re dhesyryas fest muer debry genough why bos Pask kens ow bos tormentys. 16Rag yth esof ow leverel dheugh, na wrama y dhebry erna vo collenwys yn gwlascor Dew."

17Nena ef a gemeras hanaf ha wosa ry grassow, ef a leverys, "Tanneugh hemma ha ranneugh ef yntredhough agas honen. 18Rag me a laver dheugh: alemma rag ny wrama eva frut a'n wedhen grappys bys mayth yllyf yn ow gwlas."

19Nena ef a gemeras torth bara, ha pan wrug ef ry grassow, ef a'n torras ha'y ry dhedhans ow leverel, "Hem yw ow horf vy, yw rys ragough why.

Gwreugh hemma yn remembrans ahanaf."

20Hag ef a wrug an keth tra gans an hanaf wosa soper, ow leverel, "An hanaf ma neb yw scullys yn mes ragough yw an kevambos noweth y'm gos vy. 21Saw gweleugh, yma genef omma henna a wra ow thrayta, hag yma y dhorn war an vos. 22Rag yma Mab an Den ow mos poran kepar del vue determys, mes henna may fydh ef traytys dredho, goef!" 23Nena y a dhallathas govyn an eyl orth y gela pyw anedhans a ylly bos an den a wrella an dra.

24Argument a sordyas y'ga mesk kefrys: pyw anedhans a'n jevya an roweth brassa. 25Saw Jesu a leverys dhedhans, "Y fydh myterneth an Jentylys ow lordya warnedhans; ha suel a vo yn auctoryta yntredhans, y a'n gelow masoberor. 26Byth nyns ough why yndella. Ahanough neb yw moyha ha'n brassa gallus dhodho, bedhens kepar ha'n lyha, ha neb a dheppra kensa, kepar ha neb a servya. 27Pyw yw brassa, ef usy a'y eseth orth an vos, bo henna usy ow servya? A nyns ywa an den orth an vos? Saw me, yth esof vy y'gas mesk kepar hag onen ues ow servya. 28Yth ough why an re na re bue stedfast genef y'm prevyans, 29hag yth esof vy ow ry dheugh gwlascor, kepar del ros ow thas gwlascor dhymmo vy, 30may halleugh why debry hag eva orth ow mos y'm gwlascor; ha why a vydh esedhys war dronys ha jujjya an dewdhek tryb a Ysrael.

31"Symon, Symon, goslow orthyf! Satnas yw ervyrys dh'agas crodra avel

ys yn nothlennow, 32saw me re besys ma na wrella fyllel dha fedh jy. Ha te, pan wrelles treylya arta, crefha dha vreder."

33Peder a leverys dhodho, "Arluth cuf, me yw parys godhaf genes bos gorrys fast yn pryson ha bos ledhys!" 34Jesu a leverys, "Peder, me a laver dhys, kens es bos culyek kenys an nos ma, teyrgweyth y whreth ow naha."

35Ef a leverys dhedhans, "Pan wrug avy agas danvon yn mes heb pors, sagh na sandalys, esa othem dheugh a dra vyth?"

Y a worthebys, "Nag esa a dra vyth."

36Ef a leverys dhedhans, "Lemmyn res yw dhe henna a'n jeves pors y gemeres ganso, ha sagh ynwedh. A'n jeffa mantel, a's gwerthens ha prenens cledha dhodho y honen. 37Rag me a laver dheugh: an scryptur ma a dal bos collenwys ynnof vy: 'Hag yn mesk an dus dylaha ef a vue nombrys.' Ea, an pyth re bue screfys y'm kever, yma henna collenwys lemmyn."

38Y a leverys, 'Arluth, yma omma dew gledha.'

Ef a leverys, 'Lowr yw an re na.'

39Ef a dhueth yn mes ha kerdhes, kepar del o y usadow, dhe Veneth Olyvet, ha'y dhyscyplys a'n sewyas. 40Pan wrug ef drehedhes an tyller, yn medh ef dhedhans, "Peseugh na vedheugh why drys dhe dermyn an prevyans." 41Nena omdenna a wrug ef ogas dhe dowl men dhewortans. Ef eth dhe ben dewlyn ha pesy yndelma, 42"A Das, mar menta, kemer dheworthyf an hanaf ma. Bytegens dha vodh tejy re bo gwres adar ow bodh vy." 43Gans henna, y fue danvenys dhodho el a'n nef dh'y gonfortya. 44Yn y angus ef a besys dhe voy freth, hag ef a whesa dowr ha gos yn kemyskys, ow codha dhe'n dor yn dagrow bras.

45Pan sevys yn ban wosa y bejadow, ef a dhueth bys yn y dhyscyplys ha'ga hafus yn cusk awos aga gref. 46Ef a leverys dhedhans, "Prag yth esough why ow cusca? Seveugh yn ban ha peseugh na veugh why drys dhe dermyn an prevyans."

47Hag ef whath ow cowsel, y tueth yn trom bush a dus, ha'n den henwys Judas, onen a'n dewdhek, orth aga ledya. Ef a dhueth nes dhe Jesu rag amma dhodho, 48saw Jesu a leverys, "Judas, ywa gans am a venta trayta Mab an Den?"

49Pan welas an re na esa ganso an pyth esa ow wharfos, y a wovynnas orto, "Arluth, lavar mars yw dha vodh ny dh'y weskel gans cledha." 50Nena onen anedhans a weskys servont a'n uhel pronter ha trehy dhe ves y scovarn dhyhow.

51Saw Jesu a leverys, "Cessyeugh henna!" Hag ef a duchyas y scovarn ha'y sawya.

52Nena yn medh Jesu dhe'n uhel pronteryon, dhe'n offysers a wethysy an templa ha dhe'n dus hen a dhueth rag y sesya, "Ough why devedhys yn mes gans cledhedhyow ha battys, kepar ha pan ven lader? 53Pan esen kenyver jorna y'n templa genough why, ny wrussough why settya dewla warnaf. Saw hem yw agas prys why, ha gallus an tewolgow!"

54Nena y a settyas dalhen ynno ha'y ledya yn kergh, ha'y dhry bys yn chy an uhel pronter. Saw yth esa Peder orth y sewya pols war dhelergh. 55Pan wrussons y annowy tan yn cres lys an chy hag esedha adro dhodho warbarth, Peder a esedhas gansans. 56Nena maghteth, pan wrug hy y weles orth golow an tan, hy a veras glew orto ha leverel, "Yth esa an den ma ganso kefrys."

57Saw ef a wrug y naha ha leverel, "A venen, nyns esof orth y aswon."

58Prys wosa henna nebonen aral a leverys, "Te kefrys, yth osta onen ane-dhans."

Saw Peder a leverys, "A dhen, nag of!"

59Nena, ogas dhe owr awosa, neb-onen aral a leverys, "Certan yw fatel esa hemma ganso, rag den a Alyla ywa."

60Saw Peder a leverys, "A dhen, ny won man pyth esta ow cowsel adro dhodho!" An very prys na ha Peder ow cowsel, an culyek a ganas. 61An Arluth a dreylyas ha meras orth Peder. Nena Peder a borthas cof a er an Arluth, pan leverys dhodho, "Kens es bos culyek kenys an nos ma, teyr-gweyth y whreth ow naha." 62Hag ef eth yn mes ha scullya dagrow duhan.

63Ha'n dus esa ow sensy Jesu a dhallathas gul ges anodho ha'y gronkya. 64Y a gudhas y dhewlagas kefrys ha govyn orto lyesqueyth, "Gwra profusa! Pyw a wrug dha weskel?" 65Y a sewyas orth y dhe-spytya yn lyes maner aral kefrys.

66Pan dorras an jedh, cuntelles tus hen an bobel, an dhew uhel pronter ha'n scrybys a dhueth warbarth, hag y a dhros Jesu dh'aga honsel. 67Y a leverys, "Mars osta an Cryst, lavar dhyn."

Ef a worthebys, "Mar tuema ha leverel dheugh, ny vennough why cresy. 68Ha mar qurama govyn questyons orthough, ny vennough why gortheby. 69Saw alemma rag y fydh Mab an Den esedhys abarth dyhow a bower Dew."

70Pubonen anedhans a wovynnas, "Osta jy ytho Mab Dew?"

Ef a leverys dhedhans, "Why a laver ow bosama.

71Nena y a leverys, "Pana a dhustuny pella ues othem dhyn anodho? Ny agan honen re'n clowas dheworth y dhewweus ef."

23 Kenyver onen y'n guntelles a sevys yn ban warbarth ha dry Jesu dherag Pylat. 2Y a dhallathas y guhudha ow leverel, "Ny re gafas hemma ow treylya agan nacyon, orth agan dyfen na wrellen tylly tollow dhe Cesar, hag ow leverel y honen dhe vos Cryst Mytern."

3Nena Pylat a wovynnas orto, "Osta mytern an Yedhewon?"

Ef a worthebys, "Te a'n laver."

4Nena yn medh Pylat dhe'n chyf pronteryon ha dhe'n ruth a dus, "Ny gafaf cheson vyth may fe an den ma cuhudhys."

5Saw y a levery heb hedhy, "Yma va ow sordya an bobel gans y dhyscas dres oll Judy dheworth Galyla, le may whrug ef dalleth, bys y'n tyller ma."

6Pan glowas Pylat henna, ef a wovynnas mars o Jesu Galylean. 7Pan wrug ef convedhes Jesu dhe vos yn dan dhanjer Erod, ef a'n danvonas strayt dhe Erod, rag yth esa Erod y honen yn Jerusalem y'n tor' na.

8Pan welas Erod Jesu, ef a rejoycyas, rag yth esa ow tesyrya y weles nans o termyn hyr. Ef a glowas adro dhodho ha govenek a'n jeva y whre Jesu neb syn ragtho. 9Ef a wrug y examnya pols da, saw ny wrug Jesu gortheby dhodho. 10Yth esa an chyf pronteryon ha'n scrybys a'ga saf ryptho hag y orth y guhudha yn freth. 11Erod y honen ha'y soudoryon a dhespytyas Jesu ha gul ges anodho. Nena Erod a settyas pows afynys adro dhodho ha'y dhanvon arta dhe Bylat. 12An keth jorna na yth eth Erod ha Pylat ha bos cothmens. Kens ena eskerens ens an eyl dh'y gela.

13Y'n uer na Pylat a elwys warbarth an chyf pronteryon, an rewloryon ha'n bobel 14ha leverel dhedhans, "Why a dhros dhym hemma avel onen esa ow sordya an dus. Omma me re wrug y examnya y'gas syght why, ha ny'n kefys ef cablus a ran vyth kyn fe a'gas cuhudhans. 15Ny'n cafas Erod dhe vlamya naneyl, rag ef re dhanvonas Jesu war dhelergh dhyn. Yn gwyr ny wrug an den ma tra vyth a vensa dendyl mernans. 16Me a vyn gul dhodho ytho bos scorjys ha'y asa dhe vos." 17Res o dhodho delyfra nebonen dhedhans orth an degol.

18Nena y oll a gryas warbarth, "Yn kergh ganso! Relesyeugh Barabas ragon! Relesyeugh Barabas ragon!" 19(Barabas o den re bya gorrys yn pryson awos sordyans ha denladh).

20Whensys o Pylat dhe frya Jesu. Rag henna ef a gowsas ortans arta.

²¹Saw yth esens y pupprys ow crya, "Crowsyeugh ef! Crowsyeugh ef!"

²²Ef a gowsas ortans an tressa treveth ha leverel, "Praga? Pana dhrog re wrug ef? Me ny won cafus reson ynno prag y res dhodho merwel. Me a wra y scorjya ytho ha nena y relesya."

²³Saw y a besyas gans lef uhel ha demondya yn freth may fe va crowsys. Aga lef a brevaylyas. ²⁴Rag henna Pylat a ros y vrues y fedha grontys aga yeunadow. ²⁵Pylat a relesyas an den aral warlergh aga bodh – henna re bya prysonys awos gul sordyans ha denladh – ha Pylat a dhelyfras Jesu dhedhans dhe wul dhodho kepar del vennens.

²⁶Pan esens y ow ledya Jesu yn kergh, y a settyas dalhen yn den, Symon dhya Cyren y hanow, esa ow tos dheworth an pow, hag y a worras an growspren warnodho ha gul dhodho y don warlergh Jesu. ²⁷Yth esa bush bras a dus orth y sewya, hag y'ga mesk benenes esa ow queskel aga brest hag owth ola warnodho. ²⁸Saw Jesu a dreylyas tro hag y ha leverel, "Myrhes a Jerusalem, na oleugh warnaf vy, saw warnough agas honen ha war agas flehes. ²⁹Rag certan y tue dedhyow, may fenygough an re anvab, ow leverel 'Gwyn aga bys an torrow na's teva bythqueth flehes ha kekefrys an bronnow na dhenas flehesygow.' ³⁰Y'n uer na y a wra pejadow may cotha an menydhyow warnedhans hag y a bys an brynyow dh'aga gorhery. ³¹Mars usons y ow cul hemma ha'n pren gwer, pandr' a wrons y pan vo va segh?"

³²Y fue dew dhen erel, drogoberoryon, ledys yn kergh gans Jesu dhe vos gorrys dhe'n mernans warbarth ganso. ³³Pan dhuethons bys y'n plas henwys Tyller an Crogen Pen, ena y a growsyas Jesu warbarth gans an dhrogoberoryon, an eyl a'y barth dyhow ha'y gela a'n barth cledh. ³⁴Yth esa Jesu ow leverel, "A Das, gaf dhedhans rag ny wodhons y man pandr' usons orth y wul." Ha towlel pren a wrussons rag ranna y dhyllas.

³⁵Yth esa an bobel a'ga saf yn y ogas ow meras orto. Saw an rewloryon a wre ges anodho ha leverel, "Sawya y hynsa a wrug ef. Gwrens ef sawya y honen, mars ywa an Cryst, den dowysys Dew!"

³⁶An soudoryon kefrys a wre ges anodho. Y a dhueth dhodho hag offra yn ban aysel dhodho, ³⁷ha leverel, "Mars osta Mytern an Yedhewon, saw dha honen!"

³⁸Yth esa lybel a-ugh y ben yn Latyn, Greca, hag Ebbrow, "HEM YW MYTERN AN YEDHEWON."

³⁹Onen a'n dhrogoberoryon esa yn crog ganso a wrug y dhespytya: "A nyns osta an Cryst? Omsaw dha honen ha saw ny genes ynwedh!"

⁴⁰Saw y gela a'n rebukyas ow leverel, "A nyns usy own Dew dhys, aban osta yn dan an keth brues a vernans? ⁴¹Ny re bue jujjys dre wyr vrues ha gallas agan ewn wober genen, mes ny wrug an den ma drockoleth vyth y'n bys."

⁴²Nena ef a leverys, "Jesu, gwra predery ahanaf, pan dhyffy dhe'th pow."

⁴³Jesu a leverys dhodho, "Pur wyr a lavaraf dhys: te a vydh genef hedhyw yn Paradhys."

⁴⁴Yth o lemmyn ogas dhe hanter-dedh, hag y tueth tewolgow war oll an pow bys yn teyr uer dohajedh. ⁴⁵Fyllel a wrug golow an howl. Vayl an templa a squardyas yntra dew. ⁴⁶Nena Jesu a gryas a lef uhel, "A Das, yntra dha dhewla gwraf kemynna ow sperys." Wosa leverel an geryow na, ef a dremenas.

⁴⁷Pan welas an century an pyth o wharfedhys, ef a braysyas Dew ha leverel, "Heb cam o an den ma yn tefry!" ⁴⁸Yth esa ruth vras y'n tyller na a dhueth rag gweles pub tra a venna wharfos, mes pan welsons oll an cas, y a dhewhelas tre ow queskel aga brest. ⁴⁹Saw yth esa y gowetha ha'n benenes a dhueth ganso dheworth Galyla, yth esens oll a'ga saf pols alenna hag y ow meras orth an taclow ma.

⁵⁰Yth esa den ewnhensek gwyryon ena, Josef y hanow, ha kynth o va esel a guntelles an Yedhewon, ⁵¹ny wruga assentya poynt naneyl dh'aga thowl na dh'aga oberow. Dheworth tre a Judy henwys Baramathia o va, hag yth esa va gans govenek ow cortos gwlascor Dew. ⁵²Josef eth dhe Bylat ha govyn corf Jesu orto. ⁵³Ef a gemeras an corf dhe'n dor dhewar an growspren, y vaylya yn lyen ha'y settya yn bedh men, na vue den vyth gorrys ynno bys y'n uer na. ⁵⁴Dedh an Preparacyon o hag yth esa an sabot ow talleth.

⁵⁵An benenes neb o devedhys ganso dheworth Galyla a'n sewyas. Y a welas an bedh men ha fatel vue corf Jesu gorrys ynno. ⁵⁶Nena y a dhewhelas ha parusy spycys hag onymens. Jorna

130

an sabot y a bowesas warlergh an comondment.

24 An kensa jorna a'n seythen, pur avar dheworth an jedh, y a dhueth dhe'n bedh ow try gansans an spycys a wrussons parusy. ²Y a gafas an men rolys dhe ves dheworth an bedh, ³saw pan wrussons y entra ny gafsons an corf. ⁴Amays vons awos hemma, saw whare dew dhen yn dyllas ylyn a dhueth ha sevel ryp-thans. ⁵An benenes a gemeras uth ha plegya aga fasow dhe'n dor. Saw an dus a leverys dhedhans, "Prag yth esough why ow whelas an den bew yn mesk an re marow? Omma nyns usy ef, rag sevys yw. ⁶Pertheugh cof ef dhe dheryvas dheugh pan esa whath yn Galyla, ⁷y talvya dhe Vab an Den bos delyfrys dhe behadoryon ha gorrys y'n growspren, mes y whre va dasserhy an tressa dedh."

⁸Nena y a remembras y eryow, ⁹ha wosa dewheles dheworth an bedh, y a dheryvas oll an mater ma dhe'n dew-dhek ha dhe'n remenant. ¹⁰Yth o Marya Maudlen, Joanna, Marya mam Jamys ha'n benenes erel neb a dhe-claryas hemma dhe'n abosteleth. ¹¹Saw aga geryow a hevelly dhedhans bos whedhel ufer ha ny wodhyens cresy dhedhans. ¹²Saw Peder a sevys yn ban ha ponya bys y'n bedh. Ef a omblegyas ha meras ajy ha gweles an lyenyow aga honen. Nena ef eth tre hag ef amays der an pyth a wharfa.

¹³An keth jorna na yth esa dew anedhans ow travalya dhe dre vyan henwys Emmaus, neb seyth myldyr dheworth Jerusalem. ¹⁴Yth esens y

ow kescowsel an eyl gans y gela adro dhe oll an taclow ma o wharfedhys.
15Pan esens ow cowsel hag ow tysputya, Jesu y honen a dhueth nes dhedhans ha kerdhes warbarth gansans, 16saw lettys vue aga dewlagas, ma na wrellens y aswon.

17Hag ef a leverys dhedhans, "Pandr' esough why ow tysputya yntredhough ha why ow kerdhes warbarth?"

Y a sevys stag ena, tryst aga semlant.
18Nena onen anedhans, henwys Cleopas, a worthebys, "Osta den astranj yn Jerusalem, ma na wodhes ow tuchya an taclow re wharfa ena agensow?"

19"Pana daclow?" yn medh ef dhedhans.

Y a worthebys, "An maters ow tuchya Jesu a Nazara. Ef o profet gallosek y obereth ha'y eryow dherag Dew ha dherag oll an bobel. 20Agan chyf pronteryon ha rewloryon a'n delyfras dhe vos dampnys dhe'n mernans ha crowsys vue. 21Saw govenek a'gan be y fedha va henna a wre dasprena Ysrael. Ea, ha moy es hemma oll, nans yw treddeth wosa an taclow ma dhe wharfos. 22Ha whath nebes benenes ahanan re worras marth ynnon. Y fons y orth an bedh hedhyw myttyn avar, 23ha pan na wrussons y cafus y gorf ena, y a dhewhelas ha leverel dhyn fatel wrussons y gweles vesyon a eleth, a dheclaryas dhedhans ef dhe vos yn few. 24Ran a'n re na esa genen eth dhe'n bedh ha cafus an cas poran kepar del leverys an benenes, saw ny wrussons y weles ef."

25Nena ef a leverys dhedhans, "Ass ough gocky ha tewl yn agas colon, rag fowt cresy oll an taclow re bue declarys gans an profettys! 26A ny resa dhe'n Cryst godhaf oll an taclow ma kens es entra yn y glory?" 27Nena, ow talleth gans Moyses hag oll an profettys, ef a styryas dhedhans pub tra y'n scrypturs adro dhodho y honen.

28Pan esens y ow tos nes dhe'n dre esens y ow mos dhedhy, ef a gerdhas arag, kepar del ve va whensys dhe vyajya pella. 29Saw y a wrug y ynnya cref ha leverel, "Tryg genen ny, rag re dhueth an gordhewer ha namnag yw passys an jedh." Rag henna ef a dregas gansans.

30Pan esa va orth an vos gansans, ef a gemeras bara, y venega ha'y derry ha'y ry dhedhans. 31Nena aga dewlagas a vue egerys hag y a'n aswonas, hag ef eth quyt yn kergh mes a'ga syght. 32Y a leverys an eyl dh'y gela, "A nyns esa agan colon ow lesky ynnon, hag ef ow cowsel orthyn war an fordh hag owth egery dhyn an scrypturs?"

33An very prys na y a sevys yn ban ha dewheles dhe Jerusalem, hag y a gafas an unnek ha'ga howetha cuntellys warbarth. 34Y a levery, "Dasserhys yn gwyr yw an Arluth hag ef re omdhysquedhas dhe Symon!" 35Nena y a dheclaryas an pyth a wharfa war an fordh ha kepar del vue va aswonys dhedhans dre derry bara.

36Pan esens y whath ow cowsel adro dhe'n mater ma, Jesu y honen a dhueth ha sevel y'ga mesk ha leverel dhedhans, "Cres dheugh why!"

37Y a vue amays hag a gemeras scruth, ow cresy y dhe weles sperys.

131

38Jesu a leverys dhedhans, "Prag yth esough why ow perthy own ha prag yma dowt ow sordya y'gas colon? 39Mereugh orth ow dewla ha'm treys. Gweleugh, me ywa. Tuchyeugh vy ha mereugh, rag ny'n jeves sperys kyg hag eskern kepar ha me."

40Pan wrug ef leverel henna, ef a dhysquedhas dhedhans y dhewla ha'y dreys. 41Pan ens y whath dowtys hag ancombrys der aga joy bras, yn medh ef dhedhans, "Ues tra vyth dhe dhebry genough omma?" 42Y a ros dhodho tam a bysk dyghtys. 43Ef a'n kemeras ha'y dhebry y'ga golok.

44Nena ef a leverys dhedhans, "An re ma yw ow geryow a wrug avy cowsel orthough ha me whath genough – fatel resa bos collenwys pub tra screfys adro dhym yn laha Moyses, y'n profettys hag y'n salmow."

45Nena ef a egoras aga brys dhe gonvedhes an scrypturs, 46ha leverel dhedhans, "Yndella yth yw screfys, y res dhe'n Cryst suffra ha dasserhy an tressa dedh dheworth an re marow, 47ha fatel yw res progeth edrek ha gyvyans pehosow yn y hanow ef dhe oll an nacyons, ow talleth yn Jerusalem. 48Why yw dustunyow a'n taclow ma. 49Ha mereugh, yth esof vy ow tanvon warnough henna re bue promysys gans ow Thas. Tregeugh omma ytho y'n cyta, erna veugh why gwyskys gans power dheworth nef avan."

50Nena ef a's ledyas yn mes bys yn Bethany, hag ow trehevel y dhewla, ef a's benegas. 51Pan esa va orth aga benega, ef a omdennas dhewortans hag y fue degys yn ban yn nef. 52Y a wrug y wordhya ha dewheles dhe Jerusalem gans lowena vras. 53Hag yth esens y'n templa pub jorna oll ow praysya Dew.

An Awayl warlergh Jowan

1 Y'n dallethfos yth esa an Ger, hag yth esa an Ger gans Dew ha Dew o an Ger. ²Yth esa an keth y'n dallethfos gans Dew.

³Dredho y fue formys pub tra; ha heptho ny vue formys tra vyth a gemmys hag a vue gwres. ⁴Ynno ef yth esa an bewnans ha'n bewnans o golow an dus. ⁵Hag yma an golow ow tewynya y'n tewolgow, saw ny wodhya an tewolgow y dhyfudhya man.

⁶Y fue den danvenys gans Dew ha Jowan o y hanow. ⁷Ef a dhueth yn dustuny rag dustunya a'n golow, may halla pubonen cresy dredho ef. ⁸Nyns o va an golow na, mes y fue va danvenys rag dustunya anodho. ⁹Hen o an golow gwyr usy ow tewynya war bubonen a dheffa aberth y'n bys.

¹⁰Y'n bys yth esa ef ha ganso an bys re bya creatys, saw ny wrug an bys y aswon. ¹¹Ef a dhueth dh'y dus y honen, saw ny wrussons y receva man. ¹²Saw dhe bubonen a wrug y receva, ef a ros gallus dhe vos mebyon Dew, dhe neb a wrella cresy yn y hanow ef, ¹³dhe'n dus na vue genys naneyl dre wos na dre volunjeth an kyg na dre volunjeth den, mes dre Dhew.

¹⁴An ger a vue gwres kyg hag ef a dregas y'gan mesk ny ha ny a welas y wordhyans, glory Unvab an Tas, luen a ras hag a wyryoneth.

¹⁵(Jowan a ros dustuny anodho hag a gryas, "Hem yw an den na hag a leverys vy adro dhodho: 'Ef, usy ow tos war ow lergh, a wra mos dheragof, rag ef dhe vos kens es me.'") ¹⁶Hag a'y lanwes ef ny oll re recevas gras war ras. ¹⁷Rag an laha a vue rys dre Voyses, mes gras ha gwyryoneth a dhue dre Jesu Cryst. ¹⁸Ny wrug den vyth bythqueth gweles Dew. Saw an Unvab, usy yn ascra an Tas, ef re wrug y dheclarya.

¹⁹Hem yw dustuny Jowan, pan wrug an Yedhewon danvon pronteryon ha Levysy dhya Jerusalem rag govyn orto, "Pyw osta?" ²⁰Ef a'n avowas ha ny wrug y naha saw y avowa, "Nyns oma an Cryst."

²¹Hag y a wovynnas arta, "Pyw osta ytho? Osta Elyas?"

Ef a leverys, "Nag of."

"Osta an profet na?"

Hag ef a worthebys, "Nag of."

²²Nena y a leverys, "Pyw osta? May hallen ny ry gorthyp dhe'n re na a wrug agan danvon. Pandr' esta ow leverel ahanas dha honen?"

²³Ef a leverys, "Me yw lef onen ues ow carma y'n gwylfos, 'Gwreugh compes fordhow an Arluth,' del leverys Ysay an profet."

²⁴Ha'n re na, neb re bya danvenys gans an Farysys, ²⁵y a wovynnas orto ow leverel, "Prag y whreta besydhya, mar nyns osta an Cryst, nag Elyas na'n profet na?"

²⁶Jowan a worthebys dhedhans ha leverel, "Me a wra besydhya gans dowr, saw yma onen a'y saf y'gas mesk nag yw aswonys dheugh. ²⁷Ef yw neb usy ow tos war ow lergh, ha nyns oma wordhy dhe dhygelmy cronow y eskys."

28An taclow ma a wharfa yn Bethany yn hans dhe dhowr Jordan, an tyller mayth esa Jowan ow pesydhya.

29Ternos Jowan a welas Jesu ow tos war y byn hag ef a leverys, "Awot On Dew usy ow kemeres yn kergh pehadow an bys. 30Hem yu henna, neb a leverys vy anodho, bos nebonen ow tos war ow lergh hag ef uhella agesof, awos y vos kens es me. 31Ny wrug avy y aswon ef. Saw me a dhueth ow pesydhya gans dowr, rag may fe va dyscudhys dhe Ysrael."

32Ha Jowan a ros dustuny ha leverel, "Me a welas an Sperys ow skynnya mes a'n nef yn form a golom hag ow remaynya warnodho. 33Me ow honen ny wrug y aswon, mes henna neb a'm danvonas dhe vesydhya gans dowr a leverys dhym, 'Neb a welles an Sperys Sans ow skynnya warnodho hag ow remaynya warnodho, ef yw henna a wra besydhya gans an Sperys Sans.' 34Ha me ow honen re'n gwelas, hag yth esof ow testa bos hemma Mab Dew."

35Ternos arta yth esa Jowan a'y saf gans dew a'y dhyscyplys. 36Pan welas ef Jesu ow passya, ef a leverys, "Awot On Dew!"

37Ha'n dhew dhyscypyl a'n clowas ha sewya Jesu. 38Nena Jesu a dreylyas ha'ga gweles orth y sewya ha leverel dhedhans, "Pandr' esough why ow whelas?"

Y a leverys dhodho, "Raby" (hem yw dhe styrya Descajor), "pleth esta tregys?"

39Ef a worthebys, "Deugh ha gweles."

Y eth ha gweles an tyller mayth esa va tregys, hag y a remaynyas ganso an jedh na. Yth o ogas dhe beder uer dohajedh.

40Onen a'n dhew, neb a glowas lavar Jowan ha sewya Jesu, o Androw, broder Symon Peder. 41Kens oll ef eth ha cafus y vroder ha leverel dhodho, "Ny re gafas an Messias" (hem yw dhe styrya an Cryst).

42Hag ef a dhros Symon dhe Jesu. Jesu a veras orth Symon ha leverel, "Te yw Symon mab Jowan. Te a vydh henwys Cefas." (Hen yw dhe styrya Peder.)

43Ternos Jesu a ervyras mos yn rag dhe Alyla, hag ef a gafas Felyp ha leverel dhodho, "Gwra ow sewya vy."

44Ha Felyp a dhueth dhya Vesseda, tre Androw ha Peder. 45Felyp a gafas Nathanael ha leverel dhodho, "Ny re gafas henna may fue screfys anodho gans Moyses y'n laha ha gans an profettys – Jesu a Nazara, mab Josef."

46Ha Nathanael a leverys, "A yll tra vyth 'vas dos mes a Nazara?"

Felyp a leverys dhodho, "Dues ha gweles."

47Jesu a welas Nathanael ow tos ha leverel, "Otta Ysraelyas yn gwyr nag ues drocter vyth ynno."

48Nathanael a leverys dhodho, "Fatel esta orth ow aswon?"

Jesu a worthebys dhodho ha leverel, "Me a'th welas yn dan an fygwedhen kens es Felyp dhe'th elwel."

49Nathanael a worthebys dhodho, "Raby, te yw Mab Dew. Te yw mytern Ysrael."

50Jesu a worthebys ha leverel, "Drefen me dhe leverel dhys fatel

wruga dha weles yn dan an fyg-
wedhen, dre henna esta ow cresy? Te
a welvyth taclow brassa es henna."
⁵¹Hag ef a leverys dhodho, "Yn gwyr
hag yn gwyryoneth me a laver dhys,
fatel wreta gweles an nef opyn hag
eleth Dew owth ascendya hag ow
skynnya war Vab an Den."

2 Dhe ben treddeth y fue demedh-
yans yn Cana a Alyla, hag yth
esa mam Jesu ena. ²Ha Jesu ha'y dhys-
cyplys a vue gelwys dhe'n maryach
kefrys. ³Pan fyllys an gwyn, mam
Jesu a leverys dhodho, "Nyns ues
gwyn vyth dhedhans."
⁴Jesu a worthebys, "A venen, fatel
yw henna a vern dhyso po dhymmo?
Ny dhueva ow thermyn vy whath."
⁵Y vam a leverys dhe'n servons,
"Pypynag a wrella va leverel dheugh,
gwreugh e."
⁶Yth esa y'n tyller whegh dowr-
lester rag gys purheans an Yedhew-
on, ha dew bo try fyrkyn yn kenyver
onen anedhans.
⁷Jesu a leverys dhedhans, "Gwreugh
lenwel an lestry a dhowr." Ha'ga len-
wel a wrussons bys y'n myn.
⁸Jesu a gomondyas dhedhans, "Lem-
myn devereugh e ha'y dhry dhe'n
pen-styward."
Y a'n dros dhodho. ⁹Pan wrug an
pen-styward tastya an gwyn re bya
gwres a'n dowr, ny wodhya ef a ble
dhueth ef (mes an servons neb a
dhros an gwyn dhodho a wodhya yn
ta), hag ef a elwys dhodho an gour
pryas ¹⁰ha leverel dhodho, "Y'n dall-
eth yma pubonen ow ry yn mes gwyn
da ha warlergh an dus dhe eva yn

town, nena ef a re an gwyn a vo
gweth. Saw te re wethas an gwyn da
bys y'n uer ma."
¹¹Jesu a wrug hemma, an kensa oll
a'y synys, yn Cana a Alyla, hag
yndella ef a dhyscudhas y wordhyans.
Ha'y dhyscyplys a gresys ynno.
¹²Wosa henna Jesu eth war nans
dhe Gapernaum gans y vam, y vreder
ha'y dhyscyplys, hag y a remaynyas
y'n tyller na nebes dedhyow.
¹³Yth o ogas Pask an Yedhewon ha
Jesu eth yn ban dhe Jerusalem. ¹⁴Ef a
gafas tus y'n templa esa ow quertha
gwarthek, deves ha colomas, ha tus
ow chanjya mona hag y a'ga eseth
orth aga mosow. ¹⁵Ef a wrug whyppa
a gerdyn byan ha helghya mes a'n
templa an deves ha'n gwarthek ha
scullya mona an arhansoryon hag
omwheles aga mosow. ¹⁶Hag ef a
leverys dhe'n re na esa ow quertha
colomas, "Kemereugh an taclow ma
mes alemma ha na wreugh marhasva
a jy ow Thas!"
¹⁷Y dhyscyplys a remembras an
pyth o screfys, "Dywysycter rag dha
jy a wra ow honsumya."
¹⁸Nena an Yedhewon a worthebys
dhodho ha leverel, "Pana syn a ylta
dysquedhes dhyn avel dha auctoryta
dhe wul an taclow ma?"
¹⁹Jesu a worthebys ha leverel, "Dys-
wreugh an templa ma ha kens pen
treddeth me a vyn y dhrehevel arta."
²⁰Nena yn medh an Yedhewon,
"Whegh bledhen ha dewgans ymons
y ow trehevel an templa ma hag a ylta
jy y vyldya yn treddeth?" ²¹Adro dh'y
vody y honen yth esa va ow cowsel.
²²Wosa ef dhe dhasserhy a'n re

marow, y dhyscyplys a remembras ef dhe gowsel yndella ortans, hag y a gresys y'n scryptur hag yn geryow Jesu.

23Pan esa va yn Jerusalem orth prys an Pask, dedh an gol, lyes huny a gresys yn y hanow, pan welsons an merclys a wre va. 24Saw ny venna Jesu trestya dhedhans, awos ef dhe aswon pubonen, 25ha ny'n jeva othem vyth a dhustuny ow tuchya den vyth – rag ef y honen a wodhya an pyth esa yn kenyver den.

3 Yth o onen a'n Farysys, Nyco-demus y hanow, hag o hum-brynkyas a'n Yedhewon. 2Ef a dhueth dhe Jesu orth golow nos ha leverel dhodho, "Raby, me a wor te dhe vos descajor a dhueth dheworth Dew, rag ny alsa den vyth gul an merclys esta orth aga gul ma's Dew a vo ganso."

3Jesu a worthebys ha leverel dho-dho, "Yn gwyr hag yn gwyryoneth me a laver dhys, ma's den a vo genys arta, na ylla gweles gwlascor Dew."

4Nycodemus a wovynnas, "Fatel yll den bos genys arta hag ef tevys? A yll ef arta entra yn dor y dhama ha bos daskenys?"

5Jesu a worthebys, "Yn gwyr me a laver dhys, ma's den a vo genys dre dhowr ha der an Sperys, na ylla entra yn gwlascor Dew. 6Ef neb a vo genys der an kyg, kyg ywa, saw ef a vo genys der an Sperys, ef yw sperys. 7Na gemer marth me dhe leverel dhys fatel yw res bos genys arta. 8Yma an gwyns ow whetha le may fenna ha te a glow an son anodho, saw ny wodhesta a ble ma va ow tos na ple ma va ow mos. Yndelma yw kenyver onen a vo genys der an Sperys."

9Nycodemus a worthebys ha lever-el, "Fatel yll an taclow ma bos?"

10Jesu a worthebys dhodho, "Osta humbrynkyas yn Ysrael ha ny wodh-esta an taclow ma? 11Yn gwyr hag yn gwyryoneth me a laver dhys hemma: yth eson ny ow cowsel ow tuchya an pyth a wodhon, hag ow testa adro dhe'n pyth re wrussyn ny gweles. Saw nyns esough why ow receva agan dustuny ny. 12Mar qurug avy cowsel orthough a daclow a'n bys ma heb why dhe gresy, fatel yllough why cresy, mar tuema ha cowsel a daclow y'n nef? 13Ny wrug den vyth byth-queth ascendya dhe'n nef, saw henna neb a skynnyas mes a'n nef, hen yw Mab an Den. 14Kepar del wrug Moyses drehevel an serpont y'n gwylfos, yndella kefrys Mab an Den a res bos drehevys yn ban, 15ma halla kenyver onen a gressa ynno cafus an bewnans heb deweth.

16"Yth esa Dew kemmys ow cara an bys, may whrug ef ry y Unvab, ma na wrella mos dhe goll den vyth a gressa ynno, mes cafus an bewnans heb deweth. 17Ea, ny wrug Dew danvon y Vab aberth y'n bys rag dampnya an bys, saw may halla an bys bos sylwys dredho ef. 18Ny vydh dampnys an re na usy ow cresy ynno, saw an re na nag usy ow cresy ynno, y re bue dampnys solabrys, dre reson na wrussons y cresy yn hanow Un Vab an Tas. 19Hem yw an brusyans war aga fyn: an golow dhe entra y'n bys, saw an dus dhe gara an tewolgow moy es an golow, drefen aga oberow dhe vos mar dhrog. 20Rag suel a wrella drog, cas yw an golow dhodho, ha ny vyn ef dos dhe'n golow ma na vo rebukys y oberow. 21Mes suel a wrella an pyth a vo da, yma va ow tos bys y'n golow, may halla bos apert y oberow dhe vos gwres yn Dew."

22Wosa henna Jesu ha'y dhyscyplys eth dhe bow Judy. Ena ef a dregas nebes dedhyow gansans ha besydhya a wre. 23Yth esa Jowan ynwedh ow pesydhya yn Aenon ogas dhe Salim, awos bos muer a dhowr y'n tyller na. Yth esa lowr a dus ow tos dhodho dhe vos besydhys – 24rag y'n uer na ny vue Jowan whath towlys yn pryson. 25Nena y fue dysputyans ow tuchya purheans ynter certan Yedhow ha ran a dhyscyplys Jowan. 26Y a dhueth dhe Jowan ha leverel dhodho, "Raby, ef neb esa genes tejy yn hans dhe dhowr Jordan, may whrusta desta adro dhodho, awotta va omma ow pesydhya, hag yma pub huny ow mos dhodho."

27Jowan a worthebys ha leverel, "Ny yll den receva tra vyth, mar ny vydh an dra rys dhodho dheworth nef. 28Why agas honen yw ow dustuny, me dhe avowa nag oma an Cryst saw me dhe vos danvenys aragtho. 29Ef neb a'n jeves an venen bryas yw an gour pryas. Cothman an gour pryas usy a'y saf hag ow coslowes orto, yma va ow rejoycya pan glowa lef an gour pryas. Rag an reson ma collenwys yw oll ow joy. 30Ef a dal encressya ha me a dal lehe. 31"Ef usy ow tos dheworth an le avan, yma va dres pub tra. Ef usy a'n nor, yth ywa kepar ha'n nor, hag a

daclow an nor y fydh ef ow cowsel. Neb a dhue dheworth nef, yma va a-ugh pub tra. 32Yma ef ow testa adro dhe bub tra a wruga gweles ha clowes, saw ny vyn den vyth receva y dhustuny. 33Kenyver onen hag a recevas y dhustuny, yma va ow testa fatel yw Dew gwyr. 34Ef neb re bue danvenys gans Dew a gows an geryow a Dhew, rag yma va ow ry an Sperys heb musur. 35Yma an Tas ow cara an Mab hag ef re worras pub tra yn y dhewla ef. 36Suel a gressa y'n Mab, ef a'n jeves an bewnans heb deweth. Suel na wrella obaya dhe'n Mab, ny wra va gweles bewnans, saw ef a res godhaf sor Dew."

4 Pan wrug an Arluth godhvos fatel glowas an Farysys Jesu dhe vos ow pesydhya moy dyscyplys es Jowan 2(kyn na wre Jesu besydhya y honen mes y dhyscyplys), 3Jesu a asas Judy ha dewheles dhe Alyla.

4Saw res o dhodho passya dre Samaria. 5Ena ef a dhueth dhe cyta Samaritan henwys Sychar, ogas dhe'n tyreth re bya rys gans Jacob dh'y vab Josef. 6Yth esa pyth Jacob y'n tyller na. Jesu o squythys gans an vyaj hag esedha war vyn an pyth. Yth o an termyn adro dhe'n wheghves uer.

7Benen Samaritan a dhueth dy rag tenna dowr ha Jesu a leverys dhedhy, "Ro dhym dha eva." 8(Rag gyllys o y dhyscyplys bys y'n cyta rag prena bos.)

9Nena an Samaritanes a leverys dhodho, "Fatel wher hemma, ha te Yedhow dhe besy dowr dheworthyf vy, Samaritanes?" (Nyns usy an Yedhowen ow ranna taclow gans an Samaritanas.)

10Jesu a leverys dhedhy, "Mar teffes ha godhvos ro Dew ha pyw ywa usy orth dha besy dhe ry dewas dowr dhodho, te a vensa govyn orto hag ef a vensa ry dowr bew dhys."

11An Samaritanes a worthebys, "Syra, nyns ues kelorn genes ha pur dhown yw an pyth ma. Pleth esta ow cafus an dowr na? 12Osta brassa ages agan tas ny Jacob, a ros an pyth ma dhyn, rag ef, y vebyon ha'y flockys a wre eva anodho?"

13Jesu a worthebys ha leverel dhedhy, "Neb a wrella eva a'n pyth ma, ef a'n jevyth sehes arta, 14mes pynag oll a wrella eva a'n dowr esof vy ow ry dhodho, ny vydh sehes dhodho nefra namoy. An dowr, neb a wrama ry dhodho, a vyn gul ynno fenten ow tardha rag bewnans a bys nefra."

15An venen a leverys dhodho, "Syra, ro dhym a'n dowr na, ma na vo sehes dhym namoy naneyl na vo res dhym dos arta yn fenough rag tenna dowr."

16Jesu a leverys dhedhy, "Ke ha galow dha wour ha dues omma arta."

17An venen a worthebys ha leverel, "Me ny'm bues gour vyth."

Jesu a leverys dhedhy, "Te a gowsas an gwyryoneth, pan leversys nag ues gour dhys. 18Rag te re'th fue pymp gour ha henna usy genes y'n tor' ma, dha wour jy nyns ywa man. Te re leverys an gwyryoneth."

19An venen a leverys dhodho, "Syra, yth esof vy ow percevya te dhe vos profet. 20Agan tasow a wordhya Dew y'n meneth ma, mes yth esough why-why ow leverel fatel yw res y wordh-ya yn Jerusalem."

21Jesu a leverys dhedhy, "A venen, crys dhym bos an termyn ow tos na wreugh why gordhya an Tas naneyl y'n meneth ma nag yn Jerusalem. 22Yth esough why ow cordhya an pyth na wodhough, mes yth eson ny-ny orth y wordhya ef ues aswonys dhyn, rag dhya an Yedhewon y tue salvacyon. 23Saw yma an prys ow tos, ea, re dhueva an prys solabrys, may whra an wordhyoryon wyr gordhya an Tas yn sperys hag yn gwyryoneth. Rag yma an Tas ow whelas tus kepar ha'n re na rag y wordhya. 24Dew yw sperys ha pynag oll a venna y wordh-ya, res yw dhodho y wordhya yn sperys hag yn gwyryoneth."

25An venen a leverys, "Me a wor bos an Messias ow tos." (Hen yw an Cryst). "Pan wrella va dos, ef a vyn declarya pub tra oll dhyn."

26Jesu a leverys dhedhy, "An den usy ow cowsel orthys, me yw ef."

27Nena y dhyscyplys a dhueth ha marth bras a's teva ef dhe gowsel orth an venen, saw den vyth ny leverys "Pandr' esta ow whelas?" po "Prag yth esta ow cowsel orth honna?"

28Nena an venen a asas hy fycher ha mos bys y'n cyta ha leverel dhe'n dus, "Deugh ha gweles den a dheryvas orthyf kenyver tra re wrug avy byth-queth! A nyns yw ef an Cryst?" 30Nena y eth mes a'n cyta ha dos dhodho.

31Y'n kettermyn yth esa y dhys-cyplys orth y besy ow leverel, "Raby, deber tam."

32Mes ef a leverys dhedhans, "Me a'm bues bos dhe dhebry na wodh-ough why anodho."

33Rag henna an dyscyplys a leverys an eyl dh'y gela, "A wrug den vyth dry dhodho nampyth dhe dhebry?"

34Jesu a leverys dhedhans, "Ow bos yw dhe wul bolunjeth henna re wrug ow danvon ha dhe gowlwul y ober ef. 35A ny levereugh why, 'Yma whath peswar mys kens dos an drevas'? Ot, me a laver dheugh hemma: dreheveugh agas dewlagas ha mereugh war an ysegow. Rag gwyn yns y solabrys rag an drevas. 36Suel a wrella mejy, ef a gaf wajys hag a guntell frut rag an bewnans heb deweth – may halla henna usy ow conys has ha henna usy ow mejy rejoycya warbarth. 37Yndelma gwyr yw an lavar coth: 'Yma an eyl ow conys has ha'y gela ow mejy.' 38Me a wrug agas danvon dhe vejy an dra na wrussough why spena lafur warnodho. Ken re a lafuryas ha why a entras y'ga lafur ynsy."

39Ha lyes Samaritan y'n cyta na a gresys ynno awos geryow an venen, neb a leverys, "Ef a dheryvas orthyf kenyver tra a wrug avy bythqueth gul." 40Rag henna pan dheuth an Samaritanas bys dhodho, y a'n pesys may whrella va trega y'ga mesk, hag ef a remaynyas dew jorna ena. 41Ha muer moy anedhans a gresys awos y eryow y honen, 42ha leverel dhe'n venen, "Yth eson ny ow cresy y'n tor' ma awos an taclow a glowsyn agan honen kens es awos dha lavarow tejy. Ha ny a wor bos henna an Cryst, Savyour oll an bys."

43Wosa dew jorna ef a dhybarthas ha mos dhe Alyla. 44Ha Jesu y honen a destas na'n jeva profet onour yn y bow y honen. 45Pan wrug ef dos dhe Alyla, an Galyleanas a'n recevas, drefen y dhe weles oll an taclow a wrug ef orth an degol yn Jerusalem. Rag y eth dy kefrys.

46Gans henna Jesu a dheuth arta bys yn Cana yn Galyla, le may whrug ef gwyn a'n dowr. Hag yth esa den nobyl y'n tyller na ha'y vab o claf yn Capernaum. 47Pan glowas ef Jesu dhe dhos mes a Judy dhe Alyla, ef eth dhodho ha'y besy may whrella va skynnya ha sawya y vab, rag yth esa va yn enewores.

48Nena Jesu a leverys dhodho, "Ma's why a wel synys ha toknys, ny vennough why cresy."

49An den nobyl a leverys dhodho, "Syra, dues war nans kens es ow flogh dhe verwel."

50Jesu a leverys dhodho, "Ke war dha fordh. Yma dha flogh yn few."

Ha'n den a gresys an ger re bya cowsys orto gans Jesu hag ef a dhybarthas. 51Pan esa va ow skynnya wosa henna, y servons a vetyas orto ha leverel dhodho, "Yma dha vab yn few." 52Nena ef a wovynnas ortans ow tuchya an prys may whrug y vab dalleth amendya, hag y a leverys dhodho, "De dhe'n seythves uer an fevyr a'n gasas."

53Rag henna an tas a wrug convedhes fatel vue henna an keth prys may leverys Jesu dhodho, "Yma dha flogh yn few." Hag ef y honen a wrug cresy hag oll y veyny.

54Hemma arta yw an secund marthus a wrug Jesu pan dhueth ef mes a Judy bys yn Galyla.

5 Wosa henna y fue degol an Yedhewon ha Jesu eth yn ban dhe Jerusalem. ²Hag yma pol yn Jerusalem yn marhas an deves, henwys y'n yeth Ebbrow Bethesda, neb a'n jeves pymp colovenva. ³Yth esa a'ga groweth y'n tyller na bush bras a dus dyspuyssant – dellyon, evredhygyon ha paljyon hag y ow cortos gwayans an dowr. ⁴Rag el an Arluth a skynnya warlergh an termyn dhe'n pol dhe drobla an dowr. Suel a wrella entra ynno kensa, warlergh an dowr dhe vos troblys, y fedha henna sawys a'y dhyses, pynag oll a vedha. ⁵Hag yth esa ena un den y'n tyller na hag a'n jeva dyses etek bledhen warn ugans. ⁶Pan wrug Jesu y weles a'y wroweth ena ha godhvos fatel esa va termyn hyr y'n plyt na, ef a leverys dhodho, "A venta jy bos sawys?"

⁷An den dyspuyssant a worthebys dhodho, "Syra, ny'm bues den vyth rag ow settya y'n dowr pan vo va troblys. Mes pan vedhaf ow tos, den aral a wra mos dheragof."

⁸Jesu a leverys dhodho, "Saf yn ban, kemer yn ban dha wely ha kerdh!" ⁹Ha strayt an den a vue yaghhes ha kemeres yn ban y wely ha kerdhes.

Ha'n jedh na o an sabot. ¹⁰Rag henna an Yedhewon a leverys dhe'n den re bya yaghhes, "An sabot yw. Nyns yw lafyl dhys don dha wely."

¹¹Ef a worthebys ha leverel dhedhans, "Ef neb a'm sawyas a leverys dhym, 'Kemer yn ban dha wely ha kerdh.'"

¹²Rag henna y a wovynnas orto, "Pyw yw an den na a leverys dhys, 'Kemer yn ban dha wely ha kerdh'?"

¹³Saw ny wodhya an den re bya sawys pyw o va, rag Jesu a voydyas alenna, drefen bos bush bras a dus y'n tyller.

¹⁴Wosa henna Jesu a'n cafas y'n templa ha leverel dhodho, "Awotta jy sawys. Na wra namoy peha, rag dowt lacka tra dhe dhos warnas." ¹⁵An den a dhybarthas ha declarya dhe'n Yedhewon Jesu dh'y sawya.

¹⁶Rag henna an Yedhewon a wre darsewya Jesu ha whelas y dhystrowy, drefen ef dhe wul an taclow ma jorna an sabot. ¹⁷Mes Jesu a wrug aga gortheby ha leverel dhedhans, "Yma ow Thas ow lafurya bys lemmyn hag yth esof vy ow lafurya kefrys." ¹⁸Rag henna, yth o an Yedhewon dhe voy whensys dh'y ladha, dre reson ef dhe derry dedh an sabot, ha lacka whath, dre reson ef dhe leverel Dew dhe vos y Das ha dhe wul y honen equal dhe Dhew.

¹⁹Nena Jesu a worthebys ha leverel dhedhans, "Yn gwyr hag yn gwyryoneth me a laver dheugh, na yll an Mab gul tra vyth anodho y honen, ma's ef a wel an Tas orth y wul. Rag pynag oll tra a wrella an Tas, an mab a'n gwra kefrys. ²⁰Rag yma an Tas ow cara an Mab hag ef a dhysqua dhodho oll an taclow usy ef orth aga gul. Hag ef a vyn dyscudha dhodho oberow brassa es an re ma, ma'gas bo marth. ²¹Rag kepar del wra an Tas drehevel an re marow ha'ga bewhe, yndelma an Mab a wra bewhe pynag oll a venna. ²²Rag nyns usy an Tas ow jujjya den vyth, mes ef re gomyttyas pub jujment oll dhe'n Mab, ²³may whrella kenyver onen onoura an

Mab, kepar del usons y owth onoura an Tas. An re na nag usy owth onoura an Mab, ny wrons y naneyl onoura an Tas, neb a wrug y dhanvon.

²⁴"Yn gwyr hag yn gwyryoneth me a laver dheugh hemma: suel a wrella clowes ow geryow ha cresy yn henna a wrug ow danvon, bewnans heb deweth a'n jevyth ef. Rag ny wra ef dos yn dan jujment, saw ef re bassyas solabrys dhya vernans dhe vewnans. ²⁵Yn gwyr hag yn gwyryoneth me a laver dheugh bos an prys ow nessa, ea ha'y vos omma solabrys, may whra an re marow clowes lef Mab Dew, ha pynag oll a glowa wra bewa. ²⁶Rag kepar del ues bewnans y'n Tas y honen, yn kepar maner ef re wront-yas bewnans ynno y honen dhe'n Mab. ²⁷Ha'n Tas re ros dhodho auctoryta dhe gollenwel brusyans, drefen ef dhe vos Mab an Den.

²⁸"Na gemereugh marth a henna, rag yma an prys ow tos may clowvyth y voys oll an re na usy y'n bedh, ²⁹hag y a wra dos yn mes – an re na neb a wrug dader bys y'n dasserghyans dhe vewnans, ha'n re na a wrug drog bys y'n dasserghyans dhe dhampnacyon. ³⁰Tra vyth ny allaf vy ahanaf ow honen. Kepar del esof vy ow clowes, yndelma me a vyn brusy hag ewn yw ow brusyans vy. Ny whelaf vy dhe wul ow bolunjeth ow honen, saw an bolunjeth a henna neb a wrug ow danvon.

³¹"Mar qurama desta ahanaf ow honen, nyns yw gwyr ow dustuny. ³²Yma onen aral usy ow testa ahanaf ha me a wor bos gwyr an dustuny usy va ow ry adro dhym.

³³"Why a wrug danvon messejers dhe Jowan hag ef a dhestas a'n gwyr-yoneth. ³⁴Saw nyns esof vy ow te-gemeres dustuny mab den; na, me a laver an taclow ma dheugh may hall-eugh why bos sylwys. ³⁵Ef o kepar lantern splan ow lesky, ha pys da o why dhe rejoycya rag pols yn y wolow ef.

³⁶"Saw me a'm bues dustuny brassa es dustuny Jowan. An oberow neb a ros an Tas dhym dhe wul, an very oberow esof vy orth aga gul, ymons y ow testa ragof, fatel wrug an Tas ow danvon. ³⁷Ha'n Tas y honen neb a'm dan-vonas, ef a ros dustuny abarth dhym. Ny wrussough why bythqueth naneyl clowes y lef na gweles y shap, ³⁸ha nyns usy y lavar tregys ynnough, rag nyns esough why ow cresy ynno ef a wrug ef danvon. ³⁹Yth esough why ow sarchya an scrypturs, rag why dhe gresy fatel yllough why dredhans y ob-taynya an bewnans heb deweth. Hag y yw an taclow usy ow testa ahanaf vy. ⁴⁰Saw yth esough ow sconya dhe dhos dhymmo vy ha cafus bewnans.

⁴¹"Ny vannaf vy receva gordhyans dheworth mab den. ⁴²Saw me a wor nag usy kerensa Dew ynnough why. ⁴³Me re dhueth yn hanow ow Thas ha nyns esough why orth ow receva vy. Mar tue den aral yn y hanow y honen, why a vyn y receva ef. ⁴⁴Fatel yllough why cresy, whywhy usy ow receva glory an eyl dheworth y gela, pan na vennough why receva an glory usy ow tos dheworth an un Dew y honen?

⁴⁵"Na bredereugh fatel vannaf vy agas acusya why dherag an Tas.

Moyses yw neb a wra agas acusya, kynth ywa ef mayth esough why ow trestya ynno. 46Mar teffeugh why ha cresy dhe Voyses, why a vensa cresy dhymmo vy kefrys, rag Moyses a screfas adro dhym. 47Mes mar nyns esough why ow cresy dhe'n pyth a screfas ef, fatel yllough why cresy dhe'm lavarow vy?"

6 Wosa an taclow ma Jesu a bassyas dhe'n tenewan aral a Vor Galyla, hen yw Mor Tiberias. 2Ruth vras a'n folyas awos y dhe weles an merclys a wrug ef dhe'n glevyon. 3Ha Jesu a ascendyas dhe'n meneth hag esedha y'n tyller na gans y dhyscyplys. 4Ogas o an Pask, degol an Yedhewon.

5Pan dhrehevys Jesu y dhewlagas ha gweles ruth vras ow tos dhodho, ef a leverys dhe Felyp, "Ple hyllyn ny prena sosten, may halla oll an re ma debry?" 6Jesu a gowsas yndelma rag y brevy, rag ef y honen a wodhya yn ta pandr' a venna va gul.

7Felyp a worthebys ha leverel, "Bara a valew dewcans dynar kyn fe, ny vya lowr rag may halla pubonen anedhans cafus nebes."

8Androw broder Symon Peder, onen a'y dhyscyplys a leverys, 9"Yma maw omma hag ef a'n jeves pymp torth a vara barlys ha dew bysk byan – mes pandr' a vya an re na ynter kemmys tus?"

10Jesu a leverys, "Comondyeugh dhe'n dus esedha war an grond." Yth esa y'n tyller na muer gwels hag y oll a esedhas warnodho, adro dhe bymp myl yn tyen. 11Nena Jesu a gemeras an torthow, ha wosa ry grassow, ef a's rannas ynter an re na esa a'ga eseth. Yn kepar maner ef a rannas an puscas, kemmys hag esens y ow tesyrya.

12Wosa kenyver onen dhe dhebry luck, Jesu a leverys dh'y dhyscyplys, "Cuntellyeugh warbarth an brewyon re bue gesys, ma na vo kellys tra vyth." 13Gans henna y a wrug aga huntell ha lenwel dewdhek canstel a vrewyon an torthow barlys gesys wosa pubonen dhe dhebry.

14Pan welas an bobel an merkyl re bya gwres, y a leverys, "Hem yw yn gwyryoneth an profet usy ow tos aberth y'n bys." 15Pan wrug Jesu convedhes fatel esa an dus ow tos rag y gemeres dre nerth ha gul mytern anodho, ef a voydyas alenna hag ascendya dhe'n meneth y honen oll.

16Pan dhueth an gordhewer, y dhyscyplys a skynnyas dhe'n mor 17hag entra yn scath ha dalleth golya dres an mor dhe Gapernaum. Yth o tewl y'n tor' na ha nyns o Jesu devedhys dhedhans whath. 18An mor eth garow, drefen gwyns cref dhe vos ow whetha. 19Warlergh y dhe revya neb teyr bo peder myldyr, y a welas Jesu ow kerdhes war an dowr hag ef ow tos nes dhe'n scath. Y a gemeras own bras. 20Mes ef a leverys dhedhans, "Me ywa. Na bertheugh own." 21Nena y a dhesyryas y gemeres aberth y'n scath, ha strayt an scath a dhrehedhas an tyr esens y ow golya tro hag ef.

22An ruth a remaynyas war an tu aral, ha ternos vyttyn y a welas nag esa y'n tyller na saw unsel un scath. Y a welas kefrys fatel entras Jesu y'n scath gans y dhyscyplys, saw an dyscyplys dhe dhyberth aga honen oll. 23Nena nebes scathow dhya Diberias a dhueth nes dhe'n tyller may whrussons y debry an bara wosa an Arluth dhe ry grassow. 24Rag henna, pan welas an ruth nag esa naneyl Jesu nag y dhyscyplys ena, y aga honen a entras y'ga scathow ha mos dhe Gapernaum ow whelas Jesu.

25Pan wrussons y gafus, y a wovynnas orto, "Raby, pana dermyn a wrusta dos omma?"

26Jesu a worthebys ha leverel, "Yn gwyr hag yn gwyryoneth me a laver dheugh hemma: yth eseugh why orth ow whelas awos why dhe dhebry gwalgh, kens es dre reson why dhe weles merclys. 27Na wreugh lafurya rag an sosten a yll pedry, saw rag an sosten usy ow turya bys y'n bewnans heb deweth – ha henna Mab an Den a vyn ry dheugh. Rag warnodho ef Dew an Tas re settyas y sel."

28Nena y a leverys dhodho, "Pandr' a dal dhyn gul may hallen performya oberow Dew?"

29Jesu a worthebys ha leverel, "Hem yu ober Dew: why dhe gresy ynno ef neb a wrug Dew y dhanvon."

30Rag henna y a leverys dhodho, "Pana syn a wreta dysquedhas dhyn, may hallen ny gweles ha cresy ynnos? Pana weyth esta orth y wul? 31Agan hendasow a dhebras manna y'n dyfeyth, kepar del yw screfys, 'Ef a ros dhedhans dhe dhebry bara dhya nef.'"

32Nena Jesu a leverys dhedhans, "Yn gwyr hag yn gwyryoneth me a laver dheugh hemma: ny ros Moyses an bara dhya nef dheugh, saw yma ow Thas vy ow ry dheugh an bara gwyr dhya nef. 33Rag yma bara Dew ow skynnya dhya nef hag yma va ow ry bewnans dhe'n bys."

34Nena y a leverys dhodho, "Arluth, ro dhyn an bara na bys vyken ha benary."

35Ha Jesu a leverys dhedhans, "Me yw an bara a vewnans. Suel a dheffa dhym, ny vydh gwag nefra namoy, ha suel a gressa ynnof vy, ny'n jevyth nefra namoy sehes. 36Saw me a leverys dheugh fatel wrussough why ow gweles heb cresy ynnof. 37An Tas a vyn ry dhym pub tra oll ha pub tra a wra dos dhym, ha mar tue den vyth dhym, ny vannaf vy nefra y herdhya yn mes. 38Rag me re dhueth dhe'n dor dhya nef rag gul an bolunjeth a henna re wrug ow danvon, kens es ow bolunjeth ow honen. 39Ha hem yw an bolunjeth a henna neb re'm danvonas: na wrellen kelly nebonen vyth a'n re na a ros ef dhym. Na, mes aga drehevel yn ban y'n jedh fyn. 40Yn gwyr hem yw bolunjeth ow Thas: kenyver onen a wella an Mab hag a gressa ynno, dhe gafus an bewnans heb deweth. Ha me a vyn y dhrehevel yn ban y'n jedh fyn."

41Nena an Yedhewon a wrug croffolas awos ef dhe leverel, "Me yw an bara a skynnyas dhya nef." 42Yth esens y ow leverel, "A nyns yw hemma Jesu mab Josef? A nyns yw y vam ha'y vreder aswonys dhyn? Fatel ylla leverel ef dhe skynnya dhya nef?"

43Jesu a worthebys ha leverel dhedhans, "Na wreugh croffolas yntre-

dhough agas honen. ⁴⁴Den vyth oll
ny yll dos dhym mar ny wra an Tas,
neb a'm danvonas, y denna ef. Ha me
a vyn y dhrehevel yn ban y'n jedh fyn.
⁴⁵Screfys yw y'n profettys, 'Hag y oll
a vydh deskys gans Dew.' Yma ow tos
dhym kenyver onen a wrug clowes ha
desky gans an Tas. ⁴⁶Mes ny welas
den vyth an Tas bythqueth, saw unsel
henna usy ow tos dheworth Dew. Ef
re welas an Tas. ⁴⁷Yn gwyr hag yn
gwyryoneth me a laver dheugh
hemma: ef neb a gressa, a wra cafus
bewnans heb deweth. ⁴⁸Me yw an
bara a vewnans. ⁴⁹Agas hendasow a
dhebras manna y'n dyfeyth ha mer-
wel. ⁵⁰Hem yw an bara usy ow skyn-
nya dhya nef, may halla nebonen
debry anodho heb merwel benytha.
⁵¹Me yw an bara bew a wrug skynnya
dhya nef. Suel a wrella debry an bara
ma, ef a wra bewa bys vyken. Ha'n
bara, neb a vannaf vy ry rag bewnans
an bys, yw ow hyg ow honen."

⁵²Rag henna an Yedhewon a dhys-
putyas an eyl gans y gela ow leverel,
"Fatel yll an den ma ry dhyn y gyg
dhe dhebry?"

⁵³Jesu a leverys dhedhans, "Yn gwyr
hag yn gwyryoneth me a laver dheugh
hemma: marnas why a dheber kyg
Mab an Den hag eva y wos, ny vydh
bewnans vyth ynnough. ⁵⁴An re na a
wrella debry ow hyg hag eva ow gos,
y a's tevyth an bewnans heb deweth,
ha me a vyn aga drehevel yn ban y'n
jedh fyn. ⁵⁵Rag ow hyg yw veryly bos
hag ow gos yw veryly dewas. ⁵⁶Neb a
dheffa debry ow hyg hag eva ow gos,
yma ef ow trega ynnof vy ha me ynno
ef. ⁵⁷Drefen an Tas bew dhe'm

danvon vy ha drefen me dhe vewa dre
wryans an Tas, suel a wrella ow debry
a gaf bewnans dredhof vy. ⁵⁸Hem yw
an bara a skynnyas dhya nef – saw
nyns ywa kepar ha'n bara na a
dhebras agas hendasow – rag y a
verwys wosa henna. Saw suel a wrella
debry an kyg ma, a wra bewa bys
vyken." ⁵⁹Ef a leverys an taclow ma
pan esa va ow tesky y'n synaga yn
Capernaum.

⁶⁰Pan wrug lyes huny a'y dhyscyplys
clowes henna, y a leverys, "Cales yw
an lavar ma. Pyw a yll y receva?"

⁶¹Pan wrug Jesu percevya fatel esa y
dhyscyplys ow croffolas adro dhe'n
dyscans, ef a leverys dhedhans, "Ough
why offendys dre hemma? ⁶²Fatel vya
ytho mar teffeugh why gweles Mab
an Den owth ascendya dhe'n le may
fue va kens? ⁶³Yma an sperys ow
pewhe mes tra vyth ny amont an kyg.
Sperys ha bewnans yw an geryow a
lavaraf dheugh. ⁶⁴Saw yma re y'gas
mesk nag ues ow cresy banna." Rag
Jesu a wodhya wostalleth pyw o an re
na na wre cresy, saw a wre y drayta.
⁶⁵Hag ef a leverys, "Rag an reson me
re leverys dheugh na yll den vyth dos
dhym, mar ny vydh henna grontys
dhodho gans an Tas."

⁶⁶Alenna rag lyes huny a'y dhys-
cyplys a dreylyas war dhelergh ha ny
wrens y namoy kerdhes warbarth
ganso.

⁶⁷Rag henna Jesu a wovynnas orth
an dewdhek, "Ough whywhy kefrys
whensys dhe voydya dheworthyf?"

⁶⁸Symon Peder a worthebys, "Ar-
luth, pyth af vy dheworthys? Yma
genes jy geryow bewnans heb

deweth. 69Ny re gresys ha ny a wor fatel osta Den Sans Dew."

70Jesu a leverys, "A ny wrug avy agas dowys why? Mes jawl yw onen ahanough." 71Yth esa va ow cowsel a Judas Scaryoth, mab Symon. Kynth o henna onen a'n dewdhek, ervyrys o y drayta.

7 Wosa henna Jesu a wre trega yn Galyla. Ny venna mos adro yn Judy awos an Yedhewon dhe whelas chons dh'y ladha. 2Ow nessa yth esa degol Tyldys an Yedhewon. 3Rag henna y vreder a leverys dhodho, "Voyd alemma ha ke dhe Judy, may halla dha dhyscyplys ynwedh gweles an oberow esta orth aga gul. 4Rag ny wra den vyth obery yn dan gel, mar myn ef bos aswonys ales. Mar qureta an taclow ma, dysqua dha honen dhe'n bys." 5Rag ny wrug y vreder kyn fe cresy ynno.

6Nena Jesu a leverys dhedhans, "Nyns yw ow thermyn vy devedhys whath, saw y fydh agas termyn why omma pupprys. 7Ny yll an bys agas hatya why, mes yma va orth ow hatya vy, awos me dhe desta war y byn fatel yw drog y oberow. 8Keugh agas honen dhe'n gol ma, rag ny dhueth whath ow thermyn vy. Ny vannaf vy mos dhe'n gol ma." 9Wosa leverel an taclow ma ef a remaynyas yn Galyla.

10Saw pan eth y vreder dhe'n gol, ef eth dy kefrys. Ny eth yn syght an dus, mes yn pryva. 11Nena an Yedhewon a'n whelas orth an gol ha leverel, "Ple ma va?"

12Hag y fue muer a groffal adro dhodho yn mesk an dus, rag ran ane-

dhans a levery ef dhe vos dremas ha ran a levery ef dhe dhyssaytya an bobel. 13Bytegens ny venna den vyth cowsel yn opyn anodho rag own a'n Yedhewon.

14Pan o an gol hanter passys, Jesu eth yn ban dhe'n templa rag desky. 15Ha marth a's teva an Yedhewon hag y a leverys, "Fatel yll an den ma bos lettrys, pan na wruga bythqueth studhya?"

16Jesu a worthebys dhedhans ha leverel, "Dheworthyf vy ny dhue ow dyscans, saw dheworto ef neb a'm danvonas. 17Mars yw den vyth whensys dhe wul bolunjeth Dew, ef a vyn godhvos usy an dyscans dhya Dhew hag ynwedh esof vy ow cowsel an gwyryoneth, bo nag esof. 18Suel a wrella cowsel anodho y honen, yma va ow whelas y glory y honen. Saw neb a whella an glory anodho ef a wrug y dhanvon, gwyr ywa. Ha nyns ues tra vyth fals ynno. 19A ny ros Moyses an laha dheugh? Saw nyns usy denvyth ahanough ow quetha an laha? Prag yth esough why ow whelas chons dhe'm ladha vy?"

20An ruth a worthebys, "Te a'th ues tebel-sperys! Pyw usy ow whelas dha ladha jy?"

21Jesu a worthebys ha leverel dhe-dhans, "Me a berformyas un ober bras ha why oll a'gas bues marth. 22Moyses a ros an cyrcumcysyon dheugh (ny wrug Moyses y ry, mes agas hendasow) ha why a wra cyr-cumcysya flogh jorna an sabot. 23Mars ues den ow receva cyrcumcysyon jorna an sabot, ma na vo terrys laha Moyses, ough why serrys orthyf, drefen me dhe sawya pub part a gorf nebonen jorna an sabot? [24]Na jujj-yeugh warlergh an wolok, mes gwreugh brusyans gwyr."

[25]Y'n tor' na yth esa ran a dregor-yon Jerusalem ow leverel, "A nyns yw hemma an den usons ow whelas y dhystrowy? [26]Hag awotta va omma ow cowsel yn opyn, saw nyns usons y ow leverel tra vyth dhodho. Ywa pos-sybyl an rewloryon dhe wodhvos ef dhe vos an Cryst yn gwyryoneth? [27]Bytegens ny a wor yn ta a ble ma va ow tos. Saw pan dheffa an Cryst, ny wodhvyth den vyth y'n bys a ble fydh ef ow tos."

[28]Nena Jesu a gryas y'n templa hag ef ow tesky, "Yth esough why orth ow aswon vy ha why a wor a ble whrug avy dos. Nyns of vy devedhys ow honen oll. Saw ef neb a'm dan-vonas, ef yw gwyryon, mes why ny'n aswonough man. [29]Yth esof vy orth y aswon, drefen me dhe dhos dheworto ha dre reson ef dhe'm danvon."

[30]Nena y a assayas y sesya, saw ny wrug den vyth settya dalhen ynno, dre reson nag o y brys devedhys whath. [31]Saw lyes huny y'n ruth a gresys dhodho ha leverel, "Pan dheffa an Cryst, a alsa ef gul moy merclys ages an den ma?"

[32]An Farysys a glowas bos an bobel ow croffolas hag ow leverel anodho taclow a'n par na. An uhel pronter-yon ha'n Farysys a dhanvonas offys-ers rag y sesya.

[33]Nena Jesu a leverys dhedhans, "Pols byan whath me a vydh genough why, ha nena me a vyn mos dhe henna a'm danvonas. [34]Why a wra

ow whelas, saw ny wreugh why ow hafus ha'n tyller may fedhaf ow mos, ny yllough why ow sewya dy."

[35]Nena an Yedhewon a leverys an eyl dh'y gela, "Ple ma va ow mos, ma na yllyn y gafus? Ywa purposys dhe vos dhe'n Yedhewon ues scullys ales yn mesk an Grecas? A vyn ef desky an Grecas? [36]Pandr' usy va ow styrya pan laver 'Why a wra ow whelas, saw ny wreugh ow hafus,' hag 'An tyller may fedhaf ow mos, ny yllough why ow sewya dy'?"

[37]An jorna dewetha a'n gol, an jorna bras, Jesu a sevys yn ban ha crya, "Kenyver onen a vo sehes dhodho, duens ef dhymmo vy, [38]ha neb a gressa ynnof vy, gwrens ef eva. Kepar del laver an scryptur, 'An den a gressa, ryvers a dhowr bew a wra resek mes anodho.'" [39]Henna ef a leverys ow tuchya an Sperys, a wre receva oll a re na a wrella cresy ynno ef. Rag y'n tor' na nyns esa Sperys vyth y'n bys, dre reson na vue Jesu gloryfyes whath.

[40]Pan glowas ran a'n bobel an taclow ma, y a leverys, "Yn gwyr hem yw an profet na."

[41]Ran aral a leverys, "Hem yw an Cryst."

Saw ran aral whath a leverys, "A gotha dhe'n Cryst dos dheworth Galyla?" [42]A ny laver an scryptur fatel dhue an Cryst a has Davyth ha dhya Vethlem, an dre may fue Davyth tregys?" [43]Yndelma argu-ment a sordyas yn mesk an bobel adro dhodho. [44]Ran anedhans a venna y sesya, saw ny wrug den vyth settya y dhewla warnodho.

⁴⁵Nena an offysers a dhewhelas dhe'n uhel pronteryon ha'n Farysys. An Farysys a wovynnas ortans, "Prag na wrussough why y sesya?"

⁴⁶An offysers a worthebys, "Byth-queth ny wrug den vyth oll cowsel kepar ha hemma!"

⁴⁷Nena an Farysys a worthebys, "A veugh why dyssaytys ganso magata? ⁴⁸A wrug den vyth a'n rewloryon bo a'n Farysys cresy ynno? ⁴⁹Saw ny wor an bobel ma an laha ha mylegys yns y."

⁵⁰Nycodemus, neb eth dhe Jesu orth golow nos hag o onen anedhans, a wovynnas, ⁵¹"Dar, a wra agan laha ny dampnya den vyth kens y assaya ha godhvos pandr' a wra va?"

⁵²Y a worthebys dhodho, "Osta jy dheworth Galyla? Gwra sarchya an scrypturs ha te a welvyth na wra profet vyth dos mes a Alyla."

⁵³Y a dhybarthas alenna, kenyver onen anedhans dh'y jy y honen.

8 Saw Jesu eth dhe Veneth Olyvet. ²Myttyn avar ef a dhueth arta dhe'n templa. Oll an bobel a dhueth dhodho, hag ef a esedhas ha'ga desky. ³Ha'n scrybys ha'n Farysys a dhros dhodho benen re bya kefys yn avowtry ha'y settya dheragtho ⁴ha leverel dhodho, "Descajor, an venen ma a vue kefys y'n very gwythres a avowtry. ⁵Y'n laha Moyses a gomondyas benenes a'n par ma dhe vos labedhys. Saw pandr' esta ow leverel dha honen?" ⁶Y a gowsas yndelma rag y demptya, may hallens y guhudha.

Saw Jesu a ynclynyas, hag yth esa ow screfa war an dor gans y ves, kepar ha pan na's clowas. ⁷Mes y a dhuryas ha govyn orto arta. Nena ef a sevys yn ban ha leverel, "Mars yw den vyth ahanough why heb pegh, gwrens ef a towlel an kensa men." ⁸Arta ef a yn-clynyas ha screfa war an dor.

⁹Pan wrussons y clowes henna, y a omdennas an eyl wosa y gela, ow talleth gans an dus hen. Ha Jesu a vue gesys y honen oll gans an venen. ¹⁰Pan wrug Jesu sevel a'y saf, ny welas den vyth ma's an venen only. Ef a leverys dhedhy, "A venen, py ma neb a vyn dha guhudha? A ny wrug denvyth dha guhudha?"

¹¹"Den vyth nyns ues, Arluth," yn medh hy.

Jesu a gowsas arta, "Me ny'th tamp-nyaf yredy. Ke war dha fordh ha na wra namoy peha."

¹²Nena Jesu a gowsas ortans arta ha leverel, "Me yw golow an bys. Suel a wrella ow sewya, ny vyn ef nefra kerdhes y'n tewolgow, mes ef a gaf an bewnans heb deweth."

¹³Nena an Farysys a leverys dho-dho, "Yth esta ow testa ahanas dha honen ha nyns yw 'vas dha dhus-tuny."

¹⁴Jesu a worthebys ha leverel dhe-dhans, "Kyn whrellen desta ahanaf ow honen, ow dustuny yw gwyr, rag me a wor a bleth esof ow tos ha pleth esof ow mos. Saw ny wodhough why a bleth esof ow tos na pleth ama. ¹⁵Yth esough why ow jujjya warlergh brusyans mab den. Ny wrama jujjya den vyth. ¹⁶Ha kyn whrellen jujjya, ow brusyans yw gwyr, dre reson na wrama brues ow honen oll, saw me a wra jujjya warbarth gans an Tas neb

147

re'm danvonas. ¹⁷Screfys yw y'gas
laha bos 'vas an destans a dhew dhus-
tuny. ¹⁸Yth esof ow testa ahanaf ow
honen hag yma an Tas neb a'm dan-
vonas ow testa adro dhym kefrys."

¹⁹Nena y a leverys dhodho, "Ple ma
dha Das?"

Jesu a worthebys, "Nyns yw onen
vyth ahanan aswonys dheugh, naneyl
me nag ow Thas. Mar teffeugh why
ha'm aswon vy, why a wrussa aswon
an Tas kefrys." ²⁰Ef a leverys an
geryow ma pan esa va ow tesky yn
tresorva an templa, saw ny wrug den
vyth y sesya, dre reson nag o de-
vedhys y dermyn.

²¹Nena Jesu a leverys arta dhe-
dhans, "Yth esof ow tyberth alemma,
ha why a vyn ow whelas saw why a
verow y'gas pehosow. An le mayth
esof ow mos, ny yllough why dos."

²²Nena an Yedhewon a leverys,
"Ywa purposys dhe ladha y honen?
Yw henna an pyth usy ef ow styrya,
pan laver na yllyn ny y sewya dhe'n le
mayth usy ef ow mos?"

²³Ef a leverys dhedhans, "Yth es-
ough why ow tos dheworth an barth
awoles. Mes me, yth esof vy ow tos
dheworth an barth avan. Nyns of vy
dhya an bys ma. ²⁴Me a leverys fatel
wreugh why merwel y'gas pehosow.
Ea, why a wra merwel y'gas pegh,
marnas why a grys me dhe vos an den
na."

²⁵Y a leverys dhodho, "Pyw osta?"

Jesu a leverys dhedhans, "Prag y
whrama unweyth cowsel orthough?
²⁶Me a'm bues lowr dhe leverel adro
dheugh ha lowr dhe dhampnya, mes
gwyr yw ef neb a'm danvonas."

²⁷Ny wrussons y convedhes ef dhe
gowsel ortans ow tuchya an Tas.
²⁸Rag henna Jesu a leverys, "Pan vo
Mab an Den drehevys yn ban gen-
ough, nena why a wra convedhes ow
bos avy ef, ha nag esof vy ow cul tra
vyth ahanaf ow honen, saw me dhe
leverel an taclow ma kepar del usy an
Tas ow comondya dhym. ²⁹Hag ef
neb a'm danvonas, yma va genama.
Ny wruga ow gasa ow honen oll, rag
me dhe wul pupprys an dra a vo da yn
y syght ef." ³⁰Kepar del esa va ow
leverel an taclow ma, lyes huny a
gresys ynno.

³¹Nena Jesu a leverys dhe'n Yedh-
ewon a gresys ynno, "Mar qureugh
pesya y'm geryow vy, nena why yw
ow dyscyplys yn gwyr, ³²ha why a
wodhvyth an gwyryoneth ha'n gwyr-
yoneth a wra agas frya."

³³Y a worthebys dhodho, "Ny yw
yssew a Abram ha ny vuen ny byth-
queth kethyon dhe dhen vyth. Pyth
esta ow styrya pan leverta, 'Why a
vydh fryys'?"

³⁴Jesu a worthebys, "Yn gwyr hag
yn gwyryoneth me a laver dheugh
hemma: pynag oll a wrella pegh, yw
keth dhe begh. ³⁵Ny'n jeves an
kethwas tyller fast y'n meyny. An
mab a'n jeves plas ynno bys vyken.
³⁶Rag henna mars usy an Mab orth
agas frya, why a vydh frank yn very
gwyryoneth. ³⁷Me a wor yn ta why
dhe vos yssew a Abram, saw yth
esough why ow whelas chons dhe'm
ladha vy, rag nyns ues tyller vyth
ynnough why rag ow geryow vy.
³⁸Yth esof vy ow teclarya an taclow
ma yn syght an Tas. Saw why, y

talvya dheugh gul an pyth a wrus-
sough why clowes dheworth an Tas."

³⁹Y a worthebys ha leverel dhodho,
"Abram yw agan tas ny."

Jesu a leverys dhedhans, "A peugh
why mebyon Abram, why a wrussa an
pyth a wrug Abram, ⁴⁰saw lemmyn
yth esough why ow whelas ow ladha
vy, ha den of a wrug deryvas orth-
ough an taclow a glowys vy dheworth
Dew. Nyns yw henna an pyth a wrug
Abram. ⁴¹An taclow a wrug agas tas-
ow, yth esough why ow cul an re na."

Y a leverys dhodho, "Flehes bastard
nyns on ny man. Ny a'gan bues un
Tas, hen yw Dew y honen."

⁴²Jesu a leverys dhedhans, "A pe
Dew agas Tas why, why a vensa ow
hara vy awos me dhe dhos dheworth
Dew, hag awotta vy omma. Ny wrug
avy dos ahanaf ow honen, saw ef a'm
danvonas. ⁴³Prag na yllough why
convedhes an pyth a lavaraf? Rag ny
yllough why receva ow geryow vy.
⁴⁴Yth esough why ow tos dheworth
agas tas why, an tebel-el, ha da yw
genough why bolunjeth agas tas why.
Ef o moldrer dhya an dalleth ha nyns
usy ef ow sevel y'n gwyryoneth, dre
reson nag ues gwyryoneth vyth ynno.
Pan laver ef gow, yma va ow cowsel
warlergh y natur y honen, rag ef yw
myngow ha tas pub gow. ⁴⁵Saw awos
me dhe leverel an gwyryoneth
dheugh, ny wreugh why ow cresy.
⁴⁶Pyw ues ahanough why a yll ow
reprovya vy rag pegh? Mars esof vy
ow leverel an gwyryoneth, prag na
vennough why cresy ynnof? ⁴⁷Suel a
dheffa dheworth Dew, a vyn clowes
geryow Dew. Prag nag esough why

ow coslowes ortans? Dre reson nag
ough why dhya Dhew."

⁴⁸An Yedhewon a wrug y wortheby
ha leverel, "A nyns usy an gwyr gen-
en, pan leveryn te dhe vos Samaritan
ha tebel-sperys ynnos?"

⁴⁹Jesu a worthebys, "Me ny'm bues
tebel-sperys, saw yth esof vy owth
onoura ow Thas, saw why a wra ow
dysonoura. ⁵⁰Saw ny vannaf vy whelas
ow glory ow honen. Yma onen orth y
whelas hag ef yw an brusyas. ⁵¹Yn
gwyr hag yn gwyryoneth me a laver
dheugh hemma: suel a wrella gwetha
ow geryow vy, ny vyn ef nefra tastya
mernans."

⁵²Nena an Yedhewon a leverys,
"Lemmyn ny a wor bos tebel-sperys
dhys. Abram a verwys ha'n profettys
kefrys ha te a laver, 'Suel a wrella
gwetha ow geryow, ny vyn ef nefra
tastya mernans.' ⁵³Osta jy brassa es
agan tas ny, Abram, neb yw marow?
An profettys a verwys magata. Pyw
esta ow leverel te dhe vos?"

⁵⁴Jesu a worthebys, "Mar qurama
gloryfya ow honen, nyns yw tra vyth
ow glory vy. Ow Thas a wra ow
gloryfya. Ef yw henna esough why
ow leverel anodho, 'Ef yw agan Dew
ny,' ⁵⁵kyn nag esough why orth y
aswon. Mar teffen ha leverel nag esof
orth y aswon, me a vya gowek kepar
ha why. Mes aswonys ywa dhym hag
yth esof ow quetha y eryow ef. ⁵⁶Agas
hendas Abram a rejoycyas ef dhe
weles ow jorna vy. Ef a'n gwelas ha
joy bras a'n jeva."

⁵⁷Nena an Yedhewon a leverys dho-
dho, "Nyns osta hantercans blodh
whath; a wrusta gweles Abram?"

149

58Jesu a leverys, "Yn gwyr hag yn gwyryoneth me a laver dheugh hemma: kens es Abram dhe vos, yth of vy." 59Rag henna y a dhrehevys meyn may hallens y labedha, mes Jesu a wrug keles y honen ha mos mes a'n templa.

9 Pan esa Jesu ow kerdhes, ef a welas den re bya dall dheworth dor y dhama. 2Y dhyscyplys a wovynnas orto, "Raby, pyw a behas, an den ma bo y gerens, may fue va genys dall?"

3Jesu a worthebys, "Ny behas naneyl an den ma nag y gerens. Ef a vue genys dall may halla oberow Dew bos dyscudhys ynno. 4Res yw dhym gul bolunjeth henna a'm danvonas, hadre vo dedh. Yma an nos ow tos na yll den vyth lafurya ynny. 5Hadre vyf y'n bys, me yw golow an bys."

6Pan wrug ef leverel henna, ef a drewas war an dor, gul lys gans y drew ha'y lesa war dhewlagas an den. 7Ef a leverys dhodho, "Ke ha golgh dha honen yn pol Siloam" (hen yw dhe styrya Danvenys). Nena an den eth ha golhy y honen ha dewheles hag ef abyl dhe weles.

8Y gentrevogyon ha'n re na neb a'n gwely kens henna avel beggyer desedhys, y a leverys, "A nyns yw hemma an den esa a'y eseth ow pesy alusyon?"

9Yth esa ran ow leverel, "Ea, yth yw ef."

Saw re erel a leverys, "Nag yw, mes nebonen pur haval dhodho."

Ef y honen a leverys, "Me yw an den."

10Saw y a wovynnas orto, "Fatel wrusta cafus dha syght?"

11Ef a worthebys ha leverel, "An den henwys Jesu a wrug lys ha'y lesa war ow dewlagas ha leverel dhym, 'Ke dhe Siloam ha golgh dha honen.' Nena me eth dy ha golhy ow honen ha receva ow golok."

12Y a leverys dhodho, "Py ma va?"

Ef a worthebys, "Ny won man."

13Y a dhros an den re bya dall dhe'n Farysys. 14Dedh sabot o pan wrug Jesu lys hag egery y dhewlagas. 15Nena an Farysys a dhallathas govyn orto yn pan vaner a wrug ef receva y syght. Ef a leverys dhedhans, "Ef a worras pry war ow dewlagas. Nena me a wolhas ow honen ha lemmyn me a wel yn ta."

16Rag henna re a'n Farysys a leverys, "Nyns usy an den ma dheworth Dew, rag nyns usy ef ow quetha an sabot."

Mes re erel a leverys, "Fatel alsa pehador gul synys a'n par na?" Hag y fue stryf yntredhans.

17Rag henna y a leverys arta dhe'n den dall, "Pyth esta dha honen ow leverel adro dhodho? Dha dhewlagas tejy a vue egerys."

Ef a leverys, "Profet ywa."

18Saw ny wrug an Yedhewon cresy ef dhe vos dall ha dhe receva y syght, erna wrussons y gelwel tas ha mam an den na a wrug receva y syght, 19ha govyn ortans ow leverel, "Yw hemma agas mab why, a leverough why anodho fatel vue va genys dall? Fatel wher ytho ef dhe weles lemmyn?"

20Y das ha'y vam a worthebys ha leverel, "Ny a wor bos hemma agan

mab ny, hag ef a vue genys dall.
²¹Saw ny wodhon man fatel wharfa ef
dhe weles lemmyn, naneyl ny wodh-
on ny pyw a egoras y dhewlagas.
Govynneugh orto ef y honen. Ef yw
coth lowr rag henna." ²²Y das ha'y
vam a gowsas yndella dre reson y dhe
berthy own a'n Yedhewon, rag an
Yedhewon o acordys solabrys y fedha
nebonen gorrys mes a'n synaga, mar
teffa va hag avowa Jesu dhe vos an
Cryst. ²³Rag henna y das ha'y vam a
leverys adro dhodho, "Ef yw coth
lowr. Govynneugh orto ef y honen."
²⁴Nena y a elwys dhedhans an
secund treveth an den re bya genys
dall ha leverel dhodho, "Ro glory dhe
Dhew! Ny a wor bos an den ma
pehador."
²⁵Ef a worthebys ha leverel, "Ny
won vy ywa pehador bo nag ywa. Un
dra me a wor yn ta: kynth en dall, me
a wel lemmyn."
²⁶Y a leverys dhodho, "Pandr' a
wrug ef dhys? Fatel wrug ef egery
dha dhewlagas?"
²⁷Ef a worthebys dhedhans, "Me re
leverys dheugh solabrys, saw ny
venneugh why goslowes. Prag yth
esough why ow wheles y glowes arta?
Ough why whensys dhe vos y dhys-
cyplys ef?"
²⁸Nena y a'n rebukyas ha leverel,
"Te yw y dhyscypyl, mes ny yw dys-
cyplys a Voyses. ²⁹Ny a wor fatel
gowsas Dew orth Moyses, saw
hemma – ny wodhon poynt a ble ma
va."
³⁰An den a worthebys, "Ass yw
marthys an dra ma! Ny wodhough
why a ble ma va, saw ef a egoras ow

dewlagas. ³¹Ny a wor na vydh Dew
ow coslowes orth pehadoryon, saw
yma va ow coslowes orth an re na a
wra y wordhya hag obaya y volunjeth.
³²Ny vue bythqueth clowys, dhya ban
vue formys an bys, den vyth dhe
egery dewlagas nebonen a vue genys
dall. ³³Na ve an den ma dheworth
Dew, ny alsa ef gul tra vyth."
³⁴Y a worthebys, "Te a vue genys yn
pegh yn tyen hag esta ow whelas agan
desky ny?" Y a'n herdhyas yn mes.
³⁵Jesu a glowas y dh'y herdhya yn
mes, ha pan wruga y gafus, ef a
leverys dhodho, "Esta ow cresy yn
Mab an Den?"
³⁶Ef a worthebys ha leverel, "Pyw
yw henna, Arluth? Lavar dhym may
hallen cresy ynno."
³⁷Jesu a leverys dhodho, "Ty re'n
gwelas ha'n den usy ow cowsel orthys
yw ef."
³⁸Ef a leverys, "Arluth, me a grys."
Hag ef a'n gordhyas.
³⁹Jesu a leverys, "Me a dhueth
aberth y'n bys ma rag y jujjya, may
halla gweles an dhellyon ha ma
whrella dellny dos war an re na a's
teves aga syght."
⁴⁰Re a'n Farysys esa yn nes a glowas
hemma ha leverel dhodho, "Esta ow
leverel ny dhe vos dall kefrys?"
⁴¹Jesu a leverys dhedhans, "A peugh
why dall, ny'gas bya pegh. Saw aban
esough why ow leverel why dhe
weles, yma agas pegh ow trega gen-
ough.

10 "Yn gwyr hag yn gwyr-
yoneth me a laver hemma
dheugh: suel na wrella entra y'n

gorlan der an darras, mes crambla aberth neb fordh aral, ef yw lader ha robbyor. ²Henna neb usy owth entra der an yet, ef yw bugel an deves. ³Yma an porthor owth egery an yet dheragtho, ha'n deves a wra aswon y lef ef. Yma va ow kelwel y dheves y honen er aga henwyn hag ef a wra aga ledya yn mes. ⁴Pan wra va humbrank yn mes oll y dheves y honen, ef a dheragthans, ha'n deves a vyn y sewya, dre reson y lef dhe vos aswonys dhedhans. ⁵Ny vennons sewya den stranj, saw y a wra ponya dheworto, rag nyns usons y owth aswon an dus stranj." ⁶Jesu a usyas an parabyl ma gansans, saw ny wrussons convedhes pandr' a leverys dhedhans.

⁷Jesu a leverys dhedhans arta, "Yn gwyr hag yn gwyryoneth me a laver hemma dheugh: me yw an yet rag an deves. ⁸Oll an re na a dheffa dheragof yw ladron ha robbyoryon. Saw ny wra an deves goslowes ortans. ⁹Me yw an yet. Suel a wrella entra dredhof, a vydh sawys hag a vyn entra ha mos yn mes ha cafus porva. ¹⁰Ny dhue an lader ma's rag ladra ha ladha ha dystrowy. Me a dhue may hallens cafus bewnans, ea, ha'y gafus lowr plenta.

¹¹"Me yw an bugel 'vas. An bugel 'vas a vyn dascor y vewnans rag y dheves. ¹²Nyns yw an gwas gober an bugel ha ny bew ef an deves. Pan wra va gweles an bleydh ow tos, ef a wra scappya alenna. Nena an bleydh a wra sesya an deves ha'ga scullya ales. ¹³An gwas gober a wra ponya yn kergh, drefen ef dhe vos gwas gober ha nyns yw an deves a vern dhodho.

¹⁴"Me yw an bugel 'vas. Aswonys dhym yw ow deves vy ha me yw aswonys dhedhans, ¹⁵poran kepar del of vy aswonys dhe'n Tas ha'n Tas yw aswonys dhym. Ha me a wra dascor ow bewnans rag an deves. ¹⁶Me a'm bues deves erel nag ues y'n gorlan ma, ha res yw dhym aga dry y aberveth kefrys hag y a wra goslowes orth ow lef vy. Yndelma y fydh un flock hag un bugel. ¹⁷Rag an reson ma yma an Tas orth ow hara vy, drefen me dhe dhascor ow bewnans, may hallen y gemeres yn ban arta. ¹⁸Ny wra den vyth y gemeres dheworthyf, saw me a vyn y dhascor oll a'm bodh ow honen. Me a'm bues an gallus dh'y dhascor ha dh'y gemeres yn ban arta. An gorhemmyn ma me re recevas dheworth ow Thas."

¹⁹Hag arta y fue stryf ynter an Yedhewon awos an geryow ma. ²⁰Yth esa lyes huny anedhans ow leverel, "Ef a'n jeves tebel-sperys hag yma va mes a'y rewl. Prag y whreugh why goslowes orto?"

²¹Re erel a leverys, "Nyns yw an re ma an geryow a sagh dyawl. A yll tebel-sperys vyth egery dewlagas an dhellyon?"

²²Y'n tor' na yth esa degol an Sacrans ow kemeres le yn Jerusalem. ²³Gwaf o hag yth esa Jesu ow kerdhes y'n templa yn Porth Salamon. ²⁴Rag henna an Yedhewon a guntellas adro dhodho ha leverel, "Pana bellder a venta jy gwetha agan brys yn dowt? Mars osta an Cryst, lavar henna yn tyblans."

²⁵Jesu a worthebys, "Me re'n deryvas orthough ha ny gresough why

man. An oberow esof vy ow cul yn hanow ow Thas, ymons y ow testa ahanaf. ²⁶Saw why ny gresough ynnof rag nyns ough why a'm deves vy. ²⁷Ow deves vy a glow ow voys. Me a's aswon hag y a wra ow sewya vy. ²⁸Me a re dhedhans an bewnans heb deweth ha ny wrons nefra mos dhe goll. Ny yll den vyth aga sesya mes a'm dewla vy. ²⁹An pyth re bue rys dhym gans ow Thas yw brassa es pub tra aral ha ny yll den vyth y gybya mes a luef an Tas. ³⁰Me ha'n Tas, onen yth on ny."

³¹Nena an Yedhewon arta a gemeras yn ban meyn may hallens y labedha. ³²Jesu a worthebys, "Me re dhysquedhas dheugh muer a oberow da an Tas. Prag y fennough why ow labedha?"

³³An Yedhewon a worthebys, "Ny vennyn ny dha labedha awos ober da, mes awos blasfemy. Kyn nag osta ma's mab den, yth esta ow cul dha honen haval dhe Dhew."

³⁴Jesu a worthebys, "A nyns yw screfys y'gas laha why, 'Me a laver why dhe vos dewow'? ³⁵Mar pue an re na gelwys 'dewow' may tueth ger Dew dhedhans – ha ny yll an scryptur bos defendys dhe ves – ³⁶a levereugh why dhe henna neb a vue sacrys gans an Tas ha danvenys ganso dhe'n bys, 'Yth esta ow cably Dew,' drefen me dhe leverel, 'Mab Dew oma'? ³⁷Mar nyns esof vy ow cul oberow an Tas, na wreugh cresy ynnof. ³⁸Saw mar tuema ha'ga gul, nena kyn na wreugh why ow cresy, creseugh an oberow, may halleugh why godhvos ha convedhes bos an Tas ynnof vy ha me

y'n Tas." ³⁹Nena y a whelas y sesya arta, mes ef a wrug scappya mes a'ga dewla.

⁴⁰Jesu eth alenna arta ha mos dres dowr Jordan dhe'n tyller may fedha Jowan ow pesydhya y'n dedhyow kens, ha Jesu a dregas ena. ⁴¹Lyes huny a dhueth dhodho hag yth esens ow leverel, "Ny wrug Jowan gul marthus vyth oll, saw pub tra a leverys Jowan ow tuchya an den ma yw gwyr." ⁴²Ha lyes huny a gresys ynno y'n tyller na.

11

Yth o certan den claf, Lasser y hanow, a Vethania, tre Martha ha Marya hy whor. ²Marya o honna a untyas an Arluth gans onyment ha seha y dreys gans hy blew. Hy broder Lasser o claf. ³Rag henna an whereth a dhanvonas messach dhe Jesu, "Arluth, claf yw neb esta orth y gara."

⁴Mes pan glowas Jesu henna, ef a leverys, "Nyns yw marwyl an cleves ma. Na, rag glory Dew yth ywa, may halla Mab Dew bos gloryfyes dredho." ⁵Ytho, kyn whre Jesu cara Martha ha'y whor ha Lasser, ⁶ef a dregas dew jorna pella y'n tyller mayth esa, wosa clowes fatel o Lasser claf.

⁷Wosa henna ef a leverys dh'y dhyscyplys, "Duen ny dhe Judy arta."

⁸An dyscyplys a leverys dhodho, "Raby, yth esa an Yedhewon ow whelas agensow dha labedha, hag a venta arta mos dy?"

⁹Jesu a worthebys, "A nyns ues dewdhek owr y'n jedh? An re na usy ow kerdhes pan vo golow an jedh, ny wrons y trebuchya, drefen y dhe

153

weles golow an bys ma. [10]Saw an re na usy ow kerdhes orth golow nos, trebuchya a wrons, dre reson nag usy an golow ynnans."

[11]Wosa cowsel an geryow na, ef a leverys dhedhans, "Yma agan cothman Lasser yn cusk, saw me a dhodho rag y dhyfuna."

[12]An dyscyplys a leverys dhodho, "Arluth, mars usy yn cusk, ef a vydh da lowr." [13]Saw Jesu a gowsas a'y vernans, mes y a gresys ef dhe vos ow cowsel adro dh'y gusk.

[14]Nena Jesu a gowsas dhe blemmyk, "Marow yw Lasser. [15]Rag kerensa ahanough lowen of na vuef ena, may halleugh why cresy. Saw duen bys dhodho."

[16]Tomas, neb o henwys Didymus, a leverys dh'y gescowetha, "Duen ny kefrys, may hallen ny merwel ganso ef."

[17]Pan dhueth Jesu dhe'n tyller, ef a gafas Lasser a'y wroweth y'n bedh nans o peswar jorna. [18]Bethany o neb dew vyldyr dheworth Jerusalem, [19]ha muer a'n Yedhewon a dhueth dhe Vartha ha dhe Varya rag aga honfortya awos aga broder. [20]Pan glowas Martha Jesu dhe vos ow tos, hy eth yn mes dhe vetya orto ha Marya a remaynyas yn tre.

[21]Nena Martha a leverys dhe Jesu, "Arluth, a pesta omma, ny wrussa ow broder merwel. [22]Saw me a wor lemmyn kefrys, fatel vyn Dew ry dhys pynag oll tra a wrelles govyn orto."

[23]Jesu a leverys dhedhy, "Dha vroder a wra dasserhy."

[24]Martha a worthebys, "Me a wor fatel wra va dasserhy orth an dasserghyans dedh brues."

[25]Jesu a leverys dhedhy, "Me yw an dasserghyans ha'n bewnans. Kenyver onen a gressa ynnof, kyn whra va merwel, bewa a wra, [26]ha kenyver onen a wrella bewa ha cresy ynnof vy, ny wra va tastya mernans. Esta ow cresy henna?"

[27]Hy a leverys dhodho, "Ea, Arluth, me a grys te dhe vos an Cryst, Mab Dew, henna usy ow tos aberth y'n bys."

[28]Wosa hy dhe leverel an geryow ma, hy a dhewhelas ha gelwel hy whor Marya ha leverel dhedhy yn pryva, "Yma an Descajor omma hag ef orth dha elwel." [29]Kettel wrug Marya clowes henna, hy a sevys yn ban yn uskys ha mos dhodho. [30]Ny wrug Jesu dos dhe'n dre, mes yth esa va whath y'n tyller may whrug Martha metya ganso. [31]An Yedhewon, esa gensy y'n chy orth hy honfortya, y a's gweles ow sevel yn ban yn uskys hag ow mos yn mes. Y a's sewyas, dre reson y dhe bredery fatel esa hy ow mos dhe'n bedh, may halla hy ena ola.

[32]Pan dhueth Marya dhe'n tyller mayth esa Jesu, hy a'n gwelas ha codha orth y dreys ha leverel dhodho, "Arluth, a pes jy omma, ny wrussa ow broder merwel."

[33]Pan welas Jesu hy dhe ola ha'n Yedhewon o devedhys gensy dhe ola kefrys, ef a vue troblys bras yn y sperys ha muvys yn town. [34]Ef a leverys, "Ple whrussough why y settya?"

Y a leverys, "Dues, Arluth, rag gweles."

[35]Jesu a olas.

³⁶Rag henna an Yedhewon a leverys, "Otta, ass o bras y gerensa ragtho!"

³⁷Re anedhans a leverys, "An den ma neb a egoras dewlagas an dall, a ny klly ef gwetha hemma rag merwel?"

³⁸Nena Jesu a entras y'n bedh hag ef owth ola y honen. Caf o an bedh hag yth esa men a'y wroweth war y byn. ³⁹Jesu a leverys, "Kemereugh an men dhe ves."

Martha, whor an den marow, a leverys, "Arluth, yma sawor pos ganso solabrys, rag ef a verwys peswar jorna alemma."

⁴⁰Jesu a leverys dhedhy, "A ny wrug avy leverel dhys te dhe weles glory Dew mar teffes ha cresy?"

⁴¹Nena y a gemeras an men dhe ves. Ha Jesu a veras yn ban ha leverel, "A Das, me a aswon ras dhys dre reson te dhe woslowes orthyf. ⁴²Me a wor te dhe'm clowes pupprys, saw me re leverys hemma abarth an bobel usy a'ga saf omma yn nes, may hallens ow clowes ha cresy te dhe'm danvon."

⁴³Pan wrug ef leverel henna, ef a gryas uhel y lef, "Lasser, dues yn mes!" ⁴⁴An den marow a dhueth yn mes, hag ef maylys luef ha tros gans lyenyow, hag yth esa queth war y fas.

Jesu a leverys dhedhans, "Gwreugh y dhygelmy ha'y dhelyfra dhe wary."

⁴⁵Muer a'n Yedhewon o devedhys gans Marya, ha pan wrussons y gweles an pyth re bya gwres gans Jesu, y a gresys ynno. ⁴⁶Mes ran anedhans eth war aga fordh dhe'n Farysys ha deryvas ortans a taclow a wrug Jesu. ⁴⁷Nena an uhel pronteryon ha'n Farysys a omguntellas yn consel ha leverel an eyl dh'y gela, "Pandr' a dal dhyn ny gul? Yma an den ma ow performya muer a verclys. ⁴⁸Mar tuen ny ha gasa dhodho pesya yndelma, pubonen a vyn cresy ynno, ha'n Romanas a dhue ha dystrowy agan tyller sans ha'gan nacyon kefrys."

⁴⁹Onen anedhans henwys Cayfas, uhel pronter an vledhen na, a leverys dhedhans, "Ny wodhough why tra vyth oll! ⁵⁰Nyns esough why ow convedhes fatel res dhe un den merwel rag dowt oll an nacyon dhe vos dystrowys."

⁵¹Ny leverys ef hemma a'y honen, saw awos ef dhe vos uhel pronter an vledhen na. Ef a brofusas fatel wre Jesu merwel rag les oll an nacyon, ⁵²ha na wre va merwel rag an nacyon yn unyk, mes may fe cuntellys warbarth flehes Dew re bya scullys ales dres oll an bys. ⁵³Alenna rag yth esens y prest ow cusulya fatel yllyns y worra dhe'n mernans.

⁵⁴Rag henna, ny wre Jesu kerdhes yn mesk an Yedhewon na fella, saw ef eth alenna dhe'n tyreth ogas dhe'n dyfeyth, dhe dre henwys Efraim, hag ena ef a dregas gans y dhyscyplys.

⁵⁵Hag yth esa Pask an Yedhewon ow tos nes ha lyes huny eth yn ban dhya an pow dhe Jerusalem dherag an Pask rag purjya aga honen. ⁵⁶Yth esens ow whelas Jesu hag ow covyn an eyl orth y gela hag y a'ga saf y'n templa, "Pyth esough why ow predery? Sur ny dhue va dhe'n gol." ⁵⁷An uhel pronteryon ha'n Farysys a gomondyas kenyver onen a wodhya

155

pleth esa Jesu, dh'y dheclarya dhe-
dhans, rag y o whensys dh'y sesya.

12 Whegh jorna kens an Pask
Jesu a dhueth dhe Vethany,
tre Lasser neb re bya dasserhys dhe-
worth an re marow ganso. ²Ena y a
wrug parusy con ragtho, ha Martha a
servyas. Yth esa Lasser yn mesk an
dus esa a'ga eseth orth an tabel.
³Marya a gemeras puns a spyknard
precyous hag ylya treys Jesu ganso
ha'ga seha gans hy blew. An chy a vue
lenwys a sawor an onyment.

⁴Saw Judas mab Symon, onen a'y
dhyscyplys ha'n den a wre y drayta, a
leverys, ⁵"Prag na vue an onyment
ma gwerthys a dry hans dynar ha'n
mona rys dhe'n vohosogyon?" ⁶Ny
wrug ef leverel henna awos ef dhe
gara an vohosogyon, mes drefen y
vos lader. Yth esa va ow sensy an pors
kemyn hag a wre ladra mes anodho
an pyth a vedha gorrys ynno.

⁷Jesu a leverys, "Geseugh cres
dhedhy. Hy a'n prenas may halla hy y
wetha bys yn jorna ow encledhyas.
⁸Why a'gas bues an vohosogyon gen-
ough why pupprys, mes ny vedhaf vy
genough why bys vyken."

⁹Pan glowas ruth vras an Yedhewon
Jesu dhe vos ena, y a dhueth bys dy
may hallens gweles Jesu ha Lasser
kekefrys – henna re bya dasserhys
gans Jesu dheworth an re marow.
¹⁰Rag henna ervyrys o an uhel pron-
teryon ladha Lasser ynwedh, ¹¹dre
reson bos muer a'n Yedhewon orth
aga forsakya hag ow cresy yn Jesu.

¹²Ternos vyttyn an ruth vras, neb o
devedhys dhe'n gol, a glowas fatel esa
Jesu ow tos dhe Jerusalem. ¹³Rag
henna y a gemeras palmys ha mos yn
mes dhe vetya ganso hag y ow crya,

"Hosanna!"

"Benegys yw ef neb a dhue yn
hanow an Arluth!"

"Benegys yw Mytern Ysrael!"

¹⁴Jesu a gafas asen yowynk hag
esedha warnodho; kepar del yw
screfys,

¹⁵"Na borth awher, a vyrgh Sion.
Awot dha vytern ow tos dhys
a'y eseth war ebol asen!"

¹⁶Ny wrug y dhyscyplys convedhes
an taclow ma wostalleth, mes pan vue
Jesu gloryfyes, nena y a remembras
oll an taclow ma re bya screfys adro
dhodho ha re bya gwres dhodho.

¹⁷Gans henna an ruth neb re bya
ganso pan wrug ef gelwel Lasser mes
a'n bedh ha'y dhasserhy dheworth an
re marow, y a besyas ow testa adro
dhodho. ¹⁸An ruth eth yn mes dh'y
weles ynwedh, drefen y dhe glowes
fatel wrug ef an merkyl bras na. ¹⁹An
Farysys a levery an eyl dh'y gela,
"Awot! Ny yllyn ny gul tra vyth.
Mereugh, yma oll an bys orth y folya
ef!"

²⁰Yn mesk an re na o devedhys yn
ban dhe wordhya y'n gol yth esa certan
Grecas. ²¹Y a dhueth nes dhe Felyp
(neb a dhueth dhya Vesseda) ha'y
besy ow leverel, "Syra, da vya genen
ny gweles Jesu." ²²Felyp eth ha'y

dheclarya dhe Androw, hag arta Androw ha Felyp a'n declaryas dhe Jesu.

²³Ha Jesu a worthebys ha leverel, "Re dhueva an prys may fydh res dhe Vab an Den bos gloryfyes. ²⁴Yn gwyr hag yn gwyryoneth me a laver dheugh hemma: marnas hasen ys a wra codha dhe'n dor ha merwel, ny vydh hy ma's hasen. Saw mar qura hy merwel, hy a dheg muer a frut. ²⁵Suel a wrella cara y vewnans, a wra y gelly, saw kenyver onen a wrella hatya y vewnans y'n bys ma, a wra y sensy y'n bys a dhue. ²⁶Mars ues den orth ow servya, res vydh dhodho ow sewya ha'n le may fedhaf vy, y'n tyller na an servont a dal bos kefrys. Suel a wrella ow servya vy, an Tas a wra y onoura ef.

²⁷"Troblys bras yw ow enef y'n tor' ma. Pandr' a allaf vy leverel? – 'A Das, gwyth vy rag an termyn ma'? Na, na! Rag an termyn ma me re dhueth. ²⁸A Das, gwra gloryfya dha hanow jy."

Nena lef a dhueth mes a'n nef, "Ow hanow re bue gloryfyes genef, ha gloryfyes vydh genef arta." ²⁹An ruth esa a'ga saf yn nes a'n clowas ha leverel fatel vue taran. Re erel a leverys, "El re gowsas orto."

³⁰Jesu a worthebys, "Rag agas kerensa why re dhueva an lef ma. Ny dhueth rag ow herensa vyvy. ³¹Lemmyn y fydh jujjyans an bys ma; lemmyn y fydh herdhys yn mes rewler an bys ma. ³²Mar pedhaf vy lyftys yn ban dheworth an nor, me a vyn tenna pub tra oll dhymmo vy ow honen." ³³Dre hemma ef a wrug sygnyfya pan kynda a vernans a wre va godhaf.

³⁴An ruth a worthebys dhodho, "Ny re glowas y'n laha fatel wra an Cryst remaynya bys vyken ha benary. Fatel ylta jy leverel y res dhe Vab an Den bos drehevys yn ban? Pyw yw Mab an Den esta ow cowsel adro dhodho?"

³⁵Jesu a leverys dhedhans, "Y fydh an golow genough pols byan whath. Kerdheugh hadre vo an golow genough, rag dowt an tewolgow dh'agas budhy. Mars esough why ow kerdhes y'n tewolgow, ny wodhough why pleth esough why ow mos. ³⁶Hadre vo an golow genough, creseugh y'n golow, may halleugh why bos flehes a'n golow." Warlergh Jesu dhe leverel an geryow ma, ef a voydyas alenna ha cudha y honen dhewortans.

³⁷Kyn whrug ef performya kemmys synys y'ga golok, ny wrussons y cresy ynno. ³⁸Y fue henna may halla bos collenwys an lavar cowsys gans an profet Ysay:

"Arluth, pyw re gresys agan
    messach, ha dhe byw re bue
    dyscudhys bregh an Arluth?"

³⁹Rag henna ny yllyns y cresy, rag Ysay dhe leverel ynwedh:

⁴⁰"Ef re wrug dallhe aga dewlagas
    ha caleshe aga holon,
ma na wrellens meras gans aga
    dewlagas, na convedhes gans aga
    holon ha treylya – ha me a vensa
    aga sawya."

⁴¹Ysay a leverys hemma rag ef dhe weles y glory ha cowsel anodho.

157

[42]Bytegens muer a'n rewloryon a gresys ynno. Saw ny wrussons y avowa awos an Farysys, rag dowt y dhe vos herdhys mes a'n synagys. [43]Rag moy yth esens ow cara glory mab den es an glory usy ow tos dheworth Dew.

[44]Nena Jesu a gryas yn uhel, "Neb a gressa ynnof vy, nyns usy ef ow cresy ynnof vy, mes ynno ef neb a'm danvonas. [45]Neb a wrella ow gweles vy, yma va ow queles henna re wrug ow danvon. [46]Me re dhueth avel golow aberth y'n bys, ma na wrella kenyver onen a gressa ynnof gortos y'n tewolgow.

[47]"Ny wrama jujjya den vyth usy ow clowes ow geryow vy heb aga sensy, rag ny wruga dos aberth y'n bys rag jujjya an bys, mes may hallen y sylwel. [48]Suel a wrella ow sconya vy ha na wrella receva ow geryow, ef a'n jeves brusyas. An ger re wrug avy cowsel a vyn servya avel juj y'n jedh fyn, [49]rag ny wrug avy cowsel ahanaf ow honen, saw an Tas neb a wrug ow danvon, ef y honen re ros dhym comondment adro dhe'n taclow a resa dhym leverel ha cowsel. [50]Ha me a wor bos an comondment na an bewnans heb deweth. Pub tra a wrellen cowsel ytho, me a'n laver poran kepar del erhys an Tas dhym."

13

Kens degol an Pask Jesu a wodhya fatel o devedhys an prys may talvya dhodho dyberth mes a'n bys ma ha mos dhe'n Tas. Ef a garas y dus y honen hag ef a's caras bys y'n deweth.

[2]An tebel-el solabrys a worras yn colon Judas Scaryoth mab Symon dhe drayta Jesu. [3]Jesu a wodhya fatel vedha pub tra delyfrys gans an Tas ynter y dhewla hag ef y honen dhe dhos dheworth Dew ha dhe vos ow tewheles dhe Dhew, hag yn termyn an soper [4]ef a sevys yn ban dheworth an vos, dy'sky y bows ha kelmy towal yn y gerhyn. [5]Nena ef a dheveras dowr yn bason ha dalleth golhy treys y dhyscyplys ha'ga seha gans an towal esa adro dhodho.

[6]Ef a dhueth dhe Symon Peder hag ef a leverys dhodho, "Arluth, a venta golhy ow threys vy?"

[7]Jesu a worthebys ha leverel, "Ny wodhes whath pandr' a wraf, saw te a'n godhvyth y'n deweth, wosa ow mos ahanan."

[8]Peder a leverys dhodho, "Arluth, ny wreta golhy ow threys nefra."

Jesu a worthebys, "Mar ny wrama dha wolhy jy, ny vedhys kevrennek genama."

[9]Symon Peder a leverys dhodho, "Arluth, dhymmo vy moy es ow threys, na as pen na luef na vo golhys."

[10]Jesu a leverys dhodho, "Neb a vo y gorf golhys, ny'n jeves othem golhy saw y dreys, rag glan yw oll. A bub plos yth ough why glanhes – mes oll nyns ough why glan." [11]Rag ef a wodhya pyw a wre y drayta. Rag henna ef a leverys, "Oll nyns ough why glan."

[12]Wosa ef dhe wolhy aga threys ha gorra y bows adro dhodho arta, ef a dhewhelas dhe'n vos ha leverel dhedhans, "A wodhough why pyth a

wrug avy dheugh? 13Y'm gelwyr 'Mester' genough hag 'Arluth' – ha hen yw gwyr, rag henna me yw. 14Ytho mar quruga golhy agas treys, ha me agas Arluth ha'gas Mester, golhens pub ahanough treys y gela kepar ha me. 15Me re ros ensompel dheugh, may whrelleugh why kepar del wrug avy dheugh. 16Yn gwyr hag yn gwyryoneth me a laver hemma dheugh: nyns yw an servont brassa es y vester, naneyl nyns yw cannasow brassa es an re na a wrug aga danvon. 17Mar codhough why an taclow ma, benneth a'gas bydh pan wrelleugh why aga gul.

18"Nyns esof ow cowsel adro dheugh yn kettep pen. Me a wor pyw re wrug avy dowys. Saw yth yw hemma rag collenwel an scryptur, 'Neb a gevrannas ow bara, ef re dhrehevys y wewen war ow fyn.'

19"Me a laver hemma dheugh lemmyn, kens es y wharfos, may halleugh why cresy ow bosama ef, pan whrella an dra wharfos. 20Yn gwyr me a laver dheugh why: neb a wrella receva henna a wrellen vy danvon, yma orth ow receva vy, ha neb a wrella ow receva vy, ef a vydh ow receva neb a wrug ow danvon vy."

21Wosa ef dhe leverel an taclow ma, Jesu a vue troblys bras yn y sperys ha declarya, "Yn gwyr hag yn gwyryoneth me a laver dheugh fatel wra onen ahanough ow thrayta."

22An dyscyplys a veras an eyl orth y gela, rag ny wodhyens pyw esa va ow styrya. 23Yth esa onen a'y dhyscyplys – ef neb o muergerys dhe Jesu – a'y wroweth orth an vos ogas dhe Jesu. 24Rag henna Symon Peder a wrug syn tro hag ef may wrella va govyn orth Jesu pyw esa va ow styrya.

25Gans henna an dyscypyl a wovynnas hag ef a'y wroweth orth an vos ogas dhodho, "Arluth, pyw a yll henna bos?"

26Jesu a worthebys, "Yth yw ef neb a vannaf vy ry an suben ma dhodho wosa me dh'y throghya y'n scudel." Ha wosa troghya an suben, ef a's ros dhe Judas Scaryoth mab Symon. 27Wosa Judas dhe receva an suben dheworto, Satnas a entras ynno.

Jesu a leverys dhodho, "A vo dhys dhe wul, gwra e yn uskys." 28Ny wodhya den vyth orth an vos prag y whrug ef leverel henna. 29Yth esa ran anedhans ow cresy fatel esa Jesu orth y gomondya dhe brena taclow rag an degol, rag yth esa Judas ow sensy an comen pors, bo dhe ry nampyth dhe'n vohosogyon. 30Wosa receva an suben, Judas eth yn mes heb let hag yth o nos.

31Wosa Judas dhe vos yn mes, Jesu a leverys, "Lemmyn yma Mab an Den gloryfyes hag yma Dew gloryfyes ynno ef. 32Mar pydh Dew gloryfyes ynno ef, Dew ynwedh a vyn y gloryfya ynno y honen, hag ef a vyn ry an glory dhodho heb let.

33"A flehes vyan, pols byan whath me a vydh y'gas mesk. Why a vyn ow whelas. Ha kepar del wrug avy leverel dhe'n Yedhewon, me a laver dheugh why y'n tor' ma, 'An le mayth esof vy ow mos, ny yllough why ow sewya.'

34"Yth esof ow ry dheugh comondment noweth – why dhe gara an eyl y gela. Kepar del wrug avy agas cara

why, yndella y tal dheugh cara an eyl
y gela. 35Dre henna pubonen a wodh-
vyth why dhe vos ow dyscyplys, mar
qureugh why cara an eyl y gela."

36Symon Peder a leverys dhodho,
"Arluth, pleth esta ow mos?"

Jesu a worthebys dhodho, "Ny ylta
jy ow sewya y'n tor' ma dhe'n tyller
mayth esof vy ow mos. Saw te a wra
ow sewya wosa hemma."

37Peder a leverys dhodho, "Prag na
allaf vy lemmyn dha sewya? Me a vyn
dascor ow very bewnans ragos."

38Jesu a worthebys, "A venta jy
dascor dha vewnans ragof? Yn gwyr
hag yn gwyroneth me a laver dhys,
kens es bos culyek kenys teyrgweyth,
y whreth ow naha!

14 "Na vedhens agas colon
why troblys. Why a grys yn
Dew. Creseugh ynnof vy kefrys. 2Yma
lyes mansyon yn chy ow Thas. Na ve
an dra yndella, me a vensa y dhe-
clarya dheugh. Yth esof ow mos dhe
barusy tyller ragough. 3Ha mar tuema
ha parusy tyller ragough, me a vyn
dos arta ha'gas receva why dhymmo –
may halleugh why bos le may fedhaf
vy ow honen. 4Why a wor pleth af,
ha'n fordh yw aswonys dheugh."

5Tomas a leverys dhodho, "Arluth,
ny wodhon ny man pleth esta ow
mos. Fatel yllyn godhvos an fordh?"

6Jesu a leverys, "Me yw an fordh
ha'n gwyryoneth ha'n bewnans. Ny
dhue den vyth dhe'n Tas saw unsel
dredhof vy. 7Mar teffeugh why ha'm
aswon vy, why a vensa aswon an Tas
kefrys. Alemma rag why a'n aswon ha
why re wrug y weles."

8Felyp a leverys dhodho, "Arluth,
dysqua dhyn an Tas ha lowr vydh
henna dhyn."

9Jesu a leverys dhodho, "Esof vy
kemmys termyn genough, ha ny
wrusta ow aswon vy, a Felyp? Henna
neb re'm gwelas vy, ef re welas an
Tas. Fatel ylta jy leverel ytho, 'Dys-
qua dhyn an Tas'? 10A nyns esta ow
cresy me dhe vos y'n Tas ha'n Tas
ynnof vy? An geryow esof vy ow
leverel, ny wrama aga leverel ahanaf
ow honen. Saw an Tas, usy tregys yn-
nof, ef a wra an oberow. 11Creseugh
dhym, fatel esof vy y'n Tas ha'n Tas
ynnof vy. Poken creseugh ynnof awos
an oberow. 12Yn gwyr hag yn gwyr-
yoneth me a laver dheugh hemma:
neb a gressa ynnof vy, a vyn gul ow
oberow vy – ea, hag oberow brassa es
an re ma ef a wra, rag me dhe
dhewheles dhe'm Tas. 13Pynag oll tra
a wrelleugh why govyn y'm hanow
vy, henna me a vyn gul, may fo ow
Thas gloryfyes y'n Mab. 14Mar teugh
why ha govyn tra vyth y'm hanow vy,
me a vyn y wul.

15"Mars esough why orth ow hara
vy, gwetheugh ow homondmentys.
16Me a vyn govyn orth ow Thas, hag
ef a re dheugh why Confortyer aral,
may halla ef gortos genough why rag
nefra, 17hen yw an Sperys a wyryon-
eth, na yll an bys receva man, dre
reson nag usy an bys orth y weles nag
orth y aswon. Why a'n aswon, drefen
ef dhe vos tregys ynnough, hag ef a
vydh genough why. 18Ny vannaf vy
agas gasa heb confort. Me a vyn dos
dheugh. 19Wosa termyn ny wra an
bys ow gweles na fella, mes why a'm

gwelvyth. Awos me dhe vewa, why a wra bewa ynwedh. [20]An jedh na why a wodhvyth ow bosama y'm Tas ha fatel esough why ynnof vy ha me ynnough why. [21]Neb a'n jeffa ow homondmentys hag a wrella aga sensy, ef yw henna usy orth ow hara vy. An re na usy orth ow hara vy, ow Thas a vyn aga hara ynsy kefrys. Ha me ynwedh a vyn aga hara ha dyscudha ow honen dhedhans."

[22]Judas (nag o Judas Scaryoth) a leverys dhodho, "Arluth, yn pan vaner a venta jy dyscudha dha honen dhyn ny heb omdhysquedhes dhe'n bys?"

[23]Jesu a worthebys dhodho, "An re na usy orth ow hara vy, y a vyn sensy ow geryow, ha'm Tas vy a wra aga hara y, ha ny a wra dos dhedhans ha gortos gansans. [24]Neb na wrella ow hara vy, ny wra va sensy ow geryow vy. An geryow esough why ow clowes, nyns usons y ow tos dheworthyf vy, mes dheworth an Tas a wrug ow danvon.

[25]"Me re leverys an taclow ma dheugh ha me whath y'gas mesk. [26]Saw an Confortyer, an Sperys Sans, neb a vydh danvenys dheugh gans an Tas, ef a vyn desky dheugh pub tra hag ef a wra dheugh remembra kenyver tra re wrug avy deryvas orthough. [27]Ow cres genough gasaf. Me a re dheugh ow cres vy. Ny wrama ry dheugh kepar del re an bys. Na vedhens troblys agas colon ha na bertheugh own vyth.

[28]"Why re glowas me dhe leverel, 'Yth esof vy ow tyberth dheworthough ha me a vyn dos dheugh.' Mar teffeugh why ha'm cara vy, why a wrussa rejoycya awos me dhe leverel ow bosama ow mos dhe'n Tas, drefen an Tas dhe vos brassa agesof ow honen. [29]Ha lemmyn, me re wrug declarya dheugh oll an taclow ma dherag dorn, may halleugh why cresy pan wrellens wharfos. [30]Ny wrama cowsel namuer orthough y'n tor' ma, rag yma rewler an bys ma ow tos. Ef ny'n jeves gallus vyth warnaf. [31]Saw me a wra poran kepar del wrug an Tas erhy dhym, may halla an bys godhvos me dhe gara an Tas.

"Yn sol! Duen ny alemma.

15

"Me yw an wedhen grappys hag ow Thas yu an trevesyk. [2]Ef a dregh dhe ves pub scoren oll na wrella don frut da. Saw pub scoren a wrella don frut da, ef a wra hy dyvarra, may halla hy don dhe voy frut. [3]Why re bue dyvarrys solabrys der an ger re wrug avy cowsel orthough. [4]Tregeugh ynnof vy, kepar del of vy tregys ynnough why. Ny yll an branch don frut vyth marnas ef a vo tregys y'n wedhen grappys, naneyl ny yllough whywhy, marnas why a vo tregys ynnof vy.

[5]"Me yw an wedhen grappys ha why yw an branchys. An re na usy tregys ynnof vy ha me tregys ynnans y, y fedhons y ow ton muer a frut, rag ny yllough why gul tra vyth hebof vy. [6]Neb na vo tregys ynnof, ef a vydh towlys dhe ves kepar ha branch, ha gwedhra ef a wra. Y fydh branchys a'n par na cuntellys warbarth, towlys y'n tan ha leskys. [7]Mar qureugh why trega ynnof vy, ha mar qura ow geryow vy trega ynnough why, govynneugh

161

pynag oll tra a venneugh, ha'n dra a
vydh gwres ragough. [8]Ow thas yw
gloryfyes dre hemma – why dhe dhon
muer a frut ha mos ha bos ow dys-
cyplys.

[9]"Kepar del wrug an Tas ow hara
vy, yndelma me re wrug agas cara
why. Tregeugh y'm kerensa. [10]Mar
qureugh why sensy ow homond-
mentys, why a wra trega y'm kerensa
vy, kepar del wrug avy sensy comond-
mentys ow Thas ha me tregys yn y
gerensa ef. [11]Me re wrug cowsel an
taclow ma orthough, may fo ow joy
vy ynnough why, ha may fo col-
lenwys agas joy why. [12]Hem yw ow
arhadow: why dhe gara an eyl y gela,
poran kepar del wrug avy agas cara
why. [13]Moy kerensa ny'n jeves den
vyth ages ef dhe dhascor y vewnans
rag kerensa y gothmens. [14]Why yw
ow hothmens, mar qureugh why an
pyth a wrama erhy dheugh. [15]Nyns
esof vy na fella orth agas gelwel
servons, rag ny wor an servont an
pyth a wra an mester. Lemmyn ny
vannaf vy namoy agas gelwel why
servons, mes cothmans, rag pub tra a
wrug vy clowes dheworth ow Thas,
me a wrug y dheclarya dheugh why.
[16]Ny wrussough why ow dowys vy,
saw me a wrug agas dowys why. Ha
me a wrug agas appoyntya dhe vos yn
rag ha don frut, frut neb a wra durya,
may halla an Tas ry dheugh pynag oll
tra a wrelleugh why govyn y'm hanow
vy. [17]Yth esof ow ry an comond-
mentys ma dheugh, may whrellegh
why cara an eyl y gela.

[18]"Mar pydh an bys orth agas hatya
why, why a wor an bys dhe'm hatya

vy kens es agas hatya why. [19]Mar
teffeugh why ha longya dhe'n bys ma,
an bys a vensa agas cara why, kepar
ha'y byth y honen. Dre reson nag
esough why ow longya dhe'n bys ma,
saw me dh'agas dowys mes a'n bys –
rag henna yma an bys orth agas hatya
why. [20]Pertheugh cof a'n lavar a
wrug avy leverel dheugh, 'Nyns yw
an servont brassa es y vester.' Mar
qurussons y ow thormentya vy, y a
wra agas tormentya why magata. Mar
qurussons y sensy ow geryow vy, y a
vyn sensy agas geryow why kefrys.
[21]Saw y a vyn gul oll an taclow ma
dheugh awos ow hanow vy, rag nyns
usons y owth aswon henna a wrug ow
danvon. [22]Na ve me dhe dhos ha
cowsel ortans, ny vyens y cablus a
begh vyth. Saw lemmyn y ny's teves
ascus vyth rag aga fegh. [23]Neb a
wrella ow hasa vy, yma va ow casa ow
Thas vy kefrys. [24]Na ve me dhe ber-
formya y'ga mesk an oberow na, na
wrug den vyth ken, ny vyens y yn
pegh. Mes y'n tor' ma y re'm gwelas
ha'm casa vy ha gweles ha casa ow
Thas kefrys. [25]Henna a vue rag may
fe collenwys an lavar yw screfys y'ga
laha y, 'Y a'm casas heb cheson vyth.'

[26]"Pan dheffa an Confortyer, a
wrama danvon dheugh why dhe-
worth an Tas, an Sperys a wyryoneth
usy ow tos dheworth an Tas, ef a vyn
desta ahanaf. [27]Why kefrys a wra
desta ahanaf, drefen why dhe vos
genama dhya an dalleth.

16 "Me re leverys an taclow ma
dheugh rag dowt why dhe
drebuchya. [2]Y a vyn agas gorra mes

a'n synaga. Ea, yma ow nessa an prys, may whra tus predery, pan wrons y agas ladha why, y dhe offrynna gordhyans dhe Dhew. ³Y a vyn gul an taclow ma, drefen na wrussons y naneyl aswon an Tas na me. ⁴Saw me re leverys an lavarow ma, may halleugh why perthy cof me dhe gowsel anedhans, pan wrons y wharfos. Ny wrug avy leverel an taclow ma dheugh wostalleth, dre reson me dhe vos genough.

⁵"Saw lemmyn yth esof ow mos dhe neb a wrug ow danvon. Ny wra den vyth ahanough govyn orthyf, 'Pleth esta ow mos?' ⁶Saw awos me dhe leverel an taclow ma dheugh, trystans re lenwys agas colon. ⁷Me a laver an gwyryoneth dheugh: yth yw rag agas les why me dhe dhyberth alemma, rag mar ny wrama dyberth, ny wra an Confortyer dos dheugh. Ha mar tuema hag omdenna dheworthough, me a vyn y dhanvon dheugh. ⁸Pan dheffa va, ef a vyn prevy an bys dhe vos camdybys ow tuchya pegh, ewnder ha brusyans – ⁹ow tuchya pegh, drefen na gresons y ynnof vy; ¹⁰ow tuchya ewnder, drefen me dhe vos dhe'n Tas ha na wreugh why ow gweles na fella; ¹¹ow tuchya brusyans, awos rewler an bys dhe vos dampnys.

¹²"Me a'm bues lyes tra whath dhe leverel dheugh, mes ny yllough why aga ferthy y'n tor' ma. ¹³Pan dheffa an Sperys a wyryoneth, ef a dhysk dheugh oll gwyryoneth, rag ny vyn ef cowsel anodho y honen, saw ef a laver pub tra a glowa ha deryvas orthough myns a wrella wharfos.

¹⁴Ow gloryfya vy a wra va, drefen ef dhe gemeres an pyth usy dhym ha'y dheclarya dheugh why. ¹⁵Pub tra a vo dhe'n Tas, dhym yma. Rag an reson ma, me a leverys fatel wre va kemeres a vo dhym ha'y dheclarya dheugh why.

¹⁶"Termyn cot whath ha ny wreugh why ow gweles na fella. Termyn cot arta ha why a'm gwelvyth."

¹⁷Nena ran a'y dhyscyplys a leverys an eyl dh'y gela, "Pandr' usy va ow styrya, pan laver ef dhyn, 'Termyn cot whath ha ny wreugh ow gweles na fella, ha whath termyn cot ha why a vyn ow gweles' ha 'Drefen me dhe vos dhe'n Tas'?" ¹⁸Y a leverys, "Pandr' usy ef ow styrya gans an geryow ma, 'Termyn cot whath'? Ny wodhon poynt pyth usy ef ow cowsel adro dhodho."

¹⁹Jesu a wodhya aga bos whensys dhe wovyn orto, hag ef a leverys dhedhans, "Esough why ow tysputya yntredhough pandr' esen ow styrya pan leverys, 'Termyn cot whath ha ny wreugh na fella ow gweles, ha termyn cot arta ha why a'm gwelvyth'? ²⁰Yn gwyr hag yn gwyryoneth me a laver dheugh hemma: why a wra ola ha mornya, mes an bys a wra rejoycya. Why a'gas bydh paynys, saw agas paynys a wra treylya dhe joy. ²¹Pan vo benen yn golovas, hy a's teves payn, drefen bos devedhys hy thermyn. Saw pan vo genys hy flogh, ny wra hy namoy perthy cof a'n angus, drefen hy dhe rejoycya awos den noweth dhe vos genys y'n bys. ²²Yndelma why a'gan bues paynys lemmyn, saw me a vyn agas gweles

arta ha'gas colon a wra rejoycya, ha
ny wra den vyth kemeres agas joy yn
kergh dheworthough. ²³Y'n jorna na
ny wreugh why govyn tra vyth oll
orthyf. Yn gwyr me a laver dheugh
hemma: mar teugh why ha govyn tra
vyth orth an Tas y'm hanow vy, ef a'n
re dheugh. ²⁴Ny wrussough why
govyn tra vyth y'm hanow vy bys y'n
termyn ma. Govynneugh ha why a
wra receva, may fo luen agas joy why.

²⁵"Me re leverys oll an taclow ma
yn parablys dheugh. Ow nessa yma
an prys ma na wrama namoy cowsel
yn parablys, saw me a vyn cowsel yn
playn adro dhe'n Tas. ²⁶An jorna na
why a wra govyn y'm hanow vy. Ny
lavaraf dheugh me dhe besy an Tas
ragough why, ²⁷rag an Tas y honen
a'gas car why, drefen why dhe'm cara
vy ha why a grys fatel wrug avy dos
dheworth Dew. ²⁸Me re dhueth
dheworth an Tas ha me re entras y'n
bys. Awotta vy arta ow voydya mes
a'n bys hag ow mos dhe'n Tas."

²⁹Y dhyscyplys a leverys, "Ea, yth
esta lemmyn ow cowsel yn cler adar
dre barablys. ³⁰Ny a wor y'n tor' ma
te dhe wodhvos pub tra ha nag ues
othem dhys a dhen vyth dhe wovyn
orthys. Dre hemma ny a grys fatel
wrusta dos dheworth Dew."

³¹Jesu a worthebys, "A gresough
why lemmyn? ³²Ow nessa yma an
prys, ea, re dhueva an prys, may
fedhough why scullys ales, kenyver
onen ahanough dh'y dre y honen, ha
why a wra ow forsakya. Saw nyns of
vy ow honen oll, drefen an Tas dhe
vos genama.

³³"Me re leverys hemma dheugh,

ma'gas bo cres ynnof vy. Why a gaf
tormens y'n bys. Saw bedheugh a
gonfort da. Me re fethas an bys!"

17 Wosa Jesu dhe leverel an
taclow ma, ef a veras yn ban
dhe'n nef ha leverel,

"A Das, re dhueva an prys. Gwra
gloryfya dha Vab, may whrella dha
Vab gul dhyso bos gloryfyes, ²aban
ressys dhodho auctoryta war oll
pobel an bys, dhe ry an bewnans
heb deweth dhe genyver onen a
ressys dhodho. ³Ha hem yw an
bewnans heb deweth, may hallens
y dha aswon tejy, an un Dew gwyr,
ha Jesu Cryst neb a vue danvenys
genes. ⁴Me a ros dhys glory war an
norvys dre gowlwryans an lafur a
ressys dhym dhe wul. ⁵Rag henna,
a Das, gwra ow gloryfya y'th
presens gans an glory a'm bue dhya
ban vue formys an bys.

⁶"Me re dheclaryas dha hanow
dhe'n re na a wrusta ry dhym mes
a'n bys. Y o dha dus tejy, ha te a's
ros dhym hag y re wrug sensy dha
eryow. ⁷Y'n tor' ma y a wor pub tra
re ressys dhym dhe dhos dhe-
worthys. ⁸Rag an geryow a wrusta
ry dhym, me re's ros dhedhans y,
hag y re's recevas hag yn certan y a
wor fatel wrug avy dos dheworthys.
Hag y re gresys te dhe'm danvon.
⁹Yth esof vy ow pesy ragthans, kens
es rag kerensa an bys. Me a bys rag
an re na a ressys dhym, awos y dhe
vos dha bobel tejy. ¹⁰A vo dhym te
a's pew ha me a'm bues a vo dhys.
Hag ynnans y me re bue gloryfyes.

11Ha lemmyn nyns esof vy na fella y'n bys, saw ymons y y'n bys, hag awotta vy ow tos dhys. A Das Sans, gwyth y y'th hanow tejy may hallens y bos onen, kepar del on nyny onen. 12Y'ga mesk pan esen, me a wre gwetha y'th hanow tejy an re na a ressys dhym. Me a wrug aga gwetha, ha ny vue unweyth kellys onen anedhans saw unsel henna neb a vue destnys dhe vos kellys. Kellys vue may halla an scryptur bos collenwys.

13"Mes lemmyn yth esof vy ow tos dhys hag yth esof vy ow leverel an taclow ma y'n bys, may fo cowlwres ynnans y ow joy vy. 14Me re ros dhedhans dha er tejy, ha'n bys re wrug aga hatya, drefen nag usons y ow longya dhe'n bys kepar ha me, rag nyns esof ow longya dhe'n bys na hen. 15Nyns esof orth dha besy may whrelles aga hemeres mes a'n bys, saw me a wovyn orthys aga gwetha y rag an tebel-el. 16Nyns usons y ow longya dhe'n bys, pan nag esof vy naneyl ow longya dhodho. 17Gwra aga sacra y'n gwyryoneth. Dha er tejy yw an gwryoneth. 18Kepar del wrusta ow danvon aberth y'n bys, yn kepar maner me re wrug aga danvon y aberth y'n bys. 19Hag yth esof vy ow sacra ow honen ragthans y, may fons y ynwedh sacrys y'n gwyryoneth.

20"Nyns esof vy ow covyn hemma ragthans y yn unyk, saw rag an re na a wra cresy ynnof vy der aga geryow y – 21may hallens y bos onen yn kettep pen, kepar del esta ynnof vy, a Das, ha me ynnos tejy. Yndelma re bons y ynnon ny, may halla an bys cresy te dhe'm danvon. 22An glory neb a ressys dhym, me re'n ros dhedhans y kefrys, may fons y onen, poran kepar del on ny onen, 23me ynnans y ha te ynnof vy, may fons y onen yn parfyt, may halla an bys godhvos te dhe'm danvon vy ha dh'aga hara y, kepar del wrusta ow hara vy.

24"A Das, te re ros an re ma dhym, hag yth of whensys y dhe vos genef le may fyf, may hallens y gweles ow glory, an glory neb a ressys dhym, awos te dhe'm cara vy dherag fundacyon an bys. 25"A Das ewnhensek, nyns usy an bys orth dha aswon tejy, mes me a'th aswon. Ha'n re ma a wor te dhe'm danvon. 26Yth esof vy ow tyscudha dha hanow dhedhans, ha me a wra y dhyscudha, may fo yn-nans y an gerensa may whrusta ow hara gensy, ha may fen vy ow honen ynnans y."

18 Warlergh Jesu dhe leverel an geryow ma, ef eth yn mes gans y dhyscyplys dres dowr Cedron, dhe dyller mayth esa lowarth, hag ef ha'y dhyscyplys a entras ynno.

2Now Judas, neb a wre y drayta, a wodhya an tyller kefrys, drefen Jesu dhe vetya yn fenough orth y dhyscyplys ena. 3Gans henna, Judas a dhros bagas a soudoryon hag a wethysy dhya an uhel pronteryon ha'n Farysys, hag y a dhueth dhe'n tyller gans lugern, faclow hag arvow. 4Pan wruga godhvos pub tra a venna wharfos, Jesu a dhueth yn rag ha govyn ortans, "Pyw yw neb a whelough why?"

⁵Y a worthebys, "Jesu a Nazara."

Jesu a worthebys, "Me yw ef." (Yth esa Judas an traytour a'y saf gansans yn nes.) ⁶Pan wrug Jesu leverel dhedhans, "Me yw ef," y a gemeras stap war dhelergh ha codha dhe'n dor.

⁷Arta ef a wovynnas ortans, "Pyw yw neb a whelough why?"

"Jesu a Nazara," an re na a worthebys.

⁸Jesu a worthebys, "Me a leverys ow bosama ef. Mar qureugh ow whelas vy, geseugh an dus usy genef dhe dremena quyt dhe ves." ⁹Y fue hemma may fe collenwys an lavar re bya leverys ganso, "Ny wrug avy unweyth kelly onen a'n re na a ressys dhym."

¹⁰Nena Symon Peder, neb a'n jeva cledha, a'n tennas ha gweskel servont an uhel pronter ganso ha trehy y scovarn dyhow dhe ves. Malhus o hanow an servont.

¹¹Jesu a leverys dhe Beder, "Gor dha gledha y'n won arta. A ny res dhym eva a'n hanaf a ros dhym ow Thas?"

¹²Nena an soudoryon, aga offysers ha gwethysy an templa a sesyas Jesu ha'y gelmy. ¹³Kens oll y a'n ledyas dhe Annas, syra da Cayfas, rag ef o an uhel pronter an vledhen na. ¹⁴Cayfas a vue ef neb a gusulyas, y fedha res dhe onen merwel rag pobel an wlas.

¹⁵Symon Peder ha dyscypyl aral a folyas Jesu. Drefen an dyscypyl na dhe vos aswonys dhe'n uhel pronter, ef eth gans Jesu aberth yn lys an uhel pronter, ¹⁶mes yth esa Peder a'y saf orth an darras war ves. Rag henna an

dyscypyl aral, neb o aswonys dhe'n uhel pronter, eth yn mes ha cowsel orth an venen esa ow quetha an yet ha dry Peder ajy.

¹⁷An venen a leverys dhe Beder, "A nyns osta jy onen a dhyscyplys an den ma kefrys?"

Ef a leverys, "Nag of."

¹⁸Now an servons ha'n wethysy a wrug tan glow, awos an awel dhe vos yeyn, hag yth esens y a'ga saf yn nes ow tomma aga honen. Yth esa Peder magata a'y saf gansans ogas dhe'n tan.

¹⁹Nena an uhel pronteryon a wovynnas questyons orth Jesu ow tuchya y dhyscyplys ha'y dhyscans.

²⁰Jesu a worthebys, "Me a gowsas yn apert dhe'n bys. Me a wrug desky y'n synagys hag y'n templa, le may whre oll an Yedhewon cuntell. Tra vyth ny leverys vy yn dan gel. ²¹Prag yth esough why ow covyn orthyf lemmyn? Govynneugh orth an re na a glowas, rag y a wor kemmys a gowsys dhedhans."

²²Pan wrug Jesu leverel henna, onen a'n wethysy esa a'y saf yn nes a weskys Jesu dres y fas ha leverel, "A wreta cowsel orth an uhel pronter yndella?"

²³Jesu a worthebys, "Mar qurug avy cowsel yn trues, gwra desta anodho. Mes mara cowsys yn lel, prag y whreth ow boxesy?" ²⁴Nena Annas a'n danvonas yn colmow dhe Gayfas, an uhel pronter.

²⁵Yth esa Symon Peder a'y saf ow tomma y honen ryb an tan. Y a wovynnas orto, "A nyns osta jy kefrys onen a'y dhyscyplys?"

Ef a'n denahas ha leverel, "Nag of yn tefry."

²⁶Onen a servons an uhel pronter, car dhe henna a vue y scovarn trehys dhe ves gans Peder, a wovynnas, "A ny wrug avy dha weles tejy y'n lowarth ganso?" ²⁷Arta Peder a'n denahas, hag y'n very prys na an culyek a ganas.

²⁸Nena y a ledyas Jesu dheworth chy Cayfas bys yn caslys Pylat. Yth o avar y'n myttyn. Ny wrussons y aga honen entra y'n gaslys. Mar teffens hag entra, mostys vyens, ha ny alsens debry an Pask. ²⁹Rag henna, Pylat eth yn mes dhedhans ha leverel, "Pahan cheson a'gas bues why warbyn an den ma?"

³⁰Y a worthebys, "Mar ny ve ef tebel-den, ny ny'n drosen dhyso jy."

³¹Pylat a leverys, "Ytho why kemereugh e ha gwreugh y jujjya herwyth agas laha."

An Yedhewon a worthebys, "Ny'gan bues lecyans dhe worra den vyth dhe'n mernans." ³²(Hemma a wharfa, may fe collenwys profecys Jesu pan wrug ef cowsel a'n sort a vernans a wre va godhaf.)

³³Nena Pylat a entras arta y'n hel brues ha gelwel Jesu dhodho ha leverel, "Osta mytern an Yedhewon?"

³⁴Jesu a worthebys, "Esta ow covyn henna ahanas dha honen bo a wrug tus erel cowsel orthys ahanaf?"

³⁵Pylat a worthebys, "Oma Yedhow? Dha nacyon dha honen ha'n uhel pronteryon re wrug dha dhelyfra dhym. Pandr' a wrusta gul?"

³⁶Jesu a worthebys, "Nyns yw ow gwlascor a'n bys ma. A pe hy a'n bys ma, ow gwesyon a vensa omlath, may hallens y ow gwetha rag bos delyfrys dhe'n Yedhewon. Saw nyns yw ow gwlascor vy a'n bys ma."

³⁷Pylat a leverys dhodho, "Te yw mytern ytho?" Jesu a worthebys, "Te a laver ow bosama mytern. Rag henna me a vue genys. Rag henna y tueth vy dhe'n bys, rag don dustuny dhe'n gwyryoneth. An den a vo ow longya dhe'n gwyryoneth, yma va ow coslowes orth ow lef."

³⁸Pylat a wovynnas orto, "Pandr' yw gwyryoneth?" Wosa ef dhe leverel hemma, ef eth yn mes dhe'n Yedhewon ha meneges dhedhans, "Ny allaf vy cafus cheson vyth war y byn ef. ³⁹Bythqueth re bue us genough me dhe dhelyfra war Bask dheugh un prysner. A vennough oll assentya me dhe dhelyfra rag Pask dheugh Mytern Yedhewon?"

⁴⁰Y oll a gryas a voys uhel, "Ny vennyn ny an den ma mes Barabas!" Lader o Barabas.

19 Nena Pylat a gemeras Jesu ha'y scorjya. ²Ha'n soudoryon a blethas curun a spern ha'y settya war y ben, hag y a worras pall purpur yn y gerhyn. ³Yth esens ow tos yn ban dhodho ow leverel, "Mytern Yedhewon, hayl dhys!" hag y a wre y weskel war an fas. ⁴Pylat eth yn mes arta ha leverel dhedhans, "Otta va genef, may whothfeugh na gafaf vy ken na blam ynno dhe vones ledhys." ⁵Yndelma Jesu a dhueth yn mes, an gurun spern war y ben ha'n pall purpur adro dhodho. Pylat a leverys dhedhans, "Otomma an den!"

6Pan wrug an uhel pronteryon ha'n wethysy y weles, y a gryas, "Gor e y'n growspren! Gor e y'n growspren!"

Pylat a leverys dhedhans, "Kemereugh e ha crowsyeugh e agas honen. Me ny gafaf ken vyth y'n bys dh'y ladha."

7An Yedhewon a worthebys, "Ny a'gan bues laha, ha warlergh an laha na y res dhodho merwel, awos ef dhe omwul Mab Dew."

8Pan glowas Pylat henna, ef a'n jeva dhe voy own. 9Ef a entras yn y gaslys arta ha govyn orth Jesu, "A by le osta?" Saw ny wrug Jesu gortheby. 10Rag henna Pylat a leverys dhodho, "Esta ow sconya dhe gowsel orthyf? A ny wodhesta bos gallus dhym grontys dhe'th crowsya bo dhe'th relesya?"

11Jesu a leverys, "Ny 'fya gallus warnaf, na ve y vos grontys dhys dheworth uhella Arluth. Rag henna dhe voy yw pegh an re na a wrug ow delyfra y'th tewla."

12Dhya an termyn na ytho yth esa Pylat owth assaya y relesya, saw an Yedhewon a gryas yn mes, "Mar tueta ha relesya an den ma, nyns osta cothman dhe Cesar. Kenyver onen a omwrella mytern, yma va ow settya y honen warbyn Cesar."

13Pan glowas Pylat an geryow ma, ef a dhros Jesu yn mes hag esedha war jayr an brusyans y'n tyller henwys an Cauns Meyn, bo y'n tavas Ebbrow, Gabbatha. 14Yth o jorna an Preparacyon rag an Pask hag ogas dhe hanter dedh.

Pylat a leverys dhe'n Yedhewon, "Otomma agas Mytern!"

15Y a gryas, "Yn kergh ganso! Yn kergh ganso! Crows e!"

Pylat a wovynnas ortans, "A wrama crowsya agas Mytern?"

An uhel pronteryon a worthebys, "Ny'gan bues mytern vyth saw Cesar yn unyk."

16Nena Pylat a'n delyfras dhedhans dhe vos crowsys.

Gans henna y a gemeras Jesu. 17Ef eth yn mes ow ton y grows y honen ha dos dhe'n plas henwys Tyller Crogen an Pen, bo y'n tavas Ebbrow, Golgotha. 18Ena y a'n crowsyas gans dew erel, onen a bub tu dhodho, ha Jesu y'n cres anedhans.

19Pylat ynwedh a gomondyas may fe lybel screfys ha settys war an grows. Yth esa an geryow ma warnodho, "Jesu Nazara Mytern an Yedhewon." 20Muer a'n Yedhewon a redyas an lybel ma, awos bos an tyller may fue va crowsys ogas dhe'n cyta. Hag y fue va screfys y'n tavas Ebbrow, yn Latyn hag yn Greca. 21Nena uhel pronteryon an Yedhewon a leverys dhe Bylat, "Na scryf 'Mytern an Yedhewon', saw scryf ynno an den ma dhe leverel 'y vos ef mytern Yedhewon."

22Pylat a worthebys, "An pyth a screfys, screfys."

23Pan wrug an soudoryon crowsya Jesu, y a gemeras y dhyllas ha'ga ranna ynter peder ran, ran rag kenyver soudor. Y a gemereas ynwedh y bows. An bows na o heb gwry ha hy gwyys yn un darn dhya an gwartha.

24Rag henna y a leverys an eyl dh'y gela, "Dyeth muer yw y squardya.

Geseugh ny dhe dowlel pren warnedhy, dhe weles pyw a's caf."

Y fue henna may halla bos collenwys an scryptur a laver,

"Y a rannas ow gwysk yntredhans,
hag y a dowlas pren war ow
dyllas."

Ha'n soudoryon a wrug yndella.

25Y'n kettermyn yth esa a'ga saf ogas dhe grows Jesu y vam, whor y vam, Marya gwreg Clopas, ha Marya Maudlen. 26Pan welas Jesu y vam ha'n dyscypyl a gara a'y saf rypthy, ef a leverys dh'y vam, "A venen, otta dha vab." 27Nena ef a leverys dhe'n dyscypyl, "Otta dha vam." Hag alenna rag an dyscypyl a's kemeras bys yn y jy y honen.

28Wosa henna, pan wrug Jesu godhvos fatel o pub tra gorfennys, may fe an scryptur collenwys, ef a leverys, "Sehes dhym yma." 29Yth esa seth luen a aysel a'y saf y'n tyller. Gans henna y a worras spong luen a'n aysel war scoren a yssop ha'y sensy yn ban dh'y anow. 30Wosa Jesu dhe receva an aysel, ef a leverys, "Gorfennys yw." Nena ef a dhroppyas y ben ha dascor y enef.

31Aban o va dedh an Preparacyon, ny venna an Yedhewon may fe gesys an corfow war an grows jorna an sabot, spesly drefen an keth sabot na dhe vos jorna a solempnyta bras. Rag henna y a besys Pylat, may fe terrys garrow an dus crowsys ha'n corfow drys yn kergh. 32Nena an soudoryon a dhueth ha terry garrow an eyl den ha garrow y gela, hen yw an dhew

dhen re bya crowsys warbarth gans Jesu. 33Mes pan dheuthons dhe Jesu ha gweles fatel o va marow solabrys, ny wrussons y terry y arrow ef. 34Yn le henna, onen a'n soudoryon a wanas y denewan gans gew, ha strayt gos ha dowr a dhueth yn mes 35(Ef neb a welas hemma re wrug desta a'n mater, may halleugh why ynwedh cresy. Gwyr yw y dhustuny hag ef a wor ef dhe gowsel an gwyryoneth.) 36An taclow ma a wharfa, may halla an scryptur bos collenwys, "Ny vydh terrys onen vyth oll a'y eskern." 37Hag yma tyller aral a'n scryptur ow leverel, "Y a wra meras orth an den a wrussons gwana."

38Wosa hemma Josef Baramathia, neb o dyscypyl a Jesu, a dhueth, – mes yn dan gel, awos ef dhe dhowtya an Yedhewon – ha pesy Pylat may rolla dhodho cumyas a gemeres corf Jesu. Pylat a ros an cumyas dhodho. Gans henna, ef a dhueth ha don an corf yn kergh. 39Nycodemus, neb a dhueth dhe Jesu wostalleth orth golow nos, ef a dhueth kefrys ha gansans kemysk a vyr hag a aloes – adro dhe gans puns yn poster. 40Y a gemeras corf Jesu ha'y vaylya warbarth gans an spycys yn lyenyow warlergh usadow encledhyas an Yedhewon. 41Yth esa lowarth y'n tyller may fue va crowsys, hag y'n lowarth bedh noweth na vue den vyth bythqueth settys ynno. 42Ha gans henna, awos y vos jorna Preparacyon an Yedhewon ha'n bedh dhe vos ogas, y a worras Jesu a'y wroweth ena.

20

An kensa jorna a'n seythen, pan o hy whath tewl, Marya Maudlen a dhueth dhe'n bedh ha gweles fatel vue kemerys dhe ves an men dheworth an bedh. ²Rag henna hy a bonyas ha dos dhe Symon Peder ha'n dyscypyl o muergerys gans Jesu. Hy a leverys dhedhans, "Y re gemeras an Arluth mes a'n bedh, ha ny wodhon ny ple whrussons y settya."

³Nena Peder ha'n dyscyplyl aral a dhallathas war aga fordh tro ha'n bedh. ⁴Yth esa an dhew anedhans ow ponya warbarth, saw an dyscypyl aral a bonyas scaffa es Peder ha drehedhes an bedh dheragtho. ⁵Ef a omblegyas rag meras ajy ha gweles an lyenyow a'ga groweth ena, saw ny entras ynno man. ⁶Nena Symon Peder a dhueth dy war y lergh. Ef a entras y'n bedh ha gweles an lyenyow a'ga groweth, ⁷ha'n pan re bya war ben Jesu a'y wroweth rolys yn ban adenewan, rag nyns esa gans an lyenyow erel. ⁸Nena an dyscypyl aral (ef neb a dhrehedhas an bedh kensa) a entras ynwedh ha gweles ha cresy, ⁹rag ny wrussons y convedhes an scryptur whath, fatel dalvya dhodho dasserhy dheworth an re marow.

¹⁰Nena an dyscyplys a dhewhelas tre. ¹¹Saw yth esa Marya a'y saf aves ha hy ow tevera dagrow. Kepar del wre hy ola, hy a omblegyas ha meras aberth y'n bedh. ¹²Hy a welas dew el gwyskys yn dyllas gwyn a'ga eseth le may fya corf Jesu, onen orth an pen ha'y gela orth an treys. ¹³Y a leverys dhedhy, "A venen, prag yth esta owth ola?"

Hy a leverys dhedhans, "Y re gemeras ow Arluth yn kergh, ha ny won ple whrussons y settya." ¹⁴Pan leverys hy henna, hy a dreylyas ha gweles Jesu a'y saf ena, saw hy ny'n aswonas.

¹⁵Jesu a leverys dhedhy, "A venen, prag yth esta owth ola? Pyw esta ow whelas?"

Yth esa Marya ow tyby fatel o va an lowarther ha hy a leverys dhodho, "Syra, mar qurusta y dhon yn kergh, lavar dhym ple whrussys y settya ha me a vyn y dhon yn kergh."

¹⁶Jesu a leverys dhedhy, "Marya!"

Hy a dreylyas ha leverel dhodho y'n tavas Ebbrow, "*Rabboni!*" (hen yw dhe styrya Descajor).

¹⁷Jesu a leverys dhedhy, "Na duch vy nes, ernag yllyf dhe'n nef dhe'm Tas. Saw ke dhe'm breder ha lavar dhedhans, 'Yth esof vy owth mos yn ban dhe'm Tas vy ha dh'agas Tas why, dhe'm Dew vy ha dh'agas Dew why.'"

¹⁸Marya Maudlen eth yn mes ha leverel dhe'n dyscyplys, "Me re welas an Arluth," ha hy a dheclaryas dhedhans fatel leverys ef an taclow ma dhedhy.

¹⁹Pan dhueth gordhewer an jorna na, an kensa dedh a'n seythen, deges clos o darrasow an chy, mayth esa an dyscyplys cuntellys warbarth rag own a'n Yedhewon. Jesu a dhueth ha sevel y'ga mesk ha leverel, "Cres dheugh!" ²⁰Wosa ef dhe leverel henna, ef a dhysquedhas dhedhans y dhewla ha'y denewan. An dyscyplys a rejoycyas pan welsons an Arluth.

²¹Jesu a leverys dhedhans arta, "Cres dheugh! Kepar del wrug an

Tas ow danvon vy, yndelma yth esof vy orth agas danvon why." ²²Wosa leverel henna, ef a anellas warnedhans ha leverel, "Receveugh why an Sperys Sans. ²³An pehosow a wreugh why remyttya, y a vydh gyvys. Ha'n pegh a wrelleugh why retaynya, y a vydh retaynys."

²⁴Saw nyns esa Tomas (henwys an Gevel), onen a'n dewdhek, gansans pan dhueth Jesu. ²⁵Rag henna an dyscyplys erel a leverys dhodho, "Ny re welas an Arluth." Saw ef a leverys dhedhans, "Marnas me a wel yn y dhewla pryk an kentrow ha settya ow bes yn pryk an kentrow ha gorra ow luef yn y denewan, nefra ny vannaf cresy."

²⁶Seythen wosa henna yth esa an dyscyplys arta y'n chy ha Tomas gansans. Kynth o deges an darrasow, Jesu a dhueth ha sevel y'ga mesk ha leverel, "Cres dheugh." ²⁷Nena ef a leverys dhe Domas, "Set dha ves omma ha myr orth ow dewla. Doro dha luef y'n woly, may fuef gwenys der an golon. Na dhowt poynt y'n cas saw crys."

²⁸Tomas a worthebys dhodho ha leverel, "Ow Arluth ha'm Dew!"

²⁹Jesu a leverys dhodho, "Esta ow cresy drefen te dhe'm gweles? Benegys yw kekemmys na'm gwella hag a'n cressa yn perfeth."

³⁰Jesu a wrug lyes syn aral yn golok y dhyscyplys, nag yw screfys y'n lyver ma. ³¹Saw yma an re ma screfys, may halleugh why cresy bos Jesu an Cryst, Mab Dew, ha may halleugh why cafus bewnans yn y hanow ef dre grejyans ynno.

21 Wosa an taclow ma Jesu a omdhysquedhas arta dhe'n dyscyplys orth Mor Tiberias. Hag yndelma omdhysquedhes a wruga. ²Yth o cuntellys warbarth y'n tyller na Symon Peder ha Tomas henwys an Gevel, ha Nathanael a Gana yn Galyla, ha mebyon Zebedy ha dew erel a'y dhyscyplys. ³Symon Peder a leverys, "Me a vyn mos dhe byskessa."

Y a leverys dhodho, "Ny a dhue genes." Y eth yn mes hag entra y'n scath, mes an nos na ny wrussons cachya tra vyth.

⁴Termyn cot wosa terry an jedh, Jesu a sevys war an treth, saw ny wodhya an dyscyplys fatel o va Jesu.

⁵Jesu a leverys dhedhans, "A flehes, ues pysk vyth genough?"

Y a worthebys ha leverel, "Nag ues."

⁶Ef a leverys dhedhans, "Towleugh an ros adhyhow dhe'n scath ha why a gaf puscas." Gans henna y a dowlas an ros yn mes ha nena ny alsons hy thenna aberveth awos bos kemmys puscas ynny.

⁷An dyscypyl hag o muergerys dhe Jesu a leverys dhe Beder, "An Arluth ywa!" Pan glowas Peder henna, ef a wyscas dyllas yn y gerhyn, rag noth o va, ha lemmel aberth y'n mor. ⁸Saw an dyscyplys erel a dhueth dhe'n lan y'n scath hag y ow traylya an ros ha hy luen a buscas, rag nyns esens y pell dheworth an tyr – dew cans kevelyn martesen. ⁹Kettel wrussons y tyra, y a welas tan glow ha puscas warnodho, ha bara.

¹⁰Jesu a leverys dhedhans, "Dreugh ran a'n puscas re wrussough why cachya."

11Gans henna Symon Peder eth y'n scath ha tenna an ros dhe'n tyr. Luen o hy a buscas bras, neb seyth ugans ha tredhek anedhans. Ha kynth esa lowr ynny, ny vue an ros squardys poynt. 12Jesu a leverys dhedhans, "Deugh ha tanneugh hansel." Saw ny wrug onen vyth a'n dyscyplys bedha govyn orto, "Pyw osta?" drefen y dhe wodhvos ef dhe vos an Arluth. 13Jesu a dhueth ha kemeres an bara ha'y ry dhedhans ha gul an keth tra gans an puscas. 14Hemma o an tressa treveth may whrug Jesu omdhysquedhes dh'y dhyscyplys wosa ef dhe dhasserhy a'n re marow.

15Pan wrussons refressya aga honen, Jesu a leverys dhe Symon Peder, "Symon mab Jowan, esta jy orth ow hara vy moy es an re ma?"

Ef a leverys, "Ea, Arluth, te a wor henna, fatel caraf vy jy."

Ef a leverys, "Gwra maga ow en vy."

16Nena ef a gowsas dhodho arta hag a leverys, "Symon mab Jowan, esta orth ow hara vy?"

Peder a worthebys, "Ea, Arluth, te a wor fatel wraf vy dha gara jy."

Jesu a leverys dhodho, "Mag ow deves vy."

17Nena ef a gowsas dhodho an tressa treveth, "Symon mab Jowan, esta orth ow hara vy?"

Peder a gemeras duhan, rag Jesu dhe leverel dhodho ef try thorn, "Esta orth ow hara vy?" Peder whath a'n gorthebys hag a leverys, "Arluth, te a wor pub tra ha te a wor fatel wraf vy dha gara."

Jesu a leverys dhe Beder, "Gwra maga ow deves. 18Yn gwyr, me a laver dhys hemma: pan esta yowynk, te a usyas kelmy dha wrugys ha mos pyle pynag oll a vennes. Mes pan vedhys coth, te a wra dry yn mes dha dhewla ha nebonen aral a wra kelmy grugys adro dhys ha'th kemeres dhe'n tyller na vedhys whensys dhe vos." 19Ef a leverys henna rag dysquedhes pana vernans a wre va godhaf rag gloryfya Dew. Wosa hemma Jesu a leverys, "Gwra ow sewya vy."

20Nena Peder a dreylyas ha gweles an dyscypyl o muergerys gans Jesu orth aga sewya. Ef a vedha ynclynys ryb Jesu orth an soper hag ef a wovynnas orth Jesu, "Arluth, pyw a wra dha drayta?" 21Pan wrug Peder y weles, ef a leverys dhe Jesu, "Pyth a whervyth dhe henna?"

22Jesu a worthebys, "Mars yw ow bodh vy ef dhe remaynya erna wrellen dos, fatel yw henna a vern dhys? Gwra ow sewya vy!" 23Yndelma an whedhel a dhallathas mos adro yn mesk an dyscyplys, na wre an dyscypyl tastya mernans. Saw ny wrug Jesu leverel na wre va merwel, mes "Mars yw ow bodh vy ef dhe remaynya erna dheffen, fatel yw henna a vern dhys?"

24Hem yw an dyscypyl usy ow testa adro dhe'n taclow ma ha re's screfas, ha ny a wor bos y dhustuny gwyr.

25Saw yma lyes tra aral a wrug Jesu gul. Saw a pens y oll screfys, yth esof ow tyby na alsa an bys ahes sensy oll an lyvrow a vya screfys.

Actys an Abosteleth

1 Me a screfas an kensa lyver, a Theofilus, ow tuchya kenyver tra a dhallathas Jesu gul ha desky, ²bys y'n jorna may fue kemerys yn ban, wosa ef dhe ry comondmentys der an Sperys Sans dhe'n abosteleth a wrug ef dowys. ³Ef a omdhysquedhas dhedhans yn few wosa y bassyon gans lyes prof dyogel hag apperya dheragthans dres dewgans dedh ha cowsel ortans adro dhe wlascor Dew. ⁴Pan esa y'ga mesk, ef a erhys dhedhans sevel orth gasa Jerusalem, mes gortos promys an Tas. "Hem yw," yn medh ef dhedhans, "an pyth a wrussough why clowes anodho dheworthyf. ⁵Rag gans dowr Jowan a wre besydhya, mes kens pen nebes dedhyow why a vydh besydhys gans an Sperys Sans."

⁶Pan dhuethons y warbarth ytho, y a wovynnas orto, "Arluth, yw hemma an termyn may whreta restorya gwlascor Ysrael?"

⁷Ef a worthebys, "Y'gas gallus ny sef godhvos an termynyow na'n dedhyow re bue determys gans an Tas der y auctoryta y honen. ⁸Saw pan dheffa an Sperys Sans warnough, why a gaf gallus hag a vydh dustunyow ragof yn Jerusalem, yn oll Judy, yn Samaria ha bys yn pennow an bys."

⁹Warlergh ef dhe leverel an geryow ma, y a veras hag ef a vue lyftys yn ban ha clowd a'n kemeras mes a'ga golok.

¹⁰Pan esa va ow tyberth hag y ow meras tro ha nef, dew dhen a sevys yn trom rypthans ha leverel, ¹¹"Galyleanas, prag yth esough why ow sevel ow meras tro ha'n nef? An den ma, Jesu, a wrussough why gweles ow mos yn ban dheworthough, ef a dhue arta poran kepar del y'n gwelsough ow mos bys yn nef."

¹²Nena dewheles a wrussons dhe Jerusalem dheworth an meneth gelwys Meneth Olyvet, usy adro dhe bellder vyaj sabot dhya Jerusalem. ¹³Pan wrussons y entra y'n cyta, yth ethons dhe'n rom avan esens y ow cortos ynno: Peder ha Jowan, Jamys hag Androw, Felyp ha Tomas, Bertyl ha Mathew, Jamys mab Alfeus, Symon Zelotes ha Judas mab Jamys. ¹⁴Yth esa oll an re ma ow cul pejadow heb hedhy warbarth gans certan benenes, gans Marya y vam ha'y vreder.

¹⁵Y'n dedhyow na Peder a sevys yn ban yn mesk an bredereth (yth esa neb whegh ugans person y'n tyller) ha leverel, ¹⁶"Cothmens, y resa bos collenwys an scryptur cowsys dherag dorn gans Davyth der an Sperys Sans ow tuchya Judas, neb eth ha bos gedyer dhe'n re na a sesyas Jesu, ¹⁷rag ef o onen a'gan nomber ny hag ef a gafas y ran a'n menystry."

¹⁸(Judas a brenas park gans weryson y vylyny hag ef a godhas ales ha cres y gorf a squattyas ha'y golonyow a dardhas mes anodho. ¹⁹An dra eth ha bos aswonys dhe oll tregoryon Jerusalem, may fue an park na henwys

Hakeldama y'ga yeth y, hen yw dhe styrya Park an Gos.)

[20]"Rag yma screfys y'n Salter,

"'Re bo dyanneth y dre,
byner re bo nebonen tregys ynny'

ha

"'Gwrens nebonen aral kemeres y
le avel humbrynkyas.'

[21]Rag henna, onen an dus neb a vue genen dres oll an termyn mayth esa Jesu agan Arluth owth entra hag ow mos yn mes y'gan mesk, [22]ow talleth gans besydhyans Jowan bys y'n jorna may fue va kemerys yn ban dheworthyn – onen an re ma a dal bos dustuny warbarth genen ny a'y dhasserghyans."

[23]Y a worras henwyn dew dhen yn rag ytho, Josef henwys Barsabas (ha Justus o y hanow kefrys), ha Mathias. [24]Nena pesy a wrussons ha leverel, "Arluth, te a wor colon pubonen. Dysqua dhyn pyw re bue dowysys genes [25]rag kemeres rom y'n menystry ma hag yn mesk an abosteleth, a wrug Judas aga sconya pan eth dh'y dyller y honen." [26]Nena y a dowlas pren, ha'n pren a godhas war Vathias hag ef a vue addys dhe'n nomber a'n unnek abostel.

2 Pan dhueth dedh Pencast yth esens y oll warbarth yn un tyller. [2]Dystough y tueth son mes a'n nef kepar ha wheth gwyns uthek bras ha lenwel oll an chy mayth esens y a'ga eseth. [3]Tavosow rynnys kepar ha tan

a apperyas hag esedha war bubonen anedhans. [4]Lenwys vue kenyver onen a'n Sperys Sans hag y a dhallathas cowsel yn yethow astranj, kepar del esa an Sperys ow ry an gallus dhedhans.

[5]Yth esa tregys yn Jerusalem y'n tor' na Yedhewon gryjyk dheworth kenyver nacyon yn dan howl. [6]Pan vue clowys an noys ma, tus a guntellas hag amays vons, awos pubonen anedhans dhe glowes an abosteleth ow cowsel yn y vamyeth y honen. [7]Y a vue ancombrys bras ha kemeres marth ha govyn, "Oll an re ma usy ow cowsel, a nyns yns y Galyleanas? [8]Fatel usy kenyver onen ahanan orth aga clowes ow cowsel y'gan yethow teythyak? [9]Parthianas, Medas, Elamysy, tregoryon yn Mesopotamia, Judy ha Cappadocia, Pontus hag Asia, [10]Fryjia ha Pamfylia, Ejyp ha'n parthow a Libya adro dhe Cyren, omweloryon dheworth Rom, kefrys Yedhewon ha proselytys, [11]Cretanas hag Arabas – y'gan yeth agan honen yth eson ny orth aga clowes hag y ow cowsel a wryansow Dew ha'y bower." [12]Amays o pubonen anedhans ha kemeres marth ha leverel an eyl dh'y gela, "Pyth a vyn hemma styrya?"

[13]Saw yth esa re erel ow cul ges anedhans ow leverel, "Luen yw aga thos a byment."

[14]Saw Peder, hag ef a'y saf gans an unnek, a dhrehevys y lef ha cowsel ortans, "A dus Judy ha why oll usy tregys yn Jerusalem, godhvedheugh hemma ha gosloweugh orth an pyth a lavaraf. [15]Medhow nyns yw an re ma yn gwyr, del esough why ow supposya,

drefen nag yw marnas naw uer myttyn. ¹⁶Na, an cas ma yw an pyth a vue cowsys anodho der anow an profet Joel:

¹⁷'Y whervyth y'n dedhyow dewetha,' del usy Dew ow teclarya,
'me dhe dhevera yn mes ow Sperys war bub kyg.
Profusa a wra agas mebyon ha'gas myrhes;
agas tus yowynk a welvyth vesyons,
ha'gas tus coth a wra hunrosa hunrosow.
¹⁸War ow hethyon kyn fe, gwesyon ha mowysy,
me a vyn devera yn mes ow Sperys y'n jorna na
ha profusa a wrons.
¹⁹Me a vyn dysquedhes ragarwedhyow y'n nef awartha
ha synys war an norvys awoles,
gos, tan ha mog newlek.
²⁰Treylys vydh an howl dhe dewolgow,
ha dhe wos an lor,
kens es dos jorna bras ha gloryes an Arluth.
²¹Yn tor' na suel a wrella gelwel war hanow an Arluth a vydh sylwys.'

²²"A Ysraelysy, gosloweugh orth ow geryow. Jesu a Nazara, den attestys dheugh why gans Dew der y oberow gallosek, y verclys ha'y synys, neb a wrug Dew dredho ef y'gas mesk why, kepar del wodhough why agas honen – ²³an den ma a vue delyfrys dheugh why warlergh towl ha ragavys Dew,

ha why a'n crowsyas ha'y ladha dre dhewla an re na usy aves dhe'n laha. ²⁴Mes Dew a'n drehevys yn ban wosa y frya a'n mernans, dre reson na ylly ef bos sojeta ancow. ²⁵Rag yma Davyth ow leverel adro dhodho,

"'Me a welas an Arluth dheragof pupprys,
rag yma va adhyhow dhym ma na ven shakys.
²⁶Rag henna ow holon a lowenhas ha'm tavas a rejoycyas.
Ha pella, ow hyg a wra bewa yn govenek,
²⁷rag ny venta jy gasa ow enef dhe Annown,
naneyl ny vennys dhe'th Onen Sans gweles podrethes.
²⁸Te re dheclaryas dhym fordhow an bewnans,
te a vyn ow gul lowenek dre dha bresens.'

²⁹"A dus, a vreder, me a yll leverel dheugh yn certan adro dh'agan hendas Davyth, fatel verwys ha fatel vue va encledhys, hag yma y vedh ef genen bys y'n jedh hedhyw. ³⁰Dre reson ef dhe vos profet, ef a wodhya yn ta Dew dhe dy dhodho fatel wre va gorra onen a'y lynyeth war y dron. ³¹Davyth a welas henna dherag dorn ha cowsel a dhassergyans an Cryst pan leverys, 'Ny vue va gesys dhe Annown, naneyl ny wrug y gyg ef godhaf podrethes.' ³²Dew a dhrehevys yn ban an keth Jesu ma, ha henna pubonen ahanan a yll desta. ³³Wosa bos exaltys ytho adhyhow dhe Dhew, ha wosa receva dheworth

an Tas dedhewadow an Sperys Sans, ef re'n deveras yn mes, del yllough why gweles ha clowes. ³⁴Rag ny wrug Davyth ascendya y'n nef mes yma va ow leverel y honen,

"'An Arluth a leverys dhe'm
   Arluth vy,
"Eseth adhyhow dhym
³⁵erna wrellen dhys scavel dros
   a'th eskerens.'"

³⁶"Rag henna gwrens oll chy Ysrael godhvos heb dowt vyth Dew dh'y wul ef Arluth ha Cryst ynwedh, an keth Jesu re wrussough why crowsya."

³⁷Pan wrussons y clowes henna, gwenys vons bys y'n colon hag y a leverys dhe Beder ha'n dhe'n abosteleth erel, "A vreder, pandr' a dal dhyn gul?"

³⁸Yn medh Peder dhedhans, "Repentyeugh ha bedheugh besydhys, kenyver onen ahanough yn hanow Jesu Cryst, may halla agas pehosow bos gyvys, ha may whrelleugh why receva ro an Sperys Sans. ³⁹Rag yma an promys ragough why, rag agas flehes ha rag kenyver onen ues abell, pubonen a wrella an Arluth Dew gelwel dhodho."

⁴⁰Ha desta a wrug gans lyes argument aral ha'ga ynnya ow leverel, "Gwreugh omwetha rag an henath pedrys ma." ⁴¹Gans henna an re na a wrug degemeres y brogeth, y oll a vue besydhys, hag y fue addys dhedhans an jorna na neb teyr myl.

⁴²Yth esens y owth omry aga honen dhe dhyscans an abosteleth ha dh'aga howethas, dhe dorva an bara ha dhe bejadow. ⁴³Uth a's teva pubonen anedhans, drefen lyes syn ha marthus dhe vos gwres gans an abosteleth. ⁴⁴Yth esa oll an gryjygyon warbarth hag y a's teva oll aga fyth yn kemyn. ⁴⁵Y a wertha aga fossessyon ha'ga fyth ha ranna an mona dhe genyver onen, kepar del y'n jeva den vyth othem. ⁴⁶Pub jorna oll y a spena muer a dermyn warbarth y'n templa. Y a wre terry bara warbarth y'ga threven ha debry aga bos gans joy ha helder colon. ⁴⁷Praysya Dew a wrens hag yth esa bolunjeth da an bobel gansans. Puptedh oll an Arluth a addyas dhe nomber an re na o sawys.

3 Un jorna yth esa Peder ha Jowan ow mos yn ban dhe'n templa orth prys an pejadow, teyr uer dohajedh. ²Y'n tor' na y fue degys aberth y'n templa den re bya evredhek dhya y enesyeth. Y fedha va settys dhe'n dor kenyver jorna orth yet an templa henwys an Porth Teg, may halla govyn alusyon orth an re na a vedha owth entra dredho. ³Pan wrug ef gweles Peder ha Jowan ow tos, ef a wovynnas alusyon. ⁴Peder ha Jowan a'n whythras fest ha leverel, "Myr orthyn ny." ⁵Ef a veras glew ortans ow quetyas nampyth.

⁶Peder a leverys dhodho, "Me ny'm bues naneyl owr nag arhans, mes suel a vo dhym, me a'n re dhys. Yn hanow Jesu Cryst a Nazara, saf yn ban ha kerdh!" ⁷Hag ef a'n kemeras er an luef dhyhow ha'y dhrehevel, ha strayt y dreys ha'y dhewufern a grefhas. ⁸An den a lammas yn ban ha sevel ha dalleth kerdhes. Ef a entras y'n

templa gansans, ow kerdhes, ow lemmel hag ow praysya Dew. 9Pubonen a'n gwelas ow kerdhes hag ow lemmel 10hag y a aswonas fatel o va henna re bya a'y eseth ow covyn alusyon ryb Porth Teg an templa. Y fons amays ha marth a's teva awos a'n dra na.

11Hag ef ow clena orth Peder ha Jowan, oll an bobel a bonyas hag omguntell adro dhedhans y'n golovenva henwys Colovenva Salamon, hag yth o marth bras dhedhans. 12Pan welas Peder henna, ef a gowsas orth an dus, "A Ysraelysy, prag yth esough why ow kemeres marth a'n dra ma, bo prag yth esough why ow meras orthyn stag omma, kepar ha pan wrussyn dhodho kerdhes der agan gallus nyny? 13Dew Abram, Ysak ha Jacob ha Dew agan hendasow re wrug gloryfya y servont Jesu, a wrussough why delyfra ha sconya yn syght Pylat, kynth o ervyrys ganso y relesya. 14Saw why a sconyas an Den Sans hag Ewnhensek ha govyn may fe delyfrys denledhyas dheugh yn y le. 15Why a ladhas Auctor an bewnans a wrug Dew drehevel yn ban mes a'n bedh. Ny yw dustunyow a henna. 16Hanow Jesu, dre fydhyans yn y hanow ef, a sawyas an den ma, esough why ow queles hag owth aswon, ha fedh yn Jesu a'n restoryas dhe yehes perfect dheragough why oll.

17"Lemmyn, ow hothmens, me a wor why dhe obery der ewn anwodhvos, kepar del wrug agas rewloryon. 18Yndelma Dew a gollenwys pub tra a wrug ef leverel dherag dorn der oll an profettys, hen yw, y Gryst ef dhe suffra. 19Bedheugh repentys ytho ha treylyeugh dhe Dhew, may halla agas pehosow bos defendys quyt dhe ves, 20may teffa termyn a refressyans dheugh dheworth presens an Arluth ha may halla va danvon an Cryst appoyntys ragough, hen yw Jesu. 21Ef a dal gortos yn nef bys yn prys an restoracyon kemyn, a wrug Dew deryvas termyn hyr alemma der y brofettys sans. 22Moyses a leverys, 'An Arluth a vyn drehevel yn ban ragough dhya agas pobel agas honen profus kepar ha me. Why a dal goslowes orth pypynag oll a lavarra ef dheugh. 23Ha pynag oll na wrella goslowes orto, a vydh dywredhys yn tyen mes a'n bobel.'

24"Oll an profettys, kemmys anedhans hag a wrug cowsel, dhya Samuel ha war y lergh, kenyver onen a dharganas an dedhyow ma kefrys. 25Why yw an lynyeth a'n profettys hag a'n kevambos a wrug Dew gans agas hendasow, ow leverel dhe Abram, 'Y'th lynyeth jy y fydh benegys pub teylu oll y'n bys.' 26Pan wrug Dew drehevel yn ban y servont, ef a'n danvonas kens oll dheugh why, rag agas benega why orth agas treylya dheworth an fordhow a sherewynsy."

4 Ha pan esa Peder ha Jowan whath ow cowsel orth an bobel, y tueth dhedhans an bronteryon, capten an templa ha'n Sadukys. 2Y o serrys drefen an abosteleth dhe vos ow tesky an dus hag ow teclarya dasserghyans an re marow dre Jesu. 3Rag henna y a settyas dalhen ynnans

ha'ga gorra yn dan wyth dres nos, rag
devedhys o an androw solabrys. ⁴Mes
lyes onen a gresys a'n re na a glowas an
ger. Ha'ga nomber o neb pymp myl.

⁵Ternos y tueth aga rewloryon war-
barth yn Jerusalem, tus hen ha scryb-
ys ⁶warbarth gans Annas an uhel
pronter, Cayfas, Jowan hag Alex-
ander, ha pubonen a deylu an uhel
pronteryon. ⁷Y a settyas an prysners
y'ga mesk ha govyn, "Dre bana nerth
bo gans pana auctoryta a wrussough
why hemma?"

⁸Nena Peder, luen a'n Sperys Sans,
a leverys dhedhans, "Rewloryon an
bobel ha tus hen, ⁹mars esough why
orth agan whythra hedhyw awos
cufter tro ha den evredhek ha mars
esough why ow covyn yn pan vaner a
vue va sawys, ¹⁰godhvedheugh, why
hag oll pobel Ysrael, an den ma usy
ow sevel dheragough dhe vos yn
yehes da dre hanow Jesu Cryst a
Nazara, a wrussough why crowsya –
saw Dew a'n drehevys yn ban dhe-
worth an re marow. ¹¹Hem yw

"'an men neb a vue sconys genough
    why, an weythoryon chy, saw ef a
    dhueth ha bos pen an cornet.'

¹²Naneyl nyns ues salvacyon dre
hanow vyth aral; rag nyns yw hanow
vyth aral grontys yn mesk tus may
hallen ny bos sylwys dredho."

¹³Pan welsons colonnecter Peder ha
Jowan ha convedhes y dhe vos tus
heb lyen na dyscans, y a gemeras
marth hag aswonas y dhe vos cowetha
Jesu. ¹⁴Pan welsons an den re bya
yaghhes a'y saf gans an abosteleth, ny

yllyns y ry gorthyp vyth. ¹⁵Rag henna
y a a's comondyas dhe asa an gun-
tellva ha wosa henna y a omgusulyas
warbarth ¹⁶ha leverel, "Pandr' a yllyn
ny gul gans an dus ma? Rag apert yw
dhe bubonen ues tregys yn Jerusalem
fatel vue syn barthusek gwres dre-
dhans, ha henna ny yllyn ny denaha.
¹⁷Saw rag dowt an dra dhe lesa dhe
voy yn mesk an bobel, geseugh ny
dh'aga gwarnya na wrellens naneyl
cowsel na desky y'n hanow ma."

¹⁸Gans henna y a's sompnas ha'ga
homondya na wrellens namoy cowsel
na desky yn hanow Jesu. ¹⁹Saw Peder
ha Jowan a's gorthebys, "Res yw
dheugh why determya mars yw moy
ewn yn syght Dew goslowes orth-
ough why bo orth Dew, ²⁰rag ny
yllyn ny sevel orth cowsel adro dhe
bub tra re wrussyn gweles ha clowes."

²¹Wosa aga bragya arta, y a's gasas
dhe vos, drefen na gafsons fordh vyth
a'ga funsya awos an dus, rag yth esa
oll an bobel ow praysya Dew awos an
pyth a wharfa. ²²Moy es dewgans
blodh o henna may fue an syn a saw-
ment gwres dhodho.

²³Wosa an abosteleth dhe vos de-
lyfrys dhe wary, y eth dh'aga hoth-
mens ha declarya dhedhans an pyth
re bya leverys gans an chyf pronter-
yon ha'n dus hen. ²⁴Pan wrussons y
glowes, y a dhrehevys aga lef war-
barth dhe Dhew ha leverel, "Arluth
Dew, formyer an nef, an norvys, an
mor ha kenyver tra usy ynnans, ²⁵te a
leverys der an Sperys Sans gans
ganow agan hendas, dha servont
Davyth,

'Prag yma an Jentylys ow connery,
ha'n poblow ow tesmygy taclow
ufer?
²⁶'Myterneth an bys re sevys fast,
ha'n rewloryon re omguntellas
warbarth
warbyn an Arluth ha warbyn y
Gryst.'

²⁷Rag yn gwyr y'n cyta ma Erod ha
Pontius Pylat kefrys gans an Jentylys
ha poblow Ysrael a omunyas warbyn
dha servont sans Jesu, a wrussys
anoyntya, ²⁸dhe wul pypynag oll re
bya purposys dherag dorn gans dha
luef ha dha dowl. ²⁹Lemmyn, Arluth,
myr orth aga bragyans ha gront
dhe'th servons progeth dha er tejy
gans colon stowt. ³⁰Yma merclys ha
synys gwres dre hanow dha servont
sans, Jesu, ha te ow try yn mes dha
luef dhe sawya."

³¹Wosa y dhe wul pejadow, an tyller
mayth ens cuntellys a vue shakys. Y
oll a vue lenwys a'n Sperys Sans ha
cowsel ger Dew yn colonnek.

³²Acordys an eyl orth y gela ha kes-
colon o cuntelles oll an gryjygyon, ha
nyns esa den vyth anedhans ow
lavasos cafus possessyon pryva a'y
byth, saw pub tra oll a's teva, da
kemyn o va yntredhans. ³³An abostel-
eth a wre dustuny a'n dasserghyans
gans power bras hag yth esa muer
gras warnedhans. ³⁴Nyns esa othom-
ek vyth y'ga mesk, rag kemmys ane-
dhans hag a's teva tyr bo treven, y a
wrug aga gwertha ha dry dhedhans
mona an werth. ³⁵Y a settyas an mona
orth treys an abosteleth ha rynnys
vue poran kepar del esa othem dhe
dhen vyth anodho.

³⁶Yth esa Levyas, Cypriot a'y enes-
ygeth, Josef, may ros an abosteleth
dhodho an hanow Barnabas (hen yw
dhe styrya "Mab an Confort"). ³⁷Ef a
werthas gwel a'n jeva ha dry an mona
ha'y settya dherag an abosteleth.

5 Saw den henwys Ananias gans
agryans y wreg Safira a werthas
neb possessyon. ²Gans luenwodhvos
y wreg ef a wrug sensy dhodho y
honen ran a'n valew ha dry ran ane-
dhy yn unyk bys dy ha'y settya dhe-
rag an abosteleth.

³"Ananias," yn medh Peder, "Prag y
lenwys Satnas dha golon mayth esta
ow leverel gow dhe'n Sperys Sans
hag ow quetha dhys dha honen ran a
werth an bargen tyr? ⁴Pan esa an tyr
heb gwertha, a nyns esa va y'th pos-
sessyon jy? Pan vue va gwerthys, a ny
wrusta cafus oll an valew? Fatel
happyas dhys ytho desmygy an ober
ma y'th colon? Ny leversys gow dhyn
ny adar dhe Dhew." ⁵Pan wrug Ana-
nias clowes an geryow ma, ef a
godhas war an dor ha merwel stag
ena. Own bras a sesyas pubonen a
glowas an cas. ⁶An dus yowynk a
dhueth ha maylya y gorf yn lyen ha'y
dhon yn mes rag y encledhyes.

⁷Wosa spas a neb try owr y wreg a
entras, saw ny wodhya pandr' o
wharfedhys. ⁸Peder a leverys dhedhy,
"Lavar dhym mar qurussough why
gwertha an bargen tyr a gemmys
mona."

Yn medh hy dhodho, "Ea, ea, hon o
an werth."

⁹Nena Peder a leverys dhedhy,
"Fatel wher dheugh omgusulya war-

barth dhe brevy Sperys an Arluth? Myr, treys an re na re wrug encledhyes dha wour, orth an darras ymons y hag y a wra dha dhon tejy yn mes kefrys."

¹⁰Strayt hy a godhas dhe'n luer orth y dreys ha merwel. Pan dhueth an dus yowynk ajy, y a's cafas marow. Rag henna y a's dug hy yn mes ha'y encledhyes ryb hy gour. ¹¹Hag own bras a skynnyas war oll an eglos ha war genyver onen a glowas an dra.

¹²Now lyes syn ha marthus a vue gwres yn mesk an bobel der an abosteleth. Hag yth esens oll warbarth yn Colovenva Salomon. ¹³Nyns esa den vyth a'n remenant ow lavasos omjunnya dhedhans, mes yth esa an bobel dre vras ow cul revrons dhedhans. ¹⁴Bytegens y fue moy a gryjygyon addys dhe'n Arluth, nyverow bras a dus ha benenes kefrys, ¹⁵may whrens don yn mes aga clevyon dhe'n stretys kyn fe ha'ga settya a'ga groweth war welyow ha straylyow may halla scues Peder codha warnedhans. ¹⁶Ruth vras ynwedh a dregoryon an trevow adro dhe Jerusalem a wre omguntell, ow try gansans an glevyon ha'n re na o tormentys gans sperysyon aflan – hag y oll a vedha sawys.

¹⁷Nena an uhel pronter ha'y gowetha, party an Sadukys, a vue kentrynys der ewn envy dhe wul nampyth. ¹⁸Y a sesyas an abosteleth ha'ga gorra yn dan wyth an offysers. ¹⁹Saw orth golow nos el an Arluth a egoras darrasow an pryson, aga dry yn mes ha leverel dhedhans, ²⁰"Keugh, seveugh y'n templa ha declaryeugh dhe'n bobel pub tra oll ow tuchya an bewnans ma."

²¹Pan wrussons clowes henna, y a entras y'n templa orth terry an jedh ha pesya gans aga dyscans.

Y tueth an uhel pronter ha'y gowetha dhe'n tyller ha gelwel warbarth an consel hag oll tus hen Ysrael yn kettep pen ha danvon dhe'n pryson may halla an abosteleth bos drys dhedhans. ²²Saw pan eth creswesyon an templa dhe'n pryson, ny gafsons prysner vyth. Rag henna y a dhewhelas ha deryvas an cas, ²³"Ny a gafas darrasow an pryson yn dan naw alwheth ha'n wethysy a'ga saf rypthans, mes pan wrussyn entra, ny gefsyn den vyth ena." ²⁴Pan glowas capten an templa ha'n chyf pronteryon an geryow ma, y fons amays hag omwovyn pandr' esa ow wharfos.

²⁵Strayt y tueth nebonen dhe'n tyller ha leverel, "Awot an dus a wrussough why prysonya! Ymons y ow sevel y'n templa hag y ow tesky an dus!" ²⁶Nena an capten ha'n greswesyon eth warbarth rag aga dry dhe'n tyller, saw heb nerth vyth oll, rag dowt y aga honen dhe vos labedhys gans an bobel.

²⁷Pan wrussons aga dry dhe'n plas, y a's settyas a'ga saf dherag an consel. An uhel pronter a's apposyas ²⁸ha leverel, "Ny a'gas comondyas yn fen na wrelleugh desky y'n hanow ma, mes otta why ow lenwel Jerusalem a'gas dyscans hag ervyrys fest ough agan cuhudha a vernans an den na."

²⁹Peder ha'n abosteleth a worthebys, "Ny a dal obaya dhe Dhew kens es dhe auctoryta vyth a vab den. ³⁰Dew

agan hendasow a dhrehevys Jesu, a wrussough why ladha orth y gregy y'n growspren. ³¹Dew a'n exaltyas dh'y barth dhyhow yn Humbrynkyas ha Savyour, may halla va ry dhe Ysrael edrek ha gyvyans aga fehosow. ³²Ny ha'n Sperys Sans warbarth genen yw dustunyow a'n taclow ma – an Sperys neb re ros Dew dhe'n re na yw gostyth dhodho."

³³Pan wrussons y clowes henna, y a sorras bras ha whans a's teva a'ga ladha. ³⁴Saw Farysy a'n consel henwys Gamaliel, descajor a'n laha, ha den a'n jeva revrons an bobel, a sevys yn ban ha comondya may fens y gorrys mes a'n consel rag spas. ³⁵Nena Gemaliel a leverys dhedhans, "A Ysraelysy, a gowetha, predereugh yn ta pandr' ough why purposys dhe wul gans an re ma. ³⁶Theudas a sevys yn ban termyn cot alemma hag erya y vos nebonen a vry. Nomber a dus – nebes peswar cans – a omjunnyas ganso, mes ef a vue ledhys hag oll y holyoryon a wrug kescar ha mos a wel. ³⁷Wosa henna orth prys an nyverans, Judas a Alyla a sordyas ha gul dhe'n dus y sewya, mes ef a verwys ynwedh ha'n re na esa orth y sewya a vue scullys. ³⁸Y'n present cas ma ytho an gusul wella yw sevel orth mellya gans an re na, saw gasa cres dhedhans. Mars usy an dra ma ow tos dhya vab den, fyllel a wra. ³⁹Saw mars usy va ow tos dheworth Dew, ny yllough why y fetha – ea, martesen why a vydh ow stryvya warbyn Dew y honen!"

⁴⁰Unver ganso o an consel, ha wosa sompna an abosteleth, y a erhys may fens scorjys. Nena y a gomondyas na

wrellens cowsel yn hanow Jesu, ha'ga gasa dhe vos.

⁴¹Pan esens an abosteleth ow voydya dheworth an consel, y a rejoycyas drefen y dhe vos consydrys wordhy dhe wodhaf bysmer awos an hanow. ⁴²Pub jorna oll y'n templa hag yn tre ny wrens bythqueth cessya a dhesky ha declarya Jesu dhe vos an Cryst.

6 Y'n dedhyow na pan esa nyver an abosteleth prest owth encressya, yth esa fowt acord ynter an re na a gowsy Greca ha cowsoryon yeth an Yedhewon. Yth esa an Grecas ow croffolas aga gwedhwesow dhe vos dyspresys pub jorna pan vedha rynnys an sosten. ²An dewdhek ytho a elwys warbarth oll cuntellva an dyscyplys ha leverel dhedhans, "Tra ewn nyns yw ny dhe asa dhe goll ger Dew rag may hallen ny servya orth an mosow. ³Rag henna, a vreder, dowyseugh mes a'gas nyver seyth den wordhy, fur ha luen a'n Sperys, may hallen ny aga appoyntya dhe gollenwel an ober ma. ⁴Ha ny agan honen a wra omry agan honen dhe bejadow ha dhe venystry an ger."

⁵An lavar ma a blesyas pubonen ha dowys a wrussons an re ma: Stefan, den cryjyk ha luen a'n Sperys Sans, Felyp, Prochorus, Nicanor, Timon, Parmenas, ha Nicolas, proselyta dhya Antioch. ⁶Y a worras an re ma dheragthans ha pesy ha settya aga dewla warnedhans.

⁷Yth esa ger Dew owth omlesa dhe voy yn Jerusalem, ha lyes onen yn mesk an bronteryon eth ha bos gostyth dhe'n grejyans.

8Stefan o luen a ras ha gallus, hag ef a wrug merclys bras ha synys yn mesk an bobel. 9Nena ran a esyly Synaga an Re Frank (kepar del o va henwys) a sevys yn ban ha dysputya ganso – Cyrenianas ha tus a Alexandria ens y, warbarth gans ran aral dhya Cilicia hag Asia. 10Ny yllyns concludya nan-eyl an furneth na'n Sperys dredho mayth esa va ow cowsel.

11Nena y a ynnyas nebes tus dhe leverel, "Ny re'n clowas ow cowsel geryow ungrassyes warbyn Moyses ha warbyn Dew."

12Y a sordyas an bobel warbarth gans an dus hen ha'n scrybys. Y a settyas dalhen ynno yn trom ha'y dhry dherag an consel. 13Y a wrug darbary dustunyow fals a levery, "Y fydh an den ma ow cowsel heb hedhy warbyn an tyller sans ma ha warbyn an laha, 14rag ny re'n clowas ow leverel fatel wre Jesu a Nazara dos ha dystrowy an plas ma ha chanjya oll an gysyow a ros Moyses dhyn."

15Hag oll esely an consel a'n whythras glew ha gweles bos y fas ef kepar ha bejeth el.

7 Nena an uhel pronter a wovyn-nas orto, "Yw an taclow ma gwyr?"

2Stefan a worthebys, "A vreder hag a dasow, gosloweugh orthyf. An Dew a glory a omdhysquedhas dh'agan hendas Abram, pan esa va yn Meso-potamia, kens ef dhe drega yn Haran, 3hag ef a leverys dhodho, 'Gas dha bow ha'th nessevyn ha ke bys y'n pow a vannaf dysquedhes dhys.'

4"Nena Abram a forsakyas pow an Chaldeanas ha mos ha trega yn Haran. Wosa mernans y das, Dew a wrug dhodho dyberth alenna ha dos bys y'n pow mayth esough why tregys hedhyw. 5Ny ros Dew yn ertons dhe Abram ran vyth anodho – troshes kyn fe, mes ef a bromysyas dhodho y whre y ry dhodho yn pos-sessyon ha dh'y lynyeth war y lergh, kyn na'n jeva flogh vyth y'n termyn na. 6Ha Dew a leverys y fedha y lyn-yeth kepar hag alyons yn pow astranj hag y whre tregoryon an pow na gul kethyon anedhans ha'ga hompressa dres peswar cans bledhen. 7'Me a vyn jujjya an nacyon a wrons y servya,' yn medh Dew, 'ha wosa henna y a dhue mes a'n pow na ha'm gordhya vy y'n tyller ma.' 8Nena ef a ros dhodho ambos an cyrcumcysyon, hag Abram a gafas Ysak yn mab ha'y cyrcum-cysya an ethves jorna. Ysak a vue tas Jacob ha Jacob eth ha bos an tas a'n dewdhek patryark.

9"An patryarkys, der ewn envy, a werthas Josef yn keth aberth yn Ejyp, saw yth esa Dew ganso, 10ha'y dhe-lyfra mes a'y droblys ha ry dhodho gallus dhe dhysquedhes furneth ha favour pan esa va a'y saf dherag Faro, mytern Ejyp. Ef a'n appoyntyas rewl-er war Ejyp ha war oll y jy.

11"Y fue nown bras yn Ejyp ha Canan ha govyjyon bras, rag ny ylly agan hendasow provya sosten. 12Saw pan glowas Jacob bos ys yn Ejyp, ef a dhanvonas agan hendasow war aga hensa vyach dy. 13Pan esens y war aga secund vyaj bys y'n Ejyp, Josef a dhe-claryas y honen dh'y vreder ha'y veyny a vue aswonys gans Faro. 14Nena Josef a dhanvonas dh'y das ha'y nessevyn ha'ga gelwel dhodho yn Ejyp, pymthek ha tryugans anedhans warbarth. [15]Rag henna Jacob eth war nans dhe Ejyp. Ef a verwys ena ha'gan hendasow kefrys, [16]saw aga horfow a vue drys arta mes a Ejyp bys yn Shechem hag a vue gorrys y'n bedh re bya prenys a sum a arhans gans Abram dheworth mebyon Hamor yn Shechem.

[17]"Kepar del esa an termyn ow tos may codhvya bos collenwys an promys a wrug Dew dhe Abram, yth esa agan nacyon owth encressya hag ow lyeshe yn Ejyp, [18]erna dhueth ha rewlya yn Ejyp mytern aral na wrug bythqueth aswon Josef. [19]Pur wyly o va gans agan kenedhel, hag ef a wrug dh'agan hendasow gasa aga flehes vyan yn mes, may whrella merwel kenyver onen anedhans.

[20]"Y fue Moyses genys y'n dedhyow ma, ha semly o va yn golok Dew. Ef a vue megys try mys yn chy y das, [21]ha pan vue va forsakys, myrgh Faro a'n kemeras dhedhy hy honen ha'y vaga kepar ha'y mab hy honen. [22]Yndella Moyses a vue deskys yn oll skentoleth an Ejyptonyon, ha gallosek o va yn ger hag ober.

[23]"Hag ef nebes dewgans blodh, whensys o va dhe vos ha gweles fatel o y bobel y honen, an Ysraelysy. [24]Pan welas ef onen anedhans tebel-dyghtys, ef a vennas sylwel an den compressys ha'y venjya ha gweskel an Ejyptyon dhe'n dor. [25]Yth esa Moyses ow cresy y whre y nacyon y honen convedhes Dew dhe vos orth aga gweres dredho, saw ny wrussons convedhes banna. [26]Ternos ef a dhueth dhe vush anedhans hag y ow tysputya an eyl gans y gela ha whelas gul acord yntredhans ha leverel, 'A dus, breder ough why, prag yth esough why ow cul trespas an eyl warbyn y gela?'

[27]"Saw an den neb esa ow cul trespas warbyn y gentrevak a herdhyas Moyses adenewan ha leverel, 'Pyw a'th wrug tejy rewler ha brusyas warnan? [28]A venta jy ow ladha kepar ha de, pan lethsys an Ejyptyon?' [29]Pan glowas Moyses henna, ef a fyas dhe'n fo ha trega avel alyon yn pow Midian. Y'n tyller na y fue genys dhodho dew vab.

[30]"Pan dremenas dewgans bledhen, el a apperyas dhodho yn gwylfos Meneth Sinai yn flam an bos tan. [31]Y fue Moyses amays orth y weles, ha kepar del dhueth nes dy dhe veras, y tueth dhodho voys an Arluth, [32]'Me yw Dew dha dasow, Abram, Ysak, ha Jacob kefrys.' Moyses a dhallathas crenna heb lavasos drehevel y dhewlagas.

[33]"Nena an Arluth a leverys dhodho, 'Dy'sk dha skyjyow quyk dhe ves rag sevel a wreth war dyr benegys. [34]Yn gwyr me re welas tebel-dyghtyans ow fobel yn Ejyp ha clowes aga cry, ha me re dhueth dhe'n dor rag aga gweres. Dues lemmyn, me a wra dha dhanvon war nans bys yn Ejyp.'

[35]"Y a sconyas an den ma Moyses, ow leverel, 'Pyw a'th wrug tejy rewler ha brusyas?' Saw Dew a'n danvonas y'n tor' na avel rewler ha delyfryer der y el neb a dhysquedhas dhodho y'n bush. [36]Moyses a's ledyas yn mes, wosa performya synys ha merclys yn

Ejyp, orth an Mor Rudh hag y'n gwylfos dewgans bledhen. 37Yth o an den ma Moyses neb a leverys dhe'n Ysraelysy, 'Dew a vyn drehevel profus yn ban dheugh mes a'gas pobel why, kepar del wrug ef ow drehevel vy.' 38Ef a vue henna esa y'n guntellva y'n gwylfos gans an el a gowsas orto yn Meneth Sinai ha gans agan hendasow, hag ef a recevas lavarow bew Dew, may halla va aga ry dhyn ny.

39"Pos o gans an hendasow y obaya. Y'n le henna y a'n herdhyas adenewan ha dewheles y'ga holon bys yn Ejyp, 40ow leverel dhe Aron, 'Gwra dhyn ny dewow, a vyn agan humbrank y'n fordh. Mes ow tuchya Moyses, neb a wrug agan ledya mes a bow Ejyp, ny wodhon ny poynt pandr' yw wharfedhys dhodho.' 41Y'n tor' na y a shapyas luegh, offrynna sacryfys dhe'n ymach hag omlowenhe yn ober aga dewla. 42Mes Dew a dreylyas dhewortans ha'ga delyfra dhe wordhya ost an nef, kepar del yw screfys yn lyver an profettys:

"'A wrussough why offrynna dhym vyctyms ha sacryfycys
dewgans bledhen y'n gwylfos, a jy Ysrael?
43Na wrussough! Why a dhros genough scovva Moloch
ha steren agas dew Refan,
an ymajys a wrussough rag aga gordhya.
Rag henna me a vyn agas remuvya pella es Babylon.'

44"Agan hendasow a's teva scovva an dustuny y'n gwylfos, poran kepar

del wrug Dew ordna dhedhans, pan gowsas orth Moyses hag erhy dhodho y wul warlergh an scantlyn a welas. 45Agan hendasow war aga thorn a's dros aberveth y'n pow gans Josua, pan wrussons sesya possessyon an nacyons a herdhyas Dew yn mes dheragthans. Yth esa hy y'n tyller na bys yn termyn Davyth. 46Davyth a gafas favour gans Dew ha govyn cumyas a wul trygva rag Dew Jacob. 47Saw Salamon a dhrehevys chy ragtho.

48Mes nyns usy an Dew Uhella tregys yn treven gwres gans dewla mebyon tus, kepar del usy an profet ow leverel,

49"'An nef yw ow thron
ha'n dor ow scavel dros.
Pana jy a venta byldya dhym,
yn medh an Arluth,
bo pyth yw tyller ow fowesva?
50A ny wrug ow dorn vy gul oll an taclow ma?'

51"Why pobel pen cales ha heb cyrcumcysyon y'gas colon hag y'gas dewscovarn, y fedhough why pupprys ow settya orth an Sperys Sans, kepar del wre agas hendasow. 52Pyw a'n profettys na vue compressys gans agas hendasow? Y a ladhas an re na a brofusas a dhevedhyans an Den Ewnhensek, ha lemmyn why re wrug y drayta ha'y ladha. 53Why yw an re na a recevas an laha, kepar del vue va ordnys gans eleth, mes ny wrussough why y wetha."

54Pan wrussons y clowes an taclow ma, y a sorras fest bras ha scrynkya aga dens orth Stefan. 55Saw Stefan, luen a'n Sperys Sans, a dhrehevys y dhewlagas dhe'n nef ha gweles glory Dew ha Jesu a'y saf adhyhow dhe Dhew. [56]"Awot!" yn medh, "me a wel an nevow egerys ha Mab an Den a'y saf a dhyhow dhe Dhew!"

[57]Saw y a gudhas aga dewscovarn ha stevya oll warbarth war y byn gans cry bras. [58]Nena y a'n tennas mes a'n cyta ha dalleth y gnoukya gans meyn. Ha'n dhustunyow a settyas aga mentylly orth treys den yowynk henwys Saul.

[59]Pan esens y ow knoukya Stefan gans meyn, ef a besy, "Arluth Jesu, recef ow enef." [60]Nena ef eth war ben dewlyn ha crya gans lef uhel, "Arluth, na sens an pegh ma war aga fyn." Wosa leverel an geryow na, ef a dremenas.

8 Da o gans Saul y dh'y ladha. An jorna na y tallathas compressans cales warbyn an eglos yn Jerusalem, hag y fue kenyver onen, ma's an abosteleth aga honen, scullys ales der bow Judy ha Samaria. [2]Y tueth tus muer aga crejyans hag encledhyes Stefan ha lamentya yn uhel a-ugh y gorf. [3]Saw yth esa Saul ow rafsya an eglos, owth entra y'n treven an eyl war y gela, ow ton yn kergh kefrys gwesyon ha benenes rag aga thowlel aberth yn pryson.

[4]Yth esa an re na re bya scattrys, ow mos adro dhya dyller dhe dyller ow progeth an ger. [5]Felyp eth war nans bys yn cyta a Samaria ha declarya an Cryst dhedhans. [6]An bobel a woslowas kescolon orth geryow Felyp yn freth hag y ow queles hag ow clowes an synys a wre va, [7]rag y tueth sperysyon aflan gans ujow bras mes a lyes sagh dyawl hag y fue sawys lyes onen aral o paljyes bo mans. [8]Rag henna y fue joy bras y'n cyta na.

[9]Now yth esa certan den henwys Symon hag ef re bya ow cul pystry kens henna y'n cyta hag ef a wrug ancombra pobel Samaria ow leverel ef dhe vos nebonen a vry. [10]Yth esa kenyver onen ow coslowes orto gans mal dhya an lyha dhe'n brassa, hag y a levery, "Hemma yw gallus Dew ha bras yw y hanow ef." [11]Hag y a wre goslowes orto gans whans dres termyn hyr dhya ban dhallathas ef aga amaya gans y bystry. [12]Saw pan wrussons cresy dhe Felyp, esa ow progeth an newodhow da ow tuchya gwlascor Dew ha hanow Jesu, y a vue besydhys, kefrys gwesyon ha benenes. [13]Symon y honen a gresys hag y fue besydhys. Wosa henna ef a dregas heb hedhy gans Felyp hag ef a'n jeva marth pan welas ef an synys ha merclys bras a wre va.

[14]Pan glowas an abosteleth yn Jerusalem fatel dhegemeras Samaria ger Dew, y a dhanvonas Peder ha Jowan dhedhans. [15]Y eth war nans dy ha pesy ragthans may whrellens receva an Sperys Sans. [16](Rag ny wrug an Sperys Sans dos war dhen vyth anedhans whath – ny vons mes besydhys yn hanow Jesu an Arluth). [17]Nena Peder ha Jowan a settyas aga dewla warnedhans, hag y a gemeras an Sperys Sans.

[18]Pan welas Symon fatel vue an Sperys Sans rys dhe genyver onen re bya settys warnodho dewla an

abosteleth, ef a offras mona dhedhans
[19]ha leverel, "Reugh dhym ynwedh
an gallus ma may halla kemeres an
Sperys Sans oll an re na a wrellen vy
settya ow dewla warnedhans."

[20]Saw Peder a leverys dhodho, "Re
wrella dha vona persya warbarth
genes jy dha honen, dre reson te dhe
gresy fatel yllys prena ro Dew gans
mona! [21]Te ny'th ues ran na part
vyth a henna, rag nyns yw dha golon
compes yn syght Dew. [22]Gwra repent-
ya ytho a'n sherewynsy ma ha pesy an
Arluth may fo entent dha golon gyvys
dhys, mar kyll henna bos. [23]Rag yth
esof ow queles te dhe vos y'n vystel a
wherowder hag yn chaynys an dew-
lujy."

[24]Symon a worthebys, "Pys ragof
dhe'n Arluth, na wrella wharfos
dhym tra vyth a'n taclow re leversys."

[25]Wosa Peder ha Jowan dhe ry
dustuny ha cowsel ger an Arluth, y a
dhewhelas dhe Jerusalem ow progeth
an newodhow da yn lyes tref a'n
Samaritanas.

[26]Nena el an Arluth a leverys dhe
Felyp, "Saf yn ban ha ke tro ha'n
soth, dhe'n fordh usy ow mos war
nans dhya Jerusalem dhe Gaza."
(Fordh gwylfos yw honna.) [27]Rag
henna ef a sevys yn ban ha mos war y
fordh. Yth esa spadhesyk Ethiopian,
offyser a gort Candace, myternes an
Ethiopianas, esa oll hy thresorva yn
dan y jarj. Ef o devedhys dhe Jeru-
salem rag gordhya Dew, [28]hag yth
esa y'n tor' na ow tewheles tre. Yth
esa va a'y eseth yn y jaret ow redya an
profet Ysay. [29]Nena yn medh an
Sperys dhe Felyp, "Ke dres an fordh

186

bys y'n charet hag omjunnya dho-
dho."

[30]Rag henna Felyp a bonyas dy ha
clowes an spadhesyk ow redya an
profet Ysay. Ef a wovynnas, "A
wodhes convedhes an pyth eses ow
redya?"

[31]Ef a worthebys, "Fatel allaf vy
convedhes marnas nebonen a wra y
styrya dhym?" Hag ef a elwys Felyp
dhe entra y'n charet hag esedha ryp-
tho.

[32]Now an devyn a scryptur esa va
ow redya o hemma:

"Kepar ha davas ef a vue ledys
    dhe'n ladhva,
ha kepar hag on tawesek dherag
    an knyvyor,
ny wrug ef egery y anow.
[33]Justys a vue nehys dhodho yn y
    veth.
Pyw a yll ry acont a'y henath
rag ef re bue kemerys yn kergh
    dheworth an nor?"

[34]An spadhesyk a leverys, "Me a
vensa godhvos dheworthys pyw usy
an profet ow leverel hemma anodho
– adro dhodho y honen bo nebonen
aral?" [35]Nena Felyp a dhallathas
cowsel, ha dheworth an devyn ma ef
a dheclaryas dhodho an newodhow
da ow tuchya Jesu.

[36]Hag y ow mos war an fordh, y
tuethons dhe dhowr. An spadhesyk a
leverys, "Otomma dowr! Prag na
allama bos besydhys?" [37]Felyp a
leverys, "Mars esta ow cresy gans oll
dha golon, te a yll bos besydhys." An
spadhesyk a worthebys, "Me a grys

bos Jesu Cryst Mab Dew!" ³⁸Ef a gomondyas dhe hedhy an charet hag y aga dew eth war nans y'n dowr ha Felyp a'n besydhyas. ³⁹Pan dhuethons yn ban mes a'n dowr, Sperys an Arluth a gybyas Felyp yn kergh ha ny ylly an spadhesyk namoy y weles mes mos war y fordh ow rejoycya. ⁴⁰Saw Felyp a gafas y honen yn Azotus, ha kepar del esa va ow mos der an pow, y whre ef progeth an newodhow da erna dhueth dhe Cesarya.

9 Y'n kettermyn Saul, hag ef whath owth anella godros ha murder warbyn dhyscyplys an Arluth, eth dhe'n uhel pronter ²ha govyn lytherow orto dhe synagys Damask, may halla va, mar teffa ha cafus den vyth bo benen esa ow longya dhe'n Fordh, aga dry kelmys dhe Jerusalem. ³Pan esa va ow mos war y fordh hag ow tos nes dhe Dhamask, yn trom golow a nef a splannas adro dhodho. ⁴Ef a godhas dhe'n dor ha clowes lef ow leverel dhodho, "A Saul, a Saul, prag yth esta orth ow thormentya?"

⁵Ef a wovynnas, "Pyw osta, Arluth?" Ef a worthebys, "Me yw Jesu, esta orth y dormentya. ⁶Saw saf yn ban hag entra y'n cyta, hag y fydh leverys dhys an taclow a res dhys gul."

⁷Yth esa an re na esa ow travalya ganso a'ga saf yn nes yn tawesek, dre reson y dhe glowes an lef heb gweles den vyth. ⁸Saul a sevys yn ban ha kynth o opyn y dhewlagas, ny ylly gweles tra vyth. Rag henna y a'n ledyas er an luef ha'y dhry bys yn Damask. ⁹Try jorna ha teyr nos ef o

heb gweles ha ny wrug ef naneyl debry nag eva.

¹⁰Yth esa dyscypyl yn Damask henwys Ananias. An Arluth a leverys yn vesyon dhodho, "A Ananias."

"Awotta vy, Arluth," yn medh ef.

¹¹An Arluth a leverys dhodho, "Saf yn ban ha ke bys y'n stret gelwys an Stret Ewn, ha whela yn chy Judas den a Darsus henwys Saul. Yma va ow pesy y'n tor' ma, ¹²hag ef re welas yn vesyon den henwys Ananias owth entra hag ow settya y dhewla warnodho, may halla va dascafus y syght."

¹³Saw Ananias a worthebys, "Arluth, me re glowas dheworth lyes onen adro dhe'n den ma ha pan vaner a dhrog re wruga dhe'th sens yn Jerusalem; ¹⁴ha power a'n jeves dheworth an chyf pronteryon dhe gelmy omma suel a wrella gelwel war dha hanow tejy."

¹⁵Saw an Arluth a leverys dhodho, "Ke, rag mayn ywa, re bue dowysys genef rag dry ow hanow dherag an Jentylys, dherag an vyterneth ha dherag pobel Ysrael. ¹⁶Me ow honen a vyn dysquedhes dhodho kenyver tra a res dhodho godhaf rag kerensa ow hanow vy."

¹⁷Gans henna Ananias eth hag entra y'n chy. Ef a settyas y dhewla war Saul ha leverel, "A vroder Saul, an Arluth Jesu, neb a dhysquedhas y honen dhys war dha fordh omma, ef re'm danvonas dhys, may halles dascafus dha wolok ha bos lenwys a'n Sperys Sans." ¹⁸Strayt y codhas dhewar y dhewlagas nampyth kepar ha kenennow ha restorys vue y syght. Nena ef a sevys hag a vue besydhys,

19ha wosa kemeres nebes sosten ef a gafas y nerth arta.

Saul a dregas nebes dedhyow gans an dyscyplys yn Damask. 20Whare ef a dhallathas progeth Jesu y'n synagys ow leverel, "Mab Dew ywa." 21Suel a'n clowas a vue amays ha leverel, "A nyns yw hemma neb a wre dystrowy yn Jerusalem an re na esa ow kelwel war an hanow ma? A nyns ywa devedhys omma rag aga dry y'n colmow bys y'n chyf pronteryon?" 22Saul eth ha bos dhe voy gallosek, hag yth esa va ow concludya an Yedhewon tregys yn Damask hag ow prevy Jesu dhe vos an Cryst.

23Wosa termyn an Yedhewon a gusulyas dh'y ladha, 24saw aga husul a vue aswonys gans Saul. Yth esens y ow whythra yettys an cyta dedh ha nos may hallens y ladha, 25saw y dhyscyplys a'n kemeras orth golow nos ha'y yselhe dre doll y'n fos ha'y settya dhe'n dor yn cowel.

26Pan dhueth Saul dhe Jerusalem, ef a assayas omjunnya dhe'n dyscyplys, saw y a's teva own anodho, rag nyns esens y ow cresy ef dhe vos dyscypyl. 27Saw Barnabas a'n kemeras, y dhry dhe'n abosteleth ha declarya dhedhans fatel welas Saul an Arluth y'n fordh ha'n Arluth dhe gowsel orto, ha fatel wrug Saul cowsel yn colonnek yn Damask yn hanow Jesu. 28Rag henna, yth esa Saul ow mos adro y'ga mesk yn Jerusalem hag ef ow cowsel yn freth yn hanow an Arluth. 29Y whre Saul kestalkya ha dysputya gans an Yedhewon Greca aga yeth, saw y a whela y ladha. 30Pan wrug an gryjygyon clowes an cas, y a'n dros war

nans dhe Cesarya ha'y dhanvon dhe Darsus.

31Y'n kettermyn an eglos dres oll Judy, Galyla ha Samaria a's teva cosoleth hag y fue edyfyes. Yth esa hy ow pewa yn own an Arluth hag yn confort an Sperys Sans, ha nomber an esyly a encressyas.

32Pan esa Peder ow mos omma hag ena yn mesk an gryjygyon, ef a skynnyas dhe'n sens esa tregys yn Lydda. 33Ef a gafas ena den henwys Eneas, neb esa a'y wroweth war wely nans o eth bledhen, rag paljy o va. 34Peder a leverys dhodho, "Eneas, yma Jesu Cryst orth dha sawya. Saf yn ban hag aray dha wely!" Strayt ef a sevys yn ban. 35Oll tregoryon Lydda ha Sharon a'n gwelas, ha treylya dhe'n Arluth.

36Yth esa dyscypyl yn Joppa, ha Tabitha o hy hanow (hen yw Dorcas yn Greca). Dywysyk o hy ow cul oberow da ha cheryta. 37Y'n termyn na hy a godhas claf ha merwel. Pan wrussons hy golhy, y a's settyas yn rom avan. 38Dre reson Joppa dhe vos ogas dhe Lydda, an dyscyplys, pan glowsons bos Peder ena, a dhanvonas dew dhen dhodho rag govyn orto, "Na wra strechya, saw mar pedhys plesys, dues dhyn heb let."

39Gans henna Peder a sevys ha dos gansans. Pan dhuethons dy, y a'n dros bys y'n rom avan. Yth esa oll an gwedhwesow a'ga saf yn nes owth ola, hag y ow tysquedhes dhodho powsyow ha dyllas erel re bya gwres gans Tabitha, pan esa hy gansans. 40Peder a's gorras yn mes yn kettep pen. Nena ef eth war ben dewlyn ha pesy. Ef a dreylyas dhe'n corf ha leverel, "Tabitha, saf yn ban." Hy a egoras hy dewlagas. Pan welas hy Peder, hy a sevys yn ban. 41Ef a ros dhedhy y luef ha'y gweres dhe sevel. Nena ef a sompnas oll an sens ha'n gwedhwesow ha dysquedhes dhedhans hy dhe vos yn few. 42Hemma a vue aswonys yn Joppa, ha lyes onen a gresys y'n Arluth. 43Y'n kettermyn Peder a dregas pols da gans den henwys Symon hag ef o kefeythyer crehyn.

10 Yth esa yn Cesarya den henwys Cornelius, hag ef o century a gompany soudoryon gelwys an Cohort Ytalek. 2Den dywysyk o hag own a'n jeva a Dhew, ef hag oll y veyny. Ef a re alusyon yn hel dhe'n bobel ha pesy dhe Dhew pub jorna. 3Un dohajedh adro dhe deyr uer ef a welas vesyon dyblans – el Dew owth entra yn y rom hag ow leverel dhodho, "A Cornelius!"

4Ef a veras stag orto gans uth ha leverel, "Pandr' a venta, Arluth?"

Ef a worthebys, "Dha bejadow ha dha alusyon re ascendyas y'n nef ha Dew re's merkyas. 5Danvon lemmyn tus dhe Joppa warlergh Symon henwys Peder. 6Yma va tregys gans kefeythyer crehyn, usy y jy ef ryb an mor."

7Pan o gyllys yn kergh an el a gowsas orto, ef a elwys dew a'y gethyon, ha soudor dywysyk mes a'n re na esa orth y servya, 8ha wosa deryvas kenyver tra dhedhans, ef a's danvonas dhe Joppa.

9Ternos adro dhe hanterdedh, pan esens y war aga fordh hag ow tos nes dhe'n cyta, Peder eth yn ban dhe'n to dhe besy. 10Ef o gwag, ha mal ganso cafus nampyth dhe dhebry. Kens es an bos dhe vos parys, Peder a godhas yn tranjyak. 11Ef a welas an nef egerys ha nampyth kepar ha lyen ow skynnya, ha'n dra yselhes er y beder cornel. 12Yth esa y'n lyen pub sort a vestas peswartrosek, scantegyon hag edhnow an ayr. 13Nena ef a glowas lef ow leverel, "Saf yn ban, Peder, ladh ha deber!"

14Mes Peder a leverys, "Na wraf man, Arluth, rag ny wrug avy bythqueth debry tra vyth ansans nag aflan."

15An lef a leverys dhodho an secund treveth, "An pyth a wrug Dew yn glan, ny dal dhys y elwel aflan."

16Hemma a happyas teyrgweyth, ha nena an lyen a vue kemerys yn trom bys y'n nef.

17Y fue Peder amays ha ny wodhya pandr' o styr an vesyon a welas. Nena whare an dus re bya danvenys gans Cornelius a apperyas. Yth esens y ow covyn pleth esa chy Symon hag y a'ga saf orth an yet. 18Y a armas dhe wodhvos esa Symon henwys Peder tregys y'n tyller na.

19Pan esa Peder whath ow consydra styr an vesyon, an Sperys a leverys dhodho, "Ot, yma tredden orth dha whelas. 20Saf yn ban, gwra skynnya dhe'n dor ha ke war dha fordh gansans, rag me re's danvonas."

21Gans henna Peder a skynnyas dhe'n dus ha leverel dhedhans, "Me yw neb a whelough why. Prag y whrussough why dos omma?"

22Y a worthebys, "Cornelius, century, den ewnhensek hag a'n jeves

189

own a Dhew, den gerys da gans oll nacyon an Yedhewon, ef a vue co-mondys gans el sans dhe dhanvon dhys may whrelles dos dh'y jy, rag da vya ganso dha glowes." ²³Peder ytho a's pesys dhe entra yn y jy hag ef a ros dhedhans ostyans.

Ternos vyttyn Peder a sevys ha mos gansans, ha ran a gryjygyon Joppa eth warbarth ganso. ²⁴An nessa jorna y a dhueth dhe Cesarya. Yth esa Corne-lius orth aga gortos, hag ef a elwys warbarth y gerens ha'y gothmens. ²⁵Pan dhueth Peder dhe'n tyller, Cor-nelius a vetyas orto ha codha orth y dreys ha'y wordhya. ²⁶Mes Peder a wrug dhodho sevel yn ban ow leverel, "Saf yn ban. Nyns oma mes den mortal."

²⁷Yth esa Peder whath ow kescows-el ganso, pan entras y'n chy ha cafus lyes onen cuntellys ena. ²⁸Ef a leverys dhedhans, "Why agas honen a wor nag yw lafyl rag Yedhow cowethya gans Jentyl; mes Dew re dhysquedhas dhym na dalvya dhym gelwel den vyth ansans nag aflan. ²⁹Rag henna, pan vuef sompnys, me a dhueth heb danjer. Da vya genama lemmyn godhvos prag y whrussough why ow gelwel."

³⁰Cornelius a worthebys, "Yth esen ow pesy y'm chy an very termyn ma peswar jorna alemma, pan omdhys-quedhas dheragof den gwyskys yn dyllas ylyn. ³¹Ef a leverys, 'A Cornel-ius, clowys re bue dha bejadow ha re-membrys dha alusyon dherag Dew. ³²Rag henna, danvon dhe Joppa ha whelas Symon henwys Peder. Yma va owth ostya ryb an mor yn chy

Symon, kefeythyer crehyn.' ³³Me a dhanvonas tus dhys heb let ytho, ha te a'th cufter re dhueth omma. Ha lemmyn yth on ny cuntellys oll war-barth yn syght Dew dhe glowes ken-yver tra a erhys an Arluth dhys leverel."

³⁴Nena Peder a dhallathas cowsel ortans, "Me a wor yn ta na wra Dew dysquedhes faverans dhe dhen vyth, ³⁵mes plegadow dhodho yw kenyver onen yn pub nacyon a'n jeffa own anodho, hag a wrella an pyth ewn. ³⁶Why a wor an messach a dhan-vonas ef dhe bobel Ysrael, ow progeth cres dre Jesu Cryst – ef yw Arluth oll an bys. ³⁷An messach na a lesas der oll pow Judy, ow talleth yn Galyla wosa an besydhyans a vue declarys gans Jowan, ³⁸fatel wrug Dew ylya Jesu a Nazara gans an Sperys Sans ha gans power. Jesu y'n pow adro mayth e, ef a wre da, hag a sawya an re na oll o compressys gans an tebel-el, rag yth esa Dew ganso.

³⁹"Ny yw dustunyow a genyver tra a wrug ef kefrys yn Judy hag yn Jeru-salem. Y a'n ladhas orth y gregy war wedhen. ⁴⁰Saw Dew a'n drehevys yn ban an tressa jorna ha'y alowa dhe omdhysquedhes, ⁴¹saw ny wrug ef apperya dhe oll an dus, mes dhyn ny re bya dowysys gans Dew avel dus-tunyow, ha ny a wrug debry hag eva ganso wosa y dhasserghyans. ⁴²Ef a'gan comondyas dhe brogeth dhe oll an bobel, ha dhe dhesta bos Jesu ordnys gans Dew avel juj a'n re bew hag a'n re marow. ⁴³Yma pub profet ow testyfya anodho, pynag oll a gressa yn y hanow ef dhe receva pardon a'y behosow."

⁴⁴Ha Peder whath ow cowsel, an Sperys Sans a skynnyas war bubonen esa ow clowes an ger. ⁴⁵Amays vue an gryjygyon cyrcumcysys, neb a dhueth gans Peder, an Sperys Sans dhe vos deverys yn mes war Jentylys kyn fe, ⁴⁶rag y a's clowas ow cowsel gans tavosow hag ow praysya Dew.

Nena Peder a leverys, ⁴⁷"A alsa den vyth naha an dowr a vesydhyans dhe'n re ma a recevas an Sperys Sans, kepar del wrussyn ny y receva?" ⁴⁸Rag henna, ef a's comondyas dhe vos besydhys yn hanow Jesu Cryst. Nena y a'n gelwys dhe drega gansans nebes dedhyow.

11 An abosteleth ha'n gryjyg-yon esa yn Judy a glowas fatel wrug an Jentylys ynwedh de-gemeres ger Dew. ²Pan ascendyas Peder dhe Jerusalem, an gryjygyon cyrcumcysys a'n blamyas ³ow leverel, "Prag y whrusta mos dhe dus nag o cyrcumcysys ha debry gansans?"

⁴Nena Peder a dhallathas styrya an cas yn ordyr dhedhans ha leverel, ⁵"Yth esen y'n cyta a Joppa ow pesy, ha me a godhas yn tranjyak ha gweles vesyon. Yth esa nampyth kepar ha lyen ow skynnya mes a'n nef, hag ef yselhes er y beder cornel. An dra a dhueth nes dhym. ⁶Pan esen ow meras glew orto, me a welas ynno bestas peswartrosek, bestas pray, scantegyon hag edhnow a'n ayr. ⁷Me a glowas lef kefrys a leverys dhym, 'Saf yn ban, Peder; ladh ha deber.'

⁸"Saw me a worthebys, 'Na wrama nes, Arluth, dre reson na wrug tra vyth ansans nag aflan bythqueth entra y'm ganow.'

⁹"Saw an lef a'm gorthebys an secund treveth dheworth nef, 'An pyth re wrug Dew yn glan, ny dal dhys y elwel ansans.' ¹⁰An dra ma a wharfa try treveth. Nena y fue pub tra tennys yn kergh aberth y'n nef.

¹¹"An very prys na tredden danvenys dhym dhya Cesarya a dhueth dhe'n chy mayth esen ny tregys. ¹²An Sperys a erhys dhym mos gansans ha sevel orth gul dyffrans yntredhon ny hag y. An whegh broder ynwedh a dhueth genama, ha ny a entras yn chy an den. ¹³Ef a leverys dhyn fatel welas ef el a'y saf yn y jy ow leverel, 'Danvon dhe Joppa ha droy omma Symon, henwys Peder. ¹⁴Ef a vyn ry dhys messach, may fedhys jy sylwys dredho warbarth gans oll dha veyny.'

¹⁵"Pan dhallethys cowsel, an Sperys Sans a godhas war bubonen anedhans, kepar del wrug ef skynnya warnan ny wostalleth. ¹⁶Ha me a remembras geryow an Arluth, fatel leverys dhyn, 'Gans dowr a wre Jowan besydhya, mes gans an Sperys Sans why a vydh besydhys.' ¹⁷Mar qurug Dew ry an keth ro dhedhans y a ros ef dhyn ny, pan wrussyn ny cresy y'n Arluth Jesu Cryst, pyw en vy ytho may hallen lettya Dew?"

¹⁸Pan glowsons y henna, y a vue concludys hag a braysyas Dew ha leverel, "Dew re ros dhe'n Jentylys kyn fe an edrek usy ow ledya dhe vewnans."

¹⁹Now an re na neb a vue scullys ales awos an tormentyans adro dhe Stefan, y eth bys yn Fenicia, Cyprus hag Antioch, ha ny wrussons cowsel an ger dhe dhen vyth ma's dhe'n Yedhewon only. ²⁰Mes yth esa y'ga

mesk nebes Cypriotas ha tus dheworth Cyren. Pan dhueth an re na dhe Antioch, y a gowsas orth an Yedhewon esa ow clappya Greca ynwedh ha declarya dhedhans an Arluth Jesu. ²¹Yth esa luef an Arluth gansans, hag y tueth nomber bras anedhans dhe'n grejyans ha treylya dhe'n Arluth.

²²Newodhow a'n cas a dhueth dhe dhewscovarn an eglos yn Jerusalem, hag y a dhanvonas Barnabas dhe Antioch. ²³Pan dhueth ef bys y'n tyller ha gweles gras Dew, ef a rejoycyas ha'ga ynnya yn kettep pen dhe remaynya lel dhe'n Arluth gans lendury fest dywysyk; ²⁴rag ef o marthys densa, luen a'n Sperys Sans hag a fedh. Y fue lyes onen drys dhe'n Arluth.

²⁵Nena Barnabas a vyajyas dhe Darsus rag whelas Saul, ²⁶ha pan wrug y gafus, ef a'n dros dhe Antioch. Yndella yth happyas dhedhans ostya gans an eglos dres bledhen ahes ha desky muer a dus. Yn Antioch kens oll an dhyscyplys a vue gelwys "Crystonyon."

²⁷Y'n termyn na y tueth profettys war nans dhya Jerusalem dhe Antioch. ²⁸Onen anedhans, henwys Agabus, a sevys yn ban ha profusa der an Sperys Sans dyvotter bras dhe dhos war oll an norvys. Henna a wharfa pan o Claudius raynys. ²⁹An dhyscyplys a ervyras y whre pubonen warlergh y allus danvon socour dhe'n brederth tregys yn pow Judy. ³⁰Henna y a wrug, ow tanvon an gweres gans Barnabas ha Saul.

12 Adro dhe'n termyn na Erod an mytern a settyas dewla gans nerth war ran a esyly an eglos. ²Ef a erhys may fe Jamys, broder Jowan, ledhys der an cledha. ³Pan welas ef an dra na dhe blesya an Yedhewon, ef eth yn rag ha sesya Peder ynwedh. (Henna a happyas orth gol an Bara heb Gwel). ⁴Pan wrug ef y sesya, ef a'n gorras yn pryson ha'y ry dhe beswar bagas a soudoryon dh'y wetha, hag ef purposys dh'y dhry yn mes dhe'n bobel wosa an Pask.

⁵Pan esa Peder y'n pryson, yth esa an eglos ow pesy Dew yn tywysyk ganso.

⁶An very nos na, kens es Erod dh'y dhry yn mes, yth esa Peder kelmys gans chaynys hag yn cusk ynter dew soudor y'n pryson, hag yth esa wardens ow colyas dherag an darras. ⁷Strayt el an Arluth a apperyas, hag y fue golow y'n gell. An el a weskys Peder yn scaf war y denewan rag y dhyfuna ha leverel, "Saf yn ban yn uskys." An chaynys a godhas dhewar y dhewla.

⁸An el a leverys dhodho, "Gor dha wrugys adro dhys ha'th sandalys adro dhe'th treys." Ef a wrug yndella. Nena ef a leverys dhodho, "Gwysk dha vantel adro dhys, ha gwra ow sewya vy." ⁹Peder eth yn mes ha'y sewya. Ny wodhya bos gwyr an pyth esa ow wharfos dre weres an el. Yth esa Peder ow predery ef dhe weles vesyon. ¹⁰Wosa y dhe bassya dres an wethysy gensa ha'n secund gwethysy, y a dhueth warbyn yet horn esa owth egery war an cyta. An yet a egoras

dhedhans a'y vodh y honen, hag y eth yn mes ha kerdhes dre scochfordh ahes. Yn trom an el a voydyas dheworto.

[11]Nena Peder a dhueth dhodho y honen ha predery, "Lemmyn sur of an Arluth dhe dhanvon y el ha'm delyfra dheworth Erod ha dheworth pub tra esa pobel an Yedhewon ow quetyas."

[12]Kettel wrug Peder convedhes henna, ef eth dhe jy Marya, mam Jowan henwys Mark, le mayth esa lyes onen cuntellys hag y oll ow pesy. [13]Pan gnoukyas war an darras, y tueth maghteth gelwys Rhoda dhe'n darras rag y egery. [14]Pan wrug hy aswon voys Peder, kemmys joy a's teva ma na wrug hy egery an yet, mes ponya ajy ha declarya fatel esa Peder a'y saf orth an yet.

[15]Y a leverys dhedhy, "Varyes osta!" Mes hy a ynnyas y bosa del leverys. Y a leverys, "Y el ef yw."

[16]Y'n kettermyn Peder a besyas ow knoukya. Pan wrussons y egery an yet, y a'n gwelas hag a vue amays. [17]Ef a wrug synys dhedhans may whrellens tewel, hag ef a dheclaryas yn pana vaner a wrug an Arluth y dhry mes a'n pryson. Hag ef a addyas, "Reugh acont a hemma dhe Jamys ha dhe'n gryjygyon." Nena ef a voydyas ha mos dhe gen tyller.

[18]Pan dhueth an myttyn, y fue tervans bras yn mesk an soudoryon awos an pyth a wharfa dhe Beder. [19]Erod a wrug y whelas, ha pan na'n cafas, ef a examnyas an wardens ha comondya aga bos gorrys dhe'n mernans. Nena ef a skynnyas dhya Judy bys yn Cesarya ha trega ena.

[20]Erod a sorras orth tregoryon Tyr ha Sidon. Rag henna, y oll a dhueth dhodho warbarth, ha wosa gwaynya Blastus, chamberlyn an mytern dh'aga farty, y a besys acord gans an mytern, dre reson aga fow dhe scodhya war bow an mytern rag aga sosten.

[21]An jorna appoyntys Erod a wyscas y dhyllas ryal adro dhodho, esedha war an arethva ha ry areth dhe oll an bobel. [22]Yth esa an dus pupprys ow crya, "Lef dew yw henna kens es lef den!" [23]Strayt, drefen na ros ef an glory dhe Dhew, el an Arluth a'n gweskys hag ef a vue debrys gans preves ha godhaf mernans.

[24]Saw yth esa ger Dew ow tevy hag owth encressya.

[25]Wosa collenwel aga hannaseth, Barnabas ha Saul a dhewhelas dhe Jerusalem hag y ow try gansans Jowan henwys Mark.

13 Yth esa profettys ha descajoryon yn eglos Antioch: Barnabas; Symeon henwys Niger; Lucius dhya Cyren; Manaen, esel a gort an tetrargh Erod; ha Saul. [2]Pan esens y ow cordhya an Arluth hag ow cul penys, an Sperys Sans a leverys, "Settyeugh adenewan dhym Barnabas ha Saul rag an lafur a wrug avy aga dowys dhodho." [3]Wosa gul penys ha pejadow, y a settyas aga dewla warnedhans ha'ga danvon yn kergh.

[4]Gans henna, pan vons y danvenys yn mes gans an Sperys Sans, y a skynnyas bys yn Seleucia. Alenna y a wolyas dhe Cyprus. [5]Pan dhuethons dhe Salamis, y a dheclaryas ger Dew

yn synagys an Yedhewon. Hag yth esa Jowan gansans rag aga gweres.

6Wosa y dhe dravalya dres oll an enys bys yn Pafos, y a vetyas orth pystryor, profet fals a'n Yedhewon ha Bar Jesu o y hanow ef. 7Yth esa va warbarth gans an proconsul, Sergius Paulus, den skyansek, neb a sompnas Barnabas ha Saul, rag whensys o va dhe glowes ger Dew. 8Saw an pystryor Elymas (hen yw treylyans y hanow) a sordyas war aga fyn ha whelas treylya an proconsul dheworth an fedh. 9Saw Saul (o henwys Pawl kefrys), luen a'n Sperys Sans, a veras glew orto 10ha leverel, "Te vab an pla, te escar a bub gwyryoneth, luen os a dhyssayt ha sherewynsy.

A ny venta jy cessya dhe gamma fordhow ewn an Arluth? 11Goslow orthyf lemmyn – yma luef an Arluth war dha byn, ha te a vydh dall rag pols, heb gallus gweles an howl." Whare newl ha tewolgow a dhueth warnodho, hag yth esa ow mos adro yn un dava rag cafus nebonen dh'y ledya er an luef. 12Pan welas an proconsul an pyth a wharfa, ef a gresys, rag marth a'n jeva a'n dyscans ow tuchya an Arluth.

13Nena Pawl ha'y gowetha a voras dheworth Pafos, ha dos bys yn Perga yn Pamfylia. Saw Jowan a voydyas dhewortans ha dewheles dhe Jerusalem. 14Mes y eth pella es Perga ha dos dhe Antioch in Pisidia. Jorna an sabot y entras y'n synaga hag esedha. 15Pan vue devyn redys mes a'n laha hag a'n profettys, offysers an synaga a dhanvonas messach dhedhans ow leverel, "A vreder, mars ues ger a ynnyadow genough rag an bobel, reugh e dhyn."

16Rag henna Pawl a sevys yn ban, ha wosa gul syn gans y dhorn, ef a dhallathas cowsel, "A Ysraelysy, ha why erel usy ow kemeres own a Dhew, gosloweugh orthyf. 17An Dew a'n bobel ma a wrug dowys agan hendasow hag encressya an bobel pan ens y tregys yn pow Ejyp, hag ef a dhrehevys y vregh ha'ga ledya mes alenna. 18Dewgans bledhen ef a's suffras y'n gwylfos. 19Warlergh ef dhe dhyswul seyth nacyon yn pow Canan, ef a ros aga fow dh'agan hendasow dhe vos yn ertons dhedhans 20neb peswar cans bledhen.

"Wosa henna ef a ros jujjys dhedhans bys yn termyn Samuel an profet. 21Nena y a wovynnas mytern orto, hag ef a ros dhedhans Saul mab Kish, den a'n tryb a Venjamin. Saul a vue mytern warnedhans dewgans bledhen. 22Wosa Dew dh'y remuvya, ef a wrug mytern a Dhavyth mab Jesse. Yn y dhustuny adro dhodho, ef a leverys, 'Me re gafas Davyth mab Jesse dhe vos den warlergh ow holon vy, hag ef a wra collenwel bodh ow brys.'

23"Saw a lynyeth an den ma Dew re dhros dhe Ysrael Savyour, Jesu – poran kepar del wrug ef dedhewy. 24Kens ef dhe dhos, Jowan solabrys a dheclaryas an besydhyans a edrek dhe oll pobel Ysrael. 25Pan esa Jowan ow collenwel y lafur, ef a leverys, 'Pyw esough why ow supposya ow bos avy? Nyns oma an den na. Na, saw yma nebonen ow tos war ow lergh, nag oma wordhy dhe lowsya cronow an sandalys adro dh'y dreys.'

26"A vreder, why yssew a deylu Abram, ha why erel usy ow perthy own a Dhew, dhyn ny re bue danvenys an messach a'n salvacyon ma. 27Dre reson na wrug tregoryon Jerusalem na'y rewloryon y aswon, naneyl convedhes geryow an profet hag a vydh redys pub sabot, y a gollenwys an keth geryow na ha'y dhampnya. 28Kyn na yllyns y cafus cheson vyth oll ynno a vrues ancow, bytegens y a besys Pylat dh'y ladha. 29Wosa gul pub tra re bya screfys adro dhodho, y a'n kemeres dhe'n dor dhewar an growspren ha'y settya a'y wroweth yn bedh men. 30Saw Dew a'n drehevys yn ban dheworth an re marow. 31Dres lyes jorna yth esa va owth apperya dhe'n re na a dhueth yn ban ganso dhya Alyla dhe Jerusalem, ha lemmyn y yw y dhustunyow dherag an bobel.

32"Yth eson ny ow try dheugh newodhow da: an pyth a wrug Dew promysya dh'agan hendasow, 33ef re gollenwys ragon ny, aga flehes, ow trehevel Jesu yn ban, kepar del yw screfys y'n secund salm,

"'Te yw ow Mab; hedhyw me re wrug dha dhenethy.'

34Ow tuchya y dhasserghyans dheworth an re marow heb dewheles nefra dhe bodrethes, ef re gowsas yndelma,

"'Me a vyn ry dhys an promysyow sans a vue rys dhe Dhavyth.'

35Rag henna ef a leverys yn salm aral,

"'Ny venta gasa dhe'th Den Sans godhevel podrethes.'

36"Rag wosa ef dhe servya towlow Dew yn y henath y honen, Davyth a verwys hag a vue encledhys ryb y hendasow ha godhevel podrethes. 37Mes henna hag a vue drehevys yn ban, ny welas ef podrethes vyth.

38Godhvedheugh ytho, a vreder, bos gyvyans pehosow progowthys dheugh der an den ma. 39Dre hemma pubonen ahanough a gressa ynno a vydh delyfrys dheworth kenyver pegh na alsa bos gyvys dre vayn laha Moyses. 40Kemereugh wyth rag henna, na wrella wharfos dheugh why an pyth a vue cowsys der an profettys:

41"'Mereugh, why gesyoryon!
Kemereugh marth ha keugh dhe goll,
rag yth esof vy ow cul ober y'gas dedhyow why,
ober na vennough why cresy, kyn whrella nebonen y dheclarya dheugh.'"

42Pan esa Pawl ha Barnabas ow mos yn mes, an bobel a's ynnyas dhe gowsel arta ow tuchya an taclow ma an sabot nessa. 43Pan wrug tus an synaga dyberth, lyes onen a'n Yedhewon hag a'n proselytys dywysyk a sewyas Pawl ha Barnabas ha'ga ynnya dhe besya yn gras Dew.

44An nessa sabot oll an cyta bo ogatty a omguntellas rag clowes ger Dew. 45Saw pan welas an Yedhewon an ruth vras, lenwys vons a envy – hag y a gontradyas lavarow Pawl gans blasfemys.

⁴⁶Nena kefrys Pawl ha Barnabas a gowsas yn hardh ha leverel, "Ger Dew a resa bos cowsys orthough why kens oll. Aban esough why orth y sconya hag ow jujjya nag ough agas honen wordhy a'n bewnans heb deweth, yth eson ny ow treylya lemmyn dhe'n Jentylys. ⁴⁷Rag yndelma an Arluth a'gan comondyas, ow leverel,

"'Me re'th settyas jy avel golow
    dhe'n Jentylys,
may halles dry salvacyon bys yn
    pennow pella an bys.'"

⁴⁸Pan wrug an Jentylys clowes henna, y a rejoycyas ha praysya ger an Arluth; hag y cresys kemmys anedhans hag o destnys dhe'n bewnans heb deweth.

⁴⁹Yndelma ger an Arluth a lesas der oll an costys na. ⁵⁰Saw an Yedhewon a gentrynnas an benenes wordhy ha dywysyk y'n cyta ha'n dus a'n roweth brassa, ha gul noys warbyn Pawl ha Barnabas, ha'ga gorra mes a'n pow na. ⁵¹Rag henna, y a shakyas an dowst dhewar aga threys yn croffal warnedhans ha mos dhe Iconium. ⁵²Ha lenwys vue an dyscyplys a lowender hag a'n Sperys Sans.

14 An keth tra a wharfa yn Iconium, le mayth entras Pawl ha Barnabas yn synaga an Yedhewon, ha cowsel mar dha may whrug nomber bras a Yedhewon ha Grecas kefrys receva an fedh. ²Saw an Yedhewon na wrug cresy, a sordyas an Jentylys ha posnya aga brys warbyn an vreder. ³Y a dregas pols da ena ow cowsel yn hardh abarth an Arluth, hag ef a dhestas dhe'n ger a'y ras, rag ef a wrug grontya dhe vos gwres dredhans synys ha merclys. ⁴Saw rynnys vue tregoryon an cyta; ran anedhans a scodhyas an Yedhewon, ha ran an abosteleth. ⁵Pan assayas an Jentylys ha'n Yedhewon warbarth gans aga rewloryon dhe dhrog-handla an abosteleth ha'ga labedha, ⁶an abosteleth a glowas adro dhe'n cas, ha dyank dhe Lystra ha dhe Dherbe, cytas yn Lycaonia, ha dhe'n pow ader dro. ⁷Ena y a besyas ow progeth an newodhow da.

⁸Yn Lystra yth esa den a'y eseth na ylly usya y dreys ha na wrug bythqueth kerdhes, rag y fue va genys mans. ⁹Yth esa va ow coslowes orth Pawl ow cowsel. Ha Pawl a veras glew orto hag aswon bos y grejyans luck rag y sawya. ¹⁰Rag henna Pawl a leverys dhodho uhel y lef, "Saf yn ban yn serth war dha dreys." An den a lammas yn ban ha dalleth kerdhes.

¹¹Pan welas an bobel an pyth re bya gwres gans Pawl, crya a wrussons yn yeth an Lycaonianas, "An dhewow re skynnyas dhyn yn semlant a vebyon tus!" ¹²Y a elwys Barnabas Jubyter ha Pawl Merher, drefen ef dhe vos an chyf arethyor. ¹³Pronter Jubyter, esa y dempla pols byan aves dhe'n yettys, a dhros dhe'n yettys ohen ha garlons. Ef ha'n bobel o whensys dhe offrynna sacryfys.

¹⁴Pan glowas an abosteleth, Pawl ha Barnabas, an dra ma, y a squardyas aga dyllas ha stevya yn mes yn mesk an ruth ow carma, ¹⁵"Cothmens,

prag yth esough why ow cul hemma? A gynda mab den on ny, poran kepar ha whywhy. Yth eson ny ow try dheugh newodhow da: y tal dheugh treylya dheworth an taclow ma heb bry tro ha'n Dew a vewnans, a wrug an norvys ha'n mor ha pub tra ues ynnans. [16]Yn pub henath yw passys ef a alowas oll an nacyons dhe sewya aga fordhow aga honen. [17]Bytegens ef ny asas y honen heb dustuny a'y oberow da, rag yma va ow tanvon dheugh glaw dhya nef ha sesons kevothak gans frutys, hag ef a'gas lenow a sosten ha'gas colonnow a lowender." [18]Scantlowr ny vue lowr an geryow ma dh'aga lettya a offrynna dhedhans sacryfys.

[19]Saw y tueth Yedhewon dhya Iconium ha dynya an bobel. Nena y a labedhas Pawl ha'y denna mes a'n cyta, ow predery ef dhe vos marow. [20]Saw pan dhueth an dyscyplys ha sevel oll adro dhodho, ef a sevys yn ban hag entra y'n cyta. Ternos Pawl eth yn rag bys yn Derbe ha Barnabas ganso.

[21]Wosa y dhe dheclarya an newodhow da dhe'n cyta ha gul lyes dyscypyl, y a dhewhelas dhe Lystra, ha wosa henna dhe Iconium ha dhe Antioch. [22]Y'n tyller na y a gonfortyas enef an dyscyplys ha'ga hennertha dhe besya y'n fedh, ow leverel, "Dre lyes torment y res dhyn entra yn gwlascor Dew." [23]Wosa y dhe appoyntya tus hen ragthans yn kenyver eglos gans pejadow ha penys, y a's comendyas dhe'n Arluth esens ow cresy ynno. [24]Nena y a bassyas dre Bisidia ha dos dhe Bamfylia. [25]Pan

wrussons y cowsel an ger yn Perga, y a skynnyas bys yn Attalia.

[26]Alenna golya a wrussons arta dhe Antioch, le may fyens comendys dhe ras Dew, awos an lafur a wrussons y collenwel. [27]Pan dhuethons y dhe'n cyta, y a sompnas warbarth an eglos ha declarya kemmys a wrug Dew dredhans, ha fatel wrug ef egery an darras a fedh dhe'n Jentylys. [28]Y a dregas ena pols da gans an dyscyplys.

15 Nena certan re a skynnyas dhya Judy ha desky an bredereth yndelma, "Marnas why a vo cyrcumcysys warlergh gys Moyses, ny yllough why bos sylwys." [2]Wosa Pawl ha Barnabas dhe dhysputya yn freth gansans, y fue dowysys Pawl ha Barnabas ha tus erel dhe dravalya yn ban dhe Jerusalem, may hallens omgusulya adro dhe'n mater gans an abosteleth ha'n dus hen. [3]Whare y fons danvenys gans an eglos war aga fordh, ha pan esens ow mos dre Fenicia ha Samaria, y a dheryvas treylyans an Jentylys ha lowenhe oll an re na esa ow cresy. [4]Pan wrussons dos dhe Jerusalem, y fons wolcummys gans an eglos, an abosteleth ha'n dus hen. Hag y a dheclaryas kenyver tra a wrug Dew dredhans.

[5]Mes ran a'n gryjygyon, esa ow longya dhe barty an Farysys, a sevys yn ban ha leverel, "Res yw dhedhans bos cyrcumcysys ha comondys dhe wetha laha Moyses."

[6]An abosteleth ha'n dus hen a omguntellas rag consydra an cas. [7]Wosa muer a dhysputyans, Peder a sevys yn ban ha leverel dhedhans, "A vreder,

why a wor y'n dedhyow avar, fatel
wrug Dew ow dowys vy mes a'gas
nomber, dhe vones henna dredho
may whrella an Jentylys clowes mes-
sach an newodhow da ha cresy. ⁸Ha
Dew, ues colon mab den aswonys
dhodho, a dhysquedhas y vos pys da
gansans, pan ros ef an Sperys Sans
dhedhans, poran kepar del wrug ef y
ry dhyn ny. ⁹Pan wrug Dew glanhe
aga holon dre fedh, ny wrug ef dy-
berthva vyth yntredhans ha ny.
¹⁰Prag yth esough why ytho y'n tor'
ma ow prevy Dew, hag ow settya war
gonna an dyscyplys yew na alsa agan
hendasow unweyth hy ferthy, ha na
alsen nyny hy ferthy na hen? ¹¹Y'n
contrary part, ny a grys y fedhyn ny
sylwys dre ras an Arluth Jesu, kepar
del vydh an re ma ynwedh."

¹²Tewel a wrug oll an guntellva, ha
goslowes orth Barnabas ha Pawl hag
y ow teclarya dhedhans pub syn ha
marthus a wrug Dew dredhans yn
mesk an Jentylys. ¹³Wosa y dhe fynsya
aga lavarow, Jamys a worthebys, "A
vreder, goslowough dhymmo vy lem-
myn. ¹⁴Symeon re dheclaryas fatel
veras Dew kensa gans favour orth an
Jentylys, rag kemeres mes anedhans
pobel rag y hanow ef. ¹⁵Yma hemma
owth acordya gans geryow an profet-
tys, kepar del yw screfys,

¹⁶"'Wosa an taclow ma, me a vyn
    dewheles
  ha dastrehevel anneth Davyth yw
    codhys dhe'n dor.
  Y fannaf mes a'y magoryow
  hy byldya arta ha'y dastrehevel,
  ¹⁷may halla pub pobel aral whelas
    an Arluth,

ea, an Jentylys may fue ow hanow
    gelwys a-ugh aga fen.
¹⁸Yndelma y laver an Arluth, hag
  yma va ow teclarya an taclow
  ma dhya dermyn an dedhyow
  coth.'

¹⁹"Rag henna ow thowl yw sevel
orth trobla an Jentylys na usy ow
treylya dhe Dhew. ²⁰Ny res dhyn
ma's screfa ha comendya dhedhans
omwetha rag an re ma: taclow mostys
gans ydolys, harlotry, pypynag oll a
vo lyndegys ha gos. ²¹Y'n pub cyta
dres pub henath nans yw termyn pell,
Moyses a'n jeves an re na re bya orth
y brogeth, dre reson ef dhe vos redys
a lef uhel pub sabot oll y'n synagys."

²²Nena an abosteleth ha'n dus hen,
gans acord oll an eglos, a ervyras
dowys tus mes a'ga esyly, ha'ga dan-
von dhe Antioch gans Pawl ha
Barnabas. Y a dhanvonas Judas hen-
wys Barsabas ha Silas, ledyoryon yn
mesk an bredereth, ²³hag y a dhros
an lyther ma gansans,

An bredereth, kefrys abosteleth ha
tus hen, dhe'n gryjygyon a gynda
an Jentylys yn Antioch, Syria ha
Cilicia: lowena dheugh why oll!

²⁴Aban wrussyn ny clowes certan
re, neb eth mes alemma (kynth o
heb agan cumyas ny) dhe leverel
dheugh taclow re wrug agas trobla
ha dysesya agas brys, ²⁵ny oll kes-
colon re ervyras dowys cannasow
ha'ga danvon dheugh warbarth
gans Pawl ha Barnabas, cufyon
colon. ²⁶Y aga dew re beryllyas aga

bewnans rag kerensa agan Arluth Jesu Cryst. [27]Rag henna, ny re dhanvonas Judas ha Silas, hag y a vyn leverel an keth taclow war anow dheugh. [28]Yth hevel da dhe'n Sperys Sans ha dhyn ny, sevel orth agas beghya moy es del yw res. [29]Why a dal ytho omwetha rag tra vyth a vo offrynnys dhe ydolys, rag gos ha kenyver tra lyndegys ha rag harlotry. Mar qureugh why un-weyth sconya oll an re ma, why a vyn gul yn ta.

Farwel dheugh!

[30]Gans henna y a vue danvenys war aga fordh ha skynnya dhe Antioch. Pan wrussons y gelwel warbarth an guntellva, y a dhelyfras an lyther y'ga dewla. [31]Pan wrussons y redya ken-yver tra esa y'n lyther, y a rejoycyas orth an ynnyadow. [32]Judas ha Silas a leverys lowr rag confortya ha crefhe an gryjygyon, rag profettys ens aga dew. [33]Wosa y dhe vos ena pols da, y a vue danvenys gans an vreder yn cres arta dhe'n re na a wrug aga gorra dy. [34]Mes yth hevelly da dhe Silas gortos ena. [35]Pawl ha Barnabas a dregas yn Antioch, hag ena, warbarth gans lyes onen aral, yth esens ow tesky hag ow progeth ger an Arluth.

[36]Wosa nebes dedhyow Pawl a leverys dhe Varnabas, "Duen, ges-eugh ny dhe dhewheles ha vysytya an gryjygyon yn pub cyta, may whrussyn ny declarya ger an Arluth kens, may hallen gweles yn pan vaner usons y ow fara." [37]Da vya gans Barnabas dry gansans Jowan henwys Mark. [38]Saw

Pawl a ervyras heb dry gansans henna a wrug aga forsakya yn Pamfylia ha na wrug kesobery gansans y'ga lafur. [38]Y fue an stryf mar sherp, may whrussons y dyberth an eyl dheworth y gela. Barnabas a dhros Mark ganso ha golya yn kergh dhe Cyprus. [40]Saw Pawl a dhowysas Silas, ha wosa an gryjygyon dh'aga homendya dhe ras Dew, y a dhallathas war aga fordh. [41]Ef eth dre Syria ha Cilicia ow con-fortya an eglosyow.

16 Pawl eth pella ha dos dhe Dherbe ha dhe Lystra, le mayth esa dyscypyl henwys Timothy. Mab Yedhowes cryjyk o Timothy, saw Greca o y das. [2]Gerys da o Tim-othy gans an gryjygyon yn Lystra hag yn Iconium. [3]Aban o da gans Pawl Timothy dhe vyajya ganso, ef a'n kemeras ha gul dhodho bos cyrcum-cysys, awos an Yedhewon esa y'n costys na, rag y oll a wodhya fatel o Greca y das. [4]Hag y ow mos dhya dre dhe dre, y a dhelyfras dhedhans pub brusyans re bya determys gans an abosteleth ha'n dus hen yn Jerusalem, may hallens y gul war aga lergh. [5]Yn-delma y fue an eglosyow confortys y'n fedh, ha'n nomber an gryjygyon ynnans a encressyas kenyver jorna.

[6]Y eth der an powyow a Fryjia ha Galacia, wosa an Sperys Sans dh'aga dyfen na wrellens progeth an ger yn Asia. [7]Pan dhuethons adal Mysia, y a assayas entra yn Bithynia, mes ny ros Sperys Jesu dhedhans cumyas. [8]Rag henna y a bassyas ryb Mysia ha skynnya bys yn Troas. [9]Pawl a welas vesyon y'n nos: yth esa Macedonian

a'y saf yn nes hag ef ow pledya ganso ow leverel, "Dues dres an mor omma bys yn Macedonia rag gweres dhyn." [10]Wosa ef dhe weles an vesyon, ny a whelas strayt tremena bys yn Macedonia, rag ny o sur fatel wrug Dew agan gelwel dhe brogeth an newodhow da dhedhans.

[11]Ny a voras dhya Droas ha golya yn strayt dhe Samothras, ternos dhe Neapolis, [12]hag alenna dhe Filippi, tyller yw chyf cyta a bow Macedonia ha gwlasva Roman. Ny a dregas y'n cyta ma nebes dedhyow.

[13]Jorna an sabot ny eth aves dhe'n yet ryb an ryver, rag yth esen ow supposya bos plas pejadow y'n tyller na. Ny a esedhas ha cowsel orth an benenes o cuntellys. [14]Yth esa benen henwys Lydia, gordhyores Dew, ow coslowes orthyn. Yth o hy devedhys dhya cyta Thyatira, ha gwycores pannow purpur o hy. An Arluth a egoras hy holon dhe woslowes gans mal orth geryow Pawl. [15]Wosa hy ha'y meyny dhe vos besydhys, hy a'gan ynnyas ow leverel, "Mars esough ow jujjya y bosama lel dhe'n Arluth, deugh ha tregeugh y'm chy." Ha hy a brevaylyas warnan.

[16]Un jorna, ha ny ow kerdhes dhe dyller an pejadow, ny a vetyas orth kethes hag a's teva sperys a dhewynyeth. Yth esa hy ow tendyl muer a vona rag hy ferhenogyon dre hy dewynyans. [17]Hy a sewya Pawl warbarth genen ny ow carma yn uhel, "Kethyon an Dew Uhella yw an re ma, hag ymons y ow progeth dheugh fordh a salvacyon." [18]Hy a besyas yndelma lyes jorna. Saw Pawl, serrys

bras, a dreylyas ha leverel dhe'n sperys, "Me a'th comond yn hanow Jesu Cryst dhe dhos mes anedhy." Ha'n sperys a dhueth yn mes an very prys na.

[19]Pan welas hy ferhenogyon bos kellys aga govenek a waynya mona, y a settyas dalhen yn Pawl ha Silas ha'ga thenna bys y'n varhasva dherag an rewloryon. [20]Wosa aga dry dherag an justysyow, y a leverys, "Yma an dus ma ow trobla agan cyta. Yedhewon yns [21]hag ymons y ow comendya gysyow nag yw lafyl dhyn ny, Romanas, naneyl dhe dhegemeres na dhe bractysya."

[22]An ruth a's gweresas owth assaultya an abosteleth. An justysyow a gomondyas aga dystryppya ha'ga scorjya gans gwelyny. [23]Wosa aga stewanny yn tyn, y a's towlas aberth yn pryson hag erhy dhe'n jayler aga sensy yn dan naw alwheth. [24]Ef a obayas dhe'n gorhemmyn ma, aga gorra y'n gell awoles ha fastya aga threys y'n carharow.

[25]Ogas dhe hanternos, yth esa Pawl ha Silas ow pesy hag ow cana hympnys dhe Dhew, ha'n prysners ow coslowes ortans. [26]Dewhans y fue dorgys mar gref may whrug crenna grond an pryson. Y fue egerys whare pub darras ha dygelmys chaynys kenyver prysner. [27]Pan dhyfunas an jayler ha gweles darrasow an pryson opyn ales, ef a dennas y gledha hag a vensa ladha y honen, rag ef a gresys an prysners dhe vos dyenkys. [28]Saw Pawl a gryas a voys uhel, "Na wra pystyga dha honen, rag yth eson ny omma yn kettep pen!"

²⁹Wosa sompna lanterns, an jayler a entras yn uskys. Ef a godhas ow crenna orth treys Pawl ha Silas. ³⁰Nena ef a's dros yn mes ha leverel, "Syrys, pandr' a res dhym gul rag bos sylwys?"

³¹Y a leverys, "Gwra cresy y'n Arluth Jesu ha te ha'th veyny a vydh sawys." ³²Y a leverys ger an Arluth dhodho ha dhe oll y veyny. ³³An keth prys a'n nos ef a's kemeras ha golhy aga golyow. Ef ha'y veyny oll a vue besydhys whare. ³⁴Ef a's dros yn ban, ha settya sosten dheragthans. Ef ha'y veyny oll a rejoycyas ef dhe gresy yn Dew.

³⁵Pan dhueth an myttyn, an justysyow a dhanvonas an greswesyon ha leverel, "Delyfreugh an re ma dhe wary." ³⁶Ha'n jayler a dheryvas an newodhow dhe Bawl ha leverel, "An justysyow re dhanvonas ger dhym why dhe vos fryes ha mos war agas fordh yn cres."

³⁷Saw Pawl a worthebys, "Y re'gan scorjyas dherag an dus heb agan brusy, kynth on ny cytysans Roman, ha'gan towlel aberth yn pryson. Yns y ervyrys y'n tor' ma agan delyfra dhe wary yn dan gel? Dew dyfen! Duens y omma ha'gan dry yn mes aga honen."

³⁸An greswesyon a dheclaryas an geryow ma dhe'n justysyow, ha pan glowsons y dhe vos cytysans Romans, own a's teva. ³⁹Rag henna y a dhueth dhedhans ha dyharas. Nena y a's dros yn mes ha'ga fesy dhe asa an cyta. ⁴⁰Wosa gasa an pryson, y eth dhe jy Lydia. Y a welas an vreder ha'n whereth ena ha'ga honfortya. Nena y a dhybarthas.

17 Wosa passya dre Amfipolis hag Apollonia, y tueth Pawl ha Silas dhe Thessalonica, le mayth esa synaga a'n Yedhewon. ²Ha Pawl a entras, kepar del o y usadow, ha try jorna sabot wosa y gela, ef a dhysputyas gansans mes a'n scrypturs, ³ow styrya hag ow prevy fatel o res dhe'n Cryst godhaf ha sevel arta dheworth an re marow. Ha Pawl a levery, "Hem yw an Cryst, Jesu esof vy orth y brogeth dheugh." ⁴Y fue ran anedhans perswadys, hag y a omjunnyas dhe Bawl ha Silas, kepar del wrug lyes onen a'n Grecas dywysyk, ha number bras a'n benenes a vry.

⁵Saw an Yedhewon a borthas envy, ha gans gweres tus vylen y'n varhasva, y a formyas ruth wyls ha sordya tervans y'n cyta. Pan esens ow whelas Pawl ha Silas rag aga dry yn mes dhe'n bobel, y a assaultyas chy Jason. ⁶Dre reson na yllyns aga hafus ena, y a dennas Jason ha ran a'n gryjygyon dherag consel an cyta ow carma, "An dus ma re bue ow settya an norvys awartha awoles, ha lemmyn re dhuethons omma kefrys, ⁷ha Jason re's wolcummas aberth yn y jy. Ymons y ow fara warbyn ordnansow an emprour, hag ow leverel bos mytern ken es Cesar, hen yw Jesu." ⁸Troblys vue an bobel hag offysers an cyta pan glowsons hemma, ⁹ha wosa y dhe gemeres gajys dheworth Jason ha'n re erel, y a's relesyas.

¹⁰An very nos na an gryjygyon a dhanvonas Pawl ha Silas yn kergh bys yn Berea, ha pan dhuethons dhe'n dre, y a entras yn synaga an Yedhewon.

11Moy nobyl y'ga brys o an Yedh-
ewon ma es an re na yn Thessalonica,
rag y a wolcummas an messach yn
lowen ha whythra an scripturs pub
jorna, may hallens gweles o an cas
gwyr bo nag o va.

12Rag henna lyes onen anedhans a
gresys, ha benenes ha tus Greca muer
aga bry warbarth gansans. 13Saw pan
glowas Yedhewon Thessalonica ger
Dew dhe vos progowthys gans Pawl
yn Berea magata, y a dhueth yn ban
dy rag sordya hag ynnya an bobel.
14Heb let vyth an gryjygyon a dhan-
vonas Pawl dhe'n cost, mes Silas ha
Timothy a dregas ena war y lergh.
15An re na neb o gedyoryon Pawl a'n
dros bys yn Athenas, ha wosa cafus
comondment dheworto, may whrell-
ens gul dhe Silas ha Timothy om-
junnya ganso kettel ylly bos, y a's
gasas.

16Pan esa Pawl orth aga gortos yn
Athenas, ef a vue grevys bras ow
queles bos an cyta luen a ymajys.
17Rag henna, ef a argyas y'n synaga
gans an Yedhewon ha gans an dus
dywysyk, hag y'n varhasva kenyver
jorna gans an re na a vedha ena dre
jons. 18Certan fylosofers Epicurean
ha Stoyk a dhysputyas ganso ynwedh.
Ran a levery, "Pandr' usy an tavasek
ma ow styrya?" Ran erel a levery,
"Yth hevel bos progowther a dhewow
stranj." (Hen o drefen ef dhe dheclar-
ya an newodhow da adro dhe Jesu
ha'y dhasserghyans). 19Rag henna y
a'n kemeras, ha'y dhry dhe'n Areo-
pagus ha govyn orto, "A yllyn ny
godhvos pyth yw an dyscans noweth
ma esta ow teclarya?" 20Yth eses ow

try taclow marthys dh'agan dew-
scovarn, ha da vya genen godhvos
pandr' usons ow styrya." 21Ny wre oll
an Athenianas ha'n alyons tregys y'n
cyta tra vyth ma's spena aga thermyn
ow ry acont a nampyth noweth bo ow
coslowes orto.

22Pawl a sevys dherag an Areopagus
ha leverel, "Athenianas, me a wel why
dhe vos pur dhywysyk ow tuchya pub
tra usy ow longya dhe'n dhewow,
23rag pan esen vy ow mos der an cyta,
hag ow meras glew orth an taclow yw
gordhys genough, me a welas y'ga
mesk alter ha screfys warnedhy, DHE
DHEW ANCOTH. Rag henna an pyth
esough why orth y wordhya heb y
aswon, yth esof vy lemmyn ow
teclarya dheugh why.

24"An Dew neb a formyas an bys ha
kenyver tra ynno, ef yw Arluth an nef
ha'n dor, mes nyns ywa tregys yn
scrynyon gwres gans dewla mab den,
25naneyl ny wra dewla mab den y
servya, kepar ha pan ve othem dho-
dho a dra vyth, rag yma va y honen
ow ry bewnans dhe bubonen hag anal
dhe genyver tra. 26Ef a formyas pub
nacyon a'n un hendas, may hallens
bewa war fas oll an norvys. Ef a
rannas dhedhans termynyow aga
bewnans hag oryon an powyow a
vedhens y tregys ynnans, 27may
whrellens whelas Dew, ha martesen
palvala tro hag ef ha'y gafus – kyn
nag usy va yn gwyr pell dheworth den
vyth ahanan. 28Rag 'ynno ef yth eson
ny ow trega, ow muvya hag ow cafus
agan bewnans' – del leverys ran a'gas
prydydhyon why, 'Rag ny ynwedh yw
y yssew ef.'

²⁹"Aban on ny yssew Dew, ny dal dhyn predery bos an dewsys kepar hag owr nag arhans na men – ymach shapys dre greft hag ynjyn mab den. ³⁰An osow may fue mebyon tus yn anwodhvos – Dew re ascusyas oll an re na. Saw lemmyn, yma va ow comondya an dus yn pub tyller oll dhe godha yn edrek, ³¹rag ef re settyas jorna may whre va brusy an bys yn ewnder dre vayn den re bue appoyntys ganso – ha dhe bubonen ef a ros dustuny a hemma, pan wrug ef y dhrehevel dheworth an re marow."

³²Pan wrussons y clowes a dhasserghyans an re marow, nebes anedhans a wrug ges anodho, saw re erel a leverys, "Ny a vyn clowes moy dheworthys adro dhe'n mater ma." ³³Nena Pawl a's gasas. ³⁴Mes ran anedhans a omjunnyas ganso ha cresy. Ynter an re na y fue Dionysius Areopagyas, ha benen henwys Damaris, ha ken re gansans.

18 Wosa henna, Pawl a asas Athenas ha mos dhe Gorinth. ²Ena ef a gafas Yedhow henwys Aquila hag a vue genys yn Pontus. Ef o devedhys agensow dy dheworth Ytaly gans y wreg Priscilla, awos Claudius dhe ordna may whrella oll an Yedhewon gasa Rom. Pawl eth dh'aga gweles, ³ha dre reson y dhe vos a'n un greft, ef a dregas gansans, hag y a lafuryas an eyl ryb y gela – gwryoryon tyldys ens y. ⁴Pub jorna sabot y whre Pawl dysputya y'n synaga, ha whelas gul dhe'n Yedhewon cresy ha dhe'n Jentylys kekefrys.

⁵Pan dhueth Silas ha Timothy dhya Vacedonia, yth o Pawl bysy ow teclarya an ger hag ow testa dhe'n Yedhewon bos Jesu an Cryst. ⁶Pan wrussons y sevel war y byn ha'y dhyspresya, ef a shakyas an dowst yn croffal mes a'y dhyllas ha leverel dhedhans, "Re bo agas gos war agas pen agas honen! Gwyryon oma. Alemma rag me a vyn mos dhe'n Jentylys."

⁷Nena ef a asas an synaga, ha mos dhe jy den henwys Tytus Justus, gordhyer a Dhew. Ryb an synaga yth esa y jy. ⁸Crispus, offyser an synaga, eth ha bos cryjyk, warbarth gans oll y veyny. Ha lyes onen a'n Corinthianas a glowas Pawl hag y eth ha bos cryjygyon, hag y fons besydhys.

⁹An Arluth a gowsas dhe Bawl orth golow nos yn vesyon ow leverel, "Na borth own, mes cows ha na wra tewel, ¹⁰dre reson me dhe vos genes, ha ny wra den vyth naneyl settya luef warnas na dha shyndya, rag yma lyes onen y'n cyta ma, ha'm pobel yns y." ¹¹Ef a dregas y'n tyller na dres bledhen ha hanter, ow tesky ger Dew y'ga mesk.

¹²Pan o Gallio proconsul yn Achaia, oll an Yedhewon a sordyas kescolon warbyn Pawl, ha'y dhry dherag an gort. ¹³Y a leverys, "Yma hemma owth exortya tus dhe wordhya Dew war fordhow nag yw warlergh an laha."

¹⁴Yth esa Pawl parys dhe gowsel, saw Gallio a leverys dhe'n Yedhewon, "A pe hemma mater a drespas pos bo a vylyny bras, me a'm bya caus dhe dhegemeres agas plenta why, a Yedhewon. ¹⁵Mes aban nag yw ma's

203

cheson a gwestyonow ow tuchya geryow ha henwyn ha'gas laha why, assoylyeugh an mater yntredhough agas honen. Ny vannaf vy bos juj a'n maters ma." [16]Hag ef a's danvonas yn kergh mes a'n gort. [17]Nena oll an Grecas a sesyas Sosthenes, offyser an synaga, ha'y gronkya dherag an gort. Mes ny wrug Gallio bry a dra vyth a'n taclow ma.

[18]Wosa trega pols da y'n tyller na, Pawl a asas farwel gans an gryjygyon ha golya dhe Syria, hag Aquila ha Priscilla eth ganso. Yn Cenchreas ef a ordnas y vlew dhe vos trehys, rag yn dan ambos yth esa. [19]Pan dhuethons bys yn Efesus, ef a's gasas ena, saw kens es henna ef entras y'n synaga ha dysputya gans an Yedhewon. [20]Y a'n pesys dhe drega pella, saw ef ny venna. [21]Pan wrug ef dyberth dhewortans, ef a leverys, "Me a vyn dewheles dheugh, mar myn Dew." Nena ef a voras dhya Efesus. [22]Wosa tyra yn Cesarya, Pawl eth yn ban dhe Jerusalem, ha dynerhy an eglos ena ha skynnya wosa henna dhe Antioch.

[23]Ef a spenas pols y'n tyller na, ha wosa henna ef a dhybarthas, ha mos dhya dyller dhe dyller der oll pow Galacia ha Fryjia ow crefhe an dyscyplys.

[24]Y tueth dhe Efesus Yedhow henwys Apollos, hag a vue genys yn Alexandria. Den helavar o va ha skentyl adro dhe'n scrypturs. [25]Ef re bya deskys yn Fordh an Arluth, hag a gowsy yn fen hag yn ewn, hag yth esa va ow tesky yn compes an taclow ow tuchya Jesu, kyn na wodhya ma's an besydhyans a Jowan. [26]Ef a dhallathas

cowsel yn hardh y'n synaga, saw pan y'n clowas Priscilla hag Aquila, y a'n kemeras adenewan ha clerhe yn compossa Fordh Dew dhodho.

[27]Pan o Apollos whensys dhe dremena bys yn Achaia, an gryjygyon a'n ynnyas ha screfa dhe'n dyscyplys y'n tyller na, may whrellens y wolcumma. Pan dhueth ef dy, ef a weresas yn fras an re na o devedhys dhe'n grejyans dre ras Dew, [28]rag ef yn fen a goncludyas an Yedhewon dherag an dus, ha dysquedhes der an scrypturs Jesu dhe vos an Cryst.

19

Pan esa Apollos yn Corinth, Pawl a dremenas der oll an randyryow yn perveth Asia, ha dos dhe Efesus, may cafas certan dyscyplys. [2]Ef a leverys dhedhans, "A wrussough why receva an Sperys Sans pan dhuethough why dhe'n fedh?"

Y a'n gorthebys, "Na wrussyn, ny wrussyn ny clowes adro dhe'n Sperys Sans kyn fe."

[3]Nena ef a leverys, "Yn pana dra a veugh why besydhys?"

Y a worthebys, "Besydhyans Jowan."

[4]Pawl a leverys, "Jowan a wre besydhya gans besydhyans edrek, hag ef a erhy dhe'n bobel cresy y'n den a dheffa war y lergh, hen yw Jesu." [5]Pan wrussons y clowes henna, y fons y besydhys yn hanow an Arluth Jesu. [6]Wosa Pawl dhe settya warnedhans y dhewla, an Sperys Sans a dhueth warnedhans, hag y a gowsas yn tavosow ha profusa – [7]yth esa neb dewdhek anedhans y'n tyller na.

[8]Pawl a entras y'n synaga, ha dres nebes mysyow yth esa ow cowsel yn

hardh hag owth argya yn perswadus adro dhe wlascor Dew. ⁹Pan dhenahas ran anedhans an fedh yn stordy, ha cowsel drog a'n Fordh dherag an guntellva, ef a's forsakyas ha kemeres ganso an dyscyplys, ha dysputya pub jorna yn arethlys Tyrannus dhya unnek uer myttyn dhe beder uer dohajedh. ¹⁰An practys ma ef a sewyas dew vledhen, may whrug oll tregoryon Asia, kefrys Yedhewon ha Grecas, clowes ger an Arluth.

¹¹Dew a berformyas synys barthusek dre Bawl: ¹²pan vedha coverchyvys bo apronyow ha re duchyas y grohen, pan vedhens y drys dhe'n dus claf, aga clevejow a wre mos quyt dhewortans, hag yth esa an debel-sperysyon ow tos mes anedhans.

¹³Yth esa dyhudoryon Ebbrow ow mos ader dro, hag y a whela bansya tebel-sperysyon yn hanow an Arluth, ow leverel a-ugh an sagh dyawl, "Me a'gas conjor re Jesu usy Pawl ow teclarya." ¹⁴Yth esa an seyth mab a'n uhel pronter henwys Sceva ow cul hemma. ¹⁵Saw an debel-sperysyon a levery dhedhans ha gortheby, "Jesu, me a'n aswon; Pawl, me a'n aswon mes te – pyw osta jy?" ¹⁶Nena an sagh dyawl a lammas warnedhans ha'ga overcummya yn kettep pen, ha gul maystry warnedhans, may whrussons y fya mes a'n chy yn noth ha brewys.

¹⁷Pan vue henna godhvedhys dhe oll tregoryon Efesus, Yedhewon ha Grecas kefrys, pubonen a gemeras uth ha praysya hanow an Arluth Jesu. ¹⁸Lyes onen a'n re na neb a dhueth dhe'n fedh, a venegas ha dyskevera aga gwan-usadow aga honen. ¹⁹Ran

a'n bystryoryon y'ga mesk a guntellas aga lyvrow ha'ga lesky yn golok an dus. Pan vue valew an lyvrow ma recknys, y fue va kefys dhe vos hantercans myl a vathow arhans. ²⁰Yndelma ger an Arluth a encressyas gans gallus ha cruny nerth.

²¹Pan vue oll an taclow ma cowlwres, Pawl a ervyras y'n Sperys mos dre Vacedonia hag Achaia, ha wosa henna dhe Jerusalem. Ef a leverys, "Wosa me dhe vos dy, res vydh dhym gweles Rom." ²²Rag henna ef a dhanvonas dhe Vacedonia dew a'y weresoryon, Timothy hag Erastus, saw ef y honen a dregas pols pella yn Asia.

²³Adro dhe'n termyn ma, y wharfa tervans bras ow tuchya an Fordh. ²⁴Den henwys Demetrius, gweythor arhans hag a wre scrynyon arhans dhe Artemis, yth esa va ow provya negys lowr dhe'n weythoryon. ²⁵Ef a guntellas warbarth an re na, ha re erel a'n un greft ha leverel, "A dus, why a wor yn ta agan bos ny ow cafus agan mona dhya an negys ma, ²⁶ha why a wel hag a glow ynwedh yn Efesus, hag yn oll Asia ogatty kefrys, Pawl dhe denna yn kergh nomber bras a dus, ow leverel nag yw dew yn gwyryoneth dew vyth re bue formys gans dewla mab den. ²⁷Yma an peryl ow codros warnan agan negys dhe vos dyspresys, ha moy es henna, templa an dhewes vras Artemis dhe vos dyspresys. Martesen hy a wra kelly oll hy roweth, usy ow try tus omma rag hy gordhya, dhya oll Asia ha dhya genyver tyller y'n norvys."

²⁸Pan wrussons y clowes henna, connar a's sesyas, hag y a gryas, "Bras

yw Artemis an Efesianas!" [29]An cyta a vue lenwys a gedryn, ha'n bobel a stevyas warbarth bys y'n waryva, ow tenna gansans Gaius hag Aristarchus (Macedonianas o an re na, ha cowetha dhe Bawl war y vyajys). [30]Whensys o Pawl mos bys y'n ruth, saw an dyscyplys a'n lettyas. [31]Ran a rewloryon Asia o cothmens dhe Bawl, hag y a dhanvonas dhodho ger ow comendya dhodho sevel orth mos bys y'n waryva.

[32]Y'n kettermyn, yth esa ran ow crya an eyl dra ha ran erel y gela, rag yth esa oll an guntellva yn deray, ha ny wodhya an ran vrassa anedhans prag yth ens y oll devedhys warbarth. [33]Ran a'n bobel a erhys nampyth dhe Alexander, re bya herdhys yn rag gans an Yedhewon. Alexander a wrug syn gans y luef dhedhans dhe dewel, hag assaya gul defens dherag an bobel. [34]Saw pan wrussons y aswon y vos Yedhow, y oll warbarth a armas unver gans voys uhel moy es dew owr, "Bras yw Artemis an Efesianas!"

[35]Pan wrug scryvynyas an cyta coselhe nebes an bobel, ef a leverys dhedhans, "Cytysans, Efesianas, pyw usy y'n bys na wor bos cyta an Efesianas warden a dempla Artemis Vras hag a'n ymach a godhas mes a'n nef? [36]Aban na yll an taclow ma bos nehys, y tal dheugh bos cosel, ha sevel orth gul tra vyth dybreder. [37]Why re dhros omma an dus ma, saw ny wrussons y naneyl robbya an templa na cably agan dewes. [38]Rag henna, Demetrius, ha'n weythoryon usy ganso, mara's teves plenta warbyn den vyth, opyn yw an brues-

lysyow, hag yma dhyn proconsulys. Gwrens y cuhudha an eyl y gela dheragthans. [39]Mars esough why ow tesyrya godhvos tra vyth pella, res yw assoylya an cas y'n guntelles kemyn. [40]Yth eson ny yn peryl bras a vos cuhudhys a dervans hedhyw rag nyns ues ascus vyth rag an deray ma." [41]Wosa leverel an geryow na, ef a dhanvonas an bobel yn kergh.

20 Pan cessyas an hubbadullya, Pawl a dhanvonas dhe gerhes an dyscyplys. Wosa aga honfortya ha gasa farwel, ef a dhybarthas ha mos war y fordh dhe Vacedonia. [2]Ef a dremenas der an powyow na ow kennertha an gryjygyon yn fras. Nena ef a dhueth dhe Bow Greca [3]ha trega try mys ena. Parys o va dhe vora bys yn Syria, mes an Yedhewon a blottyas war y byn. Rag henna, ef a ervyras dewhelas dre Vacedonia. [4]An re ma o y gowetha war an fordh: Sopater mab Pyrrhus dhya Verea, Aristarchus, Secundus dhya Thessalonica, Gaius dhya Dherbe ha Timothy warbarth gans Tychicus ha Trofinus dhya Asia. [5]Y eth dheragtho, hag yth esens orth y wortos yn Troas. [6]Saw ny a wolyas dheworth Filippi wosa dedhyow an Bara heb Gwel. Wosa pymp jorna ny a vetyas gansans yn Troas, ha trega y'n tyller na seyth jorna.

[7]An kensa jorna a'n seythen, pan wrussyn ny dos warbarth dhe derry bara, yth esa Pawl ow tysputya gansans, rag purposys o va dhe voydya an nessa jorna. Ef a sewyas gans y gows bys hanternos. [8]Yth esa muer a lugern y'n rom avan, mayth en ny

cuntellys ynno. [9]Yth esa den yowynk, Ewtychus y hanow, a'y eseth war legh an fenester, hag ef a dhallathas skynnya yn cusk pos ha Pawl ow cowsel yn hyr. Fethys gans hun Ewtychus a godhas try luer dhe'n dor hag y fue kefys marow. [10]Mes Pawl a skynnyas, omblegya a-ughto ha'y gemeres yn y dhewvregh ha leverel, "Na bertheugh awher, rag yma y vewnans ynno." [11]Nena Pawl eth yn ban ha wosa terry bara ha debry tam, ef a besyas y gescows gansans bys tardh an jedh. Nena ef a dhybarthas. [12]Y'n kettermyn y a dhros an maw yn few dhe ves ha nyns o bohes aga solas.

[13]Ny eth dheragtho bys y'n gorhel, ha golya tro hag Assos, rag ny o purposys dhe dhegemeres Pawl y'n gorhel yn tyller na. Ef a wrug restry taclow yndelma, hag ef ervyrys y honen travalya war dyr segh. [14]Ef a vetyas genen yn Assos, ha ny a'n recevas y'n gorhel ha mos dhe Vitylene. [15]Ny a wolyas alenna ternos, ha'n jedh wosa henna ny a dhueth adal Chios. An nessa jorna ny a duchyas orth Samos, ha'n jedh awosa ny a dhueth dhe Viletus. [16]Ervyrys o Pawl golya dres Efesus, ma na ve res dhodho spena termyn yn Asia. Da vya ganso bones yn Jerusalem dedh Pencast, a pe henna possybyl.

[17]Dhya Viletus Pawl a dhanvonas messach dhe Efesus ow covyn orth tus hen an eglos dhe vetya ganso. [18]Pan dhuethons y dhodho, ef a leverys dhedhans, "Why agas honen a wor fatel wrug avy trega y'gas mesk, dhya ban wruga kensa settya tros yn Asia, [19]ha me ow servya an Arluth yn oll uvelder ha gans dagrow, ow suffra an troblys a'm bedha awos plottyans an Yedhewon. [20]Ny wrug avy bythqueth sconya dhe wul tra vyth a weres, ha me ow progeth an messach dheugh, hag orth agas desky yn golok an dus ha dhya jy dhe jy ynwedh. [21]Me a wre testa kefrys dhe'n Yedhewon ha dhe'n Grecas ow tuchya edrek tro ha Dew ha fedh tro ha'gan Arluth Jesu.

[22]"Lemmyn me yw kethwas a'n Sperys, hag otta vy ow mos dhe Jerusalem heb godhvos pandr' a whervyth dhym ena, [23]mes yma an Sperys ow testa dhym prysonyans ha tormens dhe'm gortos yn kenyver cyta. [24]Saw a'm bewnans ow honen ny settyaf oy, mar callaf unweyth collenwel ow resekva ha'n menystry a dhegemerys dheworth an Arluth Jesu, dhe dhustunya a'n newodhow da a ras Dew.

[25]"Me a wor yn ta y'n tor' ma na wra den vyth ahanough, ha me usys dhe vos ader dro y'gas mesk, na wra den vyth ahanough gweles ow fas nefra arta. [26]Rag henna, yth esof ow teclarya dheugh hedhyw me dhe vos ynocent a wos den vyth ahanough, [27]rag ny wruga vy sconya dhe brogeth dheugh oll purposys Dew. [28]Kemereugh wyth a'gas honen hag a oll agas flock, may whrug an Sperys Sans chyf wardens ahanough warnedhans, rag bugelya eglos Dew – an eglos a wrug ef gwaynya dre wos y Vab y honen. [29]Wosa me dhe dhyberth dheworthough, me a wor y tue y'gas mesk rampyng bleydhas ha na vennons sparya an flock. [30]Ran ahanough why

a vyn dos ha camma an gwyryoneth ha dynya an dyscyplys dh'agas sewya. 31Rag henna na vedheugh dyswar, ha remembreugh na wrug avy cessya naneyl dedh na nos dres teyr bledhen a warnya pubonen gans dagrow.

32"Mes lemmyn, me a'gas comend dhe Dhew ha dhe vessach y ras, messach a yll agas byldya yn ban ha ry dheugh an ertons yn mesk oll an re na a vue benegys. 33Ny wrug avy covetya naneyl owr nag arhans na dyllas den vyth. 34Why a wor agas honen me dhe lafurya gans ow dewla vy rag scodhya ow honen ha'm cowetha. 35Yn oll an taclow ma me re dhysquedhas dheugh bos res a lafur a'n par na dhe ventena an dus wan, rag yth eson ny ow perthy cof a lavar an Arluth Jesu y honen a leverys, 'Moy benegys yw ry es receva.'"

36Pan wrug Pawl gorfenna y gows, ef eth war ben dewlyn gansans ha pesy. 37Y fue muer a olva y'ga mesk oll. Y a gemeras Pawl ynter aga dewvregh hag amma dhodho, 38ha trystys a's teva, spesly drefen ef dhe leverel na wrens y weles nefra arta. Nena y a'n dros bys y'n gorhel.

21 Pan wrussyn ny dyberth dhewortans, ny a voras ha golya strayt bys yn Cos, ha ternos dhe Rhodos hag alenna dhe Batara. 2Wosa cafus gorhel esa ow mos dhe Fenicia, ny a entras aberth ynno ha mora. 3Ny a dhueth yn golok Cyprus, ha wosa y asa a'gan parth cledh, ny a wolyas dhe Syria ha tyra yn Tyr, awos bos res dhe'n gorhel dyscarga y'n tyller na. 4Ny a whelas an dyscyplys

y'n costys na, ha trega gansans seyth jorna. Der an Sperys Sans y a leverys dhe Bawl sevel orth mos yn rag dhe Jerusalem. 5Pan vue agan dedhyow gorfennys ena, ny a dhybarthas ha mos war agan fordh; hag y oll ha'ga gwrageth ha'ga flehes a dhueth genen mes a'n cyta. 6Ny eth war ben dewlyn war an treth ha pesy ha gasa farwel an eyl gans y gela. Nena ny a entras y'n gorhel hag y a dhewhelas tre.

7Pan vue gorfennys agan vyaj dheworth Tyr, ny a dhueth dhe Ptolemais, ha ny a dhynerhys an gryjygyon ha trega gansans un jorna. 8Ternos ny a dhybarthas ha dos dhe Cesarya hag entra yn chy Felyp awaylor, onen a'n seyth, ha gortos yn y jy. 9Ef a'n jeva peder myrgh wergh hag a's teva an ro a brofusans.

10Ha ny ena, profet henwys Agabus a skynnyas dhya Judy. 11Ef a dhueth dhyn, kemeres grugys Pawl ha kelmy y dhewla ha'y dreys y honen ow leverel, "Yndelma y laver an Sperys Sans, 'Hem yw fatel wra Yedhewon Jerusalem kelmy an den a vydh an grugys ma adro dhodho, hag y a vyn y dhelyfra dhe'n Jentylys.'"

12Pan wrussyn ny clowes henna, ny ha'n bobel ena a'n ynnyas dhe sevel orth mos yn ban dhe Jerusalem. 13Nena Pawl a worthebys, "Pandr' esough why ow cul ha why owth ola hag ow terry ow holon? Rag me yw parys dhe vos kelmys, ha dhe vos ledhys yn Jerusalem kyn fe, awos hanow an Arluth Jesu." 14Aban nag o whensys a vos gostyth dhyn, ny a dewys, kyn whrussyn leverel, "Re bo gwres bolunjeth an Arluth."

¹⁵Wosa an dedhyow ma, ny a fyttyas dhe dhyberth ha mos war agan fordh dhe Jerusalem. ¹⁶Ran a'n dyscyplys dheworth Cesarya a dhueth genen ynwedh, ha'gan dry bys yn chy Mnason an Cypriot, onen a'n dyscyplys avar, rag ervyrys en ny ostya yn y jy ef.

¹⁷Pan dhuethon ny dhe Jerusalem, an vreder a'gan wolcummas yn colonnek. ¹⁸Ternos Pawl eth genen ny dhe vysytya Jamys, hag y fue oll an dus hen y'n tyller. ¹⁹Wosa aga dynerhy, Pawl a dheclaryas dhedhans yn un rew oll an taclow a wrug Dew yn mesk an Jentylys der y venystry ef.

²⁰Pan wrussons y glowes, y a braysyas Dew. Nena yn medhans y dhodho, "Te a wel, a vroder, pysuel myl a gryjygyon ues yn mesk an Yedhewon, hag ymons y oll dywysyk abarth an laha. ²¹Re bue deryvys dhedhans adro dhys, fatel esta ow tesky oll an Yedhewon yw tregys yn mesk an Jentylys dhe forsakya Moyses, ha fatel eses orth aga dyfen na wrellens naneyl cyrcumcysya aga flehes na gwetha an gysyow. ²²Pandr' a dal bos gwres ytho? Yn certan y a glowvyth te dhe dhos. ²³Rag henna gwra a wrellen ny leverel dhys. Ny a'gan bues peswar den ues yn dan ambos. ²⁴Gwra omjunnya gansans, performya warbarth gansans an solempnyta a burgacyon ha spena dha vona may halla aga fennow bos bloghhes. Yndella pubonen a wra convedhes nag ues gwyryoneth vyth y'n whedhlow deryvys adro dhys, mes y'n contrary part te dhe sensy ha dhe gemeres wyth a'n laha. ²⁵Mes ow tuchya an Jentylys re dhueth dhe'n fedh, ny re dhanvonas lyther dhedhans ha leverel ynno agan brues, hen yw bos res dhedhans sconya an re ma: pub tra a vo offrynnys dhe ydolys, gos, pypynag oll a vo lyndegys ha harlotry."

²⁶Nena Pawl a gemeras an dus ha ternos wosa purhe y honen, ef a entras y'n templa gansans, ha publysya an cowlwryans a'n dedhyow a burgacyon, may fedha gwres an sacryfys rag kenyver onen anedhans.

²⁷Pan vue an seyth jorna ogas collenwys, an Yedhewon dhya Asia, neb a wrug y weles y'n templa, a sordyas oll an bobel war y byn. Y a settyas dalhen ynno, ²⁸ow carma, "A vreder, a Ysraelysy, gwereseugh ny! Hem yw an den usy ow tesky pubonen yn pub tyller warbyn agan nacyon ny, warbyn agan laha ha warbyn an plas ma. Lacka es henna, ef re dhros Grecas kyn fe aberth y'n templa ha defolya an tyller sans." ²⁹Rag y a welas Trofimus, an Efesian, gans Pawl y'n cyta, hag yth esens ow supposya Pawl dh'y dhry aberth y'n templa.

³⁰Nena oll an cyta a vue muvys ha'n bobel a stevyas warbarth. Y a sesyas Pawl ha'y denna mes a'n templa ha whare y fue deges an darrasow. ³¹Pan esens y ow whelas y ladha, y fue declarys dhe gapten an cohort bos oll Jerusalem yn deray. ³²Ef a gemeras an soudoryon ha'n centurys ha fysky war nans bys dy. Kettel welsons y an capten ha'n soudoryon, y a cessyas a gronkya Pawl.

³³Nena an capten a dhueth ha'y sesya ha'y gomondya dhe vos kelmys gans dew jayn. Ef a wovynnas pyw o

va ha pandr' a wrug ef. ³⁴Ran an bobel a gryas an eyl tra ha ran y gela, ha dre reson na ylly va godhvos an gwyryoneth, ef a erhys may fe va drys bys y'n gaslys. ³⁵Pan dhueth Pawl dhe'n grysys, y fue garowder an bobel mar vras mayth o res dhe'n soudoryon y dhon y'ga dewvregh. ³⁶An bobel a's sewyas yn un uja, "Yn kergh ganso!"

³⁷Pan esens y parys dhe dhry Pawl dhe'n gaslys, ef a leverys dhe'n capten, "A allama leverel nampyth dhys?"

An capten a worthebys, "Esta jy ow clappya Greca? ³⁸Nyns osta ytho an Ejyptyon na, a sordyas gustel agensow ha ledya an peder myl atla yn mes bys y'n gwylfos."

³⁹Pawl a worthebys, "Yedhow oma dhya Darsus yn Cilicia, ha cytysan a cyta a vry. Me a'th pys a asa dhym cowsel orth an bobel."

⁴⁰Ef a ros dhodho cumyas ha Pawl a sevys war an grysys ha gul syn dhe'n bobel dhe dewel. Pan dhueth taw warnedhans, ef a gowsas ortans y'n yeth Ebbrow kepar del sew:

22 "A vreder, a dasow, goslow-eugh orth an defens esof vy ow cul dheragough." ²Pan wrussons y glowes ow cowsel ortans yn Ebbrow, y a godhas cosel.

Nena ef a leverys, ³"Yedhow oma, genys vuef yn Tarsus yn Cilicia, mes me a vue megys y'n cyta ma, orth treys Gamaliel, ha me a vue deskys yn stroth warlergh laha agan hendasow, ha dywysyk en rag Dew, kepar del ough why oll y'n jedh hedhyw. ⁴Yth esen ow tormentya an Fordh ma bys

yn mernans, ow kelmy kefrys tus ha benenes hag orth aga gorra yn pryson, ⁵kepar del yll desta ahanaf an chyf pronteryon hag oll consel an dus hen. Dhewortans y ynwedh me a recevas lytherow dhe'n vreder yn Damask, ha me eth dy, may hallen kelmy an re na esa y'n cyta na ha'ga dry arta dhe Jerusalem dhe vos punsys.

⁶"Pan esen war ow fordh hag ow tos nes dhe Dhamask, yn trom adro dhe hanterdedh golow bras dheworth nef a splannas adro dhym. ⁷Me a godhas dhe'n dor ha clowes lef ow leverel dhym, 'Saul, Saul, prag yth esta orth ow thormentya?'

⁸"Me a worthebys, 'Pyw osta, Arluth?'

"Nena ef a leverys dhym, 'Me yw Jesu a Nazara esta orth y dormentya.' ⁹Now an re na esa genama a welas an golow, saw ny glowsons an lef a henna esa ow cowsel orthyf.

¹⁰"Me a wovynnas, 'Pandr' a dal dhym gul, Arluth?'

"An Arluth a leverys dhym, 'Saf yn ban ha ke dhe Dhamask. Y fydh declarys dhys ena kenyver tra a vo ordnys dhys y wul.' ¹¹Aban na yllyn gwelas banna awos splander an golow, an re na esa genama a'm kemeras er an luef ha'm ledya dhe Dhamask.

¹²"Certan den henwys Ananias, neb o dywysyk warlergh an laha ha gerys da gans oll an Yedhewon tregys y'n tyller, ¹³a dhueth dhym hag ow sevel yn nes a leverys, 'Broder Saul, caf dha syght arta!' Y'n very tor' na me a recevas ow golok ha strayt me a'n gwelas.

14"Nena ef a leverys, 'Dew agan hendasow re wrug dha dhowys tejy dhe wodhvos y volunjeth, dhe weles y Dhen Sans ha dhe glowes y voys ef, 15rag te a vydh y dhustuny dhe oll an bys ow tuchya an pyth re wrussys gweles ha clowes. 16Lemmyn prag yth esta ow tylatya? Saf yn ban, bydh besydhys, ha bedhens dha behosow golhys dhe ves ha te ow kelwel war y hanow ef.'

17"Wosa me dhe dhewheles dhe Jerusalem ha pan esen y'n templa ow pesy, me a godhas yn tranjyak 18ha gweles Jesu ow leverel dhym, 'Yn uskys gas Jerusalem war hast, rag ny vennons y degemeres dha dhustuny adro dhym.'

19"Me a leverys, 'Arluth, y a wor aga honen yn pub synaga fatel wrug avy prysonya ha cronkya an re na a gresy ynnos. 20Pan vue scullys gos dha vartyr Stefan, yth esen vy a'm saf yn nes, acordys gansans hag ow sensy mentylly a'n re na a'n ladhas.'

21"Nena ef a leverys dhym, 'Dybarth, rag me a vyn dha dhanvon pell alemma dhe'n Jentylys.'"

22Bys y'n pryck na y re bya ow coslowes orto yn cosel, mes y'n tor' na y a gryas, "Yn kergh dhewar fas an norvys gans pollat a'n par na! Rag ny dal alowa dhodho bewa."

23Ha pan esens y ow carma, ow ty'sky dhe ves aga mentylly hag ow towlel dowst y'n ayr, 24an chyf-capten a gomondyas y dhry bys y'n gaslys ha'y vos examnys dre scorjyans rag dyscudha prag y fue an tervans ma war y byn. 25Wosa y dh'y gelmy gans cronow, Pawl a leverys dhe'n century esa a'y saf yn nes, "Ywa lafyl dheugh scorjya cytysan Roman heb y dhampnya?"

26Pan glowas an century henna, ef eth dhe'n capten ha leverel dhodho, "Pandr' osta purposys dhe wul? Cytysan Roman yw an den ma."

27An capten a dhueth ha govyn orth Pawl, "Praydha, osta cytysan Roman?"

Ef a leverys, "Of."

28An capten a leverys, "Y costyas showr a vona dhym mos ha bos cytysan."

Saw Pawl a leverys, "Me a vue genys yn cytysan."

29Whare an re na hag o purposys dh'y examnya a omdennas dheworto ha'n capten kefrys a'n jeva own, rag ef a gonvedhas fatel o Pawl cytysan Roman hag ef y honen dh'y gelmy.

30Aban o va whensys dhe dhyscudha prag yth esa an Yedhewon orth y guhudha, ef a'n relesyas ternos ha comondya an chyf pronteryon hag oll an consel dhe dhos warbarth. Ef a dhros Pawl war nans dhe vetya gansans ha gul dhodho sevel ena dheragthans.

23 Hag ef ow meras glew orth an consel Pawl a leverys, "A vreder, bys y'n jedh hedhyw me re vewas ow bewnans gans conscyans glan dherag Dew." 2Nena an uhel pronter a erhys an re na esa a'ga saf ryptho dh'y weskel war an ganow. 3Gans henna Pawl a leverys dhodho, "Dew a vyn dha weskel tejy, te fos wyngalhys! Esta a'th eseth ena rag ow brusy warlergh an laha, ha te dhe gomondya ow bosa gweskys warbyn an laha?"

⁴An re na esa a'ga saf yn nes a leverys, "A venta lavasos dhe dhespytya uhel pronter Dew?"

⁵Pawl a leverys, "Ny wodhyen, a vreder, fatel o va uhel pronter, rag yma screfys, 'Ny dal dhys cably rewler dha bobel.'"

⁶Pan wrug Pawl merkya fatel o ran anedhans Sadukys ha ran aral Farysys, ef a gryas yn mes yn mesk an guntellva, "A vreder, Farysy of ha mab Farysys. Ymons y orth ow assaya awos govenek a dhasserghyans an re marow." ⁷Pan leverys hemma, y fue stryvyans ynter an Farysys ha'n Sadukys ha'n guntellva a vue rynnys. ⁸(Yma an Sadukys ow leverel nag usy naneyl dasserghyans nag el na sperys; mes yma an Farysys owth alowa oll an try anedhans.)

⁹Nena cry bras a sordyas, ha certan scrybys a barty an Farysys a sevys yn ban hag argya yndelma, "Ny yllyn ny cafus tra vyth cam y'n den ma. Fatla mar pe sperys bo el dhe gowsel orto?" ¹⁰An dysputyans eth ha bos garow hag own a'n jeva an capten y dhe squardya Pawl dhe dymmyn. Rag henna ef a gomondyas an soudoryon dhe skynnya, y gemeres dre nerth ha'y dhry aberth y'n gaslys.

¹¹An nos na an Arluth a sevys ryptho ha leverel, "Byth na borth awher! Rag kepar del wrusta desta dhym yn Jerusalem, yn kepar maner y res dhys dustunya yn Rom kefrys."

¹²Ternos vyttyn an Yedhewon a omjunnyas warbarth, ha kelmy aga honen dre ly na wrellens naneyl debry nag eva, erna ve Pawl ledhys gansans. ¹³Moy es dewgans o an esyly a'n bras ma. ¹⁴Y eth dhe'n chyf pronteryon ha'n dus hen ha leverel, "Ny re golmas agan honen yn stroth dre ly, na wrellen tastya bos vyth erna wrellen ladha Pawl. ¹⁵Rag henna, why ha'n consel a res avysya an capten dh'y dhry war nans dheugh, war scues why dhe vennas examnya y gas ef dhe voy down. Parys on ny y dhystrowy kens es ef dhe dhos omma."

¹⁶Now mab whor Pawl a glowas a'n contrewaytyans. Gans henna ef eth ha cafus fordh aberth y'n gaslys ha'y dheclarya dhe Bawl.

¹⁷Pawl a elwys dhodho onen a'n centurys ha leverel, "Kemer genes an den yowynk ma dhe'n capten, rag yma ganso nampyth a vry dhe dheryvas dhodho."

¹⁸Rag henna ef a'n kemeras ha'y dhry dhe'n capten ha leverel, "Pawl agan prysner a'm gelwys ha'm pesy dhe dhry an den yowynk ma dhys. Yma ganso nampyth dhe leverel dhys."

¹⁹An capten a'n kemeras er an luef, y denna adenewan ha govyn, "Pandr' a'th ues dhe leverel dhym?"

²⁰Ef a worthebys, "An Yedhewon re omgusulyas dhe'th pesy dhe dhon Pawl war nans dhe'n consel avorow, war scues y dhe examnya y gas ef dhe voy down. ²¹Saw na vydh perswadys gansans, rag yma moy es dewgans anedhans ervyrys y gontrewaytya. Y re golmas aga honen dre ly, na wrellens naneyl debry nag eva erna ve va ledhys gansans. Ymons y parys solabrys hag ymons y ow cortos dha gonsent jy."

212

²²Gans henna an capten a dhanvonas an den yowynk yn kergh ha'y gomondya, "Gwayt na wrelles leverel dhe dhen vyth te dhe dheclarya an mater ma dhym."

²³Nena ef a sompnas dew a'n centurys ha leverel, "Bedheugh parys dhe voydya warbyn naw uer henath dhe nos, ha dhe vos ganso dhe Cesarya warbarth gans dewcans soudor, deg ha tryugans marhek ha dewcans den spera. ²⁴Darbareugh mergh kefrys rag Pawl ha dro va yn saw dhe Felix an governour."

²⁵Ef a screfas lyther ha'n taclow ma ynno,

²⁶Claudius Lysias dh'y Roweth an governour Felix, hayl ha lowena dhys!

²⁷Y fue hemma sesys gans an Yedhewon hag y a vensa y dhystrowy, saw pan wrug avy clowes ef dhe vos cytysan Roman, me a dhueth gans an wethysy ha'y sawya. ²⁸Dre reson ow bosa whensys dhe wodhvos prag yth esens y orth y guhudha, me a wrug dhodho bos drys dherag aga honsel. ²⁹Me a gonvedhas ef dhe vos cuhudhys a vaters ow longya dh'aga laha y, mes ny vue va cuhudhys a dra vyth a wrussa dendyl mernans bo prysonyans. ³⁰Pan vue deryvys dhym ytho bos bras parys war y byn, me a'n danvonas dhys heb let ha me a gomondyas y guhudhoryon dhe dheryvas dheragos pana jeson a's teves war y byn.

³¹Rag henna an soudoryon warlergh aga arhadow a gemeras Pawl ha'y dhry orth golow nos dhe Antipatris. ³²Ternos y a asas an varhogyon dhe vos yn rag ganso, hag y aga honen a dhewhelas dhe'n gaslys. ³³Pan dhuethons dhe Cesarya ha delyfra an lyther dhe'n governour, y a settyas Pawl dheragtho magata. ³⁴Wosa ef dhe redya an lyther, ef a wovynnas a bana brovyns o va. Pan glowas an governour ef dhe dhos dhya Cilicia, ³⁵ef a leverys, "Me a vyn goslowes orthys pan dheffa dha guhudhoryon." Nena ef a gomondyas may fe va sensys yn dan wyth yn penplas Erod.

24 Pymp jorna wosa henna an uhel pronter Ananias a skynnyas ha nebes a'n dus hen ganso ha laghyas henwys Tertullus. Y a dheryvas dhe'n governour an ken a's teva warbyn Pawl. ²Wosa Pawl dhe vos sompnys, Tertullus a dhallathas y guhudha ow leverel, "Dha Roweth, awos dha rewl tejy yth eson yn cosoleth nans yw termyn hyr ha dre dha furneth tejy lyes gwellheans re bue gwres rag les oll an bobel. ³Ass yw da genen henna yn pub fordh hag yn pub tyller, hag yth eson ny owth aswon gras dhys! ⁴Rag dowt dha lettya na fella, me a'th pys dhe woslowes orthyn gans dha gufter usys.

⁵"Yn gwyr ny re gafas an den ma dhe vos gwas lows, sordyer yn mesk an Yedhewon dres oll an bys ha penstryfer a barty an Nazarenas. ⁶Ef a whelas defolya an templa kyn fe, ha

rag henna ny a'n sesyas ha ny a venna y vrusy warlergh agan laha ny. 7Mes an chyf capten Lysias a dhueth ha'y gemeres dheworthyn gans garowder bras, 8hag ef a gomondyas cuhudhoryon an den ma dhe dhos dheragos. Mar qureta y examnya dha honen, te a yll godhvos dheworto ow tuchya kenyver tra eson ny orth y guhudha adro dhodho."

9An Yedhewon kefrys a assentyas dhe'n charj ha leverel bos pub tra gwyr y'n cas.

10Pan ros an governour syn dhe Bawl dhe gowsel, ef a worthebys, "Gans lowender bras yth esof vy ow cul ow defens, rag me a wor te dhe vos juj war an nacyon ma. 11Kepar del wodhes, nyns yw moy es dewdhek jorna aban yth vy yn ban dhe Jerusalem dhe wordhya. 12Ny wrussons y ow hafus naneyl owth argya gans den vyth y'n templa nag ow sordya ruthow y'n synagys bo y'n cyta kyn fe. 13Naneyl ny yllons y prevy dhys an acusacyon usons y lemmyn ow try war ow fyn. 14Saw me a avow hemma dhys: ow bosa vy ow cordhya Dew agan hendasow warlergh an Fordh (neb usons y ow gelwel eresy), ha me dhe gresy pub tra settys war nans warlergh an laha bo screfys y'n profettys. 15Govenek yn Dew a'm bues – govenek usons y ow tegemeres aga honen – y fydh dasserghyans kefrys a'n re ewn ha'n re anewn. 16Rag henna yth esof vy ow cul ow gwella may fo cler ow honscyans pupprys tro ha Dew ha tro ha pub den.

17"Wosa nebes bledhynyow me a dhueth dhe dhry alusyon dhe'm nacyon ha dhe offrynna sacryfycys. 18Pan esen vy ow cul henna, y a'm cafas y'n templa ow collenwel solempnyta an purgacyon heb ruth na tervans vyth. 19Saw yth esa y'n tyller certan re a Yedhewon Asia – yn talvya dhedhans bos omma rag ow huhudha dheragos, mara's teves cheson vyth war ow fyn. 20Boken geseugh an re ma omma dhe dheryvas dhys pana drespas a gafsons pan sevys vy dherag an consel, 21marnas an un lavar ma a wrug avy crya yn mes pan esen a'm saf dheragthans: 'Yth yw adro dhe'n dasserghyans usons y orth ow assaya dheragough hedhyw.'"

22Saw Felix, neb a wodhya lowr ow tuchya an Fordh, a wrug astel an sessyon bys termyn aral ow leverel, "Me a vyn ervyra dha gas jy, pan wrella Lysias dos yn nans omma." 23Nena ef a gomondyas an century dhe sensy Pawl yn dan wyth, saw dhe alowa nebes franchys dhodho, ha heb lettya dhe dhen vyth a'y gothmens y servya ha'y jersya.

24Nebes dedhyow wosa henna, pan dhueth Felix gans y wreg Drusilla, neb o Yedhowes, ef a sompnas Pawl ha goslowes orto ow cowsel adro dhe fedh yn Cryst Jesu. 25Pan esa va ow tysputya adro dhe justys, omgontrollyans ha'n brusyans dhe dhos, Felix a gemeras own ha leverel, "Voyd alemma rag pols. Pan vo chons dhym, me a vyn dha sompna." 26Bytegens yth esa va ow quetyas Pawl dhe ry mona dhodho, ha rag henna ef a wre danvon war y lergh yn fenough ha kestalkya ganso.

27Wosa dew vledhen y tueth Porcius Festus yn le Felix. Aban o Felix whensys dhe dhysquedhes favour dhe'n Yedhewon, ef a asas Pawl yn pryson.

25 Try jorna warlergh Festus dhe dhos dhe'n provyns, ef eth yn ban dhya Cesarya bys yn Jerusalem, 2le may resa dhe'n chyf pronteryon ha rewloryon an Yedhewon ry dhodho avysment a'n cas warbyn Pawl. Y a wrug appel dhodho 3ha'y besy a remuvya Pawl dhya Cesarya dhe Jerusalem avel favour dhedhans. Yn gwyryoneth yth esens owth omgusulya dhe gontrewaytya Pawl war an fordh. 4Festus a worthebys y fedha Pawl yn dan wyth yn Cesarya hag ef y honen dhe settya y golon war vos dy yn scon. 5"Yndella," yn medh ef, "gwrens an ran ahanough a's teves auctoryta dos war nans genama, ha mar pydh tra vyth cam, y a gaf chons dh'y acusya."

6Wosa Festus dhe drega gansans nebes eth bo deg jorna, ef a skynnyas dhe Cesarya. Ternos vyttyn ef a gemeras y se war an sedhek ha comondya Pawl dhe vos kerhys. 7Pan dhueth Pawl dy, an Yedhewon, hag o devedhys war nans dhya Jerusalem, a'n cuhudhas a lyes trespas pos, na yllyns prevy man.

8Pawl a leverys yn y dhefens y honen, "Ny wrug avy gul trespas vyth oll naneyl warbyn laha an Yedhewon na warbyn Cesar."

9Saw Festus, aban o va whensys dhe favera an Yedhewon, a wovynnas orth Pawl, "A venta jy mos yn ban dhe Jerusalem dhe vos assays dherag-of ena adro dhe'n acusacyon ma?"

10Pawl a leverys, "Yth esof vy ow cul appel dhe sedhek Cesar y honen; hen yw an tyller may talvya dhym bos assays. Ny wrug avy gul cam vyth warbyn an Yedhewon, del wodhes yn pur dha. 11Now mar qurug avy trespas ha gul nampyth usy ow tendyl ancow, ny vannaf vy dyank dheworth mernans. Saw mar nyns ues tra vyth y'ga acusacyon war ow fyn, ny yll den vyth ow delyfra y'ga dewla y. Yth esof vy ow cul appel dhe Cesar."

12Nena Festus, wosa omgusulya gans an consel, a leverys, "Te re wrug appel dhe Cesar. Dhe Cesar te a wra mos."

13Pan vue nebes dedhyow passys, Agrippa an Mytern ha Bernice a dhueth dhe Cesarya rag wolcumma Festus. 14Aban esens y ow trega ena pols da, Festus a settyas cas Pawl dherag an mytern ha leverel, "Otomma den neb a vue gesys yn pryson gans Felix. 15Pan esen yn Jerusalem, an chyf pronteryon ha tus hen an Yedhewon a dheryvas dhym adro dhodho ha govyn brues war y byn.

16"Me a leverys dhedhans, nag o gys an Romanas dascor den vyth, kens es an den acusys dhe gafus chons dhe vetya gans y guhudhoryon fas orth fas ha gul defens warbyn an acusacyon. 17Pan wrussons y omguntelles omma, ny esys termyn vyth dhe goll, mes kemeres ow flas y'n sedhek hag ordna an den dhe vos kerhys. 18Pan sevys yn ban y guhudhoryon, ny wrussons y acusya a onen vyth a'n trespassys esen vy ow cortos. 19Yn le henna y a's teva stryf ganso ow tuchya certan poyntys a dhyssentyans y'ga crejyans, hag adro dhe nebonen henwys Jesu, neb o marow, mes a vue declarys gans Pawl dhe vos yn few. 20Aban na wodhyen man fatel dalvya dhym whythra an questyonow ma, me a wovynnas o va parys dhe vos dhe Jerusalem may halla va bos assays ena. 21Saw pan wrug Pawl appel dhe vos sensys yn dan wyth rag brusyans an Emprour, me a gomondyas y fedha gwethys erna hallen y dhanvon dhe Cesar."

22Agrippa a leverys dhe Festus, "Da vya genef clowes an den ma ow honen."

"Avorow," yn medh ef, "te a'n clow."

23Ternos ytho Agrippa ha Bernice a dhueth dy gans muer a roweth, hag y a entras y'n woslowva gans captenow an lu hag oll an dus a vry y'n cyta. Nena Festus a ros an arhadow hag y fue Pawl drys ajy. 24Festus a leverys, "Agrippa, a Vytern ha why oll usy genen omma, otomma an den ma a wrug oll pobel an Yedhewon plenta dhym adro dhodho kefrys yn Jerusalem hag omma, hag y a gryas na dalvya gasa dhodho bewa na fella. 25Saw me, ny gefys ynno tra vyth wordhy a vernans, ha pan wrug ef appel dhe Cesar, me a ervyras y dhanvon dhodho. 26Saw me ny'm bues tra vyth certan dhe screfa anodho dhe Cesar agan Arluth. Rag henna me re'n dros dheragough why oll, hag yn arbennek dheragos tejy, Agrippa, a Vytern, may hallen cafus nampyth dhe screfa adro dhodho, wosa ny dh'y examnya – 27rag yth

hevel dhym warbyn reson danvon prysner heb gul mencyon a'n charjys war y byn."

26 Agrippa a leverys dhe Bawl, "Yma genes lecyans dhe gowsel ragos dha honen."

Nena Pawl a dhros yn mes y dhorn ha dalleth gul y dhefens: 2"Yth esof vy owth omsensy fortynys me dhe wul ow defens dheragos tejy, Agrippa, a Vytern, warbyn oll acusacyons an Yedhewon, 3drefen te dhe vos usys gans oll gysyow ha contraversytas an Yedhewon. Rag henna, goslow orthyf gans perthyans, me a'th pys.

4"Oll an Yedhewon a wor maner ow bewnans aban vuef yowynk – bewnans re bue spenys dhya an dalleth yn mesk ow fobel ow honen hag yn Jerusalem. 5Y a wor nans yw termyn hyr, mar mennons y desta, me dhe vos esel a'n party strotha a'gan crejyans ha dhe vewa avel Farysy. 6Lemmyn yth esof vy a'm saf omma awos ow govenek y'n promys gwres gans Dew dh'agan hendasow, 7promys a vya da gans agan dewdhek tryb y waynya, hag y ow cordhya Dew yn tywysyk dedh ha nos. Awos an govenek ma, a Vytern, yma an Yedhewon orth ow acusya! 8Prag yth hevel tra aneth dhe dhen vyth ahanough Dew dhe dhrehevel a'n re marow?

9"Yn gwyr yth en vy sur y talvya dhym gul muer a daclow warbyn hanow Jesu a Nazara. 10Ha hen yw an pyth a wruga yn Jerusalem der an auctoryta a recevys dheworth an chyf pronteryon. Me a brysonyas lyes onen a'n sens ha votya kefrys, pan vedhens y dampnys, may fens y gorrys dhe'n mernans. 11Aga funsya a wren y'n synagys, may hallen aga honstryna dhe gably Dew; hag aban en vy serrys mar freth war aga fyn, me a wrug aga helghya dhe cytas stranj kyn fe.

12"Gans an towl ma y'm brys yth esen ow travalya dhe Dhamask hag auctoryta ha negesydhyeth an chyf pronteryon genama, 13pan welys vy orth hanterdedh y'n fordh, a Vytern, golow dheworth nef, splanna es an howl ow terlentry oll adro dhym hag adro dhe'm cowetha. 14Wosa ny oll dhe godha dhe'n dor, me a glowas lef ow cowsel orthyf y'n yeth Ebbrow, 'Saul, Saul, prag yth esta orth ow thormentya? Cales yw dhys potya warbyn an pygow.'

15"Me a wovynnas, 'Pyw osta, Arluth?'

"An Arluth a worthebys, 'Me yw Jesu esta ow tormentya. 16Mes saf yn ban, rag me re apperyas dhys rag an purpos ma, rag dha appoyntya dhe servya ha dhe dhesta dhe'n taclow re wrusta ow gweles vy ynnans ha'n taclow a wrama omdhysquedhes dhys ynnans. 17Me a vyn dha sylwel dheworth dha bobel ha dheworth an Jentylys – esof why orth dha dhanvon dhedhans 18Me a vyn dha dhanvon rag egery aga dewlagas, may whrellens treylya dheworth tewolgow bys y'n golow ha dheworth gallus Satnas dhe Dhew. Yndelma y a yll receva gyvyans pehosow ha plas yn mesk an re na yw sanctyfyes dre fedh ynnof vy.'

19"Wosa henna, Agrippa, a Vytern, ny vuef dywostyth dhe'n vesyon a nef, 20saw me a dheclaryas kens oll dhe'n re na yn Damask, nena yn Jerusalem ha dres oll pow Judy ha dhe'n Jentylys ynwedh, y talvya dhedhans repentya ha treylya dhe Dhew ha gul oberow wordhy a edrek. 21Rag an cheson ma an Yedhewon a'm sesyas y'n templa hag ymons y ow whelas ow ladha. 22Me re gafas gweres dheworth Dew bys y'n jorna ma, ha rag henna otta vy a'm saf omma, ow teclarya dhe vras ha dhe vyan, heb leverel tra vyth ma's an pyth a leverys an profettys ha Moyses y fenna wharfos. 23Hen yw dhe styrya: y resa dhe'n Cryst godhevel, ha drefen ef dhe vos an kensa dhe dhrehevel dheworth an re marow, ef dhe dheclarya golow kefrys dh'agan pobel ny ha dhe'n Jentylys."

24Pan esa Pawl whath ow cul y dhefens yndelma, Festus a gryas, "Varyes osta, Pawl! Yma re a dhyscans orth dha vuskegy!"

25Saw Pawl a leverys, "Nag oma varyes man, a Festus pur wordhy, saw yth esof ow leverel an very gwyryoneth. 26Ea, an mytern a wor adro dhe'n taclow ma, ha me a vyn cowsel yn frank. Me yw certan na wrug onen vyth a'n taclow ma scappya dheworto, rag ny vue henna gwres yn cornet. 27Agrippa, a Vytern, esta ow cresy dhe'n profettys? Me a wor te dhe gresy."

28Yn medh Agrippa dhe Bawl, "Esta jy mar uskys orth ow ferswadya dhe vos Crystyon?"

29Pawl a worthebys, "Be va whare bo na ve, me a bys Dew may whrelles tejy ha suel a vo ow coslowes orthyf, may whrellens mos ha bos kepar ha me – marnas an chaynys ma."

30Nena an mytern a sevys yn ban ha ganso an governour, Bernice ha'n re na re bya a'ga eseth yn nes, 31ha kepar del esens y ow voydya, y a levery an eyl dh'y gela, "Nyns usy an den ma ow cul tra vyth wordhy a ancow bo a brysonyans."

32Yn medh Agrippa dhe Festus, "Y halsa an den ma bos fryes, na ve ef dhe wul appel dhe Cesar."

27 Pan vue ervyrys ny dhe wolya dhe Ytaly, y a dhe-lyfras Pawl ha nebes prysners erel dhe century a Gohort Augustus hen-wys Julius. 2Ny a entras yn gorhel dhya Adramyt hag o purposys dhe vora ha mos dhe borthow oll ahes morrep Asia. Yth esa Aristarchus, Macedonian dhya Thessalonica, war-barth genen.

3Ternos ny a dhueth dhe Sidon ha Julias a dhyghtyas Pawl gans cufter hag alowa dhodho mos dh'y goth-mens, may hallens y jersya. 4Ny a voras alenna ha golya yn goskes Cyprus, dre reson an gwyns dhe vos war agan pyn. 5Wosa ny dhe wolya dres an mor usy ryb Cilicia ha Pam-fylia, ny a dhueth dhe Vyra yn Lycia. 6Y'n tyller na an century a gafas gorhel dhya Alexandria esa ow mos dhe Ytaly, hag ef a'gan settyas warno-dho. 7Ny a wolyas yn lent dres nebes dedhyow, mes scantlowr ny vuen abyl dhe dhos bys yn morrep Cnidus, ha dre reson an gwyns dhe vos war

agan pyn, ny a wolyas yn dan woskes Creta ogas dhe Salmone. 8Pur gales o dhyn mos dresty, saw ny a dhueth dhe dyller henwys Porthow Teg, nag usy pell dheworth an cyta a Lase.

9Muer a dermyn re bya kellys genen, hag awos golya dhe vos peryl-lys y'n seson na, rag passys o an Penys, Pawl a gusulyas dhedhans 10ow leverel, "Syrys, me a wel y fydh agan vyaj luen a beryl, ha martesen ny dhe suffra coll a'n gorhel gans y garg hag a'gan bewnans ny kyn fe." 11Saw an century a attendyas an lewyth ha perhennek an gorhel moy es cusul dha Pawl. 12Drefen nag o an porth na 'vas rag spena an gwaf ynno, yth o da gans an ran vrassa anedhans mora alenna, rag y a dyby fatel yllyns war neb cor dos dhe Fenix ha spena an gwaf ena. Porth yn Creta o Fenix, ha'y fas dhe'n soth-west ha'n north-west.

13Pan dhallathas gwyns clor whetha dhya an soth, y a gresys y hallens col-lenwel aga thowl. Rag henna y a dhre-hevys ancar ha dalleth golya ryb Creta ogas dhe'n morrep. 14Saw yn scon gwyns garow henwys Hager-Awel an North-Yst stevyas war nans orthyn dheworth an tyr. 15Y fue an gorhel kybys yn kergh, hag aban na yllyn sensy y ben arag dhe'n gwyns, res o dhyn omry dhodho ha bos dryvys yn rag. 16Pan dhuethon ny yn dan woskes enesyk henwys Cauda, ny a ylly gans muer a ancombrynsy controllya scath an gorhel. 17An marners a's tennas yn ban ha gul defnyth a lovonow rag crefhe tor an gorhel. Nena, drefen y dhe gemeres own a resek war vasdowr Syrtis, y a dennas an gol bras dhe'n flur ha gasa an gorhel dhe vos gans an lyf. [18]Ternos, dre reson an hager-awel dhe gronkya an lester mar arow, y a dhallathas towel an carg yn mes y'n mor. [19]An tressa jorna an marners a dowlas aparell an gorhel dres an tenewan gans aga dewla aga honen. [20]Dres lyes jorna ny dhysquedhas naneyl howl na ster. Yth esa hager-awel uthek ow connery ha ny a forsakyas pub govenek oll a sylwans.

[21]Aban na wrussons debry tra vyth nans o termyn hyr, Pawl a sevys y'ga mesk ha leverel dhedhans, "A dus, y talvya dheugh why goslowes orthyf ha sevel orth mora dheworth Creta, rag yndella why a vensa goheles oll an coll ha'n damach. [22]Yth esof vy lemmyn orth agas ynnya sevel orth codha yn dysper, rag ny wra den vyth ahanough kelly y vewnans – ny vydh kellys ma's an gorhel yn unyk. [23]Nyhewer y sevys rybof el dheworth an Dew esof vy ow longya dhodho hag orth y wordhya, [24]hag ef a leverys dhym, 'Na borth own, Pawl, res yw dhys sevel dherag Cesar, hag yn gwyr, Dew re wrontyas sawment dhe oll an re na usy ow vyjya genes.' [25]Rag henna gwelleugh agas cher, a dus, rag fydhyans a'm bues yn Dew, fatel vydh pub tra poran kepar del vue declarys dhym. [26]Bytegens res vydh dhyn bos towlys war neb enys."

[27]Pan dhueth an peswardhegves nos ha ny ow mos gans an dowr ha'n gwyns dres Mor Adrian, an marners a dybys adro dhe hanternos agan bos ow tos nes dhe'n tyr. [28]Y a dhroppyas an plemmyk ha cafus ugans gourhes a dhowr. Pols pella y a gafas pymthek gourhes. [29]Dowt a's teva an marners ny dhe vos herdhys war garrygy, rag henna y a dhroppyas peswar ancar dhewar aros an gorhel ha pesy tardh an jedh dhe dhos yn scon. [30]Saw pan whelas an marners scappya dhya an gorhel hag yselhe an scath y'n mor war scues towlel ancorow yn mes dhewar an pen arag, [31]Pawl a leverys dhe'n century ha'n soudoryon, "Marnas an dus ma a wra remaynya war an gorhel, ny yllough why bos sawys." [32]Nena an soudoryon a drehys dhe ves lovonow an scath ha'y gasa dhe vos gans an dowr.

[33]Termyn cot kens terry an jedh, Pawl a ynnyas pubonen dhe dhebry nampyth ow leverel, "Hedhyw why re bue dew seythen heb sosten ynter govenek ha dysper, rag ny wrussough why debry tra vyth. [34]Me a'gas comend why ytho dhe gemeres nebes bos, rag henna a wra agas gweres ow sawya agas bewnans. Ny wra den vyth ahanough kelly blewen a'y ben kyn fe." [35]Pan leverys ef an geryow ma, ef a gemeras bara ha wosa ry grassow dhe Dhew dherag kenyver onen, ef a'n torras ha debry tam. [36]Henna a ros colon dhedhans oll hag y a gemeras sosten ragthans aga honen. [37](Oll warbarth ny o dewcans, tryugans ha whetek den y'n gorhel.) [38]Wosa y dhe derry aga nown, y a dowlas an ys aberth y'n mor rag scafhe an lester.

[39]Ternos vyttyn ny wrussons y aswon an tyr, mes y a verkyas camas ha treth ynno, hag ena y o purposys dhe herdhya an gorhel war dyr, mar

callens. 40Rag henna, y a relesyas an ancorow ha'ga gasa y'n mor. Yn keth termyn y a lowsyas an lovonow adro dhe'n revow lewyas, drehevel an gol arag dhe'n gwyns ha golya tro ha'n treth. 41Saw y a gafas aga honen kechys ynter dew fros trues, ha herdhys vue an gorhel war an tyr, may whrug an pen arag glena fast heb gwaya, mes yth esa an tonnow ow queskel an delergh hag orth y squattya dhe dymmyn gans aga nerth.

42Purposys o an soudoryon dhe ladha an prysners, ma na wrella den vyth anedhans neyja dhe ves ha dyank. 43Saw an century, whensys dhe sawya Pawl, a's lettyas a gollenwel an towl na. Ef a gomondyas kens oll an re na a ylly neyja dhe lemmel dres an tenewan ha mos tro ha'n tyr; 44ha'n remenant dh'aga sewya, ran war blankys ha ran war brenyer dheworth an gorhel. Hag yndella pubonen a scappyas bys y'n tyr.

28 Pan wrussyn ny dos dhe'n tyr yn saw, ny a glowas Malta dhe vos hanow an enys. 2Y fue pobel an enys cuf dres ehen dhyn. Awos bos ow cul glaw ha'n awel dhe vos yeyn, y a wrug annowy tansys ragon ha'gan wolcumma yn kettep pen adro dhodho. 3Pawl a guntellas fardel a gunys, hag yth esa orth hy dowlel war an tan, saw nader, dryvys yn mes der an wres, a fastyas hy honen orth y luef. 4Pan wrug an enesygyon gweles an best cregys orth y luef, y a leverys an eyl dh'y gela, "Hemma a dal bos moldrer. Kyn whrug ef scappya dheworth an mor, ny alowas an destnans dhodho bewa." 5Saw Pawl a shakyas an nader dhewar y luef aberth y'n tan heb godhevel myshyf vyth. 6Yth esens y ow quetyas y weles ow whethfy boneyl ow codha marow dhe'n luer, mes wosa y dhe wortos pols da heb gweles tra vyth ancoth dhe wharfos dhodho, y a janjyas aga brues adro dhodho ha dalleth leverel ef dhe vos dew.

7Yth esa y'n pow ogas dhe'n tyller na trevow ow longya dhe humbrynkyas an enys henwys Publius. Ef a'gan wolcummas ha'gan yntertaynya yn hel try jorna. 8Del wharfa, yth esa tas Publius a'y wroweth yn y wely, rag ef o grevys gans an fevyr ha'n dysentry. Pawl eth dh'y weles. Ef a besys a-ughto ha settya y dhewla warnodho ha'y sawya. 9Pan happyas henna, remenant a bobel an enys hag a's teva clevejow, a dhueth dhodho ynwedh hag y fons sawys. 10Y a dhysquedhas muer revrons dhyn kefrys, ha pan en ny parys dhe vora, y a worras y'n gorhel oll an provyans a vya othem dhyn anodho.

11Try mys warlergh henna ny a voras yn gorhel re bya y'n enys dres an gwaf. Ef o devedhys dhya Alexandria ha'n Evellas o syn y ben arag. 12Ny a entras porth Syracus ha gortos ena treddeth. 13Nena ny a wrug golya ha dos bys yn Regium. Wosa ny dhe vos un jorna y'n tyller na, gwyns a sordyas dhya an sothwest ha'n secund jorna ny eth dhe Buteoli. 14Ena ny a gafas cryjygyon hag y a'gan gelwys dhe drega seythen gansans. Hag yndelma ny a dhueth dhe Rom. 15Pan glowas an gryjygyon alenna adro dhyn, y a dhueth bys yn

Forum Appius ha dhe'n Try Thavern rag metya genen. Pan wrug Pawl aga gweles, ef a ros grassow dhe Dhew hag omgonfortya. ¹⁶Pan dhuethon dhe Rom, Pawl a gafas cumyas a drega yn y dyller y honen warbarth gans an soudor esa orth y wetha.

¹⁷Try jorna wosa henna ef a sompnas warbarth ledyoryon an Yedhewon y'n plas na. Pan wrussons y cuntelles, ef a leverys dhedhans, "A vreder, kyn na wrug avy tra vyth naneyl warbyn agan pobel na warbyn gysyow agan hendasow, me a vue sesys bytegens yn Jerusalem ha delyfrys dhe'n Romanas. ¹⁸Pan wrussons y ow examnya, da o gans an Romanas ow frya, drefen na vue tra vyth y'm cas vy a vensa dendyl payn mernans. ¹⁹Saw an Yedhewon a gontradyas henna, ha me a vue constrynys ytho dhe wul appel dhe Cesar – kyn na'm bue acusacyon vyth warbyn ow nacyon. ²⁰Rag an reson ma ytho me a besys may fe alowys dhym agas gweles ha cowsel orthough, aban yw awos govenek Ysrael me dhe vos kelmys gans an chayn ma."

²¹Y a worthebys, "Ny wrussyn ny receva lyther vyth oll dhya Judy adro dhys, na ny wrug den vyth a'n vreder a dheuth omma bythqueth deryvas na cowsel tra vyth drog ahanas. ²²Saw da vya genen ny clowes dheworthys, pyth esta ow predery, rag ow tuchya an sect ma, ny a wor y vos cablys yn pub tyller."

²³Wosa y dhe appoyntya dedh dhe vetya ganso, nomber bras a dheuth dhodho yn y ostyans. Dhya'n myttyn bys y'n gordhewer yth esa Pawl ow teclarya dhedhans an mater, ow testa adro dhe wlascor Dew hag ow whelas gul dhedhans cresy yn Jesu mes a laha Moyses hag a lyvrow an profettys. ²⁴Ran anedhans a vue perswadys gans y eryow, saw ran aral a sconyas cresy. ²⁵Yndella yth esa fowt acord yntredhans. Pan esens y ow tyberth dhewortans, Pawl a leverys woteweth, "An gwyr a gowsas an Sperys Sans pan leverys dh'agas hendasow der anow Ysay an profet,

²⁶"'Ke bys y'n bobel ma ha lavar,
"Ea, why a wra goslowes heb
    convedhes bys nefra,
ha why a vyn meras heb gweles
    benary."
²⁷Colon an bobel ma yw gyllys
    syger;
bodhar yw aga dewscovarn
ha'ga dewlagas y re dhegeas:
ma na wrellens naneyl meras gans
    aga dewlagas
na goslowes gans aga dewscovarn,
nag unweyth convedhes gans aga
    holon ha treylya
ha me a vensa aga sawya.'

²⁸"Godhvedheugh ytho fatel vue an salvacyon ma danvenys gans Dew dhe'n Jentylys. Y a wra goslowes." ²⁹Wosa ef dhe leverel an geryow ma, an Yedhewon a voydyas hag y ow tysputya yn freth an eyl gans y gela.

³⁰Pawl a dregas ena dew vledhen yn tyen orth y gost y honen ha wolcumma kenyver onen a dheffa dhodho, ³¹ow progeth gwlascor Dew hag ow tesky adro dhe'n Arluth Jesu Cryst gans oll colonnecter ha heb let vyth oll.

Pystyl Pawl dhe'n Romanas

1 Dheworth Pawl, servont a Jesu Cryst, gelwys dhe vos abostel ha settys adenewan rag awayl Dew. [2]An awayl ma Dew a dheryvas arag dorn der y brofettys y'n scryptur sans. [3]Yma va ow cowsel adro dhe Vab Dew, sevys a lynyeth Davyth warlergh an kyg. [4]Warlergh an Sperys a sansoleth ef a vue declarys dhe vos Mab Dew gans power bras pan dhassorhas dheworth an re marow. An awayl a gows a'gan Arluth, Jesu Cryst, [5]dredho may whrussyn ny receva an gwyr specyal a vos abostel, may hallen rag kerensa y hanow ef ledya tus mes a bub nacyon oll dhe grejyans hag obedyens. [6]Yth esough why y'ga mesk, rag why a glowas an galow dhe longya dhe Jesu Cryst.

[7]Yth esof orth agas dynerhy why oll yn Rom, why neb yw muergerys dhe Dhew hag a vue gelwys dhe vos y bobel sans.

Re bo gras dheugh ha cres dheworth Dew agan Tas ha dheworth Jesu Cryst an Arluth.

[8]Kens oll yth esof vy ow ry grassow dhe'm Dew dre Jesu Cryst ragough why oll, drefen bos agas fedh declarys dres oll an bys. [9]An Dew, esof vy ow servya gans ow sperys ha me ow progeth awayl y Vab, ef yw ow dustuny me dhe berthy cof ahanough prest heb hedhy y'm pejadow. [10]Me a bys may hallen, mar myn Dew, spedya war neb cor dhe dhos dheugh.

[11]Me yw whensys bras dh'agas gweles why, may hallen ranna genough why neb ro sperysek rag agas confortya, [12]boken kens may hallen ny oll warbarth bos kennerthys an eyl gans fedh y gela, ow fedh vy ha'gas fedh whywhy. [13]Da vya genama, a vreder, why dhe wodhvos fatel wruga lyes torn ervyra dos dheugh, saw me a vue lettys bys y'n uer ma. Mar teffen dheugh, me a alsa mejy neb trevas y'gas mesk, kepar del wruga yn mesk an Jentylys erel.

[14]Yth esof vy yn kendon dhe'n Grecas ha dhe dus an nacyons erel, dhe'n dus fur ha dhe'n pennow cog. [15]Rag henna yth of vy ow tesyrya dhe brogeth an awayl dheugh why yn Rom kefrys.

[16]Nyns oma methek a'n awayl. An gallus a Dhew rag sylwans ywa dhe bynag oll a'n jeffa crejyans, kensa dhe'n Yedhow ha dhe'n Greca kefrys. [17]Rag ewnder Dew yw dyscudhys ynno dre fedh rag fedh, kepar del laver an scryptur, "Suel a vo ewnhensek a wra bewa dre fedh."

[18]Rag yma sor Dew dyscudhys mes a'n nef warbyn sherewynsy ha bylyny oll an re na usy ow compressa an gwyryoneth der aga drocter. [19]An pyth neb a yll bos godhvedhys adro dhe Dhew yw apert dh'aga dewlagas, awos Dew dh'y dhysquedhes dhedhans. [20]Kyn na yll naneyl gallus Dew nag y nas dyvarow bos gwelys, yma an dhew dra convedhys ha

gwelys, dhya ban vue creatys an bys, der an taclow re wrug ef formya. Rag henna yth esens y heb ascus.

²¹Kyn whodhyens aswon Dew, ny wrens y onoura na'y wordhya kepar ha Dew, na ny rens gras dhodho a'y royow ha'y dhader. Luen ens y a vanyta y'ga desmyk hag y fue tewlhes aga holon dyskyans. ²²Yth esens owth omwul fur, saw y eth ha bos gocky. ²³Y a janjyas glory an Dew dyvarow rag ymajys haval dhe dus bo dhe edhnow, bestas peswartrosek bo scantegyon.

²⁴Dew ytho a's delyfras dre dhrogwhansow aga holon dhe aflanythter, ha dhe dhefolya aga horfow yntredhans aga honen, ²⁵Y a janjyas an gwyryoneth a Dhew rag gowegneth ha servya an dra formys adar an formyer, neb yw benegys bys vyken ha benary! Amen.

²⁶Rag an reson ma Dew a's delyfras dhe bassyons aflanyth. Aga benenes a sconyas coplans warlergh natur ha gul paryans dynatur yn y le. ²⁷Yn kepar maner yth esa aga gwer ow lesky gans whans rag gwer erel. Y whre gwer performya taclow dyveth an eyl gans y gela ha receva y'ga fersons an payn ewn rag aga errour.

²⁸Aban nag ens y parys dhe aswon Dew, Dew a's delyfras dh'aga frederow mostys aga honen ha dhe wryansow na dalvya bythqueth bos gwres. ²⁹Y fons lenwys a sherewynsy a bub sort, drog, covaytys ha spyt. Luen a envy, murder, kedryn, dyssayt, calder, yth yns y omrys dhe scavel an gow, ³⁰parys dhe gably, hatyoryon Dew, tont, hautyn, bostoryon, devys-

ours a dhrog, luen a rebellyans tro ha tas ha mam, ³¹gocky, dyslel, heb colon hag aflythys. ³²Y a wor pyth a laver gorhemmyn Dew: y cotha kenyver onen a wrella taclow a'n par bos gorrys dhe'n mernans. Ymons y bytegens ow cul an taclow ma, ha lacka whath, ow praysya aga hynsa pan usons orth aga gul kefrys.

2 Ny vern pyw os, a dhen, yth os heb ascus vyth, pan esta ow jujjya dha hynsa. Pan wreta kepar del wrons y, te a wra dampnya dha honen. ²Ny a wor bos gwyryon brues Dew tro ha'n re na a wra taclow a'n par ma. ³Kynth esta dha honen ow cul an taclow ma, yth esos ow jujjya an re na usy kefrys orth aga gul. Esta ow tyby, a dhen, te dhe scappya dheworth jujment Dew? ⁴Bo martesen yth esta ow tyspresya rychys y berthyans, y gufter ha'y hyrwodhevyans. Te ny wodhes martesen bos cufter Dew orth dha ynnya dhe godha yn edrek.

⁵Dre reson bos cales dha golon hag aflythys, yth esta ow cruny ragos sor bras y'n jorna a'n anger, pan vo dyscudhys an vrues ewn a Dhew. ⁶Ef a vyn aquytya kenyver onen warlergh y oberow. ⁷Ef a vyn ry bewnans heb deweth dhe'n re na usy gans perthyans ow cul an da hag ow whelas glory, onour hag anvarwoleth. ⁸Yma ran aral crefny hag y ow sconya an gwyryoneth may hallens gul an pyth anewn. Dew a vyn devera war an re na y sor ha'y gonnar. ⁹Pynag oll a wrella drog, ef a'n jevyth angus ha gref, an Yedhow kens oll ha'n Greca

wosa henna. [10]Saw pubonen a wrella da, a gaf glory, onour ha cosoleth, an Yedhow kens oll ha'n Greca kefrys. [11]Rag nyns usy Dew ow favera den vyth.

[12]Kenyver onen usy aves dhe'n laha hag a wrug pegh, aves dhe'n laha ef a wra merwel. Kenyver a behas yn dan an laha, an keth a vydh jujjys warlergh an laha. [13]Nyns yw ewnhensek dherag Dew an re na usy ow clowes an laha. Saw an re na usy ow cul an laha a vydh justyfyes. [14]Pan usy an Jentylys, na's teves an laha, ow cul dre natur warlergh arhadow an laha, laha yns y dhedhans aga honen. [15]Ymons y ow tysquedhes bos arhadow an laha screfys y'ga holon, hag y fydh aga honscyans ow teclarya henna kefrys. Y fydh aga freder y boneyl orth aga acusya bo orth aga ascusya [16]dedh brues, pan wra Dew brusy cowsesow mab den dre Jesu Cryst. Hen yw an messach a'm awayl vy.

[17]Te yw Yedhow hag yth esos ow crowedha y'n laha hag yth esos owth omvostya yn Dew. [18]Te a wor y volunjeth ha'y blesour hag yth os deskys y'n laha hag yth esos owth alowa an pyth yw da. [19]Yth esos ow trestya fatel osta gedyer dhe'n re yw dall ha golow dhe'n re na usy yn tewolgow, [20]ha desker dhe'n re nag yw fur ha mester dhe'n sempel ha'n dydhysk. Te a wor der an laha an form a scyens ha gwyryoneth. [21]Saw whath, te neb usy ow tesky re erel, esos jy ow tesky dha honen? Te neb usy ow progeth warbyn ladrans, esta ow ladra? [22]Te neb usy ow progeth warbyn avowtry, osta avowtryer dha

honen? Te neb usy ow tefya ydolys, esta ow robbya templys? [23]Te neb usy ow rejoycya y'n laha, esta dre dorva an laha ow tysonoura Dew? [24]An scryptur a laver, "An hanow a Dhew dredhough why yw mockys yn mesk an Jentylys."

[25]An cyrcumcysyon yw 'vas, mars esta ow cul warlergh an laha. Saw mars esta ow terry an laha, dha cyrcumcysyon yw gwres fowt cyrcumcysyon. [26]Mars usy an re na nag yw cyrcumcysys ow sensy arhadow an laha, a ny vydh aga fowt cyrcumcysyon kemerys rag cyrcumcysyon? [27]Yma tus heb cyrcumcysyon y'ga body ow sensy an laha. Te a bew an laha screfys ha'n cyrcumcysyon. Pan wreta terry an laha, a ny vyn an dus heb cyrcumcysyon dha vrusy jy? [28]Rag nyns yw den vyth Yedhow war ves naneyl nyns yw an gwyr-cyrcumcysyon nampyth y'n kyg na war ves. [29]Na, an Yedhow gwyr yw Yedhow war jy, ha'n cyrcumcysyon gwyr yw mater a'n golon, warlergh an sperys kens es warlergh an lyther. Den a'n par na a gaf prays dheworth Dew kens es dheworth y hynsa.

3 Pana brow ytho a'n jeves an Yedhow? Bo pyth yw vertu an cyrcumcysyon? [2]Bras ywa yn pub fordh. Y'n kensa le y fue geryow Dew trestys dhe'n Yedhewon.

[3]Pandr' a wher ytho, mars o ran a'n Yedhewon dyslel? A wra aga dyslelder dyswul lelder Dew? [4]Dew dyfen! Kynth yw pubonen gowek, re bo Dew dysquedhys gwyryon. Yma an scryptur ow leverel,

"May halles bos justyfyes y'th
  eryow
ha fetha pan ves brusys."

5Saw mar qura agan camhenseth
declarya ewnder Dew, pandr' a dal
dhyn leverel? Dew dhe vos anewn
mar qura va serry war agan pyn? (Yth
esof ow cowsel kepar ha mab den.)
6Byner re bo! Rag fatel alsa Dew ytho
brusy an bys? 7Mars usy ow goweg-
neth vy ow tysquedhes dhe glerra
gwyryoneth Dew hag yndelma ow
moghhe y glory, prag yth oma whath
dampnys avel pehador? 8Prag na
yllyn ny leverel (hag yma ran orth
agan cably pan leverons ny dhe
gowsel yndelma), "Geseugh ny dhe
wul drog may halla da dos anodho."
Anjustys ny vya man, a pe dampnys
tus a'n par na.
9Pandr' a yllyn ny leverel ytho? Yw
agan plyt ny avel Yedhewon byth dhe
well? Nag yw nes, rag solabrys ny re
acusyas kenyver onen, an Yedhow
ha'n Jentyl kefrys, dhe vos yn dan
arlottes an pegh. 10An scryptur a
laver,

"Nyns ues onen gwyryon, na nag
  ues onen;
11nyns ues onen a wra convedhes,
nyns ues onen ow sewya hag ow
  folya Dew.
12Yth yns oll gyllys mes a fordh,
  yth yns oll dyles;
nyns ues onen a wra da;
nag ues onen kyn fe."
13"Aga bryansen yw sepulcher,
gans aga thavosow y a us gyl ha
  dyssayt."

"An poyson a serpons yma yn dan
  aga gweusyow."
14"Aga ganowow yw luen a
  wherowder ha parys dhe
  vollethy ha ty."
15"Aga threys yw parys rag scullya
  gos;
16yma destrucsyon hag anken y'ga
  fordhow,
17ha'n fordhow a gres y ny
  aswonas."
18"Nyns ues own a Dhew dherag
  aga dewlagas."

19Yma geryow an laha ow cowsel,
del wodhon ny yn ta, orth an re na
usy yn dan an laha, may fo pub
ganow concludys ha may halla oll an
norvys bos yn dan vrues Dew. 20Rag
"ny vydh den vyth justyfyes yn y
wolok ef" der oberow erhys gans an
laha. Der an laha y tue aswonvos
pehosow.
21Saw lemmyn ewnder Dew re bue
dysclosys aves dhe'n laha, hag yma an
laha ha'n profettys ow tustunya ano-
dho. 22An ewnder a Dhew yw opyn
dhe genyver onen a gressa yn Jesu
Cryst. Nyns ues dyffrans vyth yntre-
dhon, 23rag pubonen re behas ha
fyllel a glory Dew. 24Justyfyes yns
lemmyn der y ras ef yn ro, der an
redempcyon usy yn Jesu Cryst.
25Dew a wrug y brofya avel offryn a
amendys der y wos, usy owth obery
dre fedh. Ef a wrug hemma rag dys-
quedhes y ewnder, rag yn y berthyans
avel Dew ef a ascusyas an pehosow
comyttys y'n dedhyow coth. 26Hen o
rag prevy y'n present termyn ma ef
dhe vos ewnhensek hag ef dhe

justyfya pubonen a'n jeffa fedh yn Jesu.

²⁷Ple ma bostow ytho? Yth yns y deges yn mes. Pana laha a wrug aga degea yn mes? An laha a oberow? Na, mes an laha a fedh. ²⁸Rag ny a dyb bos den justyfyes dre fedh heb an oberow comondys y'n laha. ²⁹Bo yw Dew Dew an Yedhewon yn unyk? A nyns ywa an Dew a'n Jentylys magata? Ea, a'n Jentylys kefrys, ³⁰rag Dew yw onen. Ef a vyn justyfya an re cyrcumcysys der aga fedh ha'n re na nag yw cyrcumcysys der an keth fedh. ³¹Eson ny ytho ow tysevel an laha der an fedh ma? Nag eson man! Y'n contrary part, yth eson ny tysquedhes power an laha.

4 Pandr' a vennyn ny leverel dhe vos gwaynys gans Abram, agan hendas, warlergh an kyg? ²Rag mara pue Abram justyfyes der y oberow, ef a'n jeva cheson rag omvostya, kyn na'n jeva cheson dherag Dew. ³Pandr' a laver an scryptur? "Abram a wrug cresy y'n Arluth hag y fue y grejyans recknys dhodho avel ewnder."

⁴Dhe henna usy ow lafurya, nyns yw y wajys recknys avel ro, mes avel tra dhendylys. ⁵Saw rag kenyver a wrella trestya yn Dew usy ow justyfya an dus dhydhew, crejyans a'n par na yw recknys avel ewnder. ⁶Davyth y honen a laver an geryow ma adro dhe venejycter an re na usy Dew ow reckna ewnder dhedhans heb oberow:

⁷"Benegys yw an re na yw gyvys aga threspassys ha'n den mayth yw y behosow pardonys dhodho.

⁸Benegys yw an den na wrella an Arluth reckna pegh vyth dhodho."

⁹A vydh an benejycter ma declarys dhanna rag an re cyrcumcysys yn unyk, bo rag an re nag yw cyrcumcysys kefrys? Ny a laver, "Y fue crejyans recknys dhe Abram avel ewnder." ¹⁰Fatel vue va recknys avel ewnder dhodho? A vue va recknys avel ewnder kens es y dhe vos cyrcumcysys bo wosa henna? Ny vue va wosa ef dhe vos cyrcumcysys, mes kens. ¹¹Ef a recevas syn an cyrcumcysyon avel tokyn a'n ewnder a'n jeva dre fedh, pan o va whath heb cyrcumcysyon. An purpos o rag y wul hendas a oll an re na a gressa heb bos cyrcumcysys hag a vo ewnder recknys dhedhans. ¹²Hag yn kepar maner ef yw hendas a'n re cyrcumcysys, nag yw cyrcumcysys yn unyk, mes usy ow sewya kefrys an ensompel a fedh a'n jeva agan hendas Abram kens bos cyrcumcysys.

¹³An promys neb a levery y whre Abram eryta an bys, ny dhueth an promys na dhe Abram na dh'y yssew der an laha, mes der ewnder awos fedh. ¹⁴Mars yw res dhe'n re na usy ow sensy an laha bos eryon Abram, gwag yw fedh ha'n promys yw heb bry. ¹⁵Rag yma an laha ow try sor. An le na vo laha, ny vydh naneyl torva a'n laha.

¹⁶Rag henna mater a fedh yw, may halla an promys powes war an gras ha bos warrantys dhe oll y yssew, dhe'n re na usy ow sensy an laha ha dhe'n re na yw kevrennek a fedh Abram kefrys. Rag Abram yw tas dhyn ny

oll, [17]kepar del laver an scryptur, "Me re wrug ahanas tas dhe boblow heb nyver." Yndelma yth yw an promys a valew y'n golok a'n Dew a gresy Abram ynno, an Dew usy ow ry bewnans dhe'n re marow hag ow tenethy taclow na vue whath.

[18]Yth esa Abram ow quetyas warbyn govenek y dhe vos "tas dhe boblow heb nyver", warlergh an pyth a vue leverys dhodho, "Mar vras y fydh nomber dha yssew jy." [19]Ny wrug fedh Abram fyllel, pan gonsydras y gorf y honen neb o ogas marow solabrys, rag ef o neb cans blodh. Naneyl ny wrug y fedh fyllel pan wrug ef predery a anvabeth Sara. [20]Ny wrug lack vyth a grejyans dhodho dowtya adro dhe dhedhewadow Dew. Na, ef o dhe voy stedfast yn y fedh hag ef a re glory dhe Dhew. [21]Abram a wodhya fest fatel ylly Dew collenwel y bromys. [22]Rag henna "y grejyans a vue recknys avel ewnder dhodho." [23]Saw ny vue an geryow "y grejyans a vue recknys dhodho" screfys rag Abram yn unyk, [24]mes ragon ny kefrys. Hen yw dre reson ny dhe gresy ynno ef neb a dhrehevys Jesu agan Arluth dheworth an re marow. [25]Jesu a vue delyfrys dhe ancow awos agan pehosow ny, hag ef a vue drehevys rag aga don yn kergh.

5 Rag henna, aban vuen ny justyfyes dre fedh, ny a'gan bues cres gans Dew der agan Arluth Jesu Cryst. [2]Dredho ef ny a gafas fordh bys y'n gras eson ny a'gan saf ynno, hag yth eson ny owth omvostya y'gan govenek a vos kevrennek a'n glory a

Dhew. [3]Nyns yw henna pub tra na whath. Yth eson ny owth omvostya y'gan paynys kefrys, rag ny a wor paynys dhe dhenethy perthyans, [4]ha perthyans vertu ha vertu govenek. [5]Ny wra govenek agan tulla, rag kerensa Dew re bue deverys y'gan colon der an Sperys Sans ha henna yw ro Dew dhyn ny.

[6]Pan en ny whath gwan, Jesu y'n termyn ewn a dhug mernans rag an dus dhydhew. [7]Bohes venough yn gwyr y whra den vyth don mernans rag den ewnhensek. Nebonen martesen a vensa merwel rag dremas. [8]Saw yma Dew ow prevy y gerensa dhyn, aban verwys Cryst ragon ny, ha ny whath pehadoryon.

[9]Aban vuen ny justyfyes der y wos, ny a yll bos dhe voy sur ef dh'agan gwetha ny rag sor Dew. [10]Ny a vue reconcylys dhe Dhew dre wos y Vab pan en ny whath y eskerens. Dhe voy sur ytho y fedhyn ny sawys der y vewnans, ha ny reconcylys dhodho. [11]Moy es henna yth eson ny ow rejoycya awos an taclow a wrug Dew ragon der agan Arluth Jesu Cryst, dredho may whrussyn ny receva gyvyans.

[12]An pegh a dhueth war oll an bobel der an gwythres a un den, ha mernans a dhueth der y begh ef. Yndelma an mernans a lesas yn mesk mebyon tus, dre reson kenyver onen dhe beha. [13]Yth esa pegh y'n bys kens es an laha, mes nyns yw pegh recknys pan nag ues laha vyth. [14]Yth esa mernans bytegens ow cul maystry dhya Adam bys yn Moyses war an re na nag o aga fegh kepar ha trespas Adam. Adam o fygur a henna a vensa dos.

15Saw nyns yw an dhew dra haval an eyl dh'y gela. Nyns yw ro frank Dew kepar ha trespas Adam. Gwyr yw lyes huny dhe verwel dre reson a'n pegh a un den. Mes moy luen yw gras Dew ha'y ro frank a ras dhe lyes onen der an un den, Jesu Cryst. 16Nyns yw an ro frank haval yn poynt vyth dhe frutys an pegh a un den. Rag an vrues rys wosa an trespas a un den a dhampnyas an lynyeth a vab den. Saw an ro frank wosa lyes trespas a dheclaryas agan bos dybegh. 17Yth esa an ancow ow cul maystry awos trespas un den. Pysuel dhe voy a vydh frut an gwythres a un den, Jesu Cryst! Pubonen neb a recevas lanwes a ras ha'n ro frank a ewnder dre Gryst, a wra rewlya ganso ef.

18Poran kepar del ledyas an trespas a un den dhe dhampnacyon rag pubonen, yndella kefrys yma an gwythres ewnhensek a un den ow ledya dhe bardon ha dhe vewnans rag pubonen. 19Kepar del eth lyes onen ha bos pehadoryon dre dhysobedyens un den, yndelma y fydh lyes onen pardonys der obedyens un den.

20An laha a vue provyes dhe encressya trespas. Yn mar vuer del wrug an pegh moghhe, dhe voy gras Dew a encressyas kefrys. 21Rag henna kepar del esa an pegh ow rewlya dre vernans, yndella yma gras Dew ow rewlya dre bardon. Yma henna orth agan ledya bys y'n bewnans heb deweth dre Jesu Cryst agan Arluth.

6 Pyth a dal dhyn leverel ytho? A dal dhyn pesya gans pegh may fo abundans a ras? 2Dew dyfen! Fatel yllyn ny, ha ny marow dhe begh, fatel yllyn ny pesya gans pegh ha bewa ynno? 3A ny wodhough why, ny oll neb a vue besydhys yn Cryst dhe vos besydhys yn y vernans? 4Rag henna ny re bue encledhys ganso dre vesydhyans bys y'n mernans. Hen o may hallen ny kerdhes yn nowetter bewnans, poran kepar del vue Jesu drehevys dheworth mernans dre wordhyans an Tas.

5Rag mara puen ny unys ganso yn ancow haval dh'y vernans ef, yn certan y fedhyn ny junnys ganso yn dasserghyans kepar ha'y dhasserghyans ef. 6Ny a wor y fue agan den coth crowsys ganso ef, may halla corf an pegh bos dyswres ha ma na ven ny namoy yn dan arlottes an pegh. 7Rag pynag oll a vo marow yw frank a begh.

8Rag mar qurussyn ny merwel gans Cryst, ny a grys fatel wren ny kefrys bewa ganso. 9Ny a wor na wra Cryst merwel nefra arta warlergh y vos drehevys yn ban dheworth an re marow. Nyns yw ef namoy sojeta ancow. 10An mernans a wrug ef merwel, y fue mernans dhe begh unweyth rag nefra. Saw an bewnans usy ef ow pewa, yma va yn few ynno dhe Dhew. 11Yn kepar maner res yw dheugh why predery agas bos marow dhe begh hag yn few dhe Dhew dre Jesu Cryst. 12Rag henna, na wrens an pegh lordya y'gas corf mortal ha gul dheugh obaya drogwhansow an corf. 13Na wreugh namoy profya agas esely dhe'n pegh avel dafar rag sherewynsy, saw profyeugh agas honen dhe Dhew avel tus re bue drys dhya

vernans dhe vewnans ha present-
yeugh agas esely dhe Dhew avel
toulys a'n ewnder. [14]Rag ny'n jevyth
an pegh arlottes vyth warnough, aban
nag esough why yn dan an laha, adar
yn dan ras.

[15]Pandra ytho? A dalvya dhyn peha
dre reson nag eson ny yn dan an laha,
mes yn dan ras? Dew dyfen! [16]A ny
wodhough why hemma: mar teugh
why ha profya agas honen dhe dhen
vyth avel keswesyon wostyth, why yw
an wesyon a henna esough why owth
obaya dhodho – boneyl dhe begh, usy
ow ledya dhe'm mernans, bo dhe
obedyens, usy ow ledya dhe ewnder?
[17]Me a aswon muer 'ras dhe Dhew
why dhe vos gostyth y'gas colon
dhe'n sort a dhyscans may feugh why
trestys dhodho, kynth eugh why
kethwesyon kens dhe begh.
[18]Delyfrys dheworth pegh why res
eth ha bos kethwesyon a'n ewnder.

[19]Yth esof vy ow cowsel yn termow
a vab den awos gwander agas kyg.
Kens omma why a wre offra agas
esely avel kethwesyon dhe vostethes,
ha dhe voy ha dhe voy sherewynsy.
Saw y'n tor' ma yth esough why ow
presentya agas esely avel kethwesyon
a'n ewnder may fons y benegys.
[20]Pan eugh why yn dan arlottes an
pegh, why o frank ow tuchya ewnder.
[21]Rag henna pana wayn a wrussough
why cafus der an taclow na esough
why lemmyn ow kemeres meth ane-
dhans? An frut a'n taclow na yw mer-
nans. [22]Saw lemmyn ha why fryys
dheworth pegh hag yn kethwesyon
dhe Dhew, an prow usy ow tos
dheugh yw benejycter. An frut a

henna yw an bewnans heb deweth.
[23]Rag ancow yw an wajys a begh, mes
ro frank Dew yw bewnans heb
deweth yn Jesu Cryst agan Arluth.

7 Why a wra convedhes ow
geryow, a vreder, rag why a wor
an laha. Nyns ues den vyth yn dan
arlottes an laha, saw unsel hadre vo
va yn few. [2]Yma benen dhemedhys,
rag ensompel, kelmys der an laha
dh'y gour hadre vo va yn few. Saw
mar tue hy gour ha merwel, delyfrys
yw hy a'n laha ow tuchya hy gour.
[3]Rag henna, mar tue hy ha kesvewa
gans gour aral hadre vo hy gour yn
few, hy yw gelwys gwan-wre'ty. Saw
mar tue hy gour ha merwel, frank yw
hy warlergh an laha. Nena mar tue hy
ha demedhy gans den aral, gwan-
wre'ty nyns yw hy man.

[4]Yn kepar maner, a vreder, why re
verwys dhe'n laha, dre reson why dhe
vos ran a gorf Cryst. Lemmyn yth
esough why ow longya an eyl dh'y
gela, dre henna re bue drehevys gans
Dew dheworth an re marow, may
hallen ny bos a les dhe servys Dew.
[5]Pan esen ny ow pewa warlergh an
kyg, yth o agan tebel-whansow sord-
ys der an laha. Yth esens an whansow
na owth obery y'gan corf dhe dhon
frut wordhy a vernans. [6]Saw lemmyn,
ny yw delyfrys dheworth an laha rag
ny a verwys dhe'n pyth a wrug prys-
ners ahanan. Rag henna nyns eson ny
ow servya na fella an laha screfys y'n
fordh coth, mes ow servya yn fordh
noweth der an Sperys.

[7]Pandr' a dal dhyn leverel ytho? An
laha dhe vos pegh? Dew dyfen! Saw

na ve an laha, ny alsen vy godhvos pegh. Ny wodhvyen pyth yw covaytys, na ve an laha dhe leverel, "Na wra whansa." [8]Saw an pegh, ow sesya chons y'n gorhemmyn, a dhros mes ahanaf pub sort covaytys. Marow yw pegh heb an laha. [9]Me o yn few kens omma heb an laha. Saw pan dhueth an gorhemmyn, pegh a dhassorhas [10]ha me a verwys. An very gorhemmyn esa ow promysya bewnans dhym, eth ha bos mernans ragof. [11]Rag an pegh a sesyas y jons y'n gorhemmyn ha'm tulla. Der an gorhemmyn pegh a'm ladhas. [12]Rag henna sans yw an laha, ha'n gorhemmyn yw sans hag ewn ha da.

[13]A wrug an pyth o da ytho dry dhym mernans? Na wrug man! Pegh a'm ladhas ha dysquedhas y natur gwyr. An pegh a usyas an da rag ow dystrowy ha der an gorhemmyn an pegh eth ha bos lacka es bythqueth kens.

[14]Rag ny a wor bos an laha sperysek. Mes sperysek nyns oma man. Me yw kethwes a vue gwerthys yn dan begh. [15]Ny won convedhes ow gwryansow ow honen. Rag ny wrama an pyth yw da genef, mes me a wra an very pyth yw cas genef. [16]Now, mar tuema ha gul an pyth nag yw mal genef, yth of acordys bos an laha da. [17]Saw yn gwyr nyns esof vy orth y wul, mes an pegh neb yw tregys ynnof. [18]Rag me a wor nag ues tra vyth da tregys ynnof, hen yw, y'm kyg vy. Me a yll desyrya an da, mes y wul ny allaf. [19]Rag ny wrama an da yw mal genef gul. Saw an drog nag of whensys dhe wul, henna a wrama. [20]Mar quraf an pyth nag yw mal

genef, nyns esof vy na fella orth y wul, mes an pegh neb yw tregys ynnof.

[21]Me a gaf an rewl ma ytho: pan yw mal genef gul an da, yma an drog ogas dhym. [22]Kynth esof ow rejoycya yn laha Dew yn downder ow holon, [23]me a wel y'm esely laha aral ow querrya warbyn an laha y'm brys. Hag yma henna orth ow gul keth dhe laha an pegh tregys y'm esely. [24]Govy! Govy! Pyw ytho a vyn ow sylwel dheworth an corf ma a vernans? [25]Grassys re bo dhe Dhew dre Jesu Cryst agan Arluth!

Rag henna ytho me yw keth y'm brys dhe laha Dew, kynth oma keth y'm kyg dhe laha an pegh.

8 Nyns ues dampnacyon vyth ytho rag an re na usy yn Jesu Cryst. [2]Rag yn Jesu Cryst an laha a Sperys an bewnans re wrug agas delyfra dheworth laha an pegh ha'n mernans. [3]An pyth na alsa an laha gul, drefen y vos gwanhes der an kyg, henna re wrug Dew. Rag Dew a dhanvonas y Vab y honen y'n hevelep a'n kyg luen a begh hag avel offryn rag pegh. Dew a dhampnas pegh y'n kyg, [4]may halla arhadow an laha bos collenwys ynnon ny, usy ow kerdhes warlergh an Sperys kens es warlergh an kyg.

[5]Rag an re na usy ow kerdhes warlergh an kyg, yma aga brys rewlys gans taclow an kyg. Saw an re na usy ow kerdhes warlergh an Sperys, yma aga brys rewlys gans an pyth yw da gans an Sperys. [6]Yma rewl der an kyg ow ledya dhe'm mernans, saw rewl

der an Sperys yw bewnans ha cosoleth. [7]Rag henna escar dhe Dhew yw an brys neb yw rewlys der an kyg. Nyns usy an brys na owth omry dhe laha Dew. Yn gwyryoneth ny ylla gul yndella, [8]naneyl ny yll an re na usy y'n kyg plesya Dew.

[9]Saw whywhy, nyns esough why y'n kyg. Y'n Sperys yth esough, drefen bos Sperys Dew tregys ynnough. Pynag oll na'n jeffa Sperys Cryst, Crystyon nyns ywa man. [10]Mars yw Cryst tregys ynnough why, kynth yw agas corf why marow awos why dhe beha, bewnans ragough yw an Sperys y honen, rag why re bue justyfyes. [11]Mars yw tregys ynnough an Sperys anodho ef neb a dhrehevys Cryst dheworth an re marow, ef neb a dhrehevys Cryst dheworth mernans a vyn ry bewnans kefrys dh'agas corf mortal der y Sperys tregys ynnough.

[12]Rag henna, a vreder, kendonoryon on ny, mes nyns eson ny yn kendon dhe'n kyg, dhe vewa warlergh an kyg. [13]Mars esough why ow pewa warlergh an kyg, why a verow. Saw mar teugh why ha gorra dhe'n mernans oberow an corf der an Sperys, bewa a wreugh. [14]Kenyver onen a vo ledys gans Sperys Dew yw flogh Dew. [15]Rag ny wrussough why receva sperys a gethneth rag codha war dhelergh yn own. Na, why re recevas sperys kepar ha mebyon. Pan eson ny ow crya, "*Abba*! a Das!" [16]yma an very Sperys na ow junnya dh'agan sperys ny dhe dheclarya agan bos flehes Dew. [17]Mars on ny flehes, nena eryon on ny kefrys, eryon a Dhew ha keseryon gans Cryst. Mar pedhyn ny

kevrennek a'y baynys, nena ny a vydh kevrennek a'y glory magata.

[18]Yth hevel dhym nag yw wordhy paynys an present termyn ma dhe vos comparys gans an glory a vydh dyscudhys dhyn. [19]Yma an creacyon ow quetyas gans yeunadow cref an dyscudhans a'n flehes a Dhew. [20]Y fue an creacyon gorrys yn dan arlottes an ufereth. Ny vue hemma dre volunjeth an creacyon saw der an bolunjeth anodho ef a'n gwrug sojeta ufereth. Ef a wrug henna y'n govenek [21]an creacyon dhe vos delyfrys dheworth danjer an dyfygyans ha cafus an franchys a'n glory a flehes Dew.

[22]Ny a wor fatel vue an creacyon yn tyen owth hanaja yn y wolovas bys y'n termyn ma. [23]Nyns esa an creacyon yn unyk owth hanaja. Kynth usy bleynfrutys an Sperys genen, yth eson ny owth hanaja war jy ha ny ow cortos dhe vos recevys avel mebyon. Hen yw dhe styrya, an redempcyon a'gan corf. [24]Yn govenek y fuen ny sylwys. Rag nyns ywa govenek, mar kyll an dra bos gwelys. Pyw usy ow quetyas an pyth usy ef ow queles? [25]Saw mars eson ny ow quetyas an pyth na yllyn gweles, yth eson ny orth y wortas gans perthyans.

[26]Yndelma kefrys yma an Sperys orth agan gweres y'gan gwanegreth. Ny wodhon ny yn pana vaner a gotha dhyn gul agan pejadow, saw yma an Sperys y honen ow pesy ragon dre vayn a hanasow stlaf. [27]Dew, usy ow whythra agan cowsys, a wor yn ta pyth usy an Sperys ow styrya, drefen an Sperys dhe besy rag pobel Dew warlergh bolunjeth Dew y honen.

²⁸Ny a wor fatel usy pub tra ow kes-obery rag an da dhe'n re na a gar Dew hag yw gelwys dh'y burpos ef. ²⁹An re na a wrug ef aswon arag dorn, ef a's ragdhestnas dhe vos hevellys dhe ymach y Vab, may fe y Vab an kensa genys yn mesk lyes broder. ³⁰An re na a wrug ef ragdhestna, ef a's gelwys kefrys. An re na a wrug ef gelwel, ef a's justyfyas, ha'n re na a wrug ef justyfya, ef a ros dhedhans glory.

³¹Pandr' a wren ny leverel adro dhe'n taclow ma? Mars yw Dew rag-on ny, pyw a vydh war agan pyn? ³²Certus ny vydh Dew war agan pyn, rag ny wruga unweyth sensy y Un Vab, mes ef a'n offrynnas ragon ny oll. A ny vyn ef ry pub tra oll dhyn kefrys? ³³Pyw a vyn acusya tus dowys-ys Dew? Yma Dew y honen orth aga declarya dybegh. ³⁴Pyw a vyn damp-nya? Na vyn Jesu Cryst. Ef a dhug mernans, bo kens ef a vue drehevys. Yma ef lemmyn dhe'n barth dyhow a Dhew hag yma ef ow pesy ragon. ³⁵Pandr' a vyn agan dyberth dhe-worth kerensa Cryst? A vyn anken bo gref bo compressans bo dyvotter bo notha bo peryl bo cledha? ³⁶Kepar del laver an scryptur,

"Ragos jy yth eson ny ow pos
    ledhys dres oll an jedh.
Yth on ny recknys kepar ha deves
    ow mos dhe'n ladhva."

³⁷Na, yn oll an taclow ma yth on ny moy es conquerrours dredho ef neb a'gan caras. ³⁸Rag y'n purra gwyryon-eth me a grys na yll naneyl mernans, na bewnans, nag eleth, na rewloryon, na taclow present, na taclow dhe dhos, na potestas, ³⁹nag uhelder, na down-der, na tra vyth ken yn oll an creacyon agan dyberth ny dheworth kerensa Dew usy yn Jesu Cryst agan Arluth.

9 Yth esof ow cowsel an gwyr-yoneth yn Cryst. Nyns esof vy ow leverel gow, hag ow honscyans a laver dhym der an Sperys Sans nag ywa gow. ²Yma y'm colon muer a drystans hag anken heb cessya. ³Assa vya da genef bos mylegys ha dy-berthys dheworth Cryst rag kerensa ow fobel ow honen, ow neshevyn warlergh an kyg! ⁴Ysraelysy yns y. Y a vue gwres mebyon Dew. Y a bew an glory a bresens Dew. Dhedhans y yma an ambosow, an laha, golohas Dew y'n templa ha'n dedhewadow. ⁵Dhedhans y yma an patryarkys ha dhewortans y warlergh an kyg y tue an Cryst, usy a-ugh kenyver tra. Re bo Dew benegys bys vyken ha benary. Amen.

⁶Ny yllyn ny leverel ger Dew dhe fyllel, rag nyns usy pub Ysraelyas ow longya yn gwyr dhe Ysrael, ⁷naneyl nyns yw pub flogh a Abram y yssew gwyr. Saw "der Ysak dha lynyeth a vydh henwys." ⁸Hem yw dhe styrya, nag yw flehes Dew an flehes genys warlergh an kyg, mes an flehes genys warlergh dedhewadow Dew a vydh kemerys avel yssew gwyr. ⁹An dedhe-wadow a leverys: "Y'n prys ewn me a vyn dewheles dhys ha Sara a's tevyth mab."

¹⁰Nyns yw henna pubtra. Dew vab Rebecca a's teva an un tas, Ysak agan

hendas. ¹¹Kens es hy mebyon dhe vos genys ha kens es y dhe wul tra vyth da bo drog (may halla pesya an purpos a Dhew ow tuchya dowysyans ¹²dredho ef usy ow kelwel, kens es der oberow mebyon tus), y fue leverys dhedhy, "An mab cotha a wra servya an mab yowynca." ¹³Kepar del laver an scryptur, "Me re garas Jacob, mes Esau re bue cas dhym."

¹⁴Pandr' a dal dhyn leverel? Dew dhe wul anjustys? Byner re bo! ¹⁵Rag ef a laver dhe Voyses,

"Me a vyn kemeres pyteth a henna a wrama kemeres pyteth anodho; ha me a vydh luen mercy dhe'n re na a vannaf vy dysquedhes mercy dhedhans."

¹⁶Yma an mater ytho ow powes gans Dew ha'y dregereth, kens es gans bolunjeth bo gwythres den. ¹⁷Rag an scryptur a laver dhe Faro, "Me a wrug mytern ahanas, may hallen dredhos jy dysquedhes ow gallus ha may fe ow hanow declarys yn oll an bys." ¹⁸Yndelma yma Dew ow kemeres pyteth a genyver onen a venna hag ow calesy colon kenyver onen a venna.

¹⁹Te a vyn leverel dhym ytho, "Mars yw taclow yndelma, fatel yll Dew blamya den vyth? Pyw a yll sevel orth y vodh?" ²⁰Pyw osta jy, te dhen, dhe argya gans Dew? A vyn an pot pry leverel dhe'n potor, "Prag y'm gwrussys yndelma?" ²¹A ny'n jeves an gweythor an pry yn y dhanjer? A ny'n jeves ef an gwyr dhe wul dew seth mes a'n keth tam a bry,

onen rag usadow specyal ha'y gela rag pubtedh oll?

²²Yndelma yma an cas ow tuchya gwythres Dew. Ef a dhesyryas dysquedhes y sor ha deryvas y allus. Saw ef a gemeras perthyans hyr gans an vessyls a'y sor hag y destnys dhe dhystrucsyon. ²³Ef a dhesyryas kefrys dhe dhysquedhes rychys y glory dhe'n re na a venna ef kemeres pyteth anedhans, an re na a vue destnys dherag dorn rag y glory. ²⁴Yth eson ny yn mesk an re na, ha ny re bue gelwys mes a'n Yedhewon hag a'n Jentylys kefrys. ²⁵Kepar del laver Dew yn lyver Osea,

"An re na nag o ow fobel vy, me a vyn aga gelwel 'ow fobel vy', ha honna nag o muergerys, me a vyn hy gelwel 'muergerys'."

Ha,

²⁶"Yn very tyller may fue leverys dhedhans, 'Nyns ough why ow fobel man,' ena y a vydh gelwys 'flehes a'n Dew bew'."

²⁷Hag yma Ysay ow carma adro dhe Ysrael,

"Kyn fe an nomber a flehes Ysrael kepar ha tewas an mor, ny vydh sawys anedhans mes remenant, ²⁸rag an Arluth a vyn collenwel y vrues yn scon ha dre nerth warbyn an bys."

²⁹Kepar del laver an profet Ysay,

"Na ve an Arluth dhe alowa
   remenant ahanan dhe vewa,
ny a wrussa fara kepar ha Sodom,
   ha ny a vya kepar ha Gomorra."

30Pandra ytho a dal dhyn leverel?
An Jentylys, na wrug stryvya dhe
waynya ewnder, y re'n cafas. Hen yw
dhe styrya, ewnder dre fedh. 31Pobel
Ysrael a wrug stryvya dhe gafus ewn-
der grondys war an laha, saw ny
wrussons spedya dh'y gafus. 32Prag
na? Dre reson na vons y grondys war
fedh, mes war oberow, del hevelly
dhedhans. Y a omdhysevys war an
men a drebuchyans 33campollys y'n
scryptur,

"Myr, yth esof vy ow settya men
   yn Sion a vyn gul dhe'n dus
   trebuchya,
ha carrek a wra aga dysevel,
ha suel a wrella cresy ynno ef, ny
   vydh ef shamys man."

10 A vreder, assa vya da genef
ow fobel dhe vos sylwys! Ass
yw ernest ow fejadow dhe Dhew
ragthans! 2Me a yll desta dheugh why
a'ga dywysycter tro ha Dew, saw nyns
yw an dywysycter na grondys war
skentoleth ewn. 3Ny wodhons an
ewnder a dhue dheworth Dew. Yn le
henna ymons y ow whelas byldya
fordh bys y'ga ewnder aga honen.
Rag henna ny wrons y omblegya dhe
ewnder Dew. 4Cryst yw deweth an
laha hag ef a dhora ewnder dhe bynag
oll a gressa ynno.
5Ow tuchya an ewnder a dhue dhe-
worth obedyens dhe'n laha, Moyses a

laver, "Pynag oll a wrella an taclow
ma, a vyn bewa dredhans." 6Saw yma
an ewnder a dhue dheworth fedh ow
leverel: "Na wra govyn, 'Pyw a vyn
ascendya y'n nef?'" (hen yw, rag dry
Cryst dhe'n dor) 7"naneyl na wra
govyn, 'Pyw a vyn skynnya bys y'n
yslonk?'" (hen yw, rag dry Cryst yn
ban dheworth an re marow). 8Saw
pandr' usy an ewnder ow leverel?
"Ogas dhys yma an ger. Yma va war
dha dhewwues hag y'th colon." Hen
yw an messach a fedh eson ny ow
progeth. 9Mar qureta meneges gans
dha dhewwues Jesu dhe vos an
Arluth, ha cresy y'th colon Dew dh'y
dhrehevel dheworth an re marow, te
a vydh sylwys. 10Mar tue nebonen ha
cresy yn y golon, ef a vydh justyfyes.
Mar tue va ha meneges gans y anow,
ef a vydh sylwys. 11An scryptur a
lavar, "Kenyver den a gressa ynno ef,
ny wra ef kemeres meth." 12Kenyver
den – rag nyns ues dyffrans vyth
ynter Yedhow ha Greca. An keth Ar-
luth yw Arluth a bubonen, hag ef yw
larch lowr rag pubonen a wrella gel-
wel warnodho. 13Del laver an scryp-
tur arta, "Kenyver den a wrella gel-
wel war hanow an Arluth a vydh
sawys." 14Fatel yllons y gelwel war-
nodho ef na wrussons y cresy ynno?
Yn pan vaner a yllons y cresy yn
henna na wrussons bythqueth clowes
anodho? Yn pan vaner a vennons y
clowes heb den vyth dh'y brogeth
dhedhans? 15Fatel yllons y brogeth
ma's y a vydh danvenys? Del laver an
scryptur, "Ass yw teg treys an re na
usy ow try newodhow da!"

16Saw ny wrug pubonen obaya
dhe'n newodhow da, rag Ysay a laver,

"Arluth, pyw re gresys agan mes-sach?" [17]Rag henna, fedh a dhue dhe-worth an messach, ha'n messach a dhue dheworth an progeth a Gryst. [18]Dar, ny wrussons y clowes? Gwrus-sons heb mar, del laver an scryptur,

"Gallas aga lef yn mes bys yn oll
    an nor,
ha'ga geryow dhe bennow an bys."

[19]Arta govyn a wrama: dar, a ny wrug Ysrael convedhes? Y'n kensa le Moyses a laver,

"Me a vyn settya avy yntredhough
    ha'n re na nag yw nacyon.
Me a wra dheugh serry orth pobel
    wocky."

[20]Yma Ysay moy colonnek whath pan laver ef,

"Me a vue kefys gans an re na na
    wrug ow whelas.
Me a omdhysquedhas dhe'n re na
    na wrug govyn adro dhym."

[21]Saw ow tuchya Ysrael ef a laver,

"Oll an jorna me a sensas yn mes
    ow dewla tro ha pobel drues ha
    dywostyth."

11 Govyn a wraf ytho: a wrug Dew sconya y bobel? Na wrug man! Me ow honen yw Ysrael-yas, yssew a Abram, esel a'n tryb a Venjamin. [2]Ny wrug Dew sconya y bobel a wrug ef aswon dherag dorn. A ny wodhough pandr' a laver an

scryptur adro dhe Elyas, fatel wre va pledya gans Dew rag Ysrael? [3]"Ar-luth, y a ladhas dha brofettys ha dy-sevel dha alteryow. Nyns yw gesys ma's me ow honen oll. Ymons y ow whelas ow ladha." [4]Saw pyth a vue gorthyp Dew dhodho? "Me re sensas dhym seyth myl na wrug bythqueth mos war ben dewlyn dherag Baal." [5]Yn kepar maner y'n present termyn yma nomber byan a dus, hag y a vue dowysys der y ras. [6]Grondys war y ras ef yw y dhowys, adar war aga oberow y. A pe y dhowys grondys war ober-ow, ny vya gras gras yn gwyryoneth. [7]Pyth ytho? Ny spedyas Ysrael ha gafus an pyth esa Ysrael ow whelas. Nebes tus dowysys a'n cafas. An dus erel a vue dellys tro ha'n gwyryoneth, [8]poran kepar del laver an scryptur,

"Dew a ros dhedhans sperys syger,
dewlagas na venna gweles ha
    dewscovarn nag o whensys dhe
    glowes
bys y'n jedh hedhyw."

[9]Ha Davyth a laver,

"Bedhens tabel aga bankettys
    kepar ha maglen hag antel
    ragthans,
kepar ha men trebuchya ha
    venjyans dyogel.
[10]Bedhens dellys aga dewlagas, rag
    dowt y dhe weles.
Gwra beghya aga heyn der anken
    pupprys."

[11]Govyn a wrama rag henna: pan drebuchyas an Yedhewon, a wrussons

y codha yn tyen? Na wrussons man!
Saw der aga threspas salvacyon a
dhueth dhe'n Jentylys. Ha henna a
wra ynnya an Yedhewon dhe stryvya
gansans. [12]Trespas an Yedhewon a
dhros rychys bras dhe'n bys ha'ga
mothow a dhug muer wayn dhe'n
Jentylys. Py suel dhe voy a vydh an
prow, pan vydh an Yedhewon nom-
brys warbarth gansans!

[13]Lemmyn yth esof vy ow cowsel
orthough why, why Jentylys. Yn mar
vuer del oma abostel dhe'n Jentylys,
omvostya a wraf y'm menystry. [14]Yth
esof ow cul yndelma, may hallen gul
dhe'm pobel vy perthy envy. Y'n
vaner ma martesen me a yll sylwel ran
anedhans. [15]Pan wrussons y sconya,
an bys a gafas redempcyon. Pandr' a
whervyth, mar tuens y ha degemeres?
Tra vyth ken es dasserghyans dhe-
worth an re marow! [16]Mars yw sans
tam a'n tos a vydh offrynnys avel
bleynfrut, nena sans yw oll an bara.
Mars yw sans gwredh an wedhen,
nena sans yw an branchys kefrys.

[17]Ran a'n branchys a vue terrys dhe
ves, ha te, scoren a olew gwyls, a vue
graffys y'ga thyller dhe vos kevren-
nek a wredhen rych an olewwedhen.
[18]Rag henna na wra omvostya orth
an branchys. Mar tueta ha bostya,
porth cof nag esta jy ow sensy an
wredhen, saw an wredhen dhe'th
sensy jy. [19]Te a vyn leverel, "Y fue
branchys terrys dhe ves may hallen vy
bos graffys y'ga thyller." [20]Gwyr yw
henna. Y fons y terrys dhe ves dre
reson a'ga dyscrejyans, saw te, dre
fedh yn unyk yth esta ow sevel. Na
vydh prowt ytho, mes kemer own.

[21]Mar ny wrug Dew sparya an
branchys teythyak, martesen ny vyn
ef dha sparya jy.

[22]Rag henna myr orth cufter ha
sevureth Dew. Ef yw sevur tro ha'n
re na a godhas, saw caradow yw Dew
tro ha te, mar tueta ha pesya yn y
gufter. Poken te a vydh trehys dhe
ves. [23]Ha'n Ysraelysy, mar ny wrons
y pesya yn dyscrejyans, y ynwedh a
vydh graffys aberth y'n wedhen. Rag
Dew a yll aga graffya aberth ynny
arta. [24]Mar puesta trehys dheworth
olewwedhen wyls warlergh natur ha
graffys aberth yn olewwedhen wo-
nedhys warbyn natur, pysuel dhe voy
a vydh an branchys genesyk graffys
arta aberth y'ga gwedhen deythyak?

[25]Da vya genef why dhe gonvedhes
an mystery ma, a vreder, rag dowt
why dhe facya agas bos furra es del
ough why. Dellny a dhueth war ran
a'n Ysraelysy, bys may teffa ajy nom-
ber luen a'n Jentylys. [26]Pan vo henna
wharfedhys, oll Ysrael a vydh sylwys,
kepar del laver an scryptur,

"Y tue an Sylwyas mes a Sion.
Ef a wra bansya sherewynsy mes a
    Jacob."
[27]"Ha hemma yw ow ambos
    gansans,
pan wryllyf kemeres yn kergh oll
    aga fehosow."

[28]Ow tuchya an awayl, eskerens
Dew yw an Yedhewon rag agas ker-
ensa why. Saw ow tuchya dowysyans,
y yw muergerys, awos aga hendasow.
[29]Rag ny yll naneyl royow na galow
Dew bos defendys dhe ves. [30]Why o

dywostyth dhe Dhew, saw lemmyn why a recevas mercy dre reson a'ga dysobedyens y. [31]Yn kepar maner y a vue dywostyth, may hallens receva tregereth der an dregereth dysquedhys lemmyn dheugh why. [32]Dew a wrappyas pub nacyon yn dyscrejyans, may halla ef cafus mercy war oll.

[33]Ass yw bras rychys Dew! Ass yw down y furneth ha'y skentoleth! Pyw a yll whythra y vrues ef? Pyw a yll convedhes y fordhow? Kepar del laver an scryptur,
[34]"Pyw a aswonas brys an Arluth? Pyw re bue cusulyador dhodho?"
[35]"Bo pyw re ros dhodho ro, ha receva dheworto present yn weryson?"
[36]Dheworto ef ha dredho ef ha dhodho ef yma kenyver tra. Dhodho ef re bo glory bys vyken ha benary! Amen.

12 Yth esof vy ytho dre dregereth Dew orth agas exortya, a vreder, dhe brofya agas corfow yn oblacyon bew, sans ha plegadow dhe Dhew. Hen yw an golohas gwyr a dal dheugh offra. [2]Na vedheugh kepar ha'n bys ma. Bedhens nowedhys agas brys, rag yndella agas natur a vydh chanjys yn tyen. Nena why a yll aswon bodh Dew ha convedhes pyth yw da, plegadow ha perfeth
[3]Der an gras rys dhymmo, me a laver hemma dhe bubonen ahanough: na wrens den vyth predery moy anodho es del godh. Gwreugh predery kens gans brues doth, pubonen ahanough warlergh musur an fedh grontys dhodho gans Dew. [4]Ny a'gan bues y'gan corfow lyes esel, mes ny'n jeves kenyver esel an keth offys. [5]Yn kepar maner ny, hag yth on ny lyes onen, ny yw un corf yn Cryst ha kenyver ahanan yw esel an eyl a'y gela. [6]Dyvers yw agan teythy warlergh an gras grontys dhyn. Mara'n jeves den an ro a brofecy, gwrens profusa orth myns y fedh. [7]Mara'n jeves an ro a venystry, gwrens ef menystra. Mara'n jeves an descajor ro, ef a dal y usya rag desky. [8]Mara'n jeves den an ro a exortacyon, res yw dhodho gul defnyth anodho rag ynnya tus. Mars esta ow ry larjes, roy yn hel. Mars os humbrynkyas, bydh dywysyk y'th offys. Mars esta ow confortya tus yn anken, bydh lowenek orth y wul.

[9]Bedhens gwyryon agas kerensa. Hatyeugh an pyth a vo drog, mes senseugh yn fast an pyth a vo da. [10]Kereugh an eyl y gela kepar ha kes-Crystonyon gerensedhek. Stryveugh yntredhough dhe dhysquedhes onour. [11]Lafuryeugh yn cales ha na vedheugh dyek. Servyeugh an Arluth gans gwres y'gas colon. [12]Gwrens an govenek agas lowenhe, godheveugh anken gans perthyans ha peseugh Dew pub termyn oll. [13]Kevranneugh agas pyth gans agas kes-Crystonyon mar pedhons y yn othem, hag egereugh agas treven dhe alyons.

[14]Benegeugh an re na usy orth agas tormentya. Ea, benegeugh ha na wreugh mollethy. [15]Bedheugh lowen gans an re na a vo lowen hag oleugh gans an re na a vo owth ola. [16]Beweugh kescolon an eyl gans y gela. Na

vedheugh prowt, mes bedheugh caradow dhe'n re uvel. Na facyeugh bos furra es del ough.

17Mar tue nebonen ha gul drog dheugh, na wreugh y aquytya gans drog. Wheleugh dhe wul an pyth usy kenyver onen ow tyby y vos da. 18Mar kylla bos, gwreugh oll agas ehen dhe drega yn cosoleth gans pubonen. 19A vreder vuergerys, na wreugh nefra venjya agas honen war dhen vyth, mes geseugh sor Dew dh'y wul, kepar del laver an scryptur, "Me a bew an venjyans. Me a vyn aquytya, yn medh an Arluth." 20Kepar del laver an scryptur,

"Mar pydh dha eskerens gwag,
ro dhedhans sosten.
Mar pydh dhedhans sehes,
ro dhedhans dhe eva.
Yndelma te a vyn berna regyth
war aga fen."

21Na vedheugh fethys der an drog, mes fetheugh an drog der an da.

13 Res yw dhe bubonen obaya dhe rewloryon an wlas, rag nyns ues auctoryta vyth y'n bys heb cumyas Dew. An auctorytas neb a's teves gallus, y a vue settys yn ban gans Dew. 2Rag henna kenyver a wrella resystens dhe'n auctorytas, yma va owth offendya an pyth re bue appoyntys gans Dew. An re na a wrella offens, y a vydh yn danjer a vrusyans. 3Nyns yw an rewloryon ordnys gans Dew dhe worra own y'n re na a vo da, mes dhe bunsya an dhrogbobel. Osta whensys dhe vos heb own a'n auctorytas? Nena gwra an pyth a vo da, ha te a vydh servabyl dhedhans. 4Rag y yw servons Dew dhe wul da. Saw mar tueta ha gul an pyth a vo drog, y codh dhys kemeres own. Cledha an governans yw nampyth a vry hag yma reson da rag henna! Servons Dew yw an rewloryon rag venjya war an dhrogbobel. 5Yth yw res ytho dhe bubonen obaya dhe'n rewloryon awos dowt bos punsys, ha dre reson a gonscyans kefrys.

6Rag an keth reson, res yw dheugh tylly tollow, aban yw an rewloryon servons Dew ha'n very tra ma yw aga negys. 7Telleugh dhe bubonen an tollow ha charjys a dal bos tyllys dhodho, ha dysquedheugh revrons ha worshyp dhe genyver onen magata.

8Na vedheugh yn kendon dhe dhen vyth. Nyns ough why kelmys ma's dhe gara an eyl y gela, rag pynag oll den a garra y goweth, ef a wrug collenwel an laha solabrys. 9Why a wor an comondmentys, "Na wra avowtry, na wra ladha, na wra ladra, na wra whansa." An re na oll ha pub gorhemmyn aral yw recknys y'n un comondment ma: "Te a dal cara dha gentrevak kepar ha te dha honen." 10Mars esta ow cara nebonen, ny wreta cam vyth dhodho. Rag henna yth yw kerensa collenwel oll an laha.

11Moy es hemma, why a wor pyth yw an uer. Why a wor bos res dheugh dyfuna dheworth agas cusk. Moy ogas dhyn yw agan salvacyon es del o pan wrussyn ny cresy wostalleth. 12Gyllys yw an ran vrassa a'n nos hag ogas dhyn yw terry an jedh. Geseugh ny ytho dhe settya adenewan oberow an tewolgow hag omwysca yn hernes an golow. ¹³Geseugh ny dhe vewa kepar del godh, yn onest hag yn golow an jedh. Na eseugh ny omry agan honen dhe onen vyth a'n re ma: medhewnep, mostethes, dhysonester, stryf nag envy. ¹⁴Yn le henna gorreugh adro dheugh an Arluth Jesu Cryst. Na wreugh attendyeugh agas natur luen a begh rag collenwel agas droglustys.

14 Reugh wolcum dhe'n den yw gwan y grejyans, saw na wreugh argya ganso ow tuchya contraversytas. ²Rag ensompel, onen a'n jevyth lowr a grejyans dhe dhebry pub tra, saw ny vyn y gela, a vo gwanna y fedh, debry tra vyth ma's losow. ³Res yw dhe bynag oll a wrella debry pub sort sosten sevel orth despytya an re na na dheppra. Ha'n re na na dheppra, a dal sevel orth jujjya an dus erel, rag Dew a wrug aga wolcumma. ⁴Pyw osta jy may halles brusy servons den aral? Ny amont dhys man usy ef ow sevel bo ow codha. Mater rag y Vester yw henna. An re na a wra sevel a'ga saf, rag an Arluth a vyn aga sensy yn ban.

⁵Yma ran ow tyby bos gwell an jorna ma es an jorna na, pan usy re erel ow jujjya oll an dedhyow dhe vos kehaval. Bedhens pubonen sur yn y vrys y honen. ⁶An re na usy owth attendya an jedh, gwrens y yndella yn onour an Arluth. Yn kepar maner, an re na usy ow tebry, y a'n gwra rag onour an Arluth, rag y dhe ry grassow dhe Dhew. Ha'n re na na

vyn debry, ymons y ow sevel orth debry rag onour an Arluth. Yndelma ymons y ow ry grassow dhe Dhew. ⁷Nyns eson ny ow pewa dhyn agan honen, naneyl ny wren ny merwel dhyn agan honen. ⁸Mars on ny yn few, ny yw yn few rag an Arluth. Mar tuen ny ha merwel, dhe'n Arluth ny a verow. Rag henna ny amont man eson ny ow pewa bo ow merwel, an Arluth a'gan pew.

⁹Henna a vue an purpos may whrug Cryst don mernans ha dasserhy, may fe ef an Arluth kefrys a'n re marow hag a'n re bew. ¹⁰Prag yth esta ow jujjya dha vroder? Bo prag yth esta orth y dhyspresya? Yth eson ny oll a'gan saf dherag an sedhek a vues Dew. ¹¹Del laver an scryptur,

"'Kepar del of vy yn few,' yn
    medh an Arluth, 'pub glyn oll a
    wra omblegya dheragof,
hag y fyn pub tavas ry prays dhe
    Dhew.'"

¹²Rag henna y fydh res dhe genyver onen ahanan gortheby dherag Dew. ¹³Na esyn ny ytho jujjya an eyl y gela. Gwren ny ervyra kens sevel orth settya men a drebuchyans bo ancombrynsy vyth dherag agan hynsa. ¹⁴Me a wor hag yth of certan nag yw tra vyth aflan a'y honen y'n Arluth Jesu. Saw mars usy nebonen orth y dyby aflan, aflan yth yw. ¹⁵Mars yw dha vroder pystygys der an pyth esta ow tebry, nyns esta na fella ow kerdhes yn kerensa. Na wra alowa dhe'n pyth esta ow tebry shyndya nebonen a dhug Jesu mernans ragtho. ¹⁶Byner

239

re bo blamys an taclow yw da gen-ough. [17]Nyns yw gwlascor Dew sosten ha dewas. Gwyryoneth yth yw hy ha cosoleth ha lowena y'n Sperys Sans. [18]Neb a wrella servya Cryst yndelma, servabyl ywa dhe Gryst ha plegadow dhe vab den.

[19]Geseugh ny dhe sewya oll an taclow usy ow provya cres hag yw 'vas rag byldya yn ban an eyl ha'y gela. [20]Na wra shyndya ober Dew awos sosten. Glan yw pub tra yn gwyr, saw cam yw dhys gul dhe'th cowetha codha der an pyth a wreta debry. [21]Da yw sevel orth debry kyg bo eva gwyn bo gul tra vyth aral a wrella dhe'th vroder trebuchya.

[22]Mars esta ow cresy nampyth, bedhens henna yntredhos jy ha Dew. Henna na wra dampnya y honen awos a vo da ganso, gwyn y vys. [23]Mar tue nebonen ha debry, kynth ywa luen a dhowt, dampnys ywa, drefen na wra yndella awos fedh. Pub tra oll na dheffa dheworth fedh, pegh yth yw.

15

Aban on ny cref, y codh dhyn perthy dyfygyow an dus wan ha sevel orth plesya agan honen. [2]Res yw dhe bubonen ahanan plesya y gentrevak rag y vyldya yn ban. [3]Rag ny wrug Cryst plesya y honen, mes, kepar del laver an scryptur, "Y codhas warnaf vy oll an despyt a'n re usy ow cul bysmer dhys." [4]Rag pub tra neb a vue screfys y'n dedhyow coth rag agan desky ny, screfys vue may fen ny stedfast ha may hallen perthy govenek dre gonfort an scrypturs.

[5]Re wrontya an Dew a lendury hag a gonfort dheugh dhe vewa yn acord

an eyl gans y gela warlergh bolunjeth Jesu Cryst. [6]Nena why oll a vydh kescolon hag a yll ry glory dhe Dhew, an Tas a'gan Arluth Jesu Cryst.

[7]Reugh wolcum ytho an eyl dh'y gela, poran kepar del wrug Cryst agas wolcumma why. Mar teugh why ha gul henna, Dew a gaf an glory. [8]Me a laver Cryst dhe vos gwres an servont a'n re nag o cyrcumcysys rag kerensa an gwyryoneth a Dhew. Ef a vue gwres servont dhe gollenwel an promysyow rys dh'agan hendasow [9]ha may halla an Jentylys praysya Dew awos y dregereth. Del laver an scrypturs,

"Rag henna me a vyn dha avowa
    yn mesk an Jentylys,
ha cana golohas dhe'th hanow."

[10]Hag arta an scrypturs a laver,

"Bedheugh lowen, why Jentylys,
    gans y bobel."

[11]Hag arta,

"Gormeleugh an Arluth, why
    Jentylys oll,
ha gwrens oll an poblow y
    braysya."

[12]Hag arta yma Ysay ow leverel,

"Gwredhen Jesse a vyn dos,
ha henna neb a vyn sordya rag
    rewlya an Jentylys.
Ynno ef an Jentylys a's tevyth
    govenek."

[13]Re wrella an Dew a wovenek agas lenwel a bub joy ha cosoleth yn fedh,

may halleugh why cafus govenek luen der allus an Sperys Sans.

14Yth esof vy certan, a vreder, why dhe vos luen a dhader hag a skentoleth hag abyl dhe dhesky an eyl y gela. 15Saw me re screfas dheugh yn hardh yn tylleryow rag gul dheugh perthy cof, rag gras Dew re'm 16gwrug an menyster a Jesu Cryst dhe'n Jentylys. Ow servys avel pronter yw dhe brogeth awayl Dew may fo an Jentylys offrys avel offryn servabyl ha sacrys der an Sperys Sans.

17Me a'm bue caus ytho yn Jesu Cryst dhe omvostya a'm lafur rag Dew. 18Ny vannaf vy lavasos dhe gowsel a dra vyth mes a'n dra re bue cowlwres gans Cryst dredhof vy dhe waynya obedyens an Jentylys. Der er ha dre ober, 19der allus synys ha toknys, der allus an Sperys Sans me a bregowthas an lanwes a newodhow da Cryst dhya Jerusalem ader dro bys yn Illyricum. 20Ass yw mal genef progeth an newodhow da! Saw ny vannaf vy progeth y'n tylleryow na may fue Cryst progowthys solabrys, rag ny vensen byldya war fundacyon nebonen aral. 21Kepar del laver an scryptur,

"An re na na vue bythqueth
    declarys dhedhans, y a welvyth
ha'n re na na glowas bythqueth
    anodho, convedhes y a wra."

22Hem yu an reson me dhe vos lettys mar lyes torn a dhos dheugh.

23Saw lemmyn, aban nyns ues spas vyth moy dhym y'n costys ma, mal yw genef dos dheugh nans yw lyes bledhen. 24Me a dhue dheugh war ow vyaj bys yn Spayn. Yn gwyr govenek a'm bues agas gweles why war ow vyaj. Why a yll ow danvon yn rag wosa me dhe vos lowen y'gas cowethas termyn hyr. 25Saw y'n tor' ma yth esof vy ow travalya dhe Jerusalem avel menyster dhe bobel Dew. 26Plesys vue Macedonia hag Achaia dhe gevranna aga fyth gans an vohosogyon yn mesk pobel Dew yn Jerusalem. 27Da o gansans gul yndelma hag yn gwyr y cotha dhedhans y wul. Mar tueth an Jentylys ha cafus ran a'ga bennothow sperysek, y tal dhedhans lemmyn gweres pobel Dew ow tuchya taclow an kyg. 28Rag henna pan vo an dra ma cowlwres genama ha wosa me dhe dhelyfra dhe bobel Dew pub tra re bue cuntellys, me a vyn dalleth war ow vyaj dhe Spayn. Me a dhue dheugh war an fordh. 29Godhvedheugh hemma: pan dhuema dheugh, me a dhue yn abundans a'n bennothow a Gryst hag a'y awayl.

30Yth esof orth agas exortya why, a vreder, yn hanow agan Arluth Jesu Cryst hag yn kerensa an Sperys, dhe omjunnya warbarth ha pesy Dew yn tywysyk ragof. 31Peseugh may fen delyfrys dheworth an angryjygyon yn Judy, ha may fe ow menystry yn Jerusalem servabyl dhe bobel Dew. 32Peseugh may hallen gans lowena dos dheugh, mar myn Dew, ha powes y'gas mesk. 33Re bo an Dew a gosoleth genough why oll.

16 Me a gomend dheugh agan whor ny Febe, dyagones a'n eglos yn Cenchreas. 2Reugh welcom y'n Arluth dhedhy, kepar del yw wordhy dhe bobel Dew. Gwereseugh hy yn kenyver tra a vo hy ow requyrya dheworthough, rag hy a wrug lowr a dha dhe lyes onen ha dhymmo vy kefrys.

3Gwreugh dynerhy Prisca hag Aquila, ow hesoberyon yn Jesu Cryst, 4rag y a wrug peryllya aga honen rag ow bewnans vy. Me hag oll eglosyow an Jentylys a dal aswon muer 'ras dhedhans.

5Dynerheugh ynwedh an eglos usy y'ga chy.

Dynerheugh Epenetus, ow hothman muergerys, neb a vue an kensa treylys dhe Gryst yn Asia.

6Dynerheugh Marya, re bue ow lafurya yn pur gales y'gas mesk.

7Dynerheugh Andronicus ha Junia, ow gos vy. Y a vue genama yn pryson. Y yw a vry yn mesk an abosteleth hag y fons yn Cryst kens es me.

8Dynerheugh Amplianus, ow hothman muergerys y'n Arluth.

9Dynerheugh Urbanus, agan kesoberor yn Cryst, ha Stachys, ow hothman muergerys.

10Dynerheugh Apelles hag a'n jeves worshyp yn Cryst.

Dynerheugh an re na yw esely a veyny Aristobulus.

11Dynerheugh ow neshevyn Erodion.

Dynerheugh an oberoryon y'n Arluth usy ow longya dhe veyny Narcissus.

12Dynerheugh an wonesyjy na y'n Arluth, Tryfaena ha Tryfosa. Dynerheugh Persis muergerys

hag a lafuryas yn cref rag an Arluth.

13Dynerheugh Rufus, dowysys y'n Arluth; ha dynerheugh y vam ef. Mam yw hy dhymmo vy kefrys.

14Dynerheugh Asyncritus, Flegon, Hermes, Patrobas, Hermas ha'n bredereth usy gansans.

15Dynerheugh Filologus, Julia, Nereus ha'y whor, hag Olympas, hag oll pobel Dew gansans.

16Dynerheugh an eyl y gela gans bay sans. Yma oll eglosyow Cryst orth agas dynerhy.

17Yth esof vy orth agas ynnya why, a vreder: na vedheugh dyswar a'n re na usy ow sordya stryf hag ow cul bysmer dhe grejyans tus, warbyn an dyscans a wrussough why receva. Na vellyeugh gansans. 18Rag nyns usy tus a'n par na ow servya agan Arluth Jesu Cryst, adar aga whansow aga honen. Gans fekyl cher ha fuglavarow ymons y ow tyssaytya tus sempel. 19Agas obedyens yw aswonys dhe bubonen hag yth esof vy ow rejoycya adro dheugh. Da vya genama why dhe vos skentyl adro dhe'n pyth a vo da, mes heb gyl vyth adro dhe'n pyth a vo drog.

20Heb let an Dew a gosoleth a vyn trettya Satnas yn dan agas treys why.

Re bo gras agan Arluth Jesu Cryst genough why.

21Yma Timothy, ow hesoberor, orth agas dynerhy; ha Lucius kefrys ha Jason ha Sosipater, ow har vy.

22Yth esof vy, Tertius, scryvynyas an lyther ma, orth agas dynerhy y'n Arluth.

23Yma Gaius, ow ost vy hag ost oll an eglos, orth agas dynerhy.

Yma Erastus, tresoror an cyta, ha'gan broder Quartus, orth agas dynerhy. 24Re bo gras agan Arluth Jesu Cryst genough why oll.

25Geseugh ny dhe ry glory dhe Dhew! Ef a yll gul dheugh sevel fast y'gas fedh warlergh an awayl esof vy ow progeth adro dhe Jesu Cryst ha warlergh an revelacyon a'n mystery a vue kelys dres osow hyr. 26Saw lemmyn an gwyryoneth a vue dyscudhys dre screfadhow an profettys. Der arhadow a Dhew nefra a bys an gwyryoneth a vue deryvys dhe oll an nacyons, may halla pubonen cresy hag obaya dhodho. 27Dhe'n Dew unyk fur, dre Jesu Cryst, re bo an glory bys vyken ha benary! Amen.

Kensa Pystyl Pawl dhe'n Corinthianas

1 Dheworth Pawl, gelwys dhe vos abostel dre vodh Dew, ha dheworth agan broder Sosthenes,

²Dhe eglos Dew usy yn Corinth, dhe'n re na yw sacrys yn Cryst Jesu. Why a vue gelwys dhe vos pobel Dew, warbarth gans oll an re na usy ow kelwel yn pub tyller war hanow Jesu Cryst, aga Arluth y ha'gan Arluth ny kefrys.

³Re bo gras dheugh why ha cres dheworth Dew agan Tas ha dheworth an Arluth Jesu Cryst.

⁴Yth esof ow ry grassow dhe'm Dew pupprys ragough why, dre reson a'n gras a vue rys dheugh yn Jesu Cryst. ⁵Yn pub maner oll why re recevas rychys dheworto ow tuchya cows ha skentoleth a bub sort, ⁶kepar del vue dustuny Cryst fasthes y'gas mesk why. ⁷Rag henna nyns ues othem dheugh a ro sperysek vyth, ha why ow cortos agan Arluth Jesu Cryst dhe vos dyscudhys dheugh. ⁸Ef a wra agas confortya bys y'n deweth may feugh why heb blam yn jorna agan Arluth Jesu Cryst. ⁹Lel yw Dew, dredho may feugh why gelwys aberth y'n gowethas a'y Vab, Jesu Cryst agan Arluth.

¹⁰Lemmyn yth esof orth agas ynnya, a vreder, yn hanow agan Arluth Jesu Cryst dhe vos unver an eyl gans y gela. Byner re bo stryf yntredhough, mes bedheugh oll kescolon hag acordys yntredhough. ¹¹Rag y fue deryvys dhym, a vreder, gans tus a veyny Chloe argumentys dhe vos y'gas mesk. ¹²Hem yw dhe styrya pubonen ahanough dhe leverel, "Yth esof vy ow sensy a Bawl," bo "Yth esof vy ow sensy a Apollos," bo "Yth esof vy ow sensy a Cefas," bo "Yth esof vy ow sensy a Gryst."

¹³Yw Cryst rynnys? A vue Pawl crowsys ragough? A veugh why besydhys yn hanow Pawl? ¹⁴Gromercy dhe Dhew na wrug avy besydhya den vyth ahanough, ma's Crispus ha Gaius. ¹⁵Yndella ny yll den vyth ahanough leverel ef dhe vos besydhys y'm hanow vy. ¹⁶(Me a vesydhyas meyny Stefanas. Moy es henna ny won a wrug avy besydhya den vyth aral bo na wruga.) ¹⁷Ny wrug Cryst ow danvon dhe vesydhya, mes dhe brogeth an awayl, ha henna heb skentoleth lavar, ma na wrella crows Cryst kelly hy nerth.

¹⁸An messach adro dhe'n grows yw gockyneth dhe'n re na usy ow mos dhe goll. Mes dhyn ny usy ow cafus sylwans, yth yw an gallus a Dhew. ¹⁹Del laver an scryptur,

> "Me a vyn dystrowy furneth an
>   dus fur,
> ha skyans an re skentyl me a vyn
>   lettya."

²⁰Ple ma an den fur? Ple ma an scryvynyas? Ple ma arethyor an os

ma? A ny wrug Dew gockyneth a furneth an bys? 21Awos furneth Dew, ny wrug an bys aswon Dew dre furneth. Rag henna Dew a ervyras sylwel an gryjygyon dre wockyneth agan progeth ny. 22Y fydh an Yedhewon ow tervyn synys ha'n Grecas ow tesyrya skentoleth. 23Yth eson ny ow progeth Cryst crowsys. Hen yw men a drebuchyans dhe'n Yedhewon ha dhe'n Grecas gockyneth. 24Saw dhe'n re na yw gelwys, Yedhewon ha Grecas kefrys, Cryst yw nerth Dew ha skentoleth Dew magata. 25Rag furra yw gockyneth Dew es furneth mab den, ha creffa yw gwander Dew es nerth tus an bys ma.

26Attendyeugh agas galow why, a vreder. Nyns o lyes onen ahanough fur warlergh an kyg, bohes ahanough o cref, bohes ahanough o sevys a wos uhel. 27Saw Dew a dhowysas an pyth o gocky y'n bys rag shamya an dus fur. Dew a dhowysas an pyth o gwan y'n bys rag ry meth dhe'n grefyon. 28Dew a dhowysas an pyth ysel ha dyspresys y'n bys, taclow nag yw tra vyth, dhe dhyswul an pyth usy y'n bys. 29Ef a'n gwrug ma na alla nagonen omvostya dherag Dew. 30Ef yw penfenten agas bewnans yn Jesu Cryst. Cryst eth ha bos skentoleth dheworth Dew ragon ny hag ewnder ha sansoleth ha redempcyon. 31Kepar del laver an scryptur, "suel a wrella omvostya, gwrens ef omvostya y'n Arluth."

2 Pan wrug avy dos dheugh, a vreder, ny dhueth vy ow progeth mystery Dew dheugh der eryow

brentyn ha dre skentoleth bras. 2Me a ervyras sevel orth godhvos tra vyth y'gas mesk saw unsel Jesu Cryst, hag ef crowsys. 3Me a dhueth dheugh yn gwander, yn own hag ow crenna fest. 4Nyns o ow lavarow ha'm cows gwyskys yn geryow freth na skentyl, saw me a gowsas orthough ow tysquedhes an gallus a'n Sperys a Dhew. 5Me a wrug yndella may fe fundys agas fedh war nerth Dew, kens es war skentoleth mab den.

6Ny a gows furneth orth an dus athves, kyn nag ywa skentoleth a'n os ma naneyl an skentoleth a rewloryon an bys ma, rag an re na a wra mos dhe goll. 7Saw yth eson ny ow cowsel an skentoleth kelys ha cudh Dew. An skentoleth na a vue destnys gans Dew kens oll an osow rag agan glory ny. 8Ny wrug rewler vyth a'n os ma convedhes hemma. Mar teffens unweyth ha'y gonvedhes, ny wrussens bythqueth crowsya an Arluth a glory. 9Saw kepar del laver an scryptur,

"An taclow na welas bythqueth
   lagas vyth,
naneyl na wrug colon mab den
   bythqueth desmygy,
y yw an taclow a wrug Dew parusy
   rag an re na usy orth y gara."

10An taclow cudh ma Dew a dhyscudhas dhyn der an Sperys.

Yma an Sperys ow whythra pub tra, ea, downder Dew kyn fe. 11Rag pyw a yll understondya an taclow a vab den ma's sperys an den ues tregys ynno? Yndelma ny yll nagonen understondya an taclow a Dhew ma's Sperys Dew y honen. ¹²Ny wrussyn ny receva sperys an bys, mes an Sperys a dhue dhya Dhew y honen, may hallen ny convedhes an royow a wrug Dew grontya yn larch dhyn. ¹³Hag yth eson ny ow cowsel a'n taclow ma yn geryow na vue deskys gans skentoleth mab den. Y a vue deskys dhyn gans an Sperys hag yth eson ny ow styrya dhe dus an Sperys taclow an Sperys. ¹⁴Nyns ues den heb an Sperys ow receva royow Sperys Dew, rag gockyneth yns y dhodho, ha ny wor aga honvedhes drefen y dhe vos convedhys der an Sperys. ¹⁵Yma an den sperysek ow jujjya an vertu a bub tra, saw ny yll den vyth aral y jujjya ef.

¹⁶"Rag pyw re sarchyas brys an Arluth
may halla va bos descajor dhodho?"

Saw ny a'gan bues brys Cryst.

3 Rag henna ny yllyn cowsel orthough why, a vreder, kepar ha tus a'n Sperys, mes kepar ha tus a'n kyg ha flehes yn Cryst. ²Me a ros levryth dheugh why kens es bos cales, rag y'n termyn na nyns eugh why parys rag bos a'n par na. Naneyl nyns ough why lemmyn parys ragtho, ³rag why yw carnal. Maga pell del vo y'gas mesk why envy ha stryf, a nyns ough why carnal? A nyns esough why owth usya agas honen warlergh an examplys a dus? ⁴Pan laver onen, "Yth esof vy ow sensy a Bawl," ha'y gela, "Yth esof vy ow sensy a Apollos," a nyns esough why ow longya dhe vebyon tus yn unyk?

⁵Pandr' yw Apollos ytho? Pandr' yw Pawl? Servons yns y ha why a dhueth dhe'n fedh dredhans, kepar del wrug Dew grontya dhe'n dhew anedhans. ⁶Me a blansas, Apollos a dhowrhas, mes Dew a wrug dhe'n plansow tevy. ⁷Nyns yw an den usy ow plansa na'n den usy ow towrhe a vry vyth, mes henna usy ow cul tevy. ⁸Kescolon y'ga furpos yw neb usy ow plansa ha neb usy ow towrhe, ha pubonen a'n dhew anedhans a recef gober warlergh y lafur y honen. ⁹Ny yw kesoberoryon Dew, saw why yw bargen tyr Dew ha'y dhrehevyans.

¹⁰Warlergh an gras o rys dhym me a worras an fundacyon kepar ha penser skentyl. Yma nebonen aral ow trehevel warnodho. Gwrens kenyver onen avysya yn pan vaner a wra va byldya. ¹¹Rag ny yll den vyth settya ken fundacyon es henna a vue settys. An fundacyon na yw Jesu Cryst. ¹²Mar tue den vyth ha byldya war an fundacyon gans owr, arhans, jowals, pren, gora bo cala, ¹³whel pub gweythor chy a vyn dos ha bos apert. Rag jorna an Arluth a wra y dhyscudha. Dysclosys vydh dre dan, ha'n tan a wra prevy pana lafur a vue gwres gans kenyver onen. ¹⁴Mar tue ha gortos neb tra a vo byldys war an fundacyon, an gweythor chy a recef y wober. ¹⁵Mar pydh an whel leskys, an gweythor chy a wra godhaf coll. An gweythor y honen a vydh sylwys, kepar ha pan wrussa dyank dre dan.

¹⁶A ny wodhough why agas bos templa Dew ha Sperys Dew dhe vos tregys ynnough? ¹⁷Mar tue den vyth ha dystrowy templa Dew, Dew a vyn

y dhystrowy ef. Rag sans yw templa Dew, ha why yw henna.

18Na wrens den vyth tulla y honen. Mars ues nebonen y'gas mesk ow tyby y vos fur warlergh squyrys an os ma, bedhens ef pen cog may halla bos fur yn gwyryoneth. 19Rag furneth an bys ma yw gockyneth gans Dew. Del laver an scryptur, "Otta va ow cachya an dus skentyl y'ga sleyneth," 20hag arta, "An Arluth a wor argumentys an dus fur, ha cog yns y." 21Na wrens den vyth bostya ytho adro dhe allus mab den. Rag why a bew pub tra. 22Boneyl Pawl bo Apollos bo Cefas bo an bys bo bewnans bo mernans, bo an present termyn bo an termyn a dhue, why a'gas bues kenyver onen anedhans. 23Ha Cryst a'gas pew why, ha Dew a bew Cryst.

4 Gwrens den ahanough agan consydra avel servons a Gryst ha stywardys a vysterys Dew. 2Moy es henna res yw dhe stywardys bos lel. 3Ny vern dhym mar pedhaf jujjys genough why bo gans cort vyth y'n bys ma. Ny wraf unweyth jujjya ow honen. 4Ny won tra vyth a acusacyon war ow fyn, saw nyns oma awos henna frank a vrues. Yth yw an Arluth usy orth ow jujjya. 5Rag henna na wreugh ow brusy kens an prys ewn, kens es an Arluth dhe dhos. Ef a vyn ry dhe'n golow taclow cudhys y'n tewolgow hag a wra dysclosya towlow an golon. Nena pubonen a gaf dheworth Dew an prays a vo dendylys ganso.

6A vreder, me a wrug fygur ahanaf hag a Apollos y'n mater ma rag agas kerensa why. Da vya genef why dhe dhesky dredhon ny styr an lavar coth, "Gwetheugh hardlych an rewlys." Na vedhens den vyth ahanough prowt a'n eyl warbyn y gela. 7Pandr' a'th wrug tejy gwell bo uhella es tus erel? Ues tra vyth dhys na wrusta receva yn ro? Mar qurussys y receva, prag yth esta owth omvostya adro dhodho, kepar del na ve va ro?

8Why a gafas solabrys pub tra eseugh why ow tesyrya! Why res eth rych solabrys! Why yw myterneth solabrys, kyn nag on ny myterneth man. Da vya genama yn gwyr why dhe vos myterneth, may hallen ny kefrys bos myterneth genough. 9Rag yth hevel dhym Dew dh'agan dysquedhes ny, an abosteleth, y'n tyller dewetha oll kepar ha tus dampnys dhe'n mernans y'n plen omlath, gwary-myr dhe vebyon tus ha dhe'n eleth kefrys. 10Pennow cog on ny rag Cryst, saw yn Cryst why yw fur. Gwan on ny, mes why yw cref. Why a'gas bues revrons, mes ny gefyn nyny ma's despyt. 11Ny yw gwag hag yma sehes dhyn bys y'n uer ma. Pyllenek yw agan dyllas. Ny yw cronkys. Ny yw heb tre. 12Yth on ny squythys dre lafur agan dewla. Pan on ny despytys, ny a wra benega. Pan on ny tormentys, yth eson orth y berthy. 13Pan on ny cablys, ny a gows yn jentyl. Ny res eth ha bos scullyon an bys, an growjyon a bub tra bys y'n jedh hedhyw.

14Nyns esof vy ow screfa hemma rag agas shamya, mes rag agas ynnya, kepar ha flehes vuergerys. 15Why, kyn fo dheugh deg myl dhescajor yn

Cryst, nyns ues lyes tas dheugh. Yn gwyr, me a vue agas tas yn Cryst der an awayl. 16Yth esof vy orth agas exortya, ytho, dh'agas omwul kepar ha me. 17Rag hemma me a dhanvonas dheugh Timothy, rag ef yw ow flogh caradow ha lel y'n Arluth. Ef a wra dheugh perthy cof a'm fordhow yn Jesu Cryst, kepar del esof orth aga desky yn pub eglos oll.

18Saw ran ahanough yw gyllys hautyn ow supposya na vannaf vy dos dheugh. 19Saw me a vyn dos dheugh heb let dre volunjeth an Arluth, ha me a vyn godhvos adro dhe allus an dus prowt. Me ny settyaf gwel gala a'ga geryow y, 20rag yma gwlascor nef kefys yn power kens es yn geryow. 21Pyneyl a vya gwell genough? Me dhe dhos dheugh gans culbren y'm dorn bo gans sperys whar ha clor?

5 Yma tus ow leverel bos mostethes y'gas mesk, a'n sort nag yw kefys yn mesk an paganys kyn fe. Yth yw leverys nebonen dhe dhemedhy gwreg y das. 2Ass ough why gothys! A ny godhvya kens dheugh galary, may fe an den ma remuvys mes ahanough? 3Kyn nag esof vy genough y'm body, yth esof y'gas mesk y'n sperys. Kepar ha pan ven present y'gas mesk solabrys, me re dheclaryas brues 4yn hanow an Arluth Jesu warbyn an den a wrug tra a'n par ma. Pan vedhough why cuntellys warbarth ha'm sperys vy genough yn gallus agan Arluth Jesu, 5y codh dheugh delyfra an den ma dhe Satnas rag dystrowy y gyg. Yndella y fydh

sawys y sperys y'n jorna an Arluth.

6Nyns yw da agas bostow. A ny wodhough why fatel yll nebes gwel drehevel oll an tos? 7Towleugh yn mes an gwel coth, may halleugh why bos bara noweth, rag yn gwyr yth ough why heb gwel whath. Cryst agan pascal on a vue offrynnys. 8Rag henna geseugh ny dhe sensy an degol heb an gwel coth a spyt ha drog, saw gans an bara heb gwel, an bara a lelder ha gwyryoneth.

9Me a'gas comondyas y'm lyther dhe sevel orth cowethya gans tus lyg. 10Nyns o henna dhe styrya na gotha dheugh cowethya gans oll an paganys aflan, na gans tus crefny na ladron, na'n re na usy ow cordhya ymajys. Y'n cas na res vya dheugh forsakya an bys yn tyen. 11Saw lemmyn me a'gas comond na wrelleugh why cowethya gans den vyth a'n jeffa hanow a vroder genough hag a vo aflan bo crefny, bo a vo ow cordhya ydolys bo ow tespytya, bo pen medhow bo lader. Na wreugh unweyth debry gans den a'n par na.

12Fatel yw a vern dhym an re na nag usy yn mesk an bredereth? A nyns yw res dheugh jujjya an re na usy y'gas mesk? 13Dew a vyn brusy an dus na usy aves dhe'n eglos. Kepar del laver an scryptur, "Herdhyeugh mes ahanough an den drog."

6 Ues den vyth y'gas mesk hag a'n jeffa ken warbyn y vroder ow lavasos y dhry dherag cort an dus anewn kens es assoylya an mater ynter pobel Dew? 2Pobel Dew a wra jujjya an bys – a ny wodhough why henna? Mar pydh an bys brusys genough why, a ny yllough why agas honen assoylya cas byan yntredhough? ³A ny wodhough why fatel vennyn ny jujjya an eleth, heb cowsel a daclow an bys ma? ⁴Mars ues cas kemyn yntredhough, esough why owth appoyntya rag y vrusy an re na na's teves roweth vyth y'n eglos? ⁵Me a laver hemma rag agas shamya. Ywa possybyl nag ues den vyth y'gas mesk skentyl lowr dhe dhetermya ynter an eyl Crystyon ha'y gela? ⁶Na, yma Crystyon ow mos dhe'n gort warbyn Crystyon aral, ha cort a baganys yw hy!

⁷Dhe leverel an gwyryoneth, dyfygyans ywa solabrys pan vo ken gans nebonen ahanough warbyn y vroder. A ny vya gwell godhaf cam? A ny vya gwell godhaf fraus? ⁸Saw yth esough why agas honen ow cul cam ha fraus, kynth ough why Crystonyon!

⁹A ny wodhough why na wra drogoberoryon eryta gwlascor Dew? Na vedheugh tullys! Tus lewd, gordhyoryon ymajys, avowtyers, horys gorow, sodomydhyon, ¹⁰ladron, an dus crefny, pennow medhow, despytyoryon, robbyoryon – ny wra den vyth a'n re na eryta gwlascor Dew. ¹¹Ha kens lemmyn ran y'gas mesk why o kepar ha'n re na. Saw why a vue golhys, sacrys ha sanctyfyes yn hanow an Arluth Jesu Cryst hag yn Sperys agan Dew.

¹²"Yma pub tra lafyl dhym," saw nyns yw pub tra a les. "Yma pub tra lafyl dhym," saw ny vydh tra vyth ow cul maystry warnaf. ¹³"Sosten yw destnys dhe'n bengasen ha'n ben-

gasen dhe sosten." Ha Dew a vyn dystrowy an eyl ha'y gela. Ny vue an corf destnys dhe lewdnes, mes dhe'n Arluth, ha'n Arluth dhe'n corf. ¹⁴Dew a dhrehevys an Arluth, hag ef a vyn agan drehevel ny der y allus kefrys. ¹⁵A ny wodhough why bos agas corfow esely a Gryst? A gotha dhym ytho kemeres esely Cryst ha gul anedhans esely hora? Byner re bo! ¹⁶Suel a wrella copla gans hora, a ny wodhough why ef dhe dhos ha bos un kyg gensy? Rag yma leverys, "An dhew a vydh un kyg." ¹⁷Saw suel a vo unys gans an Arluth, a wra dos ha bos un sperys ganso.

¹⁸Omwetheugh ytho rag aflanyther! Pub pegh oll a wrella nebonen, aves dhe'n corf yma – mes aflanythter yw pegh warbyn an corf y honen. ¹⁹A ny wodhough why bos agas corf an templa a'n Sperys Sans ynnough? Why a'n cafas dheworth Dew ha nyns ough why agas possessyon agas honen. ²⁰Why a vue dasprenys a brys. Reugh glory ytho dhe Dhew der agas corf why.

7 Ow tuchya an taclow a wrussough why screfa adro dhedhans: "Da yw dhe dhen bos heb benen." ²Saw rag avoydya aflanythter res yw dhe genyver onen cafus y wreg y honen ha dhe genyver benen cafus hy gour hy honen. ³Y tal dhe dhen gul y dhuta avel gour hag y tal dhe venen gul hy duta avel gwreg. Res yw dhe'n eyl collenwel bodh y gela. ⁴Nyns yw an venen mestres a'y body hy honen; hy gour a'n pew. Yn kepar maner, nyns yw an gour an mester a'y

gorf hy honen, mes y wreg a'n pew.
[5]Na wreugh omwetha an eyl dheworth y gela, ma's why dhe vos acordys yndella rag spena agas termyn ow pesy. Wosa henna why a yll cowethya arta kepar del ough why usys, rag dowt Satnas dh'agas temptya ha why heb an gallus dhe omgontrollya. [6]Me a laver hemma dheugh dhe alowa spas dheugh. Gorhemmyn nyns ywa man. [7]Da vya genama bos kenyver onen kepar ha me. Saw pubonen a'n jeves y ro y honen dheworth Dew, an eyl an ro ma ha'y gela ro aral.

[8]Ow tuchya an re na usy heb pryas ha'n gwedhwesow, me a laver bos gwell y dhe wortos heb demedhy kepar ha me. [9]Saw mar ny yllons y omgontrollya, gwrens y demedhy. Gwell yw demedhy es bos consumys dre lust.

[10]Dhe'n dus demedhys me a re an comondment ma – na, an Arluth a'n re – na wrens an wreg dyberth dheworth hy gour ha na wrens an gour gorra y wreg dheworto. [11]Saw mar tue hy ha dyberth dheworto, ny dhal dhedhy demedhy arta bo bedhens hy acordys arta gans hy gour.

[12]Dhe'n remenant me a laver (me, adar an Arluth): mara'n jeves Crystyon gwreg dhyscryjyk ha hy parys dhe gesvewa ganso, ny dal dhodho hy gorra dheworto. [13]Mara's teves benen gour dyscryjyk, ha mars ywa parys dhe vewa warbarth gensy, ny dal dhedhy dyberth dheworto. [14]Rag an gour dyscryjyk yw sanctyfyes der y wreg ha'n venen dhyscryjyk yw sanctyfyes der hy gour. Boken paganys a

vya agas flehes, mes lemmyn y yw plegadow dhe Dhew.

[15]Mar tue an kespar dyscryjyk ha dyberth dheworth an kespar aral, yndella re bo. Y'n cas na nyns yw an broder na'n whor kelmys. Dew a'gas gelwys yn cosoleth. [16]Pyw a wor, a wreg? Martesen te a wra sylwel dha wour. Pyw a wor, a wour? Parhap dha wreg a vydh sawys dredhos.

[17]Bytegens gwrens pubonen ahanough ledya an bewnans ordnys gans an Arluth, an bewnans a wrug Dew agas gelwel dhodho. Hom yw ow rewl vy yn oll an eglosyow. [18]O nebonen cyrcumcysys solabrys pan recevas ef an galow dhe vos Crystyon? Na wrens ef whelas dhe remuvya toknys y cyrcumcysyon. [19]Nyns yw cyrcumcysyon tra vyth, ha nyns yw tra vyth fowt cyrcumcysyon. Obaya comondmentys Dew yw pub tra. [20]Gwrens pubonen ahanough remaynya y'n stuth a vue ef gelwys ynno. [21]Es jy kethwas pan vues gelwys? Na vedhens henna a vern dhys. Mar kylta unweyth gwaynya franchys, gwra usya dha stuth present moy es bythqueth. [22]Rag kenyver onen hag a vue gelwys dhe gresy yn Cryst pan o va keth, den frank ywa y'n Arluth. Kenyver hag a vue gelwys avel den frank dhe gresy y'n Arluth, kethwas ywa dhe Gryst. [23]Why a vue prenys a brys. Na wrens mebyon tus lordya warnough. [24]Pypynag oll a vue agas condycyon pan veugh why gelwys, tregeugh ynno gans Dew.

[25]Ow tuchya mowysy dydhemeth, ny'm bues gorhemmyn vyth dheworth an Arluth. Saw me a vyn ry

dheugh ow avys ow honen, kepar ha den lel dre vercy an Arluth. ²⁶Me a dyb, awos an troblys usy ow tos, y fedha gwell dheugh trega kepar del ough. ²⁷Osta kelmys dhe wreg? Na whela bos frank dheworty. Osta frank a wreg? Na whela gwreg dhys. ²⁸Saw mar tueta ha demedhy, ny wreta pegh vyth, ha mar tue gwerhes ha demedhy, ny wra hy pegh vyth. Saw an re na a wra demedhy, y a's tevyth anken y'n bewnans ma ha da vya genef agas gwetha why rag henna.

²⁹Yth esof vy ow styrya, a vreder, an termyn appoyntys dhe vos gyllys cot. Alemma rag an re na a's teves gwrageth, gwrens y omwul kepar ha'n re na nag yw demedhys. ³⁰Bedhens an re na usy ow mornya, kepar ha'n re na nag usy ow mornya poynt. Bedhens an re na usy ow rejoycya kepar ha tus na's teves lowena vyth, ha'n re na usy ow prena kepar ha tus heb possessyon. ³¹Bedhens an re na usy ow cowethya gans an bys ma kepar ha'n re na nag yw an bys a vern dhedhans. Rag ow tremena yma an form present a'n bys ma.

³²Da vya genama why oll dhe vos heb anken. Muer a les dhe'n den dydhemeth yw maters an Arluth, yn pan vaner a ylla plesya an Arluth. ³³An den demedhys yw prederys a daclow a'n bys ma, yn pan vaner a yll ef plesya y wreg. ³⁴Rag henna rynnys yw y vrys. An venen dhymeth ha'n werhes, y yw prederys a vaters an Arluth, may hallens y bos sans yn corf hag yn sperys. Saw an venen dhemedhys yw prederys a vaters an bys ma, fatel yll hy plesya hy gour. ³⁵Me

a laver hemma rag agas les why, kens es dh'agas lesta why. Da vya genama avonsya ordyr da y'gas mesk why ha dywysycter pupprys rag an Arluth.

³⁶Mars ues den vyth ow tyby nag usy ef ow fara yn ewn tro ha'y vowes ambosys, mars yw cref y whansow, ha mars yw res yndelma, gwrens ef demedhy poran kepar del venna. Pegh nyns yw henna. Gwrens y demedhy. ³⁷Saw mars yw nebonen certan yn y vrys heb ynnyadow na vyn ef demedhy an vowes hag ef abyl dhe gontrollya y whansow, nena ef a wra yn ta. ³⁸Kenyver a wrella demedhy y vowes ambosys, a vyn gul da. Kenyver a wrella sevel orth hy demedhy, gwell a wra.

³⁹Kelmys yw benen dh'y gour hadre vo va yn few. Saw mar tue hy gour ha merwel, frank yw hy dhe dhemedhy den vyth a venna hy, saw y'n Arluth. ⁴⁰Yth esof ow jujjya hy bos moy benegys, mar tue hy ha gortos dydhemeth. Hag yth hevel dhym bos an Sperys a Dhew genama kefrys.

8 Lemmyn ow tuchya bos a vue offrynnys dhe ymajys, ny a wor bos "skyans dhe bubonen ahanan." "Skyans" a wra den gothys mes yma kerensa ow trehevel yn ban. ²Mar tue nebonen ha leverel ef dhe wodhvos nampyth, ny wor ef tra vyth a'n skyans usy othem anodho. ³Saw suel a wrella cara Dew, Dew a'n aswon.

⁴Rag henna, ow tuchya sosten a vue offrynnys dhe ydolys, ny a wor nag ues ydol vyth y'n bys ha nag ues dew vyth ma's an Dew gwyr yn unyk. ⁵Ea, kyn fe dewow yn nef bo war an

norvys – kepar del ues lyes "dew" ha lyes "arluth" – 6ragon ny nyns ues ma's un Dew, an Tas, usy pub tra ow tos dheworto; ha ragtho ef yth on ny yn few. Ha nyns ues ma's un Arluth, Jesu Cryst, dredho may fue kenyver tra gwres ha dredho mayth eson ny ow pewa kefrys.

7Ny'n jeves pubonen an skyans ma. Aban wre ran ahanough gordhya ydolys kens omma, yma an re na whath ow consydra an bos usons y ow tebry dhe vos offrynnys dhe ydolys. Aga honscyans yw shyndys drefen y vos gwan. 8Ny yll sosten agan dry ogas dhe Dhew. Nyns on ny byth dhe well mar ny wren ny y dhebry, naneyl nyns on ny byth dhe wel mar tuen ny ha'y dhebry.

9Saw kemereugh wyth, na wrella agas franchys gul dhe'n dus wan trebuchya. 10Rag mar tue nebonen aral ha'th weles ow tebry yn templa an ydol, te neb a'th ues skyans, a ny vydh ef martesen constrynys der y gonscyans gwan dhe dhebry bos a vue offrynnys dhe ydolys? 11Yndelma y fydh dystrowys dre dha skyans jy an broder gwan a dhug Cryst mernans ragtho. 12Saw pan esta ow peha warbyn dha vreder hag ow pystyga aga honscyans gwan, yth esta ow peha warbyn Cryst. 13Rag henna mars yw sosten cheson a vyshyf dhe'm broder, ny vannaf nefra debry kyg, ma na wrellen vy dhe'm broder trebuchya.

9 A nyns oma frank? A nyns oma abostel? A ny wrug avy gweles Jesu agan Arluth? A nyns ough why ow ober vy y'n Arluth? 2Mar nyns oma abostel dhe dus erel, dhe'n lyha abostel of dheugh why. Why yw an sel a'm offys avel abostel.

3Pan usy an dus orth ow brusy, hom yw ow fordh vy rag dyffres ow honen. 4A ny'm bues an gwyr dhe gafus sosten ha dewas rag ow lafur? 5A ny'm bues an gwyr dhe dhry gwreg Grystyon genama war ow vyajys, kepar del wra an abostely erel, breder an Arluth ha Cefas? 6Poken on ny, me ha Barnabas, an re na yn unyk a res dhedhans lafurya rag aga bewnans?

7Pana soudour y'n lu a res dhodho tylly y gostow y honen? Pyw a wra plansa gwynlan heb cafus tra vyth a'y frut? Pyw usy ow pugelya deves heb cafus banna vyth a'n leth? 8Ny res dhym lymytya ow honen dhe'n ensomplys kemyn ma, rag yma an laha ow leverel an keth tra. 9Screfys yw yn laha Moyses, "Na wra gorra penfron war an ojyon usy ow trettya gruen." Yw ohen a vern dhe'n Arluth? 10A nyns usy ef ow cowsel adro dhyn ny yn tyblans? Ahanan ny y fue henna leverys, rag pynag oll a wrella aras ha pynag oll a wrella fusta, y tal dhedhans aras ha fusta y'n govenek a gafus ran a'n drevas. 11Mar qurussyn ny gonys has sperysek y'gas mesk why, ywa re vuer mar quren ny enjoya a'gas da warlergh an kyg? 12Mars yw ken re kevrennek genough a'ga clem lafyl warnough, a nyns ues dhe voy gwyr dhyn ny gul yndella?

Saw ny wrussyn ny defnyth a'n gwyr ma, rag yth on ny parys dhe berthy tra vyth kens es war neb cor lettya awayl Cryst. 13A ny wodhough why an re na usy ow servya y'n templa dhe gafus aga sosten dheworth an templa? Ha'n re na usy ow servya orth an alter dhe gafus ran a'n pyth a vo offrynnys ena? [14]Yn kepar maner, an Arluth a gomondyas an re na a wre progeth an awayl dhe gafus aga bewnans dheworth an awayl.

[15]Saw ny wrug avy defnyth a onen vyth a'n gwyryow ma, naneyl nyns esof vy ow screfa hemma may fo gwyr vyth grontys dhym. Yn gwyr, gwell vya genama merwel es henna. Ny wra den vyth kemeres dheworthyf an grond a'm bostow! [16]Mars esof vy ow progeth an awayl, nyns yw henna reson vyth rag omvostya, rag me a'm bues an duta a wul yndelma. Mar ny dhuema ha progeth an awayl, govy! [17]Rag mara'n gwraf a'm bodh ow honen, me a gaf weryson. Saw mara'n gwraf a'm anvoth, nena negys ywa a vue trestys dhym. [18]Pyth yw ow weryson dhanna? Tra vyth ma's hemma: pan wrama progeth an awayl, me dh'y brogeth heb cost, ma na wrellen prow a'm gwyryow oll y'n awayl.

[19]Rag kynth oma frank dherag pub-onen, me re omwrug keth dhe bub-onen, may hallen gwaynya moy ane-dhans. [20]Dhe'n Yedhewon me res eth ha bos Yedhow, rag gwaynya an Yedhewon. Dhe'n re na usy yn dan an laha me res eth ha bos kepar ha den yn dan an laha (kyn nag esof yn dan an laha ow honen), may hallen gwaynya an re na usy yn dan an laha. [21]Dhe'n re na usy aves dhe'n laha, me res eth ha bos kepar ha nebonen aves dhe'n laha (kyn nag oma frank a laha Dew, mes yth esof yn dan laha

Cryst), may hallen gwaynya an re na usy aves dhe'n laha. [22]Dhe'n dus wan me eth ha bos gwan, rag gwaynya an dus wan. Me res eth ha bos pub tra dhe bub onen, may hallen dre gen-yver mayn sawya ran anedhans. [23]Me a'n gwra oll awos an awayl; may hallen kemeres ow ran orth y brogeth.

[24]A ny wodhough why fatel wra oll an resoryon yn resekva kesstryvya, saw ny wra ma's onen anedhans gwaynya an gober? Ponyeugh yndel-la may halleugh why dendyl an gober. [25]Yma athletys ow controllya aga honen yn pub tra. Y a'n gwra may hallens y dendyl garlont a wra pedry. Saw yth eson ny ow ponya rag gwayn-ya garlont na wra pedry bys vyken. [26]Yndelma nyns esof vy heb purpos ha me ow ponya. Naneyl ny wrama boxesy yn un gronkya an ayr. [27]Na, wosa progeth dhe dus erel, me a wra punsya ow horf ha'y dempra rag dowt me dhe vos sconys.

10

Da vya genef, a vreder, why dhe remembra an pyth a wharfa dh'agan hendasow esa ow folya Moyses. Yth esens y oll yn dan scues an clowd hag y oll a gerdhas yn saw dres an Mor Rudh. [2]Y'n clowd hag y'n mor y fons y oll besydhys avel holyoryon a Voyses. [3]Y oll a dhebras an keth bara sperysek [4]hag eva an keth dewas sperysek. Y a evas mes a'n garrek sperysek esa ow mos gansans, ha'ga harrek o Cryst y honen. [5]Saw y'n tor' na kyn fe nyns o Dew pys da gans an ran vrassa anedhans. Rag henna y fue aga horfow scullys ales war fas an gwylfos.

6Hemma oll yw ensompel dhyn ny rag agan gwarnya na wrellen desyrya taclow drog, kepar del wrens y, 7ha na wrellen gordhya ydolys kepar del wre ran anedhans. Kepar del laver an scryptur, "An dus a esedhas dhe dhebry ha dhe eva, saw y a sevys yn ban dhe wary yn lyg." 8Na eseugh ny dhe wul mostethes, kepar del wrug ran anedhans – hag yn un jorna teyr myl warn ugans a godhas marow dhe'n dor. 9Res yw dhyn sevel orth prevy Cryst, kepar del wrug ran anedhans hag a vue ledhys gans nedras. 10Na wreugh croffolas kepar del wrug ran anedhans. Y a vue dystrowys gans El an Ancow.

11Oll an taclow ma a wharfa dhedhans avel ensompel dhe dus erel. Y oll a vue screfys yn gwarnyans ragon ny. Rag yth eson ny ow pewa orth prys ogas dhe dheweth an osow. 12Mars esough why ow tyby why dhe vos fast a'gas saf, gwaytyeugh na wrelleugh codha. 13Ny dhueth prevyans vyth dheugh why whath nag yw kemyn dhe bubonen. Lel yw Dew ha ny vyn ef alowa dheugh bos prevys dres agas gallus. Saw warbarth gans an prevyans ef a vyn provya dheugh an mayn dh'y wodhaf kefrys.

14Rag henna, a gothmens muergerys, fyeugh dheworth gordhyans ydolys. 15Yth esof ow cowsel orth an re fur. Jujjyeugh agas honen an pyth a lavaraf. 16An hanaf a venneth neb a wren ny benega, a nyns ywa kevran a wos Cryst? An bara eson ny ow terry, a nyns ywa an comunycacyon a gorf Cryst? 17Dre reson nag ues ma's un bara, kynth on ny lyes onen, ny yw un

corf, rag ny oll dhe vos kevrennek a'n un bara.

18Consydreugh pobel Ysrael: an re na usy ow tebry an sacryfycys, a nyns yns y kevrennogyon a'n alter? 19Pandr' esof vy ow leverel ytho – bos a vry an pyth yw offrynnys dhe'n ydol, bo an ydol y honen dhe vos a vry? 20Nag yns man! Saw me a laver hemma: kenyver tra a vo sacryfyes war alteryow an paganys yw offrynnys dhe dhewolow. 21Ny yllough why eva mes a hanaf an Arluth ha mes a hanaf an dhewolow. Ny yllough why debry orth mos an Arluth hag orth mos an dhewolow kefrys. 22Martesen y fya da genough gul dhe'n Arluth kemeres envy. Esough why ow predery ny dhe vos creffa agesso ef?

23Yma an poynt a skyans ow leverel: "Lafyl yw pub tra," saw ny yll pub tra bos consydrys benefyt. "Lafyl yw pub tra," saw nyns yw pub tra a weres. 24Ny godh dhe dhen vyth meras orth y les y honen, mes orth les y vroder.

25Deber a vo yn marhas an kyg heb govyn questyon war an grond a gonscyans, 26rag "dhe'n Arluth yma an norvys ha'y luender."

27Mar tue pagan ha'th elwel dhe dhebry ganso yn y jy, ha te yw pys da dhe dhos, deber a vo settys dheragos heb govyn questyon war an grond a gonscyans. 28(Saw mar tue nebonen ha leverel dhys, "Hemma a vue offrynnys yn sacryfys," nena na wra y dhebry awos henna re wrug y dhysclosya dhys hag awos conscyans – 29hen yw dhe styrya conscyans an den aral, kens es dha gonscyans tejy.) Prag y fya ow franchys sojeta dhe gonscyans nebonen aral? ³⁰Mar tuema ha debry gans grassow, prag y fyen cablys awos an pyth a wrama ry grassow ragtho?

³¹Pynag oll tra a venneugh debry bo eva, pynag oll tra a wrelleugh why gul, gwreugh pub tra rag glory Dew. ³²Na reugh offens dhe dhen vyth naneyl dhe'n Greca na dhe'n Yedhow na dhe'th kes-Crystonyon, ³³poran kepar del wrama ow honen whelas dhe blesya pubonen yn pub tra. Ny whelaf ow les ow honen, mes an les a lyes den, may fons y oll sylwys.

11 Gwreugh war ow lergh vy, kepar del wrama vy warlergh Cryst.

²Yth esof vy orth agas comendya, drefen why dhe berthy cof ahanaf yn pub tra ha why dhe wetha an tradycyons kepar del wrug avy aga delyfra dheugh why.

³Saw da vya genama why dhe gonvedhes bos Cryst pen pub den ha'n gour dhe vos pen y wreg, ha Dew dhe vos pen Cryst. ⁴Den vyth a wrella pesy bo profusa ha nampyth war y ben, ef a re bysmer dh'y ben. ⁵Benen vyth a wrella pesy bo profusa ha'y fen yn noth, hy a re bysmer dh'y fen – henna yw kepar ha pan ve blogh hy fen. ⁶Mar ny vyn benen cudha hy blew, nena y tal dhedhy y drehy yn kergh. Mars yw dyflas benen dhe drehy hy blew dhe ves bo dhe vos blogh, y tal dhedhy gwysca cudhlen. ⁷Ny dal dhe dhen bos gwyskys yn cudhlen, rag ef yw ymach ha hevelep Dew. Saw an venen yw ymach ha hevelep an den. ⁸(Hen yw drefen na

vue an den kemerys mes a'n venen, mes an venen mes a'n den. ⁹Naneyl ny vue an den formys rag an venen mes an venen rag an den.) ¹⁰Rag henna y godh dhe'n venen gwysca tokyn a'n auctoryta war hy fen awos an eleth.

¹¹(Saw y'n Arluth nyns yw an venen frank a'n den na nyns yw an den frank a'n venen. ¹²Rag kepar del dhueth an venen a'n den, yma an den ow tos mes a'n venen. Saw pub tra a dhue dheworth Dew.) ¹³Jujjyeugh an mater ragough why agas honen; ywa semly an venen dhe besy dhe Dhew heb tra vyth war hy fen? ¹⁴Yma an natur y honen ow tesky hemma. Mars yw hyr blew an den, bysmer ywa dhodho. ¹⁵Mars yw hyr blew an venen, hy glory ywa. Rag hy blew a vue rys dhedhy avel gorher. ¹⁶Bytegens, mars ough why whensys dhe argya adro dhe'n mater, res yw dhym agas gwarnya nag ues usadow a'n par na genen ny, nag yn onen vyth oll a eglosyow Dew.

¹⁷Y'n lavarow ma a sew ny wrama agas comendya, rag yth esough why ow cul dhe lacka kens es dhe well, pan esough why ow tos warbarth dhe wordhya Dew. ¹⁸Kens oll me a glow bos dybarth y'gas mesk pan esough why ow tos warbarth. Me a grys bos gwyr henna yn part. ¹⁹Ea, res yw bos dyvers parcels y'gas mesk, rag yndelma y fydh apert pyw ahanough yw gwyryon. ²⁰Pan dheugh why warbarth, nyns ywa rag debry soper an Arluth. ²¹Pan dhue prys bos, pubonen ahanough a dheber y soper y honen, an eyl ahanough yw gwag ha

medhwy a wra y gela. 22Dar! Nyns ues treven dheugh rag debry hag eva ynnans? Bo esough why ow tespytya eglos Dew hag ow cul bysmer dhe'n re na na's teves tra vyth? Pandr' a godh dhym leverel dheugh? A dal dhym agas praysya? Y'n mater ma nyns esof vy orth agas comendya banna!

23Rag me a recevas dheworth an Arluth an pyth a wrug avy delyfra dheugh why kefrys. Y'n nos may fe va traytys, an Arluth Jesu a gemeras bara 24ha wosa ry grassow, ef a'n torras ha leverel, "Hem yw ow horf vy, a vydh terrys ragough. Gwreugh hemma yn remembrans ahanaf." 25Wosa an soper yn kepar maner ef a gemeras an hanaf kefrys ha leverel, "An hanaf ma yw an testament noweth y'm gos vy. Gwreugh hemma, pesqueyth ma'n eveugh, yn remembrans ahanaf." 26Rag pesqueyth may whrelleugh debry an bara ma hag eva mes a'n hanaf ma, yth esough ow teclarya mernans an Arluth, erna dheffa ef arta.

27Pynag oll a wrella debry a'n bara bo eva a'n hanaf ha na vo va wordhy, yma va cablus a dhefolya corf ha gos an Arluth. 28Gwreugh examnya agas honen ha na wreugh na hens debry a'n bara nag eva a'n hanaf. 29Rag pynag oll a wrella receva anodho heb decernya an corf ha na vo va wordhy, yma va ow tebry hag owth eva y dhampnacyon y honen. 30Hen yw an reson bos lyes onen ahanough gwan ha claf, ha ran ahanough dhe verwel. 31Saw mar teffen ny hag examnya agan honen, ny wrussen ny codha

yndelma yn dan vrues. 32Pan eson ny ow codha yn dan vrues an Arluth, yma va orth agan kesky, ma na ven ny jujjys warbarth gans an bys.

33Rag henna, a vreder, pan dheffeugh why warbarth dhe dhebry, gwreugh gortos an eyl y gela. 34Mar pydh nebonen gwag, gwrens ef debry yn y jy y honen, ma na vo cabel dho-dho pan dheffeugh why warbarth.

Ow tuchya an taclow erel, me a vyn ry ordnans pan dhyffyf dheugh.

12 Ow tuchya royow an Sperys, a vreder, yma nebes taclow na vensen why dhe vos heb aga godh-vos. 2Why a wor y'n dedhyow coth, pan eugh why whath paganys, y fedheugh tullys ha ledys war stray gans ydolys omlavar. 3Da vya genama ytho why dhe gonvedhes na alsa den vyth leverel, "Re bo Jesu mylegys!" hag ef ow cowsel der an Sperys. Naneyl ny alsa den vyth leverel, "Jesu yw an Arluth" ma's der an Sperys Sans.

4Yma dyvers royow, mes an keth Sperys. 5Yma dyvers sortow a servys, mes an keth Arluth. 6Yma dyvers sortow a ober, mes yma an keth Dew orth aga sordya yn kenyver onen.

7An keth Sperys a omdhysqueth dhe bubonen rag an les kemyn. 8Dhe'n eyl yma rys cows fur der an Sperys ha dh'y gela warlergh an keth Sperys an gallus a gowsel yn skentyl. 9An eyl a gaf ro an fedh der an keth Sperys, ha dh'y gela yth yw rys an ro a sawment. 10An eyl a recef an ro a wul merclys, ha'y gela an ro a brofecy. Dhe onen aral whath y fydh rys an gallus a dhecernya sperysyon, dh'y gela tavosow dyvers ha dhe'n tressa den an gallus a styrya yethow. [11]Oll an royow ma yw sordys gans an keth Sperys, usy ow ry yn larch dhe genyver onen kepar del vo y vodh.

[12]Onen yw an corf kynth usy dhodho lyes esel hag esely oll an corf, kynth yns y lyes, y yw un corf. Yndelma yw an cas gans Cryst. [13]Rag ny oll a vue besydhys y'n un Sperys aberth y'n un corf, Yedhewon ha Grecas, tus frank ha kethyon. Dhyn ny oll y fue rys an keth Sperys dhe eva.

[14]Yn gwyr, nyns yw an corf ow consystya a un esel mes a lyes esel. [15]Mar teffa an tros ha leverel, "Dre reson nag oma luef, nyns esof ow longya dhe'n corf," ny vensa henna styrya an tros dhe vos dhe le ran a'n corf. [16]Ha mar teffa an scovarn ha leverel, "Dre reson nag of vy lagas, nyns oma ran a'n corf," ny wrussa henna dhe'n scovarn bos le ran a'n corf. [17]A pe lagas an corf yn pub poynt, ple fya an sens a glowes? A pe scovarn an corf yn tyen, ple fya an sens a sawory? [18]Del yw taclow lemmyn, Dew re wrug restry pub esel a'n corf yn y dyller teythyak warlergh y vodh. [19]A pe kenyver onen anedhans esel unyk, ple fya an corf y honen? [20]Ny a wel ytho bos lyes esel saw un corf yn unyk.

[21]Ny yll an lagas leverel dhe'n luef, "Ny'm bues othem vyth ahanas." Naneyl ny yll an pen leverel dhe'n treys, "Nyns ues othem dhym ahanough." [22]Dhe'n contrary part, esely an corf neb a hevel bos gwanna es re erel, ny yllyr gul hepthans. [23]Yma partys a'n corf eson ny predery dhe

vos le aga bry, ha ny a re specyal worshyp dhedhans. Dhe'n partys a'gan corfow nag yw semly, ny a re dhe voy revrons. [24]Bytegens, an esely a'gan corfow neb yw tecka, ny's teves othem a revrons a'n par na. Saw Dew re arayas an corf yndella ha moy worshyp a vydh rys dhe'n esely ysella. [25]Hem yw gwres ma na vo dyssent vyth y'n body, saw may halla oll an esely chersya an eyl y gela. [26]Mar tue esel vyth ha godhaf, yma oll an esely ow codhaf ganso. Mar pydh esel vyth onourys, yma pub esel oll ow rejoycya ganso.

[27]Now why yw corf Cryst ha kenyver onen ahanough yw esel anodho. [28]Ha Dew re wrug y'n eglos ran dhe vos abosteleth, ran profettys, ran descajoryon – ha wosa an re ma merclys, sawment bo an ro dhe weres aga hynsa bo an gallus dhe ledya ha'n ro a dhyvers tavosow. [29]Yns y oll abosteleth? Yns y oll profettys? Yns y oll descajoryon? Usons y oll ow cul merclys? [30]A's teves y oll an ro a sawment? Usons y oll ow cowsel yn tavosow? A yllons y oll aga styrya? [31]Stryvyeugh rag an royow brassa.

Ha lemmyn me a vyn dysquedhes dheugh an fordh gwella oll.

13 Kyn whrellen cowsel gans yethow tus hag eleth, saw heb bos dhym kerensa, gyllys of kepar ha brest ow seny, po cymbal ow tynkyal. [2]Ha kyn fe dhym an ro a brofecy, kyn whrellen convedhes pub mystery ha pub skyans, ha kyn fe dhym cowlfydhyans, may hallen remuvya menydhyow, saw heb bos

dhym kerensa, nyns oma tra vyth.
³Ha kyn whrellen ry oll ow fossess-
yon rag maga an vohosogyon, ha kyn
whrellen ry ow body dhe vos leskys,
saw heb bos dhym kerensa, ny dreyl
henna man dhe'm les.

⁴Yma kerensa pell ow perthy, ha cuf
yw hy. Ny berth kerensa avy. Nyns
usy kerensa owth omvosya. Ny vydh
hy hautyn. ⁵Nyns usy hy ow trogfara.
Nyns usy hy ow whelas hy fyth hy
honen. Nyns yw hy es dhe serry.
Nyns usy hy ow tyby drog vyth oll.
⁶Nyns usy kerensa ow rejoycya yn
pegh, saw y'n gwyryoneth yma hy
owth omlowenhe. ⁷Yma hy ow perthy
pub tra, ow cresy pub tra hag ow
quetyas pub tra.

⁸Byth ny fyll kerensa. Saw mars ues
profecys, y a dremen. Mars ues tavos-
ow, y a wra cessya. Mars ues skent-
oleth, henna a vyn mos dhe ves. ⁹Rag
yn part ny a wor, hag yn part yth eson
ow profusa. ¹⁰Saw pan dheffa an dra
yw dyen, nena an pyth usy yn part a
vydh gorrys dhe ves. ¹¹Pan en vy
flogh, yth esen ow cowsel avel flogh,
avel flogh y whren convedhes, avel
flogh yth esen ow predery. Saw pan
wrug avy dos dhe os den, me a settyas
adenewan an taclow a floholeth.
¹²Rag y'n tor' ma ny a wel dre weder,
yn tewl, saw ena fas orth fas. Yth esof
y'n tor' ma owth aswonvos yn part.
Saw ena me a wra aswon, poran kepar
del oma aswonys ow honen.

¹³Lemmyn ytho, yma prest ow
pesya fedh, govenek ha kerensa, an
try ma. Saw an brassa anedhans yw
kerensa.

14 Kerensa ytho yw an dra a
dal dheugh y sewya. Sett-
yeugh agas colon war an royow
sperysek, hag yn arbennek an ro a
brofecy. ²Neb a wra cowsel yn tavos-
ow stranj, ny gows ef orth tus erel
saw orth Dew. Ny wor den vyth y
gonvedhes pan usy ef owth uttra
mysterys der an Sperys. ³Saw neb a
wra progeth messach Dew, ef a gows
dhe dus rag aga gweres ha'ga ynnya
ha dhe ry dhedhans confort. ⁴An den
usy ow cowsel yn tavosow, yma ef a
brow dhodho y honen, mes an den
usy ow profusa, ef yw a brow dhe oll
an eglos. ⁵Da vya genef why oll dhe
gowsel yn tavosow, mes gwell yw
genama why dhe brofusa. Brassa yw
neb a wra profusa es henna a gows yn
tavosow, ma's nebonen aral a vyn
styrya y lavarow, may halla an eglos
bos crefhes.

⁶Lemmyn, a vreder, mar tuema
dheugh ow cowsel yn tavosow, pana
brow vydh henna dheugh, ma's me a
laver dheugh neb revelacyon, sken-
toleth, profecy bo dyscas? ⁷Yndelma
kefrys yth yw an dafar musyk usy ow
seny, an whybonel bo an crowd, rag
ensompel. Mar ny vydh cler aga
notys, fatel yll den vyth godhvos pana
ylow usy ow seny? ⁸Ha mar ny vydh
can an bualgorn cler, pyw a vyn
sordya rag an gas? ⁹Yndella yth yw an
mater genough why. Mar teugh why
hag uttra cows na yll bos convedhys,
fatel yll den vyth godhvos agas styr?
Why a vydh ow cowsel orth an ayr.
¹⁰Ea, yma lyes yeth y'n bys, saw nyns
ues onen vyth anedhans heb styr.

¹¹Mar ny won convedhes an yeth clappys gans an den aral, nena ef yw alyon dhym ha me yw alyon dhodho ef. ¹²Aban ough why whensys dhe gafus royow an Sperys, kens oll y res dheugh gul moy defnyth a oll an royow na usy ow mentena an eglos.

¹³Rag henna, suel a wrella cowsel yn tavosow, y tal dhodho pesy dhe gafus an ro a styryans. ¹⁴Mars esof vy ow pesy yn tavas, yma an Sperys ow pesy ynnof, mes syger yw ow skyans. ¹⁵Pandr' a godh dhym gul ytho? Me a vyn gul pejadow warlergh an Sperys ynnof, saw gans ow skyans ynwedh. Me a vyn cana prays warlergh an Sperys ynnof, saw me a vyn usya ow skyans magata. ¹⁶Poken, mar tueta ha leverel benneth der an Sperys, fatel yll an den kemyn a vo y'n tyller leverel "Amen" orth deweth dha rassow? Ny yll ef convedhes ger vyth a'th cows. ¹⁷Ea, martesen te a yll ry grassow, saw nyns yw henna a les dhe'th hynsa.

¹⁸Gromercy dhe Dhew, me a gows yn tavosow moy es den vyth ahanough. ¹⁹Saw gwell vya genef cowsel rag les ow howetha y'n eglos ha rag ow les vy pymp ger a yll bos convedhys es mylyow a eryow yn tavas tewl y styr.

²⁰A vreder, na vedheugh kepar ha flehes y'gas prederow. Bedheugh kepar ha flehes ow tuchya an drog, mes tus tevys y'gas prederow. ²¹Yma screfys y'n laha,

"Dre nacyons stranj aga yeth
ha gans gwelvow alyons
me a vyn cowsel orth an bobel ma;

saw nena ny vennons y unweyth goslowes orthyf,"
yn medh an Arluth.

²²Rag henna tokyn dhe'n paganys kens es dhe Grystonyon yw tavosow, mes profecy yw syn rag Crystonyon, adar rag paganys. ²³Gwren supposya oll an eglos dhe vos cuntellys warbarth ha pubonen dhe gowsel yn tavosow. Mar tue estrenyon bo paganys ajy, a ny vennons y leverel why dhe vos muscok? ²⁴Saw mar pydh pubonen ow profusa, mar tue ajy pagan bo estren, ef a glowvyth dheworth pubonen taclow dhe byga y gonscyans ha gul dhodho cresy. ²⁵Wosa kevrynyow y golon dhe vos dyscudhys, an den na a wra omblegya dherag Dew ha'y wordhya, ha leverel, "Yn gwyr yma Dew y'gas mesk why."

²⁶Pandr' a godh dhyn gul ytho, a gothmens? Pan wreugh why cuntell warbarth, bedhens hympna, dyscas, revelacyon, tavas bo styryans gans kenyver onen. Bedhens pub tra gwres rag scodhya an eglos. ²⁷Mar tue tus ha cowsel yn tavosow, na vedhens y moy es dew bo try dhe'n moyha ha gwrens nebonen styrya pub torn. ²⁸Saw mar ny vydh den vyth y'n tyller a alla styrya, gwrens y tewel y'n guntellva ha cowsel yn tawesek ortans aga honen hag orth Dew.

²⁹Gwrens dew bo try profusa, ha gwrens an remenant attendya an pyth a vo leverys. ³⁰Mar pydh revelacyon rys dhe nebonen a'y eseth yn y se, gwrens tewel an den a vo ow cowsel. ³¹Rag why oll a yll profusa an eyl wosa y gela may halla pubonen desky

ha cafus confort. 32Res yw dhe'n pro-
fettys aga honen rewlya an sperys a
brofecy, 33rag nyns yw Dew an Dew
a dheray mes an Dew a ordyr da.

Kepar hag yn oll an eglosyow a
bobel Dew, 34ny dal dhe venenes
cowsel orth an guntellva. Y ny's teves
an cumyas a gowsel, mes res yw dhe-
dhans bos gostyth kepar del laver an
laha. 35Mar pedhons y whensys dhe
wodhvos tra vyth, gwrens y govyn
orth aga gwer yn tre. Ass yw dyflas
benen dhe gowsel orth an guntellva!
36A wrug ger Dew dalleth genough
why? Ough whywhy an un bagas yn
unyk a dhueth an ger dhedhans?

37Mar tue nebonen ha declarya y
vos profet bo an gallus a brofecy dhe
vos ynno, res yw dhodho aswon bos
arhadow dheworth an Arluth an
taclow ma a screfys dheugh. 38Mar ny
vyn ef avowa henna, na vedhens ef
avowys y honen.

39Yndelma, a gothmens, gwreugh
profusa gans mal ha na dhyfenneugh
tavosow. 40Saw re bo pub tra gwres
yn maner semly hag y'n ordyr ewn.

15 Pertheugh cof, a vreder, a'n
awayl a wrug avy progeth
dheugh. Why a's recevas hag yth
esough why ow sevel ynno. 2Dredho
kefrys yth ough why sawys, mar
teugh why ha sensy fast an messach a
wruga deryvas dheugh – ma's agas
crejyans a vo ufer.

3Rag me a dhelyfras dheugh why
avel tra a'n moyha bry an pyth a
recevys ow honen. Hen yw dhe
styrya, Cryst dhe dhon mernans rag
agan pehosow warlergh an scrypturs.

4Hag y fue va encledhys, ha drehevys
an tressa dedh warlergh an scrypturs.
5Ef a omdhysquedhas dhe Cefas kens
oll, ha nena dhe'n dewdhek. 6Nena ef
a apperyas dhe voy es pymp cans a'n
vreder oll warbarth hag yma an ran
vrassa anedhans whath yn few, kyn
whrug ran anedhans merwel. 7Nena
ef a apperyas dhe Jamys, nena dhe oll
an abosteleth. 8Woteweth ef a om-
dhysquedhas dhymmo vy kepar ha
dhe onen genys mes a'y dermyn.

9Rag me yw an lyha a'n abosteleth,
ha nyns oma wordhy dhe vos gelwys
abostel, dre reson me dhe dormentya
eglos Dew. 10Saw dre ras Dew me yw
an pyth of vy, ha ny vue ufer y ras tro
ha me. Dhe'n contrary, me a lafuryas
creffa es den vyth anedhans, kyn nag
o me mes gras Dew usy genama a
lafuryas. 11Bue va me bo ynjy, yndel-
ma ny a wrug progeth hag yndelma
why a dhueth dhe grejyans.

12Mars yw Cryst progowthys avel
henna a vue drehevys dheworth an re
marow, fatel yll ran ahanough leverel
nag ues dasserghyans vyth? 13Mar
nyns usy dasserghyans an re marow,
ny vue Cryst drehevys. 14Mar ny vue
Cryst drehevys, ufer vue agan pro-
geth hag ufer yw agas fedh why. 15Ny
yw kefys ynwedh dhe vos dustuny fals
a Dhew, rag ny re dhestas a Dhew ef
dhe dhrehevel Cryst. Saw ny wrug ef
y dhrehevel mar ny vydh an re
marow drehevys. 16Rag mar ny vydh
an re marow drehevys, nena ny vue
Cryst drehevys. 17Mar ny vue Cryst
drehevys, ny dal agas crejyans oy hag
yth esough why y'gas pegh whath.
18Nena gyllys dhe goll kefrys yw an

re na a verwys yn Cryst. ¹⁹Mar nyns eson ny ow quetyas yn Cryst ma's rag an bewnans ma yn unyk, ny yw an dus moyha truan yn oll an bys.

²⁰Saw yn gwyr Cryst a vue drehevys dheworth an re marow, an bleynfrutys a'n re na a verwys. ²¹Aban dhueth an mernans der un den, der un den ynwedh a dhueth dassergh-yans an re marow. ²²Kepar del wra kenyver onen merwel yn Adam, yn kepar maner ny a vydh bewhes yn Cryst. ²³Pubonen yn y ordyr y honen, Cryst an bleynfrutys kens oll ha wosa henna, pan dheffa ef, an re na usy ow longya dhe Gryst. ²⁴Nena an deweth a dhue, pan wra Cryst delyfra an wlascor dhe Dhew an Tas, wosa ef dhe dhyswul pub rewler, pub auctoryta ha pub gallus. ²⁵Res vydh dhodho raynya erna whrella ef settya oll y eskerens yn dan y dreys. ²⁶An escar dewetha dhe vos dystrowys yw Ancow. ²⁷Rag "Dew re settyas pub tra yn dan y dreys." Saw pan laver, "Dew re settyas pub tra yn dan y dreys," apert yw nag usy an lavar ma orth y gomprehendya ef neb a settyas pub tra yn dan y dreys y honen. ²⁸Pan vo pub tra gwres sojeta dhodho, nena an Mab y honen a vydh sojeta dhe henna re wrug pub tra sojeta dhodho, may halla Dew bos pub tra yn tyen dhe bubonen yn tyen.

²⁹Poken, pandr' a vyn gul an re na a recevas besydhyans rag an re marow? Mar ny vydh an re marow drehevys man, prag y fydh tus besydhys rag-thans? ³⁰Prag yth eson ow peryllya agan honen pub uer oll? ³¹Me a verow kenyver jorna! Henna yw mar

certan, a vreder, avel ow bostow aha-nough why. Bostow yns y a wrama yn Jesu Cryst agan Arluth. ³²Me a wrug omlath gans bestas gwyls yn Efesus. A pe gans govenek mortal yn unyk me dhe wul yndella, pana wayn a'm bya dredho? Mar ny vydh an re marow drehevys,

"Duen, debryn ha glebyn agan myn,
rag avorow ny a wra merwel."

³³Na vedheugh tullys, "Cowethas drog a wra shyndya conversacyon da." ³⁴Deugh dhe vrys ewn ha sad, ha na dreylyeugh dhe begh namoy. Rag yma certan tus y'n bys na's teves godhvos vyth a Dhew. Me a laver hemma rag agas shamya.

³⁵Saw nebonen a vyn govyn, "Fatel vydh an re marow drehevys? Pana gorf a's tevyth pan wrons y dos?" ³⁶Te ben cog! An hasen a wreta gonys, ny yll hy bewa ma's hy a verow kens. ³⁷Ow tuchya an hasen esos orth hy gonys, ny wreta gonys an corf a vydh, mes hasen noth, a waneth martesen bo a neb gruen aral. ³⁸Saw Dew a re dhodho corf war-lergh y vodh, ha'y gorf teythyak dhe bub sort has. ³⁹Nyns yw pub kyg haval dh'y gela, mes yma un kyg rag mab den, ken kyg rag bestas, ken kyg rag edhnow ha ken kyg arta rag puscas. ⁴⁰Yma corfow nevek ha corfow a'n dor. Un dra specyal yw glory an corf nevek, ha glory taclow an dor yw nampyth aral. ⁴¹Un glory a'n jeves an howl, ken glory a's teves an lor, ha ken glory arta a's teves an

ster. Ea, dyffrans y'ga glory yma an sterennow an eyl dheworth hy ben.

⁴²Yndelma yma dasserghyans an re marow. A vo gonedhys yw luen pod-rethes, a vo drehevys yw dyboder. ⁴³Yn dysenor yth ywa gonedhys, yn glory y fydh drehevys. Yn gwander yth yw gonedhys, yn power y fydh drehevys. ⁴⁴Gonedhys vydh avel corf genesyk.

Avel corf sperysek y fydh drehevys. ⁴⁵An scryptur a laver, "Adam, an kensa den, eth ha bos creatur bew." An Adam dewetha eth ha bos sperys bewek. ⁴⁶Saw nyns o an pyth sperys-ek neb a vue kens oll, mes an pyth genesyk. An pyth sperysek a dhueth wosa henna. ⁴⁷An kensa den a dhueth mes a'n dor ha den a dhowst o va. An secund den a dhue dheworth nef. ⁴⁸Kepar del o an den a dhowst, yn-della yw an dus a dhowst. Kepar del yw an den a nef, yndella yma oll an re na usy a nef. ⁴⁹Del wrussyn ny don ymach a'n den a dhowst, yn kepar maner ny a vyn don ymach a'n den a nef.

⁵⁰An pyth a lavaraf, a vreder, yw hemma: ny yll an kyg ma na'n gos ma eryta gwlascor Dew, naneyl ny yll an dra poder eryta an dra dhyboder. ⁵¹Gosloweugh, me a vyn deryvas mystery orthough. Ny wren ny oll merwel, mes ny oll a vydh chanjys, ⁵²whare, yn un lam, pan wrella seny an trompa dewetha. An trompa a wra seny ha'n re marow a vydh drehevys yn tyboder, ha ny a vydh chanjys. ⁵³An pyth poder ma a dal gwysca an pyth dyboder, ha'n corf mortal a res omwysca yn anvarwoleth. ⁵⁴Pan

wrella an corf poder ma gorra adro dhodho an pyth dyboder, ha pan wrella an corf mortal ma omwysca yn anvarwoleth, nena y fydh collenwys lavar an scryptur, "An mernans a vue lenkys yn vyctory.

⁵⁵"A vernans, ple ma lemmyn dha vyctory?
Ple ma dha vros, a ancow?"

⁵⁶Bros an mernans yw pegh, ha'n gallus a begh yw an laha. ⁵⁷Re bo muer 'ras dhe Dhew, rag ef a re dhyn an vyctory der agan Arluth Jesu Cryst.

⁵⁸Rag henna, a vreder vuergerys, bedheugh fast ha cref, rych yn ober-ow da an Arluth pupprys. Rag why a wor nag yw ufer agas lafur y'n Arluth.

16 Now ow tuchya an offryn-now rag pobel Dew, y tal dheugh sewya an comondmentys a wrug avy ry dhe eglosyow Galacia. ²An kensa jorna a bub seythen kenyver onen ahanough a dal settya adenewan hag erbysy pynag oll tra a vo dhodho moy es y othem. Nena ny vydh res dhym cuntell mona, pan dhuema dheugh. ³Pan dhuema dheugh, me a vyn danvon tus a vo da genough gans lytherow rag don agas royow dhe Jerusalem. ⁴Mar tegoth me dhe vyajya gansans, y a wra dos warbarth genama.

⁵Me a vyn dos dheugh wosa mos dre Vacedonia. Ervyrys yw genama gul yndella, ⁶ha martesen me a vyn trega genough bo unweyth spena an gwaf genough. Yndelma why a yll ow danvon yn rag war ow fordh, na fors

dhe byle. 7Ny vya lowr dhym agas gweles termyn cot ha me ow passya der an pow. Govenek a'm bues a spena termyn hyr genough, mar myn Dew. 8Saw me a vyn trega yn Efesus bys Pencast, 9rag darras efan a vue egerys dhym aberth yn ober a vry, ha me a'm bues muer eskerens.

10Mar tue Timothy dheugh, kemereugh wyth na'n jeffa cheson vyth rag own y'gas mesk, rag yma va ow cul whel an Arluth kepar ha me. 11Na wrens den vyth ytho y dhyspresya. Danveneugh ef yn rag yn cres, may halla va dos dhym. Yth esof orth y wortos gans an vreder.

12Ow tuchya ow broder Apollos, me a'n ynnyas cref dh'agas vysytya why gans an vreder erel, saw nyns o va whensys man dhe dhos y'n tor' ma. Ef a vyn dos, pan vo an chons dho-dho.

13Bedheugh yn tyfun, seveugh stedfast y'gas fedh, bedheugh cref hag a golon dha. 14A wrelleugh why, gwreugh e yn kerensa.

15Lemmyn, a vreder, why a wor y fue meyny Stefanas an dus kensa yn Achaia bythqueth a gresys y'n Arluth hag a sacras aga honen dhe servya pobel Dew. 16Yth esof vy orth agas ynnya dhe breparya agas honen dhe servya an re na ha pubonen aral a vo ow cul whel ha lafur gansans. 17Lowen of orth devedhyans Stefanas, Fortunatus hag Achaicus, rag y a lenwys agas tyller why. 18Y a wrug confortya ow sperys ha'gas sperys why. Aswoneugh gras ytho dhe dus a'n par na.

19Yma eglosyow Asia orth agas dynerhy. Yma Aquila ha Prisca, warbarth gans an Grystonyon y'ga chy orth agas dynerhy yn colonnek y'n Arluth. 20Yma oll an vreder orth agas dynerhy. Dynerheugh an eyl y gela gans bay sans.

21Yth esof vy, Pawl, ow screfa hemma gans ow luef ow honen. 22Suel na'n jeffa kerensa tro ha'n Arluth, re bo mylegys. Dues, a Arluth!

23Re bo gras an Arluth Jesu genough.

24Re bo ow herensa vy genough why oll yn Jesu Cryst.

Secund Pystyl Pawl dhe'n Corinthianas

1 Pawl abostel Jesu Cryst dre volunjeth Dew ha Timothy agan broder,

Dhe eglos Dew usy yn Corinth warbarth gans oll an sens usy yn Achaia.

2Gras dheugh why ha cres dheworth Dew agan Tas ha dheworth agan Arluth Jesu Cryst.

3Benegys re bo an Dew ha'n Tas a'gan Arluth Jesu Cryst. Ef yw an Tas a vercy ha'n Dew a bub solas. 4Yma va orth agan confortya ny yn oll agan anken, may hallen ny confortya an re na a vo yn anken der an solas mayth on ny agan honen confortys dredho gans Dew. 5Yth on ny kevrennek a lyes torment Cryst hag yn kepar maner dre Gryst ny a gaf part y'n gweres bras a Dhew. 6Mar tuen ny ha godhaf, yth yw henna rag agas gweres why ha rag agas salvacyon. Mar tuen ny ha cafus gweres, why a gaf gweres ynwedh ha'n nerth dhe berthy gans godhevyans an keth paynys eson ny ow suffra. 7Yndelma ny vydh shakys yn termyn vyth agan trest ynnough. Ny a wor why dhe vos kevrennek kefrys a'gan paynys ny hag a'n confort eson ny orth y receva.

8Da vya genen, a vreder, why dhe wodhvos adro dhe'n trobel a'gan bue yn Asia. Ny a vue compressys cales dres ehen, may whrussyn kelly govenek a'gan bewnans kyn fe. 9Yn gwyr yth esen ny ow cresy agan bos brusys dhe'n mernans. Henna a vue rag agan desky dhe sevel orth trestya ynnon agan honen, mes kens dhe drestya yn Dew, usy ow trehevel an re marow. 10Neb a wrug agan gwetha rag peryl mar dheantel, ef a vyn agan sylwel arta. Ny a drest ynno dh'agan sawya y'n termyn a dhue, 11aban esough why kefrys ow kesobery genen ny ow pesy dhodho. Yndelma muer a dus a vyn ry grassow ragon ny awos an bennothow a gefyn der an pejadow a lyes onen.

12Ea, hem yw agan bost ha dustuny agan conscyans, ny dhe fara y'n bys heb tull na gyl ha gans lendury dywysyk. Ny wrussyn ny gul yndelma dre furneth an bys, mes dre ras Dew y honen, spesly tro ha whywhy. 13Nyns eson ny ow screfa dheugh tra vyth ken es an pyth a wodhough why redya ha convedhes. Yth esof ow quetyas why dh'y gonvedhes bys y'n deweth, 14kepar del wrussough why convedhes part a'gan messach. Rag why a vydh agan bost ny yn jorna an Arluth Jesu, kepar del vedhyn ny agas bost why.

15Me o certan a henna ha whensys dhe dhos dheugh kens oll, may halleugh why cafus plesour dewblek. 16Whensys en agas vysytya war ow fordh dhe Vacedonia, ha dhe dhos arta dheugh dhya Vacedonia. Nena why a alsa ow gorra yn rag war ow vyaj dhe Judy. 17Esen owth hockya ha me whensys dhe wul yndelma? Esof vy ow restry ow thowlow warlergh

brues kemyn mebyon tus? Oma parys
dhe leverel, "Ea, ea," ha "Na, na," yn
keth termyn?

18Re lendury Dew, nyns yw agan
ger ny dheugh why "Ea" ha "Na."
19Silvanus, Timothy ha me, ny a bro-
gowthas Mab Dew y'gas mesk. Nyns
yw Mab Dew "Ea" ha "Na." Ynno ef
y kefyr "Ea" pupprys. 20"Ea" yw pub
promys a Dhew ynno ef. Dredho ef
ytho ny a laver "Amen" dhe glory
Dew. 21Dew a'gan fundyas ny gen-
ough why yn Cryst hag a'n ylyas yn-
wedh. 22Ef a settyas warnan y sel hag
a dheveras an Sperys Sans y'gan
colon avel warrant a bub tra a vyn ef
gul ragon.

23Dew yn test, ny wrug avy dos arta
dhe Gorinth rag agas sparya why.
24Nyns eson ny ow lordya war agas
crejyans. Na, yth on ny kens kesober-
oryon rag agas lowena, dre reson why
dhe sevel fast y'n fedh.

2 Rag henna me a ervyras sevel
orth agas vysytya why rag agas
grevya. 2Mar tuema ha'gas grevya
why, pyw a alsa ow lowenhe ma's
henna a wrug avy duhanhe? 3Ha me a
screfas kepar del wruga, ma na ven ny
grevys gans an re na a dalvya ow
lenwel a joy. Sur of, y'gas kever why,
ow joy dhe vos an joy a bubonen
ahanough. 4Me a screfas dheugh gans
anken, gans duhan y'm colon ha gans
dagrow. Nyns o henna rag agas
grevya mes dhe dhysquedhes dheugh
pysuel ha pygemmys yw ow herensa
ragough.

5Saw mar qurug nebonen hurtya
den vyth, ny wrug ef ow hurtya vy,

mes yn part – heb mos re bell – pub-
onen ahanough why. 6Lowr yw an
punyshment a vue determys gans an
guntellva gemyn ragtho. 7Rag henna
y tal dheugh lemmyn gava dhodho
ha'y gonfortya ma na vo va dystrowys
gans re a dhuhan. 8Yth esof ytho orth
agas ynnya dhe dhysquedhes agas
kerensa tro hag ef. 9Me a screfas
dheugh rag an reson ma: may hallen
agas prevy ha godhvos mars ough
why gostyth yn kenyver tra. 10Pynag
oll tra a wrelleugh why gava dhodho,
me a vyn gava dhodho kefrys. Ken-
yver tra a vue gyvys genama, mar
quruga gava tra vyth, a vue gyvys rag
agas les why y'n presens a Gryst.
11Ny a wra henna, ma na wrella Sat-
nas agan castya, rag nyns on ny
dyswar a'y brattys.

12Pan wrug avy dos dhe Droas rag
progeth an newodhow da a Gryst, y
fue egerys dhym darras y'n Arluth.
13Saw ny ylly ow brys powes, dre
reson na gefys ena ow broder Tytus.
Rag henna me a asas farwel gansans
ha mos yn rag dhe Vacedonia.

14Gromercy dhe Dhew! Yn unsys
gans Cryst yma va pupprys orth agan
humbrank ny avel prysners y'n kes-
kerdh a vyctory. Dredhon ny yma
Dew ow lesa yn pub tyller an sawor
wheg a dhue dheworth aswonvos
Cryst. 15Ny yw kepar ha wheg smell-
yng a yncens offrys gans Cryst yn
mesk an re na yw sylwys hag yn mesk
an re na usy ow mos dhe goll kefrys.
16Dhe'n eyl ran an sawor yw kepar ha
flerynsy usy ow ladha. Mes dhe'n dus
erel yth ywa sawor wheg usy ow ton
bewnans. Pyw yw lowr rag an taclow

ma? 17Nyns on ny gwycoryon a er Dew kepar ha lyes onen, mes yn Cryst yth eson ny ow cowsel kepar ha persons a wyryoneth. Ny yw tus a vue danvenys gans Dew hag yth on ny stedfast yn y wolok ef.

3 Eson ny ow talleth bostya arta? Yn gwyr ny'gan bues othem vyth a lyther a gomendyans dheugh bo dheworthough, kepar del ues othem dhe certan re. 2Why agas honen yw agan lyther, neb yw screfys y'gan colon hag aswonys ha redys gans kenyver den. 3Yth esough why ow tysquedhes agas bos an lyther a Gryst, parys genen ny, screfys gans Sperys an Dew bew kens es gans ynk. Ny vue va screfys war lehow a ven, mes war an lehow a golon mab den.

4Kemmys yw an trest a'gan bues yn Dew dre Gryst. 5Nyns on ny abyl agan honen dhe dhervyn tra vyth dhe dhos dheworthyn ny agan honen. Y tue oll agan teythy dheworth Dew, 6Ef a'gan gwrug ny abyl dhe vos menysters a gevambos noweth. Kevambos a'n lyther nyns ywa, mes kevambos a'n Sperys, rag yma an lyther ow ladha, saw yma an Sperys ow ry bewnans.

7An menystrans a ancow, gravys yn lytherennow war lehow men, a dhueth yn kemmys glory, ma na ylly pobel Ysrael meras orth Moyses awos glory y fas. Ha'n glory na yw settys adenewan y'n tor' ma. 8Pysuel dhe voy ytho a vydh an glory, pan dheffa dhyn menystrans an Sperys? 9Mara pue glory yn menystrans an dampnacyon, kemmys dhe voy a vydh

glory ha plenta yn menystrans an Sperys! 10Yn gwyr an pyth neb a'n jeva glory kens omma a'n collas awos an glory brassa esa ow tos. 11Mar tueth gans glory an pyth a vue settys adenewan, suel dhe voy a dhueth gans glory an dra a wra pesya bys vyken!

12Dre reson ny dhe gafus govenek a'n par na, yth eson ny ow lafurya gans bolder bras. 13Nyns eson ow lafurya kepar ha Moyses. Moyses a worras cudhlen adro dh'y fas, ma na wrella pobel Ysrael meras orth deweth an glory esa ow mos yn kergh. 14Saw aga brys a vue calesys. Yn gwyr bys y'n jedh hedhyw, pan usons y ow clowes lesson mes a'n testament coth, y fydh an keth cudhlen na whath yn hy thyller. Ny vydh hy kemerys yn kergh saw dre Gryst. 15Ea, bys yn jedh hedhyw pan vydh redys lyvrow Moyses, y fydh cudhlen a'y groweth war aga brys. 16Saw pan wrella nebonen treylya dhe'n Arluth, y fydh an gudhlen kemerys yn kergh. 17An Arluth yw an Sperys, ha le may ma an Sperys, ena y fydh franchys. 18Yth eson ny oll, ytho, gans agan fas dyscudhys ow tastewynya glory an Arluth. Hag yma an keth glory na, usy ow tos dheworth an Arluth, an Sperys, orth agan treylya dhya glory dhe glory bys yn y ymach y honen.

4 Rag henna, drefen ny dhe receva an menystry ma dre dregereth Dew, ny wren ny kemeres dyglon. 2Ny a dhenahas taclow vylen cudh. Nyns ues falsury vyth y'gan conversacyon, naneyl nyns eson ny

ow fecla ger Dew. Ha ny ow progeth an gwyryoneth yn apert, yth eson ow comendya agan honen yn golok Dew dhe gonscyans pubonen. ³Mars yw cudh agan awayl, cudh ywa dhe'n re na usy ow mos dhe goll. ⁴Ow tuchya tus a'n par na me a laver hemma: an dew a'n bys ma a dhallas brys an paganys, ma na wrug terlentry war-nedhans an splander a awayl gloryes Cryst, Cryst neb yw an ymach a Dhew. ⁵Nyns eson ny ow progeth agan honen. Na, yth eson ow progeth an Arluth Jesu Cryst ha'gan honen avel agas kethwesyon why rag ker-ensa Jesu. ⁶Rag yth yw Dew a leverys, "Bedhens golow y'n tewolgow," gol-ow a wrug dewynya y'gan colon ny, rag agan golowy gans an aswonvos a glory Dew y'n fas a Jesu Cryst.

⁷Ny a'gan bues an tresor ma yn lestry pry, may fo declarys an gallus marthys ma dhe dhos dheworth Dew, adar dheworthyn ny. ⁸Kynth on ny ankenys yn pub fordh, compressys nyns on ny man. Amays on, heb codha yn dysper. ⁹Tormentys on, heb bos forsakys; dysevys on heb bos dystrowys. ¹⁰Yth eson pupprys ow ton mernans Cryst y'gan corf, may fo y vewnans ef gwelys y'gan corf ny. ¹¹Hadre von yn few, yth on ny pup-prys ow codhaf mernans rag kerensa Jesu, may fo y vewnans ef gwelys y'gan mortal kyg. ¹²Yndelma yma mernans owth obery ynnon ny ha bewnans ynnough why.

¹³Saw poran kepar del usy dhyn an keth Sperys a fedh warlergh an scryptur – "Me a gresys, ha rag henna me a gowsas" – yth eson ny ow cresy ynwedh hag ow cowsel kefrys. ¹⁴Ny a grys dre reson ny dhe wodhvos fatel vyn ef, neb a dhrehevys an Arluth Jesu, agan drehevel ny ynwedh gans Jesu. Ny a grys ef dh'agan don war-barth genough why aberth yn y wolok ef. ¹⁵Ea, yma pub tra rag agas kerensa why. Kepar del wra gras Dew drehedhes dhe voy tus, y a vyn gul dhe voy pejadow grassow rag glory agan Dew.

¹⁶Rag henna ny vennyn ny kelly colon. Kynth usy agan natur mortal ow tyfygya, yma agan natur war jy owth omnowedhy kenyver jorna. ¹⁷Yma an anken scaf rag pols byan omma orth agan preparya rag glory bras dres musur bys vyken ha benary. ¹⁸Nyns eson ny ow meras orth an pyth a yll bos gwelys, saw orth an pyth na welyr. An pyth a welyr yw rag tecken, mes an pyth na yll bos gwelys yw rag nefra.

5 Ny a wor hemma: mar pydh dystrowys an tylda ynno mayth on ny tregys war an dor, ny a'gan bues drehevyans dhya Dhew, chy na vue byldys gans dewla hag a wra durya bys vyken ha benary y'n nevow. ²Yth eson ny ow kyny y'n tylda ma hag ow yeunes dhe worra y'gan kerhyn agan trygva nevek, ³ma na von ny kefys yn noth ha ny orth y worra adro dhyn. ⁴Aban eson ny whath y'n tylda ma, yth eson ny ow kyny yn dan agan sawgh, rag da vya genen sevel orth bos yn noth ha cafus dyllas moy. Yndella an dra varwyl ma a vya lenkys der an bewnans. ⁵Dew y honen a wrug agan parusy rag an very tra ma, hag ef a ros an Sperys yn warrant dhyn.

⁶Dyown on ytho, kyn whodhon agan bos ny dyberthys dheworth an Arluth hadre von ny tregys y'n corf. ⁷Yth eson ow kerdhes dre fedh, adar dre syght. ⁸Ea, ny yw heb own ha gwell vya genen bos dyberthys dheworth an corf hag yn tre gans an Arluth. ⁹Na fors eson ny ajy dhe'n corf bo aves dhodho, towlys on dh'y blesya. ¹⁰Rag res vydh dhe bubonen sevel dherag sedhek brues a Gryst, may halla kenyver onen receva gober rag pub tra a vo gwres y'n corf, be va da bo drog.

¹¹Aban wodhon ny, ytho, pandr' yw own Dew, yth eson ny ow whelas dhe berswadya tus erel. Saw ny agan honen yw aswonys gans Dew, ha govenek a'gan bues agan bos ny aswonys ynwedh dh'agas conscyans why. ¹²Nyns eson ny ow comendya agan honen dheugh arta, mes ow ry dheugh chons dhe vostya ynnon, may halleugh why gortheby dhe'n re na usy ow cul bostow war ves kens es y'n golon. ¹³Mars on ny varyes, ny yw varyes rag Dew. Mars yw yagh agan brys, yth yw henna ragough why. ¹⁴Rag yma kerensa Cryst orth agan kentrynna, dre reson ny dhe gresy fest un den dhe dhon mernans rag pubonen. Rag henna pubonen a verwys. ¹⁵Ef a a dhug mernans rag pubonen, may halla an dus vew bewa ragtho ef neb a verwys hag a vue drehevys, kens es bewa ragthans aga honen.

¹⁶Alemma rag ny vennyn meras orth den vyth warlergh an kyg. Kyn whrussyn ny kens aswon Cryst warlergh an kyg, nyns eson ny orth y aswon na fella y'n vaner na. ¹⁷Mars ues den vyth yn Cryst, ef yw creacyon noweth. Passys yw pub tra goth. Myr, yma pub tra nowedhys! ¹⁸Yma hemma oll ow tos dheworth Dew, a wrug agan kesseny ganso yn Cryst, hag a ros menystry a gessenyans dhyn. ¹⁹Hen yw dhe styrya, yth esa Dew yn Cryst owth unverhe an bys dhodho y honen, heb nombra aga threspassys war aga fyn. Hag ef a drestyas dhyn ny an messach a gessenyans. ²⁰Rag henna ny yw cannajow rag Cryst, dre reson Dew dhe elwel an dus dredhon ny. Ny a'gas pys ytho rag kerensa Cryst dhe vos unverhes gans Dew. ²¹Ragon ny ef a wrug dhodho bos pegh, ef na wodhya pegh vyth, may hallen ny dredho ef dos ha bos ewnder Dew.

6 Kepar del eson ny ow kesobery ganso ef, ny a'gas pys why, neb a recevas gras Dew, na wrelleugh y dhegemeres yn ufer. ²Rag ef a laver,

"Pan dhueth an termyn may whrellen dhysquedhes favour dheugh, me a'gas clowas.
Pan dhueth an jorna a'm salvacyon, me a'gas gweresas."

Mereugh! Hem yw an termyn dhe receva gras Dew. Mereugh! Hedhyw yw an jorna a salvacyon!

³Ny wren ny gorra men a drebuchyans yn fordh den vyth, ma na wrella den vyth dyspresya agan menystry. ⁴Ny yw servons Dew ha ny a wrug comendya agan honen der oll an

taclow ma: dre wodhevyans bras, der anken, der anwhecter hag anfusy; ⁵dre stewannow, prysonyans, dre dervansow, dre lafur, nosow dygusk ha nown bras, ⁶dre bureth, dre berthyans ha cufter, dre sansoleth sperys, der ewngerensa, ⁷dre lavar gwyryon ha gallus Dew gans an arvow a ewnder rag an dorn dyhow ha'n dorn cledh, ⁸yn onour ha dysenor, yn worshyp ha bysmer. Yth on ny dyghtys kepar ha faytours, ken fen ny gwyryon; ⁹kepar hag ancoth, saw ny yw aswonys da; kepar ha tus varow, ha mereugh, yth on ny yn few; kepar ha tus punsys mes ny vuen ny ledhys; ¹⁰kepar ha tus tryst, mes otta ny pupprys ow rejoycya; kepar ha bohosogyon, mes ny a wra lyes onen rych; kepar ha'n re na na's teves tra vyth, mes ny a bew pub tra.

¹¹Ny a gowsas yn apert orthough, a Gorinthianas, hag opyn yw agan colon dheugh why. ¹²Nyns ues fyn vyth dh'agan kerensa tro ha why, saw yma fyn dh'agas kerensa why. ¹³Avel chyffar teg – yth esof ow cowsel orthough kepar hag orth flehes – egereugh ales dhyn ny agas colon why.

¹⁴Na vedheugh kesyewys yn cam gans dyscryjygyon. Pana gowethyans a yll bos ynter ewnder ha fara dylaha? Bo pana gowethyans a yll bos ynter golow ha tewolgow? ¹⁵Pana acord a'n jeves Cryst gans Belial? A yll Crystyon bos kevrennek a dra vyth gans pagan? ¹⁶Yn pan vaner a yll templa Dew agrya gans ydolys? Rag ny yw templa an Dew bew, kepar del laver Dew y honen, "Me a vyn trega y'ga

mesk ha kerdhes yntredhans, ha me a vydh aga Dew y hag y a vydh ow fobel vy."

¹⁷"Rag henna deugh mes anedhans ha dybertheugh dhewortans, yn medh an Arluth, Na wreugh tuchya tra vyth aflan. Nena me a vyn agas wolcumma."
¹⁸"Me a vydh agas tas, ha why a vydh mebyon ha myrhes dhym, yn medh an Arluth Ollgallosek."

7 Drefen bos dhyn an promysyow ma, a vreder vuergerys, geseugh ny dhe burjya agan honen a bub tebel-vostethes a gorf hag a sperys, ha geseugh ny dhe gollenwel sansoleth y'n own a Dhew.

²Gwreugh spas ragon y'gas colon. Ny wrussyn ny cam warbyn den vyth; ny wrussyn ny shyndya den vyth; ny wrussyn ny gul prow a dhen vyth. ³Ny lavaraf hemma rag agas dampnya. Me a leverys solabrys me dh'agas cara why kemmys may fedha da genef merwel genough bo bewa warbarth genough. ⁴Yth esof vy ow cul muer bostow ahanough. Me yw pur browt ahanough. Luen a gonfort oma. Yn oll ow anken me a'm bues colon dha.

⁵Pan wrussyn ny dos dhe Vacedonia, ny gafas agan corf powes vyth, mes ny a vue troblys yn pub maner, dysputyans war ves ha dowtys war jy. ⁶Saw Dew, usy ow confortya an re na a vo tryst, a wellas agan cher ha danvon Tytus dhyn. ⁷Ny vue y dhevedhyans yn unyk a wellas agan cher. Ny a rejoycyas orth an confort a'n jeva

Tytus y'gas kever why. Ef a dheryvas dhym a'gas yeunadow, a'gas moreth hag a'gas dywysycter tro ha me. Ow lowena a encressyas pan glowys an taclow na.

⁸Mar quruga agas trysthe gans ow lyther, ny'm bues edrek vyth (saw edrek a'm bue, rag me dhe weles fatel wrug avy agas grevya dredho pols byan kyn fe). ⁹Yth esof vy ow rejoycya y'n tor' ma. Nyns yw henna awos me dh'agas grevya why, saw dre reson agas gref dhe ledya dhe edrek. Rag why a gafas trystans dheworth Dew, ha ny veugh why shyndys yn maner vyth oll genen. ¹⁰Rag yma trystans dheworth Dew ow tenethy edrek úsy ow ledya dhe sylwans. Ha nyns yw henna cheson vyth rag edrek. Saw yma trystans dheworth mab den ow ledya dhe'm mernans. ¹¹Mereugh pana frethter a dhug an trystans sans ma ynnough, pana whans dhe ewnhe agas honen, pana sor, pana uth, pana yeunadow, pana dhywysycter, pana gessydhyans! Yn pub poynt why a brovas agas honen dhe vos dybegh y'n mater. ¹²Kyn screfys dheugh, ny vue va naneyl rag kerensa an den a wrug cam na rag kerensa henna o an cam gwres war y byn, saw may fe aswonys dheugh agas dywysycter tro ha ny yn golok Dew. ¹³Yn hemma ny a gemeras confort.

Moy es agan confort ny, ny a lowenhas dhe voy orth joy Tytus, drefen why dhe ry cosoleth dh'y vrys. ¹⁴Mar qurug avy bostya dhodho nebes y'gas kever why, ny vuef shamys man. Saw kepar del o pub tra gwyr a wrussyn ny leverel dheugh, yndella kefrys agan bostow y'gas kever dhe Dytus a vue prevys gwyr. ¹⁵Yndelma yma y gerensa tro ha why owth encressya, rag yma va ow perthy cof a'gas obedyens oll ha fatel wrussough why y wolcumma ha why ow crenna der ewn own. ¹⁶Lowen of dre reson me dhe drestya ynnough yn tyen.

8 Da vya genef, a vreder, why dhe wodhvos pandr' a wrug gras Dew collenwel yn eglosyow Macedonia. ²Y a vue prevys yn ahas der oll an troblys a wrussons godhevel, saw mar vras o aga joy may rosons yn hel dres ehen kynth ens y pur vohosek. ³Me a yll desta dheugh fatel wrussons y ry warlergh aga gallus ha dres aga gallus kyn fe. ⁴Y a'gan pesys ernysly may hallens receva an gwyr specyal dhe gevranna y'n menystry dhe bobel Dew yn Judy. ⁵Moy vue henna es del wrussyn ny gwetyas. Kensa y a ros aga honen dhe'n Arluth ha wosa henna dre volunjeth Dew dhyn ny kefrys. ⁶Yndelma ny a ynnyas Tytus, neb a dhallathas an lafur ma, may whrella agas gweres ow collenwel an servys specyal ma a gerensa. ⁷Ass ough why rych yn pub tra ues genough – yn fedh, yn cows, yn godhvos, yn frethter dres ehen hag y'gas kerensa tro ha ny! Da vya genen ytho why dhe vos hel y'n servys specyal ma a gerensa.

⁸Ny lavaraf hemma avel gorhemmyn, saw yth esof ow prevy lendury agas kerensa warbyn dywysycter tus erel. ⁹Rag why a wor an gras a'gan Arluth Jesu Cryst. Kynth o va rych, ef eth bohosek ragough why, may halleugh cafus rychys der y vohosogneth.

[10]Hag otomma ow husul y'n mater ma: y tal dheugh gorfenna lemmyn an pyth a wrussough why dalleth warleny. Why a vue an dus kensa dh'y wul ha dhe vennas y wul. [11]Gorfenneugh e lemmyn warlergh agas gallus, may fo haval agas cowlwryans dh'agas bolunjeth. [12]Mar pedhough whansek dhe weres, plegadow dhe Dhew vydh agas ro warlergh an pyth a'gas bues, kens es warlergh agas dyfyk.

[13]Nyns yw henna dhe styrya y tal dhe dus erel bos attes, mes why dhe gafus begh. Bedhens taclow egwal [14]ynter an plenta a'gas bues y'n tor' ma ha'n othem a's teves y. Yn kepar maner y fydh aga flenta rag agas othem why y'n termyn a dhue. Yndelma y fydh taclow egwal. [15]Kepar del laver an scryptur, "An eyl, neb a'n jeva plenta, ny'n jeva re, ha'y gela, neb a'n jeva bohes, ny'n jeva re vohes."

[16]Gromercy dhe Dhew, rag ef a worras yn colon Tytus dywysycter ragough why poran kepar ha'm dywysycter vy ragough. [17]Titus a wolcummas agan gorholeth, ha moy es henna ef o whansek dh'agas gweres a'y vodh y honen. [18]Ganso ef yth eson ny ow tanvon dheugh an broder yw gerys da y'n oll an eglosyow, awos ef dhe brogeth an newodhow da. [19]Moy es henna ef a vue appoyntys gans an eglosyow dhe vyajya genen ha ny ow menystra an servys ma a gerensa. An menystry ma yw rag glory an Arluth, ha may fe apert agan bolunjeth da. [20]Ny a gemer wyth na wrella den vyth agan cably ow tuchya an ro larch ma ha ny orth y venystra.

[21]Ny re settyas agan colon dhe wul an pyth a vo ewn y'n golok tus ha dherag Dew kefrys.

[22]Gans an re na ynwedh yth eson ow tanvon dheugh agan broder, neb a vue prevys genen yn fenough, hag ef yw dywysyk yn lyes tra. Ef yw lemmyn dhe voy freth es bythqueth awos y fydhyans bras ynnough why. [23]Ow tuchya Tytus, ef yw ow hescoweth ha'm kesoberor y'gas servys why. Yth yw agan breder abosteleth a'n eglosyow ha'n glory a Gryst. [24]Rag henna yn opyn dherag an eglosyow dysquedheugh dhedhans prof a'gas kerensa ha prof a'gan caus dhe vostya ahanough.

9 Nyns ues othem vyth dhym screfa dheugh adro dhe'n menystry dhe bobel Dew. [2]Me a wor fatel ough why whansek dhe vos a servys ha me a vostyas ahanough dhe'n dus yn Macedonia. Me a leverys dhedhans fatel o an vreder yn Achaia parys dhe weres dhya an vledhen warleny. Agas dywysycter a sordyas an ran vrassa anedhans. [3]Yth esof ow tanvon dheugh an vreder ma, ma na vo ufer ow bostow y'gas kever y'n mater ma. Na, kepar del leverys, why a vydh parys gans agas socor. [4]Bytegens mar tue ran an Vacedonianas genama ha dyscudha na vydh parys agas socor, assa vedhyn shamys (ny lavaraf a'gas meth whywhy), drefen me dhe drestya ynnough! [5]Rag henna yth esen ow tyby y talvya dhyn ynnya an vreder ma dhe dhos dheugh dheragof ha dhe breparya dherag dorn an ro ervyrys genough. Nena an ro a vydh parys pan dhuema, hag apert vydh why dhe ry socor a'gas bodh agas honen, kens es why dhe vos constrynys.

⁶Pertheugh cof a hemma: neb a wrella gonys bohes has, nebes a vydh y drevas, saw neb a wrella gonys muer a has, y drevas ef a vydh bras dres ehen. ⁷Res vydh dhe genyver onen ahanough ry kepar del vo ervyrys ganso. Ny dal dhe dhen vyth ry a'y anvoth bo awos ynnyadow, rag Dew a'n car ef a rolla yn lowen. ⁸Ha Dew a yll ry dheugh dres agas othem, ma'gas bo lowr pupprys ragough agas honen ha lowr ha plenta rag pub ober da. ⁹Kepar del laver an scryptur,

"Yma va ow scullya ales hag ow ry dhe'n vohosogyon.
Y ewnder a wra durya bys vyken."

¹⁰Ha Dew, usy ow ry has dhe'n gonador ha bara avel sosten, a vyn provya hag encressya agas has rag gonys hag encressya trevas agas ewnder. ¹¹Why a vydh rych yn pub fordh awos agas larjes bras, ha'gas helder dredhon ny a wra provya muer 'ras dhe Dhew.

¹²Pan wreugh why an servys ma, yth esough ow provya rag an esow usy pobel Dew ynno, ha moy es henna, yma agas servys ow try yn rag abundans a rassow dhe Dhew. ¹³Awos an prof a dhue gans an servys ma, lyes onen a vyn praysya Dew rag agas lelder dhe awayl Cryst, neb esough why ow meneges, ha rag agas larjes, rag yth esough why ow kevranna gansans ha gans tus erel kefrys. ¹⁴Dre

henna y a wra pesy gans kerensa dhown dhe Dhew ragough, awos an gras marthys a dhysquedhas Dew dheugh. ¹⁵Muer 'ras dhe Dhew a'y ro dres prys!

10 Me, Pawl, me a'gas pys dre glorder ha wharder Cryst – me yw uvel pan esof genough fas dhe fas mes hardh pan esof pell dheworthough – ²me a'gas pys na wrelleugh ow honstryna dhe vos asper tro ha why pan vedhaf warbarth genough, rag me a vyn cowsel warbyn an re na a laver me dhe wruthyl warlergh brues mab den. ³Yth yw gwyr ny dhe vos tregys y'n bys, saw ny wren ny gwerrya warlergh squyrys mab den. ⁴Ny dhue agan arvow ny dheworth mab den, mes y a's teves nerth Dew hag a yll dhystrowy dynasow cref. Yth eson ny ow tyswul argumentys ⁵ha pub ancombrynsy prowt drehevys yn ban warbyn an aswonvos a Dhew. Ny a wra prysner a bub preder, may fo va gostyth dhe Gryst. ⁶Parys on ny dhe bunsya pub dysobedyens, pan vo collenwys agas obedyens why.

⁷Mereugh orth an taclow usy dherag agas dewlagas. Mars yw den vyth ahanough sur ef y honen dhe longya dhe Gryst, gwrens ef ombredery arta, rag yth eson ny ow longya dhe Gryst, poran kepar del esough whywhy. ⁸Lemmyn, mar tuema ha bostya nebes re a'm auctoryta, neb a vue rys dhym gans an Arluth rag agas byldya why kens es rag agas dysevel, ny vannaf vy kemeres meth anodho. ⁹Da vya genef na

272

wrelleugh why predery me dhe whel-
as agas ownekhe der ow lytherow.
[10]Tus a laver, "Cref yw y lytherow,
saw pan vo va omma, ny wra va
amontya man ha ny vydh y eryow a
vry vyth." [11]Gwrens an dus na con-
vedhes hemma: an pyth a lavaraf y'm
lytherow pan nag esof genough, hen-
na me a wra pan vedhaf y'gas mesk.

[12]Ny vensen ny lavasos dhe renkya
na dhe gomparya agan honen gans
ran a'n re na usy ow sensy aga honen
yn uhel. Ass yns y gocky hag y ow
musura aga honen an eyl orth y gela
hag ow comparya aga honen an eyl
gans y gela! [13]Ny vennyn ny bostya
dres certan fynyow. Ny a vyn gortos
ajy dhe'n fynyow a'n ober a ordnas
Dew ragon. Comprehendys yn
henna yw agan lafur y'gas mesk why.
[14]Aban esough why ajy dhe'n fynyow
na, ny vennyn ny mos drestans, pan
dhuen ny dheugh gans awayl Cryst.
[15]Nyns eson ny ow cul bostow dres
musur, hen yw dhe styrya a whel tus
erel. Govenek a'gan bues agan obe-
reth y'gas mesk why dhe encressya
dhe voy, yn mar vuer del wra moghhe
agas fedh. [16]Nena ny a vydh abyl dhe
dheryvas an awayl yn powyow yw
pella agesough why, heb bostya a
lafur gwres solabrys yn fynyow den
aral. [17]"Neb a wrella bostya, gwrens
ef bostya y'n Arluth." [18]Rag ny's
tevyth worshyp an re na usy ow
comendya aga honen, mes an re a vo
comendys gans an Arluth y honen.

11
Da vya genef why dhe'm
perthy tecken y'm gockyn-
eth. Gwreugh ow ferthy! [2]Yth esof vy

ragough ow kemeres avy kepar hag
avy Dew, rag me a'gas dedhewys yn
maryach dhe un gour, may hallen
agas presentya why avel vyrjyn heb
spot dhe Gryst. [3]Saw dowtys of agas
preder dhe vos ledys war stray dhe-
worth devocyon lel ha gwyryon dhe
Gryst, kepar del wrug an hager-bref
tulla Eva der y sotylta. [4]Rag mar tue
nebonen ha progeth ken Jesu es an
Jesu a wrussyn ny progeth, bo mar
teugh why ha receva ken sperys es an
Sperys a wrussough why degemeres,
bo ken awayl es an awayl a dhe-
gemersough, otta why owth omry
agas honen dhodho ef heb hockya!
[5]Me a dyb nag of vy ysella yn poynt
vyth oll es an abosteleth flowr ma.
[6]Kyn nag oma deskys bras yn cows,
deskys of yn skentoleth. Yn gwyryon-
eth, yn pub poynt hag yn pub fordh
me re dhysquedhas hemma dheugh.

[7]Pan wruga progeth an newodhow
da dheugh, me a's progowthas heb
cost vyth. Me a humblyas ow honen
rag agas exaltya why. A vue henna
pegh? [8]Me a robbyas eglosyow erel
ow cafus socor dhewortans, may
hallen agas servya why. [9]Ha pan esen
y'gas mesk why ha me yn esow, ny
wruga beghya den vyth. Me a gafas
pegans dheworth ow hothmens a
dhueth dhya Vacedonia. Yndella
nyns o res dhym agas beghya ha byth
ny vannaf agas beghya. [10]Del usy
gwyryoneth Cryst ynnof vy, ny wra
den vyth yn costys Achaia nefra
concludya an bost ma esof vy ow cul.
[11]Ha praga? Dre reson nag esof orth
agas cara why? Dew a wor fatel esof
orth agas cara why. [12]Ha'n pyth esof

ow cul, me a vyn pesya orth y wul, may hallen denaha chons dhe'n re na usy ow whelas y'ga bostow dhe vos comparys genef. [13]Bostoryon a'n par na yw abosteleth gow, fals-wonesyjy, ow facya y dhe vos abosteleth Cryst. [14]Nyns yw marth henna. Yma Satnas y honen owth omhevelly dhe el an golow. [15]Nyns yw aneth ytho mars usy servons Satnas owth omwul menysters a'n gwyryoneth. Y a gaf punyshment warlergh aga oberow.

[16]Me a laver arta, byner re gressa den vyth me dhe vos gocky. Mar teugh why ha cresy yndella, nena receveugh vy avel fol, may hallen bostya nebes kefrys. [17](An pyth a lavaraf ow tuchya an fydhyans ma luen a vostow, me a'n laver heb auctoryta vyth dheworth an Arluth. Me a'n laver kepar ha pen cog. [18]Aban ues lyes onen ow cul bostow warlergh squyrys mab den, me a vyn bostya kefrys.) [19]Yth esough why ow codhaf pennow cog yn lowen, aban ough why fur agas honen! [20]Rag why a wra y berthy pan wra nebonen kethwesyon ahanough bo agas pylla bo agas drog-handla bo exaltya y honen bo agas gweskel y'n fas. [21]Meth a'm bues y'n mater, saw me o re wan dhe wul taclow a'n par na!

Mar tue nebonen ha bostya a dra vyth (otta vy ow cowsel kepar ha pen cog!), me a vyn bostya a'n keth tra. [22]Yns y Ebbrowyon? Ebbrow oma magata. [23]Yns y menysters a Gryst? Menyster a Gryst oma magata. Me a gows kepar ha den muscok – menyster gwell agessans y me yw. Me a'm bue lyes lafur moy, moy prysonyans, me re gafas scorjyansow dynyver. Yn fenough me a vue ogas marow. [24]Pympweyth me a recevas dheworth an Yedhewon an dewgans lash ma's onen. [25]Teyrgweyth me a vue cronkys gans gwelyny. Y fuef labedhys unweyth. Teyrgweyth ow gorhel a vue terrys. Dres nos ha jorna yth esen war an mor ow mos gans an gwyns. [26]Me a wrug muer a vyajys. Pur lyes torn y fuef yn peryl a ryvers, yn peryl a ladron, yn peryl a'm pobel ow honen, yn peryl a'n Jentylys. Yth esen yn peryl y'n cyta, y'n gwylfos, war an mor, yn danjer a vreder fals. [27]Me a'm bue lafur, whes hag anken, lyes nos dygusk, nown ha sehes, me a vue heb sosten, yeyn hag yn noth. [28]Ha dres taclow erel, me a'm bues troblys pupprys dre reson ow bos yn anken awos oll an eglosyow. [29]Pyw yw gwan? A nyns of vy gwan ganso? Pyw yw dysevys? A nyns oma serrys ragtho?

[30]Mars yw res dhym bostya, me a vyn gul bost a'm gwander. [31]Dew ha Tas an Arluth Jesu (benegys re bo ef bys vyken!) a wor na lavaraf gow. [32]Yn Damask an governour yn dan an Mytern Aretas a wethas an cyta may halla va ow sesya, [33]saw me a vue yselhes yn canstel dre fenester yn fos an cyta ha scappya mes a'y dhewla.

12

Me a res bostya kyn nag ywa a les vyth dhym. Me a vyn mos yn rag dhe vesyons ha dhe revelacyons a'n Arluth. [2]Aswonys dhym yw nebonen ha peswardek bledhen alemma ef a vue kechys yn ban y'n tressa nef. Esa va y'n corf bo mes a'n corf, ny won; Dew a wor. ³Me a wor fatel vue an den na (esa va y'n corf bo nag esa ny won. Dew a wor), ⁴fatel vue va kechys yn ban yn Paradhys ha clowes taclow na yll bos deryvys, nag yw lafyl dhe dhen mortal vyth dasleverel. ⁵Me a vyn bostya abarth an den na, mes ny vannaf vy bostya poynt ahanaf ow honen, ma's a'm gwander vy. ⁶Saw a mensen bostya, ny vyen fol, rag me a lavarsa an gwyryoneth. Ny vannaf bostya, ma na wrella den vyth gul vry ahanaf moy es del yw gwelys bo clowys ahanaf – ⁷yn despyt dhe natur marthys a'n revelacyons.

Rag henna, ma na ven re browt a'm bos exaltys, y fue rys dhym dren y'm kyg, messejer dhya Satnas dhe'm tormentya, dhe'm gwetha rag bos re lowen. ⁸Teyrgweyth me a besys dhe'n Arluth adro dhodho, ma whrella an dra mos quyt dheworthyf. ⁹Saw ef a leverys, "Lowr dhys yw ow gras vy, rag ow gallus yw dhe vrassa pan osta gwan." Dhe voy lowen ytho y fannaf bostya a'm gwander, may halla gallus Cryst trega ynnof. ¹⁰Rag henna me yw pys da rag kerensa Cryst a'n re ma oll: gwander, despyt, anken, tormens ha droglammow. Rag pan of gwan, nena me yw cref.

¹¹Me re bue fol! Why a'm constrynas dhe vos yndella. Yn gwyr, y codhvya dheugh why ow fraysya, rag nyns oma lacka es an abosteleth flowr ma, kyn nag oma tra vyth. ¹²An synys usy ow prevy me dhe vos abostel gwyr, an merclys ha'n anethow, an oberow bras dres ehen, y a vue gwres

y'gas mesk why gans muer perthyans. ¹³Fatel vue gweth agas cas why es cas an eglosyow erel, ma's me dhe sevel orth govyn gweres mona orthough? Geveugh dhym an camweyth ma!

¹⁴Otta vy omma, parys dhe dhos dheugh an tressa treveth. Ny vedhaf vy begh warnough, dre reson nag esof ow tesyrya agas pyth why saw why agas honen. Ny dal dhe flehes cruny possessyon rag aga thas ha mam saw tas ha mam rag aga flehes. ¹⁵Gans lowena vras me a vyn spena ha me a vyn bos spenys ragough. Mar qurama dhe voy agas cara why, a vedhaf vy dhe le kerys? ¹⁶Re bo alowys na wrug avy unweyth agas beghya ow tuchya mona. Saw nebonen a vyn leverel, yth en vy sotel ha me dh'agas tulla dre dhyssayt. ¹⁷A wrug avy gul prow anewn ahanough dre dhen vyth a'n re na a dhanvenys dheugh? ¹⁸Me a ynnyas Tytus dh'agas vysytya ha me a dhanvonas an broder ganso. A wrug Tytus gul prow ahanough yn trog? A ny wren ny, ef ha me, omdhon y'n kepar maner tro ha why ha fara yn kepar maner?

¹⁹Esough why ow predery oll an termyn ma me dhe dhyffres ow honen dheragough? Yth esof vy ow cowsel yn Cryst dherag Dew. Nyns eson ny ow cul tra vyth, a vreder vuergerys, ma's rag agas byldya why yn ban. ²⁰Dowtys of, pan dheffen dheugh, me dh'agas cafus ken es del vensen, ha why dhe'm cafus vy ken es agas desyr. Own a'm bues bos y'gas mesk dysputyansow martesen, envy, sor, crefny, cabel, scavel an gow, consayt ha deray. ²¹Dowtys of, pan

dhyffyf dheugh arta, Dew dhe'm humblya vy dheragough. Res vydh dhym martesen ola adro dhe lyes onen a behas kens omma heb kemeras edrek whath a'ga fehosow – a'n aflanyther, mostethes ha fornycacyon a wrussons.

13 Hem yw an tressa treveth me dhe dhos dheugh. "Res yw dhe acusacyon bos scodhys gans dustuny dew dhen bo tredden." [2]Me a warnyas an re na a behas kens omma hag oll an re erel. Yth esof lemmyn orth aga gwarnya y'n tor' ma ha me pell dhewortans, kepar del wruga war ow secund vysyt, mar tuema arta, na vedhaf cuf man. [3]Why a gaf oll an dustuny esough why ow tesyrya bos Cryst ow cowsel dredhof. Nyns yw ef gwan orth agas handla, mes gallosek ywa y'gas mesk. [4]Ef a vue crowsys yn gwanegreth, saw der allus Dew yma va yn few. Ny yw gwan ynno ef. Saw pan wren ny agas handla why, yth on ny yn few ganso ef der allus Dew.

[5]Gwreugh examnya agas honen may halleugh why godhvos, esough why ow pewa y'n fedh bo nag esough. Preveugh agas honen. A ny wodhough bos Jesu Cryst ynnough? – marnas why dhe fyllel y'n apposyans!

[6]Govenek a'm bues why dhe gonvedhes na wrussyn nyny fyllel. [7]Saw ny a bys Dew na wrelleugh why pegh vyth. Nyns yw henna may fen ny gwelys dhe spedya y'gas kever, mes may halleugh why gul yn ta y'n apposyans, ea, kyn whrellen ny apperya dhe fyllel! [8]Ny yllyn ny gul tra vyth warbyn an gwyryoneth, mes rag kerensa an gwyryoneth. [9]Rag pan on ny gwan ha why cref, nena yth eson ow rejoycya. Hem yw agan pejadow: may feugh why perfeth. [10]Rag henna yth esof ow screfa an taclow ma ha me pell dheworthough. Poken martesen y fya res dhym bos re gales orthough, pan dheffen dheugh. Nena me a vyn usya an auctoryta a'm bues dheworth an Arluth rag agas byldya yn ban, kens es agas dysevel.

[11]Woteweth, a vreder, farwel. Gwreugh araya taclow yntredhough; gosloweugh orth ow galow; bedheugh unver an eyl gans y gela. Tregeugh yn cosoleth ha re bo genough an Dew a gosoleth hag a gerensa.

[12]Dynerheugh an eyl y gela gans bay sans. [13]Yma oll pobel Dew orth agas dynerhy why.

[14]Re bo gras agan Arluth Jesu Cryst, kerensa Dew ha cowethas an Sperys Sans gans pubonen ahanough.

Pystyl Pawl dhe'n Galacianas

1 Dheworth Pawl, na dhueth y alow avel abostel naneyl dre dus na dheworth tus, saw dre Jesu Cryst ha dre Dhew an Tas, neb a'n drehevys dheworth an re marow. ²Yma oll an vreder usy omma ow junnya genama ow tanvon dynargh,

Dhe eglosyow Galacia.

³Re'gas bo gras ha cres dheworth Dew agan Tas ha dheworth an Arluth Jesu Cryst. ⁴Rag may halla agan delyfra dheworth bylyny an present os ma, Cryst a ros y honen rag agan pehosow warlergh bolunjeth agan Dew ha Tas. ⁵Re bo glory dhe Dhew bys vyken ha benary! Amen.

⁶Marth a'm bues why mar uskys dh'y forsakya ef neb a'gas gelwys yn gras Cryst ha why dhe dreylya dhe gen awayl. ⁷Nyns ywa ken awayl, saw yma certan re orth agas sawthanas hag y whensys dhe wrestya awayl Cryst. ⁸Mar tuen nyny, bo mar tue el dheworth nef kyn fe, ha progeth awayl contrary dhe'n pyth a wrussyn ny declarya dheugh, bedhens emskemunys! ⁹Kepar del leverys kens, me a'n laver arta: mar tue den vyth ha progeth dheugh awayl contrary dhe'n awayl a wrussough receva, re bo emskemunys an keth den na! ¹⁰Esof vy ow whelas prays dheworth mab den bo dheworth Dew? Esof vy ow whelas plesya tus? A pen vy whath ow plesya mab den, nena ny vyen servont dhe Gryst.

¹¹Da vya genef, a vreder, why dhe wodhvos hemma: an awayl esof orth y brogeth, ny dhueth ef dheworth mab den. ¹²Ny wrug avy y receva dheworth tus, naneyl ny wrug den vyth y dhesky dhym. Na, me a'n cafas dre revelacyon dheworth Jesu Cryst.

¹³Why a glowas heb mar a'm bewnans kens yn crejyans an Yedhewon. Yth esen yn harow ow tormentya eglos Dew hag ow whelas hy dystrowy. ¹⁴Me a avonsyas pella yn crejyans an Yedhewon es lyes onen a'm nacyon y'n dedhyow na, rag me o fest dywysyk ow tuchya usadow agan hendasow. ¹⁵Dew a'm settyas adenewan kens es me dhe vos genys hag ef a'm gelwys der y ras. Pan vue va plesys, ¹⁶ef a dhyscudhas dhym y vab may hallen y brogeth ef yn mesk an Jentylys. Pan wharfa henna, ny wrug avy omgusulya gans den vyth, ¹⁷naneyl ny wruga mos yn ban dhe Jerusalem gans an re na o abosteleth kens es me. Na, me a dhybarthas heb let bys yn Araby, ha wosa henna dewheles dhe Dhamask.

¹⁸Nena wosa teyr bledhen me eth yn ban dhe Jerusalem dhe vysytya Cefas ha trega ganso dew seythen. ¹⁹Saw ny welys abostel aral vyth, ma's Jamys, broder an Arluth. ²⁰Ow tuchya an taclow esof vy orth aga screfa dheugh, re Dhew nyns esof ow leverel gow! ²¹Nena me a entras y'n costys a Syria ha Cilicia, ²²ha ny aswonas ow fas whath an eglosyow a Gryst yn pow Judy. ²³Saw y a glowas

tus ow leverel, "Ef neb esa orth agan tormentya kens omma, yma va y'n tor' ma ow progeth an fedh esa va kens ow whelas dystrowy." [24]Ha praysya Dew a wrens y'm kever.

2 Wosa peswardhek bledhen gans Barnabas me eth yn ban arta dhe Jerusalem, ha kemeres Tytus warbarth genef. [2]Me eth yn ban awos Dew dhe dhysquedhes dhym y cotha dhym mos. Nena me a settyas dheragthans (yn metyans pryva gans humbrynkysy aswonys) an awayl esof vy ow progeth yn mesk an Jentylys, may hallen bos certan nag esen ow ponya bo na wrug avy ponya yn ufer. [3]Yth esa Tytus genama, saw ny vue va constrynys dhe vos cyrcumcysys, kynth o va Greca. [4]Mes yth esa nebes breder fals ow comendya henna. Y fons y drys aberveth yn dan gel hag y a slynkyas ajy rag aspya an franchys a'gan bue yn Jesu Cryst, may hallens gul kethyon ahanan. [5]Ny wrussyn ny omblegya dhedhans un vynysen kyn fe, may whrella gwyryoneth an awayl trega genough pupprys.

[6]Ha'n re na a hevelly bos nampyth (pyth ens y yn gwyr ny vern dhym man; nyns usy Dew ow tysquedhes favour dhe dhen vyth) – ny ros an ledyoryon na tra vyth oll dhymmo vy. [7]Y'n contrary part, y a welas fatel wrug Dew trestya dhymmo vy an awayl dhe'n Jentylys, poran kepar del wrug ef trestya dhe Beder an awayl dhe'n Yedhewon. [8]Rag der allus Dew me a vue gwres abostel dhe'n Jentylys, kepar del vue Peder gwres abostel dhe'n Yedhewon. [9]Jamys, Cefas ha Jowan, neb o pyllars aswonys a'n

eglos, a gonvedhas fatel vue an ober specyal ma rys dhym. Rag henna y a shakyas dewla gans Barnabas ha genef vy avel tokyn a'gan bos ny oll cowetha. Ny a acordyas fatel wren ny mos dhe'n Jentylys hag y aga honen dhe'n Yedhewon. [10]Ny wrussons dervyn mes un dra: ny dhe remembra an vohosogyon y'ga mesk. Yn gwyr me o whensys dhe wul yndella.

[11]Saw pan dhueth Cefas dhe Antioch, me a gowsas yn apert war y byn rag ef dhe dhampnya y honen. [12]Kens es certan re dhe dhos dheworth Jamys, yth esa ef ow tebry gans an Jentylys. Saw wosa an dus ma dhe dhos, ef a omdennas ha gwetha y honen dyberthys dhewortans rag own a'n dus a vensa aga cyrcumcysya. [13]Ha'n Yedhewon erel a omjunnyas ganso y'n cowardy ma, may fue Barnabas y honen ledys yn stray der aga fekyl cher.

[14]Pan welys vy nag esens y ow kerdhes yn ewn warlergh gwyryoneth an awayl, me a leverys dhe Cefas yn golok pubonen anedhans, "Yth esta ow pewa kepar ha Jentyl kens es kepar ha Yedhow, kynth osta Yedhow. Fatel ylta jy ytho constryna an Jentylys dhe vewa avel Yedhewon?"

[15]Me ow honen yw Yedhow warlergh genesygeth. Nyns of onen a behadoryon an Jentylys. [16]Ny a wor bytegens bos den justyfyes dre fedh yn Jesu Cryst kens es der oberow an laha. Ny a dhueth dhe grejyans yn Jesu Cryst, may hallen ny bos justyfyes dre fedh yn Cryst, adar der an laha. Der oberow an laha ny vydh den vyth sylwys.

17Saw mar puen ny agan honen kefys dhe vos pehadoryon awos ny dhe whelas bos justyfyes yn Cryst, yw Cryst servont a begh? Byner re bo! 18Saw mar tuema ha dastrehevel an very taclow a wrug avy dysevel, nena yth esof ow tysquedhes ow bosa pehador. 19Rag der an laha me a verwys dhe'n laha, may fen yn few tro ha Dew. Me re bue crowsys warbarth gans Cryst. 20Nyns oma namoy yn few, saw yth yw Cryst yw yn few ynnof. Ha'n bewnans neb a'm bues y'n kyg, me a'n bew dre fedh yn Mab Dew neb a'm caras hag a ros y honen ragof. 21Ny vannaf vy sconya gras Dew, rag mar tue justyfycacyon der an laha, nena Cryst a verwys yn ufer.

3 Why Galacianas, why yw folys ha tus heb understondyng! Pyw a wrug agas huda? Dherag agas lagasow y fue Jesu dysquedhys yn apert avel onen crowsys! 2Ny vannaf vy clowes dheworthough saw hemma: pyneyl a wrussough why receva an Sperys ha why ow cul oberow an laha bo ow cresy an pyth a glowsough? 3Ough why mar wocky avel henna? Wosa dalleth gans an Sperys, esough why ow tewedha gans an kyg? 4A wrussough why gul experyans a gemmys yn ufer – mar pue va yn ufer? 5Usy Dew ow ry an Sperys dheugh hag ow cul merclys y'gas mesk dre reson why dhe wul oberow an laha? A nyns ywa dre reson why dhe gresy an pyth a glowsough?

6Kepar del wrug Abram "cresy yn Dew hag y fue henna recknys dhodho avel ewnder," 7yn kepar maner why a wel an re na a grys aga bos an yssew a Abram. 8An scrypturs a welas dherag dorn fatel venna Dew justyfya an Jentylys der aga fedh. Rag henna an scrypturs a dheclaryas kens an awayl dhe Abram ow leverel, "Ynnos jy y fydh oll an nacyons benegys." 9Rag henna oll an re na usy ow cresy a's teves benneth der Abram neb a gresys.

10Neb a vo ow trestya dhe oberow an laha yw mylegys, rag yma screfys, "Mollethek yw neb na wrella gul ha gwetha oll an taclow screfys yn lyver an laha." 11Now apert yw na yll den vyth bos justyfyes dherag Dew der an laha, rag "Neb a vo ewn a wra bewa dre fedh." 12Saw nyns usy an laha ow powes war fedh. War an contrary, "Neb a wrella oberow an laha a vyn bewa dredhans." 13Cryst a'gan sylwys dheworth molleth an laha pan eth ef ha bos molleth ragon ny, rag yma screfys, "Mylegys yw pynag oll a vo cregys orth pren." 14Ef a wrug yndelma may teffa benneth Abram yn Cryst dhe'n Jentylys ha may hallen ny receva promys an Sperys dre fedh.

15Me a vyn ry ensompel dheugh, a vreder, mes a'n bewnans puptedh oll. Kettel vo fasthes testament nebonen, ny yll den vyth naneyl addya tra vyth dhodho na'y dhefendya dhe ves. 16Dhe Abram ha'y yssew an promysyow a vue rys. Ny laver an scryptur, "ha dhe yssew", kepar ha pan vens y lyes onen, mes "dhe'th yssew jy". Yma henna ow styrya dhe'n un den, hen yw dhe Gryst. 17Ow styr yw hemma: nyns usy an laha, neb a dhueth peswar cans ha deg bledhen warn ugans awosa, nyns usy ef ow tefendya dhe ves kevambos fasthes kens gans Dew, nyns usy ow tylea an promys. ¹⁸Mar tue an ertons dheworth an laha, nyns usy ef na fella ow tos der an promys. Saw Dew a'n grontyas dhe Abram der an promys.

¹⁹Prag yma an laha ytho? Y fue va addys awos transgressyon mab den. Y resa an laha durya bys may teffa an yssew, a vue an promys gwres dhodho. Y fue an laha ordnys gans an eleth dre luef den avel mayn. ²⁰Res yw cafus mayn pan ues moy es un den y'n cas, mes onen yw Dew

²¹Yw an laha contrary dhe bromysyow Dew ytho? Byner re bo! Rag a pe rys laha neb a alsa ry bewnans, nena y halsa an ewnder dos der an laha. ²²Saw an Scryptur a wrug prysonya pub tra yn dan arlottes an pegh. Hen o may fe rys dhe'n gryjygyon an pyth a vue dedhewys dre fedh yn Jesu Cryst.

²³Kens es fedh dhe dhos, ny o prysners yn dan wyth an laha, erna ve fedh dyscudhys. ²⁴Rag henna an laha o agan descajor sevur erna dheffa Cryst, may hallen ny bos justyfyes dre fedh. ²⁵Saw aban dhueth an fedh, nyns eson ny na fella yn dan arlottes descajor sevur, ²⁶Yn Jesu Cryst why oll yw flehes Dew dre fedh. ²⁷Kenyver onen ahanough neb a vue besydhys, re wyscas Cryst adro dhodho. ²⁸Nyns ues na fella Yedhow na Greca, den frank na keth, gorow na benow, rag why oll yw onen yn Jesu Cryst. ²⁹Ha mars esough why ow longya dhe Gryst, nena yssew Abram ough why, eryon warlergh an promys.

4 Me a laver hemma: hadre vo eryon yowynk, nyns yns gwell es kethwesyon, kynth yns y perhennogyon a'n pyth yn tyen. ²Saw res yw dhedhans gortos yn dan wardens ha fydhyadoryon bys y'n jedh determys gans an tas. ³Yn kepar maner genen nyny: hadre vuen ny yowynk, yth esen yn dan arlottes sperysyon elvennek an bys. ⁴Pan dhueth lanwes an termyn, Dew a dhanvonas y Vab, genys a venen, genys yn dan an laha, ⁵dhe dhelyfra an re na esa yn dan an laha, may hallen ny bos degemerys avel mebyon. ⁶Ha drefen why dhe vos mebyon, Dew re dhanvonas Sperys y Vab aberth y'gas colon ow carma, "*Abba*! A Das!" ⁷Rag henna nyns osta keth na fella mes mab, ha mars osta mab, nena dre Dhew te yw er magata.

⁸Kens omma, pan nag eseugh why owth aswon Dew, yth eseugh yn dan an maystry a'n re na nag o dewow dre natur. ⁹Saw lemmyn, drefen why dhe aswon Dew, bo kens, drefen Dew dh'agas aswon why, fatel yllough why treylya arta dhe'n sperysyon elvennek, rag y yw gwan ha bohosek? Fatel yllough why whansa dhe vos arta yn dan aga arlottes y? ¹⁰Yth esough why ow solempnya dedhyow, mysyow ha sesons specyal. ¹¹Own a'm bues ow lafur ragough dhe vos ufer.

¹²A vreder, me a'gas pys dhe omwul agas honen kepar ha me, rag me re dhueth ha bos kepar ha whywhy. Ny wrussough why cam vyth dhym. ¹³Why a wor fatel wrug avy progeth an awayl dheugh wostalleth, dre

reson bos cleves y'm body. [14]Kyn whrug ow dyses agas prevy, ny wrussough why ow despytya na scornya. Na, why a wrug ow wolcumma avel el Dew, avel Jesu Cryst. [15]Pandr' yw wharfedhys dhe'n bolunjeth da a'gas bue tro ha me? Dew yn test, me a wor y fenseugh why tenna yn mes agas dewlagas ha'ga ry dhym, mar calla henna bos. [16]Oma devedhys ha bos agas escar, dre reson me dhe leverel an gwyryoneth dheugh?

[17]Yma an re erel na orth agas chersya, mes nyns yw henna rag agas profyt. Da vya gansans agas dyberth dheworthyf, may whrelleugh why aga chersya y. [18]Da yw why dhe vos chersys rag agas profyt pupprys. Gwell yw henna es me dh'agas chersya yn unyk pan esof vy y'gas mesk. [19]A flehes vyan, yth esof vy arta yn golovas genough, erna vo Cryst formys ynnough. [20]Assa vya da genama bos y'gas mesk y'n very termyn ma, may hallen chanjya ton ow lef, rag me a'm bues ancombrynsy bras y'gas kever.

[21]Levereugh dhym, why usy ow tesyrya bos yn dan an laha, a ny vennough why goslowes orth an laha? [22]An scryptur a laver fatel o dew vab dhe Abram. Onen anedhans o mab kethes ha'y gela mab benen frank. [23]An eyl anedhans, mab an gethes, a vue genys warlergh an kyg. Y vroder, mab an venen frank, a vue genys warlergh an promys.

[24]Allegory yw an whedhel ma. Dew gevambos yw an benenes ma. Benen anedhans yn gwyr yw Hagar dhya Vownt Sinai, hag yma hy ow tenethy flehes dhe vos kethyon. [25]Hagar yw Mownt Sinai yn Araby hag yma henna ow cortheby dhe Jerusalem agan dedhyow ny, rag yma hy yn kethneth warbarth gans hy flehes. [26]Yma hy ben ow cortheby dhe'n Jerusalem yn nef. Hy yw frank ha'gan mam yw hy. [27]Rag an scryptur a laver,

"Omlowenha, te venen anvab, te
    na'th ues flogh vyth,
dallath cana ha garma,
te na dhueth paynys golovas
    warnas,
rag moy yn nomber yw flehes an
    venen heb kespar
es flehes honna neb yw
    demedhys."

[28]A vreder, why yw flehes a'n promys kepar hag Ysak. [29]Kepar del wre an flogh genys warlergh an kyg y'n termyn na compressa an flogh genys warlergh an Sperys, yndelma yma an cas y'n tor' ma. [30]Saw pyth a laver an scryptur? "Gwra herdhya yn mes an gethes gans hy flogh, rag ny wra flogh an gethes ranna an ertons gans flogh an venen frank." [31]Rag henna, a vreder, ny yw flehes a'n venen frank, kens es a'n venen geth.

5 Franchys yn Cryst a wrug agan delyfra. Seveugh yn fast ytho ha na wreugh omry agas honen dhe yew an kethneth.

[2]Gosloweugh orthyf! Yth esof vy, Pawl, ow leverel hemma dheugh: mar qureugh why alowa agas honen dhe vos cyrcumcysys, ny vydh Cryst a brofyt vyth oll dheugh. [3]Yth esof arta ow quarnya den vyth a vensa bos cyrcumcysys, fatel res dhodho obaya

dhe'n laha yn pub poynt. ⁴Why usy ow tesyrya bos ewnhes der an laha, why a dhybarthas agas honen dhe-worth Cryst ha why a godhas yn kergh mes a ras. ⁵Rag yth eson ny y'n Sperys yn tywysyk ow cortos dre fedh an govenek a ewnder. ⁶Rag yn Jesu Cryst ny amont man naneyl cyrcum-cysyon na fowt cyrcumcysyon. Ny amont tra vyth saw unsel fedh owth obery dre gerensa.

⁷Why a wre ponya yn ta. Pyw a'gas lettyas a sewya an gwyryoneth? Pyw a wrug agas perswadya? ⁸Ny vue va gwres gans Dew, usy orth agas gelwel. ⁹Y hyll nebes gwel drehevel oll an tos. ¹⁰Me a'm bues fydhyans y'gas kever y'n Arluth, na wreugh why predery tra vyth cam. Saw pynag oll a wrug agas trobla, ef a res godhaf ragtho. ¹¹A vreder, prag y fydh tus orth ow thormentya whath, mars esof whath ow progeth cyrcumcysyon? A pen vy ow progeth yndella, ny vya offens vyth y'm progeth adro dhe'n growspren. ¹²An re na usy orth agas trobla, assa vya da mar teffens ha collenwel an dra ha spadha aga honen!

¹³Why re bue gelwys dhe franchys, a vreder. Na usyeugh agas franchys avel ascus rag agas omry dhe'n kyg. Na, dre gerensa keugh ha bos keth-yon an eyl dh'y gela. ¹⁴Yma pub poynt a'n laha comprehendys yn un gorhemmyn, "Te a wra cara dha gen-trevak kepar ha te dha honen." ¹⁵Saw mar qureugh why densel ha devorya an eyl y gela, kemereugh wyth na veugh why consumys an eyl gans y gela.

¹⁶Me a laver dheugh hemma: kerdheugh ha gwandreugh warlergh an Sperys, ma na wrelleugh collenwel tebel-whansow an kyg. ¹⁷Rag an kyg a wra whansa contrary dhe'n Sperys ha'n Sperys contrary dhe'n kyg. An dhew dra yw contrary an eyl dh'y gela. Rag henna na wreugh an pyth a venneugh. ¹⁸Mars ough why ledys der an Sperys, nena nyns esough why yn dan an laha.

¹⁹Oberow an kyg yw apert; an re ma yns y: avowtry, fornycacyon, most-ethes, lewdnes, ²⁰ydolatry, pystry, cas, varyans, contencyon, sor, stryf, sedycyon, sectys, ²¹envy, denladh, medhewnep, glotny ha re a'n par ma. Anedhans me a gowsas orthough kens omma yn termyn passys, kepar del wruga lemmyn. Oll an re na a wrella comyttya tra a'n par ma, ny wrons y nefra enjoya gwlas nef.

²²Y'n contrary part an re ma yw frutys an Sperys: kerensa, joy, cres, perthyans, cufter, larjes, lendury, ²³clorder hag omgontrollyans. Nyns ues laha vyth warbyn taclow an par na. ²⁴An re na usy ow longya dhe Jesu Cryst, y re growsyas an kyg, y lustys ha'y dhrogwhansow. ²⁵Mars on ny yn few der an Sperys, geseugh ny kefrys dhe vos ledys der an Sperys. ²⁶Na esyn ny bos whethfys. Na vedhens stryf yntredhon ha na esyn ny dhe berthy avy an eyl orth y gela.

6 A vreder, mar pydh den vyth dysclosys ow cul trespas, y tal dheugh, neb re recevas an Sperys, y restorya gans oll cufter. Kemereugh wyth na veugh why temptys agas honen. ²Degens an eyl ahanough beghyow y gela hag yndella why a vyn collenwel laha Cryst. ³Mars ues nebonen heb bry ow predery y vos nampyth, yma va ow tulla y honen. ⁴Res yw dhe bubonen jujjya y fara y honen. Mar pydh da y fara, ef a yll bos prowt anodho y honen, ha ny vydh res dhodho comparya y honen gans y goweth. ⁵Res yw dhe pubonen don y veghyow y honen.

⁶An re na usy ow tesky adro dhe'n ger, y a dal kevranna oll taclow da gans aga descajor.

⁷Na vedheugh tullys. Ny yllyr gul ges a Dhew. Pynag oll tra a wrelleugh why gonys, henna a vennough why mejy. ⁸Mar teugh why ha gonys has dh'agas kyg why, nena why a vyn mejy podrethes an kyg. Saw mar teugh why ha gonys dhe'n Sperys, why a gaf avel trevas y'n Sperys an bewnans heb deweth. ⁹Na esyn ny ytho dhe omsquytha ow cul an pyth a vo ewn. Ny a vyn mejy yn termyn an drevas, mar tuen ny ha durya y'n lafur. ¹⁰Rag henna, termyn pynag a vo chons dhyn, geseugh ny dhe lafurya rag les pubonen, hag yn specyal rag les a veyny an fedh.

¹¹Lo, ass yw bras an lytherennow a wrama pan esof ow screfa gans ow luef ow honen!

¹²An re na usy orth agas constryna dhe vos cyrcumcysys, y a's teves whans dhe vragya ha gul maystry yn taclow an kyg. Y a'n gwra bytegens ma na vons y unweyth compressys awos crows Cryst. ¹³Ny wra an dus cyrcumcysys obaya dhe'n laha kyn fe, mes da yw gansans why dhe vos cyrcumcysys, may hallens y omvostya adro dh'agas kyg why. ¹⁴Na wren ny omvostya a dra vyth ma's a grows agan Arluth Jesu Cryst, dredhy may fue an norvys crowsys dhym – ha me dhe'n norvys. ¹⁵Rag nyns yw naneyl cyrcumcysyon na fowt cyrcumcysyon a vry vyth oll. Creacyon noweth yw pub tra! ¹⁶Ow tuchya an re na a vo plesys dhe sewya an rewl ma, re bo cres warnedhans ha mercy, ha war an Ysrael a Dhew.

¹⁷Alemma rag, na wrella den vyth gul trobel ragof. Rag yth esof vy ow ton toknys Jesu hag y leskys y'm corf.

¹⁸A vreder, re bo gras agan Arluth Jesu Cryst gans agas sperys. Amen.

Pystyl Pawl dhe'n Efesianas

1 Dheworth Pawl, abostel a Jesu Cryst dre volunjeth Dew,

Dhe bobel Dew yn Efesus usy ow cresy yn Jesu Cryst.

²Gras dheugh why ha cres dheworth Dew agan Tas ha dheworth an Arluth Jesu Cryst.

³Benegys re bo Dew ha Tas agan Arluth Jesu Cryst. Ef a'gan benegas gans pub benneth sperysek y'n nevow dre Gryst. ⁴Ef a wrug agan dowys yn Cryst kens es formacyon an bys, may fen ny sans ha dyflam dheragtho yn kerensa. ⁵Ef a'gan destnas warlergh bodh y vrys dhe vos degemerys avel flehes dhodho dre Jesu Cryst. ⁶Geseugh ny ytho dhe braysya y ras gloryes, a wrug ef grontya dhyn yn hel der y Vab Muergerys. ⁷Ynno ef ny a'gan bues redempcyon der y wos. Agan trespassys yw gyvys dhyn warlergh an rychys a'y ras, ⁸neb a ros ef dhyn yn plenta. Gans oll furneth ha convedhes ⁹ef a dhyscudhas dhyn mystery y volunjeth, warlergh bodh y vrys declarys yn Cryst. ¹⁰Hen o y dowl ef rag lanwes an termyn, may halla va cuntell warbarth oll an creacyon, taclow yn nef ha taclow war an nor ha Cryst orth aga fen.

¹¹Yn Cryst kefrys ny re gafas ertons. Ny a vue destnys warlergh an purpos a Dhew, usy ow collenwel pub tra warlergh y gusul ha'y vodh y honen, ¹²dhe vewa rag y brays ha'y glory. Rag ny a vue an dus kensa bythqueth a settyas aga govenek yn Cryst. ¹³Why ynwedh, pan glowsough why an ger a wyryoneth, an awayl a'gas salvacyon ha cresy ynno ef, why a vue merkys dre sel an Sperys Sans, neb a vue dedhewys dheugh. ¹⁴Yma an Sperys ow warrantya ny dhe entra y'gan ertons, pan wrella Dew dasprena y bobel y honen dh'y brays ha'y glory.

¹⁵Me a glowas a'gas fedh y'n Arluth Jesu hag a'gas kerensa tro hag oll pobel Dew. ¹⁶Rag henna yth esof vy pupprys ow ry gras ragough ha me ow perthy cof ahanough y'm pejadow. ¹⁷Me a bys may wrella an Dew a'gan Arluth Jesu Cryst ry dheugh an Sperys. An Sperys a vyn ry skentoleth dheugh ha revelacyon, may halleugh why aswon Dew. ¹⁸Dre henna pan vydh golowys dewlagas agas colon, why a yll godhvos pandr' yw an govenek may whrug ef agas gelwel dhodho ha pandr' yw rychys y ertons gloryes yn mesk y bobel. ¹⁹Why a wodhvyth ynwedh pyth yw an braster dyvusur a'y allus tro ha ny, usy ow trestya ynno. Yma Dew owth obery dre nerth bras, ²⁰hag ef a wrug defnyth a'y nerth yn Cryst, pan wrug ef y dhrehevel dheworth re marow ha'y settya a'y eseth adhyhow dhodho y'n tylleryow avan. ²¹Yma ef yn pell a-ugh pub auctoryta ha power hag arlottes. Yma va a-ugh pub hanow a vydh henwys y'n os ma, ea, hag y'n osow a dhue. ²²Moy es henna

284

Dew a settyas pub tra yn dan y dreys ha rag kerensa an eglos ef a'n gwrug an rewler a genyver tra. 23An eglos yw y gorf ef, an lanwes a henna usy ow lenwel pub tra yn pub tra.

2 Why o marow kens omma y'gas trespassys hag y'gas pehosow, 2eseugh why ow kerdhes ynnans. Why a sewya fordhow an bys ma ha'n rewler a bower an ayr, an sperys usy y'n tor' ma owth obery y'n dus dywostyth. 3Yth esen ny oll ow pewa kens omma yn whansow agan kyg, ow sewya lustys an kyg ha'n sensys. Yth esen ny, kepar ha kenyver onen aral, yn dan vrues uthek Dew warlergh natur. 4Saw Dew yw rych yn tregereth hag awos an gerensa vras a'n jeva tro ha ny, 5pan en ny marow der agan trespassys, ef a wrug agan bewhe warbarth gans Cryst. Dre ras why a vue sylwys. 6Dew a'gan drehevys gans Jesu Cryst. Ef a'gan settyas y'n y wolok y'n tylleryow avan warbarth gans Jesu Cryst. 7Ef a wrug yndelma may halla va dysquedhes y'n osow dhe dhos an rychys dyvusur a'y ras hag a'y gufter tro ha ny yn Jesu Cryst. 8Rag gras a wrug agas sylwel dre fedh. Nyns yw hemma agas gwryans why, mes ro Dew ywa. 9Nyns yw henna questyon a oberow, ma na wrella den vyth omvostya. 10Rag ny yw an pyth a wrug ef ahanan, formys yn Jesu Cryst dhe wul oberow da. Dew a breparyas an oberow na ragon dherag dorn may hallen kerdhes ynnans.

11Why Jentylys yw gelwys "an dus heb cyrcumcysyon" gans an re na yw henwys "an dus cyrcumcysys" (hen yw cyrcumcysyon y'n kyg gwres gans luef mab den). 12Pertheugh cof fatel eugh why y'n termyn na heb Cryst. Why o alyons dhe vurjestra Ysrael, hag estrenyon dhe gevambos an promys. Nyns esa govenek dheugh, rag why o heb Dew y'n bys. 13Saw lemmyn yn Jesu Cryst, kynth eugh why abell, why a vue drys nes dre wos Cryst.

14Ef yw agan cres ny. Yn y gyg ef re unyas an dhew vagas, hag ef re dorras dhe'n dor an parwys yntredhon, hen yw dhe styrya, an envy esa yntredhon. 15Cryst a dhefendyas dhe ves an laha gans oll y gomondmentys ha rewlys, may halla va formya ynno y honen un den noweth, yn le an dhew. Y'n vaner ma ef re fastyas cres, 16may halla va gul dhe'n dhew vagas bos acordys gans Dew y'n un corf der an grows. Der an grows ef a ladhas an envy esa yntredhans. 17Rag ef a dhueth ha progeth cres dheugh why neb o pell dheworto ha cres dhe'n re na esa yn y ogas. 18Dredho ef ny agan dew, ny a'gan bues fordh tro ha'n Tas der an un Sperys.

19Lemmyn rag henna nyns ough why namoy stranjers ha gwandrysy, mes yth ough why cytysans gans an sens ha ran a'n chy a Dhew. 20Chy Dew yw byldys war an fundacyon a'n abosteleth ha'n profettys ha Jesu Cryst y honen yw an penmen a'n cornet. 21Ynno ef yma oll an drehevyans junnys warbarth. Yma an drehevyans ow tevy dhe vos templa sans y'n Arluth. 22Ynno ef kefrys warlergh an Sperys why yw byldys warbarth dhe vos trygva Dew.

3 Hem yw an reson, me, Pawl, dhe vos prysner Cryst rag agas kerensa why, why Jentylys.

2Why a glowas yn certan a gomyssyon gras Dew rys dhym ragough why. 3Why a glowas fatel vue an mysterys dysquedhys dhym dre revelacyon, kepar del wrug avy screfa war ver lavarow a-uhon. 4Pan wrelleugh why y redya, why a yll convedhes an understondyng a'm bues a vystery Cryst. 5Ny vue an mystery ma dysquedhys dhe vab den y'n dedhyow kens, del vue va dyscudhys y'n tor' ma dh'y aboseleth sans ha dh'y brofettys der an Sperys. 6Hen yw dhe styrya, an Jentylys dhe vos gwres keseryon, esely a'n keth corf ha kevrennek a'n promys a Jesu Cryst der an awayl.

7Me a vue gwres servont a'n awayl ma warlergh ro a ras Dew a vue rys dhym dre wythres y bower. 8Kynth oma le es an lyha yn pobel Dew, y fue an gras ma rys dhym may hallen dry dhe'n Jentylys an newodhow a rychys dydheweth Cryst. 9Y fue an gras rys dhym may hallen dysquedhes dhe genyver onen pyth yw towl an mystery kelys dres an osow yn Dew, an formyer a bub tra. 10Yndelma yth yw dyscudhys der an eglos furneth Dew yn oll y lyester dhe'n rewloryon ha dhe'n auctorytas y'n tylleryow avan. 11Hem o warlergh an purpos dyvarow a wrug ef collenwel yn Jesu Cryst agan Arluth. 12Ynno ef ny a'gan bues fordh dhe Dhew yn bolder ha fydhyans der agan fedh. 13Me a bys ytho na wrelleugh why kelly colon dre reson a'm paynys vy ragough. Agas glory yns y.

14Rag hemma yth esof ow mos war ben dewlyn dherag an Tas 15yw pub meyny y'n nef hag y'n nor henwys dheworto. 16Me a'n pys dhe wrontya dheugh warlergh rychys y glory dhe vos cref war jy dre nerth y Sperys. 17Me a bys ynwedh may fo Cryst tregys y'gas colon dre fedh, ha why grondys ha fundys yn kerensa. 18Me a bys may halleugh why warbarth gans oll pobel Dew convedhes pandr' yw an les ha'n hes, an uhelder ha'n downder a gerensa Cryst. 19Me a bys may halleugh why aswon y gerensa, kyn na yll hy nefra bos aswonys yn tyen, ha may feugh why lenwys a'n lanwes luen a Dhew.

20Lemmyn dhe Dhew neb a yll, der y allus usy owth obery ynnon, collenwel yn luen plenta moy es del wodhon ny govyn bo desmygy, 21re bo glory y'n eglos hag yn Jesu Cryst bys vyken ha benary, trank heb worfen. Amen.

4 Me ytho, prysner rag an Arluth, a'gas pys dhe ledya bewnans wordhy a'n galow may feugh why gelwys dhodho. 2Bedhens uvel ha clor agas conversacyon ha why gans hyrwodhevyans ow perthy an eyl y gela yn kerensa. 3Wheleugh pupprys dhe wetha unyta an Sperys y'n colm a gosoleth. 4Nyns ues ma's un corf hag un Sperys, kepar del veugh why gelwys dhe un govenek a'gas galow, 5un Arluth, un fedh, un besydhyans, 6un Dew ha Tas ahanan oll, usy a-ugh pubonen ha dre bubonen hag yn pubonen.

7Gras a vue rys dhe genyver onen ahanan warlergh an musur a ro Cryst. 8Rag henna yma leverys,

"Wosa ascendya yn ban ef a
 brysonyas captyvyta ha ry royow
 dh'y bobel."

9Pan laver, "Wosa ascendya," pyth usy an scryptur ow styrya ma's ef dhe skynnya kensa bys y'n rannow ysella a'n dor? 10An keth den yw ef neb a ascendyas pell a-ugh an nevow, may halla ef lenwel pub tra. 11Cryst a ros power hag appoyntya ran dhe vos abosteleth, ran profettys, ran awayloryon, ran bugeleth deves ha descajoryon, 12ha dhe dhesky dhe voy perfeth dhe gollenwel yn benejycter an oberow a venystra rag edyfya an corf a Gryst. 13Ef a wrug henna may teffen ny ha dos oll warbarth yn unyta a grejyans ha fedh, hag a'n godhvos a Vab Dew, warlergh an musur a'n luen os a Gryst.

14Yndelma ny vedhyn ny alemma rag kepar ha flehes ow shakya gans pub whaf, ledys gans pub blast a dhyscans yn drockoleth dre wylynes a dhrogbobel ow quandra ales rag agan decevya ny. 15Na, geseugh ny dhe leverel an gwyryoneth yn kerensa. Yndelma ny a wra tevy yn ban yn tyen dhe Gryst. 16Ef yw an pen, hag yma oll an corf ow scodhya warnodho. Junnys ha gwyys warbarth gans pub junta oll ues y'n corf, yma oll an fram ow tevy der an gwryans wordhy a bub parth oll, hag yndelma yma an corf ow trehevel y honen yn ban dre gerensa.

17Hem yw ow lavar dheugh ytho, ha me a vyn agas kennertha yn hanow an Arluth. Na wreugh na moy bewa kepar ha'n paganys yn ufereth aga thybyansow. 18Aga brys a vue duhes hag alyons yns y dhe'n bewnans usy yn Dew, awos defowt aga understondyng ha caletter aga holon. 19Y yw marow dhe bub sham hag edrek hag y a wrug delyfra aga honen dhe bub sort a dhysonester, rag ymons y whansek dhe wul mostethes a bub ehen.

20Ny wrussough whywhy desky Cryst y'n vaner na! 21Rag yn certan why a glowas anodho ha why a vue deskys adro dhe'n gwyryoneth usy yn Cryst. 22Deskys veugh dhe forsakya agas bewnans kens, an den coth, shyndys ha dyssaytys del o va der y lustys. 23Deskys veugh dhe nowedhy an sperys a'gas brys, 24ha dhe worra y'gas kerhyn an den noweth, formys warlergh hevelep Dew yn ewnder gwyr hag yn sansoleth.

25Rag henna, geseugh ny dhe sconya gowegneth! Geseugh ny dhe gowsel an gwyryoneth orth agan cowetha, rag ny oll yw esely an eyl a'y gela. 26Bedheugh serrys, saw na wreugh peha. Na wrens an howl sedhy war agas sor. 27Na reugh chons vyth dhe'n tebel-el. 28Res yw dhe'n ladron sevel orth ladra. Gwrens y kens gul lafur ha whel yn onest gans aga dewla aga honen, ma's teffons nampyth dhe ranna gans an othomogyon.

29Na dhuens cows drog vyth mes a'gas ganow. Na levereugh ma's a vo a les rag byldya yn ban, kepar del vo res, may halla agas lavarow ry gras

287

dhe'n re na a vo ow coslowes. ³⁰Na wreugh grevya Sperys Sans Dew, a veugh why merkys ganso dre sel rag jorna an redempcyon. ³¹Forsakyeugh pub wherowder ha sor hag anger ha stryf ha cabel hag oll spyt kefrys. ³²Bedheugh cuf an eyl dh'y gela, tender agas colon ha geveugh an eyl dh'y gela, kepar del wrug Dew yn Cryst gava dheugh why.

5 Rag henna gwreugh omhevelly dhe Dhew kepar ha flehes vuergerys. ²Beweugh yn kerensa, kepar del wrug Cryst agan cara ny ha ry y honen ragon, yn offryn saworys hag avel sacryfys dhe Dhew.

³Ny dal mostethes nag aflanyther a sort vyth oll bos unweyth campollys y'gas mesk, kepar del dhegoth dhe bobel Dew. ⁴Nyns yw wordhy y'gas mesk naneyl cows lyg bo gocky na ges garow. Na, yn le henna re bo clowys grassow. ⁵Why a yll bos sur, na vydh part vyth gans gyglot na gans den lyg bo crefny (hen yw den usy ow cordhya ydolys) y'n ertons a'n wlascor a Gryst hag a Dhew. ⁶Na wrens den vyth agas dyssaytya der eryow ufer, rag awos an taclow ma sor Dew a wra dos war an dus dywostyth. ⁷Rag henna na vedheugh kevrennek gansans y.

⁸Kens omma yth eseugh why yn tewolgow, saw y'n tor' ma golow ough why y'n Arluth. Beweugh kepar ha flehes a'n golow. ⁹(Rag y fydh frut an golow kefys yn pub tra a vo da hag ewn ha gwyr.) ¹⁰Wheleugh dhe drovya an pyth a vo da gans an Arluth. ¹¹Na wreugh mellya gans oberow an

tewolgow, rag dyfreth yns y. Gwreugh kens aga dyscudha. ¹²Cheson a sham vya mar teffen hag unweyth campolla an taclow usy tus a'n par na ow cul yn dan gel. ¹³Saw vysybyl vydh pub tra a vo dysclosys der an golow. ¹⁴Rag golow yw pub tra a vo vysybyl. Yth yw leverys ytho,

"Dyfun, te usy yn cusk!
Saf yn ban dhya an re marow
ha Cryst a wra splanna warnas."

¹⁵Waryeugh ytho adro dh'agas conversacyon. Na vedheugh kepar ha pennow cog mes kepar ha tus fur, ¹⁶ow cul prow a'n termyn, rag drog yw an dedhyow. ¹⁷Na vedheugh gocky, saw gwreugh convedhes pyth yw bolunjeth Dew. ¹⁸Na wreugh omvedhowy gans gwyn, rag harlotry yw henna. Bedheugh luen a'n Sperys, ¹⁹ha keneugh salmow ha hympnys ha canow sperysek yntredhough, ow cana hag ow cul menestrouthy dhe'n Arluth y'gas colon. ²⁰Reugh grassow pupprys dhe Dhew an Tas rag pub tra yn hanow agan Arluth Jesu Cryst.

²¹Bedheugh gostyth an eyl dhe'y gela awos agas revrons dhe Gryst.

²²A wrageth, obayeugh dh'agas gwer kepar del esough why owth obaya dhe'n Arluth. ²³Rag an gour yw pen an wreg, poran kepar del yw Cryst pen an eglos, an corf mayth yw ef an Savyour anodho. ²⁴Kepar del yw an eglos gostyth dhe Gryst, yn kepar maner y tal dhe wreg obaya dh'y gour yn kenyver tra.

²⁵Why gwer, kereugh agas gwrageth, poran kepar del wrug Cryst cara

an eglos ha ry y honen rygthy, ²⁶may halla va hy gul sans. Ef a wrug hy glanhe ha'y golhy gans dowr der an ger, ²⁷may halla presentya an eglos dhodho y honen yn splander heb nam bo crygh bo tra vyth a'n sort na – ea, may fe hy sans ha dynam. ²⁸Yn kepar maner y tal dhe wer cara aga gwrageth, kepar del usons y ow cara aga horf aga honen. Suel a wrella cara y wreg, yma va ow cara y honen. ²⁹Rag nyns ues den vyth ow casa y gorf y honen, saw yma va orth y vaga hag orth y jersya yn cuf kepar ha Cryst gans an eglos. ³⁰Rag ny oll yw esely a'y gorf. ³¹"Rag an reson ma den a wra forsakya y das ha'y vam hag omjunnya dh'y wreg ha'n dhew ane-dhans a vydh un kyg." ³²Mystery bras yw hemma, hag yth esof vy ow cul mencyon anodho ow tuchya Cryst ha'y eglos. ³³Pubonen ahanough bytegens a res cara y wreg kepar hag ef y honen, hag y tal dhe'n wreg gul revrons dh'y gour.

6 Why flehes, obayeugh dh'agas tas ha dh'agas mam, rag ewn yw henna. ²"Gwra onoura dha das ha'th vam" – hem yw an kensa gorhemmyn mayth yw promys kelmys orto – ³"may fo da dha jer ha may halles bewa pell war an nor."

⁴Why tasow, na wreugh serry agas flehes mes gwreugh aga maga yn dyscans hag yn rewlys an Arluth.

⁵Why kethwesyon, obayeugh dh'agas mestrysy warlergh an kyg, ow crenna der ewn own gans lendury colon kepar ha dhe Gryst. ⁶Na wreugh hemma may feugh why gwelys ha

may halleugh why plesya mebyon tus, mes kepar ha kethwesyon Cryst ow cul bolunjeth Dew gans oll agas colon. ⁷Gwreugh agas servys oll a'gas bodh kepar ha dhe'n Arluth kens es dhe dus. ⁸Rag ny a wor hemma: pynag oll tra a wrellen a dha, ny a wra receva an keth tra arta dheworth an Arluth, na fors on ny keth bo frank.

⁹Why mestrysy, gwreugh an keth tra dhedhans y. Seveugh orth aga bragya, rag why a wor bos an un Mester yn nef dheugh why agas dew, ha nyns usy va ow tysquedhes favour.

¹⁰Wosteweth, bedheugh cref y'n Arluth hag yn nerth y bower. ¹¹Gorr-eugh y'gas kerhyn cowlhernes Dew may halleugh why omwetha rag antylly an tebel-el. ¹²Rag nyns yw agan stryf warbyn eskerens a gyg hag a wos, mes warbyn an rewloryon, warbyn an auctorytas, warbyn powers an bys tewl ma ha warbyn luyow an sherewynsy sperysek y'n tylleryow avan. ¹³Rag henna kemereugh yn ban oll hernes Dew, may halleugh why sevel y'n jedh na a'n drog, ha wosa gul pub tra, may halleugh why sevel stedfast. ¹⁴Seveugh ytho ha gwysk-eugh an grugys a wyryoneth adro dheugh, ha gorreugh y'gas kerhyn an brestplat a ewnder. ¹⁵Avel eskyjyow gorreugh adro dh'agas treys pynag oll tra a wrella agas parusy dhe brogeth an awayl a gosoleth. ¹⁶Ha gans oll an re ma kemereugh ynwedh an scos a fedh, rag ganso why a yll dyfudhy pub flamseth a'n tebel-el. ¹⁷Gorreugh war agas pen an basnet a salvacyon, ha cledha an Sperys, rag hen yw ger Dew. ¹⁸Peseugh y'n Sperys

dhe Dhew pupprys dre bub pejadow ha pub govynnadow. Rag henna bedheugh war ha na cessyeugh dhe besy rag oll pobel Dew.

[19]Peseugh ragof vy ynwedh, may fo grontys geryow dhym, pan dheffen ha progeth gans colonnecter mystery an awayl. [20]Cannas yn chaynys of vy rag an caus na. Peseugh may hallen vy y dheclarya yn hardh pan vo res dhym cowsel.

[21]Tychicus a vyn deryvas pub tra dheugh, may halleugh why godhvos fatel oma ha pyth esof vy orth y wul. Broder ker ywa ha menyster lel y'n Arluth. [22]Yth esof orth y dhanvon dheugh rag an very purpos ma, dhe leverel dheugh fatel on ny ha may halla ef agas confortya.

[23]Re bo cres dhe'n vreder ha kerensa gans fedh dheworth Dew an Tas ha dheworth agan Arluth Jesu Cryst. [24]Re bo gras dhe genyver onen ahanough ues ow cara agan Arluth Jesu Cryst gans kerensa nefra a bys.

Pystyl Pawl dhe'n Filippianas

1 Dheworth Pawl ha Timothy, servons Jesu Cryst,

Dhe oll pobel Dew yn Cryst Jesu usy yn Filippi warbarth gans an epscobow ha'n dhyagonas.

[2]Re bo gras dheugh why ha cres dheworth Dew agan Tas ha'n Arluth Jesu Cryst.

[3]Yth esof ow ry grassow dhe'm Dew yn pub cof ahanough, [4]pupprys ow pesy gans joy yn oll ow fejadow ragough why yn kettep pen, [5]dre reson agas bos kevrennek a'n awayl dhya an kensa jorna bys y'n jedh hedhyw. [6]Yth esof vy ow trestya dhe henna neb a dhallathas ober da y'gas mesk why, may halla an ober na bos collenwys kens es jorna Jesu Cryst.

[7]Yth yw compes me dhe bredery yndelma ahanough why oll, dre reson why dhe'm sensy y'gas colon. Kevrennek ough why oll genama a ras Dew ow tuchya ow frysonyans hag a'n gwyth hag a'n mentenons a'n awayl kefrys. [8]Dew yn test, ass of vy hyrethek war agas lergh oll yn tregereth Jesu Cryst! [9]Hem yw ow fejadow may fo agas kerensa dhe voy es plenta gans skentoleth hag understondyng luen, [10]may halleugh why decernya an pyth a vo a'n gwella. Yndelma why a vydh glan ha dyflam yn jorna Cryst. [11]Y'n jedh na why a dheg genough an drevas a ewnder usy ow tos dre Jesu Cryst rag an glory a Dhew – dh'y lawa!

[12]A vreder, da vya genama why dhe wodhvos hemma: an taclow neb a happyas dhym a wrug dhe'n awayl avonsya yn gwyryoneth. [13]Y fue aswonys der oll an pretorium ha dhe bubonen aral me dhe vos prysonys rag kerensa Cryst. [14]Ha'n vrassa ran a'n vreder a vue confortys y'n Arluth der ow frysonyans hag y yw dhe voy colonnek dhe gowsel ger Dew heb own vyth.

[15]Yma certan re ow progeth Cryst der ewn envy ha stryf, mes ken re dre volunjeth da. [16]Dre gerensa yma an re na ow progeth Cryst, rag y a wor me dhe vos gorrys omma rag scodhya an awayl. [17]Yma an ran erel ow progeth an awayl der ewn stryf, adar a golon dha, may hallens y encressya an paynys a'm bues y'm prysonyans. [18]Pana goll yw henna dhyn? Na fors a vo gwyr bo fals aga holon, yma Cryst progowthys yn pub fordh ha henna yw reson dhym dhe rejoycya.

Ea, ha me a vyn rejoycya whath, [19]rag me a wor fatel wra hemma treylya dhe'm lyfreson der agas pejadow ha gans gweres Sperys Jesu Cryst. [20]Govenek bew ha trest a'm bues na vedhaf shamys yn tra vyth. Dre reson me dhe gowsel gans pub bolder, yth esof ow quetyas Cryst dhe vos exaltys lemmyn y'm corf vy kepar ha kens dre vewnans bo dre vernans kyn fe. [21]Rag bewa dhym yw Cryst ha merwel gwayn. [22]Mars yw res dhym bewa

y'n kyg, yma henna ow styrya frutys
ow lafur. Ny won man pyneyl ane-
dhans a vya gwell genef. ²³Ass esof vy
yn ancombrynsy ynter an dhew! Ow
desyr yw dhe voydya ha dhe vos gans
Cryst, rag hen yw polta gwell. ²⁴Saw
yma moy res dheugh why me dhe
drega y'n kyg. ²⁵Aban of vy certan a
henna, me a wor fatel wrama trega ha
pesya genough why oll rag agas
avonsyans ha'gas joy y'n fedh. ²⁶Yn-
delma me a yll bos kevrennek gen-
ough yn pub poynt a'gas bostow yn
Jesu Cryst, pan dhyffyf dheugh arta.

²⁷Kemereugh wyth a un dra: bedh-
eugh agas conversacyon wordhy a
awayl Cryst. Yndelma mar tuema
dheugh ha'gas gweles bo mar pedhaf
ow clowes ahanough ha me pell dhe-
worthough, me a wodhvyth why dhe
sevel fast y'n un Sperys. Me a wodh-
vyth why dhe stryvya oll kescolon rag
fedh an awayl, ²⁸ha nag ough why
ownekhes poynt gans agas eskerens.
Prof yw hemma dhedhans a'ga dy-
strucsyon, saw prof a'gas sylwans
dheugh why. Ober Dew yw hemma.
²⁹Rag dheugh y fue grontys dhe
gresy yn Cryst, ha moy es henna dhe
wodhaf rag y gerensa ef kefrys.
³⁰Lemmyn yth esough genama y'n
vatel – an keth vatel a welsough me
dhe omlath ynny. Yth esof owth om-
lath ynny bys y'n uer ma.

2 Rag henna, mars usy agan
bewnans kemyn yn Cryst ow ry
dhyn confort, mars ues neb solas a
gerensa ynno, neb kevran a'n Sperys,
neb kescodhevyans bo tregereth,
²nena me a'gas pys yndelma: len-

weugh ow hanaf a joy dre vos kes-
colon y'gas preder hag y'gas colon.
Bedhens an keth kerensa yntre-
dhough why oll. Bedheugh unver an
eyl gans y gela yn enef hag yn brys.
³Na wreugh tra vyth awos avy nag
awos consayt. Bedheugh uvel, owth
acontya agas cowetha dhe vos gwell
agesough agas honen. ⁴Na wrens den
vyth meras orth y brofyt y honen,
mes orth profyt y hynsa.

⁵Re bo agas brys why kepar ha brys
Jesu Cryst.

⁶Kynth esa va yn form Dew,
ny gresy y cotha dhodho stryvya
   dhe vos kepar ha Dew,
⁷mes ef a omwrug voyd,
ha kemeres warnodho y honen
   form a gethwas.
Y fue va genys yn hevelep a vab
   den,
⁸hag a humblyas y honen
may fe va sojeta ancow –
ea, ancow war an grows.
⁹Rag henna Dew a wrug fest y
   exaltya
ha ry dhodho hanow usy a-ugh
   pub hanow,
¹⁰may whrella pub glyn yn nef,
war an nor hag yn dan an nor
omblegya orth hanow Jesu,
¹¹ha may whrella kenyver tavas
meneges Jesu Cryst dhe vos
   Arluth
dhe glory Dew an Tas.

¹²Rag henna, a dus vuergerys, kepar
del wrussough obaya dhym pupprys,
pan esen y'gas mesk, gwreugh yndel-
ma y'n tor' ma kefrys ha me pell

dheworthough. Pesyeugh ytho gans ober agas salvacyon ha why ow trembla der ewn own. 13Yma Dew owth obery ynnough why, hag ef a vyn ry dheugh an gallus dhe vennas ha dhe lafurya rag collenwel kenyver tra a vo orth y blesya.

14Gwreugh pub tra heb croffal ha heb stryf, 15may feugh dyflam ha gwyryon, flehes dynam Dew yn mesk henath cam ha trues. Yth esough why ow splanna y'ga mesk kepar ha ster y'n bys. 16Mar teugh why ha sensy fast dhe eryow an bewnans, me a vydh abyl dhe vostya yn jorna Cryst na wrug avy ponya yn ufer ha na vue heb bry ow lafur vy. 17Ea, mars oma scullys ales avel offryn dewas a-ugh sacryfys hag a-ugh offryn agas fedh, lowen of ha rejoycya a wrama genough. 18Yn kepar maner res yw dheugh bos lowen ha rejoycya genama.

19Govenek a'm bues y'n Arluth Jesu dhe dhanvon Timothy dheugh kens pell, may hallen bos confortys ow clowes newodhow ahanough. 20Nyns ues den vyth genef haval dhodho hag ef yw prederys yn gwyr y'gas kever why. 21Yma pubonen aral ow whelas y les y honen kens es les Cryst. 22Saw aswonys dheugh yw bry Timothy, fatel wrug ef servya warbarth genef yn lafur an awayl kepar ha mab gans y das. 23Govenek a'm bues rag henna y dhanvon dheugh why, pan vo cler dhym fatel vydh taclow omma genef. 24Yth esof ow trestya y'n Arluth me dhe allus dos dheugh kens pell.

25Yth hevel dhym bytegens bos res danvon dheugh Epafroditus, ow broder, kesoberor ha kessoudor ha'gas messejer why, ha menyster a'm othem vy. 26Rag ef a vue tryst ow yeunes ragough ha troblys o va, drefen why dhe glowes y vos claf. 27Ea, claf vue va bys yn ancow. Saw Dew a gemeras pyteth warnodho, ea, ha warnaf vy kefrys, ma na'm be pub anken wosa y gela. 28Rag henna yth of vy dhe voy whensys y dhanvon dheugh, may halleugh why rejoycya orth y weles arta ha may fe lehes ow fyenasow vy. 29Gwreugh y wolcumma y'n Arluth gan oll joy ha reugh worshyp dhe dus a'n par na. 30Namna wrug ef merwel awos lafur Cryst, hag ef y honen a beryllyas y vewnans ow lenwel an dyfyk y'gas servys dhym.

3 Wosteweth, a vreder, bedheugh lowen y'n Arluth. Nyns yw anken dhym screfa taclow a'n par ma ha salow yw dheugh why.

2Bedheugh war a'n cuen, bedheugh war a'n dhrogoberoryon, bedheugh war a'n re na usy ow tyfacya an kyg. 3Rag ny yw an gwyr cyrcumcysyon, ha ny ow cordhya yn Sperys Dew hag owth omvostya yn Jesu Cryst, rag ny'gan bues fydhyans vyth y'n kyg – 4kynth ues cheson genef dhe drestya dhe'n kyg.

Mara'n jeves den vyth caus dhe drestya y'n kyg, me a'm bues dhe voy trest. 5Otta vy cyrcumcysys pan vuef eth jorna genys, esel a bobel Ysrael, a dryb Benjamin, Ebbrow genys a deylu Ebbrow; Farysy warlergh an laha; 6ow tuchya dywysycter tormentour a'n eglos; dynam ow tuchya ewnder yn dan an laha.

7Saw oll an taclow na neb o dhym gwayn, ny settyaf gwel gala anedhans rag kerensa Cryst. 8Moy es henna, certan of na dal tra vyth oy ryb an valew dres prys a aswonvos Cryst ow Arluth. Rag y gerensa ef me a gollas kenyver tra. Saw ny wrama vry a'n re na, mar callaf unweyth gwaynya Cryst. 9Yndelma me yw unys ganso ef. Nyns oma justyfyes ahanaf ow honen dheworth an laha, mes justyfyes of dre fedh yn Cryst. Hen yw an ewnder usy ow tos dheworth Dew ha grondys war fedh yth yw. 10Me yw whensys dhe aswon Cryst ha'n power a'y dhasserghyans. Da yw genef bos kevrennek a'y bassyon hag omwul ow honen kepar hag ef yn y vernans, 11mar callaf war neb fordh gwaynya an dasserghyans dheworth an re marow.

12Ny wrug avy solabrys cafus henna, naneyl nyns esof ogas dhe ben an fordh. Yth esof bytegens ow pesya may hallen y waynya, rag Jesu Cryst a wrug ow gwaynya vy solabrys ragtho y honen. 13A vreder, nyns esof ow tyby me dh'y dhendyl dhym ow honen. Ny wraf tra vyth ma's hemma: prest me a wra ponya yn rag bys y'n pyth usy dheragof heb perthy cof a'n dra usy adref dhym. 14Otta vy ow stevya yn rag dhe ben an fordh may hallen gwaynya an gober a alow Dew avan yn Jesu Cryst.

15Neb a vo athves y'n fedh, bedhens ef kescolon genef. Ha mar teugh why ha predery ken, hemma kefrys Dew a wra dysquedhes dheugh. 16Saw geseugh ny dhe sensy yn fast an pyth a vue gwaynys genen.

17A vreder, bedheugh kepar ha me, ha merkyeugh an re na usy ow pewa warlergh an ensompel a vewnans a wrussough why cafus dheworthyn. 18Rag yma lyes onen ow pewa kepar hag eskerens dhe grows Cryst. Yn fenough me a wrug agas gwarnya adro dhedhans ha lemmyn me a vyn gul mencyon dheugh anedhans gans dagrow y'm dewlagas. 19Y a wra tebel-dhewedha heb dowt vyth. Aga fengasen yw aga dew ha'ga glory yw aga sham. Ny vedhons y ow predery mes a daclow an bys ma. 20Saw ny yw cytysans a nef, hag yth eson ny ow cortos Savyour dheworth nef, an Arluth Jesu Cryst. 21Ef a vyn treylya agan corf uvel, may fo va kehaval dhe'n corf a splander, der an gallus usy orth y wul abyl dhe settya pub tra yn dan y dreys.

4 A vreder vuergerys ha caradow, why yw ow joy ha'm curun. Rag henna seveugh fast y'n Arluth, ow hothmens wheg.

2Me a bys Euodia ha Syntyche dhe vos kescolon y'n Arluth. 3Ea, ha me a'th pys jy kefrys, ow hescoweth lel, dhe weres an benenes ma. Y a wrug stryvya rybof yn lafur an awayl, warbarth gans Clement ha remenant a'm kesoberoryon, usy aga henwyn y'n lyver a vewnans.

4Rejoycyeugh pupprys y'n Arluth. Me a'n laver arta, rejoycyeugh. 5Bedhens agas perthyans aswonys dhe bub onen. Ogas yw an Arluth. 6Na vedheugh troblys ow tuchya tra vyth, mes bedhens agas desyr yn pub tra aswonys dhe Dhew dre bejadow ha govynnadow gans grassow. 7Ha cres Dew usy a-ugh pub convedhes a wra gwetha agas colon ha'gas brys yn Jesu Cryst.

8Wosteweth, a vreder, pynag oll tra a vo gwyr, pynag oll tra a vo onest, pynag oll tra a vo just, pynag oll tra a vo glan, pynag oll tra a vo plesont, pynag oll tra a alla bos comendys, mars ues gwywder, mars ues tra vyth dhe wormel, predereugh a'n taclow ma. 9Pesyeugh gans an taclow a wrussough why desky ha receva dheworthyf ha clowes ha gweles ynnof vy, ha'n Dew a gres a vydh genough.

10Ass yw bras ow lowender awos why dhe nowedhy agas preder y'm kever! Yn gwyryoneth why o prederys y'm kever, saw ny wrussough why cafus chons dh'y dhysquedhes. 11Ny lavaraf ow bos yn esow, rag me a dhescas dhe vos pys da gans pygemmys a'm bo. 12Aswonys dhym yw bohosogneth ha plenta kefrys. Me a dhescas, na fors a wrella happya, y hyll den bos gwag ha lenwys, cafus plenta ha bos yn othem. 13Me a yll gul pub tra dre henna usy ow ry confort dhym.

14Bytegens, why a wrug tra guf pan veugh why kevrennek a'm anken. 15A Filippianas, why a wor yn ta yn dalleth an awayl, pan wrug avy gasa Macedonia, nag o eglos vyth kevrennek genama ow tuchya ry ha receva, ma's whywhy yn unyk. 16Ea, pan esen vy yn Thessalonica kyn fe, why a wrug danvon dhym moy es unweyth socor rag ow othem. 17Ny wrug avy whelas an ro na. Na, da vya genef an gwayn dhe encressya dh'agas recken why. 18Y fue tyllys dhym yn luen ha me yw moy es pys da, wosa me dhe receva dheworth Epafroditus an royow a wrussough why danvon dhym. Y yw offryn saworys ha sacryfys plesont ha da dhe Dhew. 19Ow Dew a wra collenwel oll agas othem warlergh y rychys yn glory dre Jesu Cryst.

20Re bo glory dh'agan Dew ha Tas bys vyken ha benary. Amen.

21Dynerheugh pub esel a bobel Dew yn Jesu Cryst. An vreder usy genef a's dynergh. 22Yma oll pobel Dew orth agas dynerhy, yn specyal an re na usy yn meyny Cesar.

23Re bo gras an Arluth Jesu Cryst gans agas sperys.

Pystyl Pawl dhe'n Colossianas

1 Dheworth Pawl, abostel Jesu Cryst dre volunjeth Dew, ha Timothy agan broder,

²Dhe bobel Dew ha dhe'n vreder lel yn Cryst yn Colosse.

Re bo gras dheugh ha cres dheworth Dew agan Tas.

³Y'gan pejadow ragough yth eson ny pupprys ow ry grassow dhe Dhew, an Tas a'gan Arluth Jesu Cryst, ⁴Rag ny a glowas a'gas fedh yn Jesu Cryst hag a'gas kerensa why tro hag oll pobel Dew, ⁵awos an govenek gorrys yn ban ragough yn nef. Why a glowas kens omma adro dhe'n messach gwyr a'n govenek, hen yw an awayl. ⁶Lemmyn an messach a dhueth dheugh. Kepar del usy an awayl ow ton frut hag ow tevy yn oll an bys, yndelma yma ow ton frut y'gas mesk why dhya ban wrussough why y glowes ha convedhes yn ta gras Dew. ⁷Dheworth Epafras why a dhescas hemma. Agan kesgwas muergerys yw ef ha menyster lel a Cryst ragough why. ⁸Ef re dheryvas dhyn a'gas kerensa y'n Sperys.

⁹Rag henna ynwedh dhya ban wrussyn clowes ahanough, yth eson ny pupprys ow pesy ragough hag ow covyn may feugh why lenwys a'n skyans a volunjeth Dew yn pub furneth sperysek hag understondyng. ¹⁰Me a bys may fo agas conversacyon wordhy a'n Arluth ha plegadow dhodho yn pub poynt, ha why ow ton frut yn kenyver ober da hag ow tevy y'n godhvos a Dhew. ¹¹Bedheugh confortys gans oll an nerth usy ow tos dhya glory y nerth. Bedheugh parys dhe wodhaf pub tra gans perthyans. Reugh gans lowena ¹²grassow dhe'n Tas, rag ef re'gas gwrug wordhy dhe gemeres ran yn ertons y bobel yn gwlascor an golow. ¹³Ef a wrug agan delyfra mes a bower an tewolgow ha'gan dry aberth yn gwlascor y Vab muergerys, ¹⁴hag ynno ef ny a'gan bues redempcyon ha gyvyans pehosow.

¹⁵Y Vab yw an ymach a'n Dew na yll bos gwelys. Ef yw an kensa genys a oll creacyon, ¹⁶rag ynno ef y fue formys kenyver tra yn nef hag y'n nor, taclow dywel ha hewel, tronys ha domynacyons, rewloryon ha potestas kyn fe. Kenyver tra a vue formys dredho ef ha ragtho ef. ¹⁷Kens es pub tra dhe vos creatys yth esa Cryst. Ynno ef yma pub tra keskelmys warbarth. ¹⁸Ef yw an pen a'y gorf, hen yw an eglos. Ef yw an dallethfos, an kensa genys dheworth an re marow, may halla va dos ha kemeres an kensa le yn pub tra. ¹⁹Rag y fue oll lanwes Dew plesys dhe drega ynno ef. ²⁰Dredho ef Dew a vue pys da dhe gesseny pub tra ganso y honen, y'n nor kyn fe bo yn nef. Dew a wrug cres ynter y honen ha'n bys dre wos y Vab y'n growspren.

²¹Why o alyons dhodho hag eskerens y'gas brys hag yth eseugh ow cul

296

drogoberow. 22Saw lemmyn ef a wrug ahanough cothmens dhodho der an mernans a Gryst yn y gorf, may halla ef agas presentya why dhodho y honen yn sans, yn tyflam ha heb spot vyth – 23mar teugh why unweyth ha pesya stedfast ha dyogel y'n fedh. Na wreugh forsakya an govenek dedhewys y'n awayl a glowsough hag a vue progowthys dhe bub creatur yn dan an nef. Me, Pawl, a vue gwres servont a'n awayl ma.

24Yth esof ow rejoycya lemmyn y'm paynys rag agas kerensa why hag y'm kyg yth esof ow cowlwul pynag oll lack a vo yn passyon Cryst yn y gorf ef – hen yw an eglos. 25Me a vue gwres servont a'n eglos warlergh galow Dew neb a ros ef dhym ragough why, may hallen declarya an ger a Dhew. 26Mystery yw henna hag a vue kelys dres pub os ha pub henath. Saw y'n dedhyow ma an mystery a vue dyscudhys dhe dus sans Dew. 27Dew a vue plesys dhe dhysquedhes dhedhans pana rychys ha pana glory ues y'n mystery ma rag oll an poblow. An mystery yw hemma: Cryst ynnough why ha govenek an glory usy dhe dhos.

28Ef yw henna eson ny orth y brogeth, hag yth eson ow quarnya hag ow tesky pubonen yn pub furneth, may hallen ny presentya kenyver onen athves yn Cryst. 29Rag hemma yth esof ow lafurya hag ow stryvya gans oll an nerth usy ef ow ry dhym rag ow honfortya.

2 Da vya genef why dhe wodhvos kemmys yw ow stryf ragough why ha rag tus Laodicea ha rag oll an re na na wrug bythqueth ow gweles fas orth fas. 2Da vya genef aga holon dhe vos kennerthys hag unys yn kerensa, ma's teffa y oll an rychys a skentoleth certan ha ma's teffa an godhvos a vystery Dew – hen yw Cryst y honen. 3Ynno ef yma kelys oll an tresorys a furneth hag a skyans. 4Me a laver hemma ma na alla den vyth agas tulla der argumentys teg aga semlant. 5Kynth esof vy pell dheworthough why y'n corf, yth esof genough why y'n enef ha lowen of pan welaf agas colon dha ha why dhe vos stedfast y'n fedh a Gryst.

6Rag henna kepar del wrussough why receva Jesu Cryst an Arluth, bedheugh fast ha why yn few ynno. 7Why yw grondys ha byldys yn ban ynno ef ha fundys ough y'n fedh, kepar del wrussough why y dhesky. Reugh muer 'ras dhe Dhew a henna pub uer oll.

8Bedheugh war na wrella den vyth agas sawthanas dre fylosofy ha der ufereth gow usy ow longya dhe'n tradycyons a vebyon tus bo a dhue dheworth sperysyon elvennek an norvys, adar dheworth Cryst.

9Ynno ef hag yn y dhensys yma tregys an lanwes a Dhew. 10Why re dhueth dhe lanwes ynno ef, neb yw pen pub governans hag arlottes. 11Ynno ef kefrys why a vue cyrcumcysys dre cyrcumcysyon a'n sperys hag ena why a wrug dy'sky corf an kyg ha gorra adro dheugh an cyrcumcysyon a Gryst. 12Why a vue encledhys ganso y'n besydhyans, may halleugh why kefrys bos drehevys ganso dre fedh yn power Dew, a wrug y dhastrehevel dheworth an re marow.

13Ha pan eugh why marow y'gas trespassys ha heb cyrcumcysyon y'gas kyg, Dew a wrug agas bewhe warbarth ganso ef. Ef a bardonas oll agan trespassys 14ha defendya dhe ves an lybel esa oll an charjys war agan pyn screfys ynno. Ef a dhefendyas an re na dhe ves pan wrug ef gans kentrow tackya an lybel war an grows. 15Ef a gemeras aga arvow dheworth an auctorytas ha dheworth an rewloryon ha gul ensompel anedhans dherag an bobel, kepar hag yn keskerdh vyctory.

16Rag henna na wrens den vyth agas dampnya why ow tuchya bos na dewas naneyl adro dhe dhegolyow ha'n lor noweth bo adro dhe jorna an sabot. 17Nyns yw an taclow ma ma's scues a'n re na usy dhe dhos. An substans gwyr anedhans yw Cryst. 18Byner re wrella den vyth agas dampnya ha leverel bos res dheugh humblya agas honen bo gordhya eleth. Yma den a'n par na ow cul vry a'y vesyons y honen hag omwhethys ywa heb cheson vyth oll, drefen ef dhe bredery warlergh squyrys mab den. 19Ef a dalvya kens sensy fast dhe ben an corf. Yn dan rewl an pen yma oll an corf megys ha kelmys warbarth der an juntys ha der an gyew hag yma va ow tevy warlergh towl Dew.

20A ny wrussough why merwel gans Cryst ha passya mes a arlottes sperysyon elvennek an unyvers? Prag yth esough why ow fara kepar ha tus usy whath ow pewa warlergh gysyow an

bys ma? Prag y whreugh why obaya dhe rewlys stroth: 21"Na wreugh tava na tastya na handla"? 22Yma oll an re na ow concernya taclow a wra pedry wosa bos usys. Nyns yw an rewlys na ma's gorhemmyn ha dyscans mab den. 23Taclow yns y yn gwyr a's teves an semlant a furneth, rag ymons y ow sordya dywysycter, sevureth hag omvertheryans. A vohes valew yns y warbyn sensualyta.

3 Rag henna mar peugh why drehevys gans Cryst, wheleugh an taclow usy avan, le mayth usy Cryst a'y eseth adhyhow dhe Dhew. 2Settyeugh agas brys war an taclow avan kens es war daclow an nor, 3rag why re verwys ha'gas bewnans yw cudhys gans Cryst yn Dew. 4Pan vydh dysquedhys Cryst hag ef yw agas bewnans, nena why kefrys a vydh dyscudhys ganso yn glory.

5Rag henna gwreugh ladha ynnough why pub tra a vo a'n nor, mostethes, aflanyther, passyon, lustys ha covaytys (gordhyans ydolys yw henna). 6Awos oll an re ma yma sor Dew ow tos war an dus dywostyth. 7Yth eseugh why ow sewya an fordhow ma y'n dedhyow kens, pan eugh why yn few y'n bewnans na. 8Saw y'n tor' ma res yw dheugh defendya dhe ves taclow a'n par na – sor, anger, envy, cabel ha vylta ganow. 9Na levereugh gow an eyl dh'y gela, aban wrussough why dy'sky an den coth ha'y usadow. 10Why re worras adro dheugh an den noweth, neb yw nowedhys yn furneth warlergh ymach y formyer. 11Y'n nowedhyans ma nyns ues namoy Greca bo Yedhow, tus cyrcumcysys bo tus heb cyrcumcysyon, pagan, Scythian, keth bo frank, mes Cryst yw pub tra yn pubonen.

¹²Rag henna, aban ough why tus dowysys Dew, sans ha muergerys, gorreugh y'gas kerhyn mercy, caradowder, uvelder, clorder ha perthyans. ¹³Godheveugh an eyl y gela ha mar pydh croffal gans den vyth warbyn y gentrevak, gwrens ef y bardona. Kepar del wrug an Arluth agas pardona why, y tal dheugh pardona magata. ¹⁴Dres oll gorreugh kerensa y'gas kerhyn, rag yma honna ow kelmy pub tra warbarth yn composter perfeth.

¹⁵Bedhens cres Cryst ow rewlya y'gas colon, rag dhe henna why a vue gelwys y'n un corf. Ha reugh grassow. ¹⁶Bedhens ger Cryst tregys yn rych ynnough. Gwreugh desky ha gwarnya an eyl y gela yn pub furneth, ow cana dhe Dhew y'gas colon salmow, hympnys hag antempnys sperysek. ¹⁷Pynag oll tra a wrelleugh why gul, yn lavar bo yn ger kyn fe, gwreugh e yn hanow an Arluth Jesu ha reugh grassow dhe Dhew an Tas dredho ef.

¹⁸A wrageth, bedheugh gostyth dh'agas gwer, del dhegoth y'n Arluth. ¹⁹A wer, kereugh agas gwrageth ha na vedheugh wherow dhedhans.

²⁰A flehes, obayeugh dh'agas tas ha'gas mam yn pub tra, rag yma hemma ow plesya an Arluth yn ta.

²¹A dasow, na wreugh provokya agas flehes bo martesen y a wra kelly colon.

²²A gethwesyon, obayeugh dh'agas mestrysy y'n pub tra, pan vons y orth agas gweles rag aga flesya, ha gans colon dha hag yn own a'n Arluth yn termynyow erel kefrys. ²³Pynag oll tra a wrelleugh, gwreugh e gans bolunjeth da kepar ha pan veugh why orth y wul rag an Arluth, kens es rag agas mestrysy. ²⁴Why a wor why dhe receva dheworth an Arluth ertons avel weryson. Yth esough why ow servya an Arluth Cryst. ²⁵Rag neb a wrella camweyth, a vydh aquytys warlergh myns y dhrog ha nyns usy Dew ow favera den vyth dres y goweth.

4 A vestrysy, bedheugh ewn ha gwyryon tro ha'gas kethwesyon, rag why a wor bos Mester genough why yn nef.

²Gwreugh pesya yn pejadow ha bedheugh yn tyfun ynno gans grassow. ³Peseugh genen ny kefrys may whrella Dew egery darras dhyn rag an ger, may hallen ny progeth mystery Cryst, esof vy yn pryson ragtho. ⁴Nena me a vydh abyl dh'y brogeth yn apert, kepar del dhegoth dhym. ⁵Kerdheugh yn furneth tro ha'n re na usy aves, ha gwreugh defnyth da a'n termyn. ⁶Bedhens agas cows grassyes pupprys ha blesys gans holan, may halleugh why pub uer oll godhvos yn pan vaner a godh dheugh gortheby kenyver onen.

⁷Tychicus, agan broder muergerys, dyagon lel ha keskethwas y'n Arluth, a wra deryvas dheugh adro dhym. ⁸Rag an very purpos ma me re'n danvonas dheugh, may halleugh why

godhvos fatel yw genen ha may halla ef y honen confortya agas colon. [9]Yma va ow tos gans Onesimus, an broder lel ha muergerys, hag ef yw onen ahanough. Y a wra deryvas dheugh oll an newodhow omma.

[10]Yma Aristarchus, kesprysner genef, orth agas dynerhy, ha Mark, kenderow Barnabas. Why a recevas gormynnadow adro dhodho. Mar tue va dheugh, gwreugh y wolcumma. [11]Yma Jesu, henwys Justus, orth agas dynerhy kefrys. An dhew ma yw an re unyk a'n dus cyrcumcysys usy yn mesk ow hesoberoryon rag gwlascor Dew. An dhew anedhans a vue confort dhym. [12]Onen ahanough ha kethwas a Jesu Cryst yw Epafras. Yma va orth agas dynerhy. Y fydh ef ow stryvya ragough yn y bejadow, may halleugh why sevel yn athves ha stedfast yn pub part a volunjeth Dew.

[13]Dustuny of ef dhe lafurya yn cales ragough why ha rag an dus yn Laodicea hag yn Hieropolis. [14]Yma Luk, an medhek muergerys, ha Demas orth agas dynerhy. [15]Dynerheugh ragof an vreder yn Laodicea. Dynerheugh Nymfa ha'n eglos usy yn hy chy.

[16]Ha pan vo redys an lyther ma y'gas mesk, gwreugh may fo va redys yn eglos Laodicea kekefrys, ha kemereugh wyth may whrelleugh why redya an lyther dhya Laodicea magata.

[17]Comondyeugh yndelma dhe Archippus, "Kemer wyth te dhe collenwel an ober a wrusta receva y'n Arluth."

[18]Me, Pawl, yth esof ow screfa an dynargh ma gans ow luef ow honen. Pertheugh cof a'm chaynys. Re bo gras genough why.

Kensa Pystyl Pawl dhe'n Thessalonianas

1 Dheworth Pawl, Sylvanus ha Timothy,

Dhe eglos an Thessalonianas yn Dew an Tas ha'n Arluth Jesu Cryst:

Re bo gras dheugh ha cres.

²Yth eson ny pupprys ow ry grassow dhe Dhew ragough why oll ha prest ow cul mencyon ahanough y'gan pejadow. ³Yth eson ny ow perthy cof dherag agan Dew ha'gan Tas a'gas lafur a fedh, a'gas ober a gerensa hag a'gas perthyans ha govenek y'gan Arluth Jesu Cryst.

⁴Ny a wor, a vreder, Dew dh'agas cara ha dh'agas dowys why. ⁵Ny dhueth agan messach a'n newodhow da dheugh y'n ger yn unyk, mes yn power an Sperys Sans kefrys. Why yw certan a'y wyryoneth, kepar del wodhough why agas honen pana dus en ny y'gas mesk ragough why. ⁶Why a wrug omhevelly dhyn ny ha dhe'n Arluth, rag yn despyt dhe dormens why a recevas an ger gans joy. Why a vue kennerthys gans an Sperys Sans, ⁷may feugh why ensompel dhe oll an gryjygyon yn Macedonia hag yn Achaia. ⁸Ger an Arluth a wrug seny dheworthough yn Macedonia hag yn Achaia. Moy es henna agas fedh yn

Dew a vue aswonys yn pub tyller aral kefrys, ma nag ues othem vyth a gowsel anedhy. ⁹Yma tregoryon an costys na ow teclarya adro dhyn pana wolcum a'gan bue dheworthough ha fatel wrussough why treylya dhe Dhew dheworth ydolys. Why a dreylyas dheworth ydolys may halleugh why servya an Dew gwyr ha bew, ¹⁰ha may whrelleugh why gortos y Vab dheworth an nevow, an Mab a wrug Dew drehevel a'n re marow – Jesu, usy orth agan delyfra mes a'n sor a dhue.

2 Why a wor, a vreder, na vue ufer agan vysyt dheugh. ²Kyn whrussyn godhaf solabrys ha kyn fuen ny compressys yn tyn yn Filippi, why a wor fatel en ny colonnek yn Dew. Why a wor fatel wrussyn progeth dheugh awayl Dew yn despyt dhe stryf bras. ³Rag ny dhue agan awayl naneyl mes a dhyssayt na mes a resons dyslel na castys tus. ⁴Na, kepar del vuen comendys gans Dew ha kepar del vue progeth an awayl delyfrys dhyn, yndelma yth eson ny ow cowsel. Nyns eson ny ow whelas dhe blesya mab den, mes dhe blesya Dew, rag yma va ow prevy agan colon. ⁵Dew yn test, why a wor na wrussyn ny bythqueth usya lavarow fekyl na facya der ewn covaytys. ⁶Naneyl ny wrussyn ny whelas prays dheworth tus, boneyl dheworthough why bo dheworth ken re, ⁷kyn fen ny abyl dhe wovyn lowr avel abosteleth Cryst. Ny a vue clor y'gas mesk kepar ha mammeth whar ow chersya hy flehes. ⁸Mar dhown yw agan kerensa tro ha why, mayth en ny purposys dhe gevranna genough awayl Dew ha'gan honen kefrys. Ass ough why ker dhyn! [9]Yth esough why ow perthy cof, a vreder, a'gan lafur hag a'gan ober. Ny a wrug lafurya nos ha jorna, ma na wrellen poynt agas beghya why ha ny ow progeth awayl Dew dheugh.

[10]Why ha Dew kefrys yw ow dustunyow. Dywysyk, gwyryon ha dyflam o agan conversacyon tro ha why, why cryjygyon. [11]Why a wor ny dhe fara tro ha kenyver onen ahanough kepar ha tas tro ha'y flehes y honen. [12]Ny a wre agas exortya ha kennertha. Yth esen ow tysputya genough, may whrelleugh why bewa yn maner wordhy a Dhew, rag yma va orth agas gelwel bys yn gwlascor y glory.

[13]Yth eson ny kefrys ow ry grassow heb hedhy dhe Dhew rag hemma: pan wrussough why receva ger Dew, neb a glowsough why dheworthyn ny, why a'n recevas avel lavar Dew, adar avel fug-lavar mab den. Rag lavar Dew o yn very gwyryoneth. Yma an ger owth obery ynnough why, a gryjygyon. [14]Why yw haval, a vreder, dhe'n eglosyow a Dhew usy yn Judy, ha why a wodhevys kepar taclow orth dewla an dus a'gas pow why hag a wrussons y godhaf dheworth an Yedhewon. [15]An Yedhewon a ladhas an Arluth Jesu Cryst ha'n profettys hag y a'gan herdhyas ny yn mes. Yndelma ymons y ow serry Dew hag y contraryus dhe bubonen. [16]Yth esens orth agan gwetha ny rag cowsel orth an Jentylys ha'ga humbrank dhe salvacyon. Yth esens y prest ow lenwel musur aga fegh, saw venjyans Dew a dhueth warnedhans worteweth.

[17]Saw ny, a vreder, ny a vue gwres omdhevasow rag pols, pan vuen ny dyberthys dheworthough – y'n corf kens es y'n sperys – hag yth esen ny ow whansa yn fest agas gweles why fas orth fas. [18]Whansek en dhe dhos dheugh. Ea, me, Pawl, me a dhesyryas pur lyes torn dos dheugh, mes Satnas a'gan lettyas. [19]Pyth yw agan govenek bo agan joy bo agan curun a vostyans dherag agan Arluth Jesu pan dheffa va? A nyns ywa whywhy? [20]Why yw agan lowender ha'gan glory!

3 Rag henna pan na yllyn y besya na fella, ny a ervyras trega agan honen oll yn Athenas. [2]Ny a dhanvonas Timothy, agan broder ha kesoberer gans Dew yn progeth awayl Cryst, may halla va agas confortya why ha kennertha agas fedh, [3]ma na vo den vyth shakys der an compressans ma. Yn gwyr, why agas honen a wor bos hemma an pyth a vuen ny destnys dhodho. [4]Yn gwyryoneth, pan esen ny genough, ny a leverys dheugh dherag dorn ny dhe wodhaf compressans. Hag yndella y fue, del wodhough why. [5]Rag hemma, pan na yllyn y besya na fella, me a dhanvonas dhe wodhvos adro dh'agas fedh. Own a'm bue martesen an temptyer dh'agas temptya why ha'gan lafur ny dhe vos dhe goll.

[6]Saw Timothy a dhueth dhyn agensow dheworthough, hag ef a dhros ganso an newodhow da a'gas fedh

hag a'gas kerensa. Ef re leverys dhyn kefrys why dh'agan remembra gans cufter ha dhe vos whansek a'gan gweles. Ny ynwedh yw whansek a'gas gweles whywhy. [7]Rag henna, a vreder, der oll agan anken ha'gan troblys, ny a vue confortys y'gas kever der agas fedh. [8]Rag anal an bewnans a vydh dhym, mar teugh why ha durya ha sevel fast y'n Arluth. [9]Fatel yllyn ny ry dhe Dhew grassow luck ragough, may fo aquytys oll an joy a'gan bues y'gas kever dherag agan Dew? [10]Nos ha jorna yth eson ny ow pesy yn tywysyk, may hallen agas gweles fas orth fas hag amendya agas crejyans, mar pydh dyfyk vyth ynny.

[11]Lemmyn re wrella Dew agan Tas ha'gan Arluth Jesu gedya agan fordh dheugh. [12]Ha re wrontya an Arluth why dhe encressya ha dhe vos luen yn kerensa an eyl dh'y gela ha dhe bubonen, kepar del yw luen agan kerensa ny tro ha why. [13]Re wrella an Arluth crefhe agas colon yn sansoleth, may feugh why heb nam vyth dherag agan Dew ha Tas, pan dheffa agan Arluth Jesu gans oll y sens.

4 Wosteweth, a vreder, ny a vyn agas pesy ha'gas exortya y'n Arluth Jesu dhe wul un dra. Ny a wrug agas desky yn pan vaner a gotha dheugh bewa rag plesya Dew. Yth esough why ow pewa yndelma solabrys, saw ny a'gas pys dhe wul yndelma dhe voy. [2]Rag why a wor pyth o an dyscans a resen ny dheugh yn hanow an Arluth Jesu.

[3]Rag hem yw bolunjeth Dew: agas bos why sans. Res yw sevel orth most-

ethes; [4]pubonen ahanough a dal controllya y gorf yn sansoleth hag yn onour. [5]Na wreugh omblegya dhe drogwhansow kepar ha'n paganys. Nyns yw Dew aswonys dhedhans. [6]Na wrens den vyth ahanough gul camweyth warbyn y vroder y'n mater ma na gul prow anodho. Kepar del wrussyn agas gwarnya yn sevur kens omma, an Arluth a wra punsya pub camweyth a'n par na. [7]Rag Dew a'gan gelwys dhe sansoleth adar dhe aflanythter. [8]Mar tue nebonen ha sconya an rewlys ma, nyns usy ef ow sconya auctoryta mab den, mes Dew y honen, Dew usy ow ry dheugh y Sperys Sans.

[9]Ow tuchya kerensa an vreder, nyns ues othem vyth dheugh a dhen vyth dhe screfa dheugh, rag why agas honen a vue deskys gans Dew dhe gara an eyl y gela. [10]Ea, yth esough why ow cara an vreder yn gwyr der oll Macedonia. Mes yth eson ny orth agas exortya, a dus vuergerys, dhe wul gwell whath.

[11]Bedheugh purposys dhe vewa yn cosel, dhe bredery a'gas taclow agas honen. Lafuryeugh gans agas dewla kepar del wrussyn ny comondya dheugh, [12]may fo wordhy agas conversacyon yn syght an re na usy aves. Y'n kettermyn ny vedhough why nefra yn esow.

[13]Ny vya da genen, a vreder, why dhe vos heb godhvos ow tuchya an re marow, ma na veugh why grevys kepar ha tus erel na's teves govenek vyth. [14]Drefen ny dhe gresy Jesu dhe verwel ha dhe dhasserhy, yn kepar maner, dre Jesu Cryst, Dew a wra

dasvewa an re na usy yn cusk. 15Rag yth eson ny ow teryvas hemma dheugh dre lavar an Arluth. An ran ahanan yw yn few ha gesys erna dheffa an Arluth, ny wren ny dos kens es an re na usy yn cusk. 16Pan vydh clowys an ger a gomondment, galow an arghel ha'n son a drompa Dew, an Arluth y honen a wra skynnya dhya nef. An re marow yn Cryst a vydh drehevys kens. 17Nena nyny, yw yn few ha gesys, a vydh kechys yn ban y'n clowdys warbarth gansans dhe vetya gans an Arluth y'n ayr. Yndella ny a vydh gans an Arluth bys vyken. 18Gwreugh confortya an eyl y gela der an geryow ma.

5 Ow tuchya termynyow ha sesons, nyns ues othem vyth a screfa tra vyth dheugh, a vreder. 2Rag why a wor agas honen dedh an Arluth dhe dhos kepar ha lader y'n nos. 3Pan vedhons y ow leverel, "Yma cosoleth ha cres," nena y tue dystrucsyon trom warnedhans, kepar ha paynys golovas war venen gans flogh. Ny vydh den vyth abyl dhe dhyank.

4Saw why, ow breder vuergerys, nyns esough why yn tewolgow, may halla an jorna na agas contrewaytya kepar ha lader. 5Rag why oll yw flehes a'n golow ha flehes a'n jedh. Nyns eson ny ow longya naneyl dhe'n nos na dhe'n tewolgow. 6Byner re dheffa cusk warnan, ytho, kepar ha war dus erel. Geseugh ny dhe drega dyfun ha dyvedhow. 7Rag y'n nos y fydh an guscoryon yn cusk hag orth golow nos y fydh an pennow medhow owth omvedhowy. 8Aban eson ny

ow longya dhe'n jedh, bedhyn dyvedhow, ha geseugh ny dhe worra y'gan kerhyn an brestplat a fedh hag a gerensa hag avel basnet an govenek a sylwans. 9Ny wrug Dew agan appoyntya dhe wodhaf sor, mes dhe receva sylwans der agan Arluth Jesu Cryst. 10Ef a dhug mernans ragon ny, yn tyfun bo yn cusk kyn fen, may hallen ny bewa warbarth ganso ef. 11Rag henna confortyeugh an eyl y gela ha dreheveugh an eyl y gela – nampyth esough why orth y wul solabrys.

12Yth eson ny orth agas comondya, a vreder, may whrelleugh why dysquedhes revrons dhe'n re na usy ow lafurya y'gas mesk hag a's teves charj ahanough rag agas kesky. 13Dysquedheugh muer worshyp dhedhans yn kerensa, awos an lafur usons y ow cul. Bedheugh yn cres an eyl gans y gela. 14Hag yth eson ny orth agas exortya, a vreder vuergerys, may whrelleugh why kesky an dus dyek, confortya an dus dyglon, gweres an dus wan. Bedhens hyr agas perthyans tro hag oll an re na. 15Kemereugh wyth na wrella den vyth ahanough aquytya drog gans drog, mes wheleugh pupprys dhe wul da an eyl dh'y gela ha dhe genyver onen.

16Rejoycyeugh pupprys. 17Peseugh heb hedhy. 18Reugh grassow yn pub tra, rag hem yw bolunjeth Dew yn Jesu Cryst ragough.

19Na wreugh dyfudhy an Sperys. 20Na wreugh despytya lavarow an profettys, 21saw preveugh pub tra. Senseugh yn fast dhe'n pyth a vo da. 22Seveugh orth gul drog a sort vyth.

²³Re wrella an Dew a gosoleth y honen agas gul sans yn kenyver poynt. Re bo agas sperys ha'gas enef ha'gas corf gwethys salow ha dynam orth devedhyans agan Arluth Jesu Cryst. ²⁴Lel yw henna usy orth agas gelwel. Ef a vyn gul an dra.

²⁵Peseugh ragon, a dus vuergerys. ²⁶Dynerheugh oll an vreder gans bay sans. ²⁷Yth esof ow comondya dheugh yn solempna yn hanow an Arluth may fo an lyther ma redys dhe bubonen.

²⁸Re bo genough gras agan Arluth Jesu Cryst.

Secund Pystyl Pawl dhe'n Thessalonianas

1 Dheworth Pawl, Silvanus ha Timothy,

Dhe eglos an Thessalonianas yn Dew agan Tas hag y'n Arluth Jesu Cryst.

[2]Re bo gras dheugh ha cres dheworth Dew agan Tas ha'n Arluth Jesu Cryst!

[3]Res yw dhyn grassa dhe Dhew pupprys ragough why, a vreder. Res yw dhym ry grassow, drefen agas fedh dhe devy yn fras hag yma an gerensa usy gans pubonen ahanough dh'y gela prest owth encressya. [4]Yth eson ny agan honen ow cul bostow ahanough yn mesk eglosyow Dew, dre reson agas fedh dhe sevel fast yn despyt dhe oll agas tormens ha dhe oll agas troblys.

[5]Tokyn dyblans a vrues wyr Dew yw hemma. Ef a vue purposys dh'agas gul wordhy a wlascor Dew, mayth esough why ow codhevel rygthy. [6]Rag ewn yw pan wra Dew rewardya gans anken an re na usy orth agas tormentya why. [7]Yma va ow ry solas dheugh why pan ough why troblys, ha dhyn ny kefrys. Y'n termyn may fydh dyscudhys an Arluth Jesu dhya nef gans y eleth gallosek, [8]yn flammow a dan, ef a wra venjya war an re na na wrug aswon Dew ha na wrug obaya dhe awayl an Arluth Jesu. [9]An re na a wra godhaf an punyshment a dhystrucsyon heb deweth. Y a vydh dyberthys dheworth fas an Arluth ha dheworth glory y allus, [10]pan dheffa ef dhe vos gordhys gans y bobel y honen. Y'n jorna na oll an re na a gresys, a vyn kemeres marth anodho. Why a vydh y'ga mesk, rag why a gresys an messach a wrussyn ny dry dheugh.

[11]Rag henna yth eson ny pupprys ow pesy genough. Yth eson ow covyn may whrella Dew agas gul wordhy a'y alow ha may whrella collenwel der y allus pub purpos da ha pub ober a fedh. [12]Yndelma y fydh gloryfyes hanow agan Arluth Jesu ynnough why, ha why ynno ef, warlergh gras agan Dew ha'n Arluth Jesu Cryst.

2 Ow tuchya devedhyans agan Arluth Jesu Cryst ha'gan bos ny cuntellys warbarth rag metya ganso: ny a'gas pys, a vreder, [2]na veugh why shakys whare y'gas brys na troblys y'n sperys dre lavar bo dre lyther, usy ow facya dos dheworthyn hag ow leverel bos jorna an Arluth devedhys sola-brys. [3]Na wrens den vyth agas tulla man. Ny yll an jorna na dos erna dheffa kens oll an rebellyans dewetha hag erna vo dyscudhys an den a begh. Ef a vue destnys dhe dhystrucsyon. [4]Yma va owth exaltya y honen hag ow sevel warbyn pub tra a vo gelwys "dew" ha warbyn pub tra a vo gordhys gans mab den. Yma va a'y eseth y'n very templa a Dhew ow teclarya y honen dhe vos Dew.

⁵Certan yw why dhe remembra fatel wrug avy declarya hemma dheugh pan esen y'gas mesk. ⁶Ha why a wor pandr' usy orth y lettya, ma na vo va dyscudhys erna dheffa y dermyn. ⁷Rag yma mystery an sherewynsy owth obery solabrys, saw ef neb usy orth y lesta a vyn gul yndelma erna wrella va voydya. ⁸Nena an den dylaha na a vydh dysclosys. Y'n tor' na an Arluth Jesu a vyn y dhystrowy der anal y anow ha'y dhyswul yn tyen gans splander gloryes y dhevedhyans. ⁹Ober Satnas yw devedhyans an den dylaha na. Attendys vydh gans oll synys gallosek ha merclys an Gow, ¹⁰ha gans pub dyssayt a alla sherewynsy settya war an re na ues destnys dhe dhystrucsyon. Dyswres y a vydh, rag ny wrussons y egery aga brys dhe gerensa an gwyryoneth dhe gafus salvacyon. ¹¹Rag henna yma Dew orth aga gorra yn dan hus. An hus a wra aga honstryna dhe gresy an gow, ¹²may fo drys dhe vrusyans oll an re na nag usy ow cresy an gwyryoneth. Ymons y ow preferrya an pegh avel aga dowys purposys.

¹³Saw ny a res grassa dhe Dhew pupprys y'gas kever, a vreder vuergerys gans an Arluth, dre reson Dew dh'agas dowys avel an bleynfrut a salvacyon dre sansoleth der an Sperys ha dre grejyans y'n gwyryoneth. ¹⁴Rag an towl ma ef a wrug agas gelwel der agan progeth a'n newodhow da, may halleugh why cafus an glory a'gan Arluth Jesu Cryst. ¹⁵Rag henna, a vreder, seveugh yn fast ha gwetheugh an dyscans a wrussough

why desky dheworthyn dre lavar po dre lyther.

¹⁶Agan Arluth Jesu Cryst y honen ha Dew agan Tas (neb a'gan caras hag a ros dhyn der y ras confort heb deweth ha govenek da), ¹⁷re wrellens y confortya agas colon ha'gas crefhe yn pub ober wordhy hag yn pub lavar da.

3 Wosteweth, a vreder, peseugh genen, may halla ger an Arluth omlesa whare ha may fo ef gloryfyes yn pub tyller oll, kepar del ywa gloryfyes y'gas mesk why. ²Peseugh may fen ny gwethys rag sherewys trues, rag ny'n jeves pubonen fedh. ³Saw lel yw an Arluth hag ef a wra agas confortya ha'gas gwetha rag an tebel-el. ⁴Ha ny a'gan bues fydhyans y'n Arluth y'gas kever why, fatel wreugh why agan gorhemmynow ha pesya ynnans. ⁵Re wrella an Arluth ledya agas colon dhe gerensa Dew ha dhe vos stedfast yn Cryst.

⁶Yth eson ny owth erhy dheugh, a vreder, yn hanow an Arluth Jesu Cryst, dyberth dheworth an vreder na usy ow pewa yn sygerneth ha warbyn an dyscans a wrussough why receva dheworthyn. ⁷Rag why agas honen a wor yn pan vaner a dal dheugh fara. Nyns en ny dyek pan esen ny y'gas mesk. ⁸Ny wrussyn ny debry bara den vyth heb y brena. Na, gans lafur cref yth esen ny ow lafurya dedh ha nos, ma na wrellen beghya den vyth ahanough. ⁹Ny vue henna dre reson na'gan bue an gwyr na, saw may hallen ny ry dheugh ensompel dhe wul war y lergh. ¹⁰Pan esen ny

genough kefrys, ny a ros dheugh an comondment ma: neb na venna lafurya, na wrens ef naneyl debry.

11Yth eson ny ow clowes lemmyn fatel ues ran ahanough ow pewa yn sygerneth avel mellyoryon heb gul lafur vyth oll. 12Yth eson ny ow comondya hag owth exortya tus an par na y'n Arluth Jesu Cryst dhe wul aga lafur yn cosel ha dhe dhendyl aga bewnans aga honen. 13A vreder, na wreugh kelly colon ha why ow cul an pyth a vo da.

14Notyeugh an re na na vo parys dhe obaya dh'agan gorhemmynow y'n lyther ma. Na wreugh om-gemysky gansans hag yndelma y a vydh shamys. 15Na wreugh aga dyghtya avel eskerens, saw gwreugh aga rebukya kepar ha breder.

16Re rolla an Arluth a gres cosoleth dheugh why pupprys hag yn pub maner. Re bo an Arluth genough why oll.

17Me, Pawl, yth esof vy ow screfa hemma gans ow luef ow honen. Hem yw an merk usy yn pub lyther. Yndelma yth esof vy ow screfa.

18Re bo gras agan Arluth Jesu Cryst genough why oll.

Kensa Pystyl Pawl dhe Dimothy

1 Dheworth Pawl, abostel a Jesu Cryst dre gomondment Dew agan Savyour hag a Jesu Cryst agan govenek.

2Dhe Dimothy, ow flogh lel y'n fedh:

Re bo gras, mercy ha cres dhys dheworth Dew an Tas ha dheworth Jesu Cryst agan Arluth.

3Yth esof vy orth dha exortya, kepar del wruga pan esen war ow fordh dhe Vacedonia, dhe drega yn Efesus, may halles erhy certan re dhe sevel orth desky dyscans camdybys. 4Comond dhedhans na wrellens mellya gans whedhlow hag aghscryfow heb worfen. Yma taclow a'n par na ow provokya dowtys, saw ny yllons y gul dhyn godhvos an towl a Dhew usy owth obery dre fedh. 5An purpos a'gan arhadow yw an gerensa usy ow tos dheworth colon lan, cowsys cosel ha fedh wyryon. 6Certan tus a gollas aga furpos ha treylya dhe gows ufer. 7Ymons y ow tesyrya bos descajoryon a'n laha heb convedhes naneyl an pyth usons y ow leverel na'n taclow usons y ow cowsel adro dhedhans.

8Ny a wor bos da an laha, mars usy den ow cul defnyth anodho yn compes. 9Res yw convedhes na vue an laha settys yn mes rag an dus just, mes rag an dus dylaha ha dywostyth, an dus drog ha trues, an re ansans hag ungrassyes, tus a vo parys dhe ladha tas bo mam, 10gyglos, sodomydhyon, gwycoryon kethwesyon, gowygyon, gowlyoryon ha'n re na a wrussa tra vyth aral a vo contraryus dhe dhyscans yagh. 11Yma dyscans yagh plegadow dhe awayl gloryes agan Dew benegys hag ef a worras an awayl na y'm charj vy.

12Yth esof owth aswon gras dhe Jesu Cryst agan Arluth, a wrug ow honfortya, rag ef a'm jujjyas lel ha'm appoyntya dh'y servys ef, 13kyn fuef yn dedhyow kens blasfemyer, tormentour ha den garow, gwyls ow fara. Me a recevas mercy, drefen me dhe obery kens dre nycyta hag yn dyscrejyans. 14Dre ras an Arluth me a recevas an lanwes a fedh hag a gerensa usy yn Jesu Cryst.

15Hem yw lavar gwyr ha wordhy dhe vos recevys gans pubonen: Jesu Cryst dhe skynnya dhe'n bys rag prena pehadoryon – ha me yw an lacka anedhans. 16Rag an very reson na Dew a ros dhym mercy, may halla Jesu dysquedhes pub perthyans tro ha me, pehador a'n gwetha. Me a vue ensompel dhe'n re na a dheffa dhe gresy ynno war ow lergh ha cafus an bewnans heb deweth. 17Dhe Vytern an osow, dyvarow, dywel, an Dew unyk, re bo onour ha glory bys vyken ha benary! Amen.

18Yth esof ow ry dhys an gorhemmynow ma, Timothy, ow flogh, warlergh an profecy gwres kens adro dhys, may halles aga sewya hag yndelma omlath an omlath da, [19]dre fedh ha dre gonscyans cosel. Pan wrug certan re denaha conscyans, y a wodhevys an dorva gorhel a'ga fedh. [20]Yn mesk an re na yma Hymenaeus hag Alexander. Me a's delyfras dhe Satnas, may hallens y desky fatel res dhedhans sevel orth cably Dew.

2 Yth esof vy owth ynnya y'n kensa le may fo gwres pejadow, govynnadow, gorholeth ha grassans rag kenyver onen, [2]rag myterneth hag oll an re na usy yn auctoryta, may hallen ny bewa yn cosoleth hag yn cres, yn sansoleth hag yn dynyta. [3]Da yw hemma ha plegadow yn syght Dew agan Savyour, [4]rag yma va ow tesyrya may fo sawys pubonen ha may teffa kenyver onen dhe aswon an gwyryoneth. [5]Yma un Dew; hag yma un mayn kefrys yntra Dew ha mebyon tus, an den Jesu Cryst. [6]Ef a ros y honen yn raunson rag kenyver onen. Henna a vue destys orth an termyn ewn. [7]Rag hemma me a vue appoyntys herot hag abostel (me a laver an gwyryoneth – ny lavaraf gow), descajor a'n Jentylys yn fedh hag yn gwyryoneth.

[8]Rag henna da vya genef an wesyon dhe besy yn pub tyller, ow trehevel yn ban dewla sans heb stryf na dysputyans.

[9]Yn kepar maner y tal dhe'n benenes omwysca yn dyllas onest hag uvel, heb plethenna aga blew, heb owr, perlys na dyllas a brys uhel. [10]Res yw dhe'n benenes gorra y'ga herhyn oberow da, del dhegoth dhe'n re na usy ow meneges revrons dhe Dhew.

[11]Gwrens an venen desky yn tawesek gans cowlobedyens. [12]Nyns esof vy ow ry lecyans dhe venen vyth desky na kemeres arlottes war hy gour. Res yw dhedhy tewel. [13]Rag Adam a vue gwres kensa hag Eva war y lergh. [14]Ny vue Adam dyssaytys, saw an venen a vue dyssaytys ha codha yn pegh. [15]Hy a vydh sylwys dre dhenethy flehes, mar qura hy trega yn fedh, yn kerensa hag yn sansoleth warbarth gans onester.

3 Sur yw an lavar ma: neb a wrella whelas an offys a epscop, yma va ow whelas offys uhel. [2]Y tal dhe epscop bos dyflam, gour un wreg, clor, fur, just, larch, descajor da. [3]Na vedhens pen medhow na rys dhe argumentys. Bedhens ef hegar, den na blek dhodho stryf. Bedhens heb covaytys vyth. [4]Y tal dhodho governa yn ta y veyny y honen, ow quetha y flehes yn dan y rewl hag y uvel yn pub tra. [5]Mar ny wor den governa y veyny y honen, fatel yll ef governa eglos Dew? [6]Na vedhens ef dyscypyl noweth, boken ef a alsa bos luen a woth hag yndelma codha aberth yn dampnacyon an tebel-el. [7]Res yw dhodho ynwedh cafus dustuny da dheworth an re na usy aves dhe'n eglos, ma na wrella va codha yn bysmer hag antylly an tebel-el.

[8]Yn kepar maner res yw dhe dhyagonas bos dywysyk, gwyryon aga thavas, heb medhewnep na covaytys warlergh pyth an bys. [9]Y a res sensy yn fast dhe vystery an fedh gans conscyans glan. [10]Res yw aga examnya kensa, ha nena mar pedhons y kefys

dynam, gwrens y servya avel dya-
gonas.

11Y tal ynwedh dhe venenes bos sad.
Na vedhens tavasogesow, mes clor ha
lel yn pub tra.

12Bedhens an dyagon gour un wreg
ha gwrens ef governa yn ta y flehes
ha'y veyny. 13An re na usy ow servya
avel dyagonas yn ta, ymons y ow
quaynya revrons dhedhans aga honen
ha bolder bras yn fedh Jesu Cryst.

14Govenek a'm bues dhe dhos
dheugh kens pell, saw yth esof ow
screfa an comondmentys ma dheugh,
may halleugh why godhvos, 15mar
tuema ha dylatya, fatel res fara yn
meyny Dew. Hen yw dhe styrya
eglos an Dew bewek, an pyllar ha'n
grond a wyryoneth. 16Heb dowt vyth
oll bras yw mystery agan crejyans:

Ef a vue dyscudhys y'n kyg,
  mentenys yn Sperys,
gwelys gans eleth, progowthys yn
  mesk an Jentylys,
hag y fue cresys ynno ef dres oll
  an bys,
hag ef a vue kemerys yn ban yn
  glory.

4 Yma an Sperys ow leverel yn
tyblans fatel wra certan re yn
termynyow dewetha denaha an fedh.
Y a vyn mos tro ha sperysyon fals ha
dyscans dewolow, 2awos fekyl lavar-
ow gowygyon, neb yw aga honscyans
leskys gans horn tom an tebel-el.
3Ymons y ow tyfenna demedhyans.
Ymons y ow sconya dhe dhebry bos,
kyn fue va creatys gans Dew dhe vos
rynnys gans grassow ynter an gryjyg-
yon, neb a wor an gwyryoneth. 4Rag
da yw kenyver tra re bue formys gans
Dew, ha ny res sconya tra vyth, mar
pydh ef recevys gans muer 'ras.
5Alowys ywa der er Dew ha dre
bejadow.

6Mar tueta ha settya an comond-
mentys ma dherag an vreder, te a
vydh servont da a Jesu Cryst, megys
gans lavarow an fedh ha gans an
dyscans salow a wrusta sewya. 7Gwra
sconya yn tyen whedhlow an paganys
hag ystorys henwrahas. Desk dha
honen yn sansoleth. 8Lafur a'n corf
yw a nebes valew, mes lafur adro dhe
sansoleth yw 'vas rag pub tra, hag
yma ow ry promys rag an bewnans
ma ha rag bewnans an bys a dhue.

9Lel yw an ger ha wordhy dhe vos
recevys gans kenyver onen. 10Rag an
reson ma yth eson ny ow lafurya hag
ow stryvya, rag yma agan govenek
settys war an Dew a vewnans hag ef
yw an Savyour a bubonen, ha spesly,
an Savyour a'n re na usy ow cresy
ynno.

11Te a res ynnya ha desky an taclow
ma. 12Byner na wrella den vyth dys-
presya dha yowynkneth, mes bydh
ensompel da dhe'n gryjygyon y'th
lavarow ha'th fara, yn kerensa, yn
fedh hag yn glander. 13Erna wryllyf
vy dos, gwra attendya dhe redyans
poblek an scryptur, dhe ynnyadow ha
dhe dhyscans. 14Na wra kemeres yn
dysdayn an ro usy ynnos, hag a vue
rys dhys dre brofecy pan vue dewla
settys warnas gans an elders.

15Gwra obery an taclow ma. Bydh
dywysyk ynnans may whrella tus
gweles fatel esta owth avonsya.

16Bydh war adro dhys dha honen hag ow tuchya dha dhyscans magata. Gwra pesya y'n taclow ma, rag mar tueta ha gul yndelma, te a wra sawya dha honen ha'th woslowysy kefrys.

5 Na wra rebukya elder, mes cows orto kepar hag orth tas. Cows orth den yowynk avel broder. 2Lavar dhe venenes cotha avel mammow ha dhe venenes yowynk avel whereth gans oll glanythter.

3Gwra onoura an wedhwes neb yw gwedhwes yn gwyryoneth. 4Saw mara's teves gwedhwes flehes bo flehes wyn, res yw dhe'n re na yn kensa le desky aga duta tro ha'ga meyny aga honen ha wosa henna aquytya aga thas ha mam. Plegadow yw henna yn syght Dew. 5An venen neb yw gwedhwes wyr ha hy gesys hy honen, yn Dew yma hy govenek, ha hy a vydh nos ha jorna ow pesy Dew hag ow cul govynnadow dhodho. 6Mars usy gwedhwes ow pewa rag plesour, hy yw marow solabrys, kynth yw hy whath yn few. 7Ro dhedhans an comondmentys ma kefrys may fens y dyflam. 8Mar ny wra den vyth provya rag y nessevyn hag yn arbennek rag y wos nessa, ef re dhenahas an fedh ha lacka ywa es pagan.

9Bedhens gwedhwes gorrys war an rol, mars yw hy cotha es tryugans blodh ha mar ny vue demedhys saw unweyth. 10Res yw dhedhy dysquedhes dustuny a oberow da kepar hag onen a wrug an taclow ma: maga flehes, provya rag estrenyon, golhy treys pobel Dew, gweres an re grevys ha sewya cheryta a bub sort.

11Na wra gorra gwedhwesow yowynk war an rol. Pan wra aga drogwhansow aga fellhe dheworth Cryst, ymons y ow tesyrya demedhy arta. 12Yndelma y a wra dendyl rebuk, drefen y dhe derry an ambos a wrussons y kens. 13Yn kettermyn y a wra desky kefrys dhe vos dyek ow quybya dhya jy dhe jy. Ny vedhons y dyek yn unyk, mes tavasogesow ynwedh ha mellyoryon hag y a laver taclow na godhvya bos leverys. 14Rag henna gwell vya genef an gwedhwesow yowynk dhe dhemedhy, dhe dhenethy flehes ha rewlya aga meyny, ma na'n jeffa an escar chons vyth dh'agan cably. 15Rag solabrys certan tus re wrug treylya adenewan ha sewya Satnas.

16Mara's teves benen gryjyk gwedhwesow gwyr avel nessevyn, re wrella hy aga gweres. Na vedhens y begh war an eglos, may halla an eglos ry socour dhe'n re na neb yw gwedhwesow yn gwyryoneth.

17Mars usy elders ow cul yn ta avel rewloryon, res yw aga acontya wordhy a wober dewblek, spesly an re na usy ow lafurya ow progeth an ger hag yn dyscans. 18Screfys yma y'n scryptur: "Ny wreta kelmy myn ojyon pan vo va ow fusta," ha, "Wordhy yw an gonesyas a'y wober." 19Na wra degemeres acusacyon vyth warbyn onen a'n elders, saw unsel war dhustuny dew dhen bo tredden. 20Ow tuchya an re na usy ow pesya yn pegh, gwra aga rebukya dherag pubonen, may whrella an remenant kemeres own.

21Abarth Dew ha Jesu Cryst ha'n eleth dowysys, yth esof orth dha warnya dhe wetha an comondmentys ma heb ragvrues ha heb gul tra vyth der ewn faverans.

22Na wra fysky dhe ordna den vyth avel menyster, bo martesen res vydh dhys mos rag pegh tus erel. Gwayt pupprys dhe sensy dha dhewla glan.

23Ny res dhys na fella sevel orth eva tra vyth ma's dowr. Yf draght a wyn rag confortya dha bengasen ha drefen te dhe vos claf yn fenough.

24Apert yw pehosow certan re ha'ga fehosow a wra mos dheragthans dhe'n vrues. Saw pehosow tus erel a wra dos war aga lergh dy. 25Yn kepar maner apert yw oberow da. Pan nag yns y apert, ny yllons y bytele bos cudhys.

6 Oll an re na ahanough a vo yn dan yew an kethneth, y tal dhedhans consydra aga mester dhe vos wordhy a bub onour, ma na vo cablys hanow Dew na'n dyscans. 2Ha'n re na a's teves mestrysy cryjyk, na wrens y aga dyspresya, rag y yw kesesely gansans a'n eglos – na, y tal dhedhans aga servya dhe voy dywysyk, dre reson bos Crystonyon ha tus vuergerys an re na usons y orth aga servya. Gwra desky an dutas ma ha gwra aga ynnya.

3Neb a wrella desky tra vyth aral, na vo acordys gans geryow salow agan Arluth Jesu Cryst ha'n dyscans usy warlergh sansoleth, 4ef yw gothys ha nyns usy ef ow convedhes tra vyth. Ef a'n jeves whans claf a gontraversytas hag a gwestyons yn kever geryow. Mes a'n re ma y tue envy, stryf, cabel, gorgys vylen, 5hag argumentys yn

mesk an re na yw poder aga brys. Nyns usy an gwyryoneth ynnans. Y a grys nag yw an sansoleth mes fordh dhe waynya mona.

6Heb mar occasyon bras rag gwayn yw sansoleth ha cheson a vrys cosel kefrys. 7Ny wrussyn ny don tra vyth aberth y'n bys ma ha ny yllyn ny don genen tra vyth mes anodho. 8Mar pydh genen sosten ha dyllas, ny a vydh lowen gansans. 9Saw an re na usy ow tesyrya rychys, y a wra codha yn temptacyon ha maglys vedhons dre lyes whans gocky ha dyantel, usy ow ledya tus dhe vyshyf ha dhe dhystrucsyon. 10Covaytys yw an wredhen a bub drog. Der aga ewl dhe vos rych certan tus a wrug gwandra dheworth an fedh ha gwana aga honen gans lyes payn.

11Saw te, te dhen a Dhew, gwra sconya oll an re na. Gwra sewya an taclow ma: ewnder, sansoleth, fedh, kerensa, duryans ha clorder. 12Omlath omlath da an fedh. Set dalhen y'n bewnans heb deweth a vuesta gelwys dhodho hag a wrusta gul avowans da ragtho yn syght a lyes dustuny. 13Yth esof vy orth dha jarjya yn presens a Dhew, neb a re bewnans dhe bub tra, hag yn presens a Jesu Cryst, a wrug avowans da yn y dhustuny dherag Pontius Pylat: 14gwra gwetha an comondment heb nam hag yn parfyt erna vo dyscudhys agan Arluth Jesu Cryst. 15Henna ef a wra yn y dermyn ewn – ef neb yw an unyk Pensevyk benegys, Pen Vyterneth ha Pen Arlydhy. 16Ef y honen a'n jeves an natur dyvarow hag yma va tregys yn golow na yll den vyth dos nes

dhodho. Ny wrug den vyth byth-
queth y weles, naneyl ny yll den vyth
y weles nefra. Dhodho ef re bo onour
hag arlottes bys vyken ha benary!
Amen.

[17]Ow tuchya an re na yw rych y'n
present termyn, gorhemmyn dhe-
dhans na vons y gothys ha na wrell-
ens trestya dhe vrottelsys aga rychys.
Na, gwrens y trestya dhe Dhew, usy
ow provya pub tra dhyn yn kevothak
rag agan usyans. [18]Y tal dhedhans gul
an pyth a vo 'vas. Res yw dhedhans
bos rych yn oberow da. Bedhens y
larch ha parys dhe gevranna aga
rychys. [19]Yndelma y a wra gorra yn
ban ragthans aga honen an tresor a
fundacyon da rag an termyn a dhue.
Yndelma y a yll sensy yn fast dhe'n
bewnans neb yw bewnans yn gwyr-
yoneth.

[20]Timothy, gwyth sur an dra ues
comyttys dhe'th custody ha'th wyth.
Gwra avoydya talys noweth, fanglys
termys ha bostow a scyens fals.
[21]Ha'n scyens na, del vo ran orth y
brofessya, y a wra errya dheworth an
fedh.

Re bo gras genough why.

Secund Pystyl Pawl dhe Dimothy

1 Dheworth Pawl, abostel Jesu Cryst dre volunjeth Dew awos an promys a vewnans usy yn Jesu Cryst,

2Dhe Dimothy, ow flogh muergerys:

Re bo gras, mercy ha cres dhys dheworth Dew an Tas ha Jesu Cryst agan Arluth.

3Yth esof vy ow cordhya Dew gans conscyans glan, kepar del wrug ow hendasow. Me a aswon gras dhodho, ha me prest ow perthy cof ahanas y'm pejadow dedh ha nos. 4Pan esof ow remembra dha dhagrow, ass of whensys dha weles jy, may fen vy lenwys a lowender. 5Cof a'm bues a'th fedh berfeth, fedh o yn few kensa y'th vam wyn Lois hag y'th vam Ewnys. Lemmyn yma hy yn few ynnos jy, del won yn ta. 6Rag henna yth esof ow try dhe'th cof fatel res dhys annowy arta an ro a Dhew a dhueth dhys, pan wrug avy settya ow dewla warnas. 7Ny ros Dew sperys a gowardy dhyn, mes sperys a allus, a gerensa hag a omgontrollyans.

8Na gemer meth naneyl a ry dustuny a'gan Arluth nag ahanaf vy, y brysner ef. Gwra omjunnya genef y'm tormens rag an awayl. Gwra om- scodhya war bower Dew, 9neb a wrug agan gelwel gans galow sans warlergh y burpos ha'y ras, adar warlergh agan oberow ny. Henna a vue rys dhyn yn Jesu Cryst kens dalleth an osow. 10Saw dyscudhys vue y'n tor' ma der apperyans agan Savyour Jesu Cryst, a dhefendyas ancow dhe ves ha der an awayl a dhros dhe'n golow an bewnans heb deweth. 11Me a vue appoyntys herot, abostel ha descajor rag an keth awayl ma. 12Rag henna yth esof vy ow codhaf oll an taclow ma, saw ny vannaf vy kemeres meth, drefen bos aswonys dhym ef neb esof vy ow trestya ynno. Sur of y hyll ef gwetha bys y'n jedh na pub tra a vue trestys dhymmo.

13Sens yn fast dre fedh ha der an gerensa usy yn Jesu Cryst dhe'n squyr a dhyscans da a wrusta clowes dheworthyf. 14Gwyth an tresor precyous a vue delyfrys dhys der an Sperys Sans tregys ynnon.

15Te a wor fatel wrug oll an re na usy yn Asia treylya dheworthyf, Fyjelus ha Hermojenes y'ga mesk.

16Re wrella an Arluth kemeres mercy war veyny Onesiforus, rag lyes torn ef a vue hegar dhym ha ny vue va bythqueth methek a'm prysonyans. 17Na, ef a dhueth dhe Rom, ha'm whelas yn tywysyk ha'm cafus. 18Re wrontya an Arluth dhodho dhe gafus mercy y'n jedh na! Te a wor yn ta pysuel servys a wrug ef yn Efesus.

2 Rag henna, ow flogh, bydh cref y'n gras usy yn Jesu Cryst. 2Te a glowas ow dyscans dherag lyes dustuny. Gwra delyfra an dyscans na

dhe jarj tus a ylta jy trestya dhedhans,
may hallens y desky tus erel. ³Bydh
kevrennek a'n troblys kepar ha
soudor da a Jesu Cryst. ⁴Ny wra
soudor vyth, usy ow servya y'n ost,
mellya gans taclow kemyn. Y dowl ef
yw dhe blesya an offyser a wrug y
arfeth. ⁵Mars usy den ow kesstryvya
y'n gwaryow athletek, ny yll ef cafus
an gurun a vyctory, ma's ef a wra kes-
stryvya warlergh an rewlys. ⁶Pyw a
dal cafus an kensa ran a'n drevas ma's
an tyak a wrug gonys an tyr? ⁷Gwra
attendya an pyth esof vy ow leverel,
rag an Arluth a vyn grontya dhys an
understondyng a genyver tra.

⁸Porth cof a Jesu Cryst drehevys
dheworth an re marow, yssew a
Dhavyth. Hen yw ow awayl vy. ⁹Rag
kerensa an awayl otta vy ow codhaf
prysonyans kyn fe, kepar ha drog-
oberor. Saw ny wor ger Dew bos
kelmys. ¹⁰Rag henna yth esof ow
perthy pub tra rag kerensa tus dowys-
ys Dew, may hallens y kefrys cafus an
sylwans usy yn Jesu Cryst ha glory
nefra a bys.

¹¹Gwyr yw an lavar ma:

Mar qurussyn ny merwel ganso,
   ganso ef ny a wra bewa kefrys.
¹²Mar tuen ny ha durya, ny a wra
   kesraynya ganso.
Mar tuen ny ha'y dhenaha, ef a
   wra agan denaha.
¹³Mar pedhyn ny dyslel, ef a wra
   gortos yn lel, rag ny yll ef
   sconya y honen.

¹⁴Gwra remembra dhedhans hem-
ma ha'ga gwarnya dherag Dew fatel
res dhedhans avoydya stryf ow tuchya

geryow. Nyns yw stryf a brow vyth.
Dhe'n contrary part, yma va ow
shyndya an woslowysy. ¹⁵Gwra assaya
gans oll dha vodh dhe dhysquedhes
dha honen dhe Dhew avel onen
plegadow dhodho, obwerwas nag yw
res dhodho kemeres meth, ow
teryvas yn compes an ger a wyryon-
eth. ¹⁶Gwra avoydya lavarow ufer ha
gwag, rag ny wrons y ma's humbrank
tus dhe voy dhe sherewynsy. ¹⁷Aga
geryow a wra omlesa kepar ha
canker. Y'ga mesk yma Hymenaeus
ha Filetus. ¹⁸Y a dreylyas dhya an
gwyryoneth, ow leverel bos an das-
serghyans wharfedhys solabrys. Yn-
delma ymons y ow trobla crejyans
lyes onen. ¹⁹Saw yma fundyans cref
Dew whath a'y saf, hag yma an scryf
ma warnodho, "Yma an Arluth owth
aswon y dus y honen," ha "Neb a
wrella gelwel war hanow an Arluth, y
tal dhodho treylya dheworth drog."

²⁰Yn chy bras yma lestry a owr hag
a arhans, a bren hag a bry magata.
Yma re anedhans ow servya rag
usadow kemyn, re erel rag usadow
specyal. ²¹Rag henna kenyver onen a
wrella glanhe y honen a'n taclow a
wrug avy mencyon anedhans, ef a
vydh gwres lester specyal, sacrys ha
muer a les dhe vester an chy ha parys
rag pub ober da.

²²Avoyd drogwhansow an yowynk-
neth, mes gwra sewya ewnder, fedh,
kerensa ha cres warbarth gans oll an
re na a vo ow kelwel gans colon lan
war an Arluth. ²³Gwra avoydya con-
traversytas gocky ha dyles. Te a wor
contraversytas dhe dhenethy stryf.
²⁴Ny dal dhe servont vyth a'n Arluth

bos stryfor. Y gonversacyon a dal bos hegar tro ha pubonen. Ef a res bos descajor da hag a berthyans hyr. ²⁵Y tal dhodho desky gans clorder an re na nag yw unver ganso. Re wrontya Dew martesen y dhe godha yn edrek ha dhe aswon an gwyryoneth. ²⁶Yndelna y a wra scappya mes a antylly an tebel-el. An tebel-el a's prysonyas dhe wul y volunjeth.

3 Te a dal convedhes an dedhyow dewetha dhe vos termynyow luen a drobel. ²Tus a wra cara aga honen ha cara mona. Y a vydh gothys, y a vydh bostoryon hag a laver blasfemys. Dywostyth vedhons dhe das ha mam, heb grassow, ansans, ³dynatur, aflythys, ow cably yn fals, dyrewl, kepar ha bestas, ow casa an da, ⁴traytours, dybreder, muer aga honsayt, caroryon plesour moy es caroryon Dew, ⁵facyoryon a dhader mes ow sconya gallus an dader. Gwra goheles oll an re na!

⁶Rag y'ga mesk y fydh an re na usy ow slynkya aberth yn treven dhe huda benenes gocky, benenes neb yw compressys der aga fehosow ha muvys gans whansow a bub sort. ⁷Kyn fons y ow cafus dyscans dedh ha nos, ny yllons nefra dos dhe aswonvos an gwyryoneth. ⁸Kepar del wrug Jannos ha Jambres sordya warbyn Moyses, yndelma yma an re ma ow myshevya an gwryoneth rag poder yw aga brys ha fals aga fedh. ⁹Saw ny wrons y spedya banna. Aga gockyneth a vydh apert dhe bubonen, poran kepar del vue apert folneth an dhew erel.

¹⁰Te re sewyas yn tywysyk ow dyscans, ow fara, towl ow bewnans, ow fedh, ow hyrwodhevyans, ow herensa, ow ferthyans, ¹¹ow thormens ha'm paynys, an taclow a happyas dhym yn Antioch, yn Iconium, yn Lystra. Ass o bras ow faynys! Saw an Arluth a wrug ow frya dhewortans yn kettep pen. ¹²Ea, neb a vo whensys dhe vewa yn sans yn Jesu Cryst, ef a vydh tormentys. ¹³Saw sherewys ha facyoryon a wra mos dhya dhrog dhe lacka. Y a wra dyssaytya hag a vydh dyssaytys. ¹⁴Mes te, gwra jy durya gans an pyth a wrusta desky, an pyth esta orth y gresy yn fast. Te a wor pyw a wrussys y receva dheworto. ¹⁵Yma an scryptur sans aswonys dhys dhya ban vuesta flogh, ha te a wor fatel ylla dha dhesky rag sylwans dre fedh yn Jesu Cryst. ¹⁶Yma pub scryptur ynspyrys gans Dew hag a brofyt rag dyscans, avel repref, rag amendya ha rag ledya tro ha sansoleth, ¹⁷may fo pobel Dew yn kettep pen wordhy ha parys dhe wul pub ober da.

4 Dherag Dew ha dherag Jesu Cryst, juj an re bew ha'n re marow, hag awos y revelacyon ha'y wlascor, yth esof orth dha exortya yn solempna yndelma: ²progeth an messach; bydh dywysyk y'n prys da hag y'n prys drog kefrys. Gwra fastya tus y'n fedh, gwra rebukya ha confortya. Bedhens hyr dha berthyans pan ves ow tesky. ³Rag ow nessa yma an prys na wra tus alowa dyscans salow. Awos bos debron y'ga dewscovarn y a wra cuntell dhedhans descajoryon warlergh aga syans aga honen. ⁴Y a vyn sconya goslowes orth an gwyryoneth ha gwandra yn sawthan bys yn whedhlow an paganys. 5Saw te, bydh sad yn pub tra. Godhaf troblys, gwra ober an awaylor ha gwra collenwel dha venystry yn pub poynt.

6Ha me, yth oma solabrys ow pos scullys yn mes kepar hag offryn dewas. Devedhys yw an prys ragof vy dhe dhyberth. 7Me a wrug omlath an omlath da ha collenwel an resekva. Me a wethas an fedh. 8Parys yw dhym alemma rag an gurun a ewnder, ha'n Arluth, an brusyas just, a vyn hy ry dhym y'n jorna na, ha dhe ran erel kefrys, dhe oll an re na a vue ow yeuny rag y apperyans.

9Gwra oll dha ehen ha dues dhym heb let. 10Rag Demas, yn kerensa gans an present bys ma, a'm forsakyas ha mos dhe Thessalonica. Crescens res eth dhe Galacia. Gallas Tytus dhe Dhalmacya. 11Nyns ues genama ma's only Luk. Kemer Mark ha dro va genes, rag ef yw a brow dhym y'm menystry. 12Me a dhanvonas Tychicus dhe Efesus. 13Pan dheffes, dro genes an vantel a wrug avy gasa gans Carpus yn Troas, ha'n lyvrow ha dres pub tra dro genes an parchemynennow.

14Alexander an gweythor cober a wruk muer drog dhymmo. An Arluth a vyn aquytya dhodho y oberow. 15Res yw dhys bos war anodho, rag ef a sevys yn cref warbyn agan messach ny.

16Pan wrug avy cowsel y'm defens an kensa treveth, ny dhueth den vyth dhe'm scodhya. Y oll a'm forsakyas. Byner re bo henna recknys war aga fen! 17An Arluth a sevys rybof hag ef a ros nerth dhym, may fe an messach declarys yn luen dredhof vy avel mayn ha may halla oll an paganys y glowes. Yndella me a vue delyfrys mes a anow an lyon. 18An Arluth a wra ow delyfra dheworth pub contrewaytyans ha'm sylwel rag y wlascor yn nef. Re bo dhodho ef an glory bys vyken ha benary. Amen.

19Dynargh Prisca hag Aquila ha meyny Onesiforus. 20Erastus a dregas yn Corinth. Me a asas Trofimus claf yn Miletus. 21Gwra oll dha ehen dhe dhos kens gwaf. Yma Ewbulus orth dha dhynerhy, ha Pudens, Linus, Claudia hag oll an vreder kefrys.

22Re bo an Arluth gans dha sperys. Gras re'gas bo. Amen.

Pystyl Pawl dhe Dytus

1 Dheworth Pawl, servont a Dhew hag abostel a Jesu Cryst rag kerensa an fedh a'n dus dowysys a Dhew ha rag kerensa an godhvos a'n gwyryoneth usy acordys gans dader. [2]An re na yw fundys war an govenek a'n bewnans heb deweth. Dew, nag ues gow vyth ynno, a bromysyas an bewnans ma kens es dallethfos an osow, [3]hag y'n prys ewn ef a'n dyscudhas yn y vessach. An messach na a vue trestys dhymmo vy hag yth esof orth y brogeth der arhadow Dew agan Sylwador,

[4]Dhe Dytus, ow flogh lel y'n fedh. Yth on ny agan dew kevrennek a'n keth crejyans na.

Gras ha cres re'th fo dheworth Dew an Tas ha dheworth Jesu Cryst agan Sylwador.

[5]Me a wrug dha asa jy yn Creta rag may halles settya yn ordyr an taclow o whath dhe wul, hag appoyntya elders yn kenyver cyta, kepar del wrug avy comondya dhys. [6]An epscop a dal bos nebonen heb dyfowt, gour un wreg ha'y flehes cryjyk, heb acusacyon a vewnans drog bo dyrewl war y byn. [7]Rag y tal dhe'n epscop, avel styward a Dhew, bos heb nam vyth. Na vedhens gothys na crowsak. Na vedhens pen medhow na garow.

Ef a dal bos heb covaytys ow tuchya mona. [8]Yn contrary part, ef a dal bos larch, carer a dhader, doth, gwyryon, dywysyk hag omrewlys. [9]Res yw dhodho convedhes yn ta an ger ewn warlergh an dyscans. Nena ef a yll progeth gans dyscans salow ha concludya kenyver onen a wrella cowsel war y byn.

[10]Yma lyes onen dyrewl ues ow cowsel yn ufer hag ow tyssaytya, spesly party an cyrcumcysyon. [11]Res yw aga honcludya. Pan wrons y desky rag gwayn plos taclow na godhvya bos deskys, ymons y ow trobla lyes meyny yn fen. [12]Onen a'ga frofettys a leverys, "Gowygyon yw an Cretanas pupprys, bestas bylen ha glotons dyek." [13]Ass yw gwyr an lavar na! Rag henna gwra aga rebukya yn sherp may fons yagh y'n fedh, [14]heb gul vry naneyl a whedhlow an Yedhewon nag a gomondmentys a'n re na usy ow tenaha an gwyryoneth. [15]Glan yw pub tra dhe'n dus lan, mes dhe'n dus pedrys ha dhe'n paganys nyns yw tra vyth glan. Poder yw aga very brys ha'ga honscyans. [16]Y a laver Dew dhe vos aswonys dhedhans, mes ymons y orth y dhenaha der aga oberow. Casadow ha dywostyth yns. Nyns yns y wordhy dhe wul ober da vyth oll.

2 Saw te, gwra desky an pyth a vo gwyw a dhyscans salow. [2]Comond dhe'n dus cotha dhe vos clor, sad, doth ha salow y'n fedh, yn kerensa hag yn perthyans.

[3]Yn kepar maner comond dhe'n benenes cotha bos onest y'ga honversacyon ha sevel orth sclandra. Na

vedhens pennow medhow. Res yw dhedhans desky an pyth a vo 'vas, ⁴may hallens y exortya an benenes yowynk dhe gara aga gwer ha'ga flehes, ⁵dhe rewlya aga honen ha dhe vos chast. An benenes a dal bos mestresow dywysyk y'ga threven ha wheg ha gostyth tro ha'ga gwer, ma na vo shamys ger Dew dredhans.

⁶Yn kepar maner comond dhe'n dus yowynk controllya aga honen. ⁷Dysqua dha honen dhe vos patron a oberow da a bub sort. Dysqua lendury y'th tyscans, sevureth, ⁸ha cows dyflam, ma na vo cheson vyth rag rebuk kefys ynno. Nena shamys vydh pub escar oll, dre reson na'n jevyth tra vyth dhe ynnya war agan pyn ny.

⁹Comond dhe gethwesyon obaya dh'aga mestrysy ha dh'aga flesya yn pub tra. Na wrens camwortheby. ¹⁰Na wrens manladra, saw bedhens lel yn pub poynt oll, may whrellens yn kenyver tra afyna dyscans Dew agan Sylwador.

¹¹Rag gras Dew a apperyas hag yma an gras na ow try salvacyon dhe bubonen. ¹²Yma gras Dew orth agan desky dhe sconya sherewynsy ha drogwhansow an bys ha dhe vewa y'n present termyn yn maner omrewlys, gwyryon ha sans. ¹³Rag yth eson ny ow cortos agan govenek benegys ha'n revelacyon a'n glory a'gan Dew bras ha'gan Savyour Jesu Cryst. ¹⁴Ef a ros y honen ragon ny, may halla agan redemya dheworth pub sherewynsy ha purjya ragtho pobel anodho y honen, pobel a vedha dywysyk yn oberow da.

¹⁵Gwra deryvas an taclow ma. Gwra exortya ha reprefa gans auctoryta. Na wrens den vyth dha dhyspresya.

3 Gwra dhedhans perthy cof bos res obaya dhe rewloryon ha dhe auctorytas, dhe vos gostyth, dhe vos parys rag pub ober da. ²Res yw sevel orth acusya den vyth. Y tal dhys goheles stryf. Y tal dhys bos clor. Res yw dhys dysquedhes pub cortesy dhe bubonen.

³Rag y'n dedhyow kens ny agan honen o gocky, dywostyth, dyssaytys, keth dhe lyes drogwhans ha dhe lyes plesour, ow pewa yn sherewynsy hag envy. Ny o casadow y'n tor' na ha ny ow hatya an eyl y gela. ⁴Saw pan wrug Dew agan Savyour dysquedhes y dhader ha'y dregereth, ⁵ef a'gan delyfras warlergh y vercy ef, adar der ober da vyth re bya gwres genen ny. Ny a vue delyfrys gans an Sperys Sans der an mayn a'n dowr a dhaskenesygeth hag a nowedhyans. ⁶An Sperys ma Dew a dheveras yn lanwes warnan dre Jesu Cryst agan Savyour. ⁷Wosa bos justyfyes der y ras ef, y fuen ny gwres eryon a'n govenek a'n bewnans heb deweth. ⁸Lel yw an lavar. Da vya genama te dhe ynnya an taclow ma, may fe dywysyk dhe wul oberow da an re na usy ow cresy yn Dew. Da dres ehen yw an taclow ma hag a les dhe genvyer onen.

⁹Avoyd contraversytas gocky, aghscryfow, argumentys ha stryf adro dhe'n laha. Ufer yw an re na ha nyns ues gwayn vyth ynnans. ¹⁰Mar pydh den y'gas mesk a wrella provokya stryf, gwra y rebukya dewweyth ha wosa henna y sconya yn tyen. ¹¹Te a

wor bos negedhys den a'n par na ha luen a begh. Yma va ow tampnya y honen.

[12]Pan wrellen danvon dhys Artemas bo Tychicus, gwra oll dha ehen dhe dhos dhe vetya genef yn Nicopolis, rag ervyrys yw genef trega y'n tyller na dres an gwaf. [13]Gwra oll dha ehen dhe dhanvon Zenas, den an laha, hag Apollos war aga fordh ha gwayt na vo othem dhedhans a dra vyth. [14]Gwrens tus desky dhe omry aga honen dhe oberow da, may hallens y servya an othem bras ha ma na vons y ufer.

[15]Yma oll an re na usy genef ow tanvon dhys aga dynargh. Dynargh an re na usy orth agan cara y'n fedh.

Re bo gras genough why oll.

Pystyl Pawl dhe Filemon

1 Dheworth Pawl, prysner a Jesu Cryst, ha dheworth Timothy agan broder, dhe Filemon agan cothman ker ha kesoberor genen,

2 Dhe Afia agan whor, dhe Archippus agan kessoudor, ha dhe'n eglos y'th chy jy.

3 Re'th fo gras ha cres dheworth Dew agan Tas ha dheworth an Arluth Jesu Cryst.

4 Pan esof vy ow perthy cof ahanas y'm pejadow, me a re grassow pupprys dhe'm Dew, 5 drefen me dhe glowes a'th kerensa tro hag oll pobel Dew, hag a'th fedh jy tro ha'n Arluth Jesu. 6 Me yw kevrennek genes a'n un fedh. Me a bys may whrella an fedh na encressya ragos an understondyng a bub benneth usy ow tos dhyn dheworth agan unsys gans Cryst. 7 Dha gerensa a dhros dhym muer joy ha confort. Dredhos jy, ow broder, colon an sens a vue kennerthys yn fras.

8 Rag henna, kynth of vy mar vold yn Cryst dhe gomondya dhys gul dha dhevar, 9 bytegens gwell vya genef gelwel warnas awos dha gerensa. Me, Pawl, me a wra hemma avel elder hag avel prysner a Jesu Cryst kefrys. 10 Yth esof vy orth dha besy abarth ow flogh, Onesimus, rag me a dhueth ha bos y das ha me yn pryson. 11 Kens omma nyns o va a les vyth dhys, saw y'n tor' ma yma ef a les bras kefrys dhyso ha dhymmo.

12 Yth esof orth y dhanvon, hen yw, ow holon vy, war dhelergh dhys arta. 13 Me o whensys dh'y sensy omma genama, may halla ef bos a servys dhym y'th tyller jy ha me prysonys rag an awayl. 14 Saw gwell o genama sevel orth gul tra vyth heb cafus dha acord jy, may fe gwres dha oberow da a'th vodh kens es a'th anvoth. 15 Hem yw martesen an cheson ef dhe vos dyberthys dheworthys pols, may halles y gafus arta rag nefra. 16 Yndelma ny vydh ef kethwas na fella, mes broder muergerys – spesly dhymmo vy – saw pysuel dhe voy dhyso jy magata – y'n kyg hag y'n Arluth kefrys.

17 Rag henna, mars esta ow tyby ow bos dha goweth, gwra y wolcumma ef poran kepar del venses ow wolcumma vy. 18 Mar qurug ef gul trespas war dha byn yn fordh vyth oll, bo mars usy ef yn kendon vyth dhys, gor an charj na war ow acont vy. 19 Yth esof vy, Pawl, ow screfa hemma gans ow luef ow honen. Me a vyn dha aquytya. Nyns yw res dhym gul dhys perthy cof dha vos yn kendon dhym ragos dha honen. 20 Yndella, a vroder, me a'th pys y'n Arluth, dhe wul an torn da dhym. Gwell ow cher vy yn Cryst! 21 Yth esof ow screfa dhys gans fydhyans y'th obedyens, rag me a wor te dhe wul moy es del lavaraf.

22 Moy es henna, gwra restry dhym chambour. Govenek a'm bues Dew dhe wortheby agas pejadow why oll ha dhe'm restorya dheugh.

23Yma Epafras, usy yn pryson genama, orth dha dhynerhy, 24warbarth gans Mark, Aristarchus, Demos ha Luk, ow hesoberoryon.

25Re bo gras an Arluth Jesu Cryst gans dha sperys!

An Pystyl dhe'n Ebbrowyon

1 Y'n dedhyow coth Dew a gowsy orth agan tasow yn lyes fordh hag yn dyvers manerow der an profettys, [2]mes agensow ef re gowsas orthyn ny der y Vab y honen, hag ef a'n appoyntyas er a bub tra, ha dredho ef kefrys Dew a formyas an norvys. [3]Ef yw an splander a glory Dew ha'n hevelep perfeth a'y very substans. Yma va ow scodhya pub tra dre nerth y lavar. Pan wrug ef purgacyon rag pehosow, ef a esedhas adhyhow dhe'n Braster avan. [4]Yn mar vuer del yw splanna y hanow es henwyn an eleth, kemmys uhella ywa y honen agessans y oll.

[5]Rag dhe byw a'n eleth a wrug Dew bythqueth leverel,

"Te yw ow Mab;
hedhyw me re wrug dha dhenethy"?

Bo arta,

"Me a vydh y Das ef,
hag ef a vydh ow Mab"?

[6]Hag arta, pan usy va ow try an mab kensa genys aberth y'n bys, ef a laver,

"Gwrens oll eleth Dew y wordhya."

[7]Ow tuchya an eleth ef a laver,
"Ef a wra sperysyon a'y eleth,
hag a'y servons flammow tan."

[8]Saw ow tuchya an Mab ef a laver,

"Dha dron tejy, a Dhew, a wra durya bys vyken ha benary,
ha gwelen ewn yw gwelen dha vyternsys jy.
[9]Te re garas ewnder
ha re gasas sherewynsy;
rag henna Dew, dha Dhew jy, re'th ylyas
gans oyl a lowena dres oll dha gowetha."

[10]Hag arta,

"Y'n dallethfos, a Arluth, te a fundyas an norvys,
hag obereth dha dhewla yw an nevow.
[11]Y a dhe goll, mes te a wra durya;
y oll a vydh usys kepar ha dyllas.
[12]Kepar ha mantel
te a wra aga rolya yn ban,
ha kepar ha dyllas y a vydh chanjys.
Saw te yw an keth
ha ny vyn dha vledhynyow jy nefra dewedha."

[13]Dhe byw a'n eleth a leverys ef bythqueth,

"Eseth a'm luef dhyhow,
erna wrellen dha eskerens scavel dha dreys"?

[14]Oll an eleth, a nyns yns y sperysyon usy ow servya Dew bys vyken, cannasow danvenys dhe servya oll an re na a wra eryta salvacyon?

2 Rag henna y codh dhyn attendya fest an gwyryoneth re glowsyn, ma na ven ny degys yn kergh dheworto. ²Y fue dysquedhys fatel o gwyr an messach a vue rys dh'agan hendasow ny gans an eleth, ha pynag oll na wrug y sewya nag obaya dhodho, a recevas an punyshment dendylys ganso. ³Fatel yllyn ny scappya ytho, mar ny wren ny attendya salvacyon mar vras? An Arluth y honen a dheclaryas kensa an sylwans ma, ha'n re na neb a wrug y glowes a brovas dhyn y vos gwyr. ⁴Y'n kettermyn Dew a addyas y dhustuny y honen dh'aga dustuny y, ow performya synys ha merclys a bub sort hag ow kevranna royow an Sperys Sans warlergh y volunjeth.

⁵Ny wrug Dew settya an eleth avel rewloryon war an bys noweth usy ow tos – an bys eson ny ow cowsel adro dhodho. ⁶Yn le henna, kepar del laver nebonen y'n scryptur,

"Pyth yw mab den, a Dhew, may
    whrelles predery anodho;
an den mortal may fes orth y
    gonsydra?
⁷Te re'n gwrug rag pols nebes
    ysella es an eleth,
te re'n curunas dre worshyp hag
    onour
⁸ha'y wul rewler war bub tra oll."

Yma va ow leverel fatel wrug Dew dhe vab den bos rewler war bub tra. Apert yw pub tra oll dhe vos comprehendys omma. Ny welyr mab den y'n tor' ma dhe rewlya war genyver tra. ⁹Saw ny a wel Jesu, neb a vue gwres nebes ysella es an eleth rag pols, may halla va dre ras Dew merwel rag kenyver onen. Ny a'n gwel lemmyn hag ef curunys gans glory hag onour dre reson a'n mernans a wodhevys.

¹⁰Pur ewn o ytho Dew, usy ow formya hag ow sensy pub tra, dhe wul Jesu perfeth dre wodhevyans, may halla va dry lyes mab dhe vos kevrennek ganso a'y glory. Rag yth yw Jesu henna neb usy orth aga ledya dhe sylwans. ¹¹Ef neb a wrug benega, ha'n re na neb yw benegys, yth yns y oll onen y'ga devedhyans. Rag henna ny gemer Jesu meth vyth orth aga gelwel breder. ¹²Ef a laver,

"Me a vyn declarya dha hanow
    dhe'm breder,
yn cres an guntellva y fannaf dha
    braysya."

¹³Hag arta,

"Me a vyn trestya dhodho."

Hag arta,

"Otta vy omma ha'n flehes re ros
    Dew dhym."

¹⁴Yma an flehes a un teylu ow kevranna kyg ha gos y gela. Ef o kevrennek genen ny a'gan kyg hag a'gan gos, may halla ef der y vernans dystrowy henna a'n jeves gallus a ancow, hen yw, an tebel-el. ¹⁵Yndelna ynwedh ef a dhelyfras an re na o kelmys yn kethneth oll aga dedhyow der an

own a vernans. ¹⁶Rag apert yw na
dhueth ef man dhe socra eleth, mes
yssew Abram. ¹⁷Cryst a res yn pub
poynt oll bos haval dh'y vreder, may
halla ef bos uhel pronter lel ha
mercyabyl yn servys Dew. Yndelma
ef o luen a vercy dhe gemeres pyta
war behosow an bobel. ¹⁸Drefen ef y
honen dhe vos prevys der y bassyon,
ef a'n jeves an gallus dhe weres an re
na usy yn dan brevyans.

3 Rag henna, a vreder, kes-
cowetha yn galow sans, consyd-
reugh Jesu, an abostel ha'n uhel
pronter a'gan confessyon. ²Ef o lel
dhe henna neb a'n appoyntyas, kepar
del o Moyses kefrys "lel yn oll an chy
a Dhew." ³Saw Jesu yw wordhy dhe
gafus moy glory es del yw Moyses,
poran kepar del y'n jeves penser an
chy moy onour ages an chy y honen
⁴(rag yth yw pub chy byldys gans
nebonen, saw an byldyer a bub tra yw
Dew). ⁵Moyses o lel yn oll an chy a
Dhew avel servont dhe dhesta dhe'n
taclow a vya leverys wosa henna.
⁶Saw Cryst o lel war an chy a Dhew
avel mab. Yth on ny y jy ef, mar tuen
ny ha sensy fast an fydhyans ha'n
uhelder usy ow longya dhe'n govenek
na.

⁷Rag henna, kepar del laver an
Sperys Sans,

"Hedhyw mar menneugh clowes y
   lef, ⁸na wreugh calesy agas
   colon,
kepar del vue y'n rebellyans, hag
   y'n jorna a demptacyon,
⁹pan vuema prevys y'n gwylfos
   gans agas tasow,

kyn whrussons y gweles ow ober-
   ow vy dewgans bledhen.
¹⁰Casa an henath na a wrug avy
   ytho
ha leverel, 'Yth yns pobel usy ow
   camwul y'ga holon,
ha ny wrussons y aswon ow
   fordhow.'
¹¹Yndella me a wrug lya dre sor,
   'Na wrellens entra y'm powesva.'"

¹²Kemereugh wyth, a vreder, na'n
jeffa den vyth ahanough colon dhrog
dyscryjyk a vo ow treylya dheworth
an Dew bew. ¹³Saw gwrens pubonen
exortya an eyl y gela pub jorna oll,
hadre vo va henwys "hedhyw", ma na
vo den vyth ahanough calesys dre
dhyssayt an pegh. ¹⁴Rag nyns on ny
kescowetha Cryst, mar ny wren ny
sensy fast agan fydhyans bys y'n
deweth. ¹⁵Kepar del yw leverys,

"Hedhyw, mar menneugh clowes
   y lef, na wreugh calesy agas
   colon,
kepar del vue y'n rebellyans."

¹⁶Pyw o an re na a glowas hag a
sordyas rebellyans bytegens? A nyns
ens y oll an re na a dhueth mes a Ejyp
ha Moyses orth aga humbrank?
¹⁷Pyw ens y neb a gemeras ef sor war
aga fyn dres dewgans bledhen? A
nyns ens y an re na a behas, hag a
godhas aga horf y'n gwylfos? ¹⁸Dhe
byw a wrug ef lya na wrens y entra yn
y bowesva? A nyns ens y an re
dywostyth? ¹⁹Yndelma ny a wel na
yllyns y entra dre reson a'ga dys-
crejyans.

4 Opyn yw an promys a entra yn y bowesva. Rag henna, geseugh ny dhe gemeres own rag dowt onen ahanough dhe vos gwelys dhe gelly y jons a entra ynny. [2]Yn gwyr ny re glowas an awayl, kepar del wrussons y clowes an newodhow da kefrys, saw an messach a glowsons, ny vue va rag aga les, dre reson nag ens y unys dre fedh gans an re na a woslowas. [3]Rag ny neb a gresys a wra entra y'n bowesva na, kepar del laver Dew,

"Yndella me a wrug lya dre sor,
'Na wrellens entra y'm powesva,'

kyn fue y oberow gorfennys dhya fundacyon an bys. [4]Rag yn certan tyller y leveryr ow tuchya an seythves jorna kepar del sew, "An seythves dedh Dew a bowesas dheworth an ober oll a wrug ef." [5]Hag y'n tyller ma arta y leveryr, "Na wrellens entra y'm powesva."

[6]Yth yw possybyl ytho dhe certan re entra ynny, saw an re na neb a glowas an newodhow da kens omma, ny vue alowys dhedhans entra dre reson a'ga dysobedyens. [7]Rag henna, Dew a elwys certan jorna aral Hedhyw. Termyn pur hyr wosa henna, ef a leverys der anow Davyth an geryow campollys avan,

"Hedhyw, mar menneugh clowes y lef,
na wreugh calesy agas colon."

[8]Mar teffa Josua ha ry powesva dhedhans, ny vensa Dew cowsel wosa henna a jorna aral. [9]Rag henna, yma powesva sabot whath ow cortos pobel Dew. [10]Rag an re na usy owth entra yn powesva Dew, y a wra cessya dheworth aga lafur, kepar del wrug Dew cessya dheworth y lafur ef. [11]Geseugh ny ytho dhe assaya yn freth dhe entra y'n bowesva na, ma na wrella den vyth codha dre dhysobedyens, kepar del wrussons y codha.

[12]Yn gwyr, bew yw ger Dew ha muer y vry, lymma es cledha vyth dew vyn, hag yma va ow pychya erna wrella dyberth enef dheworth sperys, juntys dheworth marou. Ef a yll brusy prederow ha cowsesow agan colon. [13]Dheragtho nyns yw kelys creatur vyth, mes yma pubonen yn noth ha dystryppys dherag y dhewlagas ef. Hag y fydh res dhyn ry acont dho-dho.

[14]Aban y'gan bues uhel pronter bras neb a bassyas der an nevow, Jesu Cryst, Mab Dew, geseugh ny dhe sensy fast agan confessyon. [15]Rag ny'gan bues uhel pronter na yll kes-codhaf genen ny y'gan gwanegreth, mes yma dhyn onen re bue temptys yn pub fordh kepar ha ny, saw ef a vue heb pegh. [16]Duen ny ytho yn colonnek dhe'n dregerethva, may hallen ny receva mercy ha cafus gras rag agan gweres pan vo othem dhyn.

5 Pub uhel pronter hag a vo dowysys y'n mesk tus a gaf charj a'n taclow usy ow longya dhe Dhew, may halla va abarth mab den offrynna royow ha sacryfycys rag pegh. [2]Ef a wor handla yn clor an dus dyskyans ha'n dus trues, drefen ef y honen dhe vos sojeta dhe wanegreth; [3]ha drefen bos res dhodho sacryfya rag y behosow y honen warbarth gans pehosow y hynsa.

[4]Ny vyn ef lavasos dhe gemeres warnodho an onour ma. Ny wra ef y dhegemeres saw pan vo va gelwys gans Dew, kepar del vue Aron gelwys. [5]Yn kepar maner ny wrug Cryst exaltya y honen pan eth ha bos uhel pronter, mes ef a vue appoyntys ganso ef neb a leverys dhodho,

"Te yw ow Mab;
hedhyw me re wrug dha
    dhenethy."

[6]Hag yma va ow leverel yn tyller aral,

"Te yw pronter rag nefra,
    warlergh ordyr Melchizedek."

[7]Yn dedhyow y gyg Jesu a offrynna yn ban pejadow ha supplycacyon gans dagrow ha garmow uhel dhodho ef neb a ylly y wetha rag ancow. Hag ef a vue clowys awos y obedyens uvel. [8]Kynth o va Mab, ef a dhescas obedyens der y bassyon. [9]Pan vue va gwres perfeth, ef eth ha bos an penfenten a salvacyon bys vyken dhe oll an re na usy owth obaya dhodho, [10]wosa bos appoyntys gans Dew avel uhel pronter warlergh ordyr Melchizedek.

[11]Ow tuchya an mater ma, ny a'gan bues lowr dhe leverel hag yth ywa cales dhe glerhe, rag why yw gyllys talsogh y'gas convedhes. [12]Y talvya dheugh warbyn omma bos descajoryon, saw yma othem dheugh a dhescajor a alla declarya dheugh an

penrewlys kensa a oraclys Dew. Othem a'gas bues a leth, adar sosten cales. [13]Rag neb a'n jeffa leth avel bos yw flogh munys ha dygreft ow tuchya an ger a ewnder. [14]Saw y teseth sosten cales dhe'n dus athves, dhe'n re na a's teves an gallus dhe dhecernya ynter drog ha da.

6 Rag henna geseugh ny dhe asa adref dhyn an dyscans kensa oll adro dhe Gryst. Ny dal dhyn arta settya fundacyon an re ma: repentyans dheworth oberow segh, fedh yn Dew, [2]dyscans ow tuchya besydhyans, ymposycyon dewla, dassergh-yans an re marow ha dedh brues. Duen yn rag bys y'n grejyans berfeth. [3]Henna ny a wra, mar myn Dew.

[4]Ny yll tra vyth restorya dhe edrek arta an re na re wrug unweyth gweles an golow, tastya ro an nef, kevranna an Sperys Sans, [5]tastya dader ger Dew ha gallus an os dhe dhos, [6]mar qurussons y wosa henna forsakya aga fedh. Ny yll tra vyth aga dry war dhelergh dhe repentyans, rag ymons y arta ow crowsya Mab Dew hag orth y dhespytya dherag tus.

[7]Mars usy an dor ow sugna an glaw a godh yn freth warnodho hag ow try yn rag plansow muer aga frow dhe'n re na a vydh an dor gonedhys ragthans, nena Dew a wra y venega. [8]Saw mar tue an dor ha dry yn rag dreyn ha when, nyns ywa wordhy rag tra vyth. Yma va yn peryl a vos mollethys gans Dew ha dystrowys dre dan.

[9]Kyn whren ny cowsel yndelma, a gothmens, yth eson ny ow trestya ynnough. Ny a wor why dhe gafus an

bennothow gwell usy ow longya dh'agas salvacyon. [10]Nyns yw Dew anewn. Ny vyn ef ankevy agas lafur ha'n gerensa a wrussough why dysquedhes der agas servys rag an sens, kepar del wreugh why whath. [11]Da vya genen why dhe dhysquedhes an keth dywysycter, may halleugh why wosteweth receva lanwes an govenek. [12]Rag henna na vedheugh syger, saw bedheugh haval dhe oll an re na usy owth eryta an promysyow dre fedh ha dre berthyans.

[13]Pan ros Dew promys dhe Abram, aban nag esa den vyth dhodho may halla va lya yn y hanow, ef a lyas yn y hanow y honen. [14]Dew a leverys, "Ea, me a vyn dha venega ha'th encressya." [15]Yndelma Abram, wosa pesya yn perthyans, a recevas wosteweth an dedhewadow.

[16]Yn gwyr mab den a wra lya yn hanow nebonen brassa agesso y honen, ha'n ly neb a vo rys avel surynsy a wra defendya pub stryf. [17]Yn kepar maner, Dew o whensys dhe dheryvas dhe glerra whath dhe eryon an promys y burpos dhe vos fast ha heb chanj vyth. Rag henna ef a'n warrantyas dre ly. [18]Dew a wrug yndelma, may fen ny kennerthys yn fen dhe sesya an govenek re bya settys dheragon. Ny yw an re na a gafas harber gans Dew, hag ef a'gan kennerthas dre dhew dra na alsa Dew ombrevy fals ynnans. [19]Ny a'gan bues an govenek ma, ancar sur ha fast rag an enef, govenek usy owth entra y'n sentry sans adref dhe'n vayl. [20]Jesu, neb o ragresor rag agan kerensa ny, a entras y'n sentry na, rag ef a vue gwres uhel pronter bys vyken warlergh an ordyr a Velchizedek.

7 Melchizekek, mytern Salem, uhel pronter a'n Dew Uhella, a vetyas orth Abram pan esa ow tos tre wosa overcummya an vyterneth, ha Melchizedek a'n benegas. [2]Dhodho ef Abram a wrug dega a bub tra. Y'n kensa le, yma y hanow ef ow styrya "mytern ewnder." Y'n secund le, "mytern Salem" ywa, hen yw dhe styrya "mytern a gres." [3]Heb tas, heb mam, heb aghscryf, heb dalleth dedhyow bo deweth bewnans, ef a vydh pronter bys vyken ha haval ywa dhe Vab Dew.

[4]Ass ywa bras! Abram agan hendas y honen a ros dhodho dega a'n pray. [5]Hag yssew Levy, usy ow receva offys avel pronteryon, y a's teves comondment y'n laha dhe guntell dega dheworth an bobel, hen yw dhe styrya, dheworth aga neshevyn aga honen, kynth yw an re ma skynnys dheworth Abram kefrys. [6]Saw Melchizedek, nag esa ow longya dh'aga ehen y, a gafas dega dheworth Abram hag a venegas Abram – neb a recevas an promysyow. [7]Ny yll den vyth naha bos an den ysella benegys gans an den uhella. [8]Y'n eyl cas yma tus mortal ow receva dega; yn y gela yma henna ow receva dega neb yw destys adro dhodho y vos yn few. [9]Y halsa bos leverys Levy, usy ow receva dega, dhe dhegevy der Abram, [10]rag yth esa Levy whath yn lonow y hendas Abram, pan vetyas Melchizedek orto.

[11]A pe va possybyl dhe dhrehedhes perfehter dre brontereth an Levysy – rag an bobel a recevas an laha yn

dan an prontereth ma – pan othem a vya genen a gowsel a bronter noweth, a venna sordya warlergh ordyr Melchizedek, kens es pronter mes a lynyeth Aron? [12]Pan vydh chanj y'n prontereth, res yw bos chanj y'n laha kefrys. [13]Ef mayth yw an taclow ma leverys adro dhodho, yth esa va ow longya dhe ehen aral, na wrug den vyth anedhy bythqueth servya dherag an alter. [14]Apert yw bos agan Arluth a lynyeth Juda. Ow tuchya Juda ny leverys Moyses tra vyth adro dhe bronteryon. [15]Pan usy pronter noweth ow sevel hag ef haval dhe Velchizedek, dhe voy apert yw an cas. [16]Ef yw nebonen re dhueth ha bos pronter der allus bewnans na yll bos dystrowys, kens es der an laha usy ow tervyn lynyeth warlergh an kyg. [17]Rag y fydh destys anodho yndelma:

"Te yw pronter rag nefra,
warlergh ordyr Melchizedek."

[18]Gwan ha dyspuyssant o an laha, [19]rag ny ylly gul tra vyth perfeth. War an eyl tu ytho, yma an gorhemmyn kensa defendys dhe ves. War y gela, yma parys ragon govenek gwell, ha dredho ny a yll dos nes dhe Dhew. [20]Hemma a vue fastys gans ly. [21]Oll an re erel, pan esens ow receva an offys a bronter, ny wrens y lya tra vyth, saw an den ma a vue gwres pronter gans ly,

"An Arluth re lyas ha ny vyn ef
chanjya y vrys,
'Te yw pronter rag nefra.'"

[22]Dre henna Jesu res eth ha bos warrant a gevambos gwell.

[23]Moy whath, muer o nomber an bronteryon y'n dedhyow coth, dre reson an mernans dh'aga lettya dhe besya y'ga offys. [24]Saw yma ef ow sensy y prontereth bys vyken, drefen ef dhe dhurya rag nefra. [25]Yndelma ef a yll sylwel bys vyken an re na usy ow tos nes dhe Dhew dredho ef. Ef a vydh yn few bys vyken hag ef a yll pesy ragthans dhe Dhew.

[26]Y talvya dhyn ny cafus uhel pronter a'n par na, sans, dyflam, dynam, dyberthys dheworth pehadoryon, hag exaltys a-ugh an nevow. [27]Nyns o va kepar ha'n uhel pronteryon erel. Ef ny'n jeves othem vyth a offrynna sacryfycys pubtedh oll, kensa rag y behosow y honen ha wosa henna rag pehosow an bobel. Na, ef a wrug henna unweyth rag nefra, pan wrug ef offrynna y honen. [28]Yma an laha owth appoyntya avel uhel pronteryon an re na yw aga honen sojeta dhe wanegreth. Saw ger an ly a dhueth wosa an laha, hag yma an ger na owth appoyntya Mab, hag ef re bue gwres perfeth bys vyken ha benary.

8 An chyf poynt y'gan lavarow yw hemma: ny a'gan bues uhel pronter a'n par ma, hag ef yw esedhys adhyhow dhe dron an Braster y'n nevow. [2]Menyster ywa y'n sentry hag y'n tylda gwyr. An tylda na re bue settys yn ban gans an Arluth, adar gans mab den.

[3]Rag y fydh pub uhel pronter appoyntys dhe offrynna royow ha sacryfycys. Res yw ytho dhe'n pronter ma cafus nampyth dhe offrynna. [4]A pe va

omma war an norvys, ny vya ef pron-
ter man, rag yma pronteryon owth
offrynna royow warlergh an laha.
5Ymons y owth offrynna worshyp y'n
sentry, neb yw scues ha pyctur a'n
sentry yn nef. Rag Moyses, pan esa
parys dhe dhrehevel an tylda, a vue
gwarnys yndelma: "Kemer wyth te
dhe wul pub tra warlergh an scantlyn
a vue dysquedhys dhys war an men-
eth." 6Saw Jesu lemmyn re gafas
menystry moy y vry, yn mar vuer del
ywa mayn a gevambos gwell, neb a
vue determys dre bromysyow gwell.

7A pe dynam an kensa kevambos, ny
vya othem vyth a whelas ken. 8Yma
Dew orth aga hably pan laver ef,

"Yma an dedhyow ow tos yn sur,
    yn medh an Arluth, may
    whrama fastya kevambos noweth
gans chy Ysrael ha gans chy Juda:
9haval ny vydh ef yn poynt vyth
    dhe'n kevambos a wrug avy gans
    aga hendasow,
y'n jorna pan wruga aga hemeres
    er an luef ha'ga ledya mes a Ejyp.
Rag ny wrussons y durya y'm
    kevambos,
hag yndella nyns ens y a les dhym,
    yn medh an Arluth.
10Hem yw an kevambos a vannaf
    vy gul gans chy Ysrael,
wosa an dedhyow na, yn medh an
    Arluth:
me a vyn gorra ow lahys y'ga brys
    ha'ga screfa war aga holon;
aga Dew y me a vydh, hag y
    fedhons y ow fobel vy.
11Ny vennons y desky an eyl y
    gela,

naneyl ny vennons y leverel,
    'Aswon an Arluth,'
rag y a wra ow aswon, dheworth
    an lyha anedhans bys y'n den
    brassa.
12Rag me a vydh mercyabyl tro
    hag oll aga sherewynsy, ha ny
    vannaf vy na fella remembra aga
    fehosow."

13Pan laver ef a'n kevambos "now-
eth", ef re dhyleas an kevambos kens.
An pyth yw gyllys mes a us ha gyllys
coth, henna whare a wra voydya.

9 An kensa kevambos y honen a'n
jeva rewlys rag golohas ha rag
an sentry war an norvys. 2Y fue tylda
drehevys rag an kensa kevambos, hag
yth esa ynno coltrebyn, an tabel ha
bara an presens. Hem o gelwys an
Tyller Sans. 3Adref dhe'n secund vayl
yth esa tylda gelwys Sentry an
Sentrys. 4Y'n Sentry a Sentrys y sevy
alter owrek an enkys hag argh an
kevambos, neb o cudhys oll adro gans
owr. Y'n argh yth esa vessyl owrek
ha'n manna ynno, gwelen Aron, neb
a egynas, ha menlehow an kevambos.
5A-ugh an argh yth esa cherubyns an
glory ow cul scues dres an dreger-
ethva. Ny yllyn deryvas manylyon an
taclow ma yn present termyn.

6Warlergh an aray ma an bronter-
yon a wra entra heb hedhy y'n kensa
tylda rag collenwel aga servys. 7Saw
ny wra entra y'n secund tylda ma's an
uhel pronter y honen. Nyns a ef
aberth ynno mes unweyth y'n vledh-
en. Ef a dal dry ganso an gos a vyn ef
offrynna rag y behosow y honen ha

rag an pehosow comyttys dre wall gans an bobel. 8Dre hemma yma an Sperys Sans ow teryvas na vue an fordh aberth y'n sentry dysclosys, hadre vo an kensa tylda whath a'y saf. 9Hem yw tokyn a'n present termyn, rag y fydh royow ha sacryfycys off-rynnys ena na yll purjya cowsys an gordhyer. 10Ny wrons y ma's restry taclow kepar ha bos ha dewas ha be-sydhyansow dyvers. Rewlys rag taclow war ves yns y, hag ymons y ordnys erna dheffa an prys a dhasformyans.

11Lemmyn Cryst re dhueth avel uhel pronter a'n taclow da dhe dhos. Brassa ha moy perfeth yw tylda y brontereth ef. Ny vue va gwres dre dhewla mab den, hen yw dhe styrya, nyns usy ef ow longya dhe'n bys creatys ma. 12Gos y sacryfys ef yw y wos y honen. Gos gyfras a luehy nyns ywa man. Yndelma ef re entras un-weyth rag nefra y'n sentry hag ef re waynyas redempcyon bys vyken. 13Mars usy gos gyfras ha terewy war-barth gans sculva a lusow lejek, mars usy an taclow na ow sanctyfya an dus defolys hag ow restorya aga glanyth-ter war ves, 14pysuel dhe voy yw an gallus a wos Cryst! Ef a offrynnas y honen der an Sperys dyvarow avel offryn dynam dhe Dhew. Y wos ef a burjyas agan cowsys dhya an marder a'gan gysyow coth. Yndelma ef re'gan gwrug gwyw dhe wordhya an Dew bew.

15Rag henna yma Cryst ow cul kevambos noweth, may halla an re na a vo gelwys receva an bennothow heb deweth dedhewys gans Dew. Hemma a yll bos, aban wharfa mernans. Yma an mernans na ow telyfra an dus dhya an pehosow a wrussons y pan esens yn dan arlottes an kevambos kensa.

16Ow tuchya testament, res yw bos sur an den neb a'n gwrug dhe vos tremenys. 17Nyns yw testament vyth a vry saw wosa ef dhe verwel. Nyns yw an testament a vry hadre vo va yn few. 18Rag henna, ny vue fastys heb gos an kensa kevambos kyn fe. 19Pan vue pub gorhemmynadow declarys gans Moyses dhe oll an bobel war-lergh an laha, ef a gemeras gos luehy ha gyfras gans dowr ha gwlan cough hag yssop. Ef a scullyas an gos war an rol screfa hy honen ha war oll an bobel kefrys. 20Ef a leverys, "Hem yw an gos a'n testament re wrug Dew ordna dheugh why." 21Yn kepar maner, ef a scullyas an gos war an tylda ha war oll an lestry a vedha usys y'n solempnytas. 22Yn gwyr, yn dan an laha y fydh ogas pub tra purjys dre wos. Heb scullya gos ny dhue gyvyans.

23Copyow yw an re na a'n taclow gwyr yn nef. Res o dhe'n copyow bos purjys yndelma. Saw yma an taclow a nef aga honen ow terfyn sacryfycys gwell. 24Ny wrug Cryst entra yn sentry gwres gans dewla mab den, copy a'n sentry gwyr. Na, ef a entras y'n nef y honen, le mayth usy ef y'n tor' ma owth apperya dherag Dew rag agan kerensa ny. 25Y fydh an uhel pronter owth entra y'n Sentry a Sentrys kenyver bledhen ha gos best ganso. Saw ny entras Cryst lyes torn rag offra y honen. 26Y'n cas na, res vya dhodho godhaf arta hag arta dhya ban vue fundys an bys. Yn le henna ef re apperyas unweyth rag nefra y'n tor' ma orth deweth an osow, may halla va don yn kergh pegh der an offryn anodho y honen. 27Res yw dhe genyver onen merwel, ha wosa henna bos jujjys gans Dew. 28Yn kepar maner Cryst a vue offrys unweyth avel sacryfys, may halla defendya dhe ves an pehosow a lyes onen. Ef a vyn omdhysquedhes an secund treveth. Nena an pegh a vydh gyllys yn kergh ha Cryst a wra sylwel an re na a vo orth y wortos gans govenek.

10 Nyns yw an laha ma's an ymach a'n taclow da usy ow tos. An form gwyr anedhans nyns ywa man. Rag henna ny yll an laha nefra, der an sacryfycys a vydh gwres heb hedhy bledhen wosa bledhen, glanhe yn tyen an re na a venna dos nes dhe Dhew. 2Poken, a ny wrussens an offrynnow cessya? An dus usy ow cordhya Dew, a pens y purjys a'ga fegh unweyth rag nefra, ny vensa aga honscyans leverel dhedhans aga bos pehadoryon. 3Saw yma an offrynnow ma ow cul dhe'n dus perthy cof a'ga fehosow, 4rag ny yll gos terewy bo gos gyfras don pegh yn kergh nefra.

5Hen yw an reson Cryst dhe leverel dhe Dhew, pan wrug ef entra y'n bys,

"Nyns eses ow tesyrya sacryfys nag offryn,
mes te a wrug parusy corf dhym.
6Loskoffrynnow hag offrynnow rag pegh, ny wrusta delytya ynnans.
7Nena me a leverys, 'Otta vy devedhys rag gul dha volunjeth

jy, a Dhew,' kepar del yw screfys adro dhym yn rol an lyver."

8Pan leverys ef avan, "Nyns eses ow tesyrya sacryfys nag offryn; loskoffrynnow hag offrynnow rag pegh, ny wrusta delytya ynnans" (yma an re ma offrynnys warlergh an laha), 9ef a addyas wosa henna, "Otta vy devedhys rag gul dha volunjeth jy." Yma ef ow tefendya dhe ves an eyl tra rag fastya y gela. 10Ha warlergh bolunjeth Dew, ny agan honen re bue sanctyfyes der an offryn a gorf Jesu Cryst unweyth rag kenyver onen.

11Y fydh pub pronter a'y saf kenyver jorna orth y servys hag ef owth offrynna an keth sacryfycys na yll nefra defendya pegh dhe ves. 12Saw wosa Cryst dhe offrynna rag nefra an un sacryfys rag pegh, "ef a esedhas adhyhow dhe Dhew." 13Wosa henna yma va ow cortos "y eskerens dhe vos gwres scavel y dreys." 14Gans un offryn yn unyk ef re wrug perfethhe rag nefra oll an re na a vo sanctyfyes.

15Hag yma an Sperys Sans kefrys ow testa henna dhyn, pan laver,

16"Hem yw an kevambos
a vannaf vy gul gansans wosa an dedhyow na, yn medh an Arluth:
me a vyn gorra ow lahys y'ga holon, ha'ga screfa war aga howsys."

17Wosa henna ef a laver kefrys,

"Ny vannaf vy na fella remembra naneyl aga fehosow
nag aga gwryansow dylaha."

¹⁸Le may ma remyssyon a'n re ma, ny vydh na fella offrynnow ragh pegh.

¹⁹Rag henna, a vreder, yma genen ny dre wos Jesu an fydhyans dhe entra y'n sentry, ²⁰der an fordh noweth ha bew, an fordh a wrug ef egery dhyn der an vayl, hen yw der an kyg. ²¹Aban ues dhyn uhel pronter bras a-ugh an chy a Dhew, ²²geseugh ny dhe dhos nes gans colon lel, gans trest luen ha fedh. Rag agan colon re bue purjys a dhrog-gowsys ha'gan corf golhys yn dowr pur. ²³Geseugh ny heb hockya dhe sensy fast an confessyon a'gan govenek, rag lel yw henna neb re'n dedhewys dhyn. ²⁴Geseugh ny kefrys dhe bredery fatel yllyn ny ynnya an eyl y gela dhe dhysquedhes kerensa ha dhe wul oberow da. ²⁵Na wren ny ankevy dhe omguntell warbarth, kepar del yw an usadow a certan tus. Geseugh ny kens dhe gonfortya an eyl y gela, dhe voy ha dhe voy, rag why a wel bos an prys ow nessa.

²⁶Wosa ny dhe receva skyans an gwyryoneth, mar tuen ny ha pesya yn pegh a'gan bodh agan honen, nyns yw sacryfys rag pegh a vry vyth na fella. ²⁷Pyth a vydh orth agan gortos ma's an govenek uthek a vrusyans ha connar an tan neb a wra cowllesky eskerens Dew? ²⁸Kenyver onen a wrella defolya laha Moyses, a verow heb mercy "war dhustuny dew dhen bo tredden." ²⁹Levereugh dhym py-suel lacka vydh an punyshment rag an re na a dhenahas Mab Dew! Ea, y re dhefolyas gos an kevambos dredho may fons y sanctyfyes ha gul outry dhe Sperys an gras. ³⁰Ny a wor pyw a

leverys, "Me a bew venjyans; me a vyn aquytya," hag arta, "An Arluth a wra brusy y bobel." ³¹Tra uthek yw codha yntra dewla an Dew a vew-nans.

³²Saw pertheugh cof a'n dedhyow kens. Wosa receva an golow, res o dheugh godhaf gans perthyans paynys tyn. ³³Traweythyow y feugh why despytys ha tormentys yn golok an bobel. Traweythyow yth eugh why cothmens dhe'n re na a vedha tebel-dyghtys yndella. ³⁴Why a gemeras pyteth a'n re na esa yn pryson. Yn lowen why a alowas agas pyth dhe vos pyllys, rag why a wodhya agas bos perhenogyon a nampyth gwell hag a nampyth a wre durya pella.

³⁵Na wreugh ytho forsakya an trest a'gas bues, rag henna a dhora wery-son bras. ³⁶Yma othem dheugh a berthyans, may halleugh why, wosa collenwel bolunjeth Dew, receva an pyth a vue dedhewys dheugh. ³⁷Rag whath kens pell,

"Ef neb usy ow tos a dhue ha ny
    wra va lettya;
³⁸saw ow den gwyryon vy a vyn
    bewa dre fedh.
Nyns yw ow enef plesys gans den
    vyth a wrella plynchya."

³⁹Nyns eson ny yn mesk an re na usy ow plynchya. Na, yth eson ny yn mesk an re na a's teves crejyans. Yn-delna y a vydh sylwys.

11 Fedh yw trest ow tuchya taclow gwaytys, fydhyans

adro dhe'n pyth nag yw gwelys. ²Yn gwyr agan hendasow a vue comendys gans Dew awos aga fedh.

³Yth eson ny ow convedhes dre fedh fatel vue an bys formys der er Dew, pan vue gwres an pyth vysybyl mes a'n dra ynvysybyl.

⁴Dre fedh Abel a offras sacryfys moy servabyl dhe Dhew es sacryfys Caym. Awos y fedh ef a recevas comendyans avel den gwyryon, rag Dew y honen a gomendyas y royow. Abel a verwys, mes der y fedh yma va whath ow cowsel.

⁵Dre fedh y fue Enoch kemerys. Ny wrug ef tastya mernans, saw ef "eth mes a wel tus dre reson Dew dh'y gemeres." Rag y fue declarys Enoch dhe blesya Dew kens y vos kemerys yn kergh. ⁶Heb fedh unpossybyl yw plesya Dew, rag neb a venna dos nes dhodho, y res dhodho cresy yn Dew ha cresy Dew dhe rewardya an re na usy orth y whelas.

⁷Noy a vue gwarnys gans Dew adro dhe daclow na wrug ef gweles whath. Dre fedh ef a attendyas gwarnyans Dew ha gul lester rag sylwel meyny y jy. Yndelna an bys a vue dampnys ha Noy a recevas dheworth Dew an ewnder yw acordys gans fedh.

⁸Dre fedh Abram a obayas, pan vue va gelwys dhe dhalleth war y fordh tro ha ken pow a venna receva wosteweth avel ertons. Ef a dhallathas war y fordh heb godhvos pleth esa va ow mos. ⁹Dre fedh ef a dregas termyn hyr y'n pow a vue promysys dhodho, kynth o an pow na astranj dhodho. Ef o tregys yn tyldys warbarth gans Ysak ha Jacob, eryon

ganso a'n keth promys na. ¹⁰Rag yth esa va ow quetyas an cyta towlys ha byldys gans Dew, an cyta neb a's teves fundacyon fast.

¹¹Dre fedh Abram a recevas an gallus dhe dhenethy mab, kynth o va re goth, ha Sara y wreg hy honen o anvab. Rag ef a gonsydras lel henna neb a ros an promys dhodho. ¹²Kynth o Abram ogas marow, y fue genys dheworth an den unyk ma yssew mar vras aga nomber avel sterennow an nef ha mar dhynyver avel tewas an treth.

¹³Oll an re ma a verwys yn fedh heb receva an promysyow, saw y a's gwelas abell ha'ga dynerhy. Y a avowa fatel ens y alyons ha tus astranj war an nor, ¹⁴rag apert yw pan usy tus ow cowsel yndelma y dhe vos ow whelas pow genesyk. ¹⁵A pens y ow predery a'n pow a wrussons forsakya, y a gafsa chons dhe dhewheles dy. ¹⁶Saw yn gwyryoneth yth esens y ow tesyrya pow gwell, hen yw, gwlas nef. Rag henna ny gemer Dew meth vyth a vos gelwys aga Dew y. Yn gwyr ef re wrug parusy cyta ragthans.

¹⁷Pan vue prevys, Abram dre fedh a offrynnas Ysak. Abram, neb a recevas an promysow, o parys dhe offrynna y un vab, ¹⁸kyn fue leverys dhodho yn y gever, "Der Ysak y fydh dha henath henwys." ¹⁹Ef a gresys y hylly Dew drehevel nebonen dheworth an re marow kyn fe – ha rag leverel yn fygur – ef a'n recevas arta.

²⁰Dre fedh Ysak a elwys bennothow war Jacob hag Esau rag an termyn esa ow tos.

²¹Pan esa ef yn enewores Jacob dre fedh a wrug benega mebyon Josef yn

kettep pen, "owth omblegya yn gordhyans a-ugh bleyn y welen."

22Dre fedh Josef, pan o va ogas dhe'm mernans, a leverys fatel wre an Ysraelysy mos mes a Ejyp, hag ef a ros gorhemmynow ow tuchya y encledhyas.

23Dre fedh y fue Moyses cudhys gans y gerens try mys wosa y enesygeth, rag y dhe weles fatel o teg an flogh ha ny's teva own vyth a ordnans an mytern.

24Dre fedh, pan o va devedhys dhe os, Moyses a sconyas dhe vos gelwys mab myrgh Faro. 25Gwell o dhodho bos kevrennek a gompressans pobel Dew es enjoya plesours brottel an kyg. 26Ef a gonsydras tebel-dyghtyans godhevys abarth an Messias dhe vos moy rychys es pythow Ejyp, rag yth esa va ow meras yn rag hag ow quetyas an weryson. 27Dre fedh Moyses a asas Ejyp heb own vyth a sor an mytern. Ef a dhuryas, rag ef a ylly gweles henna neb yw ynvysybyl. 28Dre fedh ef a wre sensy an Pask ha sculva an gos, ma na wrella ladher an kensa mab tuchya kensa mebyon Ysrael.

29Dre fedh an bobel a bassyas der an Mor Rudh, kepar ha pan ve tyr segh. Saw pan assayas an Ejyptonyon gul yndella, y a vue budhys.

30Dre fedh y fue fosow Jericho dysevys wosa y dhe vos settys ader dro an spas a seyth jorna.

31Dre fedh ny wrug Rahab an hora merwel gans an dus dywostyth, dre reson hy dhe wolcumma an spyoryon yn cuf.

32A godh dhym leverel moy? Ny'm bues termyn luck rag gul mencyon

a'n re ma: Gideon, Barak, Samson, Jeftha, Davyth, Samuel ha'n profettys. 33Dre fedh y a wrug conquerrya gwlascorow, menystra justys, cafus promysyow, stoppya ganow lyons, 34dyfudhy tan conneryak, dyank dheworth myn an cledha, gwaynya nerth mes a wanegreth, omwul gallosek yn bresel, ha gorra luyow estren dhe'n fo. 35Benenes a recevas aga thus varow yn few. Y fue ken re tormentys, ow sconya bos relesys, may hallens y dhe well cafus dasserghyans. 36Ken re arta a wodhevys ges ha scorjyans, ea, ha chaynys kyn fe ha prysonyans. 37Y a vue labedhys erna vons marow, y a vue trehys ynter dew ran, y a vue ledhys gans an cledha. Yth esens y ow mos adro yn crehyn deves ha gyfras, othomek, compressys, tormentys. 38Nyns o an bys ma wordhy anedhans. Y a wre gwandra y'n gwylfos hag y'n menydhyow, yn cavyow hag yn tell y'n dor.

39Y fue oll an re na comendys awos aga fedh. Ny wrussons y bytegens receva an pyth re bya dedhewys. 40Gwell o towl Dew, rag ef a ervyras na wrellens y drehedhes perfethter ma's y'gan company ny.

12 Aban ues clowd mar vras a dhustunyow adro dhyn, geseugh ny dhe settya adenewan pub sawgh ha pub pegh ues ow clena mar glos orthyn. Geseugh ny dhe bonya gans perthyans an resekva usy dheragon. 2Gwren ny meras orth Jesu, rag orto ef yma agan fedh ow cregy dhya an dalleth bys y'n deweth. Dre reson a'n joy esa orth y wortos, ef a wodhevys an grows heb gul fors a'y sham, ha wosa henna ef a esedhas adhyhow dhe dron Dew. ³Mar teugh why ha predery anodho ef a wodhev-ys offens a'n par na orth dewla pehadoryon, ny wreugh why om-squytha na kemeres dyglon.

⁴Y'gas stryf warbyn an pegh ny wrussough why whath mos mar bell avel scullya agas gos. ⁵Why re ancovas an ynnyadow usy ow cowsel orth-ough avel flehes:

"Ow flogh, na wra dyspresya
  kereth an Arluth,
naneyl na gemer dyglon pan ves
  punsys ganso;
⁶rag yma an Arluth ow kesky an re
  na usy ef orth aga hara,
hag ef a wra keredhy pub flogh a
  wrella va degemeres."

⁷Godheveugh prevyans may hall-eugh why bos kessedhys. Yma Dew orth agas dyghtya kepar ha flehes. Pana flogh ues y'n bys na vydh keskys gans y das? ⁸Mar ny'gas bydh an kes-sydhyans a's teves oll an flehes, nena bastardys ough why, ha nyns ough why y flehes ef. ⁹Ha pella, ny a'gan bedha kerens war an norvys rag agan kesky, ha ny a re revrons dhedhans. A ny gotha dhyn dhe voy lowen bos sojeta dh'agan Tas sperysek, may hallen ny cafus bewnans? ¹⁰Rag y a wre agan kesky pols byan kepar del hevelly da dhedhans, mes yma ef orth agan kesky rag agan les, may hallen ny bos kevrennek a'y sansoleth. ¹¹Nyns yw kessydhyans nefra plesont. Pan ywa godhevys, yth hevel bos pur hager. Saw moy adhewedhes, an re

na yw deskys dredho, ymons y ow mejy an drevas a vewnans gwyryon.

¹²Rag henna dreheveugh agas dewla lows ha crefhe agas dewlyn gwan. ¹³Gwreugh fordhow compes rag agas treys, ma na vo dyskevelsys an dra a vo mans – na, saw may fo va sawys.

¹⁴Sewyeugh cres gans pubonen ha'n sansoleth na yll den vyth heptho gweles an Arluth. ¹⁵Gwaytyeugh na wrella den vyth ahanough fyllel dhe obtaynya gras Dew. Na vedhens y'gas mesk gwredhen vyth a wherow-der rag gul stryf yntredhough. Lyes onen a alsa bos shyndys dredhy. ¹⁶Waryeugh na vo nagonen aha-nough kepar hag Esau, den cam-hensek ha dydhew. Ef a werthas y ertons a un prys bos. ¹⁷Wosa henna, pan o va whensys dhe eryta an ben-neth, why a wor fatel vue va sconys. Ny gafas ef chons vyth dhe godha yn edrek, kyn whrug ef whelas an ben-neth gans dagrow.

¹⁸Ny dhuethough why, kepar del dhueth pobel Ysrael, dhe nampyth a alsa bos tuchys, dhe Vownt Sinai gans an tan whyflyn, an tewolgow, an duder, an gwyns adro, ¹⁹son an trompa ha'n lef ow cowsel. Pan wrus-sons y clowes an lef na, y a besys na ve ger vyth moy cowsys ortans. ²⁰Ny yllyns perthy an pyth a vue erhys: "Mar qura best kyn fe tuchya an meneth ma, labedhys vydh bys yn ancow." ²¹Mar uthek o an syght na, may leverys Moyses, "Otta vy ow crenna der ewn uth."

²²Yn le henna, yth esough why ow sevel dherag Mownt Sion ha dherag an cyta a'n Dew a vewnans. Hon yw

Jerusalem yn nef. Yma mylyow a el-eth ynny, cuntellva solempna. 23Yth esough why ow sevel dherag ost an vebyon kensa genys hag yma aga henwyn screfys yn nef. Yth esough ow sevel dherag Dew, an juj a genyver onen, ha dherag enevow an re na re bue gwres perfeth. 24Yth esough ow sevel dherag Jesu, neb yw mayn an kevambos noweth, ha dhe-rag an gos scullys, usy ow promysya taclow gwell es gos Abel.

25Kemereugh wyth na wrelleugh why sconya an lef usy ow cowsel. An re na neb a dhenahas henna esa orth aga gwarnya war an norvys, ny wrus-sons y scappya. Pysuel dhe le a wren nyny dyank, mar tuen ny ha'y sconya ef usy orth agan gwarnya dheworth nef! 26Y'n termyn na y lef a wrug dhe'n norvys crenna. Mes y'n tor' ma ef re dhedhewys, "Unweyth arta me a vyn shakya an norvys, ea, ha'n nef kefrys." 27Yma an lavar ma "unweyth arta" ow prevy yn tyblans y fydh shakys taclow creatys. Y a vydh de-fendys dhe ves, may halla remaynya an pyth na yll bos shakys.

28Aban eson ny ow receva gwlascor na yll bos shakys, geseugh ny dhe ry grassow dhe Dhew ha dh'y wordhya y'n vaner usy orth y blesya, hen yw gans revrons ha gans own. 29Rag certus agan Dew yw tan, ha'n tan na a wra collenky.

13 Pesyeugh gans kerensa an eyl tro ha'y gela. 2Na dhys-presyeugh an sperys a wolcum tro hag estrenyon, rag certan tus a wol-cummas eleth ha ny'n godhyens man.

3Pertheugh cof a'n re na usy yn pryson, kepar ha pan veugh whywhy prysners gansans. Pertheugh cof a'n re na usy ow codhaf tormens, kepar ha pan veugh why tormentys kefrys.

4Re bo maryach onourys y'gas mesk ha byner re bo defolys gwely an demedhyans. Dew a vyn brusy an gyglot ha'n avowtrer. 5Gwetheugh agas bewnans frank a govaytys ha bedheugh pys da gans an pyth a'gas bo. Rag Dew re leverys,

"Ny vannaf vy nefra agas gasa
na'gas forsakya."

6Yndelma ny a yll gans fydhyans leverel,

"An Arluth yw ow gweres; ny
vannaf vy kemeres own.
Pandr' a yll den vyth gul dhym?"

7Pertheugh cof a'gas humbrynkysy, an re na a gowsas ger Dew orthough. Consydreugh yn pan vaner a wrus-sons y bewa ha merwel, ha gwreugh warlergh aga fedh y. 8Jesu Cryst yw an keth de, hedhyw, avorow ha bys vyken.

9Na vedheugh shakys dre bub whaf a dhyscans noweth bo a dhyscans coynt. Da yw dhe'n golon bos ken-nerthys dre ras, kens es dre rewlys ow tuchya sosten. Ny wrug an re na les vyth dhe'n dus a's gwethas. 10Yma dhyn ny alter ha ny's teves pronter-yon an tylda sans gwyr vyth oll dhe dhebry anedhy.

11An bestas na mayth yw drys aga gos aberth y'n sentry gans an uhel pronter avel sacryfys rag pegh, aga horfow a vydh leskys aves dhe'n camp. 12Yn kepar maner Jesu a wodhevys y bassyon aves dhe'n cyta, may halla va sanctyfya an bobel der y wos y honen. 13Duen ny ytho dho-dho aves dhe'n camp ha gwren ny perthy oll an despyt a wrug ef godhaf. 14Nyns ues genen ny omma cyta fast vyth, mes yth eson ny ow quetyas an cyta a dhue.

15Dredho ef ytho geseugh ny heb hedhy dhe offrynna sacryfys a brays dhe Dhew, hen yw an trubyt a weus-yow usy owth avowa y hanow ef. 16Kemereugh wyth dhe wul da ha dhe gevranna a vo genough. Servabyl dhe Dhew yw offrynnow a'n par na.

17Obayeugh dh'agas humbrynkysy ha bedheugh sojeta dhedhans, rag y yw wardens a'gas enevow hag y a dal ry acont dhe Dhew a'ga servys. Mar teugh why hag obaya, y a vyn gul aga whel yn lowen. Mar teugh why ha dysobaya, y a'n gwra gans hanajow, ha ny vydh henna a les vyth dheugh.

18Peseugh ragon ny. Sur on ny bos agan cowsys glan, ha ny whensys dhe lafurya gans onour pupprys hag yn kenyver tra. 19Yth esof dhe voy dywysyk orth agas ynnya dhe besy Dew dhe'm danvon dheugh why arta heb let.

20Dew re dhrehevys dheworth an re marow agan Arluth Jesu, neb yw bugel bras an deves, 21der an gos a'n kevambos heb deweth. Re wrella Dew agas gul perfeth yn pub dader, may halleugh why gul y volunjeth ef. Re wrella ef gul ahanan ny pynag oll tra a vo servabyl yn y syght ef dre Jesu Cryst. Re bo an glory dhodho ef bys vyken ha benary. Amen.

22A vreder, yth esof orth agas pesy dhe woslowes gans perthyans orth an ger ma a ynnyadow. Nyns yw hyr an lyther ma a wrug avy screfa dheugh.

23Da vya genama why dhe wodhvos agan broder Timothy dhe vos delyf-rys mes a bryson. Mar tue va adermyn, ef a vydh warbarth genef pan wrama agas gweles why.

24Dynerheugh oll agas humbrynk-ysy hag oll pobel Dew. Yma an re na a dhue dheworth Ytaly orth agas dynerhy.

25Re bo gras Dew gans kenyver onen ahanough!

Pystyl Jamys

1 Dheworth Jamys, servont a Dhew hag a'n Arluth Jesu Cryst,

Dhe'n dewdhek tryb ues scullys ales:

Benneth re'gas bo!

²A vreder, pan vo anken a sort vyth ow tos warnough, gwreugh omsensy pur lowen. ³Rag why a wor an assay a'gas fedh dhe dhenethy perthyans. ⁴Geseugh an prevyans dhe wul oll y ehen yntredhough, may feugh why cowlwres yn athvetter heb othem a vertu vyth. ⁵Mara'n jevyth den vyth ahanough othem a skentoleth, gwrens ef pesy Dew, rag yma Dew ow ry dhe bubonen yn larch ha heb covaytys. Y fydh skentoleth grontys dhodho. ⁶Gwrens ef pesy yn fedh heb dowtya yn termyn vyth, rag ef neb usy ow towtya yw kepar ha ton a'n mor, dryvys ha shakys gans an gwyns. ⁷Na wrens an den a vo yndelma predery ef dhe receva tra vyth dheworth an Arluth, ⁸rag dobyl yw y vrys hag ef yw brottel yn pub fordh.

⁹Gwrens an broder uvel bostya ef dhe vos exaltys. ¹⁰Gwrens an den rych bostya dre reson ef dhe vos drys ysel, rag an den rych a wra tremena kepar ha flowr a'n prasow. ¹¹Yma an howl ow trehevel gans y domder poth hag ow lesky an pras. An flowr a glamder ha'y thecter a godh dhe ves. Yn kepar maner y fydh an den rych.

Ef a wra gwedhra yn mesk oll negys-yow y vewnans.

¹²Benegys yw kenyver onen a wrella perthy temptacyon. Yma va owth om-wetha rag an prevyans, hag ef a recef an gurun a vewnans promysys gans an Arluth dhe'n re na usy orth y gara. ¹³Pan vo nebonen temptys, ny dal dhodho leverel, "Otta vy temptys gans Dew." Ny yll Dew bos tuchys der an drog ha nyns usy ef ow temptya den vyth. ¹⁴Saw y fydh den temptys ha dynnys der y dhrog-whansow y honen. ¹⁵Nena pan vo an drogwhans concevys, yma va ow tenethy pegh. Pan vo an pegh cowl-devys, yma va ow tenethy mernans.

¹⁶Na vedheugh dyssaytys, a vreder vuergerys. ¹⁷Pub helder larch ha pub ro perfeth a dhue dhya avan, ow skynnya dheworth Tas an golowys. Nyns ues varyans vyth ynno na scues vyth a janjyans. ¹⁸Ef a'gan formyas der an ger a wyryoneth dhe gollenwel y burpos y honen, ha may fen kepar ha bleynfrutys y greacyon.

¹⁹Why a dal convedhes hemma, a vreder vuergerys: bedhens pub onen uskys dhe woslowes, lent dhe gowsel ha lent dhe serry. ²⁰Nyns usy agas sor why owth avonsya gwyryoneth Dew. ²¹Gorreugh dheworthough ytho pub sort a vostethes, sherewynsy hag envy. Receveugh gans clorder an ger ues plynsys ynnough hag a yll sawya agas enef.

²²Gwreugh warlergh an messach a glowsough. Na vedheugh contentys dhe veras orto yn unyk. Rag nena why a vya ow tyssaytya agas honen gans resons fals. ²³Mar tue den ha

340

goslowes orth an ger heb y wul, yma va haval dhe nebonen usy ow meras orto y honen yn gweder. 24Ef a wel ymach y honen, saw pan usy ef ow mos yn kergh, ny yll ef perthy cof na fella anodho. 25Saw an re na usy ow meras orth an laha perfeth, an laha a franchys, hag ow pesya ynno, y fedhons y benegys y'ga oberow. Y yw oberwesyon a wra lafurya. Nyns yns y goslowysy, na wra ma's ankevy.

26Mar tue broder vyth ha predery y vos ef cryjyk y honen heb frona y davas, yma va ow tyssaytya y golon, ha heb bry yw y fedh. 27Crejyans pur ha heb mostethes dherag Dew an Tas yw kepar del sew: gweres an omdhevasow ha'n gwedhwesow y'ga othem hag omwetha dha honen rag podrethes an bys.

2 A vreder, mars esough why ow cresy y'gan Arluth Jesu Cryst gloryfyes, res yw dheugh sevel orth favera nebonen dres nebonen aral. 2Rag ensompel, martesen y tue dew dhen aberth y'gas cuntellva, an eyl anedhans rych gans bysewow owr ha dyllas fyn, ha'y gela bohosek gans dyllas mostys adro dhodho. 3Mar teugh why ha gul vry a'n den usy an dyllas fyn adro dhodho ha leverel, "Esedheugh omma, mar plek," ha mar teugh why ha leverel dhe'n den bohesek, "Saf yn nes," po "Eseth orth ow threys," 4a nyns esough why ow cul dyffrans yntredhough agas honen? A nyns ough why ow jujjya warlergh squyr fals?

5Gosloweugh, a vreder vuergerys. A ny wrug Dew dowys an vohosogyon

y'n bys ma dhe vos rych yn fedh ha dhe vos eryon a'n wlascor a wruga dedhewy dh'y gothmens? 6Saw why re dhysquedhas dysonour dhe'n den bohosek. A nyns usy an dus rych orth agas compressa? A nyns usons y orth agas tenna bys y'n vrueslys? 7A nyns usy an dus rych ow cably an hanow uhel a wrug Dew agas henwel ganso?

8Why a vyn gul yn ta mar teugh why ha collenwel an rewl ryal warlergh an scryptur, "Te a dal cara dha gentrevak kepar ha te dha honen." 9Saw mar teugh why ha dysquedhes favour, why a wra pegh hag a vydh dampnys avel drogoberoryon. 10Kenyver onen a wrella gwetha an laha yn tyen saw a wrella fyllel yn un dra, ef yw blamys yn pub poynt. 11Rag ef neb a leverys, "Te ny dal gul avowtry," a leverys ynwedh, "Te ny dal moldra." Mar ny wreta avowtry, mes mar tueta ha moldra, yth esta ow peha warbyn an laha.

12Cowseugh ha gwreugh kepar ha tus a vydh jujjys warlergh laha an franchys. 13Rag ny vydh mercy vyth dysquedhys y'n brusyans dhe dhen vyth na wrug dysquedhes mercy y honen. Yma mercy owth overcummya brusyans.

14Pyth yw an prow, a vreder, mar teugh why ha leverel fatel ues fedh genough, mar nyns ues oberow genough ynwedh? A yll fedh agas sawya? 15Gwren ny supposya bos agas broder yn noth hag yn esow kenyver jorna. 16Mar tue onen ahanough ha leverel dhodho, "Ke war dha fordh yn cres. Bydh tom ha deber luck," saw heb provya rag othem y gorf, pyth yw an valew a henna? [17]Yndelma an fedh gensy hy honen, mar ny's teves oberow, marow yw hy.

[18]Saw nebonen a vyn leverel, "Te a'th ues fedh, saw me a'm bues oberow."

Dysqua dhym an fedh heb an oberow, ha me a vyn dysquedhes ow fedh der ow oberow. [19]Yth esta ow cresy bos Dew onen. Yth esta ow cul yn ta. An dhewolow aga honen a grys henna ha crenna a wrons.

[20]Te ben cog, a venta convedhes bos ufer pub fedh heb oberow? [21]A ny vue agan hendas Abram justyfyes gans y oberow, pan wrug ef offra y vab Ysak war an alter? [22]Te a wel ytho fatel wrug y fedh kesobery gans y oberow, ha fatel vue an fedh collenwys der an oberow. [23]Yndelma y fue collenwys an scryptur a laver, "Abram a wrug cresy yn Dew ha henna a vue recknys dhodho avel ewnder." Abram a vue henwys cothman Dew. [24]Te a wel yndelma fatel vydh nebonen justyfyes der y oberow, kens es der y fedh gensy hy honen.

[25]A ny vue Rahab an hora justyfyes yndelma der hy oberow pan wrug hy wolcumma an messejers ha'ga danvon yn rag war fordh aral? [26]Rag kepar del yw an corf marow heb an sperys, yndelma yw fedh marow heb oberow.

3 Ny dal ma's dhe ran ahanough bos descajoryon, rag why a wor fatel wra an dhescajoryon cafus brusyans dhe voy sherp. [2]Yth eson ny oll ow cul lyes camgemeryans. Neb na wrella camgemeryans pan vo va ow cowsel, perfeth ywa hag abyl dhe gontrollya oll y gorf dre fron.

[3]Mar tuen ny ha gorra fron yn ganow margh rag gul dhodho agan obaya, yth eson ny ow rewlya oll y gorf. [4]Bo consydreugh an gorholyon: kynth yns y mar vras mayth yw res gortos gwyns cref rag aga herdhya yn rag, pur vyan yw an lew a wra aga gedya ple pynag a vo da gans an lewyth. [5]Kynth yw esel byan an tavas, ef a wra bostya a daclow bras. Byan yw an tan, saw ass yw bras an forest a vydh leskys ganso! [6]Tan yw an tavas. Yma ef settys yn mesk agan esely kepar hag esel luen a sherewynsy. Yma va ow mostya oll an corf, hag ow corra tan y'n bys a natur oll ader dro. Saw an tavas a gaf y dan dheworth yffarn.

[7]Y hyll pub ehen best, edhen, pref ha myl y'n mor bos dovys gans mab den, [8]saw ny yll den vyth dova an tavas. Bylen ywa na yll bos temprys. Luen yw an tavas a boyson mortal.

[9]Der an tavas yth eson ny ow penega an Arluth agan Tas, ha der an tavas yth eson ny ow mollethy an re na yw gwres yn hevelep Dew. [10]Mes a'n keth ganow yma ow tos benneth ha molleth. A vreder, ny dalvya hemma bos. [11]A wra dowr fresk ha dowr sal dos mes a'n un fenten? [12]A yll fygwedhen, a vreder, dry yn rag gruen olew, bo a yll fyges bos kefys war wedhen grappys? Naneyl ny yll dowr sal provya dowr fresk.

[13]Pyw ahanough yw fur ha skentyl? Dysquedheugh der agas conversacyon da, fatel wreugh agas mas-

oberow gans an clorder usy ow tos a furneth. ¹⁴Saw mars esough why yn wherowder ow kemeres envy, ha mars ues stryvyans y'gas colon, na wreugh bostya, naneyl na gowseugh gow warbyn an gwyryoneth. ¹⁵Yma furneth a'n par na ow tos a'n dor. Nyns usy ow longya dhe'n sperys, mes dhe'n tebel-el. Dheworth nef ny dhue va man. ¹⁶Ple pynag a vo envy ha stryvyans hag omgerensa, ena y fydh deray kefrys, ha pub sort a sherewynsy.

¹⁷Saw an furneth usy ow tos dheworth nef, yw glan dres pub tra, cosel, clor, parys dhe omblegya, luen a dregereth hag a frutys da. Nyns ues spot vyth a faverans nag a fekyl cher ynno. ¹⁸Ha'n re na usy ow cul cres, trevas a ewnder hag a gres a vydh gonedhys ragthans.

4 An stryf ha'n breselyow ma yntredhough, a ble mons y ow tos? A ny dhuens y dheworth agas whansow usy owth omlath ynnough? ²Yth esough why ow tesyrya nampyth na'gas bues. Why a wra moldra rag y gafus. Whensys ough why a nampyth, saw ny yllough why y gafus. Mereugh, omlath a wreugh ha dysputya. Why ny'gas bues agas desyr, drefen na wreugh why y wovyn. ³Yth esough why ow covyn, saw ny wreugh why receva, drefen why dhe wovyn yn cam, may halleugh why spena a gaffeugh war agas plesour.

⁴Tus heb lendury! A ny wodhough why cothmens an bys ma dhe vos eskerens Dew? Pynag oll a vo ow cara an bys ma yw escar Dew. ⁵Po esough

why ow predery martesen nag yw an scryptur a vry, pan usy ef ow leverel, "Whansow cref a'n jeves an sperys a wrug Dew gorra y'gan colon"? ⁶Saw ef a re dhe voy gras; rag henna yma an scryptur ow leverel,

"Dew a sef warbyn an dus prowt,
   mes dhe'n dus uvel ef a re y ras."

⁷Rag henna obayeugh dhe Dhew. Omwetheugh rag an tebel-el, hag ef a wra fya dhe'n fo dheworthough. ⁸Deugh nes dhe Dhew, hag ef vyn dos nes dheugh why. Gwreugh purjya agas dewla, why pehadoryon, ha golheugh agas colon, why neb yw fals agas brys. ⁹Gwreugh lamentya ha mornya hag ola. Bedhens agas wherthyn treylys dhe olva ha'gas joy dhe anken. ¹⁰Gwreugh humblya agas honen dherag an Arluth, hag ef vyn agas exaltya.

¹¹A vreder, na gowseugh drog an eyl warbyn y gela. Pynag oll a wrella cowsel drog warbyn y gentrevak bo y jujjya, yma va ow cowsel drog warbyn an laha hag ow jujjya an laha. Saw mar tueta ha jujjya an laha, nyns osta den usy ow cul an laha. Na, brusyas osta. ¹²Nyns usy ma's an un ryas a'n laha ha'n un juj, hag ef a yll sylwel ha dystrowy. Pyw osta ytho, may whrelles jujjya dha gentrevak?

¹³Deugh lemmyn, why usy ow leverel, "Hedhyw bo avorow ny a vyn mos dhe certan cyta ha passya bledhen ena ow cul agan negys hag ow quaynya mona." ¹⁴Saw ny wodhough why unweyth pandr' a dhora an jedh avorow. Pyth yw agas bewnans? Why yw newl, gwelys rag tecken ha

nena gyllys quyt dhe ves. ¹⁵Yn le henna y talvya dheugh leverel, "Mar myn an Arluth, ny a wra gul hemma bo henna." ¹⁶Saw y'n tor' ma yth esough why ow cul bostow y'gas goth agas honen. Drog yw bostow a'n par na. ¹⁷Rag henna, kenyver onen a woffa an pyth ewn heb y wul, yma va ow cul pegh.

5 Deugh lemmyn, why tus rych, oleugh ha lamentyeugh awos oll an anken ha'n troblys a wra codha warnough. ²Poder yw agas rychys, ha'n preves re wrug devorya agas dyllas. ³Gallas cancrek agas owr ha'gas arhans, ha'n canker na a wra desta war agas pyn ha devorya agas kyg kepar ha tan. Why re worras yn ban rychys rag an dedhyow dewetha. ⁴Gosloweugh! Wajys an wonesyjy neb a vejas agas trevas, an wajys a wrussough why yn fals gwetha dhewortans, ymons y ow crya yn mes warnough. Garmow an vejwesyon re dhueth bys yn dewscovarn Arluth an Luyow. ⁵Why re vewas yn plesour hag yn es war an norvys. Maga agas colon a wrussough yn jorna an ladhva. ⁶Why re dhampnyas ha ladha an den gwyryon, na wrug bythqueth sevel war agas pyn.

⁷Rag henna kemereugh perthyans, a vreder vuergerys, erna dheffa an Arluth. Mereugh, yma an tyak ow cortos an drevas precyous mes a'n dor, hag yma va ow kemeres perthyans gensy erna wrella hy receva an glaw avar ha'n glaw adhewedhes. ⁸Why a res dysquedhes perthyans. Gwreugh confortya agas colon, rag an Arluth a vyn dos kens pell. ⁹A vreder vuergerys, na wreugh croffal an eyl warbyn y gela, ma na veugh why jujjys. Mereugh, yma an brusyas a'y saf orth an darras!

¹⁰Kemereugh an profettys avel ensompel a hyrwodhevyans hag a dormens, rag y a gowsas yn hanow an Arluth. ¹¹Yn gwyryoneth yth eson ny ow consydra benegys an re na a dhysquedhas perthyans. Why re glowas a dhuryans Job ha gweles purpos an Arluth – fatel ywa pytethus ha luen a vercy.

¹²Saw dres oll, a vreder, na wreugh lya, naneyl re'n nef na re'n dor na gans ly vyth ken. Bedhens "Ea" agas "Ea" ha "Na" agas "Na", ma na wrelleugh why codha yn dan vrusyans.

¹³Ues den vyth y'gas mesk ow codhaf troblys? Gwrens ef pesy. Ues den vyth lowenek? Gwrens ef cana salm. ¹⁴Ues den vyth ahanough claf? Res yw gelwel elders an eglos, may hallens y pesy a-ughto ha'y ylya gans oyl yn hanow an Arluth. ¹⁵An pejadow a fedh a wra sawya an glevyon, ha'n Arluth a vyn aga drehevel yn ban. Ha mar qurug den vyth peha, y begh a vydh gyvys dhodho. ¹⁶Rag henna gwreugh meneges agas pehosow an eyl dh'y gela ha peseugh an eyl rag y gela, may feugh why sylwys. Gallosek hag a vry bras yw pejadow an dus wyryon.

¹⁷Elyas o den kepar ha ny, hag ef a wrug pesy na wrella codha glaw vyth. Ny wrug glaw vyth codha war an dor teyr bledhen ha whegh mys. ¹⁸Nena ef a besys arta, ha'n nef a ros glaw ha'n dor a dhros yn rag y drevas.

[19]A vreder, mar tue den vyth ahanough ha mos yn sawthan dheworth an gwryoneth, ha mar tue nebonen ha'y dreylya arta, [20]why a dal godhvos hemma: mar tue den vyth ha dry arta pehador a vo gyllys war stray, an den na a vyn sylwel dheworth mernans enef an pehador. Henna a vyn cudha lyes pegh.

Kensa Pystyl Peder

1 Dheworth Peder, abostel Jesu Cryst,

Dhe'n dus exylys ha scullys ales yn Pontus, Galacia, Cappadocia, Asia, ha Bithynia. ²Why re bue dowysys ha destnys gans Dew an Tas ha sacrys der an Sperys dhe obaya Jesu Cryst ha dhe vos golhys der y wos.

Gras re'gas bo ha cres yn plenta.

³Benegys re bo an Dew ha'n Tas a'gan Arluth Jesu Cryst! A'y vercy bras dre dhasserghyans Jesu Cryst dheworth an re marow, ef re ros dhyn genesygeth noweth bys yn govenek bew, ⁴ha bys yn ertons dyboder, heb dyfygya ha dynam, sensys y'n nef ragough why. ⁵Why re bue gwethys gans gallus Dew dre fedh rag an sylwans a dal bos dysclosys dedh brues. ⁶Yth esough why ow rejoycya yn hemma, kynth yw res dheugh godhaf y'n present termyn ma paynys dyvers rag tecken. ⁷An purpos a'n paynys ma yw dhe brevy bos gwyr agas fedh. Yma owr assayys dre dan, kyn whra va pedry wosteweth. Yn kepar maner, agas fedh why, lyesgweyth moy precyous es owr, a dal bos assayys. Nena why a gaf prays ha glory hag onour, pan vo dysquedhys Jesu Cryst. ⁸Kyn na wrussough why y weles, yth esough orth y gara. Kyn nag esough why orth y weles lemmyn, why a grys ynno, hag yth ough why lowen gans joy gloryes na yll bos desmygys. ⁹Rag yth esough why ow cafus an frut a'gas fedh, hen yw an salvacyon a'gas enevow.

¹⁰An profettys, neb a brofusas a'n gras a'gas bedha, a wrug sarchya ha whythra ow tuchya an salvacyon ma. ¹¹Y a wovynnas adro dhe'n person hag adro dhe'n termyn esa an Sperys a Gryst y'ga holon ow teclarya. Rag an Sperys a wre desta dhedhans dherag dorn adro dhe bassyon Cryst, hag ow tuchya an glory a venna dos wosa henna. ¹²Pan esa an profettys ow cowsel adro dhe'n maters re glowsough why lemmyn dheworth messejers an newodhow da, Dew a dhysclosyas dhedhans nag o aga lafur ragthans aga honen, mes rag agas prow why. An messejers a dheclaryas an awayl dheugh der an Sperys Sans danvenys dhya nef. Y a dheryvas taclow a vya da gans an eleth aga honvedhes!

¹³Rag henna preparyeugh agas brys rag lafur. Rewlyeugh agas honen, ha settyeugh oll agas govenek war an gras a dhora Jesu Cryst dheugh, pan vo va dyscudhys. ¹⁴Kepar ha flehes gostyth, na vedheugh conformys dhe'n whansow a'gas bue kens y'gas nycyta. ¹⁵Y'n contrary part, kepar del yw sans henna a wrug agas gelwel, bedheugh sans agas honen yn oll agas fara. ¹⁶Yma screfys, "Why a dal bos sans, rag me yw sans."

¹⁷Mars esough why ow kelwel warnodho ef avel Tas, usy ow jujjya pubonen heb favour warlergh y oberow,

why a dal bewa gans own ha revrons y'n termyn ma a'gas dyvroeth. ¹⁸Why a wor fatel veugh why dasprenys mes a'n gysyow ufer a wrussough why eryta dheworth agas hendasow. Ny vue an redempcyon na gwres gans taclow avel arhans hag owr, ¹⁹mes gans gos precyous Cryst, kepar hag on dynam ha heb spot. ²⁰Ef a vue destnys kens es fundyans an bys, saw ny vue va dyscudhys rag agas kerensa why ma's orth deweth an osow. ²¹Why re dhueth dredho ef dhe drestya yn Dew. Dew a wrug y dhrehevel dheworth an re marow, hag a ros dhodho glory, may fo settys war Dhew agas fedh ha govenek.

²²Y'n tor' ma why re burjyas agas enef der obedyens dhe'n gwyryoneth, may fe kerensa luen y'gas mesk why oll. Rag henna kereugh an eyl y gela yn town gans oll agas colon. ²³Der er bew Dew a wra durya bys vyken why re bue genys anoweth. Denythyans yw honna nag yw sojeta ancow. ²⁴Kepar del laver an scryptur:

"Pub kyg yw kepar ha gwels,
oll an glory anodho yw kepar ha
    flowrys y'n prasow.
Pan dheffa an welsen
ha dalleth seha, an flowr a
    glamder,
²⁵saw geryow Dew a worta rag
    nefra."

An ger yw an newodhow da a vue progowthys dheugh.

2 Rag henna, gorreugh dhe ves pub envy, gyl, fekyl cher, spyt ha cabel. ²Kepar ha flehes noweth genys whanseugh an leth glan sperysek, may halleugh why dredho tevy yn salvacyon – ³mar qurussough why yn tefry tastya an Arluth dhe vos da.

⁴Deugh dhodho, an men bew. Kyn fue va sconys gans tus, dowysys vue va bytegens gans Dew ha precyous ywa yn y wolok ef. ⁵Kepar ha meyn bew, geseugh agas honen dhe vos byldys aberth yn chy sperysek, may halleugh why bos prontereth sans dhe offrynna sacryfycys sperysek, plegadow dhe Dhew dre Jesu Cryst. ⁶Rag an scryptur a laver,

"Otta vy ow settya men yn Sion,
    penmen an cornel dowysys ha
    precyous;
neb a gressa ynno, ny vydh shamys
    bys vyken."

⁷Precyous ywa dheugh why usy ow cresy. Saw dhe'n re na na grys man,

"An men neb a vue sconys gans an
    weythoryon,
re bue gwres an very pen a'n
    gornel,"

⁸ha

"Men ues ow cul dhedhans
    trebuchya, ha carrek neb a wra
    dhedhans codha."

Ymons y ow trebuchya, dre reson nag yns gostyth dhe'n ger. Yndelma o bolunjeth Dew ragthans.

⁹Saw why yw nacyon dowysys, prontereth ryal, tus sans, pobel rag possessyon Dew y honen. Why re bue dowysys, may halleugh why

deryvas an oberow gallosek a henna a'gas gelwys mes a dewolgow aberth yn y wolow barthusek. [10]Unweyth ny veugh why pobel, mes pobel Dew ough why y'n tor' ma. Kens omma ny wodhyeugh why mercy Dew, mes y'n tor' ma why re recevas y dregereth.

[11]A dus vuergerys, yth esof orth agas exortya kepar hag alyons ha dyvresow: gwreugh denaha whansow an kyg usy ow querrya warbyn an enef. [12]Bedhens wordhy agas conversacyon yn mesk an Jentylys, pan wrons y agas sclandra avel drogoberoryon. Res vydh dhedhans bytegens aswon agas oberow da ha praysya Dew yn jorna y vysytacyon.

[13]Rag kerensa an Arluth bedheugh gostyth dhe bub auctoryta yn mesk mebyon tus. Obayeugh dhe'n emperour, rag ef yw an auctoryta uhella. [14]Bedheugh gostyth dhe'n governours danvenys ganso dhe bunsya an dhrogoberoryon ha dhe braysya an re na usy ow cul an da. [15]Bolunjeth Dew ywa why dhe wul an da, hag yndelma dhe goncludya an nycyta a folys. [16]Beweugh kepar ha servons Dew ha tus frank. Na wreugh ascus a'gas franchys rag gul sherewynsy. [17]Reugh onour dhe genyver onen. Kereugh agas kes-Crystonyon. Pertheugh own a Dhew. Gwreugh revrons dhe'n emperour.

[18]A gethwesyon, obayeugh dh'agas mestrysy gans oll uvelder, bons y asper bo wheg ha clor. [19]Dew a vyn agas benega, mar teugh why ha perthy paynys ha godhaf yn cam, drefen why dhe aswon Dew. [20]Mar teugh why ha godhaf stewan dre reson why dhe wul an drog, pana worshyp yw henna dheugh? Saw mar qureugh y berthy, pan esough why ow cul an da hag ow codhaf ragtho, y fydh Dew plesys genough. [21]Dhe henna why re bue gelwys, rag Cryst a suffras ragough why. Ef a asas ensompel dheugh, may teffeugh ha'y folya olow y dreys.

> [22]"Ny wrug ef pegh vyth, naneyl
> ny vue dyssayt vyth kefys yn y
> anow."

[23]Pan vue va despytys, ny wruga despytya arta. Pan wrug ef godhaf, ny wrug ef godros, mes ef a drestyas y honen dhodho ef usy ow jujjya yn ewn. [24]Ef y honen a borthas agan pehosow yn y gorf y'n grows, may hallen ny bos frank dheworth pegh ha bewa rag ewnder. Der y vrewyon ef why re bue sawys. [25]Yth eseugh why ow mos war stray kepar ha deves, saw lemmyn why re dhewhelas dhe'n bugel ha dhe warden agas enef.

3 Yn kepar maner, a wrageth, obayeugh dh'agas gwer. Mar ny grys ran anedhans ger Dew, agas fara a wra aga gwaynya dhe'n fedh. Ny vydh res dheugh leverel ger vyth, [2]rag y a welvyth py pur ha py glan yw agas conversacyon. [3]Na wreugh afyna agas honen war ves, ow plethenna agas blew bo ow quysca tegynnow owr ha dyllas teg adro dheugh. [4]Na, bedheugh afynys kens oll war jy der an tecter a wra durya. Hen yw sperys clor ha cosel. Tecter a'n par na yw pur brecyous yn golok Dew. [5]Y'n dedhyow kens y fedha benenes sans ow trestya yn Dew. Y a wre afyna aga honen y'n vaner ma war jy, rag y a vedha gostyth dh'aga gwer. 6Yndelma Sara a obayas dhe Abram ha'y elwel "arluth." Why a vydh hy myrhes lemmyn, mar teugh why ha gul an da, ha sevel orth kemeres own a dra vyth.

7A wer, yn kepar maner why a dal kesvewa gans agas gwrageth yn cuf. Reugh revrons dhe'n venen kepar ha dhe'n gwanha vessyl, rag an benenes kefrys yw eryon a'n ro grassyes a vewnans. Yndelma ny wra tra vyth lettya agas pejadow.

8Wosteweth, re bo acord y'n sperys yntredhough why oll, kescodhevyans, colon glor hag uvelder brys. 9Na wreugh aquytya drog dre dhrog na despyt dre dhespyt. Dhe'n contrary part, gwreugh aquytya gans benneth. Dhe hemma y feugh why gelwys – may halleugh why eryta benneth. 10Kepar del laver an scryptur,

"An re na usy ow tesyrya bewnans
    ha dhe weles dedhyow da,
gwrens y gwetha aga thavas rag
    drog, ha'ga dewweus rag cowsel
    dyssayt.
11Gwrens y treylya dheworth
    sherewynsy ha gul an da.
Gwrens y whelas cres ha'y sewya.
12Rag yma dewlagas an Arluth
    orth an re just,
hag opyn yw y dhewscovarn
    dh'aga fejadow.
Saw yma fas an Arluth warbyn an
    dhrogoberoryon."

13Pyw a wra agas pystyga, mar pedhough why whensys dhe wul da?

14Saw mar teugh why ha godhaf awos why dhe wul an da, gwyn agas bys. Na bertheugh own a'n pyth usy an dus ow kemeres own anodho, naneyl na wreugh kemeres uth. 15Saw y'gas colon benegeugh Cryst avel agas Arluth. Bedheugh parys pupprys dhe wul agas defens dhe dhen vyth a wrella govyn orthough acont a'n govenek a'gas bues. 16Gwreugh hemma gans clorder ha revrons. Gwetheugh glan agas conscyans. Nena, pan vedhough why acusys, y fydh shamys an re na a vo orth agas despytya, awos agas oberow da yn Cryst. 17Rag gwell yw godhaf awos gul da, es godhaf awos drogoberow. 18Cryst kefrys a. wodhevys unweyth rag pehosow, den ewnhensek rag kerensa tebel-wesyon, may halla ef agan dry dhe Dhew. Ef a vue ledhys y'n kyg, mes drys vue dhe vewnans y'n sperys. 19Y'n sperys kefrys ef eth ha progeth dhe'n sperysyon esa yn pryson, 20na wrug obaya yn dedhyow coth. Dew a wortas gans perthyans yn dedhyow Noy, pan esa ef ow trehevel an gorhel. An nomber byan a dus esa y'n gorhel na a vue sylwys der an dowr. Hen yw dhe styrya, eth den. 21Yma an besydhyans, neb a vue ragarwedhys dre henna, orth agas sylwel why. Nyns yw mater a wolhy mostethes dheworth an corf. Galow Dew ywa dhe gonscyans da dre dhasserghyans Jesu Cryst. 22Jesu re ascendyas yn nef. Lemmyn yma va a'y eseth adhyhow dhe Dhew hag yma va ow rewlya oll an eleth, an auctorytas ha potestas an nevow.

4 Rag henna, aban wrug Cryst godhaf y'n kyg, gwreugh arva agas honen gans an keth purpos (rag pynag oll a wodhevys y'n kyg, re forsakyas pegh), [2]may halleugh why bewa alemma rag warlergh bolunjeth Dew, kens es warlergh lustys mab den. [3]Why re spenas termyn lowr solabrys ow cul an taclow yw plesont dhe'n Jentylys, ow pewa yn mostethes, passyons, medhewnep, golyansow, festow hag ydolatry dyrewl. [4]Marth a's teves nag esough why na fella owth omjunnya dhedhans yn keth sculva hag y'n keth bylyny. Rag henna y a wra cably Dew. [5]Saw res vydh dhedhans ry acont dhodho ef neb yw parys dhe jujjya an re bew ha'n re marow. [6]Rag henna y fue an awayl progowthys dhe'n re marow kyn fe, kyn fons y jujjys y'n kyg. Yndelma y fydh pubonen jujjys, may halla pubonen bewa y'n Sperys kepar ha Dew.

[7]Ogas yw deweth pub tra. Rag henna, bedheugh sad ha rewlyeugh agas honen may halleugh why pesy pupprys. [8]Dres oll, pesyeugh gans kerensa an eyl dh'y gela, rag yma kerensa ow cudha bush bras a behosow. [9]Bedheugh larch an eyl dh'y gela heb croffal vyth oll. [10]Kepar ha stywardys da a ras lyesplek Dew, gwreugh servya an eyl y gela gans pynag oll ro a wrella kenyver onen ahanough receva. [11]Mar qura den vyth ahanough cowsel, res yw dhodho gul yndelma gans an nerth rys dhodho gans Dew, may fo Dew gordhys yn pub tra dre Jesu Cryst. Dhodho ef yma ow longya an glory ha'n power bys vyken ha benary! Amen.

[12]A vreder vuergerys, yma prevyans dre dan ow wharfos y'gas mesk rag agas prevy. Na gemereugh marth anodho, kepar ha pan ve nampyth ancoth ow codha warnough. [13]Saw rejoycyeugh, drefen why dhe vos kevrennek a bassyon Cryst, may feugh why lowen kefrys, ha may halleugh why garma der ewn joy pan vo dyscudhys y glory. [14]Mar pedhough why despytys awos hanow Cryst, yth ough why benegys drefen bos an Sperys a glory, hen yw Sperys Dew, ow powes ynnough why. [15]Na wrens den vyth ahanough godhevel avel moldrer, lader, na drogoberor, naneyl avel mellyer kyn fe. [16]Saw mar tue den vyth ahanough ha godhaf avel Crystyon, na gemereugh meth anodho. Benegeugh Dew, awos why dhe vos henwys gans an hanow ma. [17]An termyn re dhueth may fydh res dhe'n brusyans dalleth gans meyny Dew. Mar tue va ha dalleth genen ny, pandr' a vydh deweth an re na na wrug obaya dhe awayl Dew? [18]Del laver an scryptur,

> "Mars yw cales dhe'n re
> ewnhensek dhe vos sawys,
> pandr' a wher dhe'n re ansans
> ha'n behadoryon?"

[19]Rag henna, an re na usy ow codhaf warlergh bolunjeth Dew, gwrens y fydhya aga honen dhe'n Formyer lel ha pesya yn pub gwryans da.

5 Me yw elder ow honen ha dustuny vuef a bassyon Cryst. Me a vydh kevrennek ynwedh a'n glory a vydh dysquedhys. Me a bys an elders y'gas mesk 2dhe vugelya flock Dew y'ga charj ha dhe bractysya arlottes yn lowen ha heb ynnyadow, kepar del yw bolunjeth Dew. Bedhens y dywysyk heb covaytys rag mona plos. 3Na wreugh lordya war an re na usy yn dannough, mes reugh ensompel da dhe'n flock. 4Pan dheffa an chyfbugel hag omdhysquedhes, why a wra gwaynya an gurun a splander, na wra gwedhra nefra.

5Yn kepar maner, a dus yowynk, why a dal bos gostyth dhe'n dus coth. Y tal dheugh why oll gwysca uvelder adro dheugh y'gas conversacyon an eyl gans y gela. Del laver an scryptur,

"Dew a wra sevel warbyn an re gothys, mes ef a re gras dhe'n dus uvel."

6Gwreugh humblya agas honen yn dan luef ollgallosek Dew, may whrella ef agas exaltya y'n termyn a dhue. 7Towleugh warnodho ef oll agas fyenasow, rag yma va orth agas cara why.

8Gwreugh controllya agas honen, ha bedheugh yn tyfun. Yma agas escar an tebel-el kepar ha lyon owth uja ow mos adro ow whelas rag agas devorya. 9Seveugh yn fast war y byn, stedfast y'gas fedh, rag why a wor agas breder yn oll an bys dhe wodhaf taclow a'n keth sort.

10Why a wra godhaf pols byan. Wosa henna an Dew a ras, neb a'gas gelwys dh'y glory heb deweth yn Cryst y honen, a vyn restorya, mentena, confortya ha gwetha yn fast pub onen ahanough. 11Dhodho ef re bo an gallus bys vyken ha benary! Amen.

12Me re screfas an lyther cot ma dre Silvanus. Yth esof orth y gonsydra broder lel. Da vya genama agas kennertha ha desta hemma dhe vos gras gwyr Dew. Seveugh yn fast ynno.

13Yma eglos Babylon, neb a vue dowysys warbarth genough why, orth agas dynerhy. Yma ow mab Mark orth agas dynerhy magata. 14Dynerheugh an eyl y gela gans an bay a gerensa.

Why oll usy yn Cryst, cres re'gas bo.

Secund Pystyl Peder

1 Dheworth Symeon Peder, servont hag abostel Jesu Cryst,

Dhe'n re na a recevas fedh, mar brecyous avel agan fedh ny, der an ewnder a Dhew hag a'gan Sylwyas Jesu Cryst.

2 Re'gas bo lanwes a ras hag a gres y'n godhvos a Dhew hag a Jesu agan Arluth.

3 Y allus avel Dew re ros dhyn pub tra yw othem anodho, rag bewnans ha rag sansoleth dre wodhvos anodho ef neb a'gan gelwys dre vayn y glory ha'y dhader. 4 Ef re ros dhyn y bromys precyous ha pur vras y'n taclow ma yndelma, may halleugh why dredhans scappya dheworth an podrethes usy y'n bys dre reson a dhrogwhansow, ha may halleugh why bos kevrennek a'y natur avel Dew.

5 Rag an very reson ma yma res dheugh why gul oll agas ehen dhe scodhya agas fedh dre dhader, dader dre skentoleth, 6 skentoleth dre omgontrollyans, omgontrollyans dre dhuryans, duryans dre sansoleth, 7 sansoleth dre garadowder an eyl dh'y gela ha caradowder an eyl dh'y gela dre gerensa. 8 Why a bew an taclow ma, hag ymons y owth encressya y'gas mesk. Y a vyn agas gwetha rag bos dyfreth ha hesk yn godhvos agan Arluth Jesu Cryst. 9 Neb na vo an taclow ma dhodho, cot yw y wolok hag ef yw dall, hag yma va owth ankevy y behosow dhe vos glanhes y'n termyn ues passys.

10 Rag henna, a vreder, bedheugh dhe voy whensys dhe fastya agas galow ha dowysyans. Mar teugh why ha gul yndelma, ny wreugh why trebuchya bys vyken. 11 Rag y'n vaner ma y fydh provyes yn luen dheugh entrans y'n wlascor heb deweth a'gan Arluth ha Sylwyas Jesu Cryst.

12 Rag henna yth of vy purposys dhe remembra an taclow ma dheugh why pupprys, kynth esough orth aga godhvos solabrys, ha kynth ough why grondys y'n gwyryoneth a dhueth dheugh. 13 Yth hevel dhym bos ewn, hadre ven y'n corf ma, dhe nowedhy agas remembrans. 14 Me a wor fatel dhue ow mernans yn scon, kepar del wrug ow Arluth Jesu Cryst declarya dhym. 15 Me a vyn gul oll ow ehen dhe wul dheugh perthy cof a'n taclow ma yn pub termyn, wosa me dhe dremena.

16 Rag ny wrussyn ny sewya whedhlow devysys yn connek, pan wrussyn ny declarya dheugh an gallus ha'n devedhyans a'gan Arluth Jesu Cryst. Ny a welas y splander gans agan dewlagas agan honen. 17 Ef a recevas onour ha glory dheworth Dew an Tas, pan vue delyfrys dhodho an lef na der an Glory Brentyn ow leverel, "Hem yw ow Mab vy, an Muergerys, ha me yw plesys bras ganso." 18 Ny agan honen a glowas an lef ow tos mes a'n nef, pan esen ny warbarth ganso war an meneth sans.

[19]Rag henna, ny a'gan bues geryow an profecy crefhes dhe surra dhyn. Mar teugh why ha gul vry anedhans, kepar hag a wolow a wrella shynya yn tyller tewl, why a wra da, bys may teffa an jedh hag egery ha'n Verlewen drehevel y'gas colonnow. [20]Kens oll merkyeugh hemma: nyns ues profecy vyth y'n scryptur a'n jeves ynterpretacyon pryveth, [21]rag an scryptur ny dhueth bythqueth der an bolunjeth a dhen, mes tus venegys a gowsas, kepar del vons y muvys der an sperys Sans.

2 Saw fals profettys a sordyas yn mesk an bobel, kepar del ues descajoryon fals y'gas mesk why, hag y a dhora gansans tebel-grejyansow. Ea, y a wra denaha an Mester a wrug aga frena kyn fe, hag yndelma y a dhora dystrucsyon heb let warnedhans aga honen. [2]Lyes onen bytegens a vyn sewya aga fordhow bylen, ha fordh an gwyryoneth a vydh cablys der an dhescajoryon ma. [3]Awos aga hovaytys y a wra agas drog-handla dre fekyl lavarow. Ny vue dyek an vrues leverys war aga fyn termyn hyr alemma, ha nyns usy yn cusk aga dystrucsyon.

[4]Ny wrug Dew sparya an eleth, pan wrussons y peha, mes aga thowlel war nans yn gwlas yffarn, ha gorra chaynys a'n tewolgow downna adro dhedhans rag aga gwetha ena, erna dheffa an vrues. [5]Ny wrug ef sparya an bys coth ma, kyn whrug ef sylwel Noy, an messejer a'n gwyryoneth, warbarth gans seyth person aral, pan dhros ef lyf war norvys an dus ansans. [6]Ef a loscas dhe lusow an cytas a Sodom ha Gomorra, wosa ef dh'aga dampnya dhe dhystrucsyon ha gul anedhans ensompel a'n pyth usy ow tos war an dus ansans. [7]Ef a wrug sylwel Lot, den just neb a vue troblys bras dre fara dyrewl an gyglos. [8]An den ewnhensek na a vue tormentys yn y enef gwyryon der aga oberow dyrewl, a wrug ef gweles ha clowes dedh wosa dedh hag ef tregys y'ga mesk. [9]Cler yw ytho an Arluth dhe wodhvos fatel dylyfra an dus sans dheworth assay, hag yn pan vaner a godh gwetha an dus vylen yn dan bunyshment bys yn dedh brues – [10]spesly an re na usy ow chersya aga hyg dre lustys pedrys, hag ow tyspresya auctoryta.

Tont yns y ha gothys, ha ny's teves own vyth a vlamya an eleth. [11]Mes nyns usy an eleth, kynth yw brassa aga nerth ha'ga gallus, owth usya cabel vyth hag y ow whelas aga dry dhe vrusyans dherag an Arluth. [12]Saw an re ma yw kepar ha bestas heb skyans, creaturs warlergh kynda, genys dhe vos kechys ha ledhys. Ymons y ow tespytya an pyth na wodhons y convedhes. Kepar ha bestas y a wra mos dhe goll.

[13]Y a wra godhaf an punyshment rag aga drogoberow. Plesour yw dhedhans kyffewya orth golow an jedh. Y yw kepar ha nammow ha spottys plos. Y a vydh ow rejoycya pupprys y'ga harlotry hag y ow kyffewya genough. [14]Luen a lust yw aga dewlagas, ha ny yll bos dyfudhys aga ewl rag pegh. Ymons y ow tynya enevow gwan. Deskys re bue aga holon yn covaytys. Ass yns y flehes emskemunys! [15]Y re

353

wrug forsakya an fordh ewn ha mos war stray, ow sewya an fordh a Valam mab Beor, neb a garas gober an drog, [16]mes a vue rebukys rag y drespas. Asen omlavar a gowsas orto gans lef den ha lettya muscotter an profet.

[17]Fentynyow heb dowr yw an re ma, ha newl dryvys dherag an gwyns. Ragthans re bue parys an tewolgow downna oll. [18]Ymons y ow clattra gerennow whethfys hag ufer. Gans oll an lustys dygabester a'n kyg ymons y ow slockya tus, na wrug scantlowr scappya dheworth errours an paganys. [19]Ymons y ow promysya franchys dhedhans, saw y aga honen yw keth dhe bodrethes, rag kethwas yw den dhe bynag oll tra a vo ow cul maystry warnodho. [20]Y a scappyas dheworth mostethes an bys der aswon agan Arluth ha Sylwyas Jesu Cryst. Mar qurons y treylya an secund treveth ha bos maglys yn taclow an bys hag overcummys dredho, y a far lacka es del wrussons wostalleth. [21]Gwell vya ragthans sevel orth godhvos bythqueth an fordh a wyryoneth, es y aswon ha treylya arta dheworth an comondment sans a vue delyfrys dhedhans. [22]An lavar coth re bue prevys y'ga hever y, "Dewheles a wra an ky dh'y whej y honen," ha "Kettel vo an porhel golhys, y tue hag omrolya y'n lub."

3 A vreder vuergerys, hem yw an secund lyther a screfys dheugh. Yth esof ow whelas der ow lytherow sordya purpos da ynnough. Res yw dheugh [2]perthy cof a'n geryow cowsys y'n termyn ues passys gans an

profettys sans. Res yw remembra comondmentys agan Arluth ha Savyour kefrys, neb a vue rys dhyn der an abosteleth.

[3]Kens oll, y tal dheugh convedhes hemma: y tue gesoryon y'n dedhyow dewetha, hag y a wra ges ha chersya aga drogwhansow. [4]Y a vyn leverel, "Ple ma an promys a'y dhevedhyans? Aban verwys agan hendasow, yma pub tra ow pesya kepar del o dheworth dallethfos an creacyon!" [5]Dre dowl ny wrons y vry a'n dra ma: fatel vue an nevow gwres der er Dew termyn hyr alemma. An dor a vue formys mes a dhowr, [6]ha'n bys coth a vue budhys dre dhowr ha dystrowys. [7]Saw der an keth ger an nevow ha'n norvys a'gan dedhyow ny a vue gwethys rag tan, hag y a vydh gwethys bys yn dedh brues ha bys yn dedh dystrucsyon an debel-wesyon.

[8]Saw whath, a vreder vuergerys, na vedheugh dyswar a'n dra ma: un jedh gans an Arluth yw kepar ha myl vledhen; yma myl vledhen kepar hag un jedh. [9]Nyns yw an Arluth lent ow tuchya y dhedhewadow, kepar del usy certan re ow tyby. Yn le henna yma va ow kemeres perthyans hyr genough why, rag nyns usy ef ow tesyrya may fo den vyth dyswres. Gwell vya ganso kenyver den dhe dreylya dheworth y behosow.

[10]Jorna an Arluth a dhue kepar ha lader. Nena an nevow a wra tremena gans tros bras. An elvennow a vydh tedhys gans tan, ha'n nor ha kenyver tra creatys ynno a wra vansya.

[11]Aban vydh oll an taclow ma dystrowys yndelma, pana sort tus a

dal dheugh why bos? Agas bewnans a dal bos glan ha sacrys dhe Dhew, [12]ha why ow cortos hag ow tesyrya jorna Dew. Pan dheffa an jorna na, an nevow a vydh leskys ha tedhys ha'n elvennow a vydh dystrowys gans tan. [13]Saw warlergh y dhedhewadow ef, yth eson ny ow cortos nef noweth ha norvys noweth, hag y fydh an gwyryoneth tregys ynnans.

[14]Rag henna, a vreder vuergerys, pan esough why ow cortos an taclow ma, kemereugh wyth dhe vos kefys ganso yn cres, heb spot bo nam vyth. [15]Acontyeugh hyrwodhevyans agan Arluth avel salvacyon. Yndelma kefrys agan broder ker Pawl a screfas dheugh warlergh an furneth grontys dhodho. [16]Ef a gowsas a henna, kepar del usy ow cul yn oll y lytherow. Yma nebes taclow ynnans yw cales dhe vos understondys. Ha'n re yw unstabyl ha neb na'n jeves dyscans, a wra treylya an dra, kepar del wrons y dhe oll an scrypturs erel dh'aga dystruc-syon aga honen.

[17]Rag henna, ow hothmens, dre reson y bosough gwarnys dherag dorn, bedheugh war rag dowt why gans tus erel dhe vos tennys dhe errour gans an dus dylaha ha'n drog-pobel ha nena codha dheworth agas stedfastnes agas honen. [18]Na, teveugh kens yn gras hag yn aswonvos agan Arluth ha Sylwyas Jesu Cryst. Re bo dhodho ef an glory y'n tor' ma, ea, ha bys dedh brues! Amen.

Kensa Pystyl Jowan

1 Yth eson ny ow screfa dheugh adro dhe'n Ger a vewnans. Y fue dhya an dallethfos. Ny re wrug y glowes ha'y weles gans agan dewlagas. Ea, ny re veras orto ha'y duchya gans agan dewla. ²An bewnans ma a vue dysclosys, ha ny a'n gwelas. Yndelma yth eson ny ow cowsel adro dhodho, hag ow teclarya dheugh a'n bewnans heb deweth esa gans an Tas, hag a vue dysclosys dhyn. ³An pyth a wrussyn ny gweles ha clowes, yth eson ny orth y dheclarya dheugh kefrys, may halleugh why omjunnya genen ny y'n gowethas usy dhyn gans an Tas, ha gans y Vab, Jesu Cryst. ⁴Mereugh, yth eson ny ow screfa hemma ma'gas bo lowena luen.

⁵Hem yw an messach a wrussyn ny clowes dheworto, hag eson ny ow progeth dheugh: Dew dhe vos golow ha nag ues tewolgow vyth oll ynno. ⁶Mar tuen ny ha leverel bos cowethas dhyn ganso ha ny ow kerdhes y'n tewolgow, ny a laver gow ha ny wren ny an gwyryoneth. ⁷Saw mar tuen ny ha kerdhes y'n golow, kepar del usy ef y honen y'n golow, nena ny a'gan bues cowethas an eyl gans y gela, hag yma gos Jesu Cryst y Vab ef orth agan golhy dheworth oll agan pegh.

⁸Mar tuen ny ha leverel nag on ny pehadoryon, yth eson ow tecevya agan honen, ha'n gwyryoneth nyns usy genen. ⁹Mar tuen ha meneges agan pehosow, Dew yw luen a vercy, just ha lel dhe ava dhyn agan pehosow, ha dh'agan glanhe a bub mostethes. ¹⁰Mar tuen ha leverel na wrussyn peha, ny a'n gwra ef gowek ha'y er nyns usy ynnon ny.

2 A flehes vyan, yth esof ow screfa an taclow ma, ma na wrelleugh why pegh vyth. Saw mar tue den vyth ha peha, yma genen ny pledyer dherag an Tas, Jesu Cryst an Gwyryon, ²hag ef yw an amendys rag agan pehosow. Moy es henna ef yw an amendys rag pehosow oll an bys.

³Ny a yll bos certan ny dh'y aswon ef, mar tuen ny hag obaya dh'y gomondmentys. ⁴Neb a lavarra, "Me re'n caras ef," mes na wra warlergh y gomondmentys, gowek yw, ha nyns usy an gwyryoneth ynno. ⁵Saw kenyver a wrella obaya dh'y er, yn gwyr kerensa Dew yw gwres parfeth ynno ef. Dre henna ny a wor agan bos ny ynno ef. ⁶Neb a wrella leverel, "Me yw tregys ynno," y tal dhodho kerdhes kepar del wre Cryst kerdhes.

⁷A vreder vuergerys, nyns esof vy ow screfa comondment noweth vyth dheugh, saw comondment coth, usy genough dhya an dalleth. An comondment coth yw an ger a glowsough why. ⁸Yth yw noweth bytele an comondment esof vy ow screfa dheugh. Gwelys yw y wyryoneth yn Cryst hag ynnough why, dre reson bos an tewolgow ow tremena ha'n golow gwyr ow tewynya solabrys.

⁹Neb a lavarra y vos y'n golow hag ef ow hatya y vroder, yma va y'n tewolgow whath. ¹⁰Pynag oll a garra

y vroder, yma va tregys y'n golow, ha nyns ues men a drebuchyans ynno ef. ¹¹Saw pynag oll a wrella casa y ges-Crystyon, y'n tewolgow yma va. Yma va ow kerdhes y'n tewolgow ha ny wor ef an fordh dhe dravalya, dre reson an tewolgow dh'y dhalla.

¹²Yth esof ow screfa dheugh, a flehes vyan, dre reson agas pehosow dhe vos gyvys rag y gerensa ef.

¹³Yth esof ow screfa dheugh why, a dasow, dre reson why dhe aswon henna usy dheworth an dallethfos.

Yth esof ow screfa dheugh why, a dus yowynk, dre reson why dhe fetha an tebel-el.

¹⁴Yth esof ow screfa dheugh why, a flehes, dre reson why dhe aswon an Tas.

Yth esof ow screfa dheugh why, a dasow, dre reson why dhe aswon henna neb re bue dheworth an dallethfos.

Yth esof ow screfa dheugh why, a dus yowynk, drefen why dhe vos cref ha ger Dew dhe drega ynnough why, ha why dhe overcummya an tebel-el.

¹⁵Na wreugh cara an bys na taclow an bys. Nyns usy kerensa an Tas y'n re na usy ow cara an bys. ¹⁶Rag pub tra oll y'n bys – whansow an kyg, whansow an dewlagas, goth yn rychys – ny dhue dhya an Tas, saw dhya an bys. ¹⁷Yma an bys ha whansow an bys ow tremena, mes an re na a wrella bolunjeth Dew, y a wra bewa rag nefra.

¹⁸A flehes, ot an prys dewetha! Del wrussough why clowes bos an antecryst ow tos, y'n tor' ma re dhueth lyes antecryst. Apert yw dheworth henna bos an prys pur ogas. ¹⁹Y eth yn mes ahanan, mes nyns esens y ow longya dhyn. A pens y ow longya dhyn, y a vensa trega genen. Saw aban wrussons y dyberth dheworthyn, y a dheryvas nag o den vyth anedhans a'gan party ny.

²⁰Why re bue anoyntys ganso ef neb yw sans, ha pub onen ahanough a wor an gwyryoneth. ²¹Nyns esof vy ow screfa dheugh dre reson na wodhough why an gwyryoneth, saw dre reson why dh'y wodhvos, ha why a wor na dhue gow vyth dhya an gwyryoneth. ²²Pyw yw an gowek ma's ef usy ow naha Jesu dhe vos an Cryst? Henna usy ow tenaha an Tas ha'n Mab yw an antecryst. ²³Ny'n jeves den vyth an Tas mar qura va denaha an Tas. Neb a wrella meneges an Mab, ef a'n jeves an Tas kefrys.

²⁴Gwrens gortos ynnough an pyth a wrussough why clowes dhya an dallethfos. Mar qura trega ynnough an pyth a wrussough why clowes wostalleth, nena why a dryg y'n Mab hag y'n Tas. ²⁵Awot an pyth a wrug ef promysya dhyn: bewnans heb deweth.

²⁶Yth esof ow screfa an taclow ma dheugh ow tuchya an re na a venna agas tulla. ²⁷Adro dheugh agas honen, an untyans a wrussough why receva dheworto a dryg ynnough, ma na'gas bues othem vyth a nebonen rag agas desky. Saw yma y untyans ef orth agas desky adro dhe bub tra. Gwyr yw henna, ha nyns ues gow vyth ynno. Kepar del wrug ef agas desky, tregeugh ynno ef.

²⁸Lemmyn, a flehes vyan, tregeugh ynno ef, pan vo va dysclosys, ma'gas bo fydhyans, ha ma na wrelleugh kemeres meth dheragtho pan dheffa ef.

²⁹Why a wor y vos ewnhensek. Why a yll bos certan ytho bos genys anodho kenyver den a wrella an pyth ewn.

3 Mereugh pana gerensa re ros an Tas dhyn – ny dhe vos gelwys flehes Dew. Ha ny yw flehes Dew yn gwyryoneth. Ny wra an bys agan aswon ny, dre reson na wrug an bys y aswon ef. ²A dus vuergerys, ny yw flehes Dew lemmyn. An pyth a vedhyn ny yw whath dhe vos dysclosys. Saw ny a wor hemma: pan vo va dysclosys, ny a vydh haval dhodho rag ny a'n gwelvyth poran kepar del ywa. ³Kenyver den a'n jeffa an govenek ma, a dal glanhe y honen, kepar del yw ef y honen glan.

⁴Neb a wrella pegh, yw cablus a fara dylaha. Dylaha yw pegh. ⁵Why a wor fatel vue ef dysclosys rag don yn kergh pehosow. Ynno ef nyns ues pegh vyth oll. ⁶Neb a wrella trega ynno ef, ny wra va pegh. Ny wrug an pehador naneyl y weles na'y aswon.

⁷A flehes vyan, na wrella den vyth agas decevya. Neb a wrella an pyth ewn, yw ewn kepar del yw ewn Cryst y honen. ⁸Neb a wrella pegh, yw flogh a'n tebel-el, rag yma an tebel-el ow peha dhya an dalleth. Y fue Mab Dew dysclosys rag an purpos ma: rag dystrowy oberow an tebel-el. ⁹An re na a vue genys a Dhew, ny wrons y pegh, dre reson an very natur a Dhew

dhe drega ynnans. Ny yllons y peha, dre reson aga bos genys a Dhew. ¹⁰Dre helma yth yw aswonys an flehes a Dhew dheworth flehes an tebel-el. Kenyver onen na wrella an pyth ewn, dheworth Dew ny dhue ef man. Pynag oll yw henna na garra y vroder, nyns yw henna flogh Dew.

¹¹Awot an messach a wrussough why clowes dhya an dalleth, fatel godh dhyn cara an eyl y gela. ¹²Ny a dal bos ken es Caym, rag ef a dhueth dheworth an tebel-el ha moldra y vroder. Ha prag y whrug y ladha? Drefen y oberow y honen dhe vos drog, ha just oberow y vroder. ¹³Na gemereugh marth, a vreder, pan usy an bys orth agas casa why. ¹⁴Ny a wor fatel wrussyn ny passya dhya vernans dhe vewnans, dre reson ny dhe gara an eyl y gela. Neb na wrella cara, yma va tregys yn mernans. ¹⁵Neb a wrella casa y vroder yw denledhyas, ha why a wor nag usy an bewnans heb deweth tregys y'n dhenledhysy.

¹⁶Ny a aswon kerensa dre hemma, ef dhe dhascor y vewnans rag kerensa y gothmens – hag y tal dhyn ny dascor agan bewnans an eyl rag y gela. ¹⁷Fatel vydh kerensa Dew tregys yn den vyth a'n jeffa pythow an bys, hag a wella broder yn esow ha sconya dh'y weres? ¹⁸A flehes vyan, geseugh ny dhe gara yn gwyryoneth hag yn deda, kens es yn ger bo lavar. ¹⁹Ha dre hemma ny a wodhvyth agan bos gwyryon, ha ny a yll bos a golon dha yn golok Dew, ²⁰peskytter may lavarra agan colon dhyn ny dhe wul pegh. Rag brassa yw Dew ages agan colon, hag ef a wor pub tra oll.

²¹A vreder vuergerys, mar ny laver agan colon dhyn ny dhe wul pegh, ny vennyn ny perthy own y'n presens a Dhew. ²²Ef a re dhyn pynag oll tra a wrellen govyn orto, drefen ny dhe gollenwel y arhadow ha'y blesya. ²³Ha hem yw y gomondment, ny dhe gresy yn hanow y Vab Jesu Cryst, ha dhe gara an eyl y gela, kepar del erhys ef dhyn. ²⁴Neb a wrella obaya y go-mondmentys, a dryg ynno ef hag ef a dryg y'n den na. Dre hemma ny a wor y vos tregys ynnon ny, der an Sperys a wruga grontya dhyn.

4 Na greseugh dhe bub sperys, mes preveugh an sperysyon, may halleugh why gweles usons y dheworth Dew bo nag usons. Rag lyes profet fals eth yn mes der oll an bys. ²Dre hemma y hyllough why as-won Sperys Dew: an sperys a wrella meneges bos Jesu Cryst devedhys y'n kyg, dheworth Dew yma. ³Sperys vyth na wrella meneges Jesu, ny dhue ef dheworth Dew. Hem yw sperys an antecryst, a glowsough why dhe dhos. Mereugh, yma va y'n bys sola-brys!

⁴A flehes vyan, dheworth Dew yth esough why ow tos, ha why a wrug fetha an profettys fals, rag brassa yw an Sperys usy ynnough why es an sperys usy y'n bys. ⁵Dhya an bys yma an profettys fals. Rag henna yma an pyth a leverons ow longya dhe'n bys ha'n bys a wra goslowes ortans. ⁶Ny a dhue dheworth Dew. Neb a aswonna Dew, a vyn goslowes orthyn ny. Neb na dheffa dheworth Dew, ny vyn agan clowes. Dre hemma ny a aswon sperys an gwyryoneth ha sperys an errour.

⁷A vreder vuergerys, geseugh ny dhe gara an eyl y gela, dre reson an gerensa dhe dhos dheworth Dew. Kenyver a wrella cara, ef yw genys a Dhew hag a aswon Dew. ⁸Kenyver na wrella cara, nyns usy owth aswon Dew, rag Dew yw kerensa. ⁹Yndelma y fue kerensa Dew dysclosys y'gan mesk ny: Dew a dhanvonas y un Vab aberth y'n bys may hallen ny bewa dredho. ¹⁰An gerensa esof vy ow cowsel anedhy – nyns yw hy agan kerensa tro ha Dew, mes y gerensa ef tro ha ny, pan dhanvonas y Vab dhe wul amendys rag agan pehosow. ¹¹A vreder vuergerys, aban wrug Dew kemmys agan cara, y codh dhyn cara an eyl y gela magata. ¹²Ny wrug den vyth bythqueth gweles Dew. Saw mars eson ny ow cara an eyl y gela, yma Dew tregys ynnon ny hag y fydh kerensa collenwys ynnon.

¹³Dre hemma ny a wor ny dhe drega ynno ef hag ef ynnon ny, rag ef a ros y Sperys dhyn. ¹⁴Ny a welas hag yth eson ny ow testa fatel wrug an Tas danvon y Vab avel Savyour an bys. ¹⁵Yma Dew tregys y'n re na usy ow meneges Jesu dhe vos Mab Dew, hag ymons y tregys yn Dew. ¹⁶Yndel-ma ny a aswonas, hag yth eson ny ow cresy an gerensa dysquedhys dhyn ny gans Dew.

Dew yw kerensa, ha'n re na usy tregys yn kerensa, ymons y tregys yn Dew hag yma Dew tregys ynnans y. ¹⁷An gerensa a vue collenwys y'gan mesk, may hallen ny kemeres colon dha y'n jedh fyn, rag poran kepar del yw Cryst, yndelma yth on ny y'n bys ma. ¹⁸Nyns ues own vyth yn kerensa, mes yma kerensa berfeth ow towlel own yn mes. Ny vue kerensa collenwys yn den vyth a gemerra own, rag yma own ow longya dhe gessydhyans.

¹⁹Ny a gar dre reson ef dh'agan cara ny kens. ²⁰An re na usy ow leverel, "Me a gar Dew," hag y ow casa aga breder, gowygyon yns y. Rag an re na na wra cara broder a welsons y, ny yllons y cara Dew na welsons bythqueth. ²¹Hem yw an comondment a wrussyn receva dheworto: kenyver den a garra Dew, res yw dhodho cara y vroder kefrys.

5 Kenyver a gressa bos Jesu an Cryst, yth yw genys a Dhew. Kenyver onen a garra an tas bo an vam a gar an flogh kefrys. ²Dre hemma ny a wor fatel geryn ny flehes Dew, pan geryn Dew hag obaya dh'y gomondmentys. ³Rag kerensa tro ha Dew yw hemma: ny dhe obaya y gomondmentys. Nyns yw sawgh pos y gomondmentys, ⁴rag pynag oll a vo genys a Dhew a wra fetha an bys. Hem yw an vyctory usy ow fetha an bys: agan crejyans ny. ⁵Pyw usy owth overcummya an bys, ma's ef usy ow cresy Jesu dhe vos Mab Dew?

⁶Ef yw henna a dhueth dre dhowr ha gos, Jesu Cryst. Ny dhueth ef dre dhowr yn unyk saw dre dhowr ha gos. An Sperys yw henna usy ow testa, rag an Sperys yw an gwyryoneth. ⁷Yma try usy ow testa: ⁸an Sperys, an dowr ha'n gos, hag unver yns y an eyl gans y gela. ⁹Yth eson ny

ow tegemeres dustuny mab den. Saw surly yth yw brassa dustuny Dew. Hem yw dustuny Dew: ef dhe dhesta ow tuchya y Vab. ¹⁰An re na usy ow cresy yn Mab Dew, y a's teves an dustuny y'ga holon. An re na nag usy ow cresy yn Dew, y a'n gwrug gowek, aban na wrussons y cresy an dustuny a vue rys gans Dew ow tuchya y Vab. ¹¹Hem yw an dustuny: Dew re ros dhyn bewnans heb deweth, hag yma an bewnans ma yn y Vab. ¹²Neb a'n jeffa an Mab, ef a'n jeves bewnans kefrys. Neb na'n jeffa an Mab, nyns usy an bewnans ganso.

¹³Yth esof ow screfa an taclow ma dheugh why usy ow cresy yn hanow Mab Dew, may halleugh why godhvos why dhe gafus an bewnans heb deweth. ¹⁴Hem yw an colonnecter usy genen ny ynno ef, mar tuen ny ha govyn tra vyth warlergh y volunjeth ef, ef a wra agan clowes. ¹⁵Ha mar codhon ny ef dhe woslowes orthyn, ha ny ow covyn taclow orto, ny a wor kefrys ny dhe receva dheworto pub tra a wrellen derfyn.

¹⁶Mar tueta ha gweles dha vroder ow cul pegh (nag yw pegh bys yn mernans), te a wra pesy dhe Dew, hag ef a vyn ry bewnans dhodho ef nag usy y behosow ow ledya dhe ancow. Yma pehosow y'n bys usy ow try mernans. Ny lavaraf bos res dheugh pesy dhe Dhew ow tuchya an re na. ¹⁷Pub trespas yw pegh, mes yma pehosow y'n bys na wra humbrank dhe'm mernans.

¹⁸An re na neb yw genys a Dhew, ny wrons y peha, rag yma henna neb a vue genys a Dhew orth aga dyffres,

ha ny yll an tebel-el aga thuchya. [19]Ny a wor agan bos an flehes a Dhew ha bos oll an norvys yn dan arlottes an tebel-el. [20]Ny a wor kefrys Mab Dew dhe vos devedhys, ha dhe ry dhyn convedhes, may hallen ny y aswon ef neb yw gwyryon. Yth eson ny ynno ef neb yw gwyryon, drefen agan bos yn y Vab Jesu Cryst. Hem yw an Dew gwyryon, ha hem yw an bewnans heb deweth.

[21]A flehes vyan, gwreugh gwetha agas honen rag ydolys.

Secund Pystyl Jowan

1 Dheworth an elder,

Dhe'n arlodhes dhowysys ha dh'y flehes, neb a garaf vy y'n gwyryoneth. Ha pubonen kefrys usy owth aswon an gwyryoneth a's car y, [2]dre reson a'n gwyryoneth usy tregys ynnon hag a vydh genen bys vyken.

[3]Re bo gras, mercy ha cres genen dheworth Dew an Tas ha dheworth Jesu Cryst, Mab an Tas, yn gwyryoneth ha kerensa.

[4]Ass o bras ow joy, pan wrug avy clowes ran a'th flehes dhe gerdhes y'n gwyryoneth, kepar del erhys an Tas dhyn dhe wul. [5]Saw lemmyn, a arlodhes wheg, me a'th pys may whrellen cara an eyl y gela – ha nyns esof ow screfa dhys comondment noweth, mes onen a vue genen dhya an dalleth. [6]Ha hom yw kerensa, ny dhe kerdhes warlergh y gomondmentys.

Hem yw an comondment, poran kepar del wrusta y glowes wostalleth, may halleugh why kerdhes ynno.

[7]Lyes tullor res eth ales y'n bys, an re na nag usy ow meneges Jesu Cryst dhe dhos y'n kyg. Tullor yw den vyth a'n par na ha'n antecryst! [8]Bedheugh war, ma na wrelleugh why kelly an pyth a wrussyn ny collenwel, saw may halleugh why receva weryson luen. [9]Neb na wrella trega yn dyscans Cryst, saw a wrella mos dresto, ny'n jeves an den na Cryst. Neb a wrella trega y'n dyscans, ef a'n jeves an Tas ha'n Mab kefrys. [10]Mar tue den vyth dheugh ha na vydh an dyscans ma ganso, na wreugh naneyl y receva y'th chy na'y wolcumma. [11]Mar teffeugh ha'y wolcumma, why a vya kevrennek a'n drogoberow a dhen a'n sort na.

[12]Kynth ues lyes tra genef dhe screfa dheugh, gwell vya dhym sevel orth usya paper hag ynk. Govenek a'm bues yn le henna dos dheugh ha cowsel orth agas ganow, may fo luen agan lowena.

[13]Yma flehes dha whor dhowysys orth dha dhynerhy.

Tressa Pystyl Jowan

1 Dheworth an elder,

Dhe Gaius muergerys, neb a garaf vy yn gwyryoneth.

2A vroder muergerys, me a bys may whrelles spedya yn pub tra hag enjoya yehes da, kepar del usy dha enef yn poynt da. 3Assa vuef lowen pan dhueth ran a'n vreder ha desta a'th lendury dhe'n gwyryoneth, hen yw dhe styrya te dhe gerdhes y'n gwyryoneth. 4Ny'm bues cheson vyth brassa rag lowena es pan glowaf ow flehes dhe vos ow kerdhes y'n gwyryoneth.

5A vroder muergerys, pynag oll tra a wrelles, te a'n gwra gans lelder rag an vreder, kynth yns y alyons dhys. 6Y a dhestas a'th kerensa jy dherag an eglos. Te a wra yn ta, mar tueta ha'ga danvon yn rag yn maner wordhy a Dhew. 7Y a dhallathas an vyaj rag kerensa Cryst, ha ny wrussons y degemeres gweres vyth dheworth an paganys. 8Rag henna y tal dhyn scodhya tus an par na, may fen ny kesoberoryon gansans y'n gwyryoneth.

9Me re screfas nampyth dhe'n eglos, mes ny wra Diotrefes, usy ow tesyrya gorra y honen y'n kensa le, nyns usy va owth aswon agan auctoryta. 10Rag henna, mar tuema dheugh, me a vyn gul dheugh remembra y oberow hag ef ow lesa adro cabel fals adro dhyn. Nyns yw henna lowr dhodho, mes yma va kefrys ow sconya dhe wolcumma an vreder, ea, hag yma va ow lettya an re na a vensa gul yndelma hag orth aga herdhya mes a'n eglos.

11A vroder muergerys, na wra warlergh an pyth a vo drog, saw gwra warlergh an pyth a vo da. Kenyver den a wrella da, ef a dhue dheworth Dew. Kenyver den na wrella da, ny welas ef Dew. 12Pubonen a dhestas gans favour a Dhemetrius. An gwyryoneth a dhestas anodho kefrys. Yth eson ny ynwedh ow testa anodho, ha te a wor bos gwyr agan dustuny.

13Me a'm bues lowr dhe screfa dhys, saw gwell yw dhym sevel orth usya paper hag ynk. 14Yn le henna govenek a'm bues dha weles yn scon, ha ny a wra cowsel an eyl orth ganow y gela.

15Re bo cres genes. Yma an vreder orth dha dhynerhy. Dynargh er y hanow pubonen a'n vreder.

Pystyl Juda

1 Dheworth Juda, servont a Jesu Cryst ha'n broder a Jamys.

Dhe'n re na yw gelwys ha muergerys yn Dew an Tas, ha gwethys saw rag Jesu Cryst.

[2]Re'gas bo mercy, cosoleth ha kerensa lowr ha plenta!

[3]A vreder vuergerys, yth esof ow fysky dhe screfa dheugh a'n salvacyon on ny kevrennek anodho. Yth hevel dhym bos res screfa dheugh, may halleugh stryvya rag an fedh a vue trestys dhe bobel Dew unweyth rag nefra. [4]Rag certan faytours re slynkyas aberth y'gas mesk. Yth yns nans yw termyn hyr dampnys avel tus dydhew. Ymons y ow camdreylya gras agan Dew rag gul mostethes anodho, hag ow tenaha agan un Mester hag Arluth, Jesu Cryst.

[5]Da vya genef gul dheugh perthy cof, kyn whodhough pub tra y'n mater, fatel wrug an Arluth dystrowy an re na na venna cresy, wosa ef dhe sylwel y bobel mes a bow Ejyp. [6]Yma va ow sensy y'ga chaynys y'n tewolgow downna oll rag nefra bys y'n jedh bras dewetha an eleth a asas aga thylleryow hag a forsakyas aga thrygva ewn. [7]Yn kepar maner Sodom ha Gomorra ha'n cytas ader dro kefrys, aban wrussons y practysya mostethes ha lustys dynatur, y a servyas avel ensomplys. Y a vue punsys dre dan dyvarow.

[8]Yndelma ynwedh yma an re ma hedhyw. Yma aga hunrosow orth aga ledya dhe dhefolya an kyg, dhe sconya auctoryta ha dhe dhespytya an eleth. [9]Y'n contrary part, pan wrug Myhal arghel stryvya gans an tebel-el adro dhe gorf Moyses, ny wrug ef lavasos gul cabel war y byn, saw ef a leverys, "Re wrella an Arluth dha rebukya!" [10]Mes yma an dus ma ow cably pub tra na yllons convedhes. Y yw defolys gans an taclow a wodhons convedhes – dre nas adar dre skentoleth, kepar ha bestas dyskyans.

[11]Goy! Goy! Rag ymons y ow kerdhes yn fordhow Caym, der ewn govaytys ow telyfra aga honen dhe errour Balam. Ymons y ow mos dhe goll, kepar hag yn rebellyans Cora. [12]Bysmer yw an re ma dh'agas festow kerensa. Y a wra golya genough heb own vyth hag y ow maga aga honen. Y yw clowdys heb dowr, dryvys yn rag der an gwyns. Gwedh kynyaf heb frut vyth yns y, marow dewweyth ha dywredhys. [13]Y yw tonnow gwyls y'n mor, ow towlel yn ban an ewon a'ga sham. Y yw sterennow gwandra, may fydh an tewolgow downna sensys ragthans bys vyken ha benary.

[14]Enoch, y'n seyth henath dhya Adam, a brofusas adro dhe'n re ma, pan leverys, "Me a welas an Arluth ow tos ha deg myl a'y sens ganso. [15]Ef a vyn collenwel y vrues war bubonen. Ef a wra convyctya pubonen a'y wan-oberow, neb a wrug ef yn trog, hag a'n geryow asper a leverys pehadoryon drues war y byn ef." [16]An re ma yw an growsegyon ha'n

vrathcuen. Ymons owth omry aga honen dh'aga drogwhansow. Predhek ufer yw aga lavarow, hag y a vydh ow flattra hag ow fecla rag aga les aga honen.

¹⁷Saw why, a vreder vuergerys, yma res dheugh perthy cof a'n profecy a wrug an abosteleth a'gan Arluth Jesu Cryst. ¹⁸Y a leverys dheugh, "Y'n dedhyow dewetha y fydh gwelys gesyoryon hag y omrys dh'aga drogwhansow aga honen." ¹⁹An re ma yw an dus usy ow sordya stryf. Rowtys yns der aga whansow genesyk, rag nyns usy an Sperys ynnans.

²⁰Saw why, a vreder vuergerys, gwreugh byldya agas honen yn ban pupprys yn sansoleth hag yn fedh.

Gwreugh agas pejadow y'n Sperys Sans. ²¹Gwetheugh agas honen yn kerensa Dew. Gorteugh mercy agan Arluth Jesu Cryst, usy ow ledya dhe vewnans heb deweth. ²²Ha kemereugh pyteth a'n re na a wrella hockya. ²³Sylweugh ken re orth aga sesya mes a'n tan. Bedheugh mercyabyl dhe ran aral whath gans own, owth hatya an bows yw defolys der an kyg.

²⁴Saw dhodho ef, neb a yll agas gwetha rag codha ha'gas settya a'gas saf heb nam ha gans lowena yn syght y glory, ²⁵dhe'n un Dew agan Sylwyas, dre Jesu Cryst agan Arluth, re bo glory, braster, gallus hag auctoryta kens pub termyn oll, y'n tor' ma ha bys vyken ha benary! Amen.

Revelacyon
(bo Dysquedhyans)
Jowan

1 Hem yw an revelacyon a vue rys gans Dew dhe Jesu Cryst. Y fue va rys dhodho may halla ef dysquedhes dh'y servons an taclow a resa wharfos yn scon. Ef a'n declaryas dh'y servont Jowan ow tanvon y el dhodho. ²Ha Jowan a dheryvas pub tra a welas, hag yndelma ef a destas a er Dew hag a dhustuny Jesu Cryst. ³Benegys yw kenyver den a wrella redya geryow an profecy, ha benegys yw an re na a'n clowa ha gwetha an taclow usy ynno, rag ow nessa yma an prys.

⁴Jowan,

Dhe'n seyth eglos yn Asia:

Gras dheugh ha cres dheworto ef neb yw, a vue hag a vydh, dheworth an seyth sperys usy dherag y dron ef, ⁵ha dheworth Jesu Cryst, an dustuny lel, kensa denethys a'n re marow ha pen myterneth an norvys.

Yma va orth agan cara ny hag ef a'gan delyfras der y wos dheworth agan pehosow ⁶ha gul ahanan gwlascor pronteryon rag servya y Dhew ha'y Das. Dhe Jesu Cryst re bo glory ha gallus bys vyken ha benary! Amen.

⁷Mereugh, yma va ow tos y'n clowdys!
Pub lagas a'n gwelvyth,

ea, an re na neb a'n gwanas, ha rag y gerensa ef y whra ola pub nacyon war an norvys.
Ea, yn gwyr.

⁸"Me yw an Alfa ha'n Omega," yn medh an Arluth Dew, an Ollgallosek neb yw hag a vue hag a vydh.

⁹Me, Jowan, agas broder, usy ow kevranna genough why yn Jesu Cryst a'n tormentyans ha'n wlascor ha'n perthyans dof, yth esen war an enys gelwys Patmos awos kerensa ger Dew ha dustuny Jesu. ¹⁰Yth esen y'n Sperys jorna an Arluth, ha me a glowas adref dhym lef uhel kepar ha trompa ¹¹ow leverel, "Scryf yn lyver pynag oll tra a wrylly gweles, ha danvon an lyver dhe'n seyth eglos, dhe Efesus, dhe Smyrna, dhe Bergamus, dhe Thyatira, dhe Sardis, dhe Filadelfia ha dhe Laodicea."

¹²Me a dreylyas dhe weles pana lef esa ow cowsel orthyf. Pan dreylys, me a welas seyth coltrebyn owr, ¹³hag yn mesk an coltrebynyer me a welas onen kepar ha Mab an Den, pows hyr adro dhodho ha pan owrlyn dres y vrest. ¹⁴Blew y ben o maga whyn avel gwlan wyn, maga whyn avel ergh, ha'y dhewlagas o flam a dan. ¹⁵Kepar ha brons burnsys hag afynys yn forn o y dreys. Y voys o kepar ha son lyes dowr. ¹⁶Yn y dhorn dyhow yth esa ef ow sensy seyth steren. Yth esa cledha lym dew vyn ow tos mes a'y anow. Y fas o kepar ha'n howl pan vo va ow splanna gans oll y nerth.

¹⁷Pan wrug avy y welas, me a godhas orth y dreys avel den marow. Saw ef a settyas y luef dhyhow warnaf

ha leverel, "Na borth awher. Me yw an kensa ha'n dewetha. [18]Me yw henna neb yw yn few. Me a vue marow, saw lemmyn me a vydh yn few bys vyken ha benary. Me a'm bues alwhedhow Ancow hag Yffarn.

[19]"Scryf y'n tor' ma an pyth re wrusta gweles, an dra neb yw ha'n dra a wra happya wosa hemma. [20]Hem yw styr secret an seyth steren a welsta y'm luef dhyhow ha styr an seyth coltrebyn owr: an seyth steren yw eleth an seyth eglos, ha'n seyth coltrebyn yw an seyth eglos.

2 "Dhe el eglos Efesus scryf:

An re ma yw an geryow an Onen usy ow sensy an seyth steren yn y dhorn dyhow hag usy ow kerdhes yn mesk an seyth coltrebyn owr: [2]Aswonys dhym yw dha oberow, dha lafur ha'th perthyans. Me a wor na ylta perthy drogoberoryon. Te re wrug prevy an re na usy ow teryvas aga bos abosteleth mes nag yns y man. Te re gafas y dhe vos fals. [3]Me a wor kefrys fatel esta ow pesya hag ow perthy gans godhevyans awos ow hanow vy, ha na wrusta defygya whath.

[4]Saw me a'm bues hemma war dha byn, te dhe forsakya an gerensa a'th fue y'n dallethfos. [5]Porth cof ytho a'n pyth osta skynnys dheworto. Codh yn edrek, ha gwra an oberow a wrusta wostalleth. Mar ny wreta yndelma, me a dhue ha remuvya dha goltrebyn mes a'y dyller – mar ny vedhys repentys. [6]Saw hemma a yll bos leverys y'th

favour: cas dhys yw oberow an Nicolaitanas. Casadow yns y dhymmo vy kefrys.

[7]Neb a'n jeffa dewscovarn, gwrens ef goslowes orth an pyth usy an Sperys ow leverel dhe'n eglosyow. Dhe genyver onen a wrella overcummya, me a vyn ry cumyas dhe dhebry a'n wedhen a vewnans usy yn paradhys Dew.

[8]"Ha dhe el eglos Smyrna scryf:

An re ma yw geryow an kensa ha'n dewetha, ef neb a vue marow hag a dhueth arta dhe'n bewnans. [9]Aswonys dhym yw dha oppressyon ha'th vohosogneth, kynth osta rych. Aswonys dhym yw cabel an re na a laver aga bos Yedhewon, kyn nag yns y man. Y yw an synaga a Satnas. [10]Na gemer own a'n pyth a wreta suffra. Bydh war, an tebel-el a wra towlel ran ahanough yn pryson. Why a vydh assayys ha cafus govyjyon bys pen deg jorna. Bydh lel bys yn mernans, ha me a re dhys an gurun a vewnans.

[11]Kenyver onen neb a'n jeffa scovarn, gwrens ef goslowes orth an pyth usy an Sperys ow leverel dhe'n eglosyow. Neb a wrella overcummya, ny vydh ef pystygys der an secund mernans.

[12]"Ha dhe el eglos Pergamum scryf:

An re ma yw an geryow a henna a'n jeves an cledha lym dew vyn. [13]Me a wor pleth esta tregys, le may ma tron Satnas. Yth esta bytegens ow sensy fast dhe'm hanow vy.

Ny wrussys unweyth denaha dha fedh ynnof vy yn dedhyow Antipas, ow dustuny lel, pan vue ef ledhys y'gas cyta, trygva Satnas.

14Saw me a'm bues nebes taclow war dha byn. Yma genes y'n tyller na tus usy ow sensy a dhyscas Balam. Y a dhescas Balak dhe settya antylly dherag pobel Ysrael. Y a's ynnyas dhe dhebry kyg offrynnys dhe ydolys ha dhe wul fornycacyon. 15Yn kepar maner, yma ran genes usy ow sensy a dhyscans an Nicolaitanas. 16Gwra repentya ytho. Mar ny wreta codha yn edrek, me a vyn dos dhys yn scon ha gwerrya war aga fyn gans cledha ow ganow.

17Pynag oll a'n jeffa scovarn, gwrens ef goslowes orth an pyth a laver an Sperys dhe'n eglosyow. Kenyver a wrella overcummya, me a re an manna cudh dhodho dhe dhebry. Y rof dhodho kefrys men gwyn ha hanow noweth screfys warnodho. Ny vydh an hanow na aswonys dhe dhen vyth, ma's dhodho ef a vyn y receva.

18"Ha dhe el eglos yn Thyatira scryf:

An re ma yw geryow mab Dew, hag a'n jeves dewlagas kepar ha flam a dan, hag yma y dreys kepar ha brons burnsys. 19Aswonys dhym yw dha oberow – dha gerensa, dha fedh, dha servys ha'th perthyans dof. Me a wor bos brassa dha oberow dewetha es an oberow kensa.

20Saw me a'm bues hemma war dha byn: yth esta ow perthy an venen na Jezebel usy ow facya hy bos profet. Yma hy dre hy dyscans ow tyssaytya ow servons dhe wul fornycacyon ha dhe dhebry bos offrynnys dhe dhewow fals. 21Me a ros dhedhy spas dhe repentya, mes ny vyn hy treylya dheworth hy mostethes. 22Bydh war! Me a vyn hy thowlel war wely a baynys. An re na usy ow cul lewdnes gensy, me a vyn aga thowlel yn anken bras, ma's y a wra repentya a'ga fegh. 23Me a vyn whare ladha oll hy flehes. Gans henna oll an eglosyow a wra godhvos ow bos vy henna usy owth examnya conscyans ha colon ha me dhe rewardya pubonen ahanough warlergh y oberow. 24Saw y'n tor' ma me a vyn cowsel orth an ran aral ahanough yn Thyatira, an re na na wrug degemeres an dyscans na, ha na wrug desky 'taclow down Satnas,' del laver an dus. Ny vannaf settya warnough begh vyth moy, 25mar teugh why ha sensy fast dhe'n pyth usy genough, erna wrama dos.

26Ha kenyver a wrella fetha ha durya gans ow oberow vy bys y'n deweth, me a vyn ry dhodho power war an nacyons –

27'An den na a wra aga rewlya dre
    welen horn,
kepar del yw lestry pry squattys
    dhe dymmyn' –

kepar del wrug avy receva an keth power dheworth ow Thas. 28Me a vyn ry an verlewen dhodho ynwedh. 29Pynag oll a'n jeffa scovarn, gwrens ef goslowes orth an pyth a laver an Sperys dhe'n eglosyow.

3 "Ha dhe el eglos Sardis scryf:

An re ma yw an geryow a henna neb a'n jeves seyth sperys Dew ha'n seyth steren. Aswonys dhym yw dha oberow. Te yw acomptys dhe vos yn few mes marow osta. ²Dyfun ha crefha a vo gesys dhys, kens es an dra dhe verwel yn tyen. Rag me a wor convedhes, nag yw perfeth whath dherag Dew an pyth yw gwres genes. ³Porth cof a'n pyth a wrusta receva ha clowes. Gwra obaya dhe'n taclow na ha codha yn edrek. Mar ny wreta dyfuna, me a dhue kepar ha lader, ha ny wreta unweyth godhvos pana dermyn a wrama dos.

⁴Yma ran ahanough bytegens yn Sardis na wrug mostya aga dyllas. Why a wra kerdhes genef ha gwysk gwyn adro dheugh, rag wordhy ough why. ⁵Neb a wrella overcummya, a vydh gwyskys kepar ha'n re na yn dyllas gwyn. Ny wraf vy defendya y hanow ef mes a lyver an bewnans. Me a vyn avowa y hanow dherag ow Thas ha'y eleth. ⁶Kenyver onen a'n jeffa scovarn, gwrens ef goslowes orth an pyth a laver an Sperys dhe'n eglosyow.

⁷"Ha dhe el eglos Filadelfia scryf:

An re ma yw an geryow a henna yw sans ha gwyr. Ef a'n jeves alwheth Davyth. Pan usy ef owth egery, ny yll den vyth degea. Mar tue va ha degea, ny yll den vyth egery. ⁸Aswonys dhym yw dha oberow. Myr, me a settyas darras opyn dheragos, na yll den vyth y dhegea. Me a wor nag ues dhys ma's bohes power, mes te re wrug gwetha ow geryow ha ny wrusta denaha ow hanow. ⁹An re na a synaga Satnas, usy ow leverel aga bos Yedhewon (nag yns man – gowygyon yns y), me a wra dhedhans dos y'th presens ha gordhya dherag dha dreys. Y a wra desky me dhe'th cara jy. ¹⁰Dre reson te dhe sensy ow ger vy a berthyans dof, me a vyn dha wetha rag an termyn a brevyans. Pan dheffa an termyn na, prevys vydh oll tregoryon an bys.

¹¹Me a dhue yn scon. Sens yn fast dhe'n pyth usy dhys, ma na alla den vyth ladra dheworthys an gober a vyctory. ¹²Mar tueta ha fetha, me a wra pyllar ahanas yn templa ow Dew. Ny wreta nefra mos mes anodho. Me a vyn screfa warnas hanow ow Dew ha hanow cyta ow Dew, Jerusalem noweth, usy ow skynnya mes a'n nef dheworth ow Dew, ha'm hanow noweth kefrys. ¹³Kenyver onen a'n jeffa scovarn, gwrens ef goslowes orth an pyth a laver an Sperys dhe'n eglosyow.

¹⁴"Ha dhe el eglos Laodicea scryf:

An re ma yw geryow an Amen, an dustuny lel ha gwyr, dalleth a greacyon Dew. ¹⁵Aswonys dhym yw dha oberow. Nyns osta naneyl yeyn na tom. Gwell vya dhym te dhe vos poken yeyn bo tom. ¹⁶Rag henna dre reson te dhe vos mygyl,

drefen nag osta naneyl yeyn na
tom, me a vyn dha drewa mes a'm
ganow. [17]Rag te a laver, 'Me yw
rych ha me a'm bues muer a
bythow, ha ny'm bues othem a dra
vyth.' Ny wodhesta dha vos truan,
morethek, bohosek, dall hag yn
noth. [18]Rag henna yth esof vy ow ry
cusul dhys. Gwra prena dheworth-
yf owr afynys dre dan may halles
bos rych. Gwra prena dyllas gwyn
rag gorra adro dhys ha dhe gudha
dha notha dhyflas. Gwra prena
onyment ynwedh rag ylya dha
dhewlagas, ha te a welvyth.

[19]Me a vyn rebukya ha punsya
pubonen a garaf. Bydh dywysyk
ytho ha gwra repentya. [20]Goslow!
Yth esof ow sevel orth an darras ow
knoukya. Mar tueta ha clowes ow
lef hag egery an darras, me a vyn
entra dhys ha debry genes, ha te a
wra debry genama.

[21]Kenyver a wrella overcummya,
me a vyn ry dhodho tyller genef vy
war ow thron, kepar del wrug avy
overcummya hag esedha gans ow
Thas war y dron ef. [22]Pynag oll a'n
jeffa scovarn, gwrens ef goslowes
orth an pyth a laver an Sperys
dhe'n eglosyow."

4 Wosa hemma me a veras ha lo,
darras egerys y'n nef! Ha'n
kensa lef, neb a glowys ow cowsel
orthyf kepar ha trompa, a leverys,
"Dues yn ban omma, ha me a
dhysqua dhys an taclow a res wharfos
wosa hemma." [2]Strayt me a vue y'n
sperys hag yth esa tron a'y saf y'n nef
hag onen a'y eseth warnodho. [3]An
semlant a henna esa a'y eseth war an
tron o kepar ha men jaspys ha sardion,
hag yth esa camdhavas adro dhe'n
tron kepar hag emerod. [4]Adro dhe'n
tron yth esa peswar tron warn ugans,
ha war an tronys na elders a'ga eseth,
peswar warn ugans anedhans gwyskys
yn dyllas gwyn ha curun owr war aga
fen. [5]Yth esa luhes ha tarennow ow
tos mes a'n tron. Dherag an tron yma
seyth fakel a dan ow lesky ha'n re na
yw seyth sperys Dew. [6]Ha dherag an
tron yma nampyth kepar ha mor a
weder hag ef haval dhe grystal.

Y'n cres hag ader dro yth esa peswar
best bew hag y a's teves lyes lagas
arag hag adhelergh. [7]An kensa best o
kepar ha lyon, an secund kepar ha
luegh, an tressa best a'n jeva fas den
ha'n peswara o kepar hag er ow neyja.
[8]Pubonen anedhans a'n jeva whegh
askel hag y o luen a lagasow oll adro
ha war jy. Yth esens ow cana jorna ha
nos heb cessya,

"Sans, sans, sans
yw an Arluth Dew, an Ollgallosek,
hag ef a vue, yth ywa lemmyn
hag ef a vydh rag nefra."

[9]Hadre vo an peswar best bew ow ry
glory hag onour ha grassow dhodho
ef usy a'y eseth war an tron hag a
vydh yn few bys vyken ha benary,
[10]yma an peswar elder warn ugans ow
codha dhe'n dor dheragtho ef usy
esedhys war an tron hag a vydh yn
few bys vyken, hag ymons y orth y
wordhya. Yma pubonen anedhans ow
towlel y gurun dhe'n dor dherag an
tron hag ow cana,

"Wordhy osta jy, agan Arluth
ha'gan Dew,
dhe receva glory, onour ha power,
rag te a formyas pub tra, ha dre
dha volunjeth jy y fons y gwres
ha creatys."

5 Ha me a welas rol screfa y'n dorn dyhow a henna esa esedhys war an tron. Yth esa screfa war an dhew denewan anedhy ha selys vue hy gans seyth sel. ²Ha me a welas el gallosek ow carma uhel y lef, "Pyw yw wordhy dhe egery an rol ha terry an selyow?" ³Ny ylly den vyth oll naneyl y'n nef na war an nor nag yn dan an dor egery an rol na meras aberth ynny. ⁴Me a skynnyas yn olva, dre reson na vue kefys den vyth gwyw dhe egery an rol ha meras ynny. ⁵Nena onen a'n elders a leverys dhym, "Na wra ola! Myr, Lyon a dryb Juda, Gwredhen Davyth a wrug overcummya, hag ef a yll egery an rol ha'y seyth sel."

⁶Nena me a aspyas yn mesk an tronys, yn mesk an peswar best ha'n elders, On a'y saf kepar ha pan vue va ledhys. Seyth corn a'n jeva ha seyth lagas, ha'n re na yw seyth sperys Dew danvenys yn mes yn oll an norvys. ⁷An On eth ha kemeres an rol mes a'n luef dhyhow a henna esa a'y eseth war an tron. ⁸Pan gemeras ef an rol, an peswar best ha'n peswar elder warn ugans a godhas dhe'n dor dherag an On. Yth esa pubonen anedhans ow sensy harp owr ha scala owr luen a enkys, ha'n re na yw pejadow an sens. ⁹Yth esens ow cana can noweth ow leverel:

"Wordhy osta dhe gemeres an rol
ha dhe egery an selyow,
rag te a vue ledhys ha dre'th wos
te re dhasprenas tus rag Dew
dheworth pub lynyeth ha yeth,
ha pobel ha nacyon.
¹⁰Te a wrug anedhans gwlascor ha
pronteryon dhe servya Dew, hag
y a wra raynya war an norvys."

¹¹Nena me a veras ha gweles eleth, mylyow ha mylyons anedhans! Yth esens ow sevel adro dhe'n tron hag adro dhe'n bestas ha'n elders, ¹²hag ow cana a lef uhel,

"Gwyw yw an On neb a vue
ledhys
dhe receva power ha rychys, ha
furneth ha gallus,
hag onour ha glory ha benneth!"

¹³Nena me a glowas pub creatur y'n nef ha war an norvys hag yn dan an norvys hag y'n mor ha pub tra esa y'n mor ow cana,

"Dhodho ef usy a'y eseth war an
tron
re bo benneth hag onour ha glory
ha gallus bys vyken ha benary!"

¹⁴Ha'n peswar best bew a leverys, "Amen!" Ha'n elders a godhas dhe'n dor ha'y wordhya.

6 Nena me a welas an On owth egery onen a'n seyth sel ha clowes onen a'n seyth best ow crya yn mes, "Dues!" ²Me a veras ha myr, margh gwyn! Gwarak a'n jeva y varhek.

Curun a vue rys dhodho, hag ef a dhueth yn mes yn vyctoryes dhe fetha.

3Pan wrug ef egery an secund sel, me a glowas an nessa best ow crya yn mes, "Dues!" 4Ha margh aral eth yn mes, ha rudh o va. Ha'n marhek a recevas cumyas dhe gemeres cres dheworth an norvys, rag may whrella pobel an bys ladha an eyl y gela. Hag y fue rys dhodho cledha bras.

5Pan egoras ef an tressa sel, me a glowas an tressa best ow crya yn mes, "Dues!" Me a welas ha myr, margh du! Y varhek a'n jeva mantol yn y dhorn. 6Me a glowas kepar ha voys yn mesk an peswar best bew ow lever-el, "Wajys un jorna rag quart a waneth ha wajys un jorna rag try whart a varlys. Gwra sparya an oyl ha'n gwyn!"

7Pan egoras ef an peswara sel, me a glowas lef an peswara best bew ow crya yn mes, "Dues!" 8Ha me a veras ha myr, margh glas! Hanow y varhek o Ancow hag yth esa Yffarn orth y sewya yn clos. Y fue rys dhedhans auctoryta war an peswara ran a'n norvys, dhe ladha gans an cledha, gans dyvotter, gans pla ha gans bestas gwyls an nor.

9Pan egoras ef an pympes sel, me a welas yn dan an alter enevow an re na re bya ledhys awos ger Dew ha'n dustuny a rosons. 10Y a gryas uhel aga lef ha leverel, "Pygemmys hes vydh, a Arluth sans ha gwyr, erna wrelles jujjya ha venjya agan gos ny war dregoryon an norvys?" 11Y fue powys wyn rys dhe bubonen ane-dhans, ha comondys vue dhedhans

powes pols byan whath erna ve col-lenwys nyver aga heswesyon ha'ga breder. Rag whare y fue an re na ledhys poran kepar del vons y ledhys aga honen.

12Pan wrug ef egery an wheghves sel, me a veras ha myr, dorgrys bras a wharfa. An howl a vue mar dhu avel saghlen, ha'n lor eth kepar ha gos. 13An ster a godhas dhe'n dor, kepar del usy fygwedhen ow towlel fyges cryf dhe'n dor pan vydh hy shakys gans gwyns cref an gwaf. 14An ebron a wrug vansya, kepar ha rol screfa pan vydh hy rolys yn ban. Pub meneth ha pub enys a vue remuvys mes a'y dyller.

15Nena myterneth an norvys, an vrasyon, an rewloryon, an dus rych ha puyssant ha pubonen keth ha frank, a gudhas aga honen y'n cavyow hag yn mesk carrygy an menydhyow. 16Yth esens ow kelwel dhe'n menydh-yow ha dhe'n carrygy ow leverel, "Codheugh warnan ha keleugh ny dheworth an fas a henna usy a'y eseth war an tron ha dheworth sor an On! 17Rag jedh bras aga sor a dhueth. Pyw a yll omwetha ragtho?"

7 Wosa henna me a welas peswar el a'ga saf war beder cornel an dor. Yth esens ow lettya peswar gwyns an dor, ma na alla gwyns vyth whetha naneyl war an nor na war an mor na warbyn gwedhen vyth. 2Me a welas ken el ow tos yn ban dheworth an howldrehevel ha sel an Dew bew a'n jeva, hag ef a gryas uhel y lef dhe'n peswar el re bya rys dhedhans gallus dhe shyndya an dor ha'n mor. 3Ef a leverys, "Na wreugh pystyga naneyl an nor na'n mor na'n gwedh, erna wrellen ny selya servons agan Dew gans sel war aga thal." ⁴Ha me a glowas nomber an re na a vue selys: cans, dewgans ha peder myl a bub tryb a Vebyon Ysrael.

⁵A dryb Juda y fue selys dewdhek myl,
a dryb Reuben dewdhek myl,
a dryb Gad dewdhek myl,
⁶a dryb Asher dewdhek myl,
a dryb Neftaly dewdhek myl,
a dryb Manasse dewdhek myl,
⁷a dryb Symeon dewdhek myl,
a dryb Levy dewdhek myl,
a dryb Issachar dewdhek myl,
⁸a dryb Zebalon dewdhek myl,
a dryb Josef dewdhek myl,
hag a dryb Benjamyn dewdhek myl.

⁹Wosa hemma me a veras ha myr, ruth vras na alsa den vyth nefra nombra, dheworth pub nacyon, pub tryb, pub pobel ha pub yeth. Yth esens a'ga saf dherag an tron ha dherag an On. Yth esa dyllas gwyn adro dhedhans ha palmys y'ga dewla. ¹⁰Yth esens y ow crya yn mes uhel aga lef hag ow leverel,

"Yma sylwans ow longya dh'agan Dew
usy a'y eseth war an tron
ha dhe'n On!"

¹¹Yth esa oll an eleth a'ga saf adro dhe'n tron hag adro dhe'n elders ha'n peswar best bew, hag y a godhas war aga fas dherag an tron ha gordhya Dew ¹²ha cana,

"Amen!
Benneth ha gordhyans
ha furneth ha grassow hag onour
ha power ha gallus
re bo dh'agan Dew bys vyken ha
    benary!
Amen!"

¹³Nena onen an elders a gowsas orthyf ha leverel, "Pyw yw an re ma yw gwyskys yn dyllas gwyn hag a ble tuethons y?"

¹⁴Me a worthebys dhodho ha leverel, "Syra, te dha honen a wor yn ta."

Nena ef a leverys dhym, "An re ma yw an dus re dhueth mes a'n tormens bras. Y a wrug golhy ha canna aga dyllas yn gos an On. ¹⁵Rag henna,

"ymons y dherag tron Dew
orth y wordhya yn y dempla ef
    jorna ha nos.
Ef usy a'y eseth war an tron a vyn
    ry goskes dhedhans.
¹⁶Ny's tevyth namoy nown na
    sehes;
ny wra an howl namoy aga
    gweskel na gwres loscus vyth.
¹⁷Rag an On usy yn mesk an tron
    a vydh aga bugel hag ef a wra
    aga ledya bys y'n fentynyow a'n
    dowr a vewnans,
ha Dew a vyn deseha pub dagren
    dheworth aga dewlagas."

8 Pan egoras an On an seythves sel, y fue taw y'n nef neb hanter owr. ²Me a welas an seyth el esa a'ga saf dherag Dew, hag y fue rys dhedhans seyth trompa.

3Ken el, ha sensour owr ganso, a dhueth ha sevel dherag an alter. Muer yncens a vue rys dhodho dhe offrynna, gans an pejadow a oll an sens, war an alter a owr usy dherag an tron. 4Yth esa mog an yncens warbarth gans pejadow an sens owth ascendya mes a dhorn an el. 5Nena an el a gemeras an sensour, ha'y lenwel a dan an alter ha'y dowlel dhe'n dor. Hag y fue sonow taran, trosow, luhes ha dorgrys.

6Ha'n seyth el neb a's teva an seyth trompa a wrug ombarusy dh'aga whetha.

7An kensa el a whethas y drompa ha myr, keser ha tan kemyskys gans gos! An taclow na a vue towlys dhe'n dor. An tressa ran a'n dor a vue leskys, ha'n tressa ran a'n gwedh a vue leskys, ha scaldys vue oll an gwerwels.

8Pan whethas an secund el y drompa, nampyth kepar ha meneth bras ow lesky gans tan a vue towlys y'n mor. 9An tressa ran a'n mor eth ha bos gos. An tressa ran a'n bestas bew y'n mor a verwys ha'n tressa ran a'n gorholyon a vue dystrowys.

10Ha'n tressa el a whethas y drompa, ha steren vras, ow splanna kepar ha fakel, a godhas mes a'n ebron, ha codha war an tressa ran a'n ryvers hag a'n fentynyow a dhowr. 11Fuelen yw hanow an steren. Y fue fuelen an tressa ran a'n dowr, ha lyes onen a verwys awos an dowr, dre reson a'y wherowder bras.

12Nena an peswara el a whethas y drompa. An tressa ran a'n howl a vue gweskys, ha'n tressa ran a'n lor ha'n tressa ran a'n ster, may whrug an

tressa ran a'ga golow kelly y splander. Ny vue golow vyth dres an tressa ran a'n jedh ha dres an tressa ran a'n nos.

13Ha me a veras, ha clowes er ow neyja yn cres an ebron, hag ef ow crya a lef uhel, "Gew! Gew! Goy tregoryon an norvys pan vo kenys ken trompys gans an try el aral!"

9 Pan whethas an pympes el y drompa, me a welas an steren a godhas mes a'n ebron. Alwheth an pyt dywoles a vue rys dhe'n el, 2hag ef a egoras an pyt dywoles ha mog a ascendyas mes anodho kepar ha mog forn bras. An howl ha'n ayr a vue tewlhes gans mog an pyt. 3Nena culyogas reden askellek a dhueth war an nor mes a'n mog, hag y fue auctoryta rys dhedhans kepar hag auctoryta scorpyons an bys. 4Comondys vue dhedhans na wrellens shyndya gwels an dor na tra vyth glas na gwedhen vyth, ha na wrellens pystyga den vyth saw unsel an re na na's teva sel Dew war aga thal. 5Y a gafas cumyas a'ga thormentya dres pymp mys heb aga ladha. Aga fayn o kepar ha payn scorpyon pan wra va pyga. 6Y'n dedhyow na tus a vyn whelas an mernans, saw ny wrons y gafus. Whensys vedhons dhe verwel, saw an mernans a wra fya dhewortans.

7Ha semlant an culyogas reden askellek o kepar ha mergh hernessys rag an gas. Yth esa war aga fen nampyth kepar ha curun owr. Fasow mebyon tus a's teva, 8ha blew kepar ha blew benen, ha dens kepar ha dens lyon. 9Scantennow a's teva kepar ha brestplat horn. Son aga askelly o kepar ha son lyes charet ha lyes margh ow ponya dhe'n gas. [10]Kepar ha lost scorpyon o aga lost, hag yth esa gwan ynno. Yma power y'ga lost dhe bystyga tus bys pen pymp mys. [11]Y a's teves mytern warnedhans, hen yw an el a'n pyt dywoles. Abaddon yw y hanow ef y'n tavas Ebbrow, hag y'n Greca ef yw gelwys Apollyon.

[12]Tremenys yw an kensa anken mes yma dew anken whath dhe dhos.

[13]Pan whethas an wheghves el y drompa, me a glowas lef dheworth an peswar corn a'n alter owrek dherag Dew, [14]ow cowsel orth an wheghves el a'n jeva an trompa yn y dhorn. An lef a leverys, "Gwra relesya an peswar el usy kelmys orth ryver bras Ewfrates." [15]Yndella y fue relesys an peswar el. Y a vue sensys rag an very termyn na, an jedh, an mys ha'n vledhen, may hallens ladha an tressa ran a vebyon tus. [16]Nomber an varhogyon a vue deryvys dhym. Dewcans mylyon o va.

[17]Y'm vesyon an vergh o kepar del sew: pub marhek a'n jeva brestplat a lyw tan, a lyw safyr hag a lyw loskven. Kepar ha pen lyon o pennow an vergh, hag yth esa tan ha mog ha loskven ow tos mes a'ga ganow. [18]An try flag ma a ladhas an tressa ran a vebyon tus, hen yw an tan, an mog ha'n loskven esa ow tos mes a'ga ganow. [19]Y'ga ganow yth esa power an vergh hag y'ga lost. Kepar ha serpont yw an lost, hag yma pen warnodho usy pystyk ynno.

[20]An remenant a vebyon tus na vue ledhys gans an plagys ma, ny wrussons y treylya dheworth an taclow a wrussons y gul. Ny wrussons y cessya dhe wordhya dewolow hag ydolys a owr, a arhans, a vrons hag a bren. Ny yll an re na naneyl gweles, clowes na kerdhes. [21]Naneyl ny wrussons y repentya a'ga murder, a'ga fystry, a'ga mostethes nag a'ga ladrynsy.

10 Me a welas ken el muer y nell ow skynnya dheworth an nef ha clowd adro dhodho ha camdhavas a-ugh y ben. Kepar ha'n howl o y fas ha'y dhewar o pyllars a dan. [2]Yth esa yn y dhorn rol screfa vyan hag opyn o hy. Ef a settyas y dros dyhow war an mor ha'y dros cledh war an tyr segh, [3]ha crya yn uhel kepar ha lyon owth uja. Ha pan gryas, an seyth taran a vue clowys. [4]Wosa an seyth taran dhe vos clowys, me a venna screfa, saw me a glowas lef dheworth an nef ow leverel, "Gwra selya yn ban an dra a vue leverys gans an seyth taran ha na wra y screfa man."

[5]Nena an el, neb a welys vy a'y saf war an mor ha war an tyr segh, a dhrehevys y dhorn dyhow dhe'n nef [6]ha lya dre henna a vydh ow pewa bys vyken ha benary, hag a formyas an nef ha pub tra ynno, an nor ha pub tra ynno ha'n mor ha pub tra ynno. An el a leverys, "Ny vydh namoy strech, [7]saw pan wrella an seythves el whetha y drompa, collenwys vydh mystery Dew, kepar del wruga declarya dhe'n profettys, y servons."

[8]Nena an lef, neb a glowys dheworth an nef, a gowsas orthyf arta hag a leverys, "Ke, kemer an rol screfa vyan hag opyn mes a dhorn an el usy a'y saf war an mor ha'n tyr."

⁹Gans henna me eth dhe'n el ha'y gomondya dhe ry dhym an rol screfa vyan. Ef a leverys dhym, "Kemer hy ha'y debry. Wherow y fydh hy dhe'th pengasen, saw sosten mar wheg avel mel y fydh hy rag dha anow." ¹⁰Gans henna me a gemeras an rol screfa mes a dhorn an el ha'y debry. Maga wheg o hy avel mel y'm ganow, saw warlergh me dh'y debry, ow fengasen a vue gwres wherow. ¹¹Nena y fue leverys dhym, "Res yw dhys profusa arta ow tuchya lyes pobel ha nacyon, lyes yeth ha mytern."

11 Nena gwelen musura kepar ha lorgh a vue rys dhym, hag y fue leverys, "Saf yn ban ha musur templa Dew ha'n alter, ha'n re na usy ow cordhya ynno. ²Saw na wra musura an gort aves dhe'n templa. Rys yw honna dhe'n nacyons, hag y a wra trettya an cyta sans yn dan dreys dew vys ha dewgans. ³Ha me a vyn grontya auctoryta dhe'm dhew dhustuny dhe brofusa gans saghlen adro dhedhans myl, dewcans ha tryugans jorna." ⁴An re ma yw an dhew olewwedhen ha'n dhew goltrebyn usy a'ga saf dherag Arluth an norvys. ⁵Mars yw den vyth whansek dh'aga shyndya, tan a dhue mes a'ga ganow ha lesky aga eskerens. Mars ues den vyth ow tesyrya aga myshevya, ef a res bos dystrowys yndelma. ⁶Auctoryta a's teves dhe dhegea an ebron, ma na wra glaw vyth codha yn dedhyow aga frofecy. Y a gaf auctoryta war an dowrow kefrys rag aga threylya dhe wos, ha dhe weskel an dor gans plag a bub sort, peskytter may fo da gansans.

⁷Pan wrons y gorfenna aga dustuny, an best usy owth ascendya mes a'n pyt dywoles a wra gwerrya war aga fyn ha'ga fetha ha ladha. ⁸Aga horfow marow a wra growedha yn stretys an cyta vras, ha honna yw gelwys Sodom hag Ejyp warlergh an sperys. Y'n tyller na kefrys aga Arluth a vue crowsys. ⁹Treddeth ha hanter dedh an dus dheworth oll an poblow, an kenedhlow, an yethow ha'n nacyons a wra meras stag orth aga horfow marow, ha ny wrons y alowa an corfow dhe vos gorrys yn bedh vyth. ¹⁰Tregoryon an bys a wra rejoycya a-ughtans ha gul degol ha ry presons an eyl dh'y gela, rag an dhew brofet ma o payn bras dhe dregoryon an nor.

¹¹Wosa treddeth ha hanter dedh an sperys a vewnans a entras ynnans hag y a sevys yn ban war aga threys. Suel a's gwelas a gemeras uth. ¹²Nena y a glowas lef uhel mes a nef ow cowsel ortans hag ow leverel, "Deugh yn ban omma!" Hag y a ascendyas y'n clowd bys y'n nef ha'ga eskerens ow meras ortans.

¹³Y'n very prys na y fue dorgrys bras ha'n dhegves ran a'n cyta a godhas. Y fue ledhys seyth myl den y'n dorgrys, ha'n remenant a gemeras uth ha ry glory dhe Dhew an nef.

¹⁴Tremenys yw an secund anken ha'n tressa anken a dhue yn scon.

¹⁵Pan whethas an seythves el y drompa, y fue clowys lefow uhel yn nef ow leverel,

"Gwlascor an bys re bue gwres
gwlascor agan Arluth
ha gwlascor y Gryst,

hag ef a wra raynya bys vyken ha
benary."

16Nena an peswar elder warn ugans
esa a'ga eseth war aga thronow a
godhas war aga fas ha gordhya Dew
17ha leverel,

"Yth eson ny ow ry ras dhys, a
Arluth Dew Ollgallosek,
te neb yw hag a vue,
rag te dhe gemeres dhys dha allus
bras ha dalleth raynya.
18Connar a's teves an nacyons, saw
dha sor jy re dhueth,
ha'n termyn may fydh jujjys an re
marow,
may fydh rewardys dha servons,
an profettys, an sens,
hag oll an re na usy ow perthy
own a'th hanow jy,
an re byan ha'n re bras.
Ha te a wra dystrowy an re na usy
ow shyndya an nor."

19Nena templa Dew yn nef a vue
egerys ha'n argh a'y gevambos a vue
gwelys yn y dempla. Y fue luhes,
trosow, sonow taran, dorgys ha keser
pos.

12 Y fue gwelys yn nef aneth
bras: benen ha'n howl yn hy
herhyn ha'n lor yn dan hy threys ha
curun dewdhek steren war hy fen.
2Yth esa hy ow crya yn mes ha hy
gans flogh hag yn golovas, rag paynys
a's teva kens es denethy. 3Ha ken
marthus a apperyas y'n nef. Myr,
dragon rudh vras hag a's teva seyth
pen ha deg corn ha seyth curun war

hy fennow. 4Ha lost an dhragon a
wrug tenna an tressa ran a ster an nef
ha'ga thowlel dhe'n dor. An dhragon
a sevys dherag an venen ha hy parys
dhe dhenethy, rag an dhragon a
venna devorya hy flogh kettel ve
genys. 5An venen a dhug gourflogh, a
venna rewlya oll an nacyons gans
lorgh horn. Hy flogh a vue kechys yn
ban dhe Dhew ha dh'y dron ef. 6An
venen a fyas bys y'n gwylfos, le mayth
esa tyller parys gans Dew rygthy may
halla hy bos megys ena myl dewcans
ha tryugans jorna.

7Hag y fue bresel yn nef: Myhal
ha'y eleth a werryas warbyn an
dhragon. An dhragon ha'y eleth a
wrug omlath. 8Saw ny wrussons y
overcummya, naneyl ny vue aga
thyller kefys yn nef namoy. 9Ha'n
dhragon vras a vue towlys yn mes, an
hager-bref coth, henwys an tebel-el
ha Satnas, henna usy ow tyssaytya oll
an bys. Ef a vue towlys yn mes dhe'n
dor ha'y eleth a vue towlys yn mes
warbarth ganso.

10Ha me a glowas lef uhel ow
leverel yn nef,

"Lemmyn sylwans ha nerth ha
gwlascor agan Dew
re dhueth ha gallus y Gryst,
rag towlys dhe'n dor
re bue cuhudhor agan breder,
ef neb usy orth aga acusya dedh ha
nos.
11Saw y re'n fethas dre wos an On
ha dre eryow aga dustuny,
rag ny wrens y glena orth an bew-
nans yn fas an mernans kyn fe.
12Bedheugh lowen ytho, why

nevow, ha whywhy usy tregys
ynnans!

Saw an nor ha'n mor, goy, rag an
tebel-el re skynnyas dheugh
serrys bras.

Rag ef a wor nag yw gesys dhodho
ma's termyn cot!"

13Pan wrug an dhragon convedhes
hy dhe vos towlys dhe'n dor, hy a
dormentyas an venen a dhug an
gourflogh. 14Y fue rys dhe'n venen
dew askell kepar hag eskelly er, may
halla hy neyja bys y'n gwylfos dhe-
worth fas an hager-bref dh'y thyller
teythy. Ena hy a vydh megys termyn,
termynyow ha hanter termyn, pell
dheworth fas an dhragon. 15An hager-
bref a dowlas mes a'y anow dowr
kepar ha ryver warlergh an venen,
may halla va hy scuba yn kergh gans
an lyf. 16Saw an dor a wrug gweres an
venen hag egery y anow a lenky an
ryver a dowlas an dhragon mes a'y
ganow. 17Nena an dhragon a sorras
orth an venen ha mos dhe werrya
warbyn remenant hy flehes, an re na
usy ow quetha comondmentys Dew
hag ow sensy dustuny Jesu.

13 Nena an dhragon eth ha
sevel war dreth an mor. Ha
me a welas best ow tos yn ban mes a'n
mor. Ef a'n jeva deg corn ha seyth
pen ha war y gern yth esa deg curun
hag yth esa henwyn blasfemus war y
bennow. 2Kepar ha lewpart o an best
a welas vy. Kepar ha pawyow ors o y
bawyow, ha kepar ha myn lyon o y
anow. Ha'n dhragon a ros dhodho hy
gallus ha'y thron hag auctoryta bras.

3Yth hevelly onen a'y bennow dhe
vos brewys bys yn ancow, mes yagh-
hes re bya an goly mortal. Yth esa oll
tus an bys ow sewya an best hag y
amays. 4Yth esens ow cordhya an
dhragon, rag hy a ros hy auctoryta
dhe'n best. Yth esens ow praysya an
best hag ow leverel, "Pyw yw haval
dhe'n best? Pyw a yll gwerrya war y
byn?"

5Y fue rys dhe'n best ganow esa
owth uttra lavarow gothys ha blas-
femus, hag y fue alowys dhodho gul
maystry dew vys ha dewgans. 6Egery
y anow a wrug ha cably Dew owth
uttra cabel warbyn y hanow ha'y
drygva, hen yw dhe styrya, myns ues
tregys yn nef. 7Y fue rys dhodho
kefrys lecyans dhe werrya warbyn an
sens ha dh'aga fetha. Ef a gafas auc-
toryta war bub kenedhel ha pobel,
war bub tavas ha nacyon. 8Hag oll
tregoryon an norvys a wra y wordhya,
pubonen na vue y hanow screfys dhya
fundyans an bys yn lyver bewnans an
On, neb a vue ledhys.

9Neb a vo scovarn dhodho, gwrens
ef goslowes.

10Mars yw res dhe dhen vyth mos
dhe bryson, dhe bryson ef a.

Mar qura den vyth ladha gans an
cledha, gans an cledha ef a vydh
ledhys.

Otomma galow dhe'n sens dhe
dhurya ha dhe vos cref y'ga fedh.

11Ha me a welas ken best ow tos yn
ban mes a bry an dor. Dew gorn a'n
jeva kepar hag on ha kepar ha cows
dragon o y gows. 12Yma va ow rewlya

gans gallus an kensa best yn y le ef. Yma va ow constryna an norvys hag oll y dregoryon dhe wordhya an kensa best re bya yaghhes a'y woly mortal. [13]Yma va ow cul synys bras, ow try tan kyn fe mes a nef dhe'n dor dherag oll an bobel. [14]Der an synys a vydh alowys dhodho dhe wul, yma va ow tulla tregoryon an norvys. Yma va ow comondya dhedhans dhe wul ymach a'n best re bya golyes gans an cledha hag a vewas wosa henna. [15]Alowys vue dhodho ry anal dhe ymach an best, may halla ymach an best cowsel kyn fe. Grontys vue dhodho comond-ya dhe ladha kenyver onen na wrella gordhya y ymach. [16]Moy es henna, yma va ow cul dhe bubonen, kefrys brasyon ha kemyn, rych ha bohosek, frank ha keth, dhe receva mark war an luef dhyhow po war an tal. [17]Ny vydh den vyth abyl naneyl dhe wertha na dhe brena, ma's ef a vo merkys gans an merk. An merk na yw hanow an best bo nomber y hanow.

[18]Hem yw questyon a skentoleth. Neb a'n jeffa skyans, gwrens ef nyvera nomber an best, rag nomber a dhen yw. An nomber yw 666 (whegh cans, whegh deg ha whegh).

14

Me a veras ha myr, an On a'y saf war Veneth Sion! Yth esa warbarth ganso cans, dewgans ha peder myl, ha'y hanow ef ha hanow y Das o screfys war aga thal. [2]Me a glowas lef mes a'n nef kepar ha son lyes dowr ha son taran vras. An lef na o kepar ha telynoryon ow quary war aga harpys. [3]Ymons y ow cana can noweth dherag an tron ha dherag an peswar best bew ha'n elders. Den vyth ny yll desky an gan na saw unsel an cans, dewgans ha peder myl a vue dasprenys dheworth an dor. [4]Y yw an re na a sevys orth mostya aga honen gans benenes, rag vyrjyns yns y. Ymons y ow sewya an On plepynag oll mayth ella. Y a vue dasprenys mes a vebyon tus avel bleynfrutys rag Dew ha rag an On. [5]Ny vue gow vyth kefys y'ga ganow. Dyflam yns y.

[6]Me a welas ken el ow neyja yn cres an nef hag ef a'n jeva awayl dyvarow dhe brogeth dhe'n re na usy tregys war an nor – dhe bub nacyon ha tryb, dhe bub yeth ha pobel. [7]Yth esa va ow leverel uhel y voys, "Pertheugh own a Dhew ha reugh dhodho golohas, rag termyn y vrues re dhueth. Gordhyeugh ef neb a formyas an nef ha'n norvys, an mor ha fentyn-yow an dowr."

[8]Ha ken el, an secund anedhans, a'n sewyas ow leverel, "Codhys, codhys yw Babylon vras! Hy a wrug dhe oll an nacyons eva a wyn fell hy mos-tethes."

[9]Ha ken el arta, an tressa anedhans, a's sewyas, ow crya uhel y lef, "An re na usy ow cordhya an best ha'y ymach hag usy o receva merk war aga thal bo war aga luef, [10]y a wra eva kefrys a'n gwyn a sor Dew. Henna a vydh deverys heb kemysky aberth yn hanaf y anger, hag y a vydh tor-mentys gans tan ha loskven dherag y eleth sans hag yn presens an On. [11]Mog aga thormens a wra ascendya bys vyken ha benary. Ny vydh powes vyth rag an re na usy ow cordhya an best ha'y ymach. Naneyl ny vydh

powes rag kenyver a wrella receva merk y hanow." 12Hem yw galow dhe'n sens rag perthyans. Y yw an re na usy ow cul warlergh comondmentys Dew hag ow sensy fast dhe fedh Jesu.

13Me a glowas lef mes a'n nef ow leverel, "Scryf hemma: Benegys yw an re marow usy ow merwel alemma rag y'n Arluth."

"Ea," yn medh an Sperys, "y a wra powes dheworth aga lafur, rag yma aga oberow orth aga sewya."

14Nena me a veras ha gweles clowd gwyn hag a'y eseth warnodho onen kepar ha Mab an Den. Yth esa curun owr war y ben hag yn y dhorn cromman lym! 15Y tueth ken el mes a'n templa ow kelwel, uhel y lef, dhe henna esa a'y eseth war an clowd, "Gwra settya dha gromman dhe'n ys ha mejy, dre reson bos devedhys an termyn dhe vejy ha luenathves yw trevas an dor." 16Ha henna esa a'y eseth war an clowd a wrug swaysya y gromman dres an dor ha mejys vue an dor.

17Ken el a dhueth mes a'n templa usy y'n nef hag ef kefrys a'n jeva cromman lym yn y dhorn. 18Nena ken el a dhueth yn mes dhya an alter, an el a'n jeves auctoryta war an tan, hag ef a gryas yn mes uhel y voys dhe henna esa an cromman lym yn y dhorn. Ef a leverys, "Gwra settya dha gromman lym dhe'n grappys. Cuntell oll an grappys a wynlan an bys, rag athves yns y." 19Ha'n el a swaysyas y gromman dres an dor ha cuntell trevas grappys an bys, ha'y thowlel y'n wynwask vras a sor Dew. 20An wynwask a vue trettys aves dhe'n cyta. Gos a resas mes a'n wynwask mar uhel avel fronnow margh, rag pellder nebes dewcans myldyr.

15 Nena me a welas tokyn aral yn nef, bras ha marthys: seyth el ha gansans seyth plag. An re na yw an ran dhewetha, rag y fydh gorfennys sor Dew gansans y. 2Me a welas nampyth kepar ha mor a weder kemyskys gans tan, hag yth esa a'ga saf ryb an mor a weder oll a'n re na a fethas an best ha'y ymach ha nyver y hanow. Yth esa harpys y'ga dewla, 3hag yth esens ow cana can Moyses, servont Dew, ha can an On:

"Bras ha marthys yw dha wryansow, a Arluth Dew Ollgallosek!
Ewn ha gwyr yw dha fordhow, a Vytern an nacyons!
4A Arluth, pyw na wrussa kemeres own ha gloryfya dha hanow?
Rag te yn unyk yw sans.
Pub nacyon a dhue ha gordhya dheragos
rag dyscudhys vue dha vrusyansow."

5Wosa henna me a veras ha gweles an templa opyn yn nef hag yth esa an tylda a Bresens Dew ynno. 6Mes a'n templa y tueth an seyth el a's teva an seyth plag hag yth esa sendal ylyn adro dhedhans ha grugys owr dres aga brest. 7Nena onen an bestas a ros dhe'n seyth el seyth scala owr hag y luen a sor Dew, Dew neb yw yn few bys vyken ha benary. 8An templa a vue lenwys a vog dheworth glory

Dew ha'y bower. Ny ylly den vyth entra y'n templa erna vue cowlwres seyth plag an seyth el.

16 Ha me a glowas lef uhel ow tos mes a'n templa ow leverel dhe'n seyth el, "Keugh war agas fordh ha scullyeugh yn mes war an bys an seyth scala a sor Dew."

2An kensa el eth ha scullya y scala war an dor. Y tueth brew poder ha lym war an re na a's teva merk an best warnedhans ha war an re na a wordhya y ymach.

3An secund el a scullyas y scala war an mor. An mor eth kepar ha gos corf marow ha pub tra vew ynno a verwys.

4An tressa el a dheveras y scala war an ryvers ha war an fentynyow dowr, hag y a vue gwres gos. 5Ha me a glowas el an dowrow ow leverel,

"Gwyryon yw an vrues a wrussys,
te Onen Sans, neb a vue hag yw
hag a vydh.
6Dre reson y dhe scullya gos an
sens ha gos an profettys, te re
ros dhedhans gos dhe eva.
Gallas aga gober ewn gansans!"

7Ha me a glowas an alter ow cortheby hag ow leverel,

"Ea, a Arluth, an Dew Ollgallosek,
gwyr hag ewn yw dha vrues!"

8An peswara el a dheveras y scala war an howl hag alowys vue dhe'n howl lesky tus dre dan. 9Y a vue scaldys gans an tomder bras. Y a wrug mollethy hanow Dew, rag ef a'n

jeva auctoryta war an plagys ma. Ny wrussons y codha yn edrek ha'y wordhya ef.

10An pympes el a dheveras y scala war dron an best, ha tewolgow a godhas war wlascor an best. An bobel a wre densel aga thavosow der ewn angus, 11ha mollethy an Dew a nef awos aga faynys ha'ga brewyon. Saw ny wrussons y repentya a'ga threspassys.

12An wheghves el a dheveras y scala war ryver bras an Ewfrates. Y fue dowr an ryver sehys yn ban hag y fue parys fordh rag an vyterneth dhya an yst. 13Me a welas try drogsperys kepar ha quylkynnow ow tos mes a anow an dhragon, mes a anow an best, ha mes a anow an profet fals. 14An re ma yw sperysyon an dhewolow usy ow cul synys, hag ow mos ales dhe vyterneth oll an bys, may hallens y aga cruny warbarth rag an vresel a jorna bras Dew Ollgallosek.

15"Goslow, yth esof ow tos kepar ha lader. Benegys yw henna a wra gortos yn tyfun hag a vo y dhyllas adro dhodho, ha na vo ow mos ader dro yn noth ha kemeres sham dherag an dus."

16Nena an sperysyon a wrug aga huntell warbarth y'n tyller gelwys Har Magedon y'n tavas Ebbrow.

17An seythves el a dheveras y scala y'n ayr. Lef uhel a dhueth mes a'n templa dheworth an tron ow leverel, "Collenwys yw!" 18Y fue luhes, sonow, tarennow ha dorgys uthek bras. Ny vue dorgys a'n par na bythqueth dhya ban vue formys mab den. 19An cyta vras a vue rynnys ynter teyr ran ha cytys an nacyons a godhas. Dew a borthas cof a Vabylon bras ha ry dhedhy hanaf a wyn asper y sor. 20Pub enys a fyas dhe'n fo, ha'n menydhyow oll a voydyas. 21Keser bras, ha poster cans puns yn pub keseren, a godhas mes a nef war an dus. Y a wrug mollethy Dew awos an plag na a geser, rag uthek dres ehen o va.

17 Nena onen a'n seyth el, neb a's teva an seyth scala, a dhueth dhym ha leverel, "Dues, me a vyn dysquedhes dhys fatel vydh punsys an hora vras, an cyta byldys ryb lyes ryver. 2Myterneth an bys a wrug fornycacyon gensy ha pobel an norvys yw medhow war wyn hy mostethes."

3An el a'm dros yn kergh y'n sperys bys y'n gwylfos, ha me a welas benen a'y eseth war vest rudh. Screfys dres oll an best o henwyn esa ow tespytya Dew. An best a'n jeva seyth pen ha deg corn. 4An venen o gwyskys yn purpur hag yn dyllas cough, hag afynys o hy gans owr, jowals ha perlys. Yn hy dorn yth esa hanaf luen a daclow vyl hag a last hy mostethes. 5Yth o screfys war hy thal hanow a'n jeva styr kelys:

BABYLON VRAS

MAM OLL HORYS

HA MAM OLL LASTETHES AN NORVYS.

6Me a welas bos an venen medhow a wos an sens hag a wos mertheryon Jesu.

Pan wrug avy hy gweles, amays vuef. 7Saw an el a leverys dhym, "Prag yth

esta ow kemeres marth? Me a vyn declarya dhys styr secret an venen ha mystery an best usy orth hy don hag a'n jeves seyth pen ha deg corn. 8An best na neb a welsys, y fue va yn few, mes nyns ywa yn few namoy. Yma va parys dhe dhos yn ban mes a'n pyt dywoles. Voydya a wra va ha mos dhe goll. Ha tregoryon an bys, na vue aga henwyn screfys y'n lyver a vewnans dhya fundyans an bys, y a vydh amays pan wrons y gweles an best. Ef a vue yn few kens omma. Nyns ywa namoy yn few, saw ef a wra apperya arta.

9"Res yw bos fur ha skentyl rag styrya an dra. Seyth meneth yw an seyth pen usy an venen a'y eseth warnedhans. Seyth mytern yns kefrys, 10ha codhys yw kenyver onen anedhans. Yma onen yn few, hag yma an seythves anedhans whath dhe dhos. Pan dheffa va, ny vydh res dhodho ma's trega pols byan. 11An best, neb a vue yn few mes nag yw yn few na fella, ef yw an ethves mytern. Onen a'n seyth erel ywa, hag yma va ow voydya hag ow mos dhe goll.

12"An deg corn a wrusta gweles, y yw deg mytern na wrug raynya whath. Saw y a wra receva auctoryta avel myterneth un owr warbarth gans an best. 13Acordys yns y an eyl gans y gela, hag ymons ow ry aga gallus ha'ga auctoryta dhe'n best. 14Y a wra gwerrya warbyn an On. An On warbarth gans y sewysy dhowysys, gelwys ha lel, a vyn overcummya, rag ef yw Pen Arlydhy ha Pen Vyterneth."

15An el a leverys dhym ynwedh, "An dowrow a wrusta gweles, an dowrow le may ma an hora esedhys, y yw poblow ha kenedhlow ha nacyons ha yethow. 16Te a welas deg corn hag y ha'n best a vyn hatya an hora. Y a wra hy wastya ha'y dystryppya yn noth. Devorya hy hyg a wrons ha'y lesky dre dan. 17Dew re settyas y'ga holon y burpos dhe wul yndelma. Y a wra kesobery ha ry aga auctoryta dhe'n best, erna ve geryow Dew collenwys. 18An venen neb a welsys yw an cyta vras. Yma hy ow rewlya war vyterneth an bys."

18 Wosa henna me a welas ken el ow skynnya dheworth an nef. Gallus bras a'n jeva hag oll an bys a vue golowys der y splander. 2Ef a gryas yn mes gans lef cref ha leverel,

"Codhys, codhys yw Babylon vras!
 Nyns yw hy lemmyn saw trygva dewolow,
tyller rag pub sperys plos, tyller
 rag pub edhen aflan, ha tyller
 rag kenyver best mostys ha vyl.
3Oll an nacyons a evas a wyn cref
 hy thebel-lustys hy.
Myterneth an bys a wrug mos-
 tethes gensy.
Marchons an bys eth ha bos
 rych der allus hy harlotry."

4Nena me a glowas lef aral dhe-worth nef ow leverel,

"Deugh mes anedhy, ow fobel,
 ma na wrelleugh why kemeres
 ran a'y fehosow,
 ha ma na veugh why kevrennek
 a'y flagys.
5Crunys vue hy fehosow yn deys
 bys yn nef,

ha Dew a borthas cof a'y drog-oberow.
6Reugh dhedhy kefrys poran kepar del ros hy honen, ha gwreugh aquytya dhedhy dewweyth ken-yver tra a wrug hy gul.
Lenweugh hy hanaf a dhewas, a vo dewweyth creffa es an dewas a wrug hy preparya dheugh why.
7Kepar del ros hy glory ha plenta dhedhy hy honen, reugh dhedhy kemmys gref ha torment.
Rag yma hy ow leverel yn hy holon,
 'Raynys of kepar ha myternes.
 Gwedhwes nyns oma man, ha
 ny wrama nefra gweles anken.'
8Rag henna oll hy flagys a dhue yn un jorna, pla, galarow hag esow.
Hy a vydh leskys gans tan, rag gallosek yw an Arluth, usy orth hy jujjya.

9"Myterneth an bys, neb a wrug fornycacyon gensy hag a gesvewas gensy yn plenta hag yn rychys, a wel-vyth mog an tan a vydh orth hy lesky. Nena y a wra ola ha kyny rygthy. 10Y a vydh a'ga saf pell dheworty rag own a'y thormens ha leverel a wrons,

"'Gohy! Gohy, an cyta vras,
 Babylon, an cyta gref!
 Dha vrusyans a dhueth yn un owr.'

11"Ha marchons an bys a wra ola ha kyny rygthy, rag ny wra den vyth namoy prena a'ga gwara. 12Ny wra den vyth prena owr, arhans, jowals ha perlys, sendal, purpur, owrlyn ha pan cough, pub sort a bren wheg y sawor,

pub ehen a daclow gwres a dhans oly-
fans, pub tra a bren precyous, brons,
horn ha marbel, [13]canel, spycys,
enkys, myr, frankyncens, gwyn, oyl
olew, blues fyn ha gwaneth, gwarthek
ha deves, mergh ha charettys, keth-
yon, ea, ha bewnans tus.

[14]"An varchons a laver dhedhy,
'Gallas an frutys dheworthys mayth
esa dha enef orth aga whansa. Kellys
dhys yth yw oll dha dymmyn denty
ha'th splander, ha ny wreta aga hafus
nefra namoy.' [15]Marchons an gwara
ma, esa ow quaynya rychys mes
anedhy, a vyn sevel pell dheworty rag
own a'y thormens. Ola ha mornya a
wrons [16]ha leverel,

"'Gohy! Gohy, an cyta vras!
Hy o gwyskys yn sendal, yn
    purpur hag yn pan cough.
Afynys o hy gans owr, gans jowals
    ha perlys.
[17]Yn un owr gallas quyt oll an
    rychys ma!'

"Yth esa a'ga saf abell mestrysy oll
an gorholyon ha'n marners, tus an
mor ha kenyver onen esa ow colya
war an keynvor. [18]Y a wrug crya yn
mes, pan welsons mog an tan esa orth
hy lesky, ha leverel, 'Pana cyta yw
haval dhe'n cyta vras?' [19]Hag y a
dowlas dowst war aga fen hag y owth
ola, ow mornya hag ow carma,

"'Gohy! Gohy, an cyta vras, le
    may fedha pub perhennek a
    lestry mor ow mos ha bos rych
    dre hy fythow hy!
Yn un owr hy a vue wastys.

[20]Rejoycyeugh warnedhy, te nef,
    why sens, abosteleth ha profet-
    tys!
Rag Dew a ros dheugh why brus-
    yans war hy fyn hy."

[21]Nena el puyssant a gemeras yn
ban men kepar ha men bras melyn,
ha'y dowlel y'n mor ha leverel,

"Gans garowder a'n par na y fydh
    Babylon, an cyta vras, towlys
    dhe'n dor, ha ny vydh hy kefys
    na fella.
[22]Ny vydh son an delynyoryon, an
    menestrouthy, an byboryon ha'n
    trompys clowys ynnos na fella.
Ny vydh gweythor a greft vyth
    kefys ynnos namoy.
Naneyl ny vyth clowys ynnos tros
    an men melyn.
[23]Na ny wra golow an lantern
    splanna namoy ynnos.
Ny vydh na fella clowys ynnos lef
    an gour pryas ha'n venen bryas.
Rag brasyon an norvys o dha
    varchons,
hag y fue oll an nacyons dyssaytys
    der dha bystry.
[24]Ynnos jy y fue trovys gos an
    profettys ha'n sens,
ha'n gos a oll an re na neb a vue
    ledhys war an norvys!"

19

Wosa henna me a glowas yn
nef nampyth kepar ha lef a
vush bras a dus ow leverel,

"Alleluya!
Re bo sylwans, ha gordhyans ha
    gallus dha'gan Dew,
[2]rag gwyr hag ewn yw y vrusyans.

Ef a jujjyas an hora vras
a vostyas an norvys gans hy most-
  ethes.
Ef a venjyas warnedhy
gos y servons."

³Unweyth arta y a leverys,

"Alleluya!
Y fydh an mog owth ascendya
  dheworty bys vyken ha benary."

⁴Ha'n peswar elder warn ugans ha'n
peswar best a godhas dhe'n dor ha
gordhya Dew esa a'y eseth war an
tron, ow leverel,

"Amen, Alleluya!"

⁵Ha dheworth an tron y tueth lef ha
leverel,

"Gormeleugh agan Dew,
oll why y servons,
ha why oll byan ha bras,
usy ow perthy own anodho."

⁶Nena me a glowas nampyth kepar
ha lef a vush bras a dus, kepar ha son
lyes dowr ha kepar ha tarennow bras.
An lef a levery,

"Alleluya!
Rag raynys yw an Arluth
agan Dew Ollgallosek.
⁷Geseugh ny dhe rejoycya ha dhe
  vos lowen
ha dhe ry dhodho glory,
rag maryach an On a dhueth,
ha'y venen yowynk re wrug pre-
  parya hy honen.

⁸Dhedhy hy a vue grontys
may fe hy gwyskys gans sendal
  splan ha dynam."
(An sendal yw oberow gwyryon an
sens.)

⁹An el a leverys dhym, "Scryf hem-
ma: Benegys yw an re na yw gelwys
dhe soper demedhyans an On." Hag
ef a leverys dhym, "An re ma yw
geryow gwyryon Dew."

¹⁰Nena me a godhas dhe'n dor orth
y dreys rag y wordhya, mes ef a
leverys dhym, "Na wra henna man!
Me yw servont kepar ha te ha kepar
ha'th cowetha usy ow sensy a dhus-
tuny Jesu. Gwra gordhya Dew." Rag
dustuny Jesu yw an sperys a brofecy.

¹¹Me a welas an nef opyn ha myr,
margh gwyn! Y varhek o gelwys Lel
ha Gwyryon, hag yma va ow jujjya yn
gwyryoneth hag ow querrya. ¹²Kepar
ha flam tan yw y dhewlagas, hag yma
lyes curun war y ben. Ef a'n jeves
hanow screfys, na wor den vyth saw
unsel ef y honen. ¹³Yma pows yn y
gerhyn a vue troghyes yn gos, hag ef
yw gelwys Ger Dew. ¹⁴Yth esa luyow
an nef, sendal gwyn ha glan adro
dhedhans, orth y sewya war vergh
gwyn. ¹⁵Yma cledha lym ow tos mes
a'y anow, may halla va gweskel dhe'n
dor ganso lyes nacyon. "Ef a vyn aga
rewlya dre welen a horn" ha trettya
an wynwask a gonnar hag a sor Dew.
¹⁶War y bows ha war y vordhos ef a'n
jeves screfys an hanow ma:

PEN VYTERNETH HA PEN ARLYDHY.

¹⁷Nena me a welas el a'y saf y'n
howl. Ef a gryas uhel y lef dhe oll an
edhnow esa ow neyja yn cres an
ebron, "Deugh, omguntelleugh rag

soper bras Dew, ¹⁸dhe dhebry kyg myterneth, kyg captenow, kyg an vrasyon, kyg mergh ha kyg aga marhogyon – ea, kyg pubonen, frank ha keth, bras ha byan."

¹⁹Nena me a welas an best ha myterneth an bys cuntellys warbarth gans aga luyow dhe werrya warbyn marhek an margh gwyn ha warbyn y lu. ²⁰Ha kemerys vue an best ha'n profet fals, neb a wrug dheragtho oll an synys dredhans may whrug ef dyssaytya an re na a recevas merk an best ha'n re na esa ow cordhya y ymach. An dhew brysner ma a vue towlys yn few aberth y'n logh a dan esa ow lesky gans loskven. ²¹An remenant a vue ledhys gans cledha marhek an margh gwyn, an cledha esa ow tos mes a'y anow. Ha pub edhen a dhebras kemmys hag a ylly a'n kyg a bubonen anedhans.

20 Me a welas el ow skynnya dheworth nef hag yn y dhorn yth esa alwheth an pyt dywoles ha chayn bras. ²Ef a sesyas an dhragon, an hager-bref coth na hag ef yw an tebel-el ha Satnas, ha'y gelmy bys pen myl vledhen. ³Ef a dowlas an dhragon y'n pyt ha'y dhegea gans alwheth ha'y selya a-ugh hy fen, ma na wrella hy namoy dysssaytya an nacyons, erna ve passys an vyl vledhen. Wosa henna res vydh hy delyfra dhe wary rag tecken.

⁴Nena me a welas tronys, hag y fue auctoryta dhe jujjya rys dhe'n re na esa a'ga eseth warnedhans. Me a welas ynwedh enevow an re na a vue dybennys dre reson y dhe dheclarya

an gwyryoneth progowthys gans Jesu ha gans ger Dew. Ny wrussons y gordhya an best na'y ymach, naneyl ny wrussons y receva y verk war aga thal na war aga luef. Y a dhueth arta dhe'n bewnans ha raynya avel myterneth gans Cryst myl vledhen. ⁵Ny wrug dasvewa remenant an dus varow erna vue gorfennys an vyl vledhen na. Hem yw an kensa dasserghyans. ⁶Benegys ha sans yw an re na yw kevrennek a'n kensa dasserghyans. Ny'n jeves an secund ancow maystry vyth oll warnedhans, mes y a vydh pronteryon Dew ha pronteryon Cryst. Y a wra raynya myl vledhen ganso.

⁷Pan vo gorfennys an vyl vledhen, relesys vydh Satnas mes a'y bryson. ⁸Ef a dhue yn mes rag decevya an nacyons orth peswar cornet an bys, ea, dhe guntell luyow Gog ha Magog. Aga nomber yw kepar ha tewas an mor. ⁹Y a geskerdhas dres oll an nor a hes, hag omsettya adro dhe gaslys an sens ha'n cyta vuergerys. Y tueth tan mes a nef ha'ga lenky. ¹⁰Ha'n tebel-el, neb a's tullas, a vue towlys y'n logh a dan ha loskven, le mayth esa an best ha'n profet fals. Hag y a vydh tormentys jorna ha nos bys vyken ha benary.

¹¹Nena me a veras ha gweles tron bras gwyn ha henna esa a'y eseth warnodho. An norvys ha'n nef a fyas dheworth y bresens, ha ny vue kefys tyller vyth ragthans. ¹²Me a welas an re marow, bras ha byan, a'ga saf dherag an tron hag y fue egerys lyvrow. Y fue ken lyver egerys kefrys, hen yw an lyver a vewnans. An re marow a

vue jujjys warlergh aga oberow, kepar del o recordys y'n lyvrow. [13]Nena an mor a dhros yn rag an dus varow esa ynno. Ancow hag Yffarn kefrys a dhros yn rag an dus varow esa ynnans. Oll an dus varow a vue jujjys warlergh an taclow a wrussons y. [14]Nena Ancow hag Yffarn a vue towlys aberth y'n logh a dan. An logh ma yw an secund mernans. [15]Pynag oll na vue kefys y hanow y'n lyver a vewnans, ef a vue towlys aberth y'n logh a dan.

21 Wosa henna me a welas nef noweth ha norvys noweth, rag tremenys o an kensa nef ha'n kensa norvys, ha'n mor a voydyas quyt dhe ves. [2]Me a welas an cyta sans, an Jerusalem noweth, ha hy ow skynnya mes a nef dheworth Dew, kepar ha benen bryas afynys rag hy gour. [3]Me a glowas lef uhel dheworth an tron ow leverel, "Myr, yma trygva Dew yn mesk mebyon tus. Ef a dryg gansans. Y a vydh y bobel ef, ha Dew y honen a vydh y'ga mesk. [4]Ef a wra deseha pub dagren dheworth aga dewlagas. Ny vydh Ancow kefys na fella. Galarow hag olva a wra cessya, rag tremenys yw an kensa taclow."

[5]Hag ef neb esa a'y eseth war an tron a leverys, "Myr, yth esof vy ow nowedhy kenyver tra!" Ef a leverys kefrys, "Scryf hemma, rag gwyr ha lel yw an geryow ma."

[6]Nena ef a leverys dhym, "Collenwys ywa! Me yw an Alfa ha'n Omega, an dalleth ha'n deweth. Dhe'n re na a's teves sehes, me a vyn ry yn ro dowr dheworth fenten dowr an bew-

nans. [7]Oll an re na a wrella overcummya, y a wra eryta an taclow ma. Me a vydh aga Dew y hag y a vydh ow flehes. [8]Saw ow tuchya an cowardys, an dus dyslel, an dus vostys, an dhenledhysy, an gyglos, an bystryoryon, an dus usy ow cordhya ydolys ha pub gowleveryas – aga thyller y a vydh y'n logh usy ow lesky gans tan ha loskven. Hen yw an secund mernans."

[9]Nena onen a'n seyth el, neb a's teva an seyth scala luen a'n seyth plag dewetha, a dhueth ha leverel dhym, "Dues, me a dhysqua dhys an venen bryas, gwreg an On." [10]Ef a'm ledyas yn kergh y'n sperys dhe veneth uhel bras, ha dysquedhes dhym an cyta sans, Jerusalem, ha hy ow skynnya mes a nef dheworth Dew. [11]Hy a's teves glory Dew ha splanyjyon kepar ha jowal precyous dres ehen, kepar ha jaspys, mar gler avel crystal. [12]Fos vras hag uhel a's teves ha dewdhek yet ynny. Yma dewdhek el orth an yettys, ha war an yettys yma screfys henwyn dewdhek tryb Ysrael, [13]try yet dhe'n yst, try yet dhe'n north, try yet dhe'n soth ha try yet dhe'n west. [14]Yth o fos an cyta byldys war dhewdek fundacyon ha warnedhans yma screfys an henwyn a dhewdek abostel an On.

[15]An el esa ow cowsel orthyf a'n jeva gwelen musura a owr dhe vusura an cyta, hy yettys ha'y fosow. [16]Pedrak yw an cyta, rag kehaval yw hy hes ha'y les. Ef a vusuras an cyta gans y welen: pymthek cans myldyr. Kehaval yw y hes ha'y les ha'y uhelder. [17]Ef a vusuras hy fos kefrys: peswar kevelyn ha seyth ugans warlergh an musur

kemyn, rag hen o an musur esa an el orth y usya. [18]Gwres a jaspys yw an fos, saw an cyta hy honen yw owr pur, maga cler avel gweder. [19]Funda-cyon an cyta yw afynys gans pub sort a jowal. Jaspys o an kensa; safyr an secund; calcedon an tressa; emerod an peswara; [20]sardonyx an pempes; sardyn an wheghves; chrysolit an seythves; beryl an ethves; topaz an nawves; chrysopras an degves; jacynt an unnegves hag amethyst an dew-dhegves anedhans. [21]Dewdhek perl yw an dewdhek yet. Un perl yw pub yet oll hag owr pur yw stret an cyta, boll kepar ha gweder.

[22]Ny welys vy templa vyth y'n cyta, rag hy thempla yw an Arluth Dew Ollgallosek ha'n On. [23]Ny's teves an cyta othem vyth a howl nag a lor dhe dhewynya warnedhy, rag glory an Arluth yw hy golow, ha'y lantern yw an On. [24]Orth hy golow hy an nacyons a wra kerdhes ha myterneth an bys a vyn dry aga rychys aberth ynny. [25]Ny vydh hy yettys deges nefra y'n jedh ha ny vydh nos vyth ynny rag nefra. [26]Tus a wra dry aberth ynny braster ha rychys an nacyons. [27]Saw ny wra tra vyth aflan entra ynny, naneyl den vyth a wrella abomynacyon bo gowegneth. Ny yll entra ynny ma's an re na a vo screfys yn lyver bewnans an On.

22 Nena an el a dhysquedhas dhym an ryver a'n dowr a vewnans, maga cler avel crystal. Yth esa ow tos mes a'n tron a Dhew hag a'n On [2]dre gres stret an cyta. Yma an wedhen a vewnans ow tevy war bub glan a'n ryver na ha dewdhek sort a frut warnedhy. Yma hy ow ton hy frut dewdhek torn pub bledhen, unweyth pub mys oll. Ervyrys yw hy delyow rag sawment an nacyons. [3]Nyns yw kefys y'n cyta tra vyth mylegys. Saw yma an tron a Dhew hag a'n On kefys ynny, ha'y servons a wra y wordhya. [4]Y a welvyth y fas ef ha'y hanow a vydh war aga thal. [5]Ny vydh nos ynny na fella. Ny's tevyth namoy othem a wolow lantern nag a'n howl, rag an Arluth Dew a vydh aga golow hag y a wra raynya bys vyken ha benary.

[6]Hag ef a leverys dhym, "Gwyr ha heb tull yw an geryow ma, rag an Ar-luth, Dew an sperysyon, a dhanvonas y el dhe dhysquedhes dh'y servons an taclow a res happya whare.

[7]"Myr, yth esof ow tos heb let! "Benegys yw ef usy ow quetha ger-yow an profecy usy y'n lyver ma."

[8]Me, Jowan, a glowas hag a welas an taclow ma. Pan wrug avy aga clowes ha'ga gweles, me a godhas dhe'n dor dhe wordhya orth treys an el a's dysquedhas dhym. [9]Saw ef a leverys dhym, "Na wra henna man! Me yw servont kepar ha te ha kepar ha'th cowetha, an profettys, ha kepar ha'n re na usy ow quetha geryow an lyver ma. Gwra gordhya Dew!"

[10]Hag ef a leverys dhym, "Na wra selya yn ban an geryow a brofecy usy y'n lyver, rag ow nessa yma an prys. [11]Gwrens an drogoberor gul y dhrockoleth whath ha neb a vo aflan, bedhens ef aflan whath. Pynag oll a vo gwyryon, a dal pesya gans an

gwyryoneth. Pynag oll a vo sans, a dal durya yn sansoleth."

¹²"Myr, yth esof vy ow tos whare hag yma ow gober genef rag reward-ya pubonen warlergh y oberow. ¹³Me yw an Alfa ha'n Omega, an kensa ha'n dewetha, an dalleth ha'n deweth. ¹⁴"Benegys yw an re na a wrella golhy aga dyllas hag a vo an gwyr dhedhans dhe dhos bys y'n wedhen a vewnans, ha dhe entra y'n cyta der an yettys. ¹⁵Yma an cuen aves, an bystryoryon, an gyglos, an dhen-ledhysy, an re na usy ow cordhya ydolys ha kenyver onen a garra gowegneth hag a vo orth y wul.

¹⁶"Me, Jesu, a dhanvonas dheugh ow el vy gans an dustuny ma rag an eglosyow. Me yw an wredhen ha'n yssew a Dhavyth, an verlewen splan."

¹⁷Yma an Sperys ha'n venen bryas ow leverel, "Dues!" Pynag oll a wrella clowes henna, y tal dhodho leverel, "Dues!" Neb a'n jeffa sehes, gwrens ef dos. Neb a vo whensys, gwrens ef kemeres yn ro an dowr a vewnans.

¹⁸Yth esof vy ow quarnya pubonen a wrella clowes an geryow a brofecy usy y'n lyver ma yndelma: mar tue den vyth hag addya dhedhans, Dew a wra addya dhodho ef an plagys deryvys y'n lyver ma. ¹⁹Mar tue den vyth ha kemeres tra vyth yn kergh dheworth an geryow a brofecy y'n lyver ma, Dew a wra kemeres dhe-worto y gevran a'n wedhen a vewnans hag a'n cyta sans, taclow re bue deryvys y'n lyver ma.

²⁰Ef neb usy ow testa dhe'n taclow ma a laver, "Ea, me a dhue whare."

Amen. Dues, a Arluth Jesu!

²¹Re bo gras an Arluth Jesu gans oll y bobel! Amen.

PALESTYN YN DEDHYOW JESU

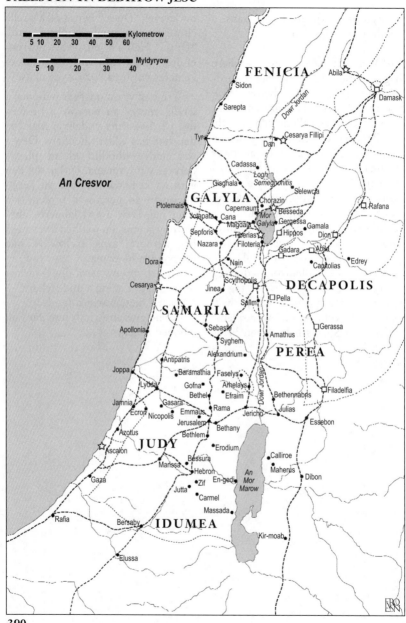

An Cresvor

FENICIA

Sidon

Sarepta

Tyr

Cadassa

Dan

Cesarya Fillipi

Logh
Semeghonitis

Damask

Dowr Jordan

Abila

GALYLA

Gisghala

Ptolemais

Selewcia

Chorazin

Capernaum

Besseda

Rafana

Yotapata

Cana

Mor
Galyla

Gergessa

Magdala

Gamala

Sepforis

Tiberias

Hippos

Dion

Nazara

Filoteria

Gadara

Abila

Dora

Nain

Capitolias

Edrey

Cesarya

Scythopolis

Jinea

DECAPOLIS

Salim

Pella

SAMARIA

Apollonia

Sebaste

Amathus

Gerassa

Syghem

PEREA

Antipatris

Alexandrium

Joppa

Baramathia

Faselys

Lydda

Gofna

Ahelays

Bethennabris

Filadelfia

Jamnia

Gasara

Bethel

Efraim

Ecron

Emmaus

Rama

Jericho

Julias

Nicopolis

Jerusalem

Essebon

Azotus

Bethany

Bethlem

Ascalon

JUDY

Erodium

Calliroe

Bessura

Marissa

Hebron

Maherus

Dibon

Gaza

Jutta

Zif

En-gedi

An
Mor
Marow

Carmel

Massada

Rafia

Bersaby

IDUMEA

Kir-moab

Elussa

Kylometrow
5 10 20 30 40 50 60

Myldyryow
5 10 20 30 40

390

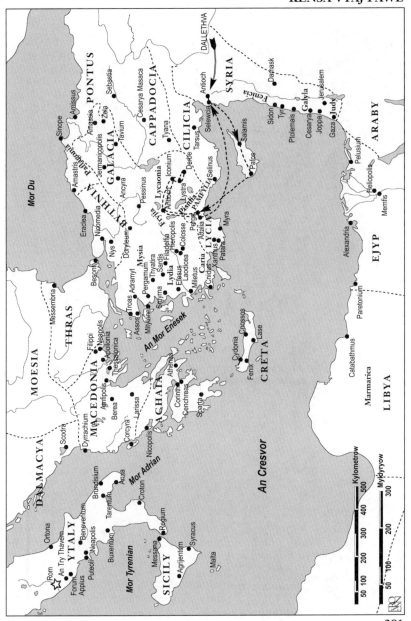

SECUND VYAJ PAWL

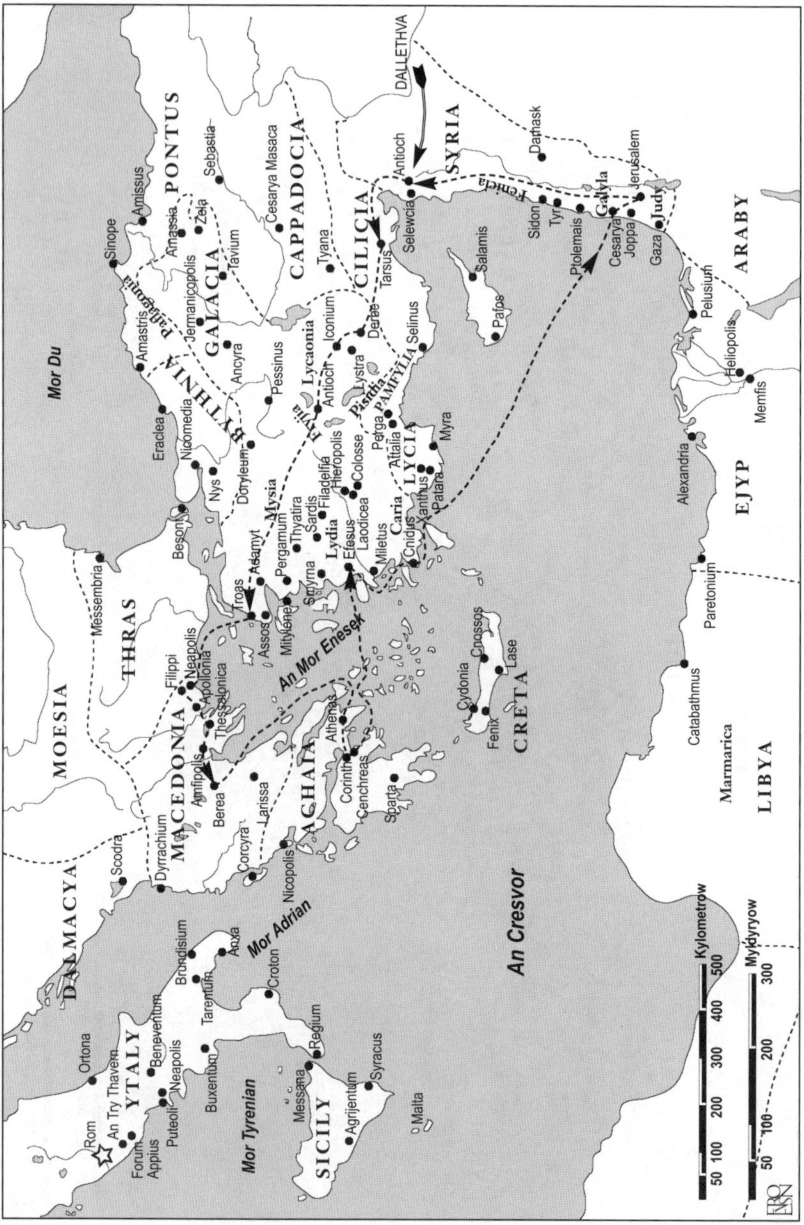

DALLETHVA
SYRIA
Damask
Antioch
Selewcia
Fenicia
Sidon
Tyr
Ptolemais
Galyla
Cesarya
Joppa
Jerusalem
Judy
Gaza
ARABY
Pelusium
Heliopolis
Memfis
EJYP
Alexandria
Paretonium
Catabathmus
Marmarica
LIBYA
Salamis
Pafos
CILICIA
Tarsus
Derbe
Selinus
CAPPADOCIA
Cesarya Masaca
Tyana
PONTUS
Sebastia
Amissus
Amassia
Zela
Sinope
Tavium
GALACIA
Jermanicopolis
Ancyra
Pallagonia
Amastris
BYTHINIA
Eraclea
Nicomedia
Nys
Doryleum
Pessinus
Lycaonia
Iconium
Lystra
Antioch
Pisidia
PAMFYLIA
Perga
Attalia
Myra
LYCIA
Patara
Xanthus
Caria
Cnidus
Miletus
Laodicea
Colosse
Hieropolis
Filadelfia
Sardis
Thyatira
Lydia
Efesus
Smyrna
Pergamum
Mysia
Adramyt
Troas
Assos
Mitylene
Besonti
Mor Du
Messembria
THRAS
MOESIA
Filippi
Neapolis
Apollonia
Amfipolis
Thessalonica
Berea
MACEDONIA
Larissa
Dyrrachium
Scodra
DALMACYA
Corcyra
Nicopolis
ACHAIA
Athenas
Corinth
Cenchreas
Sparta
An Mor Enesek
Cydonia
Cnossos
Lase
Fenix
CRETA
An Cresvor
Mor Adrian
Anxa
Brundisium
Tarentum
Croton
YTALY
Ortona
Beneventum
Neapolis
Buxentum
Rom
An Try Thavern
Forum Appius
Puteoli
Mor Tyrenian
Messana
Regium
Syracus
Agrijentum
SICILY
Malta
Kylometrow
50 100 200 300 400 500
Myldyryow
50 100 200 300

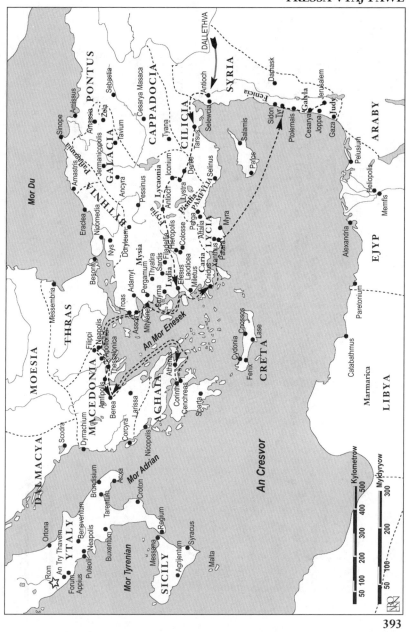

VYAJ PAWL DHE ROM

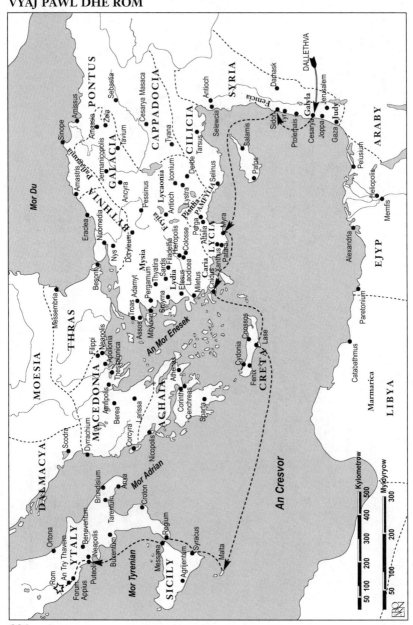